통일한국의 과거청산

나남
nanam

김 하 중

1960년 전남 담양 출생. 고려대 법학과를 졸업하고 같은 대학에서 법학 석사, 박사학위를 받았다. 1990년 검찰에 입문하여 법무부 특수법령과 검사, 대검 공안연구관, 수원지검 공안부장, 중앙지검 형사5부장, 광주지검 목포지청장 등을 역임하며 2009년까지 근무하였다. 검사시절 통일부에 파견되어 통일기획요원, 장관 법률자문관으로 근무하기도 하였다.
현재는 전남대 로스쿨 형사법 교수로 재직하고 있다. 편저로는《폴란드 체제개혁 개관》,《독일과 미국의 연방제》(공저) 등이 있다.

나남신서 1721

통일한국의 과거청산

2013년 9월 1일 발행
2014년 7월 17일 2쇄

지은이_ 金夏中
발행자_ 趙相浩
발행처_ (주) 나남
주소_ 413-120 경기도 파주시
교하읍 회동길 193
전화_ (031) 955-4601 (代)
FAX_ (031) 955-4555
등록_ 제 1-71호(1979. 5. 12)
홈페이지_ www.nanam.net
전자우편_ post@nanam.net

ISBN 978-89-300-8721-6
ISBN 978-89-300-8001-9(세트)
책값은 뒤표지에 있습니다.

나남신서 1721

통일한국의 과거청산

김 하 중 지음

나남
nanam

The Porge of Past in the United Korea

by

Ha Joong Kim

nanam

머리말

지난 천년이 저물어가던 1999년 어느 봄날 나는 베를린의 오스트 반호프(Ost Bahnhof)를 출발하여 바르샤바를 향해 달리는 기차 안에 있었다. 약 7시간을 달리는 철마 안에서 차창을 통해 바라보던 구 동독지역과 폴란드의 이국적 풍경은 여행의 설렘보다는 임무의 중압감과 함께 신변안전에 대한 두려움을 더해주었다. 그 무렵은 1980년대에 시작된 사회주의 붕괴의 소용돌이 속에서 유럽의 동부지역은 체제전환의 몸살을 앓고 있는 시기였다. 당시 법무부 검사였던 내가 그 기차를 타게 된 것은 사회주의 붕괴의 현장을 직접 둘러보고 통일 후 북한의 체제전환에 대비하기 위한 자료를 수집하여 오라는 지시에 따른 것이었다. 동유럽 민주화의 서곡을 울렸던 폴란드의 자유노조운동, 감격적인 독일의 통일, 철의 장막 소련의 허망한 붕괴, 그밖에 체코 · 헝가리 · 루마니아 · 유고슬라비아 등 동구제국의 체제개혁은 역사의 신이 새 천년을 맞이하기 위해 지나간 천년을 서둘러서 결산하는 모습을 지켜보는 것 같았다.

5 · 18 광주민주화운동을 홍안의 대학생으로 지켜봤던 나는 검사가 된 이후에도 정권을 잡기 위해 광주시민을 학살한 정치군인과 이들에게 머리를 빌려주고 기생하는 소수의 정치관료보다 나쁜 지도자는 없다고 생각하였다. 그러나 베를린 동부지역에서 시작된 과거 사회주의국가로의 기차여행은 나의 이러한 생각을 단번에 흔들어 놓았다. 패전국 독일에게 강요된 새로운 국경선인 오데르 · 나이세 강을 건너면서 시작된 창밖의 회색빛은 기차가 달릴수록 점점 짙어만 갔

다. 유럽의 식량공급원인 광활한 폴란드 평원을 달리는 기차 안에서 바라다보니 감자밭을 어슬렁대는 야생늑대들의 모습이 마치 협동농장을 지키는 맑스나 레닌의 유령처럼 스쳐갔다. 불과 몇 분 전에 떠나온 베를린의 화사한 봄빛은 기차를 타고 가는 동안 어느덧 잿빛으로 변해있었다. 널따란 농지 가운데 이따금씩 나타나는 무채색 농가들의 초라한 모습은 마치 과거로의 시간여행을 하는 것 같은 착각이 들게 하였다. 그때 나는 처음으로 양민을 학살하고 정권을 탈취한 반란군들 못지않게 나쁜 국가지도자가 있을 수 있음을 깨닫게 되었다. 다리 하나를 넘어왔을 뿐인데 강 건너 저편과는 너무나도 다르게 전체 인민을 도탄에 빠뜨리고 세상을 온통 잿빛으로 물들여 버린 정치체제를 선택한 사회주의 국가지도자들. 그들이 바로 그러하다고 생각되었다.

그로부터 1년 후 이러한 나의 생각에 확신을 더할 수 있는 기회를 갖게 되었다. 2000년 봄 대북사업을 지원하기 위해 북경을 거쳐 평양의 순안공항에 도착한 나는 다시 군용프로펠러기 AN2를 타고 함흥으로 날아갔다. 그곳에서도 7시간 동안 버스를 타고 이동한 끝에 겨우 목적지에 도착하였다. 버스 안에서 바라본 북한내륙의 풍경은 한마디로 충격적이었다. 땔감과 식량을 얻기 위한 무분별한 벌목과 개간으로 북한의 산들은 나무 한 그루 없는 민둥산이 되어 있었다. 마을을 지나갈 때면 노변에 나와 있는 북한주민들의 행색을 머리부터 발끝까지 살펴볼 수 있었다. 검고 퇴색한 옷차림으로 햇볕을 쬐러 도로변에 삼삼오오 서 있는 무표정한 모습들은 마치 청동으로 만든 조각상처럼 어둡고 무거워 보였다. 모여 있는 사람들 모두가 그토록 한결같이 남루한 모습은 생전 처음으로 보았다. 그때 나는 북한의 지도자들은 광주시민을 학살하고 집권하였던 반란군들보다 더 나쁘다는 확신이 섰다.

그날 밤 나는 북한이 소련인들을 위해 지었다는 영빈관에서 1박을 하였다. 말만 영빈관이었지 난방도 제대로 되지 않았고 전등은 촛불보다 어두웠다. 당시에도 북한은 식량난보다 극심한 에너지난을 겪고 있었다. 북방의 추위는 남녘의 그것과 달라 3월초에도 맨낯을 아리게 할 정도로 매서웠다. 방안에 있어도 살을 에는 듯한 추위를 견디며 이에 더하여 매일밤을 허기로 고통받을 북한주민들의 처지를 생각하니 눈물이 났다. 그들은 이미 100년 전부터 국가의 폭정과 수탈

속에서 고단한 삶을 살아내고 있었다. 35년의 일제식민통치와 그 이상의 공산독재치하에서 논밭을 빼앗기고 배급된 식량으로 하루하루를 힘겹게 버텨왔던 것이다.

하지만 그러한 삶은 그들이 선택한 것이 아니므로 그들은 피해자일 뿐이다. 식량은 자연의 산물이므로 굶어 죽는 것도 자연적 현상일 뿐 그것이 감히 국가지도자들의 잘못이라고는 생각할 엄두조차 내지 못하면서 수많은 동포들이 지금도 굶어 죽어가고 있다. 북한의 지도자들은 주민들의 고귀한 생명을 희생시키고 있다. 북한에서는 식량을 찾아 이동하려는 원초적 자유마저 제한되고 있다. 북한에는 6개 이상의 강제수용소에 20만 명 이상의 정치범들이 구금되어 있다고 한다. 사법부는 독립되어 있지 못하며 아직도 즉결재판을 통한 공개처형이 곳곳에서 이루어지고 있다. 이제 북한의 인권문제는 존엄의 차원이 아닌 생존의 차원으로 추락하고 있다.

국제사회도 이러한 북한의 인권상황을 우려하고 관심을 표명한 지 오래다. 2008년 이후 매년 북한인권결의안을 채택하여 오던 유엔인권이사회는 금년 초 마침내 북한인권조사기구를 구성하고 활동에 들어갔다. 그러나 북한주민도 국민의 일부라고 주장하는 대한민국은 정작 북한의 인권문제를 전담할 어떠한 기구 하나 만들지 않고 있다. 그 이유가 무엇이든 이는 자국민 보호라는 국가적 책무를 다하지 못한다는 비난을 받아 마땅하다. 대한민국은 특수관계에 있는 북한주민의 인권침해를 더 이상 수수방관해서는 안 될 일이다.

이 책은 저자가 검사시절 법무부 통일법무과 검사, 통일기획요원, 통일부장관 법률자문관으로 파견되어 근무하며 관심을 갖게 된 통일문제의 일부를 정리한 것이다. 그동안 통일방안에 관하여 연구한 책자들은 많이 출간되었다. 그러나 통일 후 통일국가를 어떻게 운영할 것인지에 대한 연구는 아직 미흡한 편이다. 이 책은 평화적으로 통일된 후 남북한 주민 모두가 함께 살아가야 할 통일한국을 어떻게 준비해야 할 것인지에 대한 연구이다. 따라서 우리처럼 민족분단 상태에 있었지만 평화적으로 통일을 이루어 낸 다음 나날이 발전하고 있는 통일독일의 선례를 본보기로 삼았다.

주지하듯이 통일독일은 동독의 일당 독재체제가 남긴 불법적 유산들을 법치국가원리에 따라서 평화적으로 청산하였다. 그 결과 동서독 주민들은 커다란 갈등 없이 사회적으로 통합을 이루어 유럽연합을 선도하는 강대국으로 그 입지를 굳혀가고 있다. 저자는 통일한국이 장차 필연적으로 직면하게 될 북한의 과거청산도 통일독일의 선례에 따라 평화적으로 진행되어야 한다고 확신한다. 그리고 그 원칙과 기준은 통일한국의 기본원리가 될 법치국가원리가 되어야 한다고 생각한다. 이 책은 그러한 관점에서 북한의 과거청산문제를 크게 가해자 처벌, 피해자 구제, 몰수재산 처리, 기밀문서 처리로 분류하여 다루었다. 그리고 그 과정에서 등장하게 될 각종 헌법적 문제점과 해결방안을 독일의 학설과 판례를 참고로 종합하여 정리하였다.

이 책을 집필함에 있어 나의 사랑하는 친구 이헌섭 변호사가 많은 도움을 주었다. 그는 법철학과 몰수재산 처리문제에 대한 해박한 지식으로 저자의 많은 의문점들을 해결해 주었다. 그리고 본받고 싶은 삶을 살아오신 나의 존경하는 선배 조상호 사장님과 이 책을 만들기 위해 함께 수고해주신 나남 가족들에게도 감사드린다.

내년 이맘때 미수(米壽)를 맞으시는 어머니께 건강을 기원하며 이 책을 바친다.

2013년 7월

창평 집에서

강하중

나남신서 1721

통일한국의 과거청산

차 례

서 론

불법청산의 필요성

1. 북한체제의 불법성

불행하게도 남북한[1]은 유엔(UN) 회원국 중에서 마지막 민족분단국가이다. 남북한은 반세기 이상을 이념과 체제를 달리하며 인적·물적 교류가 극도로 제한된 채 앞날을 예측할 수 없는 정전상태에서 위태롭게 공존하고 있다. 1990년 동서독 통일[2]은 우리 민족에게도 통일이 불가능한 일이 아님을 실감하게 해주었다. 그리고 이에 대비하여 남북한과 동서독 관계의 비교분석을 통해 통일한국의 미래에 대한 청사진을 구하려는 수많은 시도가 정계와 학계를 중심으로 이루어졌다.

그중에서도 특히 통일독일이 동독체제가 남긴 불법적 유산들을 사법

1 남한의 공식국호는 '대한민국'이고, 북한의 공식국호는 '조선민주주의인민공화국'이지만 이 책에서는 논의의 편의상 공식국호를 사용해야 할 특별한 이유가 없는 한 남한과 북한으로 약칭하기로 한다.

2 서독과 동독은 1990년 8월 31일 통일조약을 체결하고, 1990년 10월 3일 동독이 서독의 신주(新州)로 편입되는 방식으로 통일을 이루었다.

절차에 따라 평화적으로 청산하였던 경험은 통일한국을 준비하는 우리에게도 여러 가지 측면에서 시사하는 바가 매우 크다. 그리고 이에 대한 법적 연구는 장래 남북한 통일시에 필연적으로 제기될 북한체제의 불법청산에 대한 준비작업의 하나로서 미룰 수 없는 민족적 과제이다.

사회주의 몰락이라는 세계사적 흐름에 역행하여 공산체제를 수호하려는 북한의 인권상황이 날로 악화됨에 따라 북한체제의 불법성에 대한 국내외적 우려가 점점 커지고 있다. 현재 북한에는 6개 이상의 정치범 수용소에 약 20만 명 정도가 수용되어 있고,[3] 지난 30년간 약 40만 명 이상이 수용소에서 사망한 것으로 알려져 있다. 1990년대 이후 북한에서는 최악의 식량난으로 아사자가 속출하고 있으며 식량을 구하기 위하여 수많은 북한주민들이 목숨을 걸고 국경을 넘나들고 있다.

유엔총회는 2005년 이래 매년 북한인권 결의안을 채택하여 북한 인권침해의 심각성을 지적하였으며,[4] 미국은 2004년 북한인권법을 제정하여 북한인권상황을 개선하기 위한 구체적 행동계획을 수립·시행하였고, 각종 국제인권단체들은 북한 인권침해의 실상을 알리는 국제대회를 매년 개최하고 있다.[5]

이처럼 국제사회에서 우려와 비난을 받는 북한의 인권침해는 상당수가 체제의 불법성에 기인한 것으로 판단된다. 2005년에는 정치적 동기에서 또는 생존을 위한 식량을 구하기 위해서 국경을 넘은 북한주민의

---

3 통일연구원은 1996년부터 매년 《북한인권백서》를 발간하고 있는바, 북한 정치범수용소의 현황 등에 대하여는 《2012 북한인권백서》, 123면 이하 참조.

4 유엔인권위원회는 2003~05년간 북한인권 결의안을 채택한 바 있고, 이 기구의 후신인 유엔인권이사회도 2008년부터 매년 북한인권 결의안을 채택하고 있다.

5 최근 북한인권에 대한 국제기구나 단체의 활동상에 대하여는 《2012 북한인권백서》, 54면 이하 및 통일부, "통일미래를 준비하는 통일정책", 《2008~2013 정책자료집》, 199면 이하 참조.

공개처형 장면을 촬영한 동영상이 국내외에 공개되어 충격을 주었다. 수많은 새터민[6]들의 증언으로도 알 수 있듯이 북한주민의 인권상황은 남북분단 이후 최악의 상태에 이르렀다.

북한의 경제난으로 인한 인권침해는 일시적인 것으로 생필품과 의약품의 지원으로 해결될 수 있을 것이다. 이를 위해 남한과 국제사회는 인도적 차원에서 필요한 지원을 아끼지 말아야 한다. 그러나 북한체제의 불법성으로 인한 인권침해는 지속적인 것으로 외부의 지원에 의해서 해결될 수 없는 부분이다. 이 부분은 북한체제 스스로 그 불법성을 완화하고 개선하지 않으면 쉽게 해결될 수 없다.

북한은 국제사회에서 독립된 주권국가로서 위상을 확립하고 있으므로 체제의 불법성으로 인한 자국민의 인권침해를 외부에서 간섭하기는 쉬운 일이 아닐 것이다. 하지만 이를 무관심하게 방치하는 일은 인권을 인류보편의 가치로 여기는 문명사회의 수치이다. 따라서 북한체제의 불법성을 감시하고 경고하고 제지하는 일은 인류공동체의 의무이다. 그중에서도 북한주민과 특수관계인 대한민국의 책임이 가장 크다. 유엔을 비롯한 국제인권기구들은 이미 북한의 인권문제를 의제로 채택하고 그 개선을 위한 행동을 개시하였다.

대한민국도 더 이상 북한체제의 불법성으로 인한 인권침해를 방관해서는 안 된다. 우리는 이념과 법리를 떠나서 북한동포들이 '인간으로서의 최소한의 존엄성'을 지켜나갈 수 있도록 필요한 지원과 감시체제를 유지해야 할 것이다.

통일독일에서는 1961년에 동독이 베를린 장벽을 설치하자 잘츠기터라는 국경마을에 '중앙법무기록보존소'(Zentrale Erfassungsstelle der

---

6 '북한이탈주민 보호 및 정착지원에 관한 법률'에 의해 정부의 보호와 지원을 받는 탈북주민을 말한다.

Landesjustizverwaltungen in Salzgitter)를 설립하였다.[7] 이 기구는 동독의 끈질긴 폐지요구에도 불구하고 통일시까지 존속하였으며, 이 기구가 수집한 각종 자료들은 후일 동독의 체제불법행위를 입증하는 데 소중한 자료로 활용되었다. 이 기구의 설립은 그 자체로서 동독 정권수뇌부는 물론 국경수비대의 말단 병사에 이르기까지 정권범죄를 망설이게 하는 심리적 압박으로 작용하였다.

이처럼 독일은 분단직후부터 통일에 대비하여 동독의 체제불법 청산을 염두에 두면서 동독정권을 향하여 다양한 방법으로 불법행위를 자제하도록 끊임없이 경고하고 감시하는 체제를 유지했다. 통일 후 23년이 지난 현재 통일독일은 동독의 체제불법에 대한 청산작업을 대부분 마무리하였고, 그 결과 이제는 가해자와 피해자 모두가 하나 되어 사회적 통합을 이룬 가운데 새로운 미래를 위해 협력하고 경쟁하는 것으로 알려지고 있다.[8]

북한은 국제사회로부터 인권침해국가라는 경고를 받을 정도로 체제의 불법성이 심각한 수준으로 평가된다.[9] 장차 통일이 되면 현재 북한

---

7 이 기구는 '동독지역 범죄행위 기록보존소'(Die Erfassungsstelle für Straftaten auf dem Gebiet der DDR)로 불리기도 하였으며, 1961년 동독의 베를린 장벽 축조에 대응하여 서독 니더작센주의 잘츠기터라는 소도시에 연방기관이 아닌 주정부 산하기관으로 설립되었다. 이하에서는 공식명칭에 따라 '중앙법무기록보존소'라고 칭하기로 한다.

8 통일독일은 통일 후 17년 동안 편입지역(동독지역)에 1조 4천억 유로(1,820조 원)를 통일비용으로 지원하였으며 그 결과 각종의 경제지표가 통일 전 수준으로 회복되거나 상회하였으며, 편입지역에서 외국인을 배척하고 폭력을 일삼는 극우폭력사태가 증가하는 경향도 있지만 동서독 주민간에는 통일 후 상호 비하적 표현으로 유행하였던 오시(동독인을 낮춰 부르는 말)와 베시(서독인을 비하하는 말)라는 말도 사라지는 등 사회적 통합에 성공한 것으로 평가받고 있다고 한다(〈중앙일보〉, 2007. 10. 3, 주한독일대사 노르베르트 바스 인터뷰 기사).

정권의 불법행위에 대한 청산문제는 반드시 제기될 것으로 판단된다. 따라서 북한에서 자행되는 체제불법에 대한 청산방안은 독일처럼 철저하고 치밀하게 준비해야 할 것이다. 북한정권 출범 이후부터 체제 수호 목적으로 자행되어온 불법행위의 청산방안에 대한 연구는 물론이고, 현재 진행되는 북한체제의 불법행위를 감시하고 이와 관련된 증거자료를 수집하는 기구의 설립도 더 이상 미룰 수 없는 과제라고 생각한다.

9 미국의 인권단체인 프리덤하우스는 2012년 6월 27일 북한을 지난 40년 동안 '최악 중 최악'의 인권탄압국으로 분류한 바 있다.

2. 체제불법과 청산방안

앞서도 지적한 바이지만 북한의 인권상황은 경제난에 기인한 부분도 적지 않지만 오히려 북한체제의 불법성에 기인한 부분이 더 크고 심각하다. 사실 북한은 최근 경제난이 시작되기 전에도 정치적 이유로 수많은 사람들이 공개처형되거나 강제수용되었던 것으로 알려졌다. 북한은 북한주민뿐만 아니라 남한주민을 대상으로 불법을 자행하기도 하였으며 미국인이나 일본인 등과 같은 외국인들에 대한 테러나 납치도 확인된다.

이처럼 북한정권이 체제유지나 정권연장을 위하여 자행한 각종의 불법행위는 체제불법(*Systemunrecht*)으로서의 특성을 보인다. 체제불법이라 함은 논의의 상황과 여건에 따라 다양하게 정의될 수 있지만 통상적으로 '행위 당시에는 국가의 권력강제에 의하여 보장되는 총체적 규범질서 속에서 실정법이나 이에 준하는 명령에 근거한 국가행위의 형태로 자행됨으로써 체제 내부에서는 불법으로 평가받지 아니하였지만 그 체제의 붕괴로 인하여 종전의 가치질서와 법률체계가 전환됨에 따라 비로소 불법으로 평가받는 행위'라고 정의된다.[10]

이러한 체제불법은 특정한 정치조직체 내에서 제정된 법률에 근거하여 자행된 행위, 법률에 의하여 허용되거나 명령된 행위, 체제유지를 위하여 정권수뇌부에 명시적·묵시적 의사에 따라 이루어진 행위를 포괄하는 개념으로서 이러한 행위들은 행위 당시에는 적법한 행위로 취급된다. 그러나 이러한 체제불법은 그 체제가 붕괴되어 이념이나 가치가 전환된 새로운 체제가 수립되면 비로소 그 불법성이 드러나 그 행위자에 대한 법적·도덕적·정치적·사회적 책임이 추궁되는 특징을

10 법무부(1995), 《통일독일의 구동독체제불법청산 개관》, 45면.

갖는다.

인류역사상 수많은 체제불법이 존재했지만 가장 대표적인 것으로는 나치체제가 있다. 이런 극우적 불법은 물론 공산체제와 같은 극좌적 불법도 그 예이다. 이러한 체제불법의 공통점은 인류에게 생명의 위협 등 인권침해로 수많은 고통을 초래함으로써 인간의 존엄성을 침해했다는 점이다.

이러한 체제불법의 청산방안도 인류역사상 여러 가지 유형이 존재한다.[11] 과거체제가 남긴 불법의 잔재를 청산하는 작업이라는 의미의 불

---

11 Klaus Kinkel이 분류하는 4가지 유형의 불법청산은 다음과 같다. ① 불법행위자를 모두 사면하는 방식이다. 라틴아메리카의 군사독재체제가 저지른 불법에 대한 형사책임은 군사독재 종식 후에 독재자들과 그 협력자들을 과감히 사면하는 방식으로 청산되었다. ② 사회 전체가 과거의 불법을 묵인하고 아무일도 없었던 것처럼 지나가는 방식이다. 제2차 세계대전이 종료한 후 전쟁에 대한 책임자들 중에서 전범재판에 회부된 자들을 제외하고 어떤 사람에게도 그 책임을 묻지 않았던 일본의 사례가 여기에 해당한다. ③ 간단하고 형식적인 재판절차를 거쳐 과거의 불법행위자들을 단죄하고 가혹하게 처벌하는 방식이다. 폭력혁명에 성공한 정권이 과거체제의 정적을 제거하고 권력의 안정적 기반을 마련하기 위해 취했던 방법으로 역사상 수많은 선례가 존재한다. ④ 법치국가원리에 입각한 적법절차에 따라 가해자를 사법처리하고 피해자를 구제하며 불법행위로 인하여 발생한 부당한 결과를 원상회복하는 방법이다. 이것은 통일독일이 동독의 체제불법을 청산함에 있어 취했던 방식이다(Klaus Kinkel, Wiedervereinigung und Strafrecht, JZ 1992, S. 486). 이에 반해서 Helmut Quaritsch가 들고 있는 4가지 과거극복의 유형은 다음과 같다. ① 과거를 무시하는 유형: 새로운 정권이 구정권의 주요 대표자들에 의해 이루어진 경우 형법적 불법청산은 이루어지지 아니한다. 예컨대 1975~78년 자유민주주의 질서에 의하여 Franco체제가 붕괴된 스페인의 경우 일부 장군에 대한 퇴임만이 권고되었을 뿐이다. ② 사면: 사면은 불법적 과거에 대한 반작용 중에서 극단적인 문제해결 방안이라고 할 수 있다. ③ 린치: 1944~45년 프랑스에서는 이러한 방법으로 2만여 명의 나치협력자들이 불법적으로 사살되었다. ④ 특별법 또는 특별형사법을 통한 국가수단에 의한 청산〔Helmut Quaritsch

법청산(*Aufarbeitung des Unrechts*)[12]은 관점에 따라서 법적 청산, 역사적 청산, 정치적 청산, 사회적 청산, 도덕적 청산 등으로 다양하게 분류할 수 있을 것이다. 물론 일정한 기준과 대상을 정하여 불법행위자들을 사면하는 것도 불법청산의 또 다른 방법이 될 수 있을 것이다.

정치적 청산은 법적 제한이나 절차에 구애받지 않고 정치적 필요나 상황에 따라 체제불법을 청산하는 방법으로 인류역사상 가장 애용되었던 방법이었다. 그러나 이러한 방법은 과거의 불법을 청산하기 위하여 또다시 청산되어야 할 현재의 불법을 만들어 낸다는 점에서 악순환일 뿐 근본적인 문제해결책이 되지 못하였음은 역사적 경험으로도 알 수 있었다. 그렇다고 과거의 불법에 대하여 사면이라는 면죄부를 주어 완전히 용서하는 방법도 새로운 공동체의 기초가 되어야 할 사회적 통합을 저해하고 또 다른 불법을 야기하여 갈등의 원인이 될 수 있다.

인류역사를 되돌아보면 체제불법에 대한 정치적 청산이 형식적 재판절차를 통해 이루어진 혁명재판의 경험도 어렵지 않게 찾아볼 수 있다. 그렇지만 그것은 법의 이름을 빌린 정치재판에 불과했다. 이러한 방식의 불법청산은 피해자의 보복감정을 충족시키고 새로운 정치세력의 정치적 기반을 강화시키는 일시적 성과가 있었을지 모르지만 불법이 정화된 깨끗한 미래창조의 기틀을 마련하고 새로운 공동체 건설을 위한

(1992), Theorie der Vergangenheitsbewältigung, *Der Staat*, *Bd. 31*, S. 519ff.〕

12 '불법청산'은 과거 나치정권의 불법행위를 규명하여 청산하기 위해 처음으로 사용된 이래 독일통일 후 학설과 판례에 의하여 동독체제의 불법적 잔재를 청산하기 위한 국가작용을 의미하는 개념으로 사용되었으며 과거청산(*Aufarbeitung der Vergangenheit*), 과거극복(*Vergangenheitsbewältigung*) 등의 용어와 별다른 개념구분 없이 혼용되어 왔다〔박수희(1999), "형법을 통한 통일독일의 구동독체제불법 청산에 관한 연구", 경희대 박사학위논문, 7면〕.

사회적 통합을 이루어내는 데에는 성공하지 못하였다.

혁명재판이나 전범재판에 의한 불법청산은 성공한 혁명세력이나 전승국의 목적과 편의에 따라 청산방법과 기준이 유동적일 수 있으므로 규범학적 연구대상으로 삼기도 어렵고 평화적 통일방법을 규정한 우리 헌법정신에도 부합하지 않는다. 따라서 이러한 방법들은 북한체제의 불법청산 방안과 관련하여 올바른 해답을 제시할 것으로 기대되지 않기 때문에 논의 대상에서 제외한다.

체제불법의 청산방안은 그 필요성과 상황에 따라 다양한 선택이 가능하겠지만 법적 청산이 가장 보편성을 갖춘 합리적 방안이라고 하겠다. 그 이유는 법원칙에 의한 불법청산만이 청산의 주체와 대상자는 물론이고 이를 지켜보는 공동체 구성원 모두가 승복할 수 있는 확고하면서도 정의로운 기준을 제공할 수 있기 때문이다. 인류역사상 체제불법을 법적 청산방법으로 처리하였던 선례는 흔하지 않았지만 통일독일의 동독 독일사회주의통합당(SED) 체제에 대한 불법청산은 인류역사상 가장 전형적인 법적 과거청산으로 평가될 수 있을 것이다. 통일독일의 불법청산은 승자의 사법(*Siegerjustiz*)이 되지 않도록 철저하게 '법치국가원리'에 따라 진행되었다.[13]

---

13 동독의 체제불법에 대한 통일독일의 사법적 청산에 대한 비난은 두 가지 측면에서 제기되었다. 그중 하나가 '승자의 사법'으로 자의적이라는 것이고, 다른 하나는 지지부진하고 성과가 미흡하다는 것이다. 승자의 사법이라는 주장은 통일독일의 사법적 청산조치는 하나의 주권국가였던 동독의 법질서와 사법실무를 무시하고 사후적으로 불법이라고 선언하는 것은 법적 근거가 없는 일이고 궁극적으로 승자가 패자에 대하여 행사하는 사실상의 힘(*Macht*)에 근거한 것이라는 것이다. 그러나 통일독일의 사법적 불법청산은 독일형사소송법 제152조 제2항의 기소법정주의(*Legalitätsprinzip*)에 따라 기소되었고, 동독법에 의하더라도 가벌적 행위만을 처벌하였다는 점에서 독일기본법 제103조 제2항 및 독일형법 제1조에 기초한 죄형법정주의(*nulla poena*

이렇듯 통일독일의 불법청산이 법치국가원리를 충실히 준수하며 추진되게 된 배경을 간단히 살펴보면 다음과 같다. 우선 정치적 관점에서 1989년 동독 시민혁명의 목적은 법치국가의 확립에 있었다. 나아가 헌법적 관점에서도 동서독의 이질적 법질서가 법치국가원리를 기본원리로 하는 독일연방공화국의 기본법질서 아래 하나로 통합되었던 관계로 통일독일의 불법청산은 기본법상의 법치국가원리를 바탕으로 해야만 했다. 한편, 법정책적 관점에서도 동독체제불법의 청산작업은 법치국가이념의 완성이라는 목표 아래 추진되었다.

끝으로 역사적 관점에서 독일은 지난 반세기를 간격으로 자신의 역사의 일부를 스스로 부정해야 하는 불법청산이라는 민족적 불행을 두 번씩이나 겪었다.[14] 통일독일은 나치불법 청산과정에서 자행되었던 또 다른 불법이 반복되어서는 동서독 주민의 완전한 사회적 통합은 불가능하다는 점을 분명히 인식하고 동독의 체제불법을 철저하게 법치국가원리에 입각한 사법절차를 통하여 청산하였다.

통일독일이 고집하였던 법치국가원리에 따른 동독체제에 대한 사법적 불법청산은 개별적인 책임을 확정하고 관여정도를 구체적으로 확인하는 작업을 전제로 하므로 당시에는 비록 느리고 불완전한 것으로 보였을지 모르지만 이제는 이러한 불법청산만이 동서독 주민 모두가 바라는 새로운 공동체의 완성과 진정한 통일을 도모하는 최적의 방법이

---

sine lege)를 준수하였으므로 승자의 사법이라는 비난은 타당하지 않다는 반론이 제기되었다〔Schweizer Katja(1999), *Täter und Opfer in der DDR: Vergangenheitbewältigung nach der zweiten deutschen Diktatur*(Bochum Univ., Diss., 1998), S. 178ff.〕.

14 독일 문헌에서는 나치불법의 청산을 'Entnazifizierung'으로, 동독 독일사회주의통합당(SED) 체제불법의 청산을 'Entstasifizierung'으로 비유하여 표현되기도 한다. 이때 Stasi는 동독 국가공안부를 상징하는 약자의 의미로 사용된 것이다(Schweizer Katja, a. a. O., S. 174 참조)

었다는 평가를 받고 있다.

통일독일이 동독체제의 불법을 청산함으로써 통일직후의 사회적 혼란을 신속하게 수습하고 오늘날 유럽연합(EU)의 중심국가로 거듭나는 재건의 기틀을 마련할 수 있었던 원동력의 저변에는 인간의 존엄성을 최고의 가치로 여기는 기본법 정신[15]의 바탕을 이루는 법치국가원리가 작용하였기 때문이다. 통일독일은 과거의 청산과 미래의 건설을 모두 법치국가원리에 따라 진행하였으며, 이러한 법치국가원리는 유럽연합의 새로운 가입국들에도 이식되고 있다.[16] 통일독일은 제2차 세계대전의 여파로 시작된 민족분단의 불행한 역사를 법치국가원리에 입각한 평화적 방법으로 청산하고 새로운 민족공동체 건설에 성공하였으며 이를 바탕으로 유럽연합의 중심축이 되었다.

이러한 통일독일의 성공적인 불법청산 작업은 우리 헌법과 우리 민족의 염원인 민족의 평화적 통일을 대비하는 준비작업을 위해 의미 있는 좌표를 제공할 것으로 판단된다.

민족사적으로 보면 우리 민족은 독일민족보다 훨씬 장구한 단일국가를 유지했음에도 불구하고 독일민족과 달리 분단상태를 아직 극복하지 못하고 있다. 더욱이 북한정권은 봉건적 세습독재정권이라는 것이 국제사회의 지배적 평가이고, 최근 들어 정권수립 이후 최악의 상태로 악화된 인권상황은 국제사회의 심각한 우려를 사고 있다. 북한체제는 최근의 인권상황에 비추어 동독체제와 비교할 수 없을 정도로 불법성이 강하다는 평가를 받는다. 따라서 우리 민족이 평화적 통일이라는 헌법

15 독일연방공화국 기본법 제1조 제1항: 인간의 존엄은 불가침이다. 이를 존중하고 보호하는 것은 모든 국가권력의 의무이다.

16 유럽연합은 1992년 설립조약인 마스트리히트 조약에서 자유·민주주의와 함께 법치주의를 근간으로 하여 인권과 기본적 자유에 대한 존중을 추구하고 있음을 선언하였다.

적 목표[17]를 성취하게 된다면 북한정권의 체제불법은 마땅히 청산되어야 할 것이다.

그러나 북한체제에 대한 불법청산은 결코 승자의 심판이나 복수의 유혈극이 아니라 새로운 민족공동체의 내적 통합을 기하고 정의로운 미래사회를 만들기 위한 정초작업이 되어야 한다. 그러기 위해서는 북한체제에 대한 불법청산은 철저하게 평화적 방법에 의하여 진행되어야 할 것이며 그 원칙과 기준은 우리 헌법상 최고의 가치와 원리인 인간의 존엄성에 바탕을 둔 법치국가원리에서 구해져야 할 것이다.

이러한 점에서 동독체제의 불법적인 잔재들을 법치국가원리에 입각하여 평화적으로 청산하였던 통일독일의 경험은 북한과의 통일을 대비하는 우리에게 많은 교훈을 주고 있다. 따라서 이 책에서는 먼저 헌법적 관점에서 '철저하게 법치주의원리에 입각하여 진행되었던 통일독일의 평화적 불법청산'을 살펴보면서 거기에서 드러난 수많은 쟁점들을 발굴하여 종합 정리하고, 이를 바탕으로 하여 우리 민족의 통일국가가 필연적으로 직면하게 될 것으로 예상되는 '북한체제에 대한 불법청산'을 위한 합리적 방안을 수립함에 있어 반드시 제기될 중요한 헌법적 문제점을 미리 점검하여 보고자 한다.

17 헌법 전문 및 제4조 등을 참조.

3. 법적 청산과 법적 쟁점

일반적으로 체제불법의 법적 청산은 크게 나누어 3가지 방법으로 나누어 볼 수 있겠다. 먼저 이를 협의로 해석할 경우 체제불법을 자행한 가해자에 대한 형사처벌을 의미한다고 할 것이다. 이를 광의로 해석할 경우에는 가해자에 대한 형사처벌 이외에 체제불법 희생자에 대한 구제는 물론, 불법체제 아래서 발생한 몰수재산의 원상회복이나 슈타지 문서의 처리도 포함된다. 이를 최광의로 해석할 경우에는 과거 불법체제가 남긴 모든 불법적 잔재가 그 청산의 대상이 되며 사법제도나 소유제도 개편, 사법기구 등 폐지된 국가기구의 재건이나 정상화 조치 등과 같은 제도적 청산까지도 이에 포함된다고 할 것이다.

협의의 법적 청산은 주로 형법학적 문제점들을 부각시키기에는 적절하겠지만 헌법학적 관점에서 고찰하기에는 다소 협소한 감이 있고, 최광의의 법적 청산은 민·형사법학은 물론 행정법학의 연구대상이 되는 모든 문제들을 포괄하고 있어서 헌법학적 고찰대상으로 삼기에는 너무 광범위하다. 따라서 이 책에서는 헌법학적 관점에서 광의의 법적 청산 과정에서 발생하는 법적 쟁점들을 중점적으로 다루고자 한다.

광의의 법적 청산에서 문제되는 체제불법도 통상적으로 실정법적 근거 아래서 국가행위의 모습을 띠고 이루어졌기 때문에 이에 대한 청산 작업은 실무상 수많은 법적 장애에 부딪히게 된다. 대부분의 체제불법이 실정법에 근거하거나 이를 위반하더라도 위법성을 조각시키는 정당화사유가 함께 존재하는 상황에서 이루어졌던 것이므로 사후적으로 이를 부인하기는 쉬운 일이 아니다. 실정법적 근거를 가진 체제불법은 그 체제를 정당화시킨 실정법 체계를 넘어선 차원에서 그 불법성을 규명하고 처벌근거와 논리를 찾아야 하므로 결국 '법률적 불법'(*Gesetzliches*

Unrecht)에 대한 법철학적 해결의 문제에 봉착하게 된다.

국가 내에서 일반적으로 승인된 법질서에 따른 행위로부터 가벌성을 도출할 수 있다면, 법질서를 넘어 가벌성의 근거를 제공하는 상위규범은 무엇이며 그 존재양식은 무엇인가?

상반된 이데올로기가 반세기 이상을 지배한 엄연한 법현실을 돌아볼 때 개별국가적 가치와 문화의 상대성을 초월한 공통적 가치로서 정의의 기본원칙은 존재하는가?

실정법 체계를 넘는 초법률적 법의 근거는 무엇이며 초법률적 법이 존재한다면 사실상 통용되었던 실정법이 가질 수 있는 규범력은 어디에 근거하는가?

정책을 처벌할 수는 없지만 정책을 가장한 불법을 처벌할 수 있다면 그 정책과 불법의 경계는 무엇이며 실정법의 형식을 갖춘 국가의 정책이 어떠한 한계를 넘으면 불법으로 평가될 수 있는가?

체제불법이라고 평가하기 위해서는 비록 법률의 형식을 갖추고 있다고 하더라도 일반적인 법감정에 따르면 불법이 되는 그러한 행위들의 존재가 전제되어야 한다. 그러나 특정한 국가조직 내에서 국가행위의 형식으로 적법하게 행하여진 행위에 대하여 문화와 이데올로기의 상대성을 초월하여 가벌적이라는 평가를 내릴 수 있는 인류보편적 가치는 과연 존재하는가?

그러한 가치가 존재하더라도 그것이 구체적인 체제 속에 있는 규범질서 안에서 자기가 인식할 수 있는 규범질서를 믿고 행위하는 개별적 인간에게 강요될 수 있는가?

이러한 의문들에 답하기 위해서는 불법의 객관적 기준을 탐구하기 위하여 직면하는 수많은 법철학적 문제점들에 대한 해답이 요구된다. 체제불법의 청산은 결국 법실증주의와 자연법주의, 형식적 법치국가이념과 실질적 법치국가이념의 갈등은 물론 궁극적으로 국가와 법, 인간과 법의 관계에서 '법이란 무엇인가?'라는 근본적 문제에 이르게 될 수밖에 없게 된다.

결국 동독체제의 청산작업도 이러한 법철학적 문제에 대한 고민과 갈등의 토대 위에서 법치국가적 원리와 절차에 따라 진행되었던 것이다. 독일은 나치체제의 불법청산을 단행함에 있어 전쟁범죄와 인권유린범죄의 처단이라는 명분 아래 죄형법정주의의 틀을 벗어난 승자의 사법으로 책임자를 단죄하였다. 그러나 동독체제의 불법청산은 이와 달리 철저하게 법치국가적 원리와 절차에 따라 책임자를 처벌해야 하는 법적 한계를 가지고 있었다. 동독체제의 불법성을 규명함에 그치지 않고 그 안에서 행위자 개개인에 대하여 개별적 행위에 대한 위법성과 책임성을 규명해야 했고 이들의 동독체제에 대한 주관적 신뢰보호도 도외시할 수 없었던 것이다.

특정한 체제가 불법체제였다고 하더라도 그 체제 아래에서 이루어진 법률에 기한 행위, 승인되거나 용인된 행위, 처벌이 면제된 행위 등에 대하여 체제전환 후에 형사처벌 가능성의 근거를 찾아내는 일은 법치국가에서는 쉬운 일이 아니다. 그러므로 자유민주국가의 형사사법체계 아래서 과거의 체제불법을 청산하는 일은 이론적으로 한계와 어려움을 동반한다.[18]

과거의 체제불법을 청산하는 일이 승자의 보복이 아니라 정의로운 형사사법질서의 회복이란 관점에서 용인된다 하더라도 죄형법정주의를 최고원리로 하는 자유민주체제의 형사사법절차에서는 범죄자들의 처벌이 종종 한계에 부딪힌다. 특히 동독체제의 불법을 청산하는 일은 인류보편적 법감정에 반하는 불법을 자행하였던 나치체제의 범죄자들을 처벌하는 일과는 차원이 다른 이념적 복합성과 당위성을 극복하지 않으

18 법무부(1995), 앞의 책, 69면.

면 안 되는 어려움을 겪어야 했다. 그럼에도 통일독일은 동독체제의 불법청산을 철저하게 법치국가적 원리에 입각한 사법절차에 따라 진행했다. 통일독일의 불법청산에 관한 원칙과 절차를 규정한 통일조약[19]과 후속 법령들은 모두 법치국가적 원리와 요소가 충실하게 반영된 기본법을 바탕으로 한다. 통일독일의 불법청산은 궁극적으로 법치국가의 최고이념인 인간의 존엄성과 자유·평등의 회복을 목적으로 진행됐다.

이처럼 법치국가원리를 고수한 통일독일의 불법청산은 그 과정에서 수많은 법적 문제점들에 부딪히게 되었다. 앞서 지적한 법률적 불법의 문제는 동독체제의 불법청산 전반에 걸쳐있는 문제이지만 특히 동독국경법상에 규정된 탈출자 총격사살의 정당화사유를 인정할 것인지 여부와 관련하여 첨예한 학설의 대립을 초래하였다. 공소시효와 관련하여서는 소급금지 원칙이 문제되었으며, 준거법과 관련하여서는 동서독 기본관계가 문제되었다. 몰수재산의 처리와 관련하여서는 원상회복과 투자우선의 헌법적 근거가 문제되었으며, 피해자 구제와 관련하여서는 동독의 불법책임의 승계문제 등이 거론되었다.

이처럼 수많은 헌법적 문제들 가운데에는 항상 정의와 법적 안정성의 충돌문제가 내재한다. 독일의 학계와 실무는 이러한 수많은 법적 문제점들을 해결하기 위하여 노력한 결과 다양한 학설과 판례의 발전을 이룩하였다. 이 책에서는 이러한 학설과 판례 중에서 향후 북한체제에 대한 법치국가적 청산과정에서 우리에게도 교훈과 지침이 될 만한 헌법적 쟁점들을 중점적으로 다루게 될 것이다.

---

19 통일조약(Der Vertrag zwischen der Bundesrepublik Deutschland und der Deutschen Demokratischen Republik uber die Herstellung der Einheit Deutschlands = Einigungsvertrag)은 1990년 8월 31일 체결되어 같은 해 9월 23일 연방법률로 전환되었으며, 총 9장 45조문·의정서·3개 부속서로 구성되어 있고, 독일통일의 법적 기초를 이루고 있다.

4. 동서독과 남북한의 비교

앞에서 살펴본 바와 같이 통일동독의 불법청산은 과거청산에 관한 인류역사상 가장 민주적이고 평화적으로 진행되었다. 그것은 무엇보다도 동독의 체제불법을 청산함에 있어 그 원칙과 기준은 물론 방법과 절차를 자유민주적 법치국가원리에 충실히 의존하였기 때문에 가능하였다. 통일독일이 동독의 체제불법을 청산하는 과정이 지루하게 느껴지고 그 성과도 불완전하다는 불만[20]도 없지 않았지만 절차의 적법성이 확보된 가운데 인간의 존엄성을 기준으로 불법이 청산되었다는 점에서 인류역사상 선례를 찾아보기 어려운 모범적 사례로 평가된다.

그러나 통일독일이 동독체제의 불법청산에서 이룬 법적 성과를 북한체제의 불법청산에 적용함에 있어서는 신중을 요한다. 헌법적 현실에서 독일과 대한민국은 단일민족이 외세에 의하여 분단되었다는 공통점과 양 국가의 법질서가 모두 대륙법 체계라는 유사점을 갖고 있다. 그러나 이러한 공통점과 유사점에도 불구하고 양국의 법제도는 물론 법의식 · 법문화에서 많은 차이점이 있으며 동서독 관계와 남북한 관계는 서로 비교할 수 없는 본질적 차이가 있다는 점을 직시해야 한다.

우선 양자 사이의 중요한 차이점을 살펴보면 첫째 남북한은 동서독과 달리 상호 동족상잔의 전쟁을 치른 관계이며 그 전쟁상태가 아직 종료되지 않았다는 점이다. 우리나라도 남북 정상이 만나 전쟁의 종료에 관하여 의견을 교환한 적이 있는 것으로 알려졌지만 종전의 문제는 남

---

20 통일 후 구동독지역에는 이른바 '잔존연대세력'(*Seilschaft*)으로 불리는 구동독 고위직 인사들로 구성된 인적 집단이 형성되어 구동독 주민들의 복지와 운명에 영향력을 미치는 사회적 지위를 차지하고 상호 비밀을 유지하며 협조하는 현상들이 있었던바, 이러한 현상들은 구동독체제의 불법의 잔재들이 철저하게 청산되지 못하였음을 반증하는 결과라고 보인다.

북한이 자주적으로 해결할 수 없는 국제적 장애가 있다는 점은 설명을 요하지 않는다.[21]

둘째 남북한의 인적·물적 교류는 동서독의 그것에 비하면 너무나 미약한 상태라는 점이다. 동서독의 경계에 장벽이 설치되고 무장한 국경수비대가 총격으로 왕래를 차단한 가운데에서도 동독을 탈출하여 서독으로 이주한 사람이 적지 않았으며 고령자들은 당국의 허가를 받아 상대지역을 여행할 수 있었다.[22] 동서독은 상대지역에 상주대표부라는 이름으로 사실상의 대사관을 두었으며 정상적인 외교관계가 수립되어 있었다.

셋째 서독의 기본법은 그 적용범위를 서독지역으로 제한하고 있음에 반하여 대한민국 헌법은 북한지역도 그 효력범위로 한다. 동서독 기본조약(*Grundvertrag*)[23]은 동서독의 기본관계를 규율하는 법적 효력이 인정되었지만, 남북 기본합의서[24]는 남북의 교류협력을 장려하는 정치적 효력만이 인정되고 있을 뿐이다. 이상과 같이 동서독과 남북한 관계 사이에는 사회적·정치적·법적으로 중요한 차이점이 존재한다.

나아가 북한체제는 동독체제와 비교할 수 없는 특성을 드러낸다. 북한은 민주주의인민공화국을 표방하지만 사실상 모든 권력이 한 사람에게 집중된 1인 독재체제이다. 국가는 조선로동당의 영도에 따라 모든

---

21 6·25전쟁의 정전협정은 1953년 7월 27일 판문점에서 국제연합군 총사령관 클라크(Mark Wayne Clark)와 북한군 최고사령관 김일성, 중공인민지원군 사령관 펑더화이(彭德懷)가 참전국 대표로 서명하였다.

22 1961년 베를린 장벽이 구축된 이후에도 동서독 이산가족 25만 명이 재결합하였고, 매년 수백만 명 동서독 주민들이 상호 방문하였다.

23 공식명칭은 'Vertrag über die Grundlagen der Beziehungen der Bundesrepublik und der Deutschland und der Deutschen Demokratischen Republik'(동서독의 기본관계에 관한 조약)으로 1972년 12월 21일 체결됐다.

24 공식명칭은 '남북 사이의 화해와 불가침 및 교류·협력에 관한 합의서'로 1991년 12월 13일 체결되어 1992년 2월 19일 발효되었다.

활동을 진행하며 그 조선로동당은 지도자 1인의 지배하에 종속되어 있다. 북한은 전제군주의 국가에서나 볼 수 있듯이 3대에 걸쳐 권력이 세습되고, 사망한 지도자가 영원한 수령이나 지도자로 추앙받고 유훈으로 통치하는 유령체제이다. 북한은 주체사상이라는 고유의 이데올로기를 주창하며 사회주의 이론의 일반적 특성을 일탈하는 모습을 보여준다. 최근 UN인권이사회에서 채택된 〈북한인권보고서〉와 목숨을 걸고 북한을 탈출한 뒤 중국 등을 떠돌다가 남한으로 들어온 북한이탈주민들의 증언에 의하면 북한의 인권상황은 정상적 국가에서는 발생하기 어려운 참혹한 상황으로 묘사된다. 이러한 특성들은 북한체제와 동독체제의 불법성에 비교할 수 없는 측면이 있음을 상징적으로 보여준다.

이처럼 독일과 대한민국은 사회적 · 정치적 · 법적 토대에서 많은 차이가 있음에도 불구하고 통일독일의 동독체제에 대한 불법청산은 여전히 교훈적이고 시사적이며 표준적이라고 할 것이다. 왜냐하면 북한체제의 불법청산도 '법치국가원리에 따른 사법절차에 의해서 평화적으로 진행'되어야 한다는 점에서 동독체제의 불법청산과 다르지 않기 때문이다. 통일독일은 인류역사상 전례가 없을 정도로 철저한 법치국가원리에 의한 사법처리의 방법으로 동독의 체제불법을 청산하였고, 그 결과도 통일독일의 사회적 통합에 성공적 기여를 한 것으로 평가받기 때문이다.

따라서 이 책에서는 먼저 통일독일의 동독체제에 대한 불법청산 과정에서 야기된 헌법적 문제점들을 추출한 다음, 이를 동서독과 남북한 관계의 기본적 차이점에 의한 여과과정을 거친 뒤, 통일한국의 북한체제에 불법청산 방안을 수립하는 데에 반영하는 방식으로 논의를 전개할 것이다. 물론 이러한 헌법적 문제점들을 추출하고 여과하고 반영함에 있어 인간의 존엄성 및 자유와 평등을 최고의 가치로 하는 법치국가원리가 그 원칙과 기준이 됨은 당연한 일이라고 하겠다. 이러한 의미에서 이 책은 비교법적 연구방법을 채택한다고 할 수 있다.

5. 불법청산과 법치국가원리

통상적으로 체제불법에 대한 청산은 체제의 종식을 전제로 한다. 그러나 체제의 종식은 유기체의 자연사처럼 시간의 경과에 따라 자연스럽게 발생하는 것이 아니라 어느 때에든 체제 안팎의 새로운 힘, 즉 새로운 체제를 향한 추동력에 의하여 인위적으로 이루어진다. 따라서 새로운 체제를 수립하고 움직이는 힘은 어떠한 형태로든 과거체제를 정리하고 새로운 질서를 확립하려 할 것이다. 그러기 위해서는 과거에 대한 불법청산은 필연적으로 요구될 것이고, 이러한 청산작업을 수행하기 위해서는 무엇보다도 먼저 청산대상을 확정하고 청산방법을 결정하기 위한 원칙과 기준을 확정하는 일이 선결되어야 한다.

불법청산의 원칙과 기준은 새로운 체제를 수립하는 힘과 그것이 추구하는 가치에 따라 좌우될 것이다. 따라서 불법체제를 붕괴시키고 수립된 자유민주적 법치국가에서 불법청산은 그 원칙과 기준을 새로운 체제의 원동력인 국민들이 추구하는 최고의 가치인 인간의 존엄성에서 구해야 한다.

그런데 불법청산의 원칙과 기준을 인간의 존엄성에서 구한다고 하더라도 막상 불법청산의 실무작업은 수많은 법적 장애에 부딪히게 된다. 불법청산의 대상은 체제불법을 이루는 개별적 불법행위를 대상으로 한다.[25] 체제불법을 이루는 개별적 불법행위는 체제나 국가의 지시 또는 그 묵인 아래 자행된 것이므로 이에 대한 불법청산은 일반적인 불법행위

25 이 점에서 불법청산은 어떤 국가의 최고규범, 즉 헌법이 무효여서 그 국가 또는 정권의 권력작용에 정당성을 부여할 수 없을 경우 그 권력작용행위에 의해 형성된 질서를 어떻게 평가할 것인가 하는 문제와는 구분을 요한다〔김선택(2007), "유신헌법의 불법성 논증", 〈고려법학〉 제49권, 고려대 법학연구소, 197~199면〕.

에 대한 사법처리와는 다른 특성을 갖는다. 왜냐하면 불법청산은 과거 실정법이 허용하였던 행위를 사후적으로 불법이라고 판단하여 그 법적 효과를 거두거나 새롭게 형벌권을 행사하기 때문이다. 따라서 불법청산 작업은 인간존엄성을 실현하기 위한 법치국가의 구성원리인 정의와 법적 안정성의 끊임없는 충돌을 야기한다. 만일 불법청산이 법치국가에서 결코 포기할 수 없는 이 두 개의 법가치가 충돌하는 상황을 조화롭게 조정하지 못한다면 그것은 또 다른 체제불법을 낳거나 자칫 혁명재판 내지는 승자의 사법(*Siegerjustiz*)으로 변질될 수도 있다.

불법청산 과정에서 발생하는 정의와 법적 안정성의 충돌문제와 여기에서 발원하는 개별적 문제들을 해결하기 위한 법철학적 기초 내지 헌법이론 등은 이미 다양하게 제시되고 있다. 그럼에도 불구하고 막상 개별적이고 구체적인 체제불법의 청산작업을 추진하게 되면 실무적으로 수많은 법적 문제점들이 연쇄적으로 제기될 것으로 예상된다. 이러한 법적 문제들 가운데에는 헌법적 문제들은 물론이고 법철학적 문제, 국제법적 문제, 그리고 민·형사법적 문제들이 혼재하므로 이들은 복잡한 사실관계 확정문제와 서로 얽혀서 그 해결방안을 찾는 일은 매우 어려울 것이다.

이 책은 통일독일이 동독의 체제불법을 청산함에 있어 학계와 실무에서 제기되었던 수많은 법적 문제점과 해결책들을 살펴보면서 이를 헌법적 관점에서 체계적으로 정서하되 가급적 법치국가원리 및 인간의 존엄성과 관련되는 부분에 중점을 두었다. 이 책은 궁극적으로 인간의 존엄성을 최고이념으로 하는 법치국가원리가 북한체제의 불법청산 과정에서 어떻게 구현되도록 할 것인가에 지향점을 두고 각종 청산방안에서 제기될 수 있는 헌법적 문제점들에 대한 해결방안을 모색하게 될 것이다.

6. 개념정의

이 책은 남북한이 통일된 이후의 상황을 가정하고 있으므로 논의의 편의상 몇 가지 전제와 개념을 정의해 두고자 한다.

첫째, 체제불법의 청산은 불법체제의 종식을 전제로 한다. 따라서 이 책에서 다루는 북한체제에 대한 불법청산 방안도 궁극적으로 북한체제의 종식을 전제로 한다. 북한체제가 어떻게 종식될 것인가에 대하여는 여러 가지 예측이 가능할 것이다. 이것은 남북한의 통일방안과 표리관계에 있는 문제이기도 하다. 북한체제가 종식되는 통일방안으로는 크게 ① 남한이 평화적 방법으로 북한을 흡수하여 통일하는 방안, ② 남한이 무력적 방법에 의하여 북한을 복속시키는 통일방안, ③ 남북한이 협상을 통하여 대등한 입장에서 통합하는 방안을 상정할 수 있을 것이다. 우리 헌법은 전문과 제4조 등에서 통일의 방법을 평화적 통일로 제한한다. 따라서 이 책에서도 무력에 의하여 북한체제를 종식시키는 ② 번의 통일방안은 배제한다.

둘째, 앞서 살펴본 바와 같이 체제불법은 체제가 저지른 온갖 불법행위를 포괄하는 의미이다. 그런데 체제불법이라는 용어를 체제가 저지른 범죄라는 의미의 용어들과 혼용하기로 한 문헌도 있다.[26] 하지만 이 책에서는 '체제불법을 구성하는 여러 가지 유형의 불법행위 중에서 형법적 의미에서 범죄행위로 분류되는 불법행위'를 표현하기 위해서는

26 박수희(1999), 앞의 논문, 15~16면. 독일 문헌상에는 체제불법(*Systemunrecht*) 중 형법적 관점에서 체제가 저지른 범죄라는 의미를 나타내는 용어로 체제범죄 · 정권범죄 · 국가불법 · 거시범죄 · 수뇌부 범죄 · 국가에 의하여 강화된 범죄 등이 사용되고 있는바, 이러한 용어들을 체제불법과 혼용하기로 하고 있다.

'정권범죄'(*Regierungskriminalität*) 또는 '체제범죄'(*Regimekriminalität*)라는 용어를 사용함으로써 체제불법과 구별하기로 한다.

셋째, 이 책은 앞서 밝혔듯이 통일독일에서 법치국가원리에 따라 진행되었던 동독에 대한 불법청산을 주로 다룰 것이다. 따라서 이 책에서의 '불법청산'은 '체제불법에 대한 법치국가원리에 입각한 법적 청산'을 의미한다. 그리고 법적 불법청산을 포함하여 정치적 · 사회적 · 도덕적 · 역사적 불법청산 등 각종 유형의 불법청산을 포괄하는 의미로는 가급적 '과거청산'이라는 용어를 사용하여 구별하기로 한다.

넷째, 이 책에서는 논의의 편의상 북한체제의 불법청산을 담당한 주체로 '통일한국'이라는 개념을 상정하고 있다. 통일한국은 남북한이 어떤 형태로든 평화적 방법으로 통일을 이루어 북한체제가 종식된 우리 민족의 통일체를 의미한다. 우리 헌법 제4조에서 대한민국의 통일은 자유민주적 기본질서에 입각한 통일을 전제로 한다.[27] 따라서 통일한국은 인간의 존엄성을 존중하고 국민의 실질적 자유와 평등을 보장하는 법치국가인 점을 조건으로 한다. 통일한국은 인간의 존엄성을 존중하지 않고 국민에게 자유와 평등을 보장하지 못하는 불법국가 내지 전(前)법치국가를 배제하는 개념이다. 불법국가 내지는 전법치국가를 법치국가원리에 따른 불법청산의 주체로 상정할 수는 없음은 논리상 당연하다고 할 것이다. 종합하여 정리하면, 이 책에서는 통일한국의 개념을 '평화적 통일방법에 의하여 북한체제가 종식되고 남북한 주민을 구성원으로 하여 새롭게 구성된 민족공동체로서 인간의 존엄성을 존중하고 국민의 자유와 평등을 실질적으로 보장하는 법치국가'라는 의미로 사용하고자 한다.

---

27 우리 헌법재판소는 자유민주적 기본질서를 '모든 폭력적 지배와 자의적 지배, 즉 반국가단체의 일인독재 내지 일당독재를 배제하고 다수의 의사에 의한 국민의 자치 · 자유 · 평등의 기본원칙에 바탕한 법치국가적 통치질서'로 규정하고 있다(헌재결 1990. 4. 2. 89헌가 113).

1

불법청산의 이론적 기초

체제불법(*Regime-Unrecht*)은 법치국가(*Rechtsstaat*)의 일탈현상이다. 법치국가에서도 국가는 항상 불법적으로 행동할 가능성이 있다는 점을 배제할 수 없다. 법치국가 내에 국가책임을 묻기 위한 행정소송법이나 헌법재판소 제도가 요청된다는 것은 이러한 가능성을 배경으로 한다. 비(非)법치국가(*Nicht-Rechtsstaat*)[1]에서 법이란 권력의 유지 내지는 행사의 수단일 뿐이며, 법의 임무는 당시의 지배적인 이념의 실행에 국한되어 있다. 체제불법은 이러한 비법치국가에서 자행된, 법치국가적 이념에 기초하지 않은 행위들이다. 따라서 체제불법은 법치국가의 최고이념인 인간의 존엄성과 기본적 인권에 대한 침해라는 점에 그 본질이 있다.

법이 권력 유지와 행사의 수단일 뿐이며 그 임무가 이데올로기의 실현에 국한된 비법치국가가 양산한 체제불법을 청산하고 극복하는 일, 즉 불법청산은 그 뒤를 이은 법치국가가 맡아서 해야 할 일이다. 따라서 불법청산은 법치국가의 정상적 국가작용의 일환으로서 그 목적은 인간의 존엄성과 기본적 인권의 회복에 두어야 한다. 왜냐하면 법치국가의 최고이념은 인간의 존엄성과 기본적 인권의 존중에 있기 때문이다.

다시 말해 체제불법은 비법치국가에서 발생하는 국가적 불법행위이고, 이에 대한 불법청산은 법치국가의 정상적인 국가작용이므로 체제불법을 판단하는 기준과 이를 청산하는 원칙은 궁극적으로 인간의 존엄성과 기본적 인권의 보장을 핵심적 내용으로 하는 법치국가원리가 적용되어야 함은 당연한 일이다.

그러나 법치국가의 불법청산 작업에는 여러 가지 어려움이 따른다. 우선 선행국가가 저지른 잘못을 재단하는 척도를 마련해야 하고 또한 체제이질적(*systemfremd*) 척도를 소급해서 적용한다는 것은 법치국가원리에 위반될 위험성이 상존하고 있기 때문이다.[2]

체제불법의 청산문제에 대한 이러한 이해를 바탕으로 여기서는 통일독일과 통일한국의 불법청산 연구에 앞서 그 준비작업의 일환으로 법치국가와 법률적

1 이 책에서는 후술하는 불법국가(*Unrechtsstaat*) 내지 전(前)법치국가(*Vorrechtsstaat*)를 포괄하는 의미로 사용하고자 한다.

2 H. J. Papier & J. Möller(1999), *Die rechtsstaatliche Bewältigung von Regime-Unrecht nach 1945 und nach 1989*, NJW, S.3289.

불법에 관한 일반이론을 일별하기로 한다. 이에 대한 정확한 이해 없이는 통일독일의 불법청산에 대한 정확한 이해도 어렵고, 나아가 통일한국이 준비해야 할 북한체제의 불법청산 방안의 연구에 대한 올바른 방향설정도 불가능할 것이기 때문이다. 법치국가와 체제불법에 대한 정확한 이해는 불법청산에 대한 헌법적 연구의 기초가 된다고 하겠다.

01/ 법치국가와 체제불법

1. 법치국가와 비법치국가

1) 법치국가

(1) 성립과 발전

불법청산의 척도가 되는 법치국가원리의 헌법학적 내용을 확인하기 위해서는 먼저 법치국가 개념의 성립과 변천과정에 대한 이해를 필요로 한다. 법치국가 개념은 역사적으로 발전을 거듭했고 그 내용을 일의적으로 정의하기 어렵다. 그러나 연혁적으로 볼 때 법치주의는 본래 전제군주국가에서 군주와 그 추종세력들이 자의적으로 국민의 자유와 권리를 침해하여 온 역사적 상황에서 유래한 것으로, 국가권력을 법률에 기속시켜 통제함으로써 국민의 자유와 권리를 보호하려는 사상은 플라톤이나 아리스토텔레스까지 거슬러 올라간다.[1]

법치주의는 자연법에 근거를 둔 천부인권사상에 입각하여 국가권력

1 계희열(2002), 《헌법학(상)》, 박영사, 317면.

의 행사는 오직 법률에 의해서만 하게 함으로써 국민 개개인의 기본적 인권을 제도적으로 보장하려는 것이 그 출발이었다.

영국에서는 법의 지배(*Rule of Law*) 원리는 게르만법 사상을 배경으로 발전되기 시작하였다. 고대 게르만 민족의 법은 관습법이었다. 그러나 노르만 정복 이후 법의 형태가 관습법에서 보통법(*Common Law*)으로 전환되었다. 그러다가 중세(13세기) 이후 보통법 우위의 원칙이 확립되었는데 이는 군주의 절대적 권력을 억제하는 기능을 했다.

이를 주창한 자로는 중세에는 브랙톤(Bracton), 근세에는 에드워드 코크(Edward Coke)를 들 수 있다. 브랙톤은 "국왕은 누구의 밑에도 있지 않지만 그러나 신과 법 아래에 있다"라고 말하여 보통법 우위를 주장하였다. 판사였던 에드워드 코크는 국왕 제임스 1세와의 투쟁을 통해 왕도 보통법에 구속된다는 '보통법의 지배' 또는 '보통법의 우위'의 사상을 강조하였다. 그는 Dr. Bonham 사건[2]에서 "국회의 제정법이 보편적 정의와 이성에 반하거나 보통법에 반하는 경우 또는 그 자체가 모순되거나 집행이 불가능한 경우 보통법은 그것을 억제하고 이러한 법률을 무효라고 판단할 수 있다"고 주장하여 의회주권의 원칙에도 도전하였다. 코크 판사는 보통법 우위의 원칙은 국왕뿐만 아니라 의회에 대하여도 유지되어야 한다고 주장하였다. 그러나 영국에서는 의회주권의 원칙이 확립되면서 코크의 주장은 받아들여지지 않았다. 하지만 이는 훗날 미국의 위헌법률심사제도로 결실을 맺었다.[3]

근세(19세기)에 있어 영국에서 법의 지배의 원리를 고전적 또는 일반적 형식으로 체계 있게 정리한 학자는 다이시(Diecy)라고 해야 할 것

2 1610년 영국 본햄(Dr. Bonham)이라는 의사가 의사회의 허가 없이 개업하였다는 이유로 의사회가 감금하자 보통재판소에 불법감금을 이유로 소를 제기하여 온 사건이다.

3 이상윤(2000), 《영미법》, 박영사, 35면 이하.

이다. 다이시는 그의 저서 《헌법론 서설》(*Introduction to the Study of the Law of the Constitution*)에서 영국의 정치제도의 특성으로 의회주권과 함께 법의 지배의 원리를 들고 있다. 여기서 다이시는 법의 지배의 원리를 개인적 인권의 보장기구로서 성격을 부여하면서 ① 법의 우위(영국의 보통재판소에서 통상의 법적 방법으로 확정된 명백한 법의 위반의 경우를 제외하면 어느 누구도 처벌되지 않고 또는 법적으로 신체와 재산을 침해받지 않는다고 하는 의미), ② 법 앞의 평등(어느 누구도 법 위에 있는 것이 허용되지 않을 뿐 아니라 그 지위 또는 신분을 묻지 않고 모든 사람이 영국의 보통법에 복종하고 보통재판소의 재판권에 복종한다는 의미), ③ 영국헌법 특수성(헌법의 일반원칙, 말하자면 신체의 자유나 집회의 자유 등은 다른 나라에서와 같이 헌법전의 제정에서 유래되는 것이 아니라 영국의 경우는 재판소에 제기된 개개의 사건에서 사인의 권리를 결정하는 법원 판결의 결과이다. 이와 같이 영국에서는 개인의 자유권이 국가의 보통법에 의해서 확고한 토대가 이뤄졌기 때문에 이 권리는 국가의 모든 제도나 생활양식에서 완전한 혁명이 없으면 거의 파괴될 수 없는 것이라고 하는 의미) 등 3가지 의미로 정리하였다.[4]

영국에서 근세 법의 지배의 원리가 당시를 풍미하던 자유방임주의 사상과 현실에 기초하여 다이시에 의해 체계적으로 정립되었다면, 아직 절대적 계몽주의 지배하에 있던 독일에서는 당시 법치국가적 기반이 거의 없었다. 따라서 현실을 배경으로 한 것이 아니라 이성법(*Vernunftrecht*)을 바탕으로 초기 자유주의적 법치국가이론이 형성되었다. 이 당시 칸트(Kant), 피히테(Fichte), 훔볼트(Humbolt) 등에 의하여 주창된 법치국가(*Rechtsstaat*)의 관념은 실질적 내용을 갖는 것으로서 개인의 자유를 위하여 법을 확보하는 데 의미가 있다는 점에서 영국

4 A. V. Dicey(1952), *Introduction to the Study of the Law of the Constitution*, 9th ed., pp. 188~203.

에서의 법의 지배의 이념과 다르지 않았다.

대표적으로 칸트는 법치국가를 인간의 자유와 권리로부터 도출한다. 법은 자유로운 도덕적 존재의 자율적 의지가 경험적 자아의 자의(*Willkür*) 및 그 밖의 것에 의해서 손상되지 않게 하기 위하여 행하여지는 실천이성의 입법적 소산이다. 따라서 법은 어떤 사람의 자의가 타인의 자의와 자유의 보편적 법칙에 따라 조화를 이루기 위한 제 조건의 총체로서 이러한 법질서를 유지하려는 수단으로서 국가가 요청된다. 즉, 국가는 법의 아래에서 다수 인간의 결합으로서 개인간의 계약(본원적 계약)에 의하여 성립하고, 인간은 무법한 자유를 포기하고 천부의 자유를 확보하기 위하여 국가의 일원이 되는 것이다. 그러므로 각자는 국가에서 인간으로서의 자유와 권리를 가지게 된다.[5]

독일에 있어 이러한 이성법에 기초한 자유주의적 법치국가의 관념은 19세기에 접어들어 프로이센이 근대화되고 영국의 정치적 발전과 프랑스 입헌주의의 영향을 받게 되어 점차 현실의 바탕을 얻게 되었다. 이 당시 활동한 로텍(Carl v. Rotteck)이나 몰(Rudolf v. Mohl) 등의 경우도 법치국가의 본질을 권리의 보장에서 구하였다는 점에서 칸트의 그것과 크게 다르지는 않았다. 몰은 법치국가를 '개인의 계약에 의해 구성되고, 그 활동이 개인의 자유를 위해 제한되는 새로운 형태의 국가로서 정확한 법률을 제정하고 신민의 보호를 위해 법원을 설치하는 국가'로 이해하였다.

그러나 19세기 중반에 이르러 독일에서 법치국가는 위와 같은 실질적 의미에서 벗어나 점차 '형식적 법치국가'의 관념으로 흐르기 시작하였다. 그 단초는 슈탈(F. J. Stahl)에게서 찾을 수 있다. 슈탈은 국가를

5 Alfred Christlieb Kalischer(1904), *Immanuel Kants Staatsphilosophie*, S. 14ff.

인륜국가로 이해하면서 그 통치의 조직으로서 법치국가를 필요로 한다고 보았다.[6] 즉, 인륜국가의 이념을 법의 방법으로 달성하고자 한 것이 법치국가이지 개인의 권리를 보호하는 것 따위는 법치국가의 개념과는 상관없으며, 따라서 법치국가는 국가의 목적과 내용이 아니라 국가가 스스로를 실현시키는 방식과 성격을 의미하는 것이다.[7]

나아가 오토 마이어(Otto Mayer)는 효과적이고 예측가능한 행정체계의 구성이라는 측면에서 법치국가를 더욱 형식화시켰다. 이처럼 법치국가 개념을 형식적으로 이해하게 된 이유는 초기 이성법적 목적이 어느 정도 실현되어 입헌주의적 헌법의 기초가 확립되기 시작한 상황에서 법치국가 개념을 선언적이고 추상적인 요청이 아니라 국가과제를 실현하기 위한 구체적 수단과 방법으로 이해할 시대적 배경에 따른 것이었다.

그러나 20세기 초에 풍미하였던 실증주의 아래서 이러한 법치국가의 개념은 변질되기 시작하였으며 초기에 이성법 질서의 구현이라는 국가목적이라는 관념은 완전히 제거되었다. 법치국가는 더 이상 국가목적을 실현하기 위해 국가가 지녀야 할 본질적 속성이 아니라 국가 그 자체가 엄격한 합법성의 체계를 이루고 있으므로 모든 국가는 법치국가라고 이해되었다. 따라서 형식적 법치국가에서는 입법자는 제한 없는 권능을 가지게 되었으며, 법률은 내용의 정당성과 상관없이 형식적 합법성만 갖추면 문제되지 않았다. 켈젠(H. Kelsen)의 말대로 "모든 국가는 법치국가이다"[8]라는 주장이 가능하게 되었던 것이다.

---

6 김강운(2005), "근대의 법의 지배와 법치주의", 〈법학연구〉, 제19집, 한국법학원, 13면.

7 Friedlich Julius Stahl(1963), *Die Philosophie des Rechts, Bd. II/2*, 6. Aufl., S. 137f.

8 Hans Kelsen(1925), *Allgemeine Staatslehre*, S. 44, 91.

그러나 이와 같이 법의 내용적 정당성에 상관없이 형식적 합법성만을 추구하는 실증주의적 사고는 결국 나치의 전체주의적 지배를 불러왔다. 나치의 체제불법(*System-Unrecht*)이라는 인류의 재앙을 경험하면서 법의 내용이나 목적의 정당성에 대한 관심이 다시 고조되었다.

2차 세계대전 직후 제정된 서독의 기본법(*Grundgesetz*)에서 법치국가 개념은 국가권력이 일정한 법가치나 법원칙에 의해 제한되며, 국가활동의 중심이 국민의 형식적 자유보장이 아니라 실질적으로 정당성을 갖는 법적 상태를 형성하는 데 모아져야 한다는 '실질적 법치국가' 개념으로 정립되기에 이르렀다. 즉, 서독의 기본법은 정당성에 기초하여 일정한 윤리적·정치적 기본가치들을 승인하고, 이러한 가치들에 대하여 우월적 효력을 부여하여 이것들과 배치되는 불법을 제거하도록 하였다. 이러한 실질적 법치국가에서는 법률의 형식보다는 법률의 내용이나 목적을 중요시하고 인간의 존엄성이나 자유·평등의 실현, 그 구체화로서 개별기본권의 보장을 법치국가적 질서의 핵심적 내용으로 이해하게 된다.

위와 같은 실질적 법치국가에 '사회적 법치국가'의 관념도 함께 등장하였는데 이는 전통적 자유방임주의 또는 시민적 법치국가 개념으로는 법치국가에서 발생한 빈부의 격차 등 사회적 불평등의 심화에 유효적절하게 대응할 수 없음을 확인하고, 이러한 사회적 불평등을 완화 내지는 제거하고 시민들의 실질적 자유와 평등을 보장하기 위하여 국가는 어느 정도 시민들의 생존을 배려하지 않으면 안 된다는 사고에 바탕을 둔다. 그러나 시민들에 대한 국가의 생존배려(*Daseinsvorsorge*)의 내용과 한계가 완결적 의미를 갖는 개념이 아니라는 점에서 자유주의적 법치국가 개념과 조화될 수 있는지 그리고 사회국가적 요소 중에서 어떤 부분이 법치국가 요소로 유입될 수 있는지에 대해서는 학계의 의견이 일치되지 않았다.

그러나 사회국가(*Sozialstaat*)를 복지국가(*Wohlstaat*)와 구별하여 '자유의 조건'을 형성하는 데에 참된 의미를 두는 것으로 이해한다면 인간의 존엄성과 자유·평등의 실현을 이념으로 하는 법치국가와 조화될 수 있다는 점에서 사회적 법치국가는 실질적 법치국가를 강화한 것으로 이해할 수 있다.[9]

(2) 기본요소

앞서 법치국가 개념의 발원과 변천에 대한 일별을 통하여 알 수 있듯이 법치국가 개념은 다의적이고 가변적이다. 그러나 그 근저에는 권력의 분립이라는 수단을 통하여 권력에 제한을 가함으로써 국민의 기본권을 보장하는 데 기본적 사상이 있다. 이는 오늘날 실질적 법치국가로 대변되는 것으로서 아무리 국가가 법률의 지배의 형식을 띠었더라도 그 내용이 정당하지 못하면 법치국가라고는 볼 수 없다는 것이다. 무엇이 정당한 것인지는 논란이 있을 수 있으나 그러한 부담이 따른다고 하여 법치국가의 개념을 형식적으로만 이해하고 불법국가 내지 전(前)법치국가에서의 불법청산을 포기할 수는 없다.

그렇다면 불법청산의 관점에서 원칙과 기준이 되는 법치국가 개념은 어떻게 이해할 것인가? 그것은 일반적으로 법치국가라는 평가를 받기 위해 요구되는 필요최소한의 전제조건들을 살펴봄으로써 가능할 것이다. 여기에는 다음과 같은 내용들이 포함된다고 이해된다.

첫째, 법치국가와 법질서의 이념과 목적이 인간의 존엄성과 자유·평등의 보장에 있어야 한다는 것이다. 만일 어느 국가가 인간의 존엄성과 자유·평등을 부정하거나 이를 목적이 아닌 수단으로 취급하는 경

9 허영(2002), 《헌법이론과 헌법》, 박영사, 274~275면; 계희열(1994), "한국헌법의 기본원리로서의 법치주의", 〈법학논집 제30집〉, 고려대, 12면 이하.

향을 보인다면 법치국가의 범주를 벗어난 불법국가 또는 전(前)법치국가로 평가되어야 할 것이다.

둘째, 법치국가의 구성요소로서 법의 최고성, 행정의 합법률성, 포괄적 위임입법의 금지, 독립된 재판과 사법적 권리구제절차 보장, 소급입법의 금지, 기본권의 보장, 신뢰의 보호, 비례성의 원칙, 권력의 분립 등과 같은 제도가 존재하여야 하고, 이러한 제도들은 국가의 이념과 목적인 인간의 존엄성을 보장하기 위하여 방해 없이 작동하여야 한다.

셋째, 법치국가의 구성원리로서 정의와 법적 안정성이 법질서 체계 속에서 원활하게 작동하여야 한다. 즉, 앞서 살펴본 법치국가의 구성요소들이 인간의 존엄성과 자유·평등을 보장하기 위하여 기능하도록 조절과 통제작용을 수행하여야 한다.

넷째, 위와 같은 법치국가의 구성요소나 구성원리가 구체적이고 객관적인 실정법 질서 속에 체계적으로 구현되어 있어야 한다. 법치국가에서의 모든 본질적인 원칙들은 법률개념 속에 제도적으로 포함되며 형식을 갖춤을 전제로 한다.[10] 인간의 존엄성 등을 보장한다는 명분으로 추상적이고 모호한 초실정법적 근거들이 원용되어서는 안 된다. 왜냐하면 초실정법적 기준들에 의해 국가권력을 실현할 경우 정치적 선동성이나 자의성이 개입되어 오히려 인간의 존엄성과 자유·평등을 해치는 결과를 초래하기 때문이다.

다섯째, 법치국가의 이념과 목적에 반하는 국가작용을 심사하고 제거하는 장치로서 불법심사제도가 존재하여야 한다. 만일 국가 법질서 내에 인간의 존엄성 등을 해치는 불법이 존재하는 경우 이러한 법질서는 불법질서로 안정화되어 결국 법치국가성을 상실하게 되기 때문이다.

---

10 Hermann Heller, 김효전 역(2001), 《법치국가의 원리》, 법원사, 211~212면.

여섯째, 이러한 법치국가의 제도와 장치들이 정치적 세력이나 사회적 환경으로부터 독립성을 가지며 계속성을 유지해야 한다.[11] 법치국가는 그 자체로서 독립성과 계속성을 가지고 사회적·정치적 세력으로부터 특정한 이해관계와 노선을 강요받지 않고 불편부당성을 유지해야 한다.

이상에서 살펴본 내용은 불법청산의 원칙과 기준을 제시할 법치국가가 갖추어야 할 필요최소한의 개념요소이다. 물론 불법청산의 방법에 따라서는 후술하는 바와 같이 사회적 약자를 배려하기 위한 사회적 조정급부가 필요한 경우가 발생할 수 있으나 이 경우에도 사회국가원리가 반영된 법치국가원리가 기준이 되어야 할 것이다.

2) 비법치국가

일반적으로 근대적 의미에서 (입헌) 국가라는 개념은 민주주의는 물론 법치주의와 밀접한 관계를 가지며 형성되었다. 물론 국가와 법 중에서 어느 것이 우선하느냐라는 법철학적 질문에 대한 대답에 따라 국가개념을 이해하는 데에 차이가 있지만, 양자가 완전히 독립된 개념으로 이해되지는 않는다. 법규범이 국가라는 현실을 규정하고 형성하지만, 국가라는 현실도 법규범의 형성에 영향을 미친다. 따라서 국가라는 사실 또는 힘이 법규범을 자의적으로 창설하거나 변경할 수 있다면 그러한 국가에는 이미 법규범이란 존재하지 않는다. 왜냐하면 법규범은 보편성과 일반성을 그 특질로 하는데 특수한 상황논리에 따른 법규범이란 이러한 보편성과 일반성을 갖추지 못하기 때문이다.

이러한 국가의 법은 규범이라는 외관을 갖추고 있을 뿐 권력자의 의

---

11 K. Hesse(1968), Der Rechtsstaat im Verfassungssystem des Grundgesetz in; Ernst Forsthoff(Hrsg), *Rechtsstaatlichligkeit und Sozialstaatlichkeit*, S. 579

지에 따른 명령에 불과하고 정당한 법이라고 할 수 없다. 정당하지 못한 법을 가진 국가를 모두 비(非)법치국가라고 할 수는 없을 것이다. 왜냐하면 정상적 법치국가에서도 위헌적 법률이 제정되고 시행되기 때문이다. 다만 법치국가에서는 정당하지 못한 법이 제정되고 시행되더라도 그것은 일시적 현상에 불과할 뿐이며 국가는 스스로 이것을 바로잡을 장치를 마련하고 있다.

따라서 정당하지 못한 법을 제정하여 시행하면서도 이를 스스로 바로잡을 장치를 갖지 못했거나 이러한 장치가 마련되어 있더라도 정상적으로 작동하지 않는 국가는 법치국가라고 할 수 없을 것이다. 다시 말하면 앞서 설명한 법치국가의 기본요소 중 어느 하나라도 결함이 있어 국가작용 전체가 법치국가원리에 의한 작동이 불가능한 국가는 법치국가가 아니라는 의미에서 비법치국가(*Nicht-Rechtsstaat*)라고 할 수 있겠다. 이러한 의미의 비법치국가로는 불법국가(*Unrechtsstaat*)와 전(前)법치국가(*Vorrechtsstaat*)를 그 예로 들 수 있다.

(1) 불법국가

국가의 모든 행위와 법체계가 불법이라는 의미에서 불법국가는 관념적으로는 상정할 수 있겠지만 이는 이론상으로나 현실적으로나 존재할 수 없는 개념이다. 왜냐하면 오직 불법행위만을 목적으로 하는 국가는 이미 국가라고 할 수 없으며, 인류역사상 그러한 국가는 실제로 존재하지 않았기 때문이다. 한 국가의 모든 법이 불법이어서 국가 자체가 불법국가라는 판정을 하는 것은 개념논리상 불가능한 일이며, 오직 어느 국가의 특정한 국가적 행위 내지 작용이 불법이라는 평가만이 가능한 일이다. 따라서 국가 전체가 불법이라는 의미의 불법국가라는 헌법이론상 존재할 수 없는 개념이고 따라서 용어상으로도 적절한 표현으로 보기는 어렵다고 하겠다.

(2) 전법치국가

불법국가라는 개념이 어감상의 의미와는 다르게 위와 같은 논리적 결함을 가진 부적절한 표현이라는 지적을 피하기 위하여 독일 국법학계에서는 전법치국가라는 개념이 사용되었다.[12] 1991년 독일국법학회에서도 동독이 불법국가인가 또는 전법치국가인가에 대한 논의가 있었다. 이 논의에서 다수견해는 첫째, 동독을 불법국가로 규정하기 위해서는 동독 전체와 그 법체계가 처음부터 불법적 요소를 함유하고 있어야만 하고, 둘째, 동독의 모든 판결이 불법인지 여부를 평가할 수 없고 오직 제 1, 2차 독일사회주의통합당(SED) 불법청산법률에서 규정된 사항들에 대해서만 한정하여 평가할 수 있다는 점에 비추어 동독을 불법국가로 평가하기 곤란하고 전법치국가로 평가하기로 결의한 바 있다.[13]

전법치국가라는 개념은 한마디로 비법치국가의 다른 표현으로 이해된다. 앞서 살펴본 법치국가라는 평가를 받기 위한 6가지의 전제조건 중 일부라도 갖추지 못한 국가는 전법치국가라는 평가를 피할 수 없을 것이다. 위의 조건들은 상호 긴밀하게 연결되므로 그중 어느 하나라도 충족되지 못하거나 무시된다면 법치국가라고 평가할 수 없기 때문이다. 나아가 위와 같은 조건들을 외형적으로 충족하지만 법현실에 비추어 정상적 작동을 멈춘 국가도 전법치국가의 범주에 있다고 하겠다.

---

12 '전법치국가'라는 용어는 독일 문헌상의 'Vorrechtsstaat'라는 용어를 단어적 의미에 충실하게 번역한 표현이지만 그 개념적 의미는 불완전 법치국가, 미성숙 법치국가, 비정상 법치국가, 불량한 법치국가라는 뜻으로 사용된 것인바, 이미 국내 일부문헌에서 이러한 의미로 '전법치국가'라는 용어가 사용되고 있으므로 이 책에서도 일단 이를 원용하기로 한다.

13 P. M. Huber, *Bericht*; *Staatsrechtslehrertagung 1991*, JZ 1992, S. 139ff.

2. 체제불법

1) 의 의

체제불법의 통상적인 개념에 대하여는 앞서 설명하였지만 이를 법치국가의 관점에서 간단히 표현하면 '비법치국가가 체제유지를 목적으로 국가기관 또는 그 하수인을 통하여 자행한 불법행위'를 의미한다. 이러한 체제불법은 통상 법률에 근거하여 또는 정권수뇌부의 명시적 명령이나 묵시적 의사에 따라 자행되며 체제존속 기간중에는 적법한 행위로 취급된다. 체제불법의 범주에는 자체적으로 불법성을 갖는 법률이 아니더라도 법치국가적 원리에 반하는 해석을 통해 이루어진 불법행위도 포함된다. 예컨대 반체제 인사를 탄압하기 위하여 법률을 이데올로기적으로 해석하여 적용하는 경우, 동일한 법률을 평등하지 않게 적용하는 경우, 형사절차가 외견상 진행되지만 유무죄나 형량이 정당의 수뇌부에 의해 미리 결정되어 재판부에 메모나 시나리오(*Drebuch*) 형식으로 전달된 경우 등이 이에 해당된다.

그 밖에도 구체적 법률에 기초하지 않는 권력층의 자의(*Willkür*) 또는 정치적 이유에서 행하여진 국가적 불법행위도 체제불법의 범주에 속한다고 할 수 있다. 이러한 행위 중에는 국가기관의 직접적인 개입 없이 전법치국가적 특수상황 아래서 사인간에 자행된 불법행위도 포함된다. 예를 들면 정당 수뇌부의 '확장된 팔'로서 그들의 부당한 명령이나 지시를 기계적으로 수행하거나, 그들의 충실한 정보원으로 체제유지를 위한 사인에 대한 정보수집에 가담한 행위 등이 있다. 물론 이러한 경우에도 정권수뇌부는 그 하수인들이 수행한 결과에 대한 '권력의 스위치'(*Schalthebel der Macht*)를 작동한 것이므로 그들의 행위가 체제불법을 구성함은 당연하다. 통상 체제불법이 범죄의 형태로 자행되는 경우에도 체제유지를 목적으로 국가 또는 당 지도부의 의사에 의하여 그 형법적 접근이 차단된다.

따라서 불법체제 내에서 가벌성이 도출되는 불법행위는 체제불법이라고 하기 어렵다. 그리고 체제불법은 특별한 체제적 또는 국가적 자의에 기초하여 발생한 구체적인 불법형태로 나타나므로 경제적 궁핍, 자유권과 행동의 일반적 제한 등과 같은 포괄적인 부정의나 정의의 흠결 등은 체제불법의 개념에 포함되지 아니한다.

2) 특 징

이와 같이 체제불법의 범주에 속하는 행위들은 행위 당시 실정법에 근거한 국가행위의 형태로 자행되거나 처벌의 대상에서 배제되어 체제 내부에서는 불법에 해당되지 아니하였으나 체제붕괴 후 종전의 가치질서와 법률체계가 전환됨에 따라 비로소 불법으로 평가받게 된다. 이처럼 불법체제가 종식되고 이념이나 가치가 전환된 신체제(*Neo-Regime*)가 수립되면 그 불법성이 드러난 체제불법에 대한 청산작업이 필요해진다. 그런데 체제불법의 청산이 필요하다고 하더라도 체제불법을 저지른 불법국가나 전법치국가 그 자체를 대상으로 할 수는 없다. 아무리 불법성이 강한 비법치국가나 불법체제라고 하여도 그 국가나 체제 전체를 불법청산의 대상으로 삼는 메타법률(*Metagesetz*)은 존재할 수 없기 때문이다.[14]

따라서 불법청산의 대상이 되는 것은 체제불법을 이루는 구체적이고 개별적인 불법행위이다. 이러한 개별적 체제불법 행위들은 불법성을

---

14 Georg Küpper & Heiner Wilms, Die Verfolgung von Straftaten des SED-Regimes, *ZRP* 1992, S. 91.

갖는 개개 법률이나 이에 기초한 명령의 수권을 근거로 합법적으로 이루어지며, 일반적 불법행위와는 달리 체제유지를 담당한 국가기관 또는 당기구를 통하여 조직적으로 자행된다는 일반적 특징을 갖는다.

이러한 의미에서 체제불법은 국가불법(*Staatsunrecht*) 또는 정권범죄(*Regierungskriminalität*)라고 불리기도 한다.[15] 따라서 체제가 붕괴된 이후에 이러한 개별적 행위의 불법성을 판단함에 있어서도 이러한 사정이 충분히 고려되어야 한다. 즉, 그러한 행위들은 법치국가원리의 위반이라고 하는 전체적 구조 속에서 이루어졌다는 점을 충분히 고려해야 한다. 이러한 형태의 불법행위는 실정법 질서에 대한 위반을 의미하는 통상적 범죄행위와는 그 차원이 다르다고 할 수 있다. 따라서 법치국가의 정상적 사회구조 속에서는 위법으로 평가하기 어려운 행위도 전법치국가의 비정상적 사회구조 아래서는 불법으로 평가될 수 있다. 가령 언제든 대체가능한 톱니바퀴의 부속품과 같은 하수인들을 향하여 권력의 스위치만 누르면 원하는 결과를 얻을 수 있었던 이른바 탁상범죄자(*Schreibtischmörder*)들의 죄책이 여기에 해당될 것이다.

3) 유 형

불법체제의 성격에 따라 불법유형도 다양하게 나타날 수 있다. 가장 보편적인 유형구분은 침해법익에 따른 것으로 ① 생명권의 침해, ② 신체와 건강에 대한 침해, ③ 자유에 대한 침해, ④ 거주와 이전의 제한, ⑤ 재산권의 박탈, ⑥ 직업에 대한 침해 등으로 나누어 볼 수 있다.

그 외에도 행위주체에 따라 ① 사법종사자에 의한 사법범죄, ② 경찰·교도관·세관원·국경수비대원에 의한 직무범죄, ③ 체제수호기관에 의한 안보범죄, ④ 경제부처에 의한 경제범죄 등으로 나누어 볼

15 법무부, 앞의 책, 241면 이하; 박수희, 앞의 논문, 7면.

수도 있고, 행위태양의 관점에서 ① 국경폐쇄, ② 법 왜곡, ③ 선거부정, ④ 간첩행위, ⑤ 강제입양, ⑥ 경제범죄 등으로 나누어 볼 수도 있다. 하지만 이러한 각종의 불법행위가 유형을 달리하고 있다고 하더라도 이들이 내포하는 불법의 본질은 법치국가원리에 위반하여 자행되었으며 인간의 존엄성을 심각하게 훼손하는 결과를 초래하였다는 점에서 대동소이하다고 하겠다.

02/ 체제불법의 청산

1. 서설

인류역사상 체제불법의 청산작업은 여러 가지 방법과 기준에 따라 다양하게 이루어졌다. 물론 체제불법을 청산하기 위하여서는 혁명재판이나 전범재판 등과 같이 법치국가원리에 구애받지 않고 정치적 필요나 상황에 따라 추진하는 방법도 있을 것이다. 그러나 이러한 방법은 불법을 청산하기 위하여 또다시 청산되어야 할 불법을 만들어 낸다는 점에서 체제불법의 악순환일 뿐 근본적인 문제해결책이 되지 못하였음은 역사적 경험으로도 알 수 있다.[1] 그렇다고 과거의 불법을 형식적 사면절차를 거쳐 완전히 용서해버리는 방법도 새로운 공동체의 기초가

1 독일은 나치체제를 청산하기 위해서 1945년 이른바 발트하임 재판을 통하여 나치협력자 수천 명을 처벌하였지만, 통일독일에서 다시 이 재판이 반법치국가적이라는 이유로 불법청산의 대상이 되었다(이 책의 사법종사자의 법왜곡 부분 참조).

되어야 할 사회적 통합을 저해하고 또 다른 불법을 야기하거나 갈등을 초래할 가능성이 있다.

따라서 인간의 존엄성을 최고이념으로 하는 법치국가원리에 의한 불법청산만이 청산 대상자는 물론이고 이를 지켜보는 공동체의 모든 구성원들을 사회적으로 통합할 수 있는 최상의 방법이라고 할 것이다. 이는 불과 반세기도 되지 않는 짧은 기간 동안 두 번의 체제불법과 이에 대한 불법청산을 겪었던 독일의 경험으로부터 실증적으로 확인된다. 법치국가원리에 의하지 않았던 나치체제의 불법청산과 철저하게 법치국가원리에 따라 진행되었던 동독체제의 불법청산은 인간존엄성의 구현과 독일민족의 통합이라는 측면에서 극명한 대조를 보였다.

법치국가원리에 입각한 불법청산으로 통일독일은 반세기 가까운 민족의 분단과 체제의 이질성을 극복하고 유럽연합의 구심점이 되고 있다. 통일독일은 법치국가원리에 의한 동독불법의 청산을 통하여 정의를 향한 법적 기초를 다지고 새로운 민족공동체의 번영을 위한 정서적 토양을 쌓아가고 있는 것이다. 여기에서는 법치국가원리에 따른 불법청산에 필요한 가장 기초적인 법원리로서 법률적 불법과 불법심사의 기준에 대하여 살펴보고, 나아가서 불법청산시에 발생하는 법가치의 충돌과 이에 관한 해결기준에 대하여 검토하기로 한다.

2. 법률적 불법

1) 의 의

법치국가가 담당해야 할 불법청산의 대상은 앞서 살펴본 바와 같은 전(前) 법치국가의 개별적 불법행위이다. 그런데 전법치국가에서 이루어지는 국가적 불법행위는 통상적으로 형식적 의미의 법률에 기초하는 경우가 대부분이다. 이미 전법치국가의 불법을 심사하는 데 있어 법치국가적 원리가 그 평가의 기준이 된다는 점은 앞에서 언급하였지만, 근대 이후 대부분의 국가가 형식적으로는 법률에 근거하여 국가작용을 하므로 이와 관련하여 다양한 법철학적 문제들이 제기될 수 있다.

그 첫 번째가 이른바 법률적 불법의 문제로서 과연 법률에 기초한 행위를 불법으로 판단하여 위반자를 벌하고 기존 질서를 소급하여 무효로 돌릴 수 있는 근거가 무엇인가 하는 점이다. 여기에서 이른바 라드브루흐 공식(*Die Radbruchsche Formel*)으로 야기된 법률적 불법의 판단기준에 관한 법철학적 문제에 봉착하게 된다. 라드브루흐는 "법률이 참을 수 없을 정도로 정의에 어긋나지 않는 이상 정의에 우선한다"[2]라는 그 유명한 명제로 인간의 존엄성을 부정하거나 법치주의의 본질을 훼손하는 실정법을 불법으로 선언할 수 있는 길을 마련해 두었는데 이를

---

2 Gustav Radbruch(1946), Gesetzliches Unrecht und übergesetzliches Recht, *SJZ*, S. 131 ff.
라드브루흐는 1946년 《남부독일 법률신문》(Süddeutsche Juristenzeitun)에 기고한 '법률적 불법과 초법률적 법'이라는 논문에서 불법판단의 기준을 제시하면서 처음으로 사용하였던 표현으로 이른바 '라드브루흐 공식'(*Die Radbruchsche Formel*)으로 불리면서 판례상 나치체제는 물론 동독체제의 불법판단기준으로도 활용되었다.

계기로 영미에서는 하트(H. L. A. Hart)와 드워킨(R. Dworkin)의 논쟁이, 그리고 독일에서는 드라이어(R. Dreier)와 회어스터(N. Hoerster)의 논쟁이 이어졌다. 이는 법의 개념, 법과 도덕의 관계, 자연법과 법실증주의 문제와도 관련되어 이른바 결합명제나 분리명제 등의 개념들을 생산하였다. 이하에서는 불법판단의 기준에 대한 이해를 명확히 하기 위해 위와 같은 법철학적 견해의 생성과 대립을 간단하게나마 살펴보고 소견을 덧붙이고자 한다.

2) 라드브루흐의 법개념

라드브루흐는 그의 저서 《법철학》(*Rechtsphilosophie*)에서 "법은 법가치, 즉 법이념에 봉사한다는 의미를 가지는 현실이다"[3]라고 정의한다. 그런데 라드브루흐에 있어 법이념은 넓은 의미의 정의로서 이를 세분하면 좁은 의미로서 정의, 합목적성, 법적 안정성으로 구분된다.[4]

여기서 합목적성은 라드브루흐의 가치상대주의적 관점에 따라 일의적으로 확정될 수 없으며 세계관의 주체가 결정하는 데에 따라 달라질 수밖에 없다. 또한 우월적 법이념도 시대마다 상대적으로 결정되는데 자연법 시대에는 정의, 경찰국가 시대에는 합목적성, 법실증주의 시대에는 법적 안정성이 우위를 차지한다. 그 결과 라드브루흐가 말하는 법이념은 형식적 개념에 머물 수밖에 없었다. 따라서 그의 법철학을 가지고는 당시 풍미하던 법실증주의의 전횡에 대해 어떠한 효과적 항변도 할 수 없었다.

2차 대전이 끝난 후 법실증주의의 전횡을 목격한 라드브루흐는 "법률적 불법과 초법률적 법"(*Gesetzliches Unrecht und übergesetzliches Recht*)

---

3 G. Radbruch(1956), *Rechtsphilosophie*, 5. Aufl., S. 123.

4 G. Radbruch. a. a. O., S. 168ff.

이라는 단편의 논문에서 법실증주의를 향해 "법률은 법률이다"라는 확신으로 법률가들로 하여금 자의적이고 불법적인 내용의 법률에 대해 저항할 수 없게 만들었다고 비판했다. 그는 법적 안정성의 측면에서 통상의 경우에는 법률의 우위가 인정되지만 법률의 정의에 대한 충돌이 참을 수 없는 정도에 이르게 되면 부정당한 법으로서 정의에게 양보되어야 하고, 또한 한 번도 정의를 추구하지도 않았고 그 핵심내용인 평등을 의식적으로 부인한 법률은 부정당한 법이 아니라 도무지 법으로서 성격을 갖추지 못한 것이라고 주장하였다.[5]

3) 영미에서의 논쟁

라드브루흐의 위와 같은 후기 법개념은 비실증주의적 법개념을 주장하는 것으로서 법개념에 도덕적 요소를 끌어들인다고 하여 먼저 하트의 비판을 받았다. 하트는 그의 저서 《법의 개념》(*The Concept of Law*)에서 "법이란 무엇인가?"라는 근본물음에는 항상 되풀이되어 나타나는 3가지 문제영역이 있다고 하였는데 이는 다음과 같다.

> 첫째, 법이 강제를 배경으로 하는 명령과 어떻게 다르고 어떻게 관련되는가? 둘째, 법적 의무와 도덕적 의무는 어떻게 다르고 어떻게 연관되는가? 셋째, 규칙은 무엇이고 법은 어느 정도로 규칙의 문제인가?

---

5 G. Radbruch, *Gesetzliches Unrecht und übergesetzliches Recht*, in: ders., a. a. O., S. 347ff. 이를 라드브루흐 공식이라고 하는데 드라이어와 알렉시는 이를 법실증주의에 대하여 불법논거라고 부른다. 라드브루흐 공식에 대한 국내문헌으로는, 이재승(2004), 라드브루흐 공식, 〈법철학연구〉 제7권 1호, 99면 이하; 잘리거 저, 윤재왕 역(2000), 《라드브루흐 공식과 법치국가》, 길안사.

이러한 3가지 문제와 관련된 의문점과 복합성을 규명하지 않고는 법의 본질에 도달할 수 없기 때문에 하트는 법과 강제, 법과 도덕, 법과 규칙의 관계를 하나하나 분석적으로 고찰하면서 법을 도덕과 분리하여 파악하고 단순히 강제에 의해 뒷받침되는 명령과도 구분하면서 법을 규칙들의 체계로 파악한다.[6]

그에 따라 하트는 법체계를 행위규범으로서 1차 규칙과 수권규범으로서 2차 규칙으로 구분하고, 다시 2차 규칙을 승인규칙 · 재판규칙 · 변경규칙으로 세분하는데,[7] 그중 하트에게서 가장 중요한 의미를 갖는 규칙은 법체계에 속하는 규칙의 효력을 좌우하는 기준으로서 승인규칙이다. 그런데 하트에게 있어 승인규칙은 불확실한 1차 규칙을 확실한 1차 규칙으로 전환시키는 기능을 담당하는 사회적 규칙이지만, 도덕성과 같은 실질적 기준이 아니라 사회의 관행을 통해서 성립하는 경험적 사실로서 말하자면 영국에서는 의회에서 여왕이 제정한 것은 무엇이든 사람들로부터 법으로 승인된다.[8] 결국 하트의 법체계는 승인규칙을 정점으로 하는 하나의 통일된 경험적 · 사실적 규칙체계라고 할 수 있다.

위와 같은 하트의 분석적 · 실증적 법개념에 대하여 드워킨은 우선 법적용의 문제에서부터 하트를 비판한다. 드워킨은 이를 위해 규칙과 원칙을 구분하여[9] 법에는 규칙뿐 아니라 원칙과 같은 규범이 작동한다. 이른바 규칙이 없거나 불명확한 사안(*Hard Case*)에서 하트는 법관이 재량을 행사하여 규칙을 창설하거나 입법행위에 종사하게 된다고 보았는데 드워킨은 바로 그러한 사안에서 원칙이 작동하여 그 도움으로 문제

---

6 H. L. A. Hart(1994), *The Concept of Law*, 2. ed., Oxford Univ. Press; 하트 저, 오병선 역(2002), 《법의 개념》, 아카넷, 18면 이하.

7 오병선 역, 앞의 책, 105면 이하.

8 오병선 역, 앞의 책, 134면.

9 R. Dworkin(1990), *Bürgerrechte ernstgenommen*, S. 42ff., S. 58ff.

가 해결된다고 본다. 드워킨에게 있어 원칙은 정의, 공정 또는 도덕성의 요구이기 때문에 지켜야 하는 기준으로서 이러한 원칙에 의한 법결정이 구속력을 지니려면 법은 처음부터 규칙뿐 아니라 원칙을 포함하지 않으면 안 되는 것이다.

이러한 원칙에 대한 논의는 《법의 제국》(*Law's Empire*) 이란 그의 저서에서는 더 포괄적인 모습으로 나타난다. 법의 제국에서 드워킨은 법을 명백한 경험적 사실로 파악하는 하트의 이른바 '명백한 사실설'과 함께 법의 의미론적 해석을 비판하고 법에 대한 근본적 차이는 명백한 사실의 문제도 아니고 의미론적 문제도 아닌 해석적 문제라고 주장한다. 이에 따라 드워킨은 법의 개념을 과거의 정치적 결정이 현재의 정치권력 행사에 어떤 근거로, 어느 정도로 정당화하는가의 문제로 파악하고 이러한 문제에 대하여는 사회구성원 사이에 보편적 합의가능성이 있음을 전제하고 그 해석적 입장으로 관행주의, 법실용주의 및 통합성으로서의 법관념 3가지를 지적한다. 그는 통합성으로서의 법관념의 입장에서 법이란 우리의 삶 속에서 살아 움직이는 정치적 도덕성의 해석적 실천임을 보여주고자 한다.[10] 결국 드워킨은 다음과 같이 말함으로써 법의 도덕적 측면을 부정하지 않았다.

> 법이란 무엇인가? … 법이란 그 나름의 어떤 구체적인 개개의 분야를 지배하는 각각의 규칙이나 원리의 목록으로 다하는 것이 아니다. 또 우리 삶의 일부를 지배하는 어떤 공직자나 그의 권한의 목록을 열거하는 것으로 나타나는 것도 아니다. 법의 제국은 영토나 권한이나 절차에 의해서 정의되는 것이 아니라 태도에 의해서 정의된다. … 그것은 가장 넓은 의미의 정치에 대한 해석적·성찰적 태도이다. … 법의

---

10 R. Dworkin (1986), *Law's Empire*, Harvard Univ. Press; 드워킨 저, 장영민 역 (2004), 《법의 제국》, 아카넷, 391면 이하, 441면 이하, 497면 이하.

태도는 구성적이다. 법은 해석적 정신을 가지고 과거에 대한 올바른 믿음을 유지하면서 더 나은 미래로의 최선의 길을 보여주는 원리를 실천에 부여하는 것을 목적으로 한다. … 그것은 우리의 계획 · 이익 · 신념이 각기 다름에도 불구하고, 우리가 어떻게 공동체에서 결합되어 있는가를 보여주는 표현인 것이다. 결국 이것이 우리에게 법이다. 이것이 우리가 되고자 원하는 사람에 대하여 그리고 우리가 갖고자 목적하는 공동체에 대하여 법인 것이다.[11]

4) 독일에서의 논쟁

라드브루흐의 법개념은 독일에서도 실증주의적 법개념과 비실증주의적 법개념 간의 논쟁을 불러왔다. 논쟁은 드라이어가 그의 논문 "법의 개념"(*Der Begriff des Rechts*)[12]에서 실증주의적 법개념을 비판하면서부터 시작되었다.

드라이어는 위의 논문에서, 실증주의적 법개념에 따르면 어떤 임의의 내용이라도 실정법이 될 수 있으며 법과 도덕 사이에는 아무런 필연적 관련성도 존재하지 않는다고 하는데, 이는 '있는 법'과 '있어야 할 법'을 구분하여 법의 개념을 '있는 법', 즉 실정법에만 국한하고 규범 또는 규범질서의 실질적 정당성은 개념정의적 요소에서 배제한 데서 비롯된 것이라고 비판한다. 그 결과 실증주의적 법이론에서는 법의 개념을 정의하기 위하여 오로지 두 개의 근본요소, 즉 규범 또는 규범체계의 권위적 제정성과 사회적 실효성만이 남게 되어 그중 어느 관점을 지향하는가에 따라 법률실증주의와 사회학적 실증주의 두 모습으로 나타난다. 이러한 실증주의적 법개념에 대하여 드라이어는 두 개의 반대논

---

11 장영민 역, 앞의 책, 575면.

12 R. Dreier(1986), *Der Begriff des Rechts*, NJW, S. 890ff.

거, 즉 불법논거와 원리논거를 들어 실증주의적 법개념이 취하는 법과 도덕의 분리명제에 반대한다.[13] 그러면서 드라이어는 법이란 복잡다단한 현상이어서 상이한 관점에서 바라볼 수 있으며 권위적 제정성, 사회적 실효성, 실질적 정당성을 이성적으로 결합시켜야 한다. 그가 법개념의 정의로서 내린 결론은 다음과 같다.[13]

---

13 ① 불법논거는 법효력과 법적 특성이 부인될 정도로 매우 부당한 규범과 규범체계가 존재할 수 있다는 것으로서, 드라이어는 불법논거의 구체적 형태로서 라드브루흐 공식과 크릴레의 공식〔M. Kriele (1979), *Recht und praktische Vernunft*, Kap. 5〕을 거론한다. 라드브루흐 공식은 개별적 규범에 관계된 것으로서 이미 앞서도 보았다시피, 정의에 대한 법률의 모순이 법률이 부정의한 법으로서 정의에 양보해야 할 정도로 참을 수 없을 정도이면 실정법은 정의에 양보해야 하고, 따라서 불법적 법률이라는 것이다. 크릴레의 공식은 '개별적 규범에 관계된 것이 아니라 규범체계에 관계된 것으로서, 법이 전체적으로 권리를 고려한다고 전제하면 실정법을 따르는 것이 의무이다'라는 식으로 법적 의무와 도덕적 의무는 필연적으로 서로 연관되어 있는데, 이러한 조건은 법이 민주적 입헌국가의 원리에 바탕을 둔 체계의 일부분일 때 충족된다는 것이다. 따라서 크릴레의 공식에 따르면 특정한 전제적 규범과 제도로부터 법적 특성(*Rechtqualität*)을 박탈하고 그것들에 대한 저항이 도덕적일 뿐만 아니라 정당하다는 것을 허용하게 된다. ② 다음 원리논거는 모든 발전된 법체계에는 그의 구조와 효력근거에 의거해서 실증적인 법개념을 뛰어넘는 원리가 내재한다는 것이다. 이러한 원리논거는 드워킨에 의해서 주장되었고, 부분적으로는 드워킨의 이론을 받아들여 이를 더 명확히 하거나 수정한 알렉시〔R. Alexy (1985), *Theorie der Grundrechte*, Kap. 3〕에 의해서도 주장되었으며, 좀더 기본적으로는 자유법론과 에써(J. Esser, *Grundsatz und Norm in der richterlichen Fortbildung des Privatsrechts*, 3. Aufl.)에 의해 주장되었다. 그중 드라이어는 드워킨과 알렉시를 예로 들어 원리논거를 설명한다. 즉, 모든 실정법은 하트가 말한 대로 '개방적 텍스트'의 성격을 갖는데 그로 인해 모호함의 여지와 규범의 충돌이 드러나고 이는 판사에게 가치지향적인 형량을 핵심으로 하는 가치평가를 해야 하는 과제를 부과한다. 실증주의적 법이론에서는 이러한 영역에서 판사는 법외적 척도를 원용할 수 있는 권한을 부여받는 것이라고 설명하지만, 원리논거는 이른바

> 법이란 그 규범체계가 대체적으로 실효적이고 또 최소한의 윤리적 정당화 또는 정당화의 가능성을 보이는 한에서의 국가적으로 조직된 또는 국제적인 규범체계에 속하는 규범의 총체, 그리고 그 자체 최소한의 사회적 실효성 또는 실효성의 가능성 및 최소한의 윤리적 정당화 또는 정당화의 가능성을 보이는 한에서의 이러한 헌법에 따라 제정된 규범의 총체이다.[14]

드라이어의 실증주의적 법개념에 대한 비판에 대응하여 회어스터는 자신의 논문인 "법실증주의의 옹호에 대하여"(*Zur Verteidigung des Rechtspositivismus*)[15]에서 실증주의적 법개념을 옹호하였다. 회어스터는 위 논문에서 법개념과 법효력 · 법의 유효성 · 법적 의무 그리고 법적 구속력이라고 하는 파생된 개념들은 엄격하게 도덕중립적으로 규정되어야 한다는 전제에서 법과 도덕은 개념적으로 분리되어 있고, 양자의 규범적 복합체 사이에는 개념적으로 필연적인 어떤 관련성도 존재하지 않는다고 한다.

따라서 효력을 가지는 법은 모든 자의적인, 즉 상황에 따라서는 극단적인 비도덕적 내용을 법으로 가질 수 있다. 다만 비도덕적 내용을 법개념에 포함시키느냐는 구체적 법질서의 규준에 따라 결정할 문제일

'재량영역 또는 형량영역'에서 판사는 도덕과 법의 필연적 결속이 형성되는 방식으로 법적으로 기속된다는 것이다. 이와 관련하여 드워킨은 규율(규칙)은 전부 아니면 전무의 방식으로 적용되는 데 반해 원리는 비중의 차원을 가지고 상이한 강도로서 사례해결에 주장된다고 하였고, 알렉시는 원리는 예컨대 목적 또는 가치가 가능한 많이 현실화되는 것을 요구하는 규범이라고 하였다.

14 R. Dreier, a. a. O., S. 896.

15 N. Hoerster(1986), Zur Verteidigung des Rechtspositivismus, *NJW*, S. 2480ff.

뿐이다. 그래서 인종차별을 규정하는 어떤 규범은 실로 Q1의 법질서의 규준에 따라서는 유효한 법이 될 수 있지만, Q2의 법질서의 규준에 따라서는 유효한 법이 되지 않을 수도 있다. 회어스터는 이러한 분리명제가 언어관용에 대한 경험적 확인이 아니라 언어공동체 속에 미리 주어져 있는 법개념을 과학적 목표설정 하에서 가능한 한 명확히 하기 위한 규범적 확정 내지 개념정의적 제안이라고 한다. 회어스터는 이러한 목표에 가장 잘 부합하는 법개념은 도덕적 요청에의 합치를 통해서가 아니라 오히려 물리적 강제의 적용 및 해당사회 내부의 실효성을 통해서 확정되는 규범질서에 관계하는 법개념, 즉 사회적 실효성을 통해 특징되는 규범질서로 파악되는 법개념이다. 이러한 법실증주의는 개념확정의 구실 아래에 도덕적 평가를 행하지 않을 뿐이지, 현행법이 도덕적 관점에서 적용하고 준수할 만한 것인가 여부의 질문을 포기하는 것은 아니다. 다만 이러한 도덕적 내용을 법개념 속에 수용하지 않을 뿐이다. 회어스터의 법개념에 대한 정의는 다음과 같다.

> 법은 사회 내에서 구속력을 가지며, 물리적 강제의 행사를 규정하고, 다른 규범질서에 대해서는 충돌시 그것에 대해 관철력을 가지며, 단계구조를 이루는 규범질서이다.[16]

5) 소 견

알렉시는 법개념을 둘러싼 논쟁의 핵심은 법과 도덕의 관계라고 하면서 실증주의적 입장은 분리명제를, 비실증주의적 입장은 결합명제를 주장하는 것이라고 하였다.[17] 위의 논의들 중에서 보면 라드브루흐나

---

16 N. Hoerster (1987), *Die rechtsphilosophische Lehre vom Rechtsbegriff*, *JuS*, S. 188.

드워킨, 드라이어는 모두 결합명제를 취하여 비실증주의적 법개념의 입장에, 하트나 회어스터는 모두 분리명제를 취하여 실증주의적 법개념의 입장에 각각 서 있다고 할 것이다. 어떠한 법개념이 올바른 것인지 또는 적절한 것인지 대답하기 위해서는 법의 제정성 · 실효성 · 정당성이라는 3가지 요소를 서로 관련시켜 보아야 하는데, 위의 3가지 요소로부터 실증주의적 법개념은 정당성의 요청을 배제하는 것이다. 이는 법과 도덕의 엄밀한 구분에서 비롯된 것으로서 비실증주의적 입장에서 볼 때는 마치 악법도 법으로 받아들인다는 오해를 가질 만도 하다.

그러나 젤만(K. Seelmann)에 따르면 법은 국가가 선포한 법률과 동일하다는 명제를 법실증주의가 제기한 적이 없음을 지적하면서, 오늘날 그러한 법률실증주의를 진지하게 주장하는 사람은 없다고 한다. 또 현대의 법실증주의자 가운데 어느 누구도 법과 도덕이 논리적으로 완전히 독립된다고 주장하지 않으며, 법이라는 표현으로부터 필연적으로 그에 대한 준수의무가 도출된다고 주장하지도 않는다. 따라서 나치의 인종차별법도 법이라고 주장하는 법실증주의자가 이 주장을 통해 그런 법률에 복종할 의무가 있다고 말하는 것은 아니다.[18]

---

17 R. Alexy(1994), *Begriff und Geltung des Rechts*, 2. Aufl.; 알렉시 저, 이준일 역(2000), 《법의 개념과 효력》, 지산, 9면 이하. 알렉시는 결국 결합명제의 관점에 서서 법개념의 정의를 다음과 같이 내리고 있다. 즉, "법은 ① 정당성의 요청을 제기하고, ② 전반적으로 사회적 실효성을 가지는 헌법에 속하면서 극단적인 부정의에 해당하지 않는 규범 전체 및 이러한 헌법에 맞게 제정되고 최소한의 사회적 실효성을 가지면서 극단적인 부정의에 해당하지 않는 규범 전체로 구성되며, ③ 정당성의 요청을 충족하기 위해 법적용의 절차가 근거하는 원칙과 그 밖의 규범적 논거가 그에 속하는 규범체계이다"(앞의 책, 137면).

18 K. Seelmann(1994), *Rechtsphilosophie*; 젤만 저, 윤재왕 역(2000), 《법철학》, 지산, 59면 이하.

젤만의 주장이 사실이라면, 위에서 보아온 실증주의적 법개념과 비실증주의적 법개념 간의 차이가 그리 크다고는 볼 수 없다. 법과 도덕의 엄밀한 구분을 주장하는 실증주의적 법개념조차도 비록 법개념에서 정당성의 요청을 배제하고는 있지만 그렇다고 하여 정당성이 의문시되는 법률을 법이라고 하여 마냥 복종을 강요하지는 않기 때문이다. 특히 오늘날 헌법재판이나 사법부의 위헌법률심사를 통하여 입법권의 심사가 이뤄지는 대부분의 법치국가에 있어 법률에 대한 정당성의 심사는 이뤄지는 것이고 헌법재판이나 위헌법률심사로써 법률의 무효가 선언되는 것이 현실이므로, 양자의 차이라면 고작 위헌인 법률이 이러한 헌법재판이나 위헌법률심사로써 무효 선언을 받아 법전에서 제거되느냐 아니면 위헌인 법률의 무효 선언을 기다릴 필요 없이 처음부터 무효냐의 차이일 뿐이다. 결국 정당성의 기준이 애매모호하므로 법개념의 명확성이란 측면에서 정당성의 요청을 배제하였지만 오늘날 법치국가에서는 실증주의적 법개념의 입장에서도 무엇이 정당한 법인가의 법철학적 문제는 여전히 제기된다고 할 것이다.

이 책은 전법치국가의 불법체제를 청산하는 문제로서 평가와 심사의 기준을 법치국가적 원리에서 찾고 있으므로 비록 전법치국가에서 불법이 법률의 형식으로 이뤄졌다 하더라도 비실증주의적 법개념의 입장에서 그 법률의 무효를 다툴 수 있다고 본다. 다만 무엇이 전법치국가에 대한 불법청산의 척도로서 법치국가적 원리의 구성요소에 포함될 것인가는 논란의 여지가 있겠고, 특히 이 책에서 앞서 지적한 필요최소한의 전제조건으로서 법치국가의 개념요소에 관하여도 의견이 다를 수 있겠지만 이는 다음과 같은 점을 생각한다면 어느 정도는 의견의 일치를 도출할 수 있는 부분이라고 생각한다.

첫째, 무엇이 정당한 법인가의 문제는 역사적 경험에 의해 실증적으로 충분히 규명될 수 있다고 볼 수 있는 점이다. 카우프만(A. Kaufmann)

은 그의 《법철학》(*Rechtsphilosophie*)에서 왜 법철학의 문제사를 다루어야 하는지를 다음과 같이 설명한다. 법철학은 경험에 기초하여야 하고, 치펠리우스(R. Zippelius)가 표현한 바와 같이 완전하지는 않지만 '실험을 통하여' 수행되어야 하며, 법철학에서도 '사례'를 중심으로 문제가 인식되고 논의되어야 하는데 철학에 있어 사례란 바로 역사 속에 등장한다는 것이다.[19] 우리가 역사를 되살펴보면 모든 시대, 모든 법문화에서 비록 다양한 형태의 정의가 논의되었지만 인류를 위하여 언제나 동일하게 공통적으로 회귀하는 몇 가지 최소한의 진리가 있음을 발견할 수 있다.

미국 대법관을 역임한 홈스(O. W. Holmes)는 《법의 길》(*The Path of the Law*)에서 "법은 도덕적 삶의 증인이자 외적 침전물이고, 법의 역사는 인류의 도덕적 진화의 역사"라고 하였다.[20] 이는 역사적 경험을 통한 반성과 실증적 연구를 통하여 우리가 정당한 법의 진리에 도달할 수 있음을 의미한다.

둘째, 법의 정당성에 관한 기준으로서 객관적으로 과연 어떠한 언명이 가능한지, 즉 도덕적 언명을 객관적으로 근거지을 수 있는지를 두고 메타윤리학에서는 자연주의(*Naturalismus*), 직관주의(*Intuitionismus*), 정서주의(*Evotivismus*), 규정주의(*Präskriptivismus*) 등 다양한 학설이 존재한다. 현대 법철학에서는 대화이론이라든가 법적 논증이론 등과 같이 절차적 정의이론이 득세하면서 이른바 도덕원칙에 관하여서도 일정한 절차에

---

19 A. Kaufmann(1997), *Rechtsphilosophie*, 2. Aufl., Kap. 3.

20 O. W. Holmes, *The Path of the Law*, Harvard Law Review 10(1986~87), p. 459(The law is the witness and external deposit of our moral life. Its history is the history of the moral development of the race. The practise of it, in spite of popular jests, tends to make good citizens and good men).

따른 보편적 진리의 합의가 가능하고 그와 같이 합의된 보편적 진리는 비록 열린 의미이긴 하나 객관적으로도 실재하는 것으로 근거지음이 가능하다는 시각이 존재한다는 점이다.[21]

21 R. Alexy(1991), *Theorie der juristischen Argumentation*; 알렉시 저, 변종필 외 2인 역(2007), 《법적 논증이론》, 고려대출판부, 59~248면; 윤재왕(1992), 법적 논증이론과 절차적 정의, 〈법과 사회〉 5호, 법과 사회이론연구회, 214~232면. 또한 메타윤리학에서의 논의와 관련하여서는 피터 싱어 저, 김성한 외 3인 (2006), 《메타윤리》, 철학과 현실사, 13~163면.

3. 불법심사의 기준

1) 자연법

비실증주의적 법개념에 입각하여 법의 개념에 정당성의 요소를 포함시킨다고 할 때 그 기준은 불법체제가 문제된 국가의 실정법 외의 다른 데에서 구할 수밖에 없다. 그런 차원에서 초실정법 또는 자연법원칙의 위반을 이유로 법률적 불법의 무효화를 판단하기 위한 심사기준으로 '라드브루흐 공식'이 원용되곤 한다. 라드브루흐는 나치법률에 의해서 자행된 불법의 청산과 관련하여 국가의 법률은 합법적인 것으로 선언되었던 경우에도 그 법적 구속력을 부인할 수 있다는 견해를 표명하였으며 법적 구속력을 부인하는 근거를 자연법에서 찾았다. 즉, 실정법은 정의에 기여하기 위한 질서와 제도를 규정하고 있는 것에 지나지 않으므로 처음부터 정의에 기여하지 아니한 규정은 부당한 법률이 아니라 법이 아니라고 하였다.

나치 불법행위자가 나치법률과 그에 근거한 명령의 유효성 및 구속성에 대한 신뢰를 그 정당화사유로 원용하는 과정에서 정의와 법적 안정성의 관계가 문제되자, 라드브루흐는 1946년 법령과 권력에 의해서 보장된 실정법은 그 내용이 부정의하고 합목적적이지 못한 경우에도 정의에 대한 모순이 참을 수 없는 정도여서 부당한 법률로서 실정법이 정의에 물러서야 되지 않는 한 우선된다고 함으로써 이러한 문제를 해결할 수 있었다. 여기서 라드브루흐 공식은 크게 두 가지로 구분할 수 있는데 첫 번째 기준은 실정법과 정의의 참을 수 없는 모순이고, 두 번째 기준은 정당한 규율을 추구하려는 노력의 흠결이다. 이러한 의미에서 라드브루흐의 공식을 참을 수 없는 모순의 공식(*Unerträglichkeits formel*) 또는 실정법 부인공식(*Verleugungsformel*)이라고 부르기도 한다.

그러나 대체로 두 번째 기준이 사실상 거의 입증하기 어려운 정의의 왜곡이라는 고의를 요구하고 있다는 이유로 라드브루흐 공식은 첫 번째 공식만을 의미한다. 이상의 라드브루흐 공식은 나치불법에 대한 도덕적 관습적 모순의 표현수단으로서 전후 극복되어야 할 나치 독재체제에 대한 적절한 법철학적 답변으로 이해되었다.

이와 같이 극단적 불법을 내용으로 한 법률은 비(非)법률(*Nichtrecht*)로 변형된다. 즉, 정의에 반하는 정도가 극심하여 참을 수 없는 법률을 칭하는 '법률적 불법'(*gesetzliches Unrecht*)이 있는 경우 법률가는 이를 판단의 척도로 삼거나 적용하여서는 안 되므로 이러한 범위 내에서 입법의 흠결(*Regelungslücke*)이 있는 것과 마찬가지 상태가 된다. 이러한 경우 법의 흠결을 메꾸기 위하여 원용될 수 있는 것이 초법률적 법이며, 라드브루흐에 의하면 인권이나 국제법의 일반원칙이 그 내용을 형성할 수 있다.[22] 그러나 자연법 내지 초실정법의 개념 자체가 불명확할 뿐만 아니라 법이 언제 비법률로서 무효화되는지 여부도 명확하지 못하다는 이유로 자연법원칙을 기준으로 한 실정법의 적법성 여부 심사에 의문을 제기하는 견해도 있다.[23]

2) 헌법

불법청산의 대상이 되는 전법치국가의 개별적 불법행위가 형식적 의미의 법률에 기초하고 있는데 이를 불법으로 심사할 수 있는 기준은 실정법에 대한 상위개념으로서 초실정법적 세계에서만 찾을 수 있는 것

22 김선택(1995), "과거청산과 법치국가", 〈고대법학논집〉, 제31호, 127면.

23 Jörg Arnold & Martin Kühl(1992), Forum: Probleme der Strafbarkeit von Mauerschützen, *JuS*, S. 993.

인가? 이러한 의문은 불법판단기준은 실정성을 갖추지 않아도 무방한가 라는 의문으로 이어진다. 만약 불법청산 과정에서 초실정법적 근거를 내세워 실정법을 무효화하거나 폐기하는 일이 허용된다면 이는 자칫 정치논리나 상황논리에 좌우되는 승자의 사법(*Siegerjustiz*)으로 전락할 위험이 있다. 따라서 불법판단기준은 추상적이고 모호한 자연법적 근거에만 의지해서는 안 된다. 그렇다고 극단적 법실증주의적 사고에 기초하여 형식적 합법성을 갖춘 국가적 불법행위를 불법이라고 판단할 수 없다면 그것은 정의의 포기를 의미한다.

불법판단의 기준은 통일적인 법질서 속에서 실정성을 획득한 규범이면서 동시에 초실정법적 정당성을 갖추어야만 할 것이다. 즉, 초실정법적 연원을 가지면서도 역사적 경험을 통하여 실정성을 획득한 규범을 불법판단기준으로 삼아야 한다. 이러한 불법판단기준은 바로 법치국가원리에 기초한 헌법이라고 하겠다. 헌법은 제정권력자의 법정립작용을 통하여 실정성을 갖지만 그 안에 존재하는 다른 법규범들과 달리 스스로 초실정적 근원성(*Ursprünglichkeit*)을 갖는다.[24] 헌법은 자연적 정의의 요체로서 실정성의 형식을 갖추고 있으므로 형식적 법률에 기초한 국가적 불법행위에 대하여 적합한 판단기준으로 작용할 수 있다.

3) 국제법

국제법은 일반적으로 국제사회에서 공인된 규범이기 때문에 정의로운 법으로서 인정되므로 불법판단의 기준으로 작용할 수 있다. 특히 해

---

24 법치국가적 원리가 전(前)국가적 법원리로서 비(非)법치국가의 과거청산을 위한 척도로서 작용할 수 있다는 점에 관하여는 Christian Starck(1991), Der Rechtsstaat und die Aufarbeitung der vorrechtsstaatlichen Vergangenheit, *DVBl*, S. 1245ff; 슈타크 저, 김효전 역(1995), "법치국가와 前법치국가적 과거의 극복", 〈동아법학〉 제18호, 175~212면.

당국가의 헌법에서 국제법의 국내법적 효력을 인정하는 경우에는 이를 원용하여 청산대상이 되는 행위의 불법성을 검증할 수 있을 것이다. 그러나 일반적으로 승인된 국제법규와는 달리 국제조약의 경우에는 국내법질서에서 그 위계의 설정과 관련하여 이른바 일원론과 이원론의 의견대립이 있다.[25] 먼저 일원론은 헌법이 정하는 국내법으로의 변환과정을 거치지 않았다고 하더라도 국제조약을 대외적으로 비준하여 공포한 이상 국내에서도 자동적으로 효력을 갖는다고 해석한다. 이에 반하여 이원론은 국제법상 조약은 국제법주체로서 국가의 권리관계를 상호 규율하는 것이므로 국내법으로의 변환과정을 거쳐야 비로소 실정적으로 유효한 법률인 국제법규정이 된다는 것이다. 따라서 그러한 변환과정이 결여된 국제규약은 국내에서의 효력이 부인된다.

1948년 12월 10일의 세계 인권선언, 1950년 11월 4일의 인권 및 기본적 자유권 보호를 위한 국제규약 등과 같은 국제적 인권선언은 물론 1966년 12월 19일의 시민적·정치적 권리에 관한 국제규약 등과 같은 인권관련 국제조약에 가입한 나라에서는 이에 반하는 법률이나 국가행위의 불법성을 판단함에 있어 이러한 국제법 규범이 그 기준으로 작용할 수 있을 것이다.

4) 전법치국가의 정당한 법률

전법치국가에서도 모든 법률이 불법일 수는 없을 것이다. 따라서 불법행위를 정당화하는 법률과 달리 정의로운 실정법, 즉 정법(正法, *richtiges Recht*)이 존재할 수 있다. 앞서 살펴본 바와 같이 한 국가의 법률이 모두 불법인 나라, 즉 불법국가란 역사적으로나 이론적으로 존재할 수 없기 때문이다. 따라서 전법치국가의 불법행위를 판단함에 있어

25 김대순(2006), 《국제법론》, 삼영사, 168면 이하.

그 국가에 존재하는 정의로운 실정법을 불법판단기준으로 활용할 수 있을 것이다. 전법치국가에서는 불법행위를 금지하는 실정법이 엄연히 존재하고 있음에도 불구하고 이를 왜곡하거나 이데올로기적 해석을 통하여 전혀 다른 의미로 변질시키는 행위도 빈번하게 발생하였으므로 그러한 실정법을 법해석의 원칙에 따라 바르게 해석하여 적용한다면 훌륭한 불법판단의 기준이 될 수 있을 것이다.

이와 같이 전법치국가의 실정법을 불법판단의 기준으로 활용하는 일은 청산의 대상이 되는 체제나 국가의 법질서 전체를 몰가치적으로 판단함으로써 발생할 우려가 있는 저항을 피하고 청산의 주체와 객체의 동질성을 찾아 동화적 통합의 단초를 여는 작업이 될 수도 있을 것이다.[26]

26 배종대(1989), "통일과 북한형법의 이해", 〈북한법률행정논총〉 제7집, 고려대, 29~42면.

4. 불법청산과 법가치의 충돌문제

1) 충돌 상황

실질적 법치주의는 법률에 의한 지배 못지않게 법률적 내용의 정당성까지 요청하는 것이다. 이런 의미에서 정의와 법적 안정성은 법치국가의 주요한 구성원리로서 법치국가의 구성요소들이 법치국가의 이념과 목적에 해당하는 인간의 존엄 및 자유와 평등을 구현하도록 통제와 조절을 가하는 지위를 갖는다고 볼 수 있다. 그런데 불법청산, 특히 체제불법행위를 확인하고 이를 법치국가원리에 따라 청산을 추진하는 과정에서는 무효인 법률에 기한 질서를 부정해야 한다는 정의의 요청과 그러한 질서조차도 존중되어야 한다는 법적 안정성의 요청이 서로 충돌하는 상황이 수시로 발생한다.

그런데 여기서 법적 안정성은 객관적 요소로서 법질서의 신뢰성·항구성·법적 투명성과 법적 평화를 의미하고, 이와 내적인 상호연관 관계에 있는 주관적 요소로서 한번 제정된 법규범은 원칙적으로 존속력을 갖고 자신의 행위기준으로 작용하리라는 개인의 신뢰보호원칙을 의미한다.[27] 따라서 신뢰보호의 원칙은 법적 안정성의 주관적 측면으로서 법치국가원리의 파생원칙이라 할 수 있다.[28]

법률에 근거한 체제불법행위가 전법치국가적 불법행위임을 확인하기 위해서는 먼저 그 근거가 되는 법률의 불법성에 대한 판단이 선행되어야 한다. 불법판단의 대상이 되는 법률은 한 체제나 국가를 상당기간 동안 지탱하는 수단으로 기능하며 수많은 국가행위의 직·간접적 근거

27 헌재결 1996. 2. 16. 96헌가2.

28 계희열, 《헌법학(상)》, 346면.

를 제공하여 왔을 것이므로 이를 하루아침에 불법으로 선언하는 경우에 법적 안정성은 크게 흔들리게 될 것이다.

나아가서 전법치국가적 불법행위가 존재하였음이 확인되었다고 하더라도 그로 인한 권리침해 상태가 상당기간 지속되었을 뿐만 아니라 새로운 권리관계로 발전하였을 경우에는 불법청산이 당사자에게 가혹한 결과를 야기하거나 정당한 신뢰이익이나 새로운 권리를 침해하는 경우가 발생한다. 체제불법행위의 직접적 결과로 형성되었거나 혹은 체제불법행위를 매개로 하여 새롭게 형성된 권리관계에 대한 당사자의 신뢰이익을 보호해야 할 필요성이 있는 경우에는 정의와 법적 안정성의 충돌상황이 야기된다.

법적 안정성이라는 측면에서 과거의 불법행위를 확인하고 청산하는 것이 정의에 반하는 결과를 초래할 수 있는 대표적 사례는 몰수재산 처리문제를 둘러싼 민사법적 영역이다. 전법치국가적 불법행위로 인하여 새로운 재산권 질서가 형성된 경우에 정의의 관점에서 재산권의 원상회복을 추진한다면 법적 안정성이 파괴될 뿐만 아니라 새로운 권리관계에 대한 당사자들의 신뢰를 해치게 되어 궁극적으로 정의에 반하는 모순된 결과가 야기될 수도 있는 것이다.

이하에서는 이러한 정의와 법적 안정성의 충돌상황에서 발생하는 정의와 법적 안정성의 상관관계와 이를 위하여 모색되었던 헌법적 해결기준을 간단히 살펴보기로 한다.

2) 정의와 법적 안정성의 상관관계

(1) 불법성 심사영역: 상호보완관계

모든 실정법은 그 제정성으로 인하여 정의로운 법을 형성하는 것으로 추정되지만 그러한 추정은 조금의 의심도 없는 절대적 추정이 아니다. 실정법은 불법심사를 통해 법률적 불법으로 평가되면 효력을 잃고 정의로운 법의 세계에서 추방되거나 비법 선언을 받을 수 있는 유동적인 것이다. 따라서 실정법은 정의로운 법으로 추정됨에 있어서 상대적인 위치에 있게 된다.

그런데 실정법의 이러한 상대적 지위는 정의와 법적 안정성의 긴장과 갈등관계에서 시작된다. 즉, 법적 안정성이라는 측면에서 실정법은 일단 그것이 불법의 의심을 받더라도 존속되기를 요청받는다. 법률생활의 기준으로 작용하는 실정법이 불법성 의심에서 자유롭지 못해서 언제 그 효력을 상실하게 될지 알 수 없다는 것은 법공동체에게는 법적 생활의 불안정성을 의미한다. 따라서 근대 이후의 세계는 법적 불안정성을 제거하고 존립 자체만으로도 일정한 기능을 수행하는 법체계를 요구했고, 이는 자유주의의 오랜 기반이었다. 그리고 그것은 민주주의와 법치주의를 형성해온 근대 이성법의 요청이기도 했다.

따라서 법적 안정성은 단순히 어떠한 법률상태 혹은 권리나 의무, 법적 지위가 지금까지 누려온 상태로 존중된다는 것 이상의 의미를 가진다. 즉, 개별적 혹은 구체적인 법률생활에서 법적 안정성은 기존의 지위나 권리의 존중이라는 생활의 안정화 기능을 갖지만, 국가나 사회체계라는 공동체적 측면에서 체제나 질서의 안정화 기능도 수행하는 것이다. 이런 점에서 법적 안정성은 근대 법이념에 있어 주요한 구성원리로서의 지위를 갖게 되었다.

하지만 당해 실정법에 대한 불법성 의심이 불법판단으로 이어지는 경우 실정법의 효력을 유지시키는 법적 안정성도 그 우위성을 박탈당한다. 즉, 정의는 후퇴를 멈추고 오히려 전면에 등장한다. 뿐만 아니라 불법성이 참을 수 없을 정도에 이르게 되면 위헌법률심판 등의 절차를 거쳐 불법적 법률로 판정됨으로써 정의가 완전한 우위를 점하게 된다. 즉, 제정성을 갖는 실정법은 정의로운 법 추정을 받음으로써 법적 안정성의 후견에 놓이게 되지만, 법공동체의 불법성 의심과 불법판단을 통해 정의로운 법의 세계에서 추방된다. 이러한 측면에서 정의와 법적 안정성은 일면 긴장과 갈등관계에 서게 된다.

그러나 정의와 법적 안정성이라는 두 개의 법이념이 언제나 서로 다른 대안의 세계에 놓여 있는 것은 아니다. 만약 법적 안정성이 실정법의 제정성과 동일한 개념이라거나 적어도 동질적인 개념이라면 불법판단을 받은 실정법과 함께 정의로운 법의 세계에서 추방되어야 할 것이다. 그러나 법적 안정성은 여전히 정의로운 법의 세계에 남아서 제정성을 갖는 실정법과 함께 공존하면서 실정법의 강력한 후견자의 역할을 수행한다. 이것은 법적 안정성이 법이념의 왕국에서 정의와 함께 공존함을 뜻한다.

이러한 정의와 법적 안정성의 관계를 실체법과 절차법의 관계로 비유되기도 한다. 불법성을 의심받는 어느 실정법에 대한 심판절차에서 그것이 정의에 반하는지 여부는 정의(실체법)에 의하여 결정되겠지만 그러한 결정이 내려지기 전에는 법적 안정성(절차법)은 정의로운 법(무죄)으로서 추정되게 하는 역할을 담당한다는 것이다. 즉, 절차법(법적 안정성)이 실체법(정의)을 실현하기 위한 수단으로 제정되지만 일단 법률로 제정되고 나면 실체법과는 독립적인 목적과 기능을 수행하는 것과 마찬가지라는 것이다. 한편, 정의와 법적 안정성은 법의 이념과 목적을 실현하는 양팔 저울로 비유되기도 하지만 그렇다고 정의로운 법인지 여부를 판단함에 있어 두 가치의 형량이 기준이 된다고 보아서는 안 된다.

실정법의 불법성 판단에 있어 정도의 차이에 따라 정의로운 법인지 여부가 인정된다는 것은 있을 수 없다. 즉, 법적 안정성의 필요성이 강하기 때문에 실정법의 불법성이 치유되지는 않는다. 정의로운 법의 세계에서는 흠결을 가지고 있는 절름발이 실정법을 알지 못한다. 다만,

명백한 불법판단을 받기 이전에 제정성을 가진 실정법이 정의로운 법이라는 추정을 받을 뿐이다.

(2) 불법행위 청산영역 : 상호충돌관계

과거 체제나 국가의 실정법이 불법으로 판단되어 이에 기초한 국가적 행위가 전법치국가적 불법행위로 확인되면 이를 청산하라는 법치국가적 요청에 직면하게 된다. 그러나 이러한 국가적 불법행위로 침해된 법익을 보호하기 위해 사후적으로 그 불법의 결과를 제거하려고 할 때 이미 형성된 법률관계를 무효로 선언하는 것이 오히려 정의에 반하는 결과가 발생하는 경우가 허다하다. 이 경우 두 개의 법이념인 법적 안정성과 정의는 심각한 딜레마에 빠지고 무엇이 우선해야 하는지 판단하기 어렵게 된다. 그렇다고 자연적 시간의 경과를 기다려 문제가 해결되기를 바랄 수도 없다. 법률생활에서 생기는 문제를 회피하는 것은 이미 법치국가를 포기하는 것과 같기 때문이다. 따라서 정의와 법적 안정성은 구체적인 사례에서 무엇이 우위에 서야 하는지를 판단해야 하는 가치형량이 필요한 상황에 처하게 된다. 이러한 상황에서는 정의와 법적 안정성 사이에 갈등과 충돌이 발생한다. 실정법의 불법성 판단에서 생기는 정의와 법적 안정성의 긴장관계와는 다른 차원의 진정한 충돌관계가 형성되는 것이다.

(3) 충돌의 해결기준 : 인간의 존엄성

전법치국가적 불법행위의 청산에 있어 법치국가의 핵심적 구성원리인 정의와 법적 안정성은 불법판단과 불법청산의 중요한 기준이 된다. 다만, 정의와 법적 안정성이 국가적 불법행위의 판단과 청산에 있어 만족스러운 해결책을 제시하지 못하거나 심각한 가치형량의 문제에 빠져 있을 때 과연 무엇을 근거로 해결하거나 무엇을 형량의 기준으로 삼을 것인가? 이러한 물음에 대하여는 정의와 법적 안정성이 법치국가의 구성원리로서 법치국가의 이념과 목적인 인간의 존엄성을 구현하는 데에 복무한다는 점에서 그 해답의 실마리를 발견할 수 있다.

자유법치국가는 궁극적으로 최고의 가치인 인간의 존엄성을 구현하기 위한 수단일 뿐이다.[29] 독일 연방헌법재판소는 일찍이 인간의 존엄성은 헌법상 최고의 가치이며, 헌법의 중추적 구성원리라고 판시하였다.[30] 우리 헌법도 인간의 존엄성을 국가작용에 있어 목적과 가치판단의 최고기준으로 한다(헌법 제10조 제1문 전단).[31] 따라서 법치국가의 구성원리인 정의와 법적 안정성은 그 자체가 목적이 아니라 인간의 존엄성을 실현하고 보장하기 위한 하나의 장치인 것이다. 요컨대 정의와 법적 안정성이 기속되는 궁극적 가치인 인간의 존엄성이 요청하는 바가 무엇인지를 확인할 때 정의와 법적 안정성의 딜레마는 해결될 수 있다.

이하에서는 법치국가의 두 핵심원리인 정의와 법적 안정성이 충돌하는 경우 인간의 존엄성이 제시하는 규범적 해결기준을 모색하기 위해 인간의 존엄성을 구성하는 본질적 요소를 간단히 고찰하기로 한다.

① 인간 존엄성의 의미와 가치

인간의 존엄성이 갖는 의미는 무엇인가? 여기서 '인간'의 의미는 전체주의 혹은 개인주의적 인간상이 아니라 인격주의적 자주적 인간상을 의미한다.[32] 다음 '존엄성'이라는 단어가 갖는 규범적 의미는 범신론적이거나 전우주적인 가치를 의미하지는 않으며, 인간 공동체가 오랜 기

29 베르너 마이호퍼 저, 심재우 역(1996), 《법치국가와 인간의 존엄》, 삼영사, 55면.

30 계희열(2002), 《헌법학(중)》, 박영사, 185면.

31 성낙인(2007), 《헌법학》, 법문사, 317면.

32 헌재결 1998. 5. 28. 96헌가5 참조.

간 경험과 합의를 통해 이룬 특정한 가치를 의미한다. 그런 점에서 존엄성이라는 의미는 인간 공동체 속에서 발전되고 형성되어온 인간중심의 가치평가로서 인간세계에 있어 무엇과도 바꿀 수 없는 최고의 가치로 이해된다.

인간의 존엄성이 갖는 의미를 이해하기 위한 더 어려운 문제는 왜 인간이 존엄한가 라는 의문일 것이다. 이 의문에 대한 답변은 토마스 아퀴나스에 의한 신학적 주장과 칸트에 의한 법철학적 주장으로 대변된다.[33] 먼저 토마스 아퀴나스는 "인간이 신과 같은 형상을 지니고 있기 때문에 고유한 가치가 귀속되며, 바로 이 점에서 다른 피조물들과 구별되는 존엄성을 갖는다"는 것이다. 그러나 이러한 신학적 논거를 오늘날 우리가 인간이 존엄한 객관적이고 보편적인 과학적 근거로 받아들이기는 어렵다. 다른 하나는 칸트 이래 근대 자율사상에 따라 "인간은 도덕적 자기결정의 능력이 부여된 이성적 존재로서, 자기입법과 자기활동의 기획을 통해 스스로를 창조해나간다는 점에서 존엄성을 갖는다"는 것이다. 이러한 주장은 인간이 왜 존엄한가에 대한 선험적 대답이라기보다는 인간이 가진 특성을 통해 설명한 경험적 답변에 불과하다는 비판이 없지는 않다. 하지만 인간이 존엄한 이유를 인간세계에서 찾을 수밖에 없다면 인간존엄성의 근거를 인간이 이성적 주체로서 자기처분성을 가지고 자기 스스로의 목적을 설정하는 창조적 존재라는 사실에서 찾지 않을 수 없다는 점에서 어느 정도 수긍하지 않을 수 없다. 왜냐하면 인간실존의 근거를 파괴하거나 말살하려고 하는 상황, 즉 전법치국가적 상황에서는 인간세계의 가치에 정향된 인간존엄의 의의를 찾는 것이 훨씬 의미가 크다.

결론적으로 인간이 존엄한 이유는 인간이 자기목적 설정기능을 가진

33 심재우 역, 앞의 책, 59면 이하.

자율적 주체이기 때문이다. 그리고 그러한 자기목적 설정기능은 단순히 자기입법(자기결정)에 충실한 것이 아니라 인간 공동체의 보편적 입법(보편적 결정)에도 복종하는 특성을 가지고 있기 때문에 국가와 시대를 초월하는 규범성과 정당성이 부여된다. 따라서 자기처분성 및 자기기속성이라는 자율성이 침해되어서는 인간의 존엄성이 존재한다고 말할 수 없다.

그렇다면 이성적 주체로서 자율성을 가진 인간의 존엄성을 실현할 수 있는 본질적 구성요소는 무엇인가? 이에 대한 해답은 인간의 자기기속 및 자기처분이라는 자율성을 보호·유지·형성·존속시킬 수 있는 조건에서 찾아야 할 것이다. 따라서 인간의 존엄성을 실현시킬 수 있는 본질적 구성요소는 결국 자유와 평등이라고 하지 않을 수 없게 된다.[34]

가. 자유

각 개인의 최대한의 자유와 평등한 자유는 인간다운 삶을 위한 불가결한 조건으로 파악된다. 자유가 보장되지 않는 사회나 국가에서 인간의 존엄성을 생각할 수는 없다. 이를테면 한 개인의 신체나 사상 등이 회피할 수 없는 국가적 강압이나 압력 혹은 처분에 맡겨져 있다면 우리는 인간의 인격성 자체가 존재한다고 얘기할 수 없다. 나아가 이러한 극단적인 부자유의 상황은 인간이 원칙과 규범을 근거로 하여 개인의 완성과 더불어 타인의 행복까지 고려하는 인간세계의 연대성까지도 말살한다. 따라서 그러한 상태에서 개인은 오직 사실적인 힘에 의한 생존만을 도모할 수밖에 없고 세계는 약육강식의 전장으로 변할 수밖에 없다. 이러한 상황에서 인간은 인간으로서 갖추어야 할 최소한의 윤리나 도덕을 지킬 필요도 없고 지킬 수도 없다. 왜냐하면 인간은 자신의 인

---

34 계희열, 《헌법학(상)》, 331면 이하.

격성과 인간 사이의 연대성을 파괴한 자에게 자율적 인격성을 인정할 이유가 더 이상 존재하지 않기 때문이다.[35]

그런데 인간의 존엄성을 실현하기 위한 본질적인 구성요소로서의 자유는 단순히 개인의 자유가 침해되는 것을 방지하는 소극성을 본질적인 특질로 한다. 하지만 자유의 소극성은 이중적 의미를 갖고 있다. 다시 말해서 타인에 대한 자유의 주장형식은 나의 자유를 침해하거나 간섭하지 말라는 자율성 존중의 요청으로 나타나지만, 그 자율성의 내용은 결코 소극적인 존속상태의 유지만을 뜻하지는 않는다. 인간은 자유를 경험하면 할수록 자유의 내용과 범위를 확장하려 한다. 하나의 자유를 경험한 자는 그 자유 안에서만 머무르는 데 만족하지 않고 더 많은 자유를 끊임없이 요구한다. 이는 이성적 주체로서 자기완성을 위해 자율성을 필요로 하는 인간의 본성이다.

문제는 확장된 자유의 내용을 존속시키기 위한 보호요청은 필연적으로 보수적인 성격을 갖는다는 데 있다. 자신에게 이미 주어진 자유를 타인과 양립가능한 선에서 제한하는 것이 아니라 끊임없이 빼앗기지 않으려는 것이다. 즉, 자유의 개념본질상 한 번 넓혀진 자유의 지평은 축소되는 법이 없다. 자유란 금지되지 않는 한 허용되는 것이고, 일단 허용된 한 다시 금지되는 것이 아니기 때문이다.

이러한 자유의 이중성은 필연적으로 타인의 자유와 충돌한다. 타인이 자신의 자기완성을 위해 요청하는 자유내용도 또한 같기 때문이다. 그런데 각자의 개인적 자유는 인간의 존엄성 실현을 위해 똑같이 보장되고 보호받아야 하는 동질적인 가치를 갖는다. 그러므로 개개인들의 자유가 충돌하였을 경우 어느 한 개인의 자유가 타인의 자유보다 우월하거나 우선적으로 보호되어야 한다는 것은 논리적으로 성립될 수 없다.

---

35 심재우 역, 앞의 책, 23면 이하.

따라서 충돌하는 개인의 존엄성 혹은 충돌하는 자유의 문제 상황을 도대체 어떻게 해결해야 하는가 라는 딜레마가 발생한다. 개인의 존엄성을 실현하기 위해 요청되는 각자의 '개인의 자유'는 가치형량을 할 수 없는 것이기 때문에 자유라는 기본권충돌의 문제의 해결기준이 될 수 없다. 따라서 전체 인간의 존엄성의 존중이라는 적정하고도 조화로운 목적을 위해 '인간의 자유'라는 측면에서 '개인의 자유'는 조정되고 제한되어야 한다. 이것은 인간의 자유 실현이라는 목적 아래 개인의 자유가 양립 가능하도록 하는 것을 뜻한다. 다시 말해 나의 자유는 타인의 자유가 끝나는 곳에서 시작되도록 함으로써 인간의 자유의 수준이 질적으로 저하되지 않게 하는 것이다.

이런 측면에서 자유에 대한 보호와 보장은 단순히 자유에 대한 침해를 방어한다는 소극적 의미에서 머물러서는 안 되고 자유의 내용 형성을 위한 적극적 의미가 포함되어야 한다. 그렇기 때문에 국가는 자유의 의미를 '인간의 자유'라는 측면에서 이해하고 이를 실현하기 위해서 '개인의 자유'를 서로 양립될 수 있는 수준과 범위에서 정서하여야 한다. 이것은 곧 자유의 의미와 내용이 '개인의 자유'라는 자연적 자유에서 '인간의 자유'라는 헌법적 자유로 이전됨을 의미한다. 왜냐하면 헌법은 인간의 존엄성 실현을 위해 필수불가결한 구성요건인 자유를 체계적이고 통일적으로 행사되도록 국가에게 의무를 부과하고 있기 때문이다.

그러므로 인간의 존엄성 실현을 위한 자유는 자유의 소극적 성격에서 도출되는 개인적·자연적인 자유뿐만 아니라 전체 인간의 자유라는 측면에서 잘 정서되고 조화롭게 형성된 법질서 내에서의 자유, 즉 헌법적 자유를 뜻한다.[36] 따라서 국가는 자유침해를 막기 위한 소극적 행위의무에서 나아가 자유의 내용형성을 위한 적극적 행위의무까지 갖는

36 계희열, 《헌법학(상)》, 332면.

다. 따라서 불법청산과 관련하여 정의와 법적 안정성의 충돌이 '개인의 자유'의 대립에서 시작된 것이라면 '인간의 자유' 실현이라는 헌법적 측면에서 조정되어야 할 것이다.

나. 평등

평등이 존재하지 않는 곳에서 인간의 존엄성이 실현되고 있다고 말하기 어렵다. 일반적으로 평등이 무엇을 의미하는가에 대한 대답은 평등이 실현하고자 하는 궁극적 목적이 무엇인가에 따라 달라질 수 있다. 일단 인간 존엄성의 본질적인 구성요소로서 평등은 계급·인종·종교 등에 따른 차별의 금지를 의미한다고 보아야 할 것이다. 특히 이러한 영역에서의 차별은 인간의 존엄성을 직접 침해하기 때문에 절대적으로 금지된다.

문제는 그 이외의 영역에서 평등의 의미를 어떻게 볼 것인가이다. 평등은 필연적으로 평등하지 않은 것, 다시 말해 불평등한 대우와 개념적으로 연관되어 있다. 따라서 불평등한 대우의 정당화 기준이 무엇인가를 살펴볼 때 비로소 평등의 의미를 정확히 파악할 수 있게 된다. 그런데 차별의 정당화 기준은 객관적이고 절대적이며 보편타당한 것이 아니라는 데 어려움이 있다. 즉, 평등이 문제되는 사례는 서로 본질적인 차이를 가지고 있기 때문에 일률적으로 똑같은 내용의 조치를 취하는 것이 오히려 평등에 반하는 경우가 대부분이다. 문제는 비교대상들을 구별하게 하는 표지가 존재한다고 하더라도 어느 것을 강조하느냐에 따라 본질적인 차이가 될 수도 있고 그렇지 않을 수도 있다는 점이다. 예컨대 기본권주체성 판단에서 인간이라는 점이 강조되면 내국인과 외국인은 본질적인 차이가 없어서 평등대우가 요청되지만, 국적이라는 점이 강조되면 이들 사이에서의 차별은 허용된다.

헌법이 비교대상들을 구별하는 표지에 있어 본질적 차이가 무엇인지에 대해서 명시해 놓는 개별적 평등의 경우에는 큰 문제가 발생하지는 않는다. 그러나 헌법이 본질적 차이를 갖는 표지가 무엇인지에 대해서 침묵하는 일반적 평등의 경우(헌법 제11조 제1항 제1문)에는 문제이다. 물론 이러한 영역은 헌법이 입법내용을 직접 구속하지는 않기 때문에 입법자에게 더 광범위한 입법형성의 자유가 부여되는 부분이다.

헌법상 명문규정이 없는 경우 학설과 판례는 전통적으로 '자의금지'(*Willkürverbot*)를 일반적 평등원칙에 반하는 행위에 대한 통제기준으로 보아 왔다. 이 기준에 따르면 본질적으로 서로 같은 것을 자의적으로 불평등하게 또는 본질적으로 서로 다른 것을 자의적으로 평등하게 취급하는 경우 자의금지에 위반된다. 법률에 의한 차별이 사물의 본성에서 도출되는 합리적 근거를 발견할 수 없는 경우에는 평등의 원칙에 반하는 자의성이 인정된다고 보았다.[37]

하지만 자의성 기준만으로는 평등원칙에 반하는 입법을 실효적으로 구속하기에는 어려움이 있었기 때문에 비교대상이 인적 평등의 경우에는 엄격한 '비례성(*Verhältnismäßigkeit*) 심사' 기준을 적용하여 해결하고, 물적 평등의 경우에는 여전히 자의성 기준을 적용해야 한다는 이른바 '새로운 공식'(*neue Formel*)이 제시되었다. 그러나 엄격한 의미에서 인적 관련성이 부인되는 물적 사항이라는 것을 찾아보기 어렵다는 점에서 인적 평등과 물적 평등을 서로 명확히 구별하는 것은 불가능하다고 하겠다.

따라서 최근에는 이를 수정한 '최신의 공식'(*neueste Formel*)이 제시됐다. 이에 따르면 규율대상과 차별기준에 따라서 단순한 자의금지로부터 엄격한 비례성 심사에 이르기까지 입법자를 구속하는 다양한 한계가 도출된다는 것이다. 즉, 헌법이 명시하는 차별금지 표지들과 유사

---

37 계희열, 《헌법학(중)》, 221면 이하.

하거나 동질적인 성격을 갖는 표지를 근거로 인적 집단에 대해 차별을 하는 경우에는 엄격한 비례성 심사를 가하고, 동일한 규범의 수범자임에도 규범의 자율맥락에 따라 서로 다른 법적 효과가 발생하게 되는 경우에는 당해 수범자에게 수인가능성 또는 회피가능성이 존재하면 자의금지를 심사기준으로 적용하자는 것이다.

미국 연방대법원도 단계화된 평등심사기준을 적용하고 있다.[38] 최근 우리 헌법재판소도 준법서약서·백화점 셔틀버스 운행제한·국가유공자 가산점제 등과 관련된 헌법재판에서 이러한 입장에 따라 단계화된 평등심사 방식을 수용하는 것으로 보인다.[39]

이처럼 무엇이 평등한 조치이고 그렇지 않은가는 매우 어렵고 복잡

---

38 미국에서는 일찍이 평등심사기준으로서 2단계 심사기준이 적용되었는데, 하나는 엄격심사기준(*strict scrutiny standard*)으로서 주로 인종차별 등과 같은 사안에서 적용된 기준이고, 다른 하나는 상대적으로 완화된 기준으로서 합리성심사기준(*rational basis test*)이다. 후자는 주로 재산권보장과 관련한 영역에서 적용되었는데 이는 주정부에 법적 차별에 대한 상당한 자유 재량권을 인정하여 법적 차별이 완전히 합리성을 결여한 결과 순수하게 자의적일 경우에만 위헌으로 결정되어야 한다는 것으로서 차별에 합리적 근거가 없다는 점은 차별을 주장하는 당사자가 입증해야 한다. 반면 엄격심사기준이 적용되는 사안에서는 법적 차별을 통해 달성하려고 하는 공익이 중대한 공익이라는 점, 그리고 현재의 법적 차별이 정밀하게 고안되었고 그보다 덜 제한적인 수단이 존재하지 않는다는 점 등을 주정부가 입증해야 한다. 이러한 2단계 심사기준에서 1970년대에 들어서는 엄격심사기준의 경직성을 완화하여 위 양자의 중간에 이른바 중간심사기준(*intermediate level of scrutiny*)이 도입되었는데 이는 중간적 중요성을 갖는 권리나 계층을 위한 심사기준으로서 문제된 차별이 중요한 공익을 달성하기 위한 것이고 차별과 공익 간에는 실질적 관련성이 존재하면 위헌으로 보지 않는 것을 말한다〔강승식(2007), 《미국헌법학 강의》, 궁리, 613면 이하〕.

39 헌재결 2002. 4. 25. 98헌마425; 2001. 2. 22. 2000헌마25; 1999. 12. 23. 98헌바33 등 참조.

한 문제이다. 자유의 침해양태가 비교적 분명하고 직접적인 파악이 가능한 반면, 평등의 문제는 필연적으로 비교대상을 전제로 한 개념이기 때문에 구체적인 영역에서 얼마나 어떻게 평등대우 요청이 실현되고 있는지의 여부를 판단할 수밖에 없다.

특히 차별이 허용되는 영역에서 본질적 차이가 존재하는가의 여부는 곧바로 그러한 차별이 인간의 존엄성에 반하는 본질적 침해인가의 문제로 직결된다. 예컨대 불평등한 대우를 해야 할 근본적 차이나 이유가 존재하지 않음에도 불구하고 서로 다른 인적 집단 그 자체나 인적 관련성이 있는 물적 사항에 대해서 차별을 가하는 경우 이것은 인간의 존엄성을 침해한다. 왜냐하면 그러한 차별은 일반적으로 인간의 자율적 결정에 따른 자기기속성 및 자기처분성이라는 자기목적 설정가능성을 방해하기 때문이다.

뿐만 아니라 자유는 침해상황의 제거를 통해 어느 정도 실현가능성이 보장되는 반면 평등은 불평등대우 혹은 평등대우의 명령을 통해 평등실현의 요청이 완결되지 않는다는 특징이 있다. 즉, 같은 것은 같게 다른 것은 다르게 평등대우를 하더라도 상황이나 시간의 경과를 통해 평등상황이 변경되어 사후적으로 그러한 대우를 지속하는 것이 불평등한 것이 되는 경우이다. 특히 사회적 · 경제적 영역에서 이러한 문제가 발생하는데 흔히 사실적 불평등으로 지적되는 것이 그것이다. 따라서 이러한 사실적 불평등이 본질적 차별표지가 되는 경우 법적 평등만을 강조하는 것은 평등대우요청에 반하는 것이다. 결국 변화된 차별표지에 따라 새로운 평등조치를 취하지 않게 되면 심한 경우에는 인간의 존엄성을 침해하는 상황이 벌어지기도 한다.

이렇듯 평등 내용의 특성으로 말미암아 구체적인 경우에 무엇이 평등인가를 확정하는 것은 쉬운 일이 아니지만, 그럼에도 불구하고 평등이 인간의 존엄성 실현의 본질적 구성요소임에는 틀림이 없다. 결국 불법청산과 관련하여 정의와 법적 안정성이 충돌하는 경우가 평등과 관련된 것이라면 본질적 차별표지가 무엇인가에 따라 조정되어야 할 것이다.

② 정의 · 법적 안정성과의 관계

인간의 존엄성이 법치국가의 궁극적 이념과 목적이라 할 때 법치국가의 핵심적 구성원리인 정의와 법적 안정성은 인간의 존엄성 및 그 본질적 구성요소인 자유와 평등의 실현을 위해 작동하여야 한다. 이 점에서 정의와 법적 안정성은 인간의 존엄성 및 자유와 평등의 실현을 위한 수단으로서의 성격을 갖는다. 따라서 정의와 법적 안정성은 법치국가의 구성원리로서 그 구성요소들인 인간의 존엄성 및 자유와 평등의 실현을 위해 기능하도록 통제하고 조절하는 임무를 갖는다.

그러나 정의와 법적 안정성이 인간의 존엄 및 자유, 평등과의 관계에서만 기능을 발휘하는 것은 아니라고 할 것이다. 왜냐하면 앞서 살펴본 바와 같이 정의와 법적 안정성은 실정법 질서 내에서 일정한 자율성을 바탕으로 때로는 정의가, 때로는 법적 안정성이 우위에 서서 불법판단 작용을 하기 때문이다. 다만 정의와 법적 안정성이 충돌하여 우위판단이 곤란하게 될 경우에는 인간의 존엄성 및 자유와 평등이 요청하는 바에 따라 무엇이 우선되어야 하는지가 결정된다는 의미이다. 그리고 그 판단기준으로 작용하는 인간의 존엄성 및 자유와 평등의 구체적 모습은 개별적인 사례에 따라 다르게 나타난다.

(4) 충돌문제의 해결

① 문제상황과 문제해결의 전제

정의와 법적 안정성이 서로 충돌하는 문제가 발생하는 경우에 인간의 존엄 및 자유, 평등이 이러한 충돌문제의 해결기준으로서 어떻게 작용하는지 구체적으로 살펴보기로 한다. 체제불법을 정당화하는 법령이나 이를 구성하는 행정조치를 기초로 이루어진 새로운 법적 상태에 대한 신뢰보호와 이를 원래의 상태로 회복시킴으로써 얻어지는 정의가 충돌하는 상황은 대부분의 불법청산이 직면하는 기본적 과제이다. 예컨대 전법치국가적 상황에서 불법행위를 매개로 하여 새로운 권리관계가 형성된 경우 정의만을 앞세워 기존의 권리관계를 무효로 하는 것은 당사자의 법적 안정성을 침해하여 매우 가혹한 결과가 발생할 뿐만 아니라 궁극적으로 정의에도 반하는 상황이 발생할 수 있다. 그렇다고 법적 안정성만을 고집하여 불법행위 및 불법행위의 결과로 빚어진 상황을 묵인한다는 것도 정의의 관점에서 도저히 용납하기 어렵고 나아가 법치주의 정신에도 반한다.

이러한 충돌문제는 현실적으로 정권범죄에 대한 정당화사유의 허용여부와 공소시효, 몰수재산의 원상회복 허용여부와 원상회복의 방법, 피해자 구제에서 복권의 허용범위 등을 결정함에 있어 가장 먼저 부딪히는 선결과제이다. 이러한 문제를 해결하기 위해서 구체적 문제상황에서 어떠한 선택이 인간의 존엄성의 본질적 구성요소인 자유와 평등에 부합하는지의 여부를 가늠해보고 궁극적으로 인간의 존엄성에 부합하는 결정을 하여야 할 것이다. 이때 정의와 법적 안정성의 충돌상황이 어떠한 구조적 요인에서 비롯되었는지도 함께 검토해보아야 할 것이다. 그 이유는 충돌의 원인이 어떠한 법치국가 위반구조 속에서 성립되었는지에 따라 심사기준의 강조점이 달리 적용될 수 있기 때문이다.

② 정의가 우선되는 경우

우선 자기 자신의 생명과 안전에 대한 극단적 위협과 국가적 폭력에 의해 자율적 의사에 따른 자유 행사가 불가능할 뿐만 아니라 법치국가적 권리구제수단이 원천적으로 봉쇄당한 경우에는 비록 사후적 불법행위의 결과로 새로운 권리관계가 형성되었다고 하더라도 그러한 권리관계에 대한 신뢰는 보호받지 못한다고 보는 것이 법치주의 정신에 부합한다. 예컨대 정치적 · 이념적 이유에서 개인에 대한 형벌권행사가 이루어졌거나 불평등한 사회적 조치가 가해지고, 특히 그러한 불법행위의 의도가 이념적 통제를 위한 전법치국가 내의 법률적 유보하에 이루어진 때에는 정의의 관점에서 원상회복조치가 이루어져야 할 것이기 때문이다.

마찬가지로 본질적 차별기준이 없어 평등대우가 절대적으로 요청되는 경우임에도 불구하고 불평등 대우가 이루어진 경우에도 그러한 불평등조치와 그러한 조치의 결과는 정의의 관점에서 제거되어야 한다. 예컨대 계급성을 이유로 사회적 · 경제적 · 정치적 차별이 가해지는 경우 나아가 그것을 이유로 생존을 위한 물적 기반을 박탈하는 경우가 여기에 해당될 것이다. 또한 극단적 자유 및 평등의 침해상황은 아니라 하더라도 침해상태가 사해행위나 기망행위를 통해 이루어진 경우 및 새로운 권리자가 이러한 행위에 가담하였을 경우에는 비록 그러한 권리관계가 지속되어 고착되었다고 하더라도 정의의 관점에서 원상회복이 요청된다고 하겠다. 한마디로 정당성이 현저히 결여된 현재의 권리관계에 대한 신뢰는 보호할 가치가 없다고 할 것이므로 정의가 이에 앞선다고 해야 할 것이다.

③ 정의와 법적 안정성이 함께 고려되어야 하는 경우

무엇보다도 정의와 법적 안정성의 첨예한 대립은 법치국가 위반구조 아래 행해진 재산권 박탈이기는 하지만 불법행위와는 무관하게 침해된 권리를 승계하거나 아무런 법적 하자 없이 권리를 취득한 경우에 발생할 것으로 예상된다. 이러한 새로운 권리관계는 과거 체제에서 오랜 시간 동안 국가적 · 사회적 보장으로 정당한 권리로서의 외관이 형성되었다. 그리고 그것이 당사자들의 생존을 위한 물적 기반을 구성할 경우 이에 대한 신뢰보호라는 측면에서 법적 안정성이 강하게 요구된다. 이러한 경우는 정의와 법적 안정성의 어느 한 측면만 고려할 수 없는 상황으로 피해자와 새로운 권리자의 자유와 평등이라는 관점에서 가치형량적 판단을 요한다. 즉, 양립 불가능한 개인의 자유가 아니라 인간의 자유라는 측면에서 피해자와 새로운 권리자의 자유에 대한 사회계약적 조정을 요한다는 것이다.

또한 평등실현의 요청이라는 측면에서 위와 같은 경우는 본질적 차별표지를 갖는 사례에 해당한다고 보기 어렵기 때문에 불법청산 과정에서 피해자와 새로운 권리자에 대한 원상회복 및 존속이익의 보장정도는 비례성 심사의 대상이 된다. 이러한 경우 어떠한 가치를 우선할 것인지를 선택하는 문제는 원칙적으로 입법자의 형성의 자유영역에 해당하겠지만, 양 당사자의 실질적 자유와 평등을 보장하기 위한 차원에서 불법행위의 피해자에게 원물반환은 제한하되 보상원칙에 따라 피해를 보상하고 현재의 권리자에게는 권리에 대한 신뢰를 보호하는 등의 방법을 강구하여 정의와 법적 안정성을 적절히 조화하여야 할 것이다.

④ 법적 안정성이 우선되는 경우

마지막으로 자유의 제한 및 평등조치의 위반에 해당하지만 그 정도가 미미하거나 권리침해 과정에서 피해자의 자발적 동의나 스스로의 결정에 의해서 침해상황을 양해한 경우가 있을 수 있다. 특히 재산권과 관련하여 경제적 강제가 있었다고 하더라도 피해자 스스로 소유권 포기·증여·상속포기 등과 같은 법률행위에 의한 소유권 상실이 있었고, 사후에 그 재산권에 대한 정당한 취득이 있거나 사회주의적 재산분배조치에 의해서 사용권 등을 취득한 새로운 권리자가 있었을 경우가 여기에 해당된다. 이러한 경우에도 형식상 자발적 결정이나 동의, 양해가 존재하였다고 하더라도 사실상 저항할 수 없는 강제에 의한 재산권 침해가 이루어졌다면 정의의 침해가 없었다고 할 수는 없을 것이다. 따라서 이러한 경우에는 원칙적으로 기존 사용자의 법적 안정성이 더 존중되어야 하겠지만, 피해자들에게도 사회적 조정급부 청구권 등을 보장하여 재산손실 및 권리침해의 손실을 어느 정도 회복해주는 것이 바람직할 것이다.

5. 불법청산의 유형

1) 가해자 처벌과 피해자 구제

법치국가원리에 의한 체제불법 청산방안으로 가장 대표적 유형은 가해자의 처벌과 피해자의 구제이다. 가해자의 처벌이라 함은 불법체제를 유지하기 위하여 개별적이고 구체적인 체제불법행위에 가담한 사람들을 찾아서 사법절차에 따라서 형사처벌하고 불법적으로 모은 재산을 환수하는 일이다. 가해자의 처벌은 법치국가적 불법청산의 가장 중심을 이루는 일로서 정의를 회복하고 향후 체제불법을 예방하는 데에 가장 직접적인 효과를 거둘 수 있다.

한편, 피해자 구제라 함은 불법체제 아래서 인권을 침해당한 피해자들을 복권시키고 상실한 재산과 명예를 회복시키는 일이다. 즉, 생명·신체를 훼손당한 사람들에 대하여 자유와 형사보상 등을 통한 물질적 보상조치를 취하고, 재산을 빼앗긴 사람에 대하여는 몰수당한 재산을 되돌려 주거나 그에 상응하는 보상을 해주는 방법 등이 그것이다. 가해자의 처벌과 피해자의 구제를 법치국가원리에 따른 불법청산이라는 수레의 두 바퀴에 비유하는 견해도 있다.[40]

2) 인적 청산과 물적 청산

불법청산 방법은 청산의 대상과 객체의 특성에 따라 인적 청산과 물적 청산으로도 구분할 수 있겠다. 먼저 인적 청산이라 함은 앞에서 설명한 가해자 처벌이 중심이 된다고 하겠지만 피해자 구제도 일부 여기

---

40 법무부, 앞의 책, 8면.

에 해당될 수 있겠다. 가령 앞에서 설명한 피해자의 구제유형 중에서 정치적 이유로 생명권이나 자유권 · 공민권 · 공직 · 자격 등과 같은 일신전속적 보호법익을 침해당한 피해자에게 이를 회복시켜주거나 그 피해를 배상해주는 조치를 취하는 방법은 인적 청산으로 분류할 수 있을 것이기 때문이다.

다음 물적 청산이라 함은 앞서 살펴본 피해자의 구제 중에서 몰수재산의 원상회복 등이 해당될 것이다. 그러나 물적 청산은 이에 국한되지 않으며 체제불법행위를 위하여 만들어진 조직 · 기구 · 시설 등을 폐지하여 국가기관이 정상적 기능을 수행할 수 있도록 정비하여 재건하는 작업과 더불어 이러한 불법조직이나 기구의 활동결과로 생산된 불법문서들의 처리도 이에 해당된다고 할 것이다. 가령 동독의 국가공안부의 조직과 기구를 해체하고 불법 활동의 결과물인 슈타지(Stasi) 문서를 법치국가원리에 따라 관리 · 보존하는 일 등이 여기에 해당될 것이다.

3) 민주법치국가적 방법과 사회법치국가적 방법

불법청산이 법치국가의 문제인 만큼 불법청산의 원칙과 기준을 법치국가원리에 의하여야 함은 앞서 강조한 바이다. 그러나 불법청산의 원칙과 기준으로 제시되는 법치국가원리의 내용에 따라 민주법치국가적 방법과 사회법치국가적 방법의 분류도 가능하다고 생각한다.[41] 먼저 가해자 처벌은 물론 피해자 구제에 있어서도 정치적 · 이념적 이유에 의한 박해 목적의 판결이나 행정처분에 대한 불법심사의 영역에서는 철저하게 민주적 법치국가원리가 원칙과 기준으로 작용한다. 그 이유는 절대적 가치인 인간의 존엄성을 침해하는 불법행위에 대한 불법판단이나 그 불법적 결과를 제거함에 있어 어떠한 타협이나 조정이 있을

41 법무부, 앞의 책, 106면 이하.

수 없기 때문이다. 이에 비하여 몰수재산의 처리와 형사·행정·직업복권에 따른 후속청구권(*Folgeanspruch*)을 보장하는 피해자 구제의 영역에서는 사회적 법치국가원리가 피해회복의 방법과 기준을 판단하는 원칙과 기준으로 작용한다. 그 이유는 사회적 법치국가원리에 의하면 사회적 약자를 배려하기 위하여 사회계약적 조정이 가능하기 때문이다. 두 가지 방법 중에서 어떠한 방법을 택하느냐에 따라 불법청산의 구체적 효과가 달라질 수도 있다. 몰수재산의 경우 전자의 방법에 따르면 원소유자에게 현물로 반환하여야 한다는 결론인 반면 후자의 방법에 따르면 원물이 아닌 그에 상응하는 적절한 보상으로 갈음할 수 있다는 결론도 가능하다. 정권범죄로 불법구금을 당한 사람들에 대한 구제 방안도 전자의 방법에 따르면 법 소정의 형사보상을 해주는 것으로 그만이지만 후자의 방법에 따르면 형사보상과 더불어 불법구금생활로 인하여 야기된 어려운 사정을 감안하여 사회적 조정급부를 추가할 수 있다는 결론이 가능하다.

2

통일독일의 불법청산

동서독은 통일 전 남북한과 함께 민족분단국가였다. 독일민족의 분단도 외세에 의한 것이었지만 그것은 한민족과 달리 2차 세계대전이라는 인류의 재앙을 불러온 대가였다. 2차 세계대전의 전승 4대국은 전범국가인 독일을 동서로 분할하였다. 분할된 독일은 서로 이념과 체제를 달리하며 전승국들의 감시와 견제를 받으며 존속하였다. 분단 직후 독일은 나치체제가 남긴 불법을 청산해야 하는 아픔을 겪었다. 그로부터 45년 후 독일은 평화적으로 다시 통일을 이루었다. 통일 직후 독일은 공산체제가 남긴 불법을 청산해야 하는 또 한 번의 아픔을 겪었다. 독일민족은 불과 반세기 동안 민족의 역사를 스스로 부정하는 두 번의 과거청산을 거친 것이다. 과거청산의 아픔보다도 청산하지 않으면 안 되는 잘못된 과거를 두 번씩이나 겪어야 했던 점에서도 독일민족은 불행한 민족이 아닐 수 없다.

하지만 독일은 이러한 민족적 불행을 극복함에 있어서 인류역사상 존재한 적이 없던 법적 청산의 지혜와 결단을 보여주었다. 과거 수많은 유형의 국가적 불법을 극복하기 위해 사용되었던 청산방안은 가해자의 무자비한 숙청과 같은 유혈극을 벌이거나 아니면 마치 아무 일도 없었던 것처럼 묵인 또는 사면하는 일이 허다하였다. 그렇지만 독일은 나치체제가 저지른 만행을 극복함에 있어서 겪었던 시행착오를 동독체제가 저지른 불법을 극복함에 있어서 금과옥조로 활용하였다. 통일독일은 동독의 SED(독일사회주의통합당)가 남긴 반세기의 체제불법을 법치국가원리에 의한 사법절차에 따라 평화적인 방법으로 청산하였다. 이것은 가해자와 피해자 그리고 이를 지켜보는 사람들에게도 정의감과 더불어 법적 안정감을 갖게 하는 현명한 조치였다. 그 결과 반세기 동안 동독체제가 인간의 존엄성을 짓밟으며 동족에게 남겼던 깊은 상처와 원한을 평화적으로 그리고 신속하게 청산하였다. 통일 후 불과 20여 년이 흘렀을 뿐인데 독일민족은 분단과 감시의 어두운 과거를 극복하고 그들이 통일을 이루기 전에 주변국들을 향하여 다짐하였던 것처럼 평화로운 유럽통합의 중심국가로 발전하고 있다. 이러한 발전의 배경에는 과거의 잘못을 용서하지 않는 엄격함과 보복감정을 자제하는 냉철함에 기초한 독일민족의 사회적 통합이 자리하고 있다. 통일독일은 동독이 남긴 체제불법을 인간의 존엄성이라는 인류보편적 가치를 척도로 하여 엄격하지만 평화적인 방법으로 청산함으로써 독일민족 모두가 공감하는 새로운 민족 공동체의 정서적 토대를 만들어 냈다. 물론 통일독일의 불법청산이 적법절차를 지나치게 의식한 나머지 지루하고 성과가 미흡하다는 불만이 표출되기도 하였다. 하지만 궁극적으로 피해자와 가해자는 물론 이를 지켜보던 제3자도 승복하는 사회적 통합의 기틀을 다졌다는 점에서는 반론을 찾아보기 어렵다.

통일독일의 사법적 불법청산 과정에서 반드시 해결되어야 할 커다란 국법적 난제가 있었다. 그것은 동서독의 기본관계에 관한 문제였다. 서독의 기본법은 패전 이후에도 전체로서의 독일이 존속함을 전제로 통일을 향한 민족적 의지를 분명하게 밝히고 있었다. 서독은 동독과 더불어 유엔에 동시가입하는 등으로 동독의 국제법적 주체성을 부인하지는 않았지만 분단이후 동독을 단 한 번도 외국으로 승인하지 않았다. 오히려 서독은 동독을 언젠가는 전체로서 독일에 편입되어야 할 독일의 일부로 취급하였다. 서독은 동독을 전체로서 독일의 부분질서를 이루는 존재로서 동서독은 통상적인 국제관계가 아닌 통일을 지향하는 특수관계라고 파악하였던 것이다. 따라서 동독주민의 독일국적은 유지된다고 보았다. 동독주민의 독일국적 유지는 동서독을 전체적으로 묶어주는 정서적 연결고리가 되었음은 물론 서독정부의 동독주민에 대한 국가적 보호의 전제가 되었다. 이와 같은 동서독의 기본관계에 대한 이해는 통독 후 동독체제의 불법청산 과정에서 등장한 수많은 법적 문제를 해결하는 원칙과 기준으로 작용하였다. 따라서 동서독 기본관계에 대한 철저한 분석과 이해는 통일한국이 필연적으로 직면하게 될 남북한 주민의 법적 지위는 물론 남북한 법질서의 충돌문제를 해결하는 실마리를 제공할 것이다.

그밖에도 통일독일의 과거청산은 철저하게 적법절차를 준수함에 따라 수많은 법적 난제들에 봉착하게 되었다. 그중 가장 근본적인 어려움은 청산의 대상이 되는 불법행위가 이를 정당화하는 실정법적 근거를 가지고 이루어졌다는 점에서 제기되었다. 동독은 체제유지를 위하여 자행한 불법행위를 정당화하는 수많은 법령을 구축하고 있었다. 가장 대표적인 법령이 동독의 국경법이라고 하겠다. 이 법은 동독 국경수비대원들에게 동서독 사이에 설치된 장벽을 넘어서 서독으로 탈출하는 동독주민들에 대한 총격사살을 허용하고 있었다. 통일 후 이러한 총격사살 행위자들에 대하여는 형사처벌이 가해졌다. 그 이유는 동독의 국경법이 참을 수 없을 정도로 정의에 위반된 법률적 불법으로서 무효라는 평가를 받았기 때문이다. 그 외에 공소시효나 준거법 문제도 소급효금지나 죄형법정주의 관점에서 해결을 요하는 난제로 등장하였다. 몰수재산 처리방안을 둘러싸고 야기되었던 원상회복의 근거와 방안에 대하여도 날카로운 의견대립이 있었지만 신구 권리자들의 이익을 조정하고 동독지역의 투자장해를 극복하는 차원에서 절충안이 모색되었다. 동독 국가공안부가 남긴 방대한 슈타지문서의 처리방안도 개인정보 및 사생활 보호와 관련하여 헌법적 문제를 불러왔다. 불법체제 아래서 권리를 박탈당한 피해자들에 대한 복권방안에 대하여도 다양한 의견제시가 있었지만 기본권을 회복하고 생존을 배려하는 차원에서 조정되었다.

통일독일은 이러한 모든 문제를 해결함에 있어서 법치국가원리를 기초로 하였다. 통일독일의 궁극적인 목표가 인간의 존엄성이 보장되는 법치국가의 완성에 있었으므로 인간의 존엄성을 기본이념으로 하는 법치국가원리가 과거청산의 기초가 되었음은 논리 필연적 결과라고 할 것이다.

01/ 불법청산의 개요

1. 동독체제의 불법성

1) SED의 일당독재

동독 정권은 1949년에 공식적으로 수립되었지만 그 전인 1946년에 창설된 독일사회주의통합당(SED: *Sozialistsche Einheitspartei Deutschland*)[1]이 사실상 모든 권력을 독점하고 국정 전반을 통제하였던 일당독재체제였다. SED는 국가 및 사회 조직을 장악하고 인민을 지도하였다. 정치·경제·사회·문화 등 모든 부문에서 SED의 당의 통제력이 절대적 영향력을 미치지 않은 곳이 없었다. 맑스·레닌주의를 신봉하는 SED는 인민들에게 이데올로기를 강요하며 이에 대하여 거부하는 자들에게는 갖

1 소련은 독일 점령지역에서 4개 정당의 설립을 인정하였다. 독일공산당(KPD), 독일사회민주당(SPD), 기독교민주당(CDU), 자유주의민주당(LDP)이 바로 그것이다. 그러나 1946년 부활절에 사회민주당은 독일공산당과 강제적으로 통합되었다. 그 결과 탄생한 정당이 바로 독일사회주의통합당이다〔김철수(2004), 《독일통일의 정치와 헌법》, 박영사, 13면 이하〕.

은 방법으로 정치적 박해를 가하였다.

물론 동독에는 SED 이외에도 다수의 정당이 존재하였으나 이들은 모두 SED의 지도를 받는 위성정당에 불과하였다. 동독에서는 국가와 국가기관도 모두 당의 이념과 강령을 실현하는 도구로 전락했다. SED의 지도부가 정치적 목표를 설정하면 국가는 이를 실현하는 도구로 이용되었다. 동독에서 SED의 결정은 곧 국가의 결정으로 합법화되었던 것이다. SED의 조직은 철저하게 중앙집권적으로 구성되었고 이에 상응하여 국가조직도 중앙집권주의를 기본원리로 하였다(동독헌법 제47조 제2항). 이러한 중앙집권적 조직을 통하여 당중앙의 의사와 지시는 모든 인민에게 통제력을 발휘하였다.

동독에서 위성정당과 사회조직의 임무는 다원화된 가치를 추구하는 것이 아니라 SED의 지도에 따라 전체사회를 단결과 통합으로 획일화하는 일이었다. 따라서 동독에서 SED에 반대하는 주의나 주장은 체제를 위태롭게 하는 범죄행위로서 정치적 탄압과 박해를 받았다. 동독에서 법제도는 인간의 존엄과 기본권을 보호하는 일보다 지배계급의 권력을 유지하고 강화하는 수단으로 활용되었다. 따라서 반국가적 선동(동독형법 제106조)이나 반국가단체의 결성(동독형법 제107조) 등과 같이 정치적 목적을 위하여 인간의 자유를 중대하게 제한하거나 억압하는 정치적 범죄의 구성요건도 존재하였다.

동독에서는 SED의 지배력을 유지하고 강화하기 위한 수단으로 국가공안부(MfS: *Ministerium für Staatssicherheit*)[2]를 구성하여 사회 전반을 감시하고 통제하였다. 국가공안부는 군인과 군무원으로 구성되었으나 그보다 훨씬 많은 비공식 협력자를 확보하여 인민의 사생활까지도 감

---

2 1950년에 소련의 KGB를 모방하여 창설하였다. 시작 당시에는 4천여 명에 불과하던 구성원들이 1980년대 말에는 8만 5천여 명으로 늘었으며, 50만 명에 이르는 비공식 협력자를 두고 활동하였다고 한다.

시하고 통제하는 체제를 유지하는 데 기여하였다. 동독 헌법상에도 기본권이 규정되었으나 맑스·레닌주의에 입각한 '사회와 개인의 이익 일치원칙'에 따라 기본권은 개인의 사회화와 사회주의 건설에 헌신적 참여동기를 부여하기 위한 수단으로만 인정되었다. 따라서 기본권은 국가로부터의 자유를 의미하는 것이 아니라 국가를 위한 자유를 의미할 뿐이었다. SED가 설정한 사회정책적 목표는 이러한 기본권의 내재적 한계로 작용하여 기본권은 사회주의 완성과 공산주의로 전환을 앞당기는 목표에 공헌하지 않으면 안 되었다. 한마디로 동독은 SED의 유일 지도체제 아래서 사회주의 완성과 공산주의 건설을 위해 모든 인민의 기본권이 통제되는 일원적 국가체제였다.[3]

2) 반법치국가적 독재체제

앞서 살펴본 바와 같이 동독은 SED에 국정전반이 통제되는 일당독재국가였다. 동독도 형식적으로는 사회주의적 법치국가를 표방하였으나 SED의 지배체제를 확립하기 위하여 국가 스스로 수많은 불법을 자행하였다. 동독에서 발생한 가장 심각하고 위험한 불법은 법의 이름을 빌려 법을 통하여 이루어졌다. 동독에서는 수많은 주민들이 실정법에 근거한 행정행위 또는 유죄판결의 형태로 자유와 권리가 침해를 당하였으며 정치적 이유로 불이익을 당했다. 그러나 이러한 국가행위들은 SED의 지배 아래서는 결코 불법으로 평가되지 아니하였으며 심지어 장려되기도 하였으나 체제가 붕괴되고 나서야 비로소 불법으로 평가되었다.

동독의 주민들은 제2차 세계대전 종료 직후부터 소련의 점령통치에 이은 동독정권의 지배기간동안 법의 보호를 벗어나 당의 권력 앞에 사

3 법무부, 앞의 책, 39면.

회주의 혁명의 도구로서 존재했을 뿐이다. SED체제 아래서 당국은 적대적·부정적 세력을 위하·격리·제거하거나 기타 당의 목적을 관철하기 위하여 주민의 법의식, 국제적으로 승인된 인권은 물론 국가가 스스로 제정한 실정법마저도 무시되었다. 실제적 적과 잠재적 체제위협세력을 제거하기 위하여 형사법이 가장 유용한 수단으로 활용되었다. 예를 들어 집단화를 반대하는 정적은 물론 기업가, 대지주, 농민들을 제압하기 위한 수단으로 정치선전과 더불어 형사처벌의 방법도 활용되었다. 교회 기타 종교단체 구성원과 같이 당의 노선에 비판적이거나 배치되는 독자적 견해나 사상을 가진 사람들은 잠재적 반대세력으로 분리되어 형법의 폭넓은 적용으로 가혹한 정치적 박해를 받았다. 체제에 반대하는 사람들은 형법뿐만 아니라 재산법, 가족법, 노동법 등과 같은 사법의 영역에서도 불이익을 받았다.

국가기관은 물론 준국가기관들조차도 체제비판자들에 대하여는 각종의 수단을 동원하여 불이익을 주었다. 학교졸업 불허, 직업교육 방해, 주택배분, 여행허가, 직장에서 승진방해 등은 물론 신분증의 몰수, 정당한 이유 없는 해고 등으로 주민들을 억압하고 통제하였다. 이러한 불이익 처분은 피해자 본인은 물론이고 가족과 이웃들에게도 위하적인 효과를 발휘하여 주민통제를 용이하게 하였다.

SED체제 하의 이러한 불법은 이른바 체제불법의 전형으로서 SED체제 붕괴 후 그 희생자들을 구제하고 가해자들을 처벌하는 작업이 불가피하였다. 이러한 동독을 불법국가라고 부를 수 있을지에 대하여는 학계에서 논란이 있었다. 1991년에 있었던 독일국법학회에서 논의된 바에 따르면 동독을 전(前)법치국가로 봄이 상당하다는 의견이 다수를 차지하였음은 앞서 살펴본 바이다.[4]

4 P. M. Huber, a. a. O., S. 139ff.

2. 동독체제의 불법유형

1) 침해법익에 따른 분류

(1) 생명 침해

대표적인 생명 침해 불법유형으로는 동독 정권범죄(*Regierungs-kriminalität*)의 핵심이며, 모든 법률적 문제를 내포하는 이른바 국경수비대 총격살인사건을 들 수 있다. 대부분의 피해자는 1961년 8월 13일 동독이 동서베를린 경계선과 내독경계에 장벽을 설치한 이후 1966년까지 사이에 동독 또는 동베를린을 탈출하려다가 국경수비대원의 조준사격 또는 자동발사장치에 의해 사살되거나 지뢰 등에 의하여 폭사하였다.[5]

한편 자의적 사법절차에 의한 사형판결도 생명을 침해한 불법의 주요 유형에 포함된다. 후술하는 바와 같이 1949년도 동독 헌법 제6조 제2항 소정의 보이콧 선동죄에 근거한 사형판결들이 대표적이다. 1950년 4월 26일부터 약 3개월간 진행된 이른바 발트하임 재판에서도 3,324명에 대해 매 사건당 1시간 안팎의 신속한 재판을 통하여 32명에게 사형이 선고되어 동년 11월 4일에 24명에 대한 사형이 집행되기도 했다.

그 외에도 1961년 이후 1990년 3월 6일까지 사이에 기타 구금기관 내에서의 고문·학대로 인한 사망, 국내에서의 국가공안부 등에 의한 촉탁살인, 의료지원의 자의적 거부 등에 의한 사망사건, 국방위원회

---

5 1961년 베를린 장벽 설치 직후 잘츠기터에 설치되었던 중앙법무기록보존소의 공식집계에 의하면 내독경계에서 119명, 베를린 장벽에서 78명 등 총 197명이 살해된 것으로 파악되고 있다〔Heiner Sauer & Hans-Otto Plumeter (1991), *Der Salzgitter Report*, SS. 255~305〕.

· 인민경찰 내에서의 사망사건, 의사의 적극적 기여에 의한 살인 등으로 분류되는 생명침해로 인하여 총 4,444명이 사망한 것으로 공식 집계됐다.[6]

(2) 신체와 건강에 대한 침해

신체와 건강에 대한 침해사례는 성질상 정확한 피해내용과 범위의 확인이 쉽지 않다. 그러나 알려진 바에 의하면 의료 또는 약품지원의 고의적 거부(특히 정신신경과 및 정형외과 분야), 환경오염, 원자력기관 및 우라늄광산에서의 방사선 기타 인체유해광선, 지시에 의한 안전수칙 및 노동보호규정 위반, 의도적인 심리손상, 운동선수들에 대한 흥분제 투여 등의 유형이 있었던 것으로 파악된다.

(3) 인간의 존엄성 및 자유에 대한 침해

이에 해당되는 것으로는 정치적 형벌 구성요건에 의한 체포·구금·수사 및 자유형 선고, 인간의 존엄을 해하는 형벌집행 여건, 여행의 자유 제한, 동독 내에서의 체류제한, 양심 및 사상의 자유 폐지, 언론·정보의 자유 및 정치적 선거 자유의 제한, 허가된 국가단체 및 사회단체를 제외한 집행의 자유의 엄격한 제한, 검열조치, 교육·직업 및 학과선택 자유의 제한, 외국인과의 결혼에 대한 행정적 제한, 정치적 동기에 기한 일정직업의 취업금지, 동독 탈출자 및 장기자유형 복역자 자녀들의 강제입양, 정치적 비신뢰성을 이유로 한 입양제한, 정치적 동기에 기한 친권 박탈, 체포된 국외이주신청자 직계비속의 유기, 정적 및 반동사상자에 대한 계획적 심리압박, 외국인 노동자 등 특정 소수집단에 대한 차별 등이 있었다.

6 법무부, 앞의 책, 48면.

(4) 소유권 및 재산에 대한 침해

소유권 및 재산에 대한 침해로는 몰수 및 농업의 강제집단화, 기업의 몰수, 재단 또는 소련점령지역 내 동독 탈출자 및 베를린 장벽·내독경계지역 거주민 소유 부동산의 몰수, 자영업자와 자유업 종사자에 대한 경제적 강제조치, 정치적 동기에 의한 소송 또는 이른바 조세확장을 통한 실질가치의 몰수, 국외이주자 소유 예술품·골동품의 몰수, 서방세계 접촉을 이유로 한 영업허가의 몰수와 양로수당 지급상의 불이익 처분, 국경통과시 사소한 관세법 위반을 이유로 한 화물차 전체의 압수조치, 상사조정단의 이익을 위한 강제몰수, 강제수세조치(정치적 동기에 의한 벌금형 등), 폐쇄계정 내 예금의 탈취, 화폐조작, 국외 이주신청자에 대한 강제조치 및 외환청산계정을 이용한 조작행위 등을 들 수 있다.

특히 소유권 등 재산에 대한 침해로는 반법치국가적 몰수조치가 대표적인바, 이미 1945년부터 1948년 사이의 소련점령하에서 농업과 공업분야에 광범위한 몰수가 행해졌다. 이른바 '민주적 토지개혁'을 통하여 1948년 말까지 농업용 토지와 임업용 토지가 몰수되었다. 1945년 9월의 몰수조치는 극히 비인간적으로 시행되어 피몰수자 및 가족들은 수 시간 내에 집과 정원을 명도해야 했으며 당장 필요한 옷가지를 제외하고는 개인적인 소지품조차도 가지고 나갈 수 없었다.[7]

(5) 직업에 대한 침해

직업에 대한 침해로는 반체제 발언을 이유로 한 학업·직업 및 노동의 금지, 강제노동수용소 배치, 정치적 동기에 의한 승진기회 박탈 및 불이익 처분 등 직업적 경력의 침해, 일자리의 강제조정, 교육 및 직업

---

7 더 자세히는 법무부, 앞의 책, 50면 이하 참조.

교육의 방해 등을 들 수 있다.

2) 범죄유형에 따른 분류

동독의 체제불법은 특히 가해자 처벌의 관점에서 범죄유형별로 분류될 수 있다. 분류의 기준은 다양하나 대략 다음과 같은 분류가 이루어지고 있다.

베를린주(州) 최고검찰청 산하 정권범죄특별수사본부에서는 처리대상 정권범죄의 유형을 ① 국경수비대 총격살인 사건을 중심으로 한 내독경계에서의 살인사건, ② 검사 및 판사의 법왜곡[8]이 주종을 이루는 사법불법, ③ 국가공안부의 불법행위, ④ 상사조정단, 수출입금지품목의 밀수, 정치범 석방거래 등과 관련된 경제범죄, ⑤ 선거결과 조작과 관련된 선거부정 행위로 대별하여 수사업무분장의 기준으로 사용하고 있다.

그 외에도 관점에 따라 ① 내독경계에서의 탈출자 살인사건, ② 법왜곡, ③ 선거부정, ④ 경제범죄 및 재산범죄, ⑤ 강제입양, ⑥ 간첩행위 또는 ① 무혐의자에 대한 기소·자유박탈 등의 사법범죄, ② 경찰·교도관·세관원·국경수비대원에 의한 직무범죄, ③ 범죄단체로서의 국가공안부 및 독일통일사회주의당(SED) 등에 의한 단체범죄, ④ 경제범죄로 분류되기도 하지만 이들이 내포하는 실질적 불법의 태양은 대동소이하다고 하겠다.

---

8 법왜곡이란 사법종사자들이 법률의 문언적 한계를 초과하여 확대적용하거나 적법절차를 어기고 형사절차를 진행하여 행위에 비례하지 않을 정도의 과도한 형벌을 부과하는 행위를 말한다.

3. 동독체제의 청산배경

1) 정치적 배경

1989년 11월 9일 베를린 장벽이 붕괴된 이후 동독주민들은 베를린소재 국가공안부 본부를 점령하고 국가공안부의 과거청산을 요구하며 과거를 은폐하기 위하여 공안부문서를 폐기하려던 동독의 체제범죄자들을 저지하였으며, 1990년 3월 18일 실시된 자유총선거를 통하여 구성된 인민의회는 동독체제를 자유민주적 입헌질서로 전환할 것과 공산체제의 불법들에 대한 청산을 위한 입법조치들을 결의하였다. 통일독일의 동독체제불법의 청산은 이와 같이 민주적 혁명으로 동독의 불법체제를 붕괴시킨 동독주민들의 요구에 의한 것이다.

통일독일은 동독의 국가권력을 승계한 정치적·법적 의무자로서 동독주민들의 요구에 따라 체제불법에 대한 청산을 수행하는 것이며 결코 동독에 대한 승리자로서 심판하는 것이 아니라는 입장을 취하였다. 불법청산에 대한 동독주민의 요구와 의지는 통일조약에 명백히 반영되었으며[9] 이러한 동독주민의 요구는 혁명적 방법에 의한 과거청산이 아닌 법치국가적 원리에 의한 불법청산을 가능하게 하는 근거를 제공한다는 점에서 커다란 의의를 갖는다.[10]

1989년 10월 2일 동독 라이프치히에서 시작된 시민궐기가 같은 해 11월 9일 베를린 장벽의 붕괴로 이어지는 동안 동독주민의 줄기찬 요구는 SED체제의 불법청산과 새로운 법치국가의 건설이었으며 이러한 요

9 통일조약 제17조에서 SED체제를 불법체제로 규정하고 법치국가원리에 위배된 과거조치들의 청산을 위한 입법조치를 통일독일에 위임하고 있다.

10 법무부, 앞의 책, 73면.

구는 통일이 완성되기 전부터 이미 동독의 체제범죄자들에 대한 형사고소로 표출되었다. 이러한 상황은 동독체제를 청산하기 위한 주도권을 장악한 서독의 집권세력에게 정치적 정당성을 부여함과 동시에 법적 정당성까지도 확보할 수 있는 근거를 제공하였다.

2) 사회적 배경

동서독 주민의 진정한 통합은 1990년 10월 3일 발효한 통일조약으로만 완성될 수 없었다. 이것은 동일민족이지만 반세기 가까이 서로 다른 체제하에서 살아온 주민들이 상대적으로 겪게 되는 문화적·심리적 이질감이 법적·제도적 통합만으로 쉽사리 극복될 수 있는 것이 아니기 때문이다. 특히 동독주민의 경우 다른 동구권 국가와 달리 체제전환의 후유증과 더불어 통일의 후유증, 즉 서독주민에 대한 상대적 박탈감과 상실감으로 인하여 더 큰 어려움을 겪었다. 이러한 동독주민을 새로운 자유민주체제에 편입하여 동화시키기 위해서는 무엇보다도 이들로 하여금 새로운 법치국가에 대한 신뢰와 공통된 법의식의 확립이 필수적인 전제조건이 되어야 할 것인바, 과거 동독체제의 불법을 청산하지 않고서는 이것을 기대하기는 어려웠다.

한편 통일 직후에는 동독체제를 유지했던 지도급 인사들이 이른바 '잔존세력연대'(*Seilschaft*)를 형성하고 새로운 지위에 머물러 있으면서 미 해결 재산문제의 해결이나 체제범죄의 행위자를 색출하여 처벌하는 데에 음성적 영향력을 행사하는 등의 방법으로 불법청산 작업을 방해하는 현상도 발생하였는데, 이들에 대한 철저한 청산작업도 동독주민의 내적 통합을 가로막는 장애물을 제거하는 차원에서 필수불가결한 작업으로 요구되었다.

3) 역사적 배경

독일은 동구권의 다른 체제전환국들과 달리 나치시대의 체제불법을 경험하였지만 이를 청산하는 작업이 철저하게 수행되지 못하였다는 역사적으로 쓰라린 교훈을 갖고 있었다. 통일독일은 이러한 교훈을 바탕으로 동독의 체제불법에 대한 청산작업은 철저하게 수행하여 다시는 반복되지 않도록 하여야 한다는 민족적 반성을 안고 있었다. 독일민족이 더 이상 전체주의적 독재체제의 불법으로 인하여 민족과 인류에게 불행과 고통을 받게 하는 역사를 반복하여서는 안 된다는 독일국민들의 법감정이 동독체제의 불법을 청산하는 데에 일치했다.

전체주의적 독재국가의 출현을 예방하기 위해서는 무엇보다도 진정한 법치국가의 수립이 요구되었고, 이를 위해서는 동독의 불법을 법치국가적 원리에 의하여 철저하게 청산하지 않으면 안 된다는 역사적 인식이 사회심리적으로도 동독의 체제불법에 대한 철저한 청산에 대한 국민적 공감대를 형성하게 하였다.

4. 불법청산의 과제

통일독일의 동독체제에 대한 불법청산에서는 크게 나누어 다음 4개의 과제가 문제되었다. ① 정권범죄에 연루된 가해자들의 처벌문제, ② 동독 정권의 자의적 지배에 따른 피해자들의 구제문제, ③ 과거 불법적으로 몰수된 토지와 기업의 반환문제, ④ 국가공안부가 양산한 이른바 슈타지문서의 처리문제가 그것이다.[11] 이러한 문제를 유형별로 구분한다면 첫째 문제와 둘째 문제는 인적 청산, 셋째 문제와 넷째 문제는 물적 청산으로 분류할 수 있다.

동독의 체제불법을 청산하는 작업은 '가해자의 처벌과 피해자의 구제라는 두 바퀴를 법치국가원리라는 축으로 연결하여 나아가는 수레와 같다'라고 비유되었다. 이러한 표현은 통일독일의 불법청산의 특징을 단적으로 보여주는 매우 적절한 비유로 판단된다. 통일독일의 불법청산은 가해자의 처벌과 피해자의 구제로 압축할 수 있을 것이다.

먼저 가해자의 처벌이라 함은 불법체제를 유지하기 위하여 개별적이고 구체적인 체제불법행위에 가담한 사람들을 찾아서 형사처벌하고, 그 사람들이 이러한 불법행위를 통하여 불법적으로 모은 재산을 환수하는 일이다. 가해자의 처벌은 불법청산의 가장 중심을 이루는 일로서 정의를 회복하고 불법을 예방하는 데에 가장 직접적인 효과를 거둘 수

11 여기에 더하여 동독 판사와 검사의 재임용을 비롯한 편입지역에서의 사법조직의 재건 및 사법통합의 문제를 제시하는 견해도 있다. 이러한 견해는 독립된 법관에 의한 재판이 법치국가원리의 중요한 구성요소라는 점에서 이해되기도 하지만 독립한 사법기구의 재건과 법률의 통합은 과거청산의 측면보다는 국가조직의 재건이라는 측면에 중점을 두어야 하므로 이 책에서는 불법청산의 유형분류에서는 배제하기로 한다.

있다. 한편, 피해자의 구제는 불법체제 아래서 인권을 침해당한 피해자들을 복권해주고 재산상의 피해를 회복해주는 방법이다. 생명·신체를 훼손당한 사람들에 대하여 형사보상 등을 통한 물질적 보상과 더불어 명예를 회복할 수 있는 조치를 취하고, 재산을 빼앗긴 사람에게는 그 재산을 되돌려 주거나 그에 상응하는 보상을 해주는 방법 등이 그것이다. 통일독일의 사법실무는 가해자에 대한 형사소추와 피해자에 대한 법적구제와 같은 인적 청산에 관심을 집중하였다.[12]

하지만 통일독일의 불법청산은 이러한 인적 청산과 더불어 물적·제도적 청산도 함께 병행하였다. 물적 청산이라 함은 반법치국가적 재산권 몰수를 원상회복하는 것과 동독 국가공안부가 양산하였던 이른바 슈타지문서의 적법한 처리에 관한 것을 의미한다.

인적 청산으로서의 가해자 처벌과 피해자 구제, 물적 청산으로서의 몰수재산 처리와 슈타지문서의 처리는 수많은 법적 쟁점을 담고 있다. 그리고 소유권 질서의 재편이나 사법기구의 재건 등과 같은 제도적 청산의 문제는 통일독일의 특수상황에 합당한 정책적 고려가 중요한 관건이 되었다.

따라서 여기에서는 가해자 처벌, 피해자 구제, 몰수재산 처리, 슈타지문서 처리 순으로 문제되었던 법적 쟁점들을 살펴본다. 다만 그에 앞서 동독체제에 대한 불법청산이 법치국가원리에 입각하지 않을 수 없었던 이유와 동서독 기본관계를 일별함으로써 각 유형별 청산방안에서 제기되는 법적 쟁점들의 근거와 배경에 대한 이해를 돕고자 한다.

---

12 통일 당시 연방독일의 법무장관이던 클라우스 킹켈(Klaus Kinkel)은 "피해자 있는 곳엔 가해자도 있다"(*Wo aber Opfer sind, da sind auch Täter*)라는 표현으로 통일독일의 불법청산작업의 방향을 상징적으로 제시한 바 있다.

02/ 법치국가적 불법청산

1. 기본원칙

통일독일의 동독 SED에 대한 과거청산은 인류역사상 가장 모범적으로 이루어진 법적 불법청산으로 평가된다. 통일독일의 불법청산은 선례를 찾아볼 수 없을 정도로 철저히 법치국가원리에 따른 사법절차에 의해 진행되었다. 동독의 정권범죄에 대한 청산작업은 죄형법정주의 원칙이 거부되었던 제2차 세계대전 직후의 전범재판[1]이나 나치청산과 달리 철저하게 법치국가원리가 적용되었다. 그 이유는 앞서 살펴보았듯이 정치적・역사적・사회적 배경에서 비롯된 측면이 강하지만 한편 다음과 같은 독일 특유의 헌법적 배경이 작용하였기 때문이다.

통일독일의 과거청산 작업은 동독의 민주화 혁명에 의하여 비롯된 것이지만 민족통일이라는 분단국의 특수상황에 따라 동독이 연방독일

1 최초의 나치청산이었던 뉘른베르크재판은 국제법 원칙을 국내법 원칙보다 앞세운 전승국에 의한 국제전범재판으로서 죄형법정주의 원칙의 적용은 명백하게 거부되었다〔Knut Ipsen(1990). *Völkerrecht 3*. Aufl., S. 536ff.〕.

의 새로운 일부로 편입되었고 따라서 법치국가원리를 핵심원리로 하는 기본법에 따르지 않을 수 없게 되었다는 점이 바로 그것이다.

법치국가원리에 입각한 과거청산은 혁명적 분위기에 편승한 보복감정이나 사회여론에 따라 기준이 흔들릴 수 있는 위험성을 차단하였다. 철저하게 법치국가원리에 입각하여 진행된 통일독일의 불법청산은 그 절차가 더디고 그 성과가 애초의 기대에 미치지 못하였다는 아쉬움도 없지 않았지만 통일독일의 사회적 통합을 이루고 미래를 향한 법치국가적 토대를 확고히 하였다는 점에서 성공적인 평가를 받고 있다.

물론 동독 공산체제에서는 법률은 단지 사회주의 건설과 완성이라는 당의 이념과 목표를 실현하기 위한 수단에 불과할 뿐이다. 법치국가원리는 동독의 공산체제 아래서는 실현될 수 없는 장식적인 법이론일 뿐이었다.[2] 따라서 이와 같은 법치국가원리에 위반하고 무시하며 이루어진 동독의 체제불법을 청산함에 있어 법치국가원리를 기본원칙으로 함에 대하여 수많은 반론이 제기되었다.[3] 동독의 통치기간 내내 법치국가원리를 짓밟고 경멸하였던 바로 그 사람들이 법치국가의 호의에 의하여 이익을 받게 되는 현실에 분노하며 불법청산의 한계에 대하여 근본적인 회의를 나타내는 기류도 없지 않았다.[4]

그럼에도 불구하고 인간의 존엄성을 최고의 가치로 선언한 기본법 정신을 포기할 수 없다는 국민적 결단을 바탕으로 통일독일의 불법청

---

2 동독헌법 제4조(국가의 목표) : 모든 권력은 인민의 복지에 기여한다. 평화로운 삶을 보장하고, 사회주의적인 사회공동체를 지키며, 시민의 사회주의적인 생활방식과 자유로운 인간의 발전을 보장한다. 인간의 존엄을 지키고, 이 헌법에 명시된 권리를 보장한다.

3 Herwig Roggemann(1995), *Fragen und Wege zur Rechtseinheit in Deutschland*, S. 220ff.

4 Schweizer Katja, a. a. O., S. 178f.

산은 철저하게 법치국가원리에 따라 진행되었다. 법치국가원리에 반하는 행동을 한 사람들의 권리를 실효시킬 수는 있어도 법치국가 자체를 실효시킬 수는 없으므로 동독과 같은 불법체제를 청산함에 있어서도 법치국가원리는 반드시 지켜져야만 했다.

통일독일의 헌법이 된 서독의 기본법은 제1조에서 인간의 존엄성을 최고의 가치로 선언했으며 이를 지키기 위한 기본원리로 법치국가원리를 채택했다. 따라서 통일독일의 국가작용으로 이루어지는 동독의 불법청산에서 이러한 헌법의 기본원리를 지키지 않을 수 없었다. 연방독일 기본법상에 구현된 법치국가원리는 동독체제의 불법성을 가리는 판단기준이 되었으며, 이러한 체제불법의 처리기준으로 작용하였고, 동독의 불법을 청산하고 이루어내야 할 통일독일의 최고가치인 인간의 존엄성을 지키는 기본원리로 작용하였다.

그러나 법치국가원리에 따른 불법청산은 수많은 난관에 봉착하지 않을 수 없다. 특히 불법청산 과정에서 야기되는 법률적 난제들은 불법청산 자체를 불가능하게 하는 어려움을 초래하기도 한다. 이러한 어려움은 각종 유형의 불법청산 중에서도 인적 청산에 해당되는 가해자의 처벌에서 특히 문제가 되었다. 과거체제의 가해자를 색출하여 형사처벌에 이르게 되기까지 법의 이념과 가치에 대한 법철학적 고뇌 없이는 해결할 수 없는 수많은 법적 문제점들이 발생하였다. 이러한 법적 문제점들에도 불구하고 동독의 체제불법을 법치국가원리에 입각하여 청산하기로 하였던 통일독일의 결단은 통일 후 불과 20여 년 만에 이루어낸 독일사회의 성공적인 통합상에 비추어 매우 현명한 선택이었음이 확인되고 있다.

이하에서는 통일독일이 동독의 체제불법을 청산함에 있어서 법치국가원리에 입각하지 않을 수 없었던 이유들을 다양한 관점에서 간단히 살펴보고 넘어가기로 한다.

2. 법치국가원리에 따른 이유

1) 법적 이유

헌법적 관점에서 보면 독일의 통일은 반세기 가량을 극명한 이념적 대립과 경쟁관계에 있었던 2개의 이질적 법질서가 법치국가원리를 기본원리로 하는 독일연방공화국의 기본법 질서 아래 하나로 통합되었다는 점에서 큰 의미를 갖는다. 동서독 통일방안은 여러 방법이 논의되었지만 결국 통일직전 부활된 동독의 5개주를 서독의 신연방주로 편입[5] 시키고 서독의 기본법과 법률을 편입지역[6]에도 확장·적용하는 것으로 결말지었다(통일조약 제3조 내지 제10조).

통일독일은 편입지역에서 기존의 법적 안정성 및 신뢰보호를 고려하여 동독의 모든 법률과 그에 기초한 개별적 행위를 완전히 무효화(*Nichtig*) 할 수는 없었다. 다만 개별적·구체적 사례를 법치국가원리에 입각하여 심사한 후 반법치국가적 행위만을 새로운 법률과 재판에 의해 폐지하거나 무효로 선언함으로써 수정(*Korrektur*) 하고자 하였다.[7] 따라서 통일독일의 불법청산에 관한 원칙을 규정한 통일조약은 물론 관계

---

5 브란덴부르크(Brandenburg), 메클렌부르크-포어폼메른(Mecklenburg-Vorpommern), 작센(Sachsen), 작센-안할트(Sachsen-Anhalt), 튀링엔(Thüringen) 등 5개주는 신주로 편입되고, 동베를린은 서베를린과 합쳐 베를린(Berlin)으로 통합되었다.

6 과거 동독지역에 대한 통일조약상의 표현이다. 통일 이후 구동독지역은 '편입지역'이라는 표현 이외에도 신연방주지역, 편입지역, 신연방란트 등으로 표현되기도 하지만 이 책에서는 논의의 편의상 통일조약상의 표현인 편입지역을 주로 사용하되 전후 문맥상 필요시 다른 표현도 함께 혼용하도록 한다.

7 Ralf Dreier(1994), *Juristsche Vergangenheitsbewältigung*, SS. 20~21.

법령과 개별적 행정조치들도 모두 소급효금지, 신뢰보호, 죄형법정주의, 과잉금지의 원칙, 권력분립, 사법의 독립, 행정의 합법률성, 다수결의 원리 등으로 구성된 기본법상의 법치국가원리를 바탕으로 한다.

한편, 동독의 민주화혁명은 분단국이라는 특수한 상황으로 인하여 민족통일이라는 형태로 종결되면서 혁명주체세력이 통일독일이라는 새로운 주체에 흡수되게 되었다. 그 결과 불법청산의 주체도 통일독일이 되었으며 동독의 불법청산은 통일독일에 의하여 기본법이라는 헌법질서 속에서 이루어질 수밖에 없게 된 측면도 있다. 통일독일의 불법청산은 청산의 주체와 객체가 전쟁이나 혁명에 따른 승자와 패자의 관계가 아니라 평화적 합의를 통하여 통일을 이룬 관계이므로 사실상의 권력을 장악한 승자의 심판을 통하여 진행될 수 없었으며, 통일독일의 최고법인 기본법의 핵심원리인 자유민주적 법치국가원리에 따른 불법청산이라는 한계를 가지고 있다. 따라서 기본법이 추구하는 최고원리의 하나인 법치국가원리는 동독체제 불법청산의 헌법적 기준이 되었고 그 준수 여부는 헌법재판소에 의하여 심판받게 되었다.

서독은 통일 전에도 동독 국적을 보유한 동독 주민들에 대하여 기본법상의 국민으로서 보호의무를 진다는 입장을 확립하였고 이러한 입장은 연방헌법재판소의 결정으로 확인되었다.[8] 이처럼 통일 전에도 동독 주민은 서독 법원에 의하여 보호받았고 기본법의 원칙 아래서 재판을 받을 수 있었는데 평화통일을 이룬 뒤에 통일독일의 시민이 된 동독주민에게 기본법의 적용을 배제한다는 것은 연방헌법재판소의 판례에도 명백히 위배되는 일이다. 통일독일이 동독의 체제불법을 청산함에 있어 기본법의 최고원리인 법치국가원리를 준수하지 않는다는 것은 스스로 통일독일의 헌법질서를 파괴하는 것으로서 청산을 요하는 또 다른

8 BVerfGE 2 BvF 1/73.

불법을 저지르는 일이 아닐 수 없다.

2) 정치적 이유

정치적 관점에서 1989년 동독 시민혁명의 목적은 SED의 일당독재로 인한 자유와 인권의 침해로부터 벗어나 인간의 존엄성이 보장되는 자유민주적 법치국가를 건설하는 데에 그 목표가 있었다. 따라서 동독 불법체제가 저지른 비(非)법치국가적 범죄가 청산되어야 하고, 그와 같은 청산이 법치국가원리에 따라야 한다는 것은 혁명의 동기와 목표에 비추어 당연한 일이었다. 즉, 동독의 국가불법에 대한 사법처리는 선택의 문제가 아니라 정의의 요청이며 법치국가에 대한 신뢰확립을 위해 필수불가결한 조치로 받아들여졌다.

일반적으로 성공한 혁명 후 구체제의 권력자와 그 지지자들을 간단한 혁명재판을 통하여 처단하였던 방법은 인류역사상 과거청산의 가장 유효한 수단으로 활용되었다. 그러나 동독의 민주혁명은 여러 가지 상황에서 통상적인 시민혁명과는 차이가 있었다. 동독의 민주혁명은 법치국가의 건설을 목표로 하는 비폭력적 평화혁명이었다는 데에 그 특징이 있다. 따라서 동독 불법체제의 정권범죄자를 형사소추함에 있어서도 그 사법절차나 방법 등이 혁명의 목표에 제약을 받아 법치국가원리에 근거하여 이루어지지 않으면 안 되었다. 즉, 동독 민주화혁명의 목표가 법치국가의 건설이고, 체제범죄의 청산은 법치국가 이념의 완성에 있으므로 법치국가원리가 동독체제 불법청산의 전제조건이 됨은 논리 필연적 결과라고 할 것이다.

만일 통일독일이 법치국가원리에 의하지 않은 과거청산을 추구하였다면 이는 정치적 보복에 지나지 않으며 승자의 사법(*Siegerjustiz*)[9]이라는 비난을 받게 될 것이었다. 따라서 평화적으로 통일을 성취한 통일독일은 동독체제의 불법청산을 정치적 보복이나 피해자의 복수를 위한 수단으로 활용할 수는 없었다. 이러한 이유로 통일조약 제17조는 법치국가위반의 사법조치에 의하여 희생된 피해자들의 복권을 예정하고, 동독체제를 불법으로 선언함으로써 통일국가가 법치국가를 지향함을 분명히 할 필요가 있었다. 그 결과 통일독일의 불법청산은 철저하게 법치국가원리에 따라 진행되지 않으면 안 되었다.

3) 사회적 이유

독일의 통일은 서독이 상대적으로 우월한 국력을 바탕으로 동독에 흡수되는 형태의 통일, 즉 흡수통일의 방식에 의해 이루어졌다. 따라서 동독주민들은 통일직후 서독주민들에 대하여 민족적 동질성만으로는 극복하기 어려운 다양한 이질감을 갖지 않을 수 없었다. 이러한 상황에서 통일독일의 사법기관이 동독주민을 통합의 대상이 아닌 청산의 객체로만 취급할 경우 자칫 승자의 보복으로 비춰질 위험성이 있었다. 따라서 동독의 과거청산은 이제 막 태어난 통일독일이라는 새로운 공동체 속에서 그 구성원인 동서독 주민들이 내적으로 통합하는 것을 가로막는 장애물이 될 수도 있었다.

---

9 승자의 사법이라는 비난은 통일독일의 사법적 청산조치는 하나의 주권국가였던 동독의 법질서와 사법실무를 무시하고 사후적으로 불법이라고 선언하는 것은 법적 근거가 없는 일이고 궁극적으로 승자가 패자에 대하여 행사하는 사실상의 힘(*Macht*)에 근거한 것이라는 것이다. 그러나 통일독일의 사법적 불법청산은 독일형사소송법 제152조 제2항의 기소법정주의(*Legalitätsprinzip*)에 따라 기소되었고, 동독법에 의하더라도 가벌적인 행위만을 처벌하였다는 점에서 독일기본법 제103조 제2항 및 독일형법 제1조에 기초한 죄형법정주의를 준수하였으므로 승자의 사법이라는 비난은 타당하지 않다는 반론이 제기되었다(Schweizer Katja, a. a. O., S. 178ff.).

통일의 후유증을 하루속히 극복하고 동서독 주민들이 완전한 사회적 통합을 이루어 내기 위해서는 통일독일은 과거청산작업이 절대로 승자의 심판으로 오해받지 않도록 주의할 필요가 있었다. 이를 위하여 통일독일은 동독의 불법청산 과정을 '동독주민의 신뢰보호와 사법적 기본권이 보장된 법치국가원리'에 따라 진행하지 않으면 안 되었다.

4) 역사적 이유

역사적 관점에서 통일독일이 동독의 체제불법을 청산함에 있어 철저하게 법치국가적 원리를 고수하였던 배경을 살펴보면 다음과 같다.

독일은 지난 반세기를 간격으로 자신의 역사의 일부를 스스로 부정해야 하는 불법청산의 민족적 불행을 두 번씩이나 겪었다.[10] 동독체제의 불법청산은 과거 나치체제의 불법청산에 대한 실패의 경험을 바탕으로 한다. 통일독일은 나치불법 청산과정에서 자행되었던 또 다른 불법이 반복되어서는 동서독 주민의 완전한 사회적 통합은 불가능하다는 점을 분명히 인식하였다. 이러한 반성과 인식을 토대로 동독의 체제불법은 철저하게 법치국가원리에 입각한 사법절차를 통하여 청산되었다. 물론 통일독일에서 과거 불법행위자들에 대한 정치적 책임을 묻기도 하였고 역사적 해명을 요구하기도 하였지만 궁극적으로는 '법치국가원리에 입각한 법적인 책임추궁'으로 귀결되었던 것이다.

---

10 독일 문헌에서는 나치불법의 청산을 'Entnazifizierung'으로, 동독 독일사회주의통합당(SED) 체제불법의 청산을 'Entstasifizierung'로 비유하여 표현되기도 한다. 이때 Stasi는 동독 국가공안부를 상징하는 약자의 의미로 사용된 것이다(Schweizer Katja, a. a. O., S. 174 참조)

5) 법정책적 이유

형사사법정책적 관점에서 보면 자유민주적 법치국가의 국가형벌권은 복수나 응보를 위하여 존재하는 것은 아니라 법질서를 확립하여 정의를 구현하기 위하여 존재한다. 따라서 동독체제불법의 청산작업도 법치국가이념의 완성이라는 목표 아래 추진되었다. 통일독일은 법치국가를 우롱하였던 동독 불법체제의 수호자들에게 국가형벌권을 단호하게 행사함으로써 법치국가로서의 정의를 추구하는 통일독일의 이념상을 확실하게 각인시켜줄 필요가 있었다.

통일 이후 진정한 법치국가를 실현하기 위한 필수적 전제조건이 동독인의 법치국가에 대한 신뢰구축과 공통된 법의식의 확립이라고 볼 때, 체제불법 청산작업은 바로 이러한 신뢰와 법의식의 확립을 위한 선결과제가 되는 것이다. 민주화 혁명의 원인을 제공하였던 자들을 통일 후 그대로 방치하게 될 경우 동독인들의 법치국가에 대한 신뢰를 저하시킴으로써 통일에 대한 회의를 유발하게 되어 궁극적으로 내적 통일의 저해요인이 될 수도 있었다.

따라서 불법체제에 대한 청산작업이 강력하게 추진될 때에 비로소 법치국가원리에 따라 과거불법에 의한 피해를 보상받게 된다. 향후 더 이상 불법이 자행되지 아니하며 법의 지배하에서 살게 될 것이라는 믿음이 구동독인들 사이에 확대될 수 있는 것이며 이로써 내적 통일의 장애요인이 제거될 수 있는 것이다. 또한 불법청산을 통하여 과거불법을 제거하지 아니할 경우 새로운 민족공동체의 공통된 법의식을 신속하게 확립하기 어려울 뿐만 아니라 나아가 기존의 법치국가적 법의식이 붕괴될 우려도 고려되어야만 하였다.

6) 법치국가적 불법청산의 딜레마와 한계

동독의 지식인들은 법치국가원리에 따라 진행되는 불법청산의 지지부진한 모습을 지켜보면서 "통일로 인하여 정의(*Gerechtigkeit*)를 희망하였는데 법치국가(*Rechtsstaat*)만을 얻었다"라고 실망감을 표시하기도 하였다.[11] 통일독일의 법치국가적 불법청산은 동독체제의 희생자(*Opfer*)에 대한 구제에만 적용되는 것이 아니라 가해자(*Täter*)들의 처벌에도 똑같이 적용되는 하나의 잣대였기 때문이다. 법치국가원리는 불법책임자들을 위하여도 작용하였다. 법치국가는 흑백논리에 따른 적군과 아군의 구분을 배제한다. 법치국가에서는 법률에 따른 범죄의 증명이 있기 전까지 어느 한 인간을 총체적 가해자로 취급하지 않는다. 법치국가는 내용이 특정된 일반적 법률에 근거하여 문제된 개별적 행위나 조치를 심사할 뿐이므로 불법청산의 대상이 되는 개별적 사안의 법적 평가와 입증의 영역에서 종종 딜레마에 빠질 수 있다.

실제로 통일독일은 소련에 의한 토지몰수, 사회주의적 필요에 의하여 당과 국가에 의해서 장려되었던 불법행위, 통상적인 공소시효를 훨씬 경과한 중범죄행위 등에 대한 불법청산 과정에서 이러한 딜레마에

---

11 동독의 법치국가원리에 입각한 사법적 불법청산에 대한 회의적 입장은 수많은 지도층 인사들로부터 설득력 있게 표명되었다. 동독 민주혁명에 앞장서 왔던 민법학자이자 여성예술가인 배르벨 보올라이(Bärbel Bohley)는 통일 직후 "사람들이 원하였던 것은 정의였지만 결국 법치국가를 얻었을 뿐이다"(*Man habe Gerechtigkeit gewollt und Rechtsstaat bekommen*)라는 표현으로 그 지루한 행동방식과 지나치게 가벼운 형량에 대한 불만을 표시하기도 하였다. 이에 대하여 볼프강 티어제(Wolfgang Thierse) 교수는 "법치국가란 복수를 지향하지 않고 또한 정의롭게 느껴지는 복수를 위한 도구가 되지도 않음으로써 그 특징을 드러낸다"라고 응답하였다(Schweizer Katja, a. a. O., S. 178ff)

직면했었다.

특히 불법청산 과정에서 준거법이 되는 행위시 또는 행위지 법률인 동독법이 사회주의 법질서의 일부로서 본질적 기능을 벗어나 법치국가적 의미와 요건을 갖는 것으로 탈바꿈되는 현상은 '법치국가적 현재'라는 비역사적인 새로운 해석필터를 가지고 행위시법을 취급하게 된다는 문제점을 갖게 된다. 이것은 법치국가원리의 주요부분인 죄형법정주의를 형식적으로 준수하고 있을지 모르지만 실질적으로는 무시하는 결과를 초래하는 것이다.[12]

한편, 법치국가적 불법청산은 개인적이고 자기책임적인 불법행위를 대상으로 하기 때문에 전체주의국가의 조직총체적 불법에 대하여는 적절한 대응책이 결여되어 있다. 이러한 모습들은 실질적 정의의 실현이라는 일반인의 욕구를 충족하지 못한다. 전체주의적 불법의 총체로부터 발원하는 사법적 절차에서 자행된 일부 미세한 불법행위들을 찾아내서 청산하는 것은 오히려 전체주의적 불법을 사소한 것으로 경시하는 것이며 희생자들을 조롱거리로 만드는 결과를 초래할 수도 있는 것이다.

그러나 법치국가의 형벌이 과거극복의 수단으로 남용되는 것을 거부하여야 법에 충실한 것이고, 불법국가에 빠져드는 것을 예방할 수 있다. 불법에 대한 제재가 누락될 수도 있겠지만 그래도 불법은 불법으로 남는 것이며 결코 정당화되지 못한다. 법치국가에 대한 독일국민들의 이러한 믿음을 바탕으로 통일독일의 동독체제에 대한 불법청산은 법치국가원리에 의해서 차분하게 진행될 수 있었다. 그 결과가 불완전하고 불만족스러웠지만 동서독 주민들은 이를 승복하고 새로운 공동체 안에서 하나로 통합되는 계기를 마련할 수 있었다.

12 김승대(1996), 《통일헌법이론》, 법문사, 237면 이하.

3. 불법청산의 목표

1) 법치국가의 건설

동독주민은 민주화혁명을 통하여 SED의 독재체제를 무너뜨리고 법치국가를 건설하고자 했다. 동독도 1949년 제정된 헌법에 따라 체계적인 성문법을 구비했으므로 형식적 의미에서는 법치국가였음이 틀림없다. 그럼에도 불구하고 동독주민들은 이러한 형식적 의미의 법치국가를 무너뜨리고 새로운 법치국가의 건설을 목표로 민주혁명을 일으켰던 것이다. 즉, 동독주민들은 형식적 법치국가가 아닌 실질적 법치국가의 건설을 혁명의 목표로 하였다.

형식적 법치국가라 함은 법의 개념을 형식적으로만 파악하여 그 내용의 정당성(*Legitimität*) 여부는 묻지 않는 법치주의원리에 입각한 국가이다. 법치국가를 법률국가로 이해하여 합법성(*Legaltät*)의 원리를 모든 국가생활을 지배하는 최고원리로 취급한다. 합법성은 당연히 정당성의 근거가 되며, 법률의 형식으로 이루어지는 모든 행위는 정당하다. 법과 국가를 동일시하는 대표적 법실증주의자 한스 켈젠(H. Kelsen)의 사상세계에서는 모든 국가는 자동적으로 법치국가일 수밖에 없으며 국가가 하는 일은 모두 법이 되고 모든 국가작용이 법작용을 의미하므로 따로 법치국가원리의 의미내용을 따질 필요가 없다.

이에 반하여 실질적 법치국가라 함은 자유·평등·정의를 실현시키는 실질적인 법의 국가로서 합법성보다는 정당성을 중요하게 여기는 국가를 의미한다. 실질적 법치국가는 법의 이념을 인간생활의 불가결한 기초가 되는 자유·평등·정의를 실현시키는 국가의 구조적 원리로 파악하고, 인간의 존엄성과 자유의 최고가치성을 인정하며, 국가활동의 목적이나 활동을 언제나 객관적 가치와 결부시킴으로써 국민생활의 자유·평등·정의를 실현시키는 기능을 하게 한다. 이러한 점에서 실질적 법치국가이념은 자유·평등·정의를 실질적 내용으로 파악하는 민주국가이념과 불가분의 상관관계가 있으며 오늘날 법치국가 개념이 자유민주적 법치국가 개념으로 통용되는 것도 이 때문이다.[13]

이러한 이해를 바탕으로 보면 동독의 민주화혁명이 형식적 법치국가였던 동독의 체제를 무너뜨리고 새로운 법치국가의 건설을 목표로 하였다는 것은 실질적 법치국가, 즉 자유민주적 법치국가 체제로의 전환을 목표로 하였다는 점을 이해할 수 있다. 그렇다면 동독의 불법청산의 기준이 되는 법치국가원리는 자유민주적 법치국가원리가 되어야 할 것이고 바로 이러한 이유로 인하여 동독의 체제불법을 심사함에 있어서 정당성을 결여한 동독의 실정법을 넘어서는 판단이 가능하게 되는 것이다.

2) 민주적 법치국가

동독 민주화혁명의 목표였고 동독 불법청산의 기준이 되는 자유민주적 법치국가원리의 실질적 내용은 통일독일의 기본법에서 확인할 수 있다. 독일연방헌법재판소는 기본법 제21조 제2항 소정의 자유민주적 기본질서의 내용을 다음과 같이 판시한 바 있다.[14]

> 자유민주적 기본질서는 모든 폭력적 지배나 자의적 지배를 배제하면서 그때그때의 다수의사에 의한 국민의 자결 그리고 자유와 평등에 기초하는 법치국가적 지배질서를 창출하는 질서를 말한다. 그리고 자유민주적 기본질서의 바탕이 되는 원칙에는 적어도 기본법에

13 허영(2002), 《헌법이론과 헌법(상)》, 박영사, 272~273면.

14 계희열, 《헌법학(상)》, 214면; BVerfGE 2, 1(12f); 헌재결 1990. 4. 2., 89헌가113.

규정된 인권, 특히 생명권 및 자유로이 발전할 인격권의 존중, 국민주권, 권력분립, 책임정부, 행정의 법률적합성, 법원의 독립, 복수정당제원리 및 다수결 원칙과 합헌적으로 설립되고 반대파로서 활동할 권리를 가진 모든 정당에 대한 기회균등이 포함된다.

이 정의에서 알 수 있듯이 자유민주적 기본질서는 법치국가 없이는 존재할 수 없을 정도로 민주주의와 법치국가가 헌법의 구조에서 상호 밀접한 관계를 갖고 있다. 독일 기본법상에 반영된 법치국가원리의 구성요소를 든다면 권력분립의 원리, 다수결원리, 국민의 직접적 정치의사 형성, 국민의 다수에 의한 지배의 정당화, 소수자의 균등한 기회와 그 보호, 정치과정의 자유와 개방성, 질서요인으로서의 법의 최고성을 들 수 있다. 법의 최고성은 다시 법치행정, 입법작용의 헌법 및 법률기속성, 헌법침훼 및 기본권의 공동화 금지, 법관의 물적 및 인적 독립, 특별법원의 금지, 법률이 정하는 법관, 청문권의 보장, 죄형법정주의 등으로 나누어질 수 있다.[15]

이 중 죄형법정주의의 내용인 형벌 불소급과 일사부재리원칙은 형사법적 측면에서 법치국가의 핵심원리이며, 그 밖에 가해자의 처벌과 관련된 법치국가원리로서는 법적 안정성의 원칙, 법 앞의 평등, 상당성, 재판에서의 법정심문권과 적정한 절차의 보장, 성문법과 자연법, 국제법과 내국간 형법의 적용구분 등을 들 수 있다. 또한 법의 최고성에서 유래하는 법우선의 원칙에서 국가작용의 한계로서 작용하는 과잉금지의 원칙 내지는 비례성의 원칙은 사안의 합당성, 방법의 적합성, 침해의 최소성, 수범자의 수인가능성 등으로 나누어진다.[16]

---

15 콘라드 헤세 저, 계희열 역(1987), 《서독헌법원론》, 삼영사, 88~141면.
16 계희열, 《헌법학(중)》, 137면 이하.

3) 사회적 법치국가

법치국가원리는 인적 청산은 물론 물적 청산의 영역에서 공히 불법청산의 기준으로 작용한다. 정치적 피해자에 대한 복권절차에서 동독의 유죄판결, 비사법기관에 의한 형사소추, 치료감호시설의 수용, 영장발부 기타 행정관청의 행정처분의 파기나 취소 가능성 등을 판단하는 기준으로 법치국가위반성이 문제된다. 독일의 복권이나 파기절차의 결과 형사·행정·직업복권법상 피해자의 구제를 위하여 사회조정급부적 성격의 후속청구권(*Folgeanspruch*)이 보장되고, 동독의 형사재판 파기의 경우에도 형사보상청구권이 보장된다.[17]

법치국가적 기준에 어긋나는 동독의 불법행위를 불법으로 판정하고 그 효력을 부정하는 일은 법치국가원리에서 그 근거를 찾을 수 있다. 하지만 통일독일이나 신연방주가 동독의 불법행위책임을 승계한 것은 아니므로 동독의 불법행위 희생자들에게 지급하는 통일독일의 보상급부 의무는 불법행위책임에 대한 배상이 아닌 사회적 약자에 대한 공공부조로서의 성격을 갖는다. 따라서 이러한 사회적 조정급부는 통일독일의 기본법상에 규정된 사회적 법치국가원리에 입각한 것으로 보아야 한다.[18]

이러한 의미에서 동독의 불법행위에 대한 보상을 통일독일이 담당하는 것은 법치국가적 원리에 따른 동독의 책임을 통일독일이 승계하여

---

17 동독 형사소송법 제329조 이하.

18 독일에서는 제2차 세계대전 후 전쟁피해를 적게 입은 국민은 피해를 많이 입은 국민에게 전체책임의 개념 아래 사회적·경제적 부조를 할 의무가 있다고 하는 법개념이 발생하였으며, 사회국가원리에 입각한 사회적 조정급부의 헌법적 근거는 독일이 민주·사회·연방국가임을 선언한 기본법 제20조 제1항과 사회부조 등을 규정한 제74조 제7호, 제104조 a 제4항, 제109조 등을 들 수 있다.

이행하는 것이 아니다. 이는 통일독일이라는 새로운 공동체의 구성원이 된 동독주민에게 법치국가적 책임의 한계로 인하여 가해자에 대한 책임추궁이 불완전할 수밖에 없는 현실과 사회적 약자가 된 체제불법의 희생자들의 생활을 보장하기 위한 사회적 복지국가이념에 따른 것으로 이해되어야 한다.

동독의 불법청산이 지나치게 형사사법적 청산에 의존할 경우 자칫 승자의 보복으로 오인되어 사회적 통합을 저해할 우려가 있다. 법치국가원리의 법리적 한계로 인하여 피해자의 구제에 불충분할 수 있다는 현실적 경험을 토대로 동독 불법체제의 정치적 희생자들에게 완화된 요건 아래 사회적 조정급부를 제공하는 제도는 동서독 주민의 신속한 내적 통합과 법치국가의 조속한 정착에도 기여하는 효과를 갖게 될 것이다. 이러한 의미에서 사회적 법치국가는 자유민주적 법치국가와 더불어 동독의 불법청산을 위한 또 다른 목표가 됐다.[19]

19 법무부, 앞의 책, 107면.

4. 다른 불법청산과의 차이

1) 일반적 혁명재판과의 차이

동독 공산체제의 붕괴과정을 살펴보면 혁명의 기본과정을 거치고 완성된 전형적인 민주혁명으로 평가된다. 따라서 혁명의 성공 후에 동독 SED체제의 불법에 대한 과거청산 작업도 혁명적 방법으로 수행되고 해결되어야 마땅하였다. 그러나 동독의 민주화 혁명은 분단국이라는 특수성으로 인하여 혁명의 청산절차를 자체적으로 종결하지 못하고 혁명의 후기 과정에서 민족통일이라는 역사적 명분에 흡수되어 그 청산 절차가 통일독일에게 위임되는 특수한 형태의 민주화 혁명으로 종결되어야 했다.

이러한 특수성으로 인하여 동독의 과거청산은 혁명의 주체세력이 아닌 통일독일의 국가기관이 담당하게 되었고 따라서 기본법의 최고원리인 법치국가원리에 따르게 되었다. 한편 동독의 민주화혁명은 그 목표가 법치국가의 건설에 있었으므로 동독의 불법을 청산하는 작업은 이러한 목표를 달성하기 위한 수단이 되지 않으면 안 되었다. 이러한 이중적 이유로 인하여 통일독일의 과거청산은 법치국가적 원리에 입각해야 한다는 제약이 따르는 전체주의의 잔재청산이라는 독특한 형태를 띠게 되었다.[20]

이처럼 동독의 과거청산은 혁명주체세력이 민족통일이라는 돌발상황에서 출현한 통일독일에 흡수됨에 따라 통일독일의 기본법상 최고원리인 자유민주적 법치국가원리에 따라 수행될 수밖에 없었지만 그 추동력은 어디까지나 동독의 민주화 혁명에 기인한다는 점을 부인할 수

---

20 법무부, 앞의 책, 84면.

없다. 따라서 동독의 과거청산은 민족통일이라는 상황변화로 인하여 비록 방법적 전환을 겪게 된 것은 사실이지만 그 기본적 성격은 자유민주적 법치국가원리에 따라 진행된 사실상의 혁명재판이었던 셈이다. 그러나 혁명재판과 법치국가원리는 조화되기 어렵다. 왜냐하면 혁명은 구체제의 가치질서와 규범체계를 부정하고 사실적인 힘을 바탕으로 새로운 규범체계를 창출하지만, 법치국가원리는 신뢰보호와 소급효금지를 핵심원리로 하므로 구체제의 가치질서와 규범체제를 근본적으로 부정할 수는 없기 때문이다. 혁명재판은 죄형법정주의 등에 구애받지 않고 사실적인 힘을 바탕으로 구체제를 심판할 수 있지만 법치국가원리는 정의와 더불어 법적 안정성을 고려하여야 한다.

이러한 점에서 독일의 과거청산은 혁명재판과 법치국가원리의 갈등과 조화 속에서 진행된 전혀 새로운 유형의 과거청산으로 역사상 선례를 찾아보기 어렵다. 이러한 특징을 강조하기 위하여 학계에서는 동독의 과거청산을 법치국가적 원칙에 따른 사실상의 혁명재판이라고 표현하기도 하였다.

2) 나치 불법청산과의 차이

지난 반세기 동안 독일민족은 전체주의적 독재정권에 의하여 국민의 자유와 인권이 유린되는 역사를 두 번이나 경험하였다. 나치체제의 청산과 동독 SED체제의 청산은 모두 자유민주주의체제에 의한 전체주의체제의 청산이라는 형태를 띤다는 점에서 공통점을 갖는다. 양 체제는 이데올로기적 방향성[21]이 다를 뿐 본질적으로 전체주의체제였다는 점

21 나치체제는 극우적 민족주의, SED체제는 극좌적 사회주의 체제로 특징지을 수 있겠다. 이러한 이데올로기적 이질성은 이념의 차원에서 머물지 않고 실질적인 정책에도 반영되었다. 나치는 공산주의를 그들의 적으로 간주하여 권

에서 많은 유사성을 갖는다. 나치체제는 극우적인 민족주의, SED체제는 극좌적인 사회주의 이념 아래 소수의 집권세력이 국가권력을 장악하고 인간의 존엄성과 인권을 철저히 무시하였다. 양 체제 모두 비밀조직을 이용한 조직적인 탄압과 테러를 통하여 획일적 이데올로기를 강요하였으며 사상의 다양성은 억압되었다. 체제가 추구하는 가치에 어긋나는 어떠한 개인적 자유도 허용되지 않았고 인간은 한낱 체제유지를 위한 수단과 도구로 전락하였다. 나치의 이민족 말살정책이나 SED의 공산주의 계급투쟁은 전자는 민족, 후자는 계급이라는 관점만 다를 뿐 인권을 유린한 전체주의 체제였다는 점에서 본질적으로 다르지 않았다.

그러나 양 체제는 이와 같은 본질적 공통점에도 불구하고 다음과 같은 상이점을 가졌다. 첫째, 나치체제의 기본 이데올로기는 국가사회주의였던 반면에 동독체제의 기본 이데올로기는 공산주의였다. 둘째, 나치체제는 국제적 무력제재에 의하여 몰락하였으나 몰락할 때까지 대부분의 독일국민의 지지를 받았음에 반하여, SED체제는 평화적 방법에 의한 국민들의 민주혁명에 의해 붕괴되었다. 셋째, 나치체제가 인류평화를 파괴한 반인도적 폭력체제로서 특정인종의 말살정책을 추진하였던 반면, SED체제는 사회주의 유토피아를 건설하는 정책을 수행하는 과정에서 체제불법이 자행되기는 하였으나 특정범죄를 정책으로 추진하지는 않았다. 나치체제가 시체의 산을 남겼으나 SED체제는 서류의 산을 남겼다는 비유도 있다.[22] 이러한 차이로 나치체제는 총제적으로

력을 잡자마자 가장 먼저 공산당에 대한 탄압과 공산주의자들에 대한 체포 및 테러를 자행하였고, 한때는 공산주의에 대한 적대적 태도가 국가사회주의의 비인간성의 징표로까지 간주되기도 하였다. 이에 반하여 사회주의 동독은 반파시즘적 정책을 철저히 고수하였고 민주화혁명으로 붕괴할 때까지 파시즘을 탄압하고 처벌함으로써 파시즘의 발호를 엄격히 단속하였다.

22 Rudolf Wassermann (1993), Zur Aufarbeitung des SED Unrechts, *Politik*

불법국가라고 평가받는 반면 SED체제는 총체적 불법국가로는 평가할 수 없으며 전(前) 법치국가라는 견해가 지배적이다.[23]

이러한 차이점은 양 체제의 불법청산 과정에 여실히 반영됐다. 나치체제는 외세에 의하여 무력으로 붕괴되어 전면적으로 부정된 반면, 동독체제는 민주화혁명을 통하여 평화적으로 붕괴되어 부분적으로만 부정되었으며 주로 동독의 국가지도부와 국가공안부를 대상으로 하였다. 나치체제는 패전으로 패망함으로써 전승국에 의한 승자의 심판이 가능하였던 반면, SED체제는 민주화혁명에 이은 평화통일로 독일연방공화국에 흡수되어 기본법상의 법치국가원리에 입각한 불법청산을 할 수 밖에 없다는 제약이 따랐다.

나치불법의 청산은 연합국이라는 외세에 의하여 주도되었으며 피해회복에 주안점을 두고 비법치국가적으로 추진되었다. 죄형법정주의와 그 일부인 소급효금지의 원칙이 적용되지 않았다.[24] 1945년 히틀러 독재정권의 종말 이후 나치잔재의 청산을 희망한 것은 연합군이었으며, 독일은 연합군이 냉전 시작 후 청산의 의지를 상실한 이후에 비로소 자주적으로 과거극복의 문제를 제기할 수 있었을 뿐이다. 즉, 독일법원은 1950년에 겨우 법치국가적 절차에 따라 제한 없이 독일형법을 적용하여 나치의 폭력범죄를 처리할 수 있었으며 이러한 이유로 1958년에야 비로소 '나치범죄 중앙수사국'(Zentrale Stelle zur Aufklärung nationalsozialistischer Verbrechen)이 루드비히스부르크(Ludwigsburg)에 설립되었다.

반면에 SED체제에 대한 불법청산은 외세의 개입 없이 통일독일이 주체가 되었으며 철저하게 법치국가적 원리에 따라 진행되었다. 동독

und Zeitgeschichte, B4/93, S. 3. ; Papier & Möller, a. a. O. , S. 3289.

23 P. M. Huber, a. a. O. , S. 139ff.

24 Papier & Möller, a. a. O. , S. 3290(국제재판소에 관한 런던협약 제6조 및 1945. 12. 20자 연합군관리위원회법 제10호는 소급효를 규정하고 있었음).

은 외부세력에 의하여 정복된 것이 아니라 페레스트로이카에 의한 소련의 변화와 1989년 가을의 무혈혁명에 의하여 자체적으로 붕괴되었던 것이므로 통일독일은 통일직후부터 바로 동독의 과거청산작업에 착수할 수 있었다. 1990년 10월 3일 통일 당일 베를린주에 '정권범죄특별수사본부'(Arbeitsgruppe Regierungskriminalität)가 설치되어 동독 과거에 대한 형법적 청산작업을 주도했다.

나치체제는 외부에서 지식인들이 동조하지 않았고 오히려 이를 피하여 달아났지만, 동독공산체제는 일부이기는 하나 서독 내의 지식인들조차 이에 동조하였다는 데에 큰 차이가 있다. 양 체제가 모두 인권을 침해한 전체주의적 불법체제였다고 하더라도 그 불법성의 강도에서는 차이가 있다. 이러한 차이는 나치의 후속정당은 허용되지 않았지만 동독의 SED는 그의 법적 계승자로서 민주사회당(PDS)이 비록 소수정당이지만 그 명맥을 이어간다는 점으로 나타난다.

이와 같은 제반 실정은 나치체제와 SED체제의 법적 평가에 차이를 가져올 수밖에 없고 그러한 차이는 법률적 불법, 특히 위법성 평가와 관련하여 어려움을 야기한다. 즉, 나치체제의 정권범죄는 인간의 양심을 가진 사람이면 누구라도 그 위법성과 비도덕성을 인식할 수 있었음에 반하여, SED체제의 정권범죄는 여러 가지 사정으로 말미암아 그 위법성이 명백하지 않았다는 점에서 차이가 있다.[25] SED체제에 대한 불법청산 과정에서 발생하였던 첨예한 의견대립도 바로 이러한 차이점에서 비롯된 것으로 보인다.

그러나 이러한 양 체제의 차이점에도 불구하고 이에 대한 법치국가적 불법청산에서 드러나는 법적 문제점들은 구조적으로 비교가능한 것들이다. 이러한 점에서 SED체제불법에 대한 연구는 북한체제에 대한

25 Papier & Möller, a. a. O., S. 3289.

불법청산에 대하여도 많은 시사점을 제공할 것으로 보인다.

3) 동구권 불법청산과의 차이

통일독일의 불법청산은 수십 년간 사회주의 종주국가인 소련의 배후조종을 받아 인간의 존엄성을 유린했던 SED의 사회주의 일당 독재체제에 대한 과거청산이라는 점에서 다른 동구권 체제전환 국가들의 그것과 정치적 의미가 다르지 않다. 그러나 통일독일의 불법청산은 폴란드・헝가리・체코슬로바키아・루마니아・유고슬로비아・러시아 등의 불법청산과는 매우 상이한 양상으로 진행되었다.

폴란드와 헝가리의 경우 과거 정권수뇌부에 대한 형사처벌은 거의 이루어진 바 없다. 일부 국가에서 통일독일을 모형으로 하여 공소시효정지에 관한 법률을 제정하는 등 체제유지를 위해 자행된 공산당 범죄를 소추하려는 시도가 있었지만 이 법률이 헌법재판소에 의하여 위헌판결을 받음으로써 끝내 좌절되었다. 루마니아의 경우 차우셰스쿠(Ceaucescu) 부부를 처형함으로써 강력한 초사법적 과거청산이 부분적으로 단행되었으나 제도적인 불법청산은 이루어지지 못하였다. 러시아와 유고슬로비아의 경우에도 과거청산을 위한 가해자의 형사처벌은 하지 못했다.

이렇듯 대부분의 동유럽 사회주의 국가들은 가해자 처벌은 물론 피해자 구제 분야에서도 특별한 성과 없이 과거청산을 마무리하였다. 그 이유는 동독을 제외한 동구권 체제전환 국가들은 대부분 과거 공산당 출신들이 새로운 집권세력으로 재등장하여 가해자 처벌에 대한 국민적 관심을 소유제도 개편 등과 같은 체제전환 문제에 집중하도록 유도하였기 때문이다. 한편, 동구권의 다른 체제전환 국가들은 정권범죄에 대한 불법청산을 감당할 수 있는 법치국가적 사법기반이 거의 없었다는 점도 그 이유로 함께 지적되어야 할 것이다.

그러나 통일독일은 가해자 처벌은 물론 피해자 구제를 위하여 각종 복권·보상 등의 조치를 광범위하고 지속적으로 추진하였다. 동독주민들은 동구권의 다른 체제전환국과 달리 하루아침에 자유민주적 법치국가 체제로 전환된 사회 속에서 생활하게 되었다. 따라서 동독주민들은 과거의 동독체제와의 극명한 비교를 통하여 구체제의 불법성과 동독의 체제범죄자들에 대한 청산의 필요성을 더욱 절박하게 실감하였다. 동독주민의 경우 다른 동구권 국가와 달리 체제전환의 후유증보다도 서독주민에 대한 상대적 박탈감과 상실감으로 인하여 더 큰 심리적 고통을 겪었다.

이러한 동독주민을 통일독일의 새로운 자유민주체제에 편입하고 동화시키기 위해서는 무엇보다도 이들로 하여금 새로운 법치국가에 대한 신뢰와 공통된 법의식의 확립이 필수적인 전제조건으로 요구되었는바, 이는 과거 동독체제의 불법을 청산하지 않고서는 기대하기 어려웠다. 한편, 통일독일은 동구권의 다른 체제전환 국가들과 달리 독일연방의 이미 확립된 법치국가적 사법제도와 사법조직을 이용하여 체제불법에 대한 사법적 불법청산에 적극 나설 수 있었다. 이러한 사정 등으로 동구권 체제전환국들의 형사사법적 불법청산이 지지부진했던 것과 달리 통일독일의 형사사법적 불법청산은 수많은 법적 문제점들이 드러났음에도 불구하고 단호하면서도 적극적으로 전개되었다.

03/ 내독 기본관계와 불법청산

1. 분단국의 불법청산

통일독일은 분단국가의 일부인 서독이 다른 일부인 동독을 흡수통합하는 형태의 통일을 이루었다. 그 결과 통일 전의 동서독 기본관계를 어떻게 볼 것인가 라는 국법학적인 문제가 통일독일의 불법청산 과정에서 여러 가지의 법적 문제점을 야기하였다. 즉, 분단국의 특수성은 단일국가의 불법청산과는 다른 수많은 법적 문제점을 초래하였다. 바로 이러한 점에서 통일독일의 불법청산에 대한 학습은 장래 통일한국의 불법청산에 대하여 검증된 해결책을 제공할 것이다.

우선 통일독일은 동독체제가 남긴 불법책임을 승계하는가? 나아가 동독의 체제불법을 청산하기 위한 준거법으로 동독의 법질서를 활용할 수 있는가? 그렇다면 동서독 법질서 중에서 어느 것을 기준으로 할 것인가? 서독의 형벌권이 공소시효로 소멸한 경우 아직 시효가 남은 동독의 형벌권을 원용할 수 있는가?

이러한 의문들은 동독체제의 불법청산 전반에 걸쳐서 제기되는 문제들이다. 이러한 문제들은 가해자 처벌시 준거법 결정과 공소시효 문제, 피해자 구제와 몰수재산 처리시 피해자에 대한 보상 방법과 범위 문제를 해결하기에 앞서서 선결되어야 할 과제였다.

그런데 이러한 물음들은 모두 분단국가로서 동서독의 특수한 관계에서 비롯된 문제들로서 궁극적으로 동독과 동독주민의 법적 지위를 어떻게 볼 것인가의 물음과 연결되어 있다. 동독에 대하여 외국으로서의 지위를 인정할 것인지 여부와 동독주민에 대하여 내국인의 지위를 인정할 것인지 여부에 대한 헌법적 판단이 앞서 제기된 물음들에 대한 해답을 찾는 관건이 되는 경우가 허다하였다. 주지하듯이 동서독 기본관계에 대하여는 독일제국의 존속에 대한 동서독의 입장차이로 분단 이후부터 다양한 학설과 판례가 대립하였다. 기본조약 체결을 계기로 연방헌법재판소가 동서독 기본관계에 대하여 내린 판결이 우선 법적 기준이 되었지만 이에 대하여도 비판론이 없지는 않았다.

이하에서는 이러한 물음들에 대한 해답을 얻기 위한 헌법적 토대로서 먼저 내독관계(內獨關係), 즉 동서독 기본관계에 대하여 살펴보기로 한다. 그러나 분단국가의 기본관계를 분석하는 것만으로도 수많은 헌법적 논점이 제기된 바 있으므로 여기서는 불법청산의 법적 기초로서 필요한 범위 내로 논의를 제한하기로 한다. 따라서 불법청산의 주체가 된 서독의 입장에서 동독의 국가성 인정여부와 동독주민의 국적문제에 대한 입장을 살펴보고 이러한 입장 차이가 동독체제에 대한 불법청산에 어떻게 작용하는지를 검토해보기로 한다.

분단국가가 평화적 방법으로 통일을 이룩하고 자유민주적 법치국가원리를 기초로 과거의 체제불법을 성공적으로 청산하여 새로운 사회로 나아가기 위한 통합을 이루었다는 점에서 통일독일은 우리에게 많은 교훈을 준다. 그렇지만 동서독 기본관계는 여러 가지 관점에서 남북관계와는 비교할 수 없는 근본적 차이점을 가지고 있다. 특히 북한체제의 불법성이 동독체제의 불법성에 비하여 너무 심각하다는 점에서 통일독일의 불법청산의 경험을 무조건 답습하는 것은 매우 불합리한 결과를 가져올 수 있다. 따라서 동서독 기본관계가 통일독일의 불법청산 과정에서 제기되었던 이러한 법적 난제들에 대한 해결방안들에 대하여 어떠한 영향을 미치는가를 고찰함에 있어서는 항상 동서독관계와 남북관계의 근본적 차이점을 염두에 두어야 할 것이다.

2. 동서독 기본관계

1) 전승국의 유보

1945년 나치정권이 연합국에게 패배한 이후 독일제국은 국가소멸을 통해 그 존재를 상실한 것인가? 어떤 국가가 국제법 아래에서 법적으로 존립하기 위해서는 국민, 영토, 주권을 가져야 한다. 이들 중 어느 하나를 전쟁으로 상실할 때 그 국가는 존재를 소멸하는 것이며, 국제법적 보호도 잃게 된다. 이런 과정을 '국가소멸'이라고 부른다. 1945년 5월 7~8일 독일군의 무조건 항복에 뒤이어 나온 연합국 측의 문서들은 1937년 12월 31일자로 존재했던 것과 같은 독일 국경선에서의 독일제국의 계속적 존재를 예정하고 있다. 연합국은 '전체로서의 독일'이라는 개념 아래 독일제국이 전후에도 계속해서 존재한다는 입장을 유지했다.[1] 이러한 연합국의 입장은 전쟁책임으로 인한 모든 부채에 대한 독일의 지불책임을 확보하고 독일의 전후 지위에 관한 최종 결정권을 유보해 두려는 의도에 의한 것이었다. 4대 전승국가들은 1945년 6월 5일 베를린성명에서 독일을 '합병'한 것이 아니라는 점을 분명히 하였다.

1937년의 국경선을 경계로 하는 독일제국의 계속성은 독일 영토상에 새로운 국가, 즉 동·서독의 건설로 인하여 방해를 받았다. 통상적으로 국가는 두 개 또는 그 이상의 독립단위로 분할되는 경우 국제법상

1 나치 정권하에서 미국으로 떠났던 국제법 학자인 한스 켈젠은 1944년과 1945년에 미국 잡지에 게재한 두 개의 논문에서 독일의 국가소멸에 관해 기술하였다. 켈젠은 독일의 국가소멸을 국제법에 따른 전후 방책을 이행하는 수단이라고 주장했다〔디터 불루멘비츠 저, 최창동 역(1996), 《분단국가의 법적 지위》, 법률행정연구원: 4면〕.

의 존재를 상실하는 것이 보통이다. 이것은 '국가분리'라는 이름으로 불린다. 이러한 개념하에서는 분할된 국가들 중의 어느 하나가 종전의 국가 자체에 대한 동질성을 갖는다고 할지라도 마찬가지이다. 그러나 전체로서의 독일국가는 1949년 독일연방공화국(서독)과 독일민주공화국(동독)의 설립으로도 그 존재를 상실하지 않았다고 주장되었다. 그 이유는 국가분리의 관점에서 보면 독일 내에서 완전히 새로운 두 개의 독립국가가 형성되지 못했기 때문이다. 연합국은 점령권을 통하여 두 개의 독일에 대한 주권을 유보해둠으로써 전체로서의 독일국가의 존재에 대한 그들의 처분권을 유지하였기 때문이다.[2]

서독은 패전국으로서 연합국의 점령권을 정치적으로 존중하였다. 이 점은 1949년 5월 12일의 서독 기본법이 서방 군사령관들에 의하여 승인되었다는 점에서도 더욱 분명히 나타났다. 1955년 독일조약[3] 제1조 제2항에 의하면 "독일연방공화국은 이 협정에 의해 규정된 범위에 한해서 독일의 국내적·국외적 문제에 관해 주권국가로서의 완전한 권위를 적절히 행사한다"고 되어 있었다. 서독의 입장에서 보면 이러한 연합국의 권위는 전체로서의 독일의 존속과 베를린의 특수지위를 확보하기 위한 유일한 보장책이었다.[4]

2 제2차 세계대전 전승국들의 독일에 대한 점령권은 1945년 6월 26일 UN헌장에 있는 '적대국가조항'에 의하여 정당화되었다.

3 1952년 3월 26일 체결된 서독과 미국, 영국, 프랑스의 관계에 관한 협정으로, 1954년 10월 23일 채택되고 1955년 5월 5일 발효됐다(최창동 역, 앞의 책, 66면 이하 참조).

4 동독의 주권에 관한 제한은 서독의 경우와는 달리 국제법체제하의 문서에서는 분명하지 않다. 왜냐하면 동독은 내부적으로는 소련에 의존한 채로 남아 있었으므로 이러한 관계에 대하여 정의하는 문서가 거의 필요하지 않았기 때문이었다. 그럼에도 불구하고 이와 유사한 제한들이 존재하였다. 소련은 1954년 3월 25일 일찍이 동독이 주권국가라고 선언하였으면서도 "안전보장

2) 학설의 입장

서독에서는 위와 같은 독일제국의 존속을 전제로 동서독 관계를 모순 없이 설명하기 위하여 다양한 학설이 제기되었다. 이러한 학설은 독일제국의 존속을 주장한다는 점에서 '계속설'이라고 불렸다. 한편 이와는 반대로 독일제국이 소멸을 주장하는 학설도 소수이지만 존재하였는바, 이러한 학설은 '불계속설'이라고 불렸다.[5]

이하에서는 동독체제의 불법청산을 이해하는 데 필요한 범위에서 계속설의 범주에 속하는 각 학설의 입장을 간단히 살펴보기로 한다.[6]

(1) 지붕이론

계속설 중에서도 독일제국이라는 지붕 아래에 서독과 동독이라는 두 개의 국가조직 또는 부분질서가 존재하며, 이들은 연방국가를 구성하는 지분국가와 비유될 수 있다는 지붕이론(*Dachttheorie*)이 유력하게 주장되었다. 이 이론에 의하면 지붕으로서 독일제국은 권리능력을 갖지

과 관련된 기능과 4대국 협정의 결과로서 소련에 부과된 의무에서 파생되는 기능들에 대해서는 소련이 통제권을 보유한다"고 선언했다. 이와 유사한 언급은 1955년 9월 20일자 동독과 소련의 관계에 관한 조약의 전문과 제5조에도 포함되어 있다. 이 조약은 서독의 독일조약에 대응하는 것으로 4대 전승국들의 책임확보는 동독과 소련 간의 관계에 관한 조약에서도 중요한 요소로 남아 있었다.

5 불계속설 중에는 몰락설과 해체분해설이 대표적이다. 몰락설은 독일은 1945년 연합국에 무조건 항복함으로써 국제법주체성이 소멸하였다는 견해로 켈젠 등이 동조하여 유명해졌다. 해체분해설은 독일제국은 서독과 동독이라는 새롭고 평등한 국제법주체가 성립함으로써 소멸되었다고 보는 견해이다. 이 견해는 소련과 동독에 의해서 주장되었다〔김철수(2004), 《독일통일의 정치와 헌법》, 박영사, 138면〕.

6 김철수, 앞의 책, 137면 이하 참조.

만 그 고유한 국가기관이 없으므로 행위능력은 갖지 못한다. 그리고 동독과 서독은 독일제국의 부분질서로서 스스로 고유한 기관을 조직하고 고권을 행사할 수 있으며 국제법상의 주체성을 갖지만 전체로서의 독일의 권리를 창설하거나 포기할 수도 없다.

(2) 동일성 이론

한편 독일제국의 존속을 전제로 하면서도 동독과 서독은 새로운 국가를 설립한 것이 아니라 단지 독일의 일부가 새로이 조직된 것으로서 기본적으로 독일제국과 서독이 동일하다는 동일성이론(*Identitätstheorie*)이 제기되었다. 동일성 이론 중에도 일치설, 국가핵설, 핵심국가설, 축소국가설, 내전설 등이 다양하게 주장되었다.

먼저 일치설(*Kongruenztheorie*)은 서독이 독일국가의 전 영토에 대한 지배력을 가지며, 따라서 서독이 동독지역에 대하여도 지배권을 갖는다고 보았다. 국가핵설(*Staatskerntheorie*)은 서독이 1945년까지의 독일제국과 일치하는 법주체라고 보았으나 서독의 국가권력이 전독일의 영역에까지는 미치지 않는다고 보았다. 핵심국가설(*Kernstaatstheorie*)과 축소국가설(*Schrumpfstaatstheorie*)은 유사하며 독일국가는 서독연방의 영역 내로 축소되었다고 보아 이 핵심국가 또는 축소국가는 전 독일국가와 일치한다고 보았다.

내전설(*Bürgerkriegstheorie*)은 핵심국가설이 사실상 두 개의 국가가 존립하는 현실을 무시한다고 비판하면서 동서독은 냉전적 내전상태에 있다고 보고 서독만이 독일국가와 일치한다고 보았다. 내전설에 의하면 서독만이 법적 정부이고 동독은 사실적 정부라고 하였다.[7]

---

7 김철수, 앞의 책, 139면; 최창동 역, 앞의 책, 10면 이하.

(3) 분리설

분리설(*Separationstheorie*)은 독일국가가 전후에도 법주체로서는 존립하였으나 영토의 통합성을 보전하지 못하였기 때문에 전래된 법주체인 동체(*Rumpf*)로서만 존재하고, 1945년의 분리로 인하여 새로운 국제법주체를 형성하기 위하여 정치적·법적 공동체를 구성했다고 보았다.[8] 이에 따르면 서독이 독일국가와 동일한 동체이며 동독은 분열에 의한 신생국가라고 보는 견해와 반대로 동독이 동체국가이며 서독이 신생국가로 보는 견해가 있을 수 있으나 서독의 분리설은 전자의 입장이었음이 물론이다.

3) 서독정부의 입장

서독정부는 동서독 기본조약이 체결되기 전까지 기본적으로 서독만이 전체 독일제국과 일치하는 법주체로서 유일한 합법정부이지만 현실적인 국가권력은 전체 독일영역에는 미치지 못한다고 보아 동일성 이론에 기초하고 있었다고 보여진다. 이에 따라 독일에는 오직 하나의 독일국민과 독일국적만이 존재하며, 서독 정부만이 국제사회에서 전체 독일을 대표할 수 있고, 동독은 국가가 아닌 사실상의 정치체제에 불과하다고 보았다.

4) 헌법재판소의 입장

1949년 5월 23일 제정된 서독의 기본법은 전체로서의 독일이 1945년 패전 이후에도 살아남아 있었고, 독일군의 무조건 항복으로 인하여 또는 연합국 승전국가들이 독일 내에서 외국의 통치권을 행사한다는 이유

8 김철수, 앞의 책, 139~140면.

로 독일의 존재가 없어지지 않았다는 전제에 바탕을 두고 있다.

기본법 전문의 첫 번째 문항은 '그들의 민족적, 정부적 통합을 확보하려는 독일국민의 의지'를 강조했다. 또한 전문의 세 번째 문항은 기본법상의 모든 기관들에게 자유로운 민족자결을 통해 독일의 통합과 자유를 강구하도록 하는 의무를 부과했다.

한편, 기본법 제16조와 제116조는 독일연방공화국의 분리된 국적이 아니라 단일한 독일국적의 존재를 예정했다. 전체적인 독일국가의 존속과 독일국적의 유지가 이 기본법 조항으로 강조되는 것이다. 기본법 제23조 2문은 기본법이 그들이 통일로 인하여 취득한 지역에 대해서도 유효하다는 것이어서 독일의 또 다른 한 부분을 언급했다. 기본법 제146조는 전체독일 국민의 자유로운 결정에 의하여 채택된 헌법의 효력발생에 대한 규정을 두고 있다. 이러한 기본권 규정들을 바탕으로 1973년 7월 31일 연방헌법재판소는 바이에른주가 제기한 동서독 기본조약의 위헌소송에서 다음과 같이 판결하였다.[9]

> 기본법은 독일국가가 1945년의 붕괴로 인하여 몰락하지 않았다는 입장에서 출발했다. 이는 기본법 전문과 제16조, 제23조, 제116조, 제146조에 명시되고 있다. 독일국가는 계속 존재한다. 또한 종전과 같이 권리능력을 가지나 전체국가로서는 조직의 결여 특히 제도화된 기구의 부존재로 말미암아 행위능력을 가지지 못한다. 서독은 독일국가의 법적 계승자가 아니라 국가로서는 독일국가와 동일하다. 그러나 그 영토적 외연에서는 부분적으로 동일하다. 동독은 독일에 속하여 서독과의 관계에서 외국으로 간주될 수 없다. 그러므로 양국간의 교역은 독일 내적인 교역이며 결코 외국무역이 아닌 것이다. 동독은 국제법의 의미에서 국가이며 그러한 것으로의 국제

9 이 판결의 의의와 평가에 관하여는 김철수, 앞의 책, 159면 이하 참조.

법의 주체이다. 이는 서독에 의한 동독의 국제법적 예상과는 무관한 것이다. 서독은 그러한 승인을 공식적으로 표명하지 아니하였을 뿐만 아니라 그와는 반대로 계속적으로 그리고 명문으로 거부했던 것이다. 이 기본조약의 체결을 실질적 승인으로 평가한다고 하더라도 이는 특별한 성격의 사실적 승인으로 이해되어야 한다. 기본조약의 특성은 그것이 일반 국제법의 원칙이 적용되고 또 다른 국제법 조약과 같은 효력을 가진 두 국가간의 이변조약이기도 하나 단일한 국민과 영역을 가지고 조직화되지 않았기 때문에 행위능력을 갖지 않으나 아직도 계속 존립하는 전체 독일국가의 부분인 두 국가간의 조약이란 점이다. 이 점에서 이 조약은 이중적 성격을 가진다. 이는 그 본성을 보면 국제법적 조약이며 그 특수한 내용에서 보면 무엇보다도 국가 자체 내의 관계를 규율하는 조약이다. 연방국가에서도 연방헌법의 규정이 없는 경우에는 구성국가간의 관계는 국제법의 원칙에 따라 측정되어지는 것이다. 따라서 '어떠한 두 국가유형'도 기본법 질서와 일치되지 않는다는 견해는 정당하지 않다. 기본조약은 분할조약이 아니고 독일민족이 하나의 국가로의 재통일을 실현시키는 방향으로의 제일보이다.

연방헌법재판소의 위와 같은 견해는 독일의 존속에 대한 계속이론 중 '부분동일성설'과 동서독관계에 대한 '지붕이론'을 절충한 것으로 분석된다. 이러한 헌법재판소의 태도를 개념의 범벅이라고 혹평을 하는 견해도 없지 않지만 기본조약 속에 있는 이론적인 불일치 문제에 역점을 두기보다는 기본조약으로부터 파생되는 실제적인 문제의 해결에 중점을 뒀다는 점에서 이를 지지하는 견해도 많았다.[10]

---

10 최창동, 앞의 책, 14면 이하.

3. 동독주민의 법적 지위

서독의 기본법은 동독과의 통일을 예정하고 만들어진 과도적 헌법이었다. 따라서 서독의 기본법은 동독인을 포함하는 전체 독일국민의 존재를 전제로 하고 있었다.[11] 그러나 서독과 동독의 기본관계가 문제되자 자연스럽게 동독인의 법적지위도 문제되었다. 앞서 살펴본 대로 전체로서의 독일국가의 존속을 주장하는 연장선상에서 보면 동서독 주민을 포괄하는 의미의 독일국적도 유지된다고 하겠다. 분단직후에는 서독과 동독이 모두 단일국적의 보유를 주장하였다. 그러나 1967년에 와서 동독은 이러한 주장을 철회하고 별도의 시민권 제도를 확립했다.[12] 그럼에도 불구하고 서독은 여전히 동독주민을 내국인으로 인정하여 각종의 국가적 보호를 부여하였다. 서독정부가 분단 이후 동독주민의 인권보호를 위하여 취하였던 각종 지원과 감시 및 통제조치들은 동독주민도 독일국민의 일부로서 보호해야 할 국가적 책무가 있다는 법적 인식을 기초로 하고 있었다. 이러한 독일인 단일국적 정책은 개체로서의 독일국민의 존재는 전체로서의 독일통합을 유지하는 역할을 한다는 이해를 기초로 하는 것이며, 독일국적이 독일을 전체로서 함께 묶어주는 법적 및 정서적 연결고리 역할을 하였다.

---

11 서독 기본법 전문의 '모든 독일 국민은 자유로운 자기결정에 의하여 독일의 통일과 자유를 달성할 것을 요구받고 있다'라는 표현 등이 그러하다.

12 특히 1971년 5월 3일 동독의 정권을 승계한 호네커는 2개 국가론에서 나아가 2개 민족론(*Zwei Nationen Theorie*)을 주창하며 서독은 시민적 민족국가이고 동독은 사회주의적 민족국가라고 하며 민족개념에서의 계급대립을 강조하였다(김철수, 앞의 책, 148면 참조).

4. 독일의 존속

독일의 법적 지위에 관한 학설상 지배적 견해와 서독 정부 및 헌법재판소의 입장을 한마디로 요약하면 전체로서의 독일국가는 계속하여 존속하며, 동독과 서독은 전체로서의 독일국가 내에 부분질서로서 두 개의 국가로 존재하지만, 그 상호관계는 통상의 국제관계와는 다른 특수한 성격의 관계라는 의미로 해석된다. 이러한 입장에 따르면 동서독 사이의 경계선은 국경선이 아니라 단일국가 내의 2개 지방 사이의 경계선과 유사한 것이며, 동독주민은 외국인이 아니라 독일인으로서 내국인의 지위를 갖는다. 서독은 통일시까지 동독을 외국으로 인정하지 않았지만 기본조약 체결 이후부터는 동독의 국제법적 주체성을 부인하지 않았다. 또한 내독관계에서 서독은 동독의 국가성을 인정하지 않았지만 동독체제의 독자성을 인정하였다. 즉, 서독은 동독의 독자적 주권과 영역을 인정하였고,[13] 따라서 동독의 법질서의 독자성도 인정되었다. 그 결과 서독의 법원은 민형사 재판시 동독의 법률을 준거법으로 활용하기도 하였으며 동서독 간에는 부분적으로 사법공조가 이루어지기도 하였다.[14]

독일의 이러한 학설과 판례의 법적 근거는 기본법이 미완성 헌법으로서 그 적용범위를 서독지역에 국한했으며, 동서독 기본조약을 통하여 상호체제와 영역의 독자성을 인정했다는 데에 있다. 나아가서 전승4대국이 제2차 세계대전에 대한 불법책임의 주체로서 전체로서의 독일이 존속할 것을 희망하고 그 존재를 확인했다는 점도 주요한 국제법적

13 동서독 기본조약 제3조, 제6조 참조.

14 서독은 분단직후인 1953년부터 '내독간 형사사법 및 공무공조에 관한 법률'을 제정하여 운용하였다.

근거로 추가되어야 할 것이다.

이러한 점들은 후술하는 바와 같이 통일한국의 불법청산과 관련하여 북한의 법적 지위를 논함에 있어서 진지하게 고려되어야 할 법적 차이점으로 주목을 요하는 부분이다.

이상에서 살펴본 바와 같이 동독과 동독주민의 법적 지위는 동독체제에 대한 불법청산 과정에서 제기되는 각종 법률적 쟁점을 해결하는 법적 토대로 작용한다. 동독의 국가성을 인정하는지 여부에 따라 동독 불법책임의 승계, 준거법 결정, 형벌청구권 경합 문제 등에서 결론이 달라질 수 있다. 그리고 동독주민의 법적 지위를 내국인으로 볼 것인지 외국인으로 볼 것인지 여부에 따라서도 준거법 결정문제 등에서 차이가 발생한다. 그러나 통일독일은 동독과 동독인의 법적 지위를 획일화하지 않고 문제해결에 필요한 범위 내에서 기능적 개념으로 활용하여 대처했다. 따라서 후술하는 바와 같이 문제영역별로 동독을 외국, 동독주민을 외국인으로 의제하는 기능적 개념 등이 사용되기도 하였다.

04/ 가해자 처벌

1. 준비와 감시

1) 서언

동독의 체제불법 청산문제 중에서 통일 이전부터 가장 관심을 모았던 분야가 정권범죄의 가해자 처벌이라고 하겠다. 왜냐하면 동독탈출자에 대한 사살행위로 대표되는 정권범죄는 동독체제를 유지하기 위한 가장 상징적인 불법행위로서 장차 그에 대한 책임추궁은 베를린 장벽이 설치될 당시부터 동서독 주민 모두의 주된 관심사였기 때문이다.

통일독일이 동독의 정권범죄를 청산하는 과정에서 제기되었던 다양한 법적 문제들에 대하여는 뒤에 자세히 살펴보겠지만 이를 해결하기 위한 전제조건으로서 무엇보다도 사실관계의 확정이 선결되어야 한다. 그러나 체제와 정권의 비호를 받는 정권범죄의 특성상 불법체제가 존속하는 동안 그 안에서 개별적 범죄행위를 구체적으로 입증할 수 있는 증거자료를 수집하기는 쉬운 일이 아니다. 왜냐하면 정권범죄의 증거자료들은 이를 용인하는 불법체제 안에서 이미 체제종식에 따른 불이익에 대비하여 조직적으로 은닉 내지는 폐기되는 경향이 있기 때문이다. 또한 불법체제가 존속하는 기간이 길어지면 그 과정에서 중요한 증거들은 산일되거나 소멸된다. 설사 정권범죄의 증거가 잔존하더라도 가해자들의 저항을 물리치고 법치국가원리에 따른 적법절차를 준수하면서 이를 찾아내기는 더욱 어려운 일이 아닐 수 없다.

이러한 정권범죄의 특성에 비추어 가능한 모든 방법을 사용하여 미리 이에 대한 증거자료를 확보해 두는 일은 통일을 대비하는 분단국가로서 당연한 책무가 아닐 수 없다. 서독은 동독의 체제불법에 대한 증거를 미리 수집해두는 일을 통일을 대비하는 기본법상으로 요구되는 국가적 책무로 인식하였다.

서독은 이러한 인식에 따라 동독 SED체제에서 자행된 정권범죄에 대한 청산준비를 독일의 분단과 함께 착수하였다. 이러한 계기는 1961년 8월 13일 동독정권이 동독주민의 서독 이주를 막기 위하여 베를린 장벽을 구축함으로써 마련되었다. 동독이 동·서독 분단의 고착화를 시도하자 서독은 이를 수수방관하지 아니하였다. 서독의 공권력이 미치지 아니하는 독일의 다른 부분에서 자행되는 인권침해에 대하여도 언젠가는 형사소추할 수 있도록 대비하였다. 서독은 이러한 대비책의 일환으로 동독의 정권범죄에 대한 증거자료를 수집하고 체계적으로 관리할 수 있는 국가기관인 '중앙법무기록보존소'(Zentrale Erfassungsstelle)를 설치하였다.

동독 내에서 자행되는 인권침해행위를 소추하기 위한 증거의 확보를 위하여 설치된 중앙법무기록보존소의 활동은 분단된 조국의 다른 부분에 거주하는 독일인에 대하여도 연방공화국의 모든 기관은 보호의무를 다해야 한다는 기본법의 정신을 실현하는 의미를 갖는다. 중앙법무기록보존소는 동독주민들에게 SED의 억압체제를 넘어선 하나의 조국을 확인시켜 주는 정신적 상징성을 가진 기관임과 동시에 독일국민의 통일에 대한 의지와 희망을 표상하는 기관이었다.[1] 이러한 의미에서 중앙법무기록보존소는 법치국가에의 신념·동독국민들에 대한 보호의지·통일을 향한 집념 등이 함축된 기관으로서 동독이 붕괴될 때까지 동독주민의 희망의 등불이 되었다.[2] 중앙법무기록보존소는 동독정권의 체제범죄를 감시하고 장차 이를 청산하기 위한 준비기구로서 큰 활약을 하였다.[3]

중앙법무기록보존소가 증거를 수집하여 처벌하여야 할 불법행위로 설정한 기준은 결국 통일 후 동독 정권범죄에 대한 불법청산의 기준이 되었다. 이는 통일독일의 과거청산이 통일 후의 정치적 상황에서 비롯된 정치적 필요에 따른 것이 아니라 통일 전부터의 인간의 존엄성을 해치고 인권을 침해하는 불법행위를 방관하지 않겠다는 법치국가원리의 당연한 요구였음을 상징적으로 보여준다.

2) 중앙법무기록보존소

(1) 설 립

1961년 8월 13일 베를린 장벽이 구축됨에 따라 동독 측의 경계지역에서 동독을 탈출하려는 사람들에 대한 총격행위가 빈발하게 되었다. 동독을 벗어나려는 사람들에 대하여 자행된 이러한 총격행위는 인권을 중대하게 침해하는 행위로 규정되어 통일 후 형사소추에 대비한 증거확보를 위하여 추적 조사할 필요성이 제기되었다. 1961년 8월 13일 베

1 Heiner Sauer & Hans-Otto Plumeter, a. a. O., S. 21f.

2 김주일 역(1988), 《Helmut Kohl의 회고록(나는 조국의 통일을 원했다)》, 해냄, 26면 이하.

3 Heiner Sauer & Hans-Otto Plumeter, a. a. O., S. 20.

를린 장벽이 구축되자 이에 대한 대책을 마련하기 위해 1961년 10월 25일부터 같은 달 27일까지 각 주(州)와 연방 및 서베를린의 법무부장관들의 합동회의가 개최되기에 이르렀다.[4] 이 회의에서 서독의 공권력이 미치지 아니하는 동독지역에서 자행되는 불법적 인권침해행위를 사후 형사소추하기 위하여 필요한 증거자료의 확보를 임무로 하는 기관의 설치를 의결하고 동독과 가장 긴 국경을 마주한 니더작센주에게 그 기관의 설치를 위임하였다.

합동회의에서 위 기관의 설치를 위임받은 니더작센주는 주검찰총장의 제안에 의하여 관청의 명칭을 '중앙법무기록보존소'로 명명하고 그 본부를 찰즈기터-바트 지방법원의 관내에 두기로 결정하였다. 중앙법무기록보존소는 니더작센주 법무부장관의 일반명령에 기하여 니더작센주의 브라운슈바이크에 있는 주최고검찰청 산하기관으로 설치되었다. 업무감독은 니더작센주 검찰총장이 맡기로 하였다.[5]

중앙법무기록보존소가 주정부 산하기관으로 설치되었기 때문에 업무수행과 관련하여 다른 연방주들의 협조를 받아야만 하였으므로 위 합동회의에서 연방과 각 주의 법무부장관들은 중앙법무기록보존소의 업무수행에 필요한 경우 모든 주와 연방의 기관이 그 활동을 보조할 것을 함께 결의하고 니더작센주 법무부에 이를 보증하였다. 운영에 필요

4 당시 함부르크주 하원의원이었던 에리크 블루멘펠트(Erik Blumenfeld)가 동독당국의 불법행위를 조사 기록할 기관의 설치를 제안하였고, 이러한 제안을 접하게 되자 베를린 장벽이 설치된 서베를린의 당시 시장이었던 빌리 브란트(Willy Brandt)는 각 주정부에 그와 같은 기관의 설치에 관련된 공문을 발송하여 중앙법무기록보존소의 설치를 주도하였다. 훗날 브란트는 할슈타인원칙(*Hallstein Doktrin*)을 포기하고 동방정책(*Ostpolitik*)의 선구자가 되었던 사람이지만 동독의 인권침해행위에 대하여는 이와 같은 단호한 입장을 취하였던 것이다.

5 Heiner Sauer & Hans-Otto Plumeter, , a. a. O. , S. 23f.

한 예산도 연방과 각 주들이 분담하였는데 이러한 의미에서 중앙법무기록보존소는 비록 니더작센주 최고검찰청 산하기관으로 설치되었지만 서독의 연방과 각 주들의 합동기관의 성격이 짙다.

이와 같은 설립과정을 거쳐 중앙법무기록보존소는 1961년 11월 24일 업무를 개시하였으나 기본조약의 체결에 따라 진행된 동서독교류와 동서해빙무드는 동독의 사실상의 존재를 정치적으로 더 이상 부정할 수 없었다. 그 결과 중앙법무기록보존소의 존립은 동독을 자극하여 동독에 대한 외교적 접근에 방해가 된다는 이유로 그 활동을 억제해야 한다는 견해도 대두되었다. 중앙법무기록보존소는 활동기간 내내 내독관계의 전개상황에 따른 정치적 이유로 말미암아 항상 해체될 위험에 처해 있으면서도 통일시까지 그 활동을 중지하지 아니하였다. 중앙법무기록보존소는 동독의 불법체제가 존속하는 기간 내내 동독정권의 체제범죄를 감시하고 그 증거를 수집하는 활동을 잠시도 중단하지 아니하였다. 1990년 6월 동독의 불법체제가 사실상 종식된 후 니더작센주정부가 관련자료를 문서화한 다음 이를 연방기록보존소에 인도한 후 해체되었다.

(2) 조 직

1961년 11월 24일 부장검사를 소장으로 하여 검사보와 검찰사무관 각 1명으로 업무를 개시하였다. 처음 3명의 인원으로 하여 시작하였지만 예상하지 못하였던 업무의 증가로 1962년부터 7명으로 증원되었고 구체적인 업무분장은 소장이 결정하였다.

중앙법무기록보존소의 근무자들은 동독당국에 의하여 내정간섭을 이유로 1966년 10월 13일 공포된 동독의 '동독시민의 시민권과 인권보호에 관한 법률' 제1조와 동독형법 제90조에 대한 위반자로 지목되어 그 인적사항이 동독의 지명수배자 명부에 등재되었다. 그리하여 동독이나 동독과 범죄인 인도조약을 체결한 공산국가에 여행할 수도 없었고 심지어 서독에서 동독을 통하여 서베를린으로 가는 고속도로조차 이용할 수 없었다.[6]

(3) 운 영

① 업무내용

중앙법무기록보존소의 설립 당시 니더작센주 법무부장관의 명령에 나타난 중앙법무기록보존소의 임무는 1961년 8월 13일 베를린 장벽이 축조된 이후 발생하는 서베를린이나 서독이 토지관할권을 갖지 아니하는 동베를린과 소련점령지역에서 자행되는 장벽과 관련된 인권침해행위의 존재를 확인하고 그에 관한 자료를 수집·보존하는 것이었다. 따라서 중앙법무기록보존소의 활동은 처음에는 베를린 장벽과 내독국경에서의 탈출자에 대한 총격 등 인권침해행위에 대한 증거수집에 한정되었다.

그러나 1963년 10월 25일 연방법무부의 지시로 그 업무범위가 확장되었다. 이에 따르면 토지관할권의 결여로 서독 영역에서 형사소추를 할 수 없는 동독 내에서 자행된 다음과 같은 인권침해행위들에 대한 증거확보가 중앙법무기록보존소의 활동범위로 결정되었다.[7]

① 동독공산체제의 정책집행을 위하여 정치적 이유로 법적인 절차 없이 자행된 인권유린적 살인·신체상해 및 자유 박탈
② 인간의 존엄성과 법치국가의 기본원칙에 합치하지 않게 정치적 이유에서 과다한 형을 선고한 불법판결

6 A. a. O., S. 19.
7 A. a. O., S. 26.

③ 소련점령지역의 정치적 억압체제의 표시로 평가될 수 있는 행위로서 수사과정에서 자행되거나, 형사사법절차를 빙자하여 자행되거나 또는 수형자에 대한 집행과정에서 자행된 가혹행위

1968년 8월에 다시 각 주와 연방의 법무부장관은 합동회의를 개최하여 다수결로 중앙법무기록보존소가 증거를 수집할 수 있는 대상행위를 다음과 같이 확장하여 의결하였다.[8]

① 이주의 자유에 대한 제한과 관련하여 또는 공산체제의 정책을 집행하기 위한 목적으로 인간의 존엄성을 침해하려는 시도를 포함한 모든 종류의 살인 또는 살인기도행위
② 정치적 동기에서 말미암은, 인간성의 기본원칙에 부합하지 아니할 정도로 형이 과도한 불법판결
③ 소련점령지역의 정치적 억압체제의 표시로 인식될 수 있는 행위로서 수사과정에서 자행되거나 형사사법절차를 빙자하여 자행되거나 또는 수형자에게 집행과정에서 자행된 가혹행위
④ 서독형법 제220조의 a(민족모살), 제234조의 a(납치), 제241조의 a(정치적 무고) 소정의 범죄혐의가 있는 행위

1961년 설립 당시의 임무나 1963년에 확장된 임무에서나 마찬가지로 형사소추가 가능한 범죄의 혐의가 있는 행위만이 중앙법무기록보존소의 활동범위에 포함되었다. 이는 중앙법무기록보존소의 활동목적이 수사전치기관으로서 행위자를 사후에 형사소추하기 위한 조건들을 갖추는 것이었기 때문이다. 이와 같은 형사소추의 가능성을 판단하는 기준으로서는 '국내형법 적용규정상의 기본원칙'을 적용하는 것이 위 합동회의에서 다수결로 의결되었다.

---

8 A. a. O., S. 27f.

중앙법무기록보존소는 동독탈출자에 대한 총격행위의 소추가능성에 대하여 '생명권은 국경보호를 위한 규정보다 상위의 가치를 가지기 때문에 여행금지규정의 집행을 위한 총격은 비교형량의 기본원칙에 위배되는 것'으로 간주하였다. 또한 동독의 판사나 검사의 법왜곡에 대해서는 관련사실관계에 무효인 법률을 적용하였거나 비인간적으로 가혹한 형을 선고하였을 때에만 증거자료를 수집하였다.

이러한 중앙법무기록보존소의 활동범위에 나타나는 인권침해행위의 기준은 1972년 동독과 서독 간에 기본조약이 체결되었을 때에도 문제시되지 않았다. '동서독 기본조약'[9]과 관련하여 중앙법무기록보존소의 활동에 관하여 당시 중앙법무기록보존소 소장이었던 카를 헤르만 레테마이어(C. H. Retemeyer) 부장검사는 아래와 같이 표현하였다.[10]

> 형법 제7조 제2항 제1호에 의하면 행위가 행위지에서 처벌받는 행위이며 행위자가 행위시점에 독일인이고 행위 후 독일인으로 남아 있으면 외국에서의 행위에 대하여도 독일형법이 적용된다. 또 1973년 7월 31일의 연방헌법재판소의 기본조약에 대한 합헌판결에 의하여 확인된 연방정부의 견해에 의하면, 동독은 독일연방공화국, 즉 서독에 대하여 외국이 아니므로 형법 제7조 제2항 제1호의 해석과 연방헌법재판소의 결정에 의하여 동독은 외국에 준하여 취급되어야 한다는 것이다. 따라서 연방헌법재판소의 결정에 의하면 동독거주 독일인도 기본법 소정의 독일인이므로 동독에서 자행된 범죄에 대하여도 그 행위가 동독에서도 형사소추될 수 있는 행위라면 서독의 법원은 형법을 적용하여 형을 선고할 수 있는 것이다.
>
> 동독국경수비대의 탈출자에 대한 총격의 경우에도 이와 같은 원칙이 적용된다. 서독의 법원은 서독 형법의 규정을 이 살인행위에 대

9 김철수, 《독일통일의 정치와 헌법》, 151면 이하.

10 Heiner Sauer & Hans-Otto Plumeter, , a. a. O. , S. 29f.

하여 적용해야 할 것이다. 상부의 총격명령은 행위자의 위법성조각사유가 되지 못한다. 왜냐하면 행위자는 초법률적인 자연법을 위반하였기 때문에 명백히 위법이기 때문이다. 탈출자에 대하여 총격을 가한 동독국경수비대 소속군인에 대한 어느 형사판결의 표현대로 한다면 '그는 법치국가적 기본질서규범에 근거한 법익보호에 봉사한 것이 아니라 동독의 억압체제의 요구에 봉사한 것일 뿐'인 것이다.

동독거주 독일인들이 동독 당국의 일반적인 여행금지와 공화국탈출을 방지하고자 하는 규칙 및 조치들에 의하여 강제로 결정의 자유를 억압당하고 있다는 사실은 공지의 사실이다. 탈출자에 대한 총격이 자행된 곳에는 많은 인구의 손실을 걱정할 긴급성도 없을 뿐 아니라 인간을 자신의 나라에만 속박하는 것은 명백하게 인간의 존엄성을 침해하는 것이기 때문에 그와 같은 종류의 명령은 정치적 권력욕구에서 비롯된 개인에 대한 법적인 속박으로서 자유민주국가의 입법에는 존재할 수 없다.

② 업무방법

중앙법무기록보존소의 가장 중요한 자료는 '인명카드'였다. 형사책임을 부담할 자들과 증인들이 기록된 인명카드는 여러 가지 색으로 된 카드함 속에 종류별로 보존되었는데 설립당시의 인명카드는 종이카드였으나 1977년에 전기적 시스템이 도입되었다. 다시 1990년에 중앙법무기록보존소에도 컴퓨터시대가 도래되어 모든 자료가 컴퓨터에 입력되어 인명색출 작업이 더욱 용이하게 되었다.

중앙법무기록보존소에서 조사된 사안은 등록절차를 마치고나서 그 중 서베를린이나 서독, 즉 독일연방공화국의 법원에 토지관할권이 있으면 그 사건을 관할검찰청으로 이첩하고, 그 외에 긴급한 증거보전의 필요가 있으면 형사소송법 제13조의 a에 따라 연방검찰총장에게 관할법원을 지정하여 줄 것을 요청하였다.

중앙법무기록보존소의 활동은 동독지역에서 발생하는 인권침해사실에 대한 조사였으므로 이미 분단상태가 고착되던 당시 사실조사에는 한계가 있었다. 따라서 중앙법무기록보존소는 인권침해를 발견하면 이에 대한 증거자료를 수집하기 위하여 법적으로 허용된 모든 수단을 활용하였다. 통일 후 형사소추에 대비하여 법원에 제출할 가치가 있는 증거자료를 확보하는 것이 임무였고 통상적으로 증거자료는 시간의 경과와 함께 수집가능성과 신빙성이 약화되기 때문에 중앙법무기록보존소는 인권침해행위에 대한 정보를 접하는 즉시 즉각적으로 활동해야 하였다.

인권침해행위에 대한 자료의 중요한 부분은 동독의 정치적 구금자들에 대한 신문(訊問)에서 나왔다. 그 신문은 중앙법무기록보존소의 위임에 의하여 주수사경찰에 의하여 실시된 다음 그 자료를 교부받았다. 1963년 이후 연방정부에 의하여 정치범 석방거래가 이루어진 약 3만 3천 명의 정치적 구금자들 모두에 대하여 실질적 신문이 이루어졌다.

(4) 수집자료 유형

① 연방국경수비대 초소보고

중앙법무기록보존소가 증거자료를 수집한 방법은 매우 다양하였다.[11] 그중에서도 연방국경수비대의 초소보고는 베를린 장벽이 붕괴될 때까지 중앙법무기록보존소의 중요한 정보원이 되었다. 초소보고는 매일 네 군데의 국경수비부대로부터 중앙법무기록보존소로 넘겨진 다음 면밀히 검토되었다. 내독 경계가 약 1,260 km에 달했기 때문에 서독 초소근무자들이 탈출자들에 대한 동독 국경수비대원들의 총격행위

11 A. a. O., SS. 34~39.

를 발견하는 것은 대부분 우연에 의존하였다. 다만 서베를린 장벽에서 발생한 사건은 베를린의 수사경찰이 직접 증거자료를 수집하였다.

② 신문기자 등의 취재활동

1973년부터 서독의 언론인은 동독 내에서 상주하며 특파원 활동을 할 수 있었는데 이러한 상주특파원이나 그 외의 동독 내에서 활동한 언론인들을 통하여 인권침해 사례가 수집되었다. 이들의 정보는 기자가 우연히 그 인권침해 현장에 가까이 있었거나 또는 면밀한 추적의 결과로 발견되었으며 특히 신문기자 등 언론인을 통하여 뛰어난 사실성과 증거가치를 가진 사진자료를 수집할 수 있었는데, 사진자료 외에도 증인의 진술이나 피해자, 행위가담자들의 진술에 대한 기사는 가치 있는 정보원이 되었다.

③ 피해자나 증인의 진술

동독주민들이 직접 중앙법무기록보존소를 찾아와 구두나 서면으로 정보를 제공하는 것은 국경개방 때까지는 당연히 법적으로 금지되어 있었다. 1989년 11월 9일 국경개방 때까지 동독주민들이 서독의 기관과 접촉하는 것은 동독형법 제219조에 의하여 불법적 접촉으로 간주되고 형사처벌의 대상이었다. 따라서 중앙법무기록보존소는 우회적으로 피해자들의 서독 내 친지나 친척 등을 통하여 동독 내에서 자행된 인권침해 행위에 대한 상당한 양의 정보를 수집할 수 있었다.

④ 국가기관에의 조회

동독에서 서독으로 추방된 사람들은 대부분 정치적 이유로 형사소추와 재판의 대상이 되었던 사람들이었다. 서독으로 추방된 사람들 중 동독에서 정치적 이유로 유죄를 선고받은 사람들은 그들을 전과자로 만든 유죄판결의 오점을 지우고 나아가 보상을 받기를 원하였는데 이를 위하여 서독은 법적 근거를 마련하였다.

'내독간 형사사법 및 공무공조에 관한 법률' 제15조에 따르면 동독법원에 의하여 유죄확정판결을 선고받은 자로서,[12] 그 형의 전부 또는 일부의 집행이 동법 제2조에 따라 허용되지 않을 때에는 그 집행불허에 대한 확인을 신청할 수 있도록 하고 있다. 그 신청에 관하여는 신청인의 서독 내의 새로운 주거지를 관할하는 주최고검찰청의 검사장이 심리하고 그에 의하여 결정되었다. 심리결과 집행불허 확인결정을 받으면 서독의 모든 영역 내에서 그 전과는 말소되었고 그 확인결정은 동시에 구금자 보상을 위한 근거가 되었다. 또한 서독의 영역 밖에서 정치적 이유로 구금되었던 자들은 '구금자지원법'에 의하여 보호조치를 받았는데 구금자지원법에 의한 신청에 대하여는 각 주의 관할행정청이 결정하였다.

이러한 법적 신청과 심리절차를 진행하면서 관련기관에서는 중앙법무기록보존소에 관련자료가 있는지를 조회하였고 중앙법무기록보존소는 조회에 응하면서 또 다른 한편으로는 접수된 내용에 대하여 주최고검찰청과 관할행정청에 조회하여 동독 내에서 선고된 불법판결에 대한 사전조사를 할 수 있었다.

⑤ 중앙긴급수용소 자료

동독으로부터 추방당한 정치적 구금자들은 먼저 동독탈출자와 추방자들을 위하여 국경도시 기센(*Gießen*) 설치된 '중앙긴급수용소'에 수용되었다. 중앙긴급수용소에서는 먼저 이들의 인적사항을 조사하고 난

12 동법 제2조 제1항, 제5항에 따르면 동독판결을 집행하는 것이 서독 법률의 목적에 위반되거나 법치국가원리에 위반될 정도로 당사자에게 불이익을 줄 경우 또는 형벌의 종류와 정도가 법치주의의 관점에서 적합하지 아니한 경우를 말한다.

다음 인권침해를 당한 의심이 있으면 피해자에 대하여 사법경찰의 상세한 신문이 실시되었다. 신문은 특정한 설문양식에 따라 실시되었는데 그 설문지에 피해자의 성명, 밀고자, 재판참가자, 교도소 등에서의 재판집행에 관여된 사람 등이 기재되어 중앙법무기록보존소로 넘어가 카드에 기록되었고, 동독에서 함께 구금되었던 사람들을 조사하여 이들의 진술을 서로 비교하여 증인들의 신빙성을 확인할 수 있었다.

동독에서 구금되었다가 서독정부에 의하여 정치범 석방거래로 서독으로 이주한 증인들은 일반적으로 동독에서 추방될 때 석방명령서와 동독시민권 박탈 및 추방서류만을 소지했기 때문에 서독당국은 그들이 재판받은 소송기록을 이용할 수가 없었다.[13] 동독의 법원은 그들에게 이른바 '인민의 이름으로' 선고한 판결을 공개하여서는 안 된다는 것을 알고 있었다. 왜냐하면 그러한 판결문들은 동독의 불법체제를 폭로할 수 있었기 때문이다.

⑥ 탈출군인

내독 경계에서의 탈출자에 대한 총격행위 수사에서는 동독 국경수비대 출신 탈출자들의 증언이 중요한 증거자료가 되었다. 그들은 사격명령과 실패한 탈출기도 및 총격사살에 대한 정보를 제공하였다. 따라서 동독국경수비대원이 탈출하면 그 즉시 중앙법무기록보존소가 해당 주의 관할기관에 신문지를 보내어 그 기관이 신문을 실시하는데 예를 들어 바이에른주에서는 국경수비대가, 헤센 주에서는 수사경찰이, 니더작센 주에서는 주헌법수호청 산하 중앙정보소가, 베를린과 슐레스비히-홀스타인 주에서는 연방정보부 지부가 각각 신문을 담당하였다. 작성된 신문지는 약 14일 후 다시 중앙법무기록보존소에 취합되어 보존되었다.

13 A. a. O., S. 39.

(5) 업적과 성과

중앙법무기록보존소의 존재는 통일 전 자유를 갈구하는 동독 거주 독일인에게는 희망의 등불이었고 서독의 전체 독일인에 대한 보호의지를 보여주는 표징으로서 통일의지의 상징이 됐다. 이러한 정치적 효과와 함께 실질적으로도 잠재적인 범죄의 행위자에 대하여 범죄의 실행을 주저하도록 경각심을 일으키는 계기가 되어 행위의 불법성에 관하여 자각하게 만들었다. 그리고 훗날 인권침해 행위에 대해 소추당할 경우 그들의 행위의 불법성을 알지 못하였다거나 알 수 없었다는 변명의 가능성을 막는 효과를 가져왔다.[14] 통일 후는 체제범죄청산의 자료로 활용됨과 동시에 동독 판·검사의 재임용에 관한 자료로 활용되었다.[15]

더 나아가 공권력이 미치지 아니하는 동독지역에 거주하는 독일인을 보호하기 위한 이 작고 조용한 기관의 활동은 물적·인적으로 미약하게 시작되었지만 동독정부와 그 구성원들에게 준 충격은 심대하였다.

중앙법무기록보존소가 설치된 직후부터 동독의 SED 지도부는 이를 가장 불편한 적대기관으로 인식했고, 통일이 되면 그들도 언젠가는 처벌받게 될지도 모른다는 심리적 압박감을 느껴 틈만 나면 내정간섭이란 이유로 그 폐쇄를 주장했다. 1989년 11월 9일 동서독 장벽이 무너진 후에도 1990년 9월까지 약 2천 명의 동독시민들이 서면으로 또는 직접 방문해 피해를 신고한 것만 보아도 중앙법무기록보존소가 동독주민들에게 미쳤던 심리적 영향력을 짐작할 수 있다.[16] 이 소규모의 기관은 동독이 붕괴될 때까지 통일이 될 것을 기다리던 동독주민의 인권을 지키고 체제범죄를 감시한 조용한 파수꾼의 역할을 수행하였던 것이다.

---

14 A. a. O., S. 31.

15 A. a. O., S. 251.

16 A. a. O., S. 249ff.

2. 시작과 기초

1) 청산의 시작

동독 불법체제 아래서의 가해자에 대한 첫 번째 기소는 동독이 아직 존속하던 중에 이루어졌다. 1989년 11월 24일 동독의 베를린 지구법원은 1989년 10월 7~8일 동독 40주년에 있었던 시위대에 대한 공권력을 발동한 한 인민경찰에게 14개월의 자유형을 선고하였다. 이처럼 신속한 절차진행은 동독 형사사법의 모든 특성을 보여준 것이었다. 동독은 신속하고 엄정한 처벌로 날로 커지는 시민들의 민주항쟁을 누그러뜨리려 했다.[17] 결국 1989년 11월 22일 직권남용, 개인적 치부, 기타 법률위반 사례를 조사하기 위한 '인민회의 임시위원회'가 구성되었다. 1989년 11월 30일부터 12월 5일까지 부정행위(*Untreue*)를 이유로 SED 수뇌부에 대한 수많은 수사절차가 개시되었다. 1989년 12월 6일 체제불법을 조사하기 위하여 '중앙조사위원회'가 설립되었다.

1990년 1월에는 동독의 군검찰이 동독 제11국경수비대 제11공병단의 책임자에 대하여 탈출자 사살혐의로 수사절차를 개시하였다. 동독 공산당 서기장이자 인민평의회 의장이었던 호네커에 대하여 1989년 12월에 시작되었던 권한남용 및 부정행위에 대한 수사절차가 1990년 8월 8일에는 탈출자들에 대한 수회의 모살(*Mord*)과 신체상해로 확대되었다. 동독의 6개 지구(*Bezirk*)에서 선거부정에 대한 수사가 개시되었다. 1990년 3월 총 73명에 대하여 56개의 수사절차가 그리고 성명불상자들

17 1990년 3월 6일 할레(Halle) 지역에서 한 인민경찰이 공권력 행사로 다시 기소되었는데, 이 경우에는 결국 1995년 3월 20일 할레지방법원 2심에서 무죄가 선고되었다.

에 대한 13개의 수사절차가 계속중이었는데, 그중 4명은 수사를 위하여 구속되었다. 1990년 10월 3일 이전에 11개의 1천~4천 동독마르크의 벌금형과 6개의 자유형이 선고되었고, 동독 검찰총장 벤트란트(Wendland), 그의 권한대행자 보르쉐르트(Borchert) 그리고 베를린 검찰총장 시몬(Simon)의 법왜곡 혐의에 대한 수사절차가 개시되었다. 1990년 여름 동독 최후의 인민회의는 독일 전체를 대표하는 입법자에게 SED의 불법에 대한 형사소추를 확실히 추진하도록 위임하였다.

이러한 사실은 통일독일에 의한 형사소추에 대하여 가해지는 '승자의 사법'이라는 비난이 사실과 다르다는 점에서 특별한 의미를 갖는다. 동독의 지도부는 서독에게 패배한 것이 아니라, 그 자신의 인민에 의하여 전복되었던 것이다.[18]

2) 통일조약

SED의 불법행위에 대한 형사소추를 위임받은 통일독일이 사법처리의 대상으로 하였던 정권범죄를 범죄유형별로 세분해보면 사법종사자의 법왜곡, 내독 경계지역에서의 총격사건, 동독 국민을 대상으로 한 국가공안부의 반법치국가적 범죄, 대서독 간첩행위, 상사조정단의 경제활동과 관련된 범죄, 선거부정행위 등을 들 수 있다. 통일 직전부터 이러한 정권범죄의 혐의자에 대하여 수사절차와 재판절차를 통한 사법적 심사가 시작되었고, 정치적 불법의 가해자에 대한 개별적 형사책임의 규명작업이 논의되었다.

그러나 1990년 8월 31일 체결되었던 통일조약은 이러한 문제들에 대하여 명백하게 언급하지 않았다. 동독의 대서독 간첩들에 대한 사면법

---

18 Friedrich-Christian Schroeder(2000), Zehn Jahre strafrechtliche Aufarbeitung des DDR-Unrecht, *NJW*, S. 3017.

초안은 동독 국가공안부 등의 수많은 그리고 광범위한 불법행위에 대한 유력한 혐의를 직시하는 동서독 주민들의 분위기를 고려하여 기각되었다. 이러한 사실은 동독체제불법의 형사소추에 관여된 동서독 주민들의 불법청산에 대한 의지의 표현이기도 하였다. 물론 이러한 점이 동독 정권 아래서 정당화되었던 행동들에 대하여서 얼마나 폭넓게 적용될 것인가의 문제는 당시에는 결정되지도 않았고 따라서 불분명한 상태로 남아있었다.

동독 정권범죄의 청산작업은 '라드브루흐 공식'은 물론 동독지도자들의 부질없는 저항에 직면하였고, 이른바 1980년의 '게라(Gera)의 요청'에서 동독이 그 폐지를 요구하였던 '중앙법무기록보존소'의 활동도 현안으로 등장하였다. 그러는 사이 나치불법의 불충분한 형사소추에 대한 불만도 다시 재연되어 확산되었다. 나치체제에 이은 동독의 불법체제에 대한 법적 청산은 독일국민의 '두 번째 책임'으로 요구되었다.[19]

3) 청산의 기초

통일독일의 불법청산 과정에서 핵심적 역할을 한 기관으로는 '정권범죄특별수사본부'(*Arbeitsgruppe der Regierungskriminalität*)가 있다. 통일 후 곧바로 동독 정권범죄에 대한 청산작업에 착수하기 위하여 통일 당일인 1990년 10월 3일 특별 수사 및 형사소추 기관으로서 정권범죄특별수사본부가 신설되었다. 이 기구는 동독 전 수상인 호네커, 국방위원 등 SED 수뇌부를 비롯한 총격사건의 행위자인 국경수비대원, 사법적(司法的) 불법행위를 자행한 동독 판사와 검사들에 대한 수사 및 기소업무를 전담하였다.

정권범죄특별수사본부는 그 조직 면에서 볼 때 동독의 모든 체제범

19 Friedrich-Christian Schroeder, a. a. O., S. 3018.

죄를 집중하여 수사할 수 있는 중앙수사기관의 형식을 취하지 아니하였다. 통일 당시 체제범죄와 관련된 모든 범죄를 집중 수사할 중앙수사기관의 설치가 논의되었다. 그러나 동독의 체제범죄가 대부분 동독의 영토 안에서 자행되었으므로 해당지역 사법기관으로 하여금 이를 처리하도록 하는 것이 재판진행에 편리하며, 과거 공산정권하에서 판검사들이 진행할 수 없었던 형사재판을 범죄지 가까운 곳에서 개시할 경우 편입지역 주민의 법의식 확립에 중요한 의미를 가질 것이라는 점에서 이를 각 주검찰청에 소속된 부(部) 형태로 설치했다.[20]

이에 과거 동독의 수도였던 베를린주의 경우에는 주최고검찰청 내에 특별부서가 신설되었다. 편입지역의 다른 주에서는 지방검찰청 내에 중점수사부(*Schwerpunktsabteilung*)가 설치되었는바, 작센주의 경우 이러한 중점수사부를 드레스덴, 포츠담, 쉬베린, 마그데부르크와 에르푸르트 등의 검찰청 내에 두고 있었다. 주요한 정권범죄의 대부분이 동독 SED 활동의 중심지였던 베를린에서 자행되었다는 점에서 베를린주의 '정권범죄특별수사본부'가 체제범죄의 형사소추에 중추적인 역할을 담당하고, 행위지가 베를린이 아닌 지역범죄에 대하여서만 해당 주의 관할검찰청 내 중점수사부가 소추업무를 담당할 수 있도록 하였다.

이미 언급한 바와 같이 정권범죄특별수사본부는 독립된 관청으로 설치된 것이 아니라 베를린주 최고검찰청 내의 부서 중 하나에 불과하였으나 그 후 수사의 장기화와 업무량의 폭증을 이유로 1994년 10월 1일 제2의 베를린지방검찰청으로 승격되어 독립되었다. 1993년 3월 25일

20 통일독일 동독의 정권범죄를 청산하기 위하여 특별한 종류의 기구를 만들지 않고 통상의 형사소추기관의 일개 부서로 조직하였던 또 다른 이유는 '승자의 사법'이라는 비난을 받지 않기 위한 의도도 작용하였던 것으로 알려지고 있다(정권범죄특별수사본부의 설립과 조직에 관하여는 법무부, 앞의 책, 188면 이하 참조).

체결된 주들 사이의 행정협정에 근거하여 이 기관은 수사활동시 특별경찰기구인 '정권 · 통일범죄 중앙수사본부'(ZERV)[21]의 보조를 받았다. 정권범죄특별수사본부는 크리스토프 쉐프겐(Christoph Schäfgen) 검사장을 수사본부장으로 하여 연방과 각 주에서 파견된 검사와 기타 수사인력으로 구성되었으며, 이러한 합동수사기관의 성격은 베를린 제2지방검찰청으로 승격된 이후에도 변하지 않았다. 제2의 베를린지방검찰청은 원래 1998년까지만 한시적으로 운영될 계획이었으나 사건이 감소되지 않아 2003년까지로 그 기간을 연장하여 운영되었다.

21 정권범죄특별수사본부의 수사업무를 보조하기 위한 기관으로서 정권 · 통일범죄 중앙수사본부(ZERV: *Zentrale Ermittlungsstelle Regierungs-und Vereinigungskriminalität*)가 설치되었다. 중앙수사본부는 연방과 각 주에서 파견된 경찰관 340명으로 구성된 합동경찰수사본부의 성격을 띠며 베를린주 내무부에 속해 있었다(정권 · 통일범죄 중앙수사본부의 설립과 조직에 관하여는 법무부, 앞의 책, 195면 이하 참조).

3. 이론과 실무상의 쟁점

1) 학계의 논의

실무에서 정권범죄특별수사본부가 구성되어 활동을 시작한 사이 학계에서는 동독 정권범죄의 처벌과 관련된 법률적 쟁점들이 논의되었다.[22] 학계의 첫 반응은 동독 정권범죄에 대한 형법적 청산에 전혀 고무적이지 못하였다. 학계의 일각에서는 대부분의 동독불법은 동독의 합법적이고 포괄적인 사면으로 해결되었다고 주장하였다. 한편 유력한 학자들에 의하여 수많은 동독불법의 사례들이 이미 공소시효가 완성되었다고 주장되었다. 이들은 독일연방공화국의 병존적 형벌청구권이 존속하였던 경우에 대하여도 동일한 주장을 하였다.

물론 학계의 통설적 견해는 시효의 정지 또는 상위의 동독법에 대한 침해로 인하여 시효가 개시되지 않는다는 것을 인정하였다. 독일에서는 공소시효 문제에 대하여 이미 나치체제의 불법청산 과정에서 소급효금지원칙과 관련하여 치열한 공방을 거친 경험이 있었으므로 어느 정도 이론적 공감대가 형성되어 있었다.

그러나 가장 뜨거운 학술적 논쟁을 야기한 주제는 탈출자 총격사살에 대한 '정당화사유'로서 동독 국경법의 유효성에 관한 문제였다. 괴레스(Görres) 학회에서 유명한 두 명의 법학자 귄터 야콥스(G. Jakobs)와 요세프 이슨제(J. Isensee)는 예리하면서도 논리적인 표현으로 국경수

22 이러한 논의의 선봉에 선 첫 번째 학술기관은 1991. 9. 30. 프라이부르그에서 총회를 가진 괴레스(Görres) 학회, 1991. 10. 5. 기센에서 회의를 가진 독일 국법학회, 1992. 4. 4~5. 드레스덴 모리츠부르그 성에서 '구동독의 정권범죄'라는 학술토론회를 가진 바 있는 독일 재통일 연구목적의 형법학회 등이었다. (Friedrich-Christian Schröder, a. a. O., S. 3018. 참조).

호의 처벌가능성을 부정하였다. 며칠 뒤 보도 피에로트(B. Pieroth)는 독일형법학회에서 같은 주장을 되풀이하였다. 국경수호의 처벌가능성에 대하여 그륀발트(Grünwald), 로엘레커(Roellecke), 숄텐(Scholten) 그리고 국제법적 관점에서 슈투비(Stuby) 같은 학자들도 반대의견을 표명하였다.[23]

몇몇 학자들은 단서를 붙여서 처벌가능성을 표명하였다. 뎅커(Dencker)는 단지 과잉행위에 대해서만 처벌가능성을 긍정하였는데 그것과 결합된 과거 실정법의 사후적 합법성과 소급효금지원칙 때문에 허용될 수 없다고 물러섰다. 뤼더센(Rüderssen)은 '제한적 실증주의'(*restrictiven Positivismus*)를 주장하였는데, 이에 따르면 동독의 실정법이 기준이 되어야 한다고 했다.[24] 람페(Lampe)는 동독불법의 청산을 위하여 형법상 어려움을 지적하며 인간의 존엄성과 같은 몇몇의 영원한 가치들은 법률이 그 가치들을 보호하지 않았거나 그것의 침해를 조장한 경우에는 동독에서도 효력을 갖는다고 주장하였다. 그는 동독 정권범죄의 형법적 청산을 손아귀에 '권력의 스위치'를 가지고 있었거나 체제의 수뇌부로 편입되었던 소수 집단에 의해 장악된 영역에 집중하여야 한다고 주장하였다. 당시 연방대법원장인 오더스키(Odersky)는 '정치적 불법의 청산에서 형법의 역할'이라는 일반적 주제 아래서 '권리의 핵심영역'의 불가침성을 지적하였고, 구체적인 결정시에는 "매우 엄격한 기준을 적용해야 한다"라고 주장하였다.[25]

이에 반하여 드물지만 동독탈출자 사살행위의 처벌가능성을 분명하

---

23 Friedrich-Christian Schroeder, a. a. O., S. 3019.

24 Michael Pawlik(1994), *Strafrecht und Staatsunrecht zur Strafbarkeit der Mauerdchützen: Goltdammer's Archiv für Strafrecht*, hrsg. von Paul-Günter Pötz, SS. 476~477.

25 Friedrich-Christian Schroeder, a. a. O., S. 3019.

게 지지하는 견해도 제기되었다. 베를린 법조원로인 유타 림바흐(J. Limbach)는 '동독의 사법적 불법'에 대한 비공개 강연에서 '라드브루흐 공식'의 적용을 지지하였다. 연방이주민장관이었고 연방법무장관이 되기 직전의 클라우스 킹켈(K. Kinkel)은 "단지 거주이전의 자유를 사용한 인간을 고의적으로 살해하도록 하는 법률과 지시를 법치국가는 유효하게 취급할 수도 없고 또한 그렇게 해서도 안 된다"라는 입장을 분명히 밝혔다. 동독탈출자 사살행위의 정당화에 반대하는 드레어/트뢴들레(Dreher/Tröndle)의 폭넓은 주석서가 등장하였고, 그 근거로 기본권과 인권, 국제법적 의무를 무시하는 명령과 법률을 배제하는 동독형법 제95조가 원용되었다. 다만 동독 정권범죄의 처벌을 위하여 서독의 공서양속을 원용하는 것에 대하여는 반대의견이 많았다.

이러한 논쟁에 직면하여 독일 연방의회의 설문조사위원회는 1992년 9월 29일 라이프치히에서 '독일에서 SED독재의 역사와 결과의 청산'이라는 문제를 위한 공개 단상토론회를 개최하기도 하였다.

학계의 입장은 동독의 법관과 검사들의 법왜곡에 대한 처벌가능성에 대하여 동독과 통일독일의 법왜곡 처벌규정 상호간에 '불법의 연계성'(*Kontinuität des Unrechts*)이 결여되어 있다는 이유로 매우 비판적이었다. 죄형법정주의 요청상 동독의 정권범죄를 처벌하기 위해서는 행위시 동독 형법상의 구성요건을 충족하여야 하며 동시에 재판시인 통일 이후에도 연방형법[26]상 그 행위에 대한 처벌규정이 존재해야 한다. 나아가 해당범죄에 관하여 연방형법과 대응되는 동독 형법상 구성요건

26 동서독 통일조약의 법률통합 조항(제8, 9조)에 의하여 동독형법은 서독형법에 흡수통합되었다. 따라서 이 책에서는 서독형법 또는 통일형법을 의미하는 용어로 종래 서독형법의 공식 표현인 '연방형법'이라는 용어를 계속 사용하기로 한다. 다만 의미를 더 분명히 전달하기 위하여 필요한 경우에만 예외적으로 서독형법과 통일형법이라는 표현으로 구분하여 사용하기로 한다.

사이에는 불법의 연계성이 요구된다.[27] 불법의 연계성은 이념을 달리하는 형법의 구성요건 안에 포섭된 불법유형이 서로 일치하여 통일 후 연방형법에 의하더라도 동독 형법상의 불법내용이 계속 유지됐다는 사실을 긍정할 수 있을 때에 인정된다.

그런데 독일 학계에서는 동독형법과 연방형법상의 법왜곡 구성요건 사이에 불법의 연계성을 인정하기 어렵다는 주장이 제기되었던 것이다. 또한 일부에서는 법왜곡의 고의도 인정하기 어렵다는 주장도 제기되었다. 이러한 반대에 직면하여 정권범죄수사팀은 토론회를 개최하기도 하였는데 불법의 연계성을 긍정하면서 법왜곡 구성요건의 '방패효과'(*Sperrwirkung*)[28]를 그 근거로 제시하는 견해도 제기되었다. 그 이외에도 법왜곡을 확정함에 있어서는 동독의 해석규준이 원용될 수 있다는 주장도 제기되었다.

사실 동독의 시민혁명은 인권을 위한 미미한 성과와 광대극으로 비유되는 선거부정에 직면하여 돌발하였던 측면이 크다. 시민들의 분노는 1989년 동독의 지방자치 선거에서 자행된 선거부정을 겨냥했다. 이러한 선거부정의 처벌가능성에 대하여도 '불법의 연계성' 부족이라는 반대논거가 제기되었다. 더욱이 서독형법 제108조 d는 명시적으로 연방공화국의 선거만을 보호한다는 사실은 주목을 요한다는 주장도 제기되었다.

---

27 불법의 연계성에 대하여는 박수희, 앞의 논문, 51면 이하 참조.

28 법왜곡의 방패효과 또는 봉쇄효과란 법률의 부당한 적용과 경합하여 범해진 생명·자유 기타의 법익침해와 관련된 판·검사 등의 형사책임은 가벌적인 법왜곡의 구성요건 성립을 전제로 할 경우에만 인정된다는 것을 의미한다. 즉, 재판활동에 의하여 형법상 보호되는 개인의 권리가 동시에 침해된 경우, 위법한 기소 내지 유죄판결에 의하여 야기된 불법을 이유로 한 동독 판·검사의 가벌성은 동 범죄와 상상적 경합관계에 있는 법왜곡의 책임을 전제로 한다(법무부, 앞의 책, 617면 이하 참조).

2) 실무상 쟁점

통일독일은 동독 정권범죄 처벌에 대한 반대여론과 이를 뒷받침하는 이론적 근거, 입증자료 부족들에 직면하였지만 1992년 초부터 탈출자 사살이나 선거부정에 대한 유죄판결이 선고되고, 동독 정치국과 국방위원회 위원들에 대한 공소도 제기되기 시작하였다. 동독의 불법체제를 유지하기 위한 정권범죄는 참으로 다양한 유형으로 전개되었다. 따라서 이에 대한 가해자 처벌도 다양한 형태로 진행되었다. ① 내독 경계지역 탈출자 총격사살행위, ② 사법종사자들의 법왜곡, ③ 대서독 간첩행위, ④ 선거부정, ⑤ 국가공안부 범죄, ⑥ 상사조정단의 경제범죄 등으로 분류할 수 있을 것이다.

이 중에서도 사법실무상 동독 탈출자 총격행위에 대한 정당화사유 인정여부는 '법률적 불법'이라는 법철학적 문제와 관련하여 가장 뜨거운 논쟁을 불러왔다. 대서독 간첩행위도 평등원칙 위반 여부를 둘러싸고 연방대법원과 연방헌법재판소의 입장이 대립되었으며, 동독 내에서 행해진 대서독 간첩행위의 가벌성에 대하여도 법원간의 의견이 대립하였다. 특히 호네커를 비롯한 동독 수뇌부에 대한 처벌의 성사 여부에 관하여 국제적 관심이 집중되었으며, 법왜곡과 선거부정 범죄는 죄형법정주의 원칙상 동서독 법규정 사이에 불법의 연계성 존부가 문제되었음은 앞서 살펴본 바와 같다. 그리고 모든 유형의 정권범죄에 대한 사법처리에서 늘 준거법이 문제되었고, 대부분의 경우에 공소시효와 소급효금지가 문제되었다.

이하에서는 사법실무상 관심을 모았던 기본판결(*Grundsatzurteil*)들을 중심으로 각종 유형의 가해자 처벌에서 부각되었던 법적 쟁점들을 헌법적 관점에서 일별하기로 한다.[29]

(1) 법률적 불법과 정당화사유

동독탈출자들을 사살한 행위자들에 대한 형사판결에서 베를린지방법원의 두 재판부는 정당화사유를 규정한 동독 국경법 제27조를 서로 달리 해석하여 적용하였다. 1992년 1월 20일 제23형사합의부는 이 조항은 기본권의 핵심영역을 침해하여 '법률적 불법'으로 무효라고 판시하였다.[30] 그로부터 불과 16일 후인 1992년 2월 5일 제18형사합의부는 이 조항을 유효라고 판결하였다.[31]

연방대법원은 1992년 10월 3일 제18형사합의부의 판결에 대한 상고심 판결을 선고하였다.[32] 이 판결에서 연방대법원은 수많은 이견들을 단호히 배격하고 정당화사유는 제한되어야 한다는 입장을 밝혔다. 주된 논제에서 연방대법원은 베를린지방법원의 두 개의 논점을 결합시켰다. 이러한 연방대법원의 판결에 대하여 그 법적 근거는 물론 사실관계에 대하여도 폭넓은 비판이 제기되었다. 이러한 비판에 대하여 연방대법원은 1995년 3월 20일의 판결에서 '보충 설명'을 하였다.[33]

연방헌법재판소는 1996년 10월 24일 및 1997년 7월 21일 결정에서 위와 같은 연방대법원의 판결이 소급효금지를 고려하지 않았다는 이유로 제기된 헌법소원을 기각하여 연방대법원의 판결을 추인하였다.[34]

---

29 Friedrich-Christian Schroeder, a. a. O., S. 3019ff.

30 LG Berlin Urteil vom 20. 1. 1992, *JZ* 1992, S. 691.

31 LG Berlin Urteil vom 5. 2. 1992, *JZ* 1992, S. 492.

32 BGHSt 39, 1; *NJW* 1993, S. 141; Neue Zeitschrift für Strafrecht 1993, S. 129.

33 BGHSt 41, 101; *NJW* 1995, S. 2728; NStZ 1995, S. 401.

34 BVerfGE 95, 96, S. 131ff; *NJW* 1997, S. 929.

(2) 죄형법정주의와 불법의 연계성

죄형법정주의원칙상 요청되는 '불법의 연계성'은 주로 선거부정과 법왜곡 사건에서 문제되었다. 먼저 선거부정과 관련하여 1992년 11월 26일 연방대법원은 불법의 연계성 결여 등을 이유로 제기된 항소를 기각하였다. 정권범죄특별수사본부는 1989년 시행되었던 지방자치단체 선거의 결과를 자의적으로 조작하여 단일선거명부에 기재한 후 베를린 SED본부로 통보한 혐의로 동독 드레스덴지구 시장과 SED서기국 서기를 기소하였다. 드레스덴지구법원에서 유죄판결이 선고되었고,[35] 1994년 11월 3일 연방대법원에서 유죄판결이 확정되었다.[36] 이 판결은 연방헌법재판소에 의하여 추인되었다.[37]

다음 동독 법관들에 의한 법왜곡에 대한 연방대법원의 첫 번째 기본판결은 1993년 12월 13일 선고되었다.[38] 이 판결은 동독 법관들의 독립성이 제한받았던 사실에 대하여 자세히 언급하였으나 불법의 연계성은 인정하였다. 통일 직후 연방형법 제336조[39]의 법왜곡 문제는 사법 실무상 매우 뜨거운 논쟁의 대상이었다. 연방대법원은 동독법관에 대한 영향력을 가진 체제의 불법성을 고려하여 판결의 위법성이 너무 노골적이거나 판결이 자의적이 될 정도로 매우 심각하여 다른 사람의 인권을 훼손한 경우에만 제한적으로 처벌해야 한다는 입장을 취하였다. 이에 대하여는

35 BG Dreseden Urteil vom 7. 2. 1992-3 KLs 51 Js 530/91, *Neue Justiz*, 1992, SS. 363~365.

36 BGH Urteil vom 3. 11. 1994-StR 62/94

37 BVerfGE vom 15. 5. 1995, S. 49.

38 BGHSt 40, 30; NJW 1994, S. 529; NStZ 1994, S. 439.

39 독일형법 제336조(법왜곡): 법관 기타 공직자 또는 중재인이 법률사건을 지휘하거나 재판함에 있어 당사자 일방에게 유리하게 또는 불리하게 법률을 왜곡한 경우에는 1년 이상 5년 이하의 자유형에 처한다.

동독 법관과 검사들을 그들의 행위에 대한 비난으로부터 다치지 않게 하려는 배려가 숨어있다는 의심을 받았고, 죄형법정주의 원칙이 불안정적으로 작용했다는 비난이 제기되었다.

법왜곡으로 인한 유죄판결은 매우 드물게 선고되었고, 이에 대한 헌법소원을 연방헌법재판소는 상세한 근거를 들어서 기각하였다. 하지만 법왜곡의 성립을 매우 엄격하게 해석한 연방대법원의 판결은 국민들로부터 많은 비판을 받았다.[40] 그 결과 1998년 12월 10일 연방대법원은 반체제인사 로버트 하버만(R. Havermann)에 대한 동독법원의 가택연금 판결은 관계조문을 지나치게 확장하여 적용하였고 재판절차에 대하여도 국가공안부가 이른바 '시나리오'(*Drehbuch*)에 의하여 결정적 영향력을 행사하여 인권이 매우 중대하게 침해되었으므로 법왜곡에 해당된다고 판결하였다. 이 판결은 그 동안 법왜곡을 지극히 제한적으로만 인정하여 왔던 연방대법원의 태도에 비추어 보면 매우 이례적인 판결로 평가된다.[41]

(3) 공소시효와 소급효금지

공소시효문제는 각종 유형의 가해자처벌에서 항상 제기되었으므로 입법론적 해결을 도모하였다. 1993년 3월 23일의 제1차 공소시효법(Erstes Verjährungsgesetz)에 의하여 정치적 이유 또는 법치국가에 위반

---

40 법률무시에 대한 의사표명으로 "동독, 너의 국경은 나의 평화에 기여하지 못한다"라는 문구를 적은 조그만 널빤지를 내걸었다는 이유만으로 끔찍한 동독 감옥 중 어느 한 곳에서 복역하도록 1년 6월의 유죄판결이 선고된 것을 법왜곡이 아니라는 연방대법원 판결에 대하여 이는 놀라운 일이며, 사람들은 그 이유를 연방대법원의 과거의 판결에 대한 비판에서 찾을 수 있는지 혹은 희생자들의 특이성에서 찾을 수 있는지 의문이 아닐 수 없다는 내용의 비판에 대하여는 Friedrich-Christian Schroeder, a. a. O., S. 3021. 참조.

41 BGHSt 44, S. 275; *NJW* 1999, S. 3347; *NStZ* 1999, S. 620.

되는 이유로 처벌되지 않았던 행위들은 1949년 10월 11일부터 1990년 10월 2일까지 사이에는 시효가 정지되며, 연방공화국의 형법에 의하여 처벌할 수 있으나 기소되지 않는 행위들에 대하여도 마찬가지라는 점이 확인되었다. 그럼에도 불구하고 두 개의 사형판결 때문에 법왜곡 혐의로 유죄가 선고된 동독 판사 한스 라인바르트(H. Reinwarth)는 위 법률이 소급입법이라는 이유로 위헌성을 주장하며 헌법소원을 제기하였는데 헌법재판소는 이를 기각하였다.[42] 그 후 제2차, 제3차의 공소시효법률에 의해서 정권범죄의 공소시효는 통일조약 체결로부터 10년 후인 2000년 10월 2일까지 연장되었다.

(4) 인간의 존엄성

동독의 최고의 권력자였던 에리히 호네커(Erich Honecker)에 대한 재판에서는 인간의 존엄성과 관련하여 주목을 요하는 형사절차적으로 특이한 결정이 내려졌다. 이 재판은 1992년 말 호네커의 중병 때문에 SED 정치국의 다른 구성원과 동독 국방위원회 구성원들에 대한 재판으로부터 분리되었다. 지루한 신문절차를 거친 후에 편파성을 이유로 재판장에 대한 기피가 이루어졌다. 왜냐하면 그가 호네커에게 배심원의 한 사람을 위해서 베를린 도시계획에 대한 서명을 요청하였고 이것이 재판과정에 밝혀져 논란이 되었기 때문이었다. 호네커는 말기암으로 인하여 재판절차의 정지를 요청하였지만 베를린 지방법원에서 기각되었다.

하지만 호네커의 헌법소원에 기해서 연방헌법재판소는 1993년 1월 12일 이 기각결정을 파기하였다.[43] 그 이유는 피고인이 진행된 중병으로 인한 불확실성으로 인하여 재판절차의 종료시까지 생존할 수 없을 것

---

42 *NStZ* 1998, S. 455.

43 *NJW* 1993, S. 515; *NJW* 1993, S. 881; *JR* 1993, S. 89; *JR* 1993, S. 152; *JZ* 1993, S. 231.

이라는 사실은 인간의 존엄성[44]을 고려할 때 재판절차의 방해를 구성한다는 것이다. 베를린 지방법원은 같은 날 구속명령을 취소하고 재판절차를 중지하였다. 다음날 호네커는 칠레로 날아갔다. 독일 신문은 이러한 이유로 중단된 호네커 재판을 '촌스러운 익살극'(*Provinzposse*)과 '최후의 소극'(*Letzte Lachnummer*)이라고 표현하였다.[45] 그러나 구체적 사안에서 연방헌법재판소의 결정은 옳다는 평가가 많았다. 그 이유는 만일 어떤 재판절차에서 불확실성으로 인하여 더 이상 종국적으로 평가될 수 없는 피고인에 대한 사실관계 조사가 계속된다면 그것은 인간의 존엄성을 해치기 때문이다.

(5) 평등의 원칙과 비례성의 원칙

동독 내에서의 대서독 간첩행위는 연방헌법재판소에 의하여 제기된 헌법적 소추장애를 이유로 광범위하게 무죄가 선고되었다. 연방대법원은 바이에른주 대법원의 구속영장집행 배제신청의 기각결정에 대한 하리 쉬에트(H. Schuett)의 항고를 기각하면서, 구동독 간첩행위의 형사소추가 국제법의 일반원칙 및 기타 헌법규정에 위배되지 않는다는 입장을 취하였다.[46] 그러나 1995년 5월 15일 연방헌법재판소는 베를린주 대법원의 위헌심판제청 사건 이외에 다른 3건의 헌법소원도 병합하여 판단하면서 5 : 3의 다수결로 국가공안부의 대서독 간첩행위에 대한 형사소추가 법치국가원리에 근거하는 비례원칙에 위반된다는 취지의 결정을 내렸다.[47] 즉, 연방헌법재판소는 하리 쉬에트의 항고를 기각한

---

44 베를린주 헌법에는 인간의 존엄성에 관한 명시적 규정이 없다.

45 Der Spiegel vom 1. 2. 1993, S. 87f.

46 BGH Beschluß vom 29. 5. 1991-3 StE 4/91-3-geh. StB 11/91(Bay ObLG), *NJW* 1991, S. 2498.

47 BVerfG Beschluß vom 15. 5. 1995-2 BvL 19/91, -2 BvR 1206/ 91, -2

연방대법원의 결정과 뒤셀도르프주, 슈투트가르트주 대법원의 판결이 평등원칙과 비례원칙에 반한다고 판시하였다.

(6) 기타 국가공안부범죄

연방대법원은 국가공안부(MfS)가 백만이 넘는 개인서신에 동봉된 송금을 은밀하게 가로챈 행위를 종전 판례보다 더 엄격한 기준을 적용하여 횡령죄가 되지 않는다고 판단하였다.[48] 연방대법원은 동독 변호사들이 상당한 재산 특히 투자가치가 높은 부동산의 양도를 노리고 해외이주의 주선을 이용하였던 행위를 처벌할 수 없다고 판단하였다. 연방대법원은 RAF 테러분자의 동독 내 수용을 처벌할 수 없다고 선언하였다. 반면 신체침해적인 약물사용(*Doping*)은 뒤늦게나마 사법처리 되었다. 1998년에 처음으로 3개의 유죄판결이 선고되었고, 그 이후 75개의 절차에서 조사가 이루어졌다.[49]

3) 쟁점의 근원

체제불법에 대한 청산작업은 과거에 정당하다고 평가되었거나 정치적 이유로 처벌받지 않았던 행위를 일정한 시간이 경과한 현재의 시점에서 불법이라고 평가하고 사후적으로 처벌하는 것이므로 필연적으로 수많은 법적 난제들과 부딪칠 수밖에 없는 것이다. 위에서 일별한 바와 같이 동독 정권범죄의 사후적 형사처벌과 관련하여 학계와 사법실무에서 논의되었던 헌법적 주요쟁점은 준거법의 결정, 불법의 연계성, 정

BvR 1584/91, -2 BvR 2601/93.

48 BGHSt 40, 8 (*NJW* 1994, S. 1228; *NStZ* 1994, S. 179); BGHSt 41, 187 (*NJW* 1996, S. 402; *NStZ* 1996, S. 133).

49 동독 DTSB의 전직 의장 만프레드 에발(M. Ewald)은 2000년 7월 18일 확정적으로 1년 10월의 징역형을 선고받았다.

당화사유의 제한, 공소시효의 정지, 비례성의 원칙, 죄형법정주의 내지는 소급효금지의 문제로 요약할 수 있을 것이다.

이러한 문제들을 사법처리 진행절차에 따라 좀더 구체적으로 살펴보면 우선 동서독 법률통합으로 행위시법인 동독법상의 처벌규정과 신법인 통일독일의 처벌규정 중 어느 것을 준거법으로 결정해야 하느냐가 문제된다. 또한 죄형법정주의의 요청에 따라 양자 사이에 불법의 핵심적 영역이 일치될 것이 요구되었는바, 이것은 이른바 불법의 연계성 문제로 논의되었다. 다음 과거 실정법에 근거한 정당한 행위를 현재의 시점에서 불법한 행위였다고 평가할 수 있는 법적 근거가 문제된다.

이 문제는 특히 과거 내독경계선에서 동독탈출자들에게 가하여진 총격행위의 정당화사유를 제한할 것인지 여부와 그 이론적 근거에 대하여 논의되었다. 체제불법은 그 특성상 체제의 보호나 묵인 아래 자행되었으므로 그 체제가 존속하는 동안에는 행위자들에 대한 형사처벌은 이루어지지 않고 공소시효가 도과해버린 경우가 허다하다. 이 경우 행위자를 영원히 처벌할 수 없다는 불의한 결과를 피하고 위법한 권리상태를 극복하여 정당한 권리관계를 회복하기 위해서는 시효완성을 저지할 수 있는 이론적 근거와 방법이 필요하게 된다. 한편 이러한 모든 문제들은 궁극적으로 죄형법정주의 내지는 소급효금지의 원칙에 위반되는 것이 아니냐는 문제와 그 맥이 닿아 있다.

이러한 문제들은 결국 법률적 불법이라는 법철학적 문제, 정의와 법적 안정성의 충돌이라는 헌법적 문제에 대한 근본적 성찰을 필요로 한다. 또한 이러한 문제들을 둘러싸고 발생하는 법가치의 충돌을 조화롭게 조정하고 현명하게 해결하지 못할 경우 체제불법의 청산이 자칫 승자의 사법(*Siegerjustiz*)으로 폄훼되고 사회적 통합에도 기여하지 못하는 위험한 결과를 초래할 수 있다. 그런데 독일의 학설과 판례는 이러한 문제들에 대한 해답의 실마리를 기본법 최고의 가치인 인간의 존엄성과 자유·평등 그리고 이를 보장하기 위한 법치국가원리에서 찾았다. 따라서 동독 정권범죄자에 대한 불법청산은 독일 기본법이 최고가치로 선언한 인간존엄성과 이를 실현하기 위한 기본원리로서 법치국가원리를 그 이념과 기초로 하여 진행되었다.

독일의 공법학계에서 제기되었던 불법청산에 관한 중요한 헌법적 쟁점들은 개개의 재판과정에서 치열한 이론적 공방을 거치면서 그 해결방안을 정립해나갔다. 따라서 이하에서는 먼저 각종 유형의 정권범죄에 대한 사법처리와 관련하여 학계와 실무에서 공통적으로 제기되었던 문제점인 준거법 결정, 정당화사유 제한, 공소시효 완성 등을 중심으로 학설과 판례의 태도를 좀더 깊이 있게 살펴보기로 한다.

4. 준거법 결정

1) 서언

동독 정권범죄에서 가해자 처벌에 관한 이론과 실무에서 가장 먼저 부딪히는 문제가 준거법 결정에 관한 문제이다. 동서독은 서로 다른 이념체계 아래서 상호 독자적인 법질서를 구축했으므로 통일독일이 동독의 정권범죄에 적용할 준거법을 어느 법률로 할 것인지가 문제되었다.

서독은 1945년 분단 직후부터 '전체로서의 독일'이 존속한다는 전제에서 동서독이 각자 독일의 부분질서로서 존재하지만 그 상호관계는 외국과의 관계와는 다른 특수한 관계라는 입장을 견지했다. 따라서 전체로서 독일 안에서 상이한 내용을 갖는 동서독 법질서가 독자적으로 존재한다는 사실은 부정되지 않았으며, 오히려 양 법질서가 충돌할 경우 준거법을 결정하기 위한 이론과 판례들이 발전해 왔다. 이러한 이론과 판례의 발전은 분권국가인 독일이 프로이센을 중심으로 합병과 편입을 거듭하면서 바이마르제국으로 성장하는 과정에서 서로 다른 지역간의 형법이 충돌하는 문제를 끊임없이 해결하여 온 경험을 바탕으로 한다.

서독의 판례[50]와 지배적 학설[51]은 동서독 기본조약 체결 이전까지는 동독을 내국(內國)으로 이해하고 그 범죄행위에 대하여 '지역간 형법이론'에 따라 준거법이 결정되어야 한다는 입장을 취하였다. 이 이론은 하나의 국가 내에서 상이한 형법이 적용되는 부분지역이 존재하게 되

50 BGHSt 2, S. 308; 7, SS. 53~55.

51 Hans Welzel(1969), *Das Deutsche Strafrecht*, 11. Aufl. S. 26.; Schönke & Schröder(1991), *Strafgesetzbuch*, 24. Aufl, §3-7 Rn. 64.

어 행위지법·주거지법·재판지법이 동시에 충돌하는 경우 그 준거법을 결정하기 위한 준칙으로서 관습법 내지는 판례법으로 형성되었다.[52] 연방헌법재판소는 독일이 전체로서 존속하는 것을 중단한 적이 없었으므로 동독이 국법상의 의미에서 내국으로 취급되어야만 한다는 입장을 반복적으로 확인했다. 이러한 국법상의 이해가 원천적으로 형법의 영역에서도 지배적이었다. 따라서 서독의 형사법원은 서독형법을 동독지역에 대하여 직접 적용하기도 하였다.[53]

그러나 1972년 12월 21일 기본조약이 체결됨에 따라 동독을 내국으로 취급할 수 없게 되자 연방대법원의 판례[54]에 의해서 '기능적 내국개념'(*funktionaller Inlandsbegriff*)이 새로이 도입되었으며 학설도 이에 따랐다.[55] 기능적 내국개념이란 국법적 의미에서는 동독을 여전히 외국으로 취급하지 아니하나, 형법적 의미에서는 외국과 유사하게 취급하는 것을 의미한다. 이와 같은 기능적 내국개념에 근거하여 연방형법은 통일 이전까지 제3조와 제9조에 의하여 서독지역 내에서 실행된 범죄에 한하여 적용되었고, 다만 제5조 내지 제7조의 국제형법 적용규정에 의하여 연방형법이 적용되는 범죄와 보호주의원칙에 의해 정치적 형법이 적용되는 범죄는 동독지역에서 자행된 경우까지 그 적용범위가 확장될

52 1866년 프로이센의 슐레스비히 합병과 1938년 독일제국의 오스트리아 합병에 따른 양 지역 형법의 충돌문제를 해결하기 위한 이론이 이른바 '지역간 형법이론'이라는 형태로 발전하여 판례에 의하여 수용되면서 동서독 분단에 따른 형법의 충돌문제를 해결하기 위한 기준으로도 원용되었던 것으로 보인다(법무부, 앞의 책, 261 이하).

53 Georg Küpper & Heiner Wilms, a. a. O., S. 91.

54 BGHSt 30, 1 S. 3.; *NJW* 1981, S. 351.; *NJW* 1991, S. 929ff.

55 Karl Lackner(1991), *Strafgesetzbuch*, 19. Aufl., Vorb. §3 Rn. 4; Jürgen Baumann & Ulrich Weber(1985), *Strafrecht AT*, 9. Aufl., S. 82; Günther Jakobs(1983), *Strafrecht AT*, 2. Aufl., S. 121.

수 있었다.[56]

동서독 통일 후 불법청산 과정에서 동독의 정권범죄에 대한 사법처리를 위하여 그 전제가 되는 준거법 결정문제가 다시 제기되었다. 이러한 문제를 해결하기 위한 전제로서 동독을 내국으로 보아야 하는지 아니면 외국으로 보아야 하는지 여부가 논의되었다. 동독을 내국으로 보고 연방형법 제3조의 적용을 주장하는 내국이론(內國理論)과 동독을 외국으로 보지만 동독인은 형법상 의미의 독일인이라는 이유로 연방형법 제7조의 적용을 주장하는 외국이론(外國理論)이 주장되었다. 그러나 판례는 준거법 결정을 위한 근거를 통일조약에서 구하였다. 즉, 통일조약은 형법시행법률 제315조를 개정하여 동독 내에서의 범죄를 처리하기 위한 준거법 결정에 관한 일반규정을 두었기 때문에 동독의 내·외국성을 탈피하여 이를 근거로 판단하면 된다고 이해하였다.

이상에서 살펴본 바와 같이 서독의 학설과 판례는 어떠한 경우에도 동독 법질서의 독자성을 부정하지는 않았다. 동서독 기본조약 체결 전에는 동독을 내국으로 이해하여 동독형법을 지역형법의 하나로 수용하고 이를 직접 적용하기도 하였다. 기본조약 체결 후에도 동독형법을 내국법 또는 외국법으로 이해하는 견해가 대립하였지만 양자 모두 동독형법의 독자성을 부인하지는 않았다.

2) 법규의 불명확성

동서독 간 법률통합의 일반원칙은 통일조약 제8조와 제9조에서 규정했으며 이러한 일반원칙은 동독 불법청산과 직접 관련이 있는 형사법 분야에도 그대로 적용되었다. 통일조약에서는 연방형법이 동독지역 내에 확장 발효되고, 일부 예외를 제외하고 동독형법은 폐지된다는 점

56 Georg Küpper & Heiner Wilms, a. a. O., S. 91.

을 명시했다. 이에 따라 연방형법이 원칙적으로 동독 지역에 확장 적용되며 예외조항은 통일조약 제1부속의정서와 제2부속의정서에서 규정했다.[57]

이와 같이 통일조약에 의하여 동독형법을 대체하여 연방형법이 적용됨에 따라 행위시와 재판시 또는 형집행시에 적용법률이 달라지는 경우가 발생하게 되었다. 이러한 경우 통일조약은 형법의 일반원칙에 따라 처벌이 '가장 경한 법률 우선(*Vorrang des mildesten Gesetzes*) 원칙'을 적용하도록 규정하고 있다. 따라서 구성요건과 형량 등을 고려하여 행위시법인 동독형법이 연방형법보다 경한 경우에는 동독형법이 적용되었다. 형벌의 종류는 자유형과 벌금형으로 한정하고 연방형법상 전혀 존재하지 아니하는 형벌만이 규정된 경우에는 형벌은 면제되었다.

그러나 이러한 '가장 경한 법률 우선원칙'은 형법 시행법률 제315조[58]

---

57 제1부속의정서 제3장 C부문 제3절 제1호에 의하여 연방형법상 동성간 성교행위 처벌규정(제175조), 낙태관련 조항(제218 내지 제219조) 등을 제외한 연방형법 규정이 동독 지역에 확장 적용된다. 그 외 제2부속의정서 제3장 C부문 제1절 제1호에 의하여 동독형법상 전범 등에 대한 공소시효 배제(동독형법 제84조), 미성년자 간음(동독형법 제149조), 낙태 관련 조항(동독형법 제153조 내지 제155조) 및 법관독립침해(동독형법 제238조) 등의 규정은 잠정기간 계속 적용되며, 제2절에 의하여 환경위험의 야기(동독형법 제191조의 a)는 일정한 개정을 거쳐 계속 적용된다.

58 형법시행법률 제315조: ① 연방형법 제2조는 가입 발효 이전 독일민주공화국내에서 실행된 범죄에 적용하되, 당해 범죄가 행위시 적용되던 독일민주공화국법에 의하여 자유형, 집행유예부 유죄판결 또는 벌금형에 처해지지 아니하였을 경우 법원은 형벌을 면제한다. 자유형 이외의 보안구금 및 연방형법 제68조 제1항 소정의 행상감독은 발하지 아니한다. 가입 발효 이전의 행위로 인한 형법 제68조의 f 소정의 행상감독은 개시되지 아니한다. ② 벌금형에 관한 연방형법규정(제40조 내지 제43조)은 이후 달리 규정하지 아니하는 한 가입발효 이전 독일민주공화국 내에서 실행된 범죄에 대하여도 적용된다. ③ 잔형의 집행정지 및 집행정지의 취소에 관한 연방형법규정들은 연방

제4항에 의하여 일정한 제한을 받았다. 따라서 연방형법의 장소적·인적 적용범위에 관한 제3조 내지 제9조의 규정에 기초하여 가입발효 이전에도 연방형법이 적용되었던 범죄에 대하여는 경한 법률 여부와는 상관없이 연방형법만이 적용될 뿐이다. 이 규정은 동독 불법청산 작업과 관련하여 정치적 가해자 처벌에 연방형법을 적용하는 근거가 되었다. 따라서 간첩(연방형법 제94조) 및 인종학살(연방형법 제220조의 a) 등 일정 범죄에 대하여는 통일 이전부터 보호주의와 세계주의에 따라 행위지가 외국인 경우에도 행위지법과 상관없이 연방형법을 적용했으므로 통일 이후에도 연방형법에 의한 처벌이 가능하게 된다.

이 경우 연방형법의 적용이 가능했던 범죄의 의미와 관련해서는 해석상 다툼이 있었다. 즉, 범죄가 실행된 장소에 따라 이를 서독 내에서 실행된 범죄로 한정하는 입장과 동서독 지역 모두에서 실행된 범죄로 보는 입장도 있으나, 연방헌법재판소는 형법시행법률 제315조 제4항은 '동독지역 내에서 실행된 범죄로서 통일 이전 동서독 형법 모두에 의하여 가벌성이 인정되었던 범죄'를 대상으로 한다는 입장을 분명히 했다.[59] 이와 같이 동독의 정권범죄에 대하여 연방형법이 동독형법을 대

형법 제2조 제3항 소정의 원칙에 반하지 아니하는 한 가입발효 이전 독일민주공화국 내에서 실행된 범죄로 인하여 선고된 집행유예부 유죄판결(동독형법 제33조) 및 자유형에 관하여 적용한다. ④ 제1항 내지 제3항은 가입 발효 이전부터 이미 연방형법이 적용되었던 범죄에 대하여는 적용하지 아니한다.

59 BVerfGE vom 15. 5. 1995, SS. 46~49.: 연방헌법재판소는 대서독 간첩행위의 처벌근거가 되는 형법시행법률 제315조 제4항의 적용범위와 관련하여 동조는 통일 이전 연방형법이 적용되었던 구범죄에 관하여도 적용되며, 다만 연방형법 제2조에 의한 행위시법 원칙 및 경한 법 우선원칙에 따라 연방형법의 적용을 제한 내지 수정하도록 지시하고 있을 뿐임을 분명히 했다. 그 근거로 연방헌법재판소는 제315조 제1항 내지 제3항이 행위 당시 동독법상으로만 가벌적이었던 행위에 한정하여 적용된다고 해석할 경우 동조 제4항을

체하여 적용될 경우 그 근거와 기준이 명확히 규명되어야 할 것이나 이에 관하여 통일조약에서는 아무런 규정을 두고 있지 아니하였던 관계로 이에 관하여 아래와 같은 다양한 학설이 전개되었던 것이다.

3) 학설의 대립

동독의 정권범죄에 대하여 연방형법을 적용하는 것에 대하여 소급효금지원칙을 위반하였다는 이유로 반대하는 견해[60]가 있었다. 그러나 이러한 견해는 형법시행법률 제315조를 범죄구성요건의 법적 결과에만 한정지어 이해하는 것으로서 기본전제가 타당하지 못하여 학계와 판례에서 지지를 받지 못하였다. 대부분의 학설과 판례는 동독의 정권범죄에 대하여 연방형법을 적용하는 것에 찬성하였지만 그 근거와 관련하여서 내국이론과 외국이론이 주장되었다. 이에 반하여 연방대법원의 판례는 내·외국이론에 근거하는 대신 새로이 형법시행법률 제315조 및 연방형법 제2조에 기초하는 이론을 주장하였다. 이하에서는 각 학설의 주요내용을 간략히 살펴보기로 한다.

포함한 동조 전체는 행위 당시 연방형법에 의하여서만 가벌적이었던 범죄에 관하여는 처음부터 적용될 여지가 없게 된다는 점을 들었다.

60 동독의 정권범죄의 처리시 행위시법을 적용하여야 한다고 주장하는 견해: Horst Luther(1991), Zur Anwendung des Strafrechts nach dem Einigungvertrag, *Neue Justiz*, S. 395 참조. 그 외 통일조약에 의하여 동독형법이 잠정기간 계속 적용된다는 점에서 동서독 형법의 적용문제를 지역간 형법이론에 근거하고자 하는 견해: Hans-Heinrich Jescheck(1997), *Lehrbuch des Strafrechts AT*, 5. Aufl., S. 192 참조.

(1) 내국이론

내국이론(*Inlandstheorie*)은 통일조약에 의해서 서독이 동독의 형벌권을 포함한 일체의 법적 지위를 승계하였으므로 통일 이후 동독은 내국이 되며 따라서 동독의 범죄는 연방형법 제3조를 직접 적용할 수 있는 국내범죄에 해당된다고 보는 견해이다.[61] 이 견해에 따르면 동독이 서독에 편입됨에 따라 동독의 존속기간중 발생한 형벌청구권은 통일독일의 내적 청구권으로 전환되었으므로 동독의 정권범죄를 외국에서 행하여진 것으로 취급할 수 없다는 것이다.[62]

다만 내국이론을 적용하게 되면 동독형법이 연방형법으로 개정된 것과 같은 효과를 가져오는 것이므로 형법개정에 따른 신구법 충돌시의 준거법 결정에 적용되는 연방형법 제2조가 적용된다. 따라서 동독의 범죄에 대해서는 동조 제1항, 제2항에 따라 범행종료시 법률인 동독형법이 적용된다. 그러나 만일 판결 당시 적용되는 연방형법이 이보다 경한 경우에는 동조 제3항에 의하여 연방형법이 적용된다. 물론 가입 이전부터 연방형법이 적용되는 경우에는 형법시행법률 제315조 제4항에 의해 동독형법이 경한 법률이 된 때에도 그 적용이 배제된다.

이러한 내국이론은 연방형법 제2조와 형법시행법률 제315조 제1항의 규정을 적용한 것과 동일한 결과를 가져온다. 그러나 내국이론은 국경수비대의 탈출자 사살행위와 같이 동독이 형벌청구권을 갖지 아니하였던 경우 존재하지 아니한 청구권이 이전된다고 할 수 없으므로 형벌청구권의 이전을 전제로 하는 내국이론으로는 설명할 수 없으며, 제3국에서 자행된 동독인의 범죄를 국내범죄로 평가하는 데 난점이 있다

---

61 Peter König (1991), Zur Verfolgungsverjährung von SED Unrechtstaten, *Neue Zeitschriften für Strafrecht*, S. 570.

62 *NJW* 1991, S. 335ff.

는 비판을 받았다.[63]

(2) 외국이론

외국이론(*Auslandstheorie*)은 통일 이전과 마찬가지로 통일 이후에도 동독을 외국으로 취급하나 동독인을 연방형법 제7조의 독일인으로 이해한다.[64] 이 이론은 다만 동독인을 독일인으로 이해하는 방법에 의해서 동독주민을 본래의 독일인으로 보는 견해와 동독의 연방가입을 통하여 사후에 독일국적을 새롭게 취득한 독일인으로 취급하는 견해로 나누어진다.

① **생래적 독일인설**[65]

이 견해는 동독의 범죄에 대하여 연방형법이 적용되는 근거가 동독인이 연방형법 제7조 제1항 및 제2항 제1호의 전단에 의해 생래적으로

63 Georg Küpper & Heiner Wilms, a. a. O., S. 91.

64 연방형법 제7조는 독일인에 대한 범죄의 경우(제1항), 범죄행위 이후 독일인이 된 경우(제2항 제1호) 또는 외국인으로서 독일 내에 소재하고 있고 인도되지 아니한 경우(제2항 제2호)에는 외국에서의 범죄행위에 대하여도 연방형법이 적용될 수 있도록 하여 그 적용범위를 확장하고 있다. 동독과의 관계에서 제7조의 독일인 개념에 관하여 견해가 나뉘어 졌다. 즉, 동독인을 외국인으로 보는 입장, 일반적으로 독일인으로 보는 입장, 기능적 독일인 개념에 근거하여 동독인이 피해자가 된 경우에는 독일인이 되나 가해자인 경우에는 외국인으로 보는 입장이 있다. 연방대법원은 많은 경우에 동독인을 독일인으로 취급하여 왔으나 그 한계에 관한 일반적은 기준을 제시하지는 못하였다.

65 Justus Liebig(1991), Anwendbarkeit bundesdeutschen Straf-und Ordnungswidrigkeitenrechts auf Akttaten in der DDR, *Neue Zeitschriften für Strafrecht*, S. 372; Wolfgang Mitsch(1992), Der Geltungsbereich des StGB und DDR-Alttaten, *NJ*, S. 294.

독일인(*Deutsche*)에 해당되기 때문이다.[66] 동 조항은 국외에서의 범죄가 독일인을 대상으로 하거나 그 실행행위자가 독일인인 경우에 연방형법을 적용한다고 규정했다. 따라서 동독인이 연방가입 이전에 이미 연방형법 제7조에서 의미하는 독일인이라고 볼 수 있는 경우에만 동 조항에 의한 일반적인 가벌성이 인정될 수 있다. 그래서 이 견해는 동독국적의 보유사실이 기본법상 독일국적 인정의 근거가 된다고 판시한 연방헌법재판소의 판례[67]에 기초하여 동독인을 생래적 독일인으로 인정했던 것이다.

이와 같은 견해는 동독을 외국으로 본다는 점에서 동독을 내국으로 보고 연방형법 제7조의 적용을 배제하는 내국이론과 다르며, 동독인을 행위 당시 이미 독일인이었다는 점에서 연방가입을 통하여 새로이 독일인이 된 것으로 이해하는 독일국적 취득설과도 구분된다. 그러나 이 견해는 기본조약 체결 이후 형사사법권을 포함한 서독의 통치고권이 서독지역 내에 한정되었고, 동독인이 서독 법질서의 적용을 받지 아니하였으므로 동독인을 원칙적으로 연방형법상 의미에서의 독일인으로 보기 어렵다는 비판을 받았다.[68]

66 Georg Küpper & Heiner Wilms, a. a. O., S. 92.

67 BVerfGE 77, SS. 149~150.

68 Jörg Arnold & Martin Kühl(1992), Forum: Probleme der Strafbarkeit von Mauerschützen, *JuS*, S. 993.

② 독일국적 취득설[69]

이 견해는 동독을 통일 이후에도 외국으로 취급하지만 연방가입을 통하여 외국인이었던 동독인이 독일국적을 신규 취득하였으므로 형법상 의미의 독일인이 된 것으로 이해한다. 따라서 이 견해는 연방형법 적용의 근거를 외국에서 범죄를 실행한 자가 범죄 이후 독일인이 된 경우 연방형법을 적용한다는 취지의 연방형법 제7조 제2항 제1호 후단에 기초하고 있다. 이 견해에 따르면 통일 이전에는 연방형법 제4조 내지 제6조에 의하여 연방형법이 적용되지 아니하였던 동독인의 범죄에 대하여는 오직 동법 제7조 제2항 제1호 후단의 요건이 충족되는 경우에만 연방형법이 적용된다는 것이다.

이 견해는 동독인이 통일 이후에 비로소 형법상의 의미에서 독일인이 된다고 보는 점에서 그 이전부터 독일인이라고 이해하는 생래적 독일인설과 구분된다. 그러나 이 견해에 대해서는 개별의사 없이 통일에 의하여 독일국적을 취득하게 된 동독인들에 대하여 연방형법을 적용하는 것은 기본법 제103조 제2항의 형벌 불소급원칙에 위반되어 연방형법 제7조 제2항 제1호 후단을 적용할 수 없게 될 수도 있는데 이러한 경우에는 동독인의 범죄에 대한 처벌공백이 초래된다는 비판이 가해졌다.[70]

4) 판례 : 형법시행법률 직접적용설

연방대법원은 동독의 정권범죄 처벌시 그 준거법으로서 연방형법이 적용되는 근거를 동독의 내국성(내국이론) 또는 동독인의 독일인성(외

69 Joachim Hurschka(1992), Die Todesschüsse an der Berliner Mauer vor Gericht, *JZ*, S. 665. ; Karl Lackner(1991), *Strafgesetzbuch* 19. Aufl., §3 Rn. 76.

70 Jörg Arnold & Martin Kühl, Forum: a. a. O., S. 993.

국이론)에서 찾지 아니하고 통일조약에 의하여 개정된 형법시행법률 제315조 및 연방형법 제2조로부터 직접 도출된다고 보았다.[71] 연방헌법재판소도 1995년 5월 15일자 대서독 간첩행위 가벌성 여부에 관한 위헌결정에서 형법시행법률 제315조에 의하여 준거법이 결정된다는 점을 명백히 하여 이와 같은 태도에 동조했다.[72] 또한 연방헌법재판소는 형법시행법률 제315조를 '동독의 연방가입 이전에 동독 내에서 실행되었으나 연방가입 당시까지 판결을 선고받지 아니한 범죄를 처리하기 위한 경과규정'으로 해석했다. 즉, 형법시행법률 제315조 제1항 내지 제3항은 연방가입 후 동독 지역에 대한 시적 적용범위를 규율하고 있음에 반하여, 동조 제4항은 장소적・인적 적용범위에 관한 연방형법 제3조 이하의 규정에 근거하여 이미 연방가입 이전에도 연방형법이 적용되었던 경우 동조 제1항 내지 제3항이 적용되지 아니함을 규정한 것이라 판시했다.

유력 학설도 내국이론은 통일 이후 동독을 다시 내국으로 간주함으로써 연방형법 제3조 등을 적용하는 점에서 형법시행법률 제315조의 개정취지에 부합할 수 없고, 외국이론은 구범죄(*Alttaten*)에 연방형법을 무제한 적용하게 되어 결국 형법시행법률 제315조 제1항 내지 제3항을 무의미하게 만들 수 있다는 점에서 타당하지 못하다고 비판하여 판례에 동조하였다.[73] 그러나 또 다른 학설은 판례가 연방형법 적용근거를 내국

---

71 BGHSt 37, S. 320 ; *NJW* 1993, S. 142 ; BGH Urteil vom 26. 7. 1994-5StR 98/94(LG Berlin) ; *Juristen Zeitung*, 1995, S. 46.

72 BVerfGE vom 15. 5. 1995, SS. 46~47.

73 Herwig Roggemann(1993), *Systemunrecht und Strafrecht, -am Beispiel der Mauerschützen in der ehemaligen DDR-*, S. 44. : Roggemann 교수는 국가법상 및 형법상 일부 예외적 사례는 제외하고 통일로 인하여 더 이상 형법 제3조 이하의 국제형법적용규정이 적용될 여지가 없어졌다고 주장하였다. 따라서 당연히 형법시행법률 제315조 제1항은 구범죄에 대하여 연방형법 제2조를 적용하고, 따라서 재판시법이 행위시법보다 경한 예외적인 경우를 제외

이론도 외국이론도 따르지 아니하는 것은 동독을 동일한 시점에 내국으로도 보고 비(非) 내국으로 보게 되는 논리적 모순을 범하는 것이라고 비판하였다.[74] 이러한 비판에 대하여는 통일 이전에 동독을 내국으로 취급했던 사실 또는 외국과 유사하게 취급했던 사실이 반드시 판결의 기준이 될 필요가 없다는 재반론이 제기되었다.[75]

5) 준거법 적용의 한계

(1) 공서양속

동독 정권범죄에 관한 준거법의 결정에서도 준거법 적용의 일반적 한계로 인정되는 이른바 '공서양속의 유보이론'(*Ordre Public Vorbehalt*)이 적용될 것인지 여부가 문제되었다. 이 이론의 요지는 형법을 비롯한 모든 법적 영역에서 독일법원에 의하여 외국법을 적용함으로써 기본권의 침해에 이르게 된다면 기본권의 효과적인 보호를 위하여 외국법의 적용은 금지된다는 것이다.[76]

이와 같은 공서양속의 유보이론에 따르면 국경탈출자 총격행위에 대한 동독 국경법상의 정당화사유는 독일 기본법의 본질적인 기본원칙과 명백히 조화되지 않는 결과를 초래하므로 이를 적용할 수 없도록 제한하여야 한다는 결론에 이른다. 따라서 외국이론에 입각하여 동독형법을 외국형법으로 고려하는 경우 동독형법상 인정되는 정당화사유가 독일 기본법의 공서양속에 위반된다면 이는 적용할 수 없다는 주장이 제

하고는 행위시법을 적용하도록 규정한 것이라고 주장하였다.

74 Joachim Hurschka, a. a. O., S. 669.

75 Herwig Roggemann, a. a. O, S. 44.

76 독일 민법시행법률 제6조에는 국제사법의 문제와 관련하여 이러한 이론을 명시적으로 규정하고 있다.

기되었다.[77]

헌법재판소도 수회에 걸쳐 외국형법의 적용이 기본법의 합헌적 질서에 모순된다면 독일연방공화국에서 적용되어서는 안 되며, 이러한 규범에 기초한 형사판결은 집행되어서도 안 된다고 판시하여 이러한 견해를 취하고 있다.[78] 그러나 연방대법원과 베를린지방법원은 법적 안정성을 이유로 기본법상의 공서양속을 동독 국경법의 정당화사유 제한 여부를 심판하는 척도로서 사용하는 것을 부인한 바 있다.[79]

(2) 공공법익 보호규정

준거법 결정과 관련하여 또 다른 문제는 동독의 국가적 법익이나 사회적 법익을 침해한 범죄를 통일 이후 연방형법을 적용하여 사법처리하는 것이 과연 타당한가 하는 점이다. 국가적·사회적 법익을 보호하기 위한 구성요건의 경우 동서독 간의 서로 다른 국가질서와 국가이익을 보호 유지하는 것을 목적으로 한다는 점에서 동서독 형법상 보호법익의 핵심이 상이하거나 상반될 수 있으므로 불법의 연계성이 인정되기가 어렵다고 할 것이다. 이러한 점에서 사회주의체제의 법질서를 기초로 하여 국가적 법익과 사회적 법익 등을 규정한 동독형법을 위반하였다는 이유로 자유민주적 법치국가이념에 기초한 연방형법을 적용하는 데에는 그 한계가 인정되어야 하는 것이다.[80]

한편 사회적 법익 및 일부 국가적 법익을 침해하는 범죄에 대한 처벌범위는 연방형법이 적용되는 법적 근거에 관하여 외국이론과 내국이론 중 어느 견해에 취하는지에 따라 달라질 수 있다.[81] 외국이론에 의하면

77 Georg Küpper & Heiner Wilms, a. a. O., S. 92ff.

78 BVerfGE 11, 150, S. 161f.; *NJW* 1960, S. 1611.

79 BGH Urteil vom 3. 11. 1992.

80 법무부, 앞의 책, 307면.

국외범의 경우 연방형법상의 구성요건만이 기준이 된다. 따라서 외국의 국가적 또는 사회적 법익을 침해하는 외국에서의 범죄를 포섭할 수 없게 되어 처벌이 불가능하게 된다. 이에 반하여 내국이론은 연방이 기존 동독의 형벌청구권을 승계하였으므로 국가적 법익 또는 사회적 법익의 침해행위에 대하여도 연방형법을 적용할 수 있는 것으로 이해하였으므로 처벌이 가능하게 된다.

이러한 문제는 특히 동독의 정권범죄 중 선거부정, 법왜곡, 정치적 무고, 범인은닉, 통신비밀 침해 등에 대한 사법처리와 관련하여 주로 제기되었다. 극히 일부 범죄를 제외하고 동독의 순수한 국가적 법익만을 보호법익으로 하는 구성요건을 실현한 범죄에 대하여는 연방형법의 적용이 허용되지 않았다.[82] 그러나 사회적 법익을 침해한 범죄에 대하여는 국가적 법익과는 달리 원칙적으로 연방형법을 적용할 수 있다는 점에 대해 이론이 거의 없었다.[83] 그러한 범죄행위를 통일 후 형사소추하는 것이 비단 동독의 이익에만 부합되는 것은 아니며 일반인의 가치인식을 유지 강화하는 형법의 일반예방 기능에 의하여 궁극적으로 통일독일의 이익에도 부합될 수 있기 때문이다. 이러한 관점에서 동독형법상 선거방해(제210조), 선거부정(제211조), 법왜곡(제244조) 등에 대하여 대부분의 학설 및 판례가 연방형법의 적용을 긍정하였다.

---

81 법무부, 앞의 책, 309면 이하.

82 동독형법상 국가적 법익침해 범죄로는 반역죄·간첩죄·반국가단체 가입 및 조직·불법단체가입 등이 있으나, 이러한 범죄들은 동독정권에 의해서 오히려 엄하게 처벌을 받아왔다는 점에서 정권의 비호를 받았던 체제범죄의 범주에 속하지 않는다고 보아야 할 것이므로 검토대상에서 제외하기로 한다.

83 Klaus Weber, Die Verfolgung von Straftaten des SED-Unrechts in denneuen Länder, GA, S. 206; 연방대법원은 드레스덴 선거부정사건 상고심판결(BGH Urteil vom 26. 11. 1992-3StR 319/92)과 법왜곡에 관한 다수의 판결에서 사회적 법익 침해 범죄의 가벌성을 긍정한 바 있다.

5. 정당화사유의 제한

1) 정당화 근거법규

비법치국가에서 실정법에 근거하여 행해진 행위를 법치국가에서 사후적으로 불법이라고 평가할 수 있는 법적 근거를 탐구하는 것은 법철학적 문제와 더불어 수많은 헌법적 난제들과 마주치게 됨은 앞서 살펴본 바이다. 동독의 체제불법도 법률과 이에 기초한 명령이나 지시 등과 같은 실정법적 근거를 두고 자행되었으며 이러한 정당화사유를 무제한 인정할 경우 체제불법의 형사소추는 사실상 불가능하게 된다. 이에 반하여 정당화사유를 전면적으로 부인할 경우 소급효금지원칙에 배치되는 결과를 초래할 수도 있다.

통일독일의 불법청산 과정에서도 기본법 제103조 제2항의 형벌 불소급원칙을 준수하여야 한다는 점에 대해서는 이견이 없었다. 따라서 동독의 정권범죄를 사법처리함에 앞서 그와 같은 행위가 현재의 연방법률에 의해서뿐만 아니라 행위 당시 동독의 법률에 의해서도 가벌성이 인정되는지 여부가 검토되어야만 했다.

살인, 협박, 상해, 사기, 선거부정, 법왜곡, 약취유인 등과 같은 범죄의 경우 동서독 형법에서 모두 처벌규정을 두었으므로 이를 사법처리하는 것과 관련하여서는 별다른 의문이 제기되지 아니하였다. 그러나 국경수비대[84] 요원들의 사법처리와 관련해서는 동독 국경법이 동독

84 국경수비대는 1946년 처음에는 국경경찰(Grenzpolizei)로서 내무부 산하조직으로 창설되었다. 그러나 그 후 소속 부처가 계속 바뀌어서 국가공안부 소속으로 되었다가 다시 내무부 소속으로 바뀌었으며 1961년 다시 인민군 국경수비대 소속(Grenztruppen der NVA)으로 편입됨으로써 국방부의 지휘를 받았다. 1970년대 초에 다시 인민군에서 분리되었고 이때부터 국경수비대

탈출자에 대한 발포행위를 규정했었다는 점에서 이를 정당화사유로 원용할 수 있는지가 문제되고 이에 대하여 다양한 견해가 주장되었다. 이러한 이유로 내독 경계지역에서의 총격사건은 주로 정당화사유 인정 여부를 중심으로 논의되었다.

동독형법 제213조[85]에서는 동독 국경선을 침범한 행위를 처벌하는 규정을 두고 있다. 단순한 월경의 경우에는 2년 이하의 자유형을 규정하는 반면 일정한 가중사유에 해당하는 경우에는 1년 이상 8년 이하의 자유형에 처하도록 하였다. 한편, 국경을 탈출하려는 행위에 대하여 국경법 제27조[86]는 총기사용을 허용하였다. 이에 의하면 국경수비대

(Grenztruppen)로 불리게 되었다(*NJ* 1994. 5, S. 210).

85 동독형법 제213조(불법월경): 독일민주공화국의 국경을 불법적으로 통과하거나 독일민주공화국 내에서의 일시적 체류 및 독일민주공화국 경유에 관한 규정에 위반한 자는 2년 이하의 자유형 또는 집행유예부 유죄판결, 구류 또는 벌금형에 처한다. 독일민주공화국 시민으로서 위법하게 또는 기한 내에 독일민주공화국으로 귀환하지 아니하거나, 외국체류에 관한 국가의 결정에 위반한 자도 전항과 같다. 사안이 중한 경우에 1년 이상 8년 이하의 자유형에 처한다. 중한 사안은 특히 다음과 같다. 1. 행위가 인간의 생명 또는 건강을 위협하여 실행된 경우 2. 무기를 휴대하거나 위험한 수단 또는 방법을 사용한 경우 3. 행위가 특별히 강도 높게 실행된 경우 4. 문서의 위조(제240조), 허위등록(제242조), 문서의 남용이나 은닉을 이용한 경우 5. 타인과 공동하여 범행한 경우.

86 동독 국경법 제27조: ① 총기의 사용은 인간에 대한 가장 극단적인 무력사용 조치이다. 총기사용은 보조수단을 사용한 신체에 대한 영향력 행사 또는 보조수단을 사용하지 아니한 신체에 대한 영향력 행사가 효과가 없거나 효과를 기대할 수 없는 경우에 한하여 허용된다. 인간에 대한 총기의 사용은 사물이나 동물에 대한 총기사용을 통하여 목적을 달성할 수 없게 된 때에만 허용된다. ② 총기의 사용은 정황에 비추어 중죄에 해당되는 범죄행위의 직접적으로 임박한 실행 또는 그 계속을 저지하기 위한 경우에는 위법성이 조각된다. 또한 총기사용은 중죄의 혐의가 확실한 자의 체포를 위한 것일 때에도 위법

초병들은 정황에 비추어 중죄에 해당하는 범죄의 실행이나 그 계속을 저지하기 위하여 무기사용이 허용되었다. 이때의 중죄에 해당되는 범죄로는 인민군 비밀업무규칙 제10-4호에 의하면 초병, 단위부대, 사령부 또는 각 대대(大隊)에 대한 명백한 공격, 정지명령, 경고사격 등 다른 모든 수단을 사용하였음에도 국경침범자가 도주한 경우, 체포된 국경침범자가 구금 또는 감시인이 대동하는 사이에 도주한 경우 등을 들 수 있다.

이와 함께 국경법은 총기사용에 대한 일정한 제한조치를 규정하고 있다. 동법 제26조[87] 제2항에 의하여 탈출시도가 종료된 경우에는 총기사용을 중지하도록 하며, 제27조 제1항 및 제3항에 의하여 다른 수단이 선행되고 경고사격이 있은 이후에야 비로소 총기사용이 허용되었

성이 조각된다. ③ 총기사용은 직접적으로 임박한 위험이 조준된 총기사용에 의하지 아니하고는 저지 또는 제거될 수 없는 경우에 한하여 원칙적으로 수하 또는 경고사격을 통하여 예고되어야 한다. ④ 다음과 같은 경우는 총기를 사용하여서는 아니된다. a) 제3자의 생명 또는 건강에 위험을 초래할 수 있는 경우 b) 외관상 아동으로 보여지는 경우 c) 인접국가의 영토 내로 탄환이 발사되어질 경우와 청소년 및 여성에 대하여는 가능하면 총기를 사용하여서는 아니된다. ⑤ 총기사용시 인간의 생명은 최대한 보호되어야 한다. 부상자에 대하여는 필요한 안전조치를 고려하여 응급조치를 취하여야 한다.

87 동독 국경법 제26조: ① 신체에 대한 영향력 행사는 동독 국경수비대원이 그 권한을 수행함에 있어 저항에 직면하거나, 이 법 또는 이 법의 시행을 위하여 제정된 법률규정에 따라 국경수비대원에게 지시된 조치가 방해 받거나 그 조치의 준수가 어렵게 된 경우, 다른 수단으로는 국경지역의 안전과 질서에 대한 중대한 영향을 저지하기에 충분치 아니한 때에 허용된다. ② 보조수단의 사용은 폭력행위의 예방, 탈출기도의 저지를 위하거나 또는 신체에 대한 영향력 행사가 효과가 없는 경우에 한하여 허용된다. 보조수단은 법익침해 및 저항의 방법과 경중을 비교형량 하여 이와 비례할 수 있는 것을 사용하여야 한다. 신체에 대한 영향력 행사와 보조수단의 사용은 조치의 목적이 달성되는 한도 내에서만 허용된다.

다. 그 외 총기사용은 제3자의 생명이나 건강에 위험을 초래할 수 있는 경우, 인접국가의 영토 내로 탄환이 발사될 경우, 그 대상자가가 청소년과 여성인 경우에는 제한된다. 따라서 총기사용시 인간의 생명을 최대한 보호하도록 하는 규정에 의하여 이러한 각종 제한을 초과하는 경우에는 동독 법률에 의하여서도 위법성이 조각되지 아니하였다.

2) 학설과 판례

기본법 제103조 제2항에 의하여 동독의 체제범죄도 가벌성이 범행 이전에 법률에 규정된 경우에만 처벌될 수 있다. 이러한 가벌성에는 구성요건 이외에 위법성도 포함된다. 따라서 내독 경계지역에서의 탈출자에 대한 총격행위는 살인죄의 구성요건을 충족하지만 동독 국경법상의 정당화사유에 의하여 위법성이 조각되므로 가벌성이 없게 된다. 그런데 통일 후 국경법상의 정당화사유를 제한함으로써 위법성이 배제되었던 탈출자에 대한 총격행위를 다시 위법한 것으로 취급하는 것이 기본법상의 소급효금지원칙과 부합할 수 있느냐가 문제되었다.

이 문제는 가해자 처벌에서 제기되었던 가장 중요한 법적 쟁점 중 하나였다. 동독 국경법상 허용된 정당화사유를 인정할 것인지 여부에 대하여는 다음과 같은 다양한 견해가 주장되었다.

(1) 전면적 부인설

이 설은 동독 국경법상 허용된 정당화사유를 원칙적으로 인정하지 않는 견해이다. 이러한 견해에 따르면 국외이주의 자유라는 기본권 행사를 총기에 의하여 저지하도록 한 규범은 인간의 존엄성을 침해하는 법률적 불법에 해당된다는 것이다. 따라서 통일독일은 인간의 존엄성을 최고이념으로 하는 법치국가로서 동독의 이러한 위법성조각사유를 인정하여서는 안 된다는 것이다. 나아가 이 설은 연방형법 제7조를 적용함에 있어 외국의 위법성조각사유는 원칙적으로 고려할 필요가 없다고 하였다.[88] 그러나 이러한 견해는 동독법상 정당화사유의 적용범위를 지나치게 제한한다는 비판을 받았다.

(2) 전면적 허용설

이 설은 동독법상 존재하던 정당화사유를 전면 허용해야 한다는 견해로서 기본적으로 소급효금지원칙의 엄격한 준수를 근거로 한다. 이러한 견해는 구성요건에 해당되는 행위가 행위 당시 정당화사유에 의하여 위법성이 부인되었다면 그 행위는 사후에 정당화사유가 무효화된 경우에도 원칙적으로 처벌할 수 없다고 주장한다.[89] 그 근거는 위법성조각사유의 사후적 폐지의 효과가 소급하여 적용된다면 이는 피고인에게 불이익한 변경에 해당된다는 점과 가벌성이란 해당국가 내에 존재하였던 헌법, 법률 및 법률실무 등과 같은 실정법의 산물이므로 법치국가는 타국에서 자행되었던 불법행위에 대하여 자국의 형법을 수단으로 이를 소급하여 처벌할 수 없다는 데 있다.

소급효금지원칙의 엄격한 준수를 주장하는 입장에서는 당연히 동독법상 위법성조각사유가 제한 없이 모두 허용된다. 이러한 견해에 의하면 국경법 제27조의 범위 내에서 행한 국경수비대원의 탈출자에 대한 총격행위는 정당화될 수 있다. 그러나 이러한 견해는 동독법상 형식적인 위법성조각사유가 존재하기만 하면 연방형법에 의한 처벌이 전혀 불가능하게 된다는 비판을 받았다.

---

88 Horst Woesner(1976), Deutsch-deutsche Strafrechtskonflikte, *Zeitschrift für Rechtspolitik*, SS. 248~249.

89 Herwig Roggemann, *Systemunrecht und Strafrecht*, a. a. O., S. 69.

(3) 제한적 허용설

이 설은 동독법상의 정당화사유를 허용하되, 자연법원칙·국제규범·공서양속(*ordre public*)·동독법상에 내재하는 고유의 한계 등을 기준으로 허용범위를 제한하자는 입장이다.[90] 이 설이 독일의 지배설이었으며, 제한적 허용의 기준으로 자연법원칙을 주장하는 견해가 우세하였다. 이 견해에 의하면 동독법상 정당화사유는 일반적인 법적 확신에 따라 법률과 당국의 명령에 의해서도 침해할 수 없는 권리의 핵심영역을 침해하기 때문에 무효가 된다는 것이다. 그 밖에도 공서양속에 의하여 정당화사유가 제한되어야 한다고 보는 견해, 동독형법 제95조에서 '법률이 인권 또는 기본권을 위반한 경우 정당화가 배제된다'라고 규정했다는 점 등을 근거로 인권친화적 해석방법에 의한 제한을 지지하는 견해, 국제법 규범에 근거하여 정당화사유를 제한하고자 하는 견해 등도 제기되었다.

(4) 판례의 태도

판례는 동독 법규범상 정당화사유에 대하여 통일 이전부터 제한적 허용설의 입장을 취하였으며, 그 한계기준으로서 기본법상의 공서양속을 제시하였다. 즉, 연방헌법재판소 판결에 따라 기본법상 헌법질서에 반하는 외국의 형벌규정은 독일 내에서 적용될 수 없었다.[91] 통일

90 Horst Dreier(1997), Gustav Radbruch und Mauerschützen, *JZ*, S. 429; Jutta Limbach(1993), Strafrechtliche Verantwortlichkeit für die Ausü bung politischer Strafjutiz in der ehemaligen DDR, *Deutsche Wiedervereinigung-Die Rechtseinheit: Arbeitskreis Strafrecht Band*, S. 68; Walter Ode rsky(1992), *Die Rolle des Strafrechts bei der Bewä ltigungpolitischen Unrechts*, S. 12.

91 BVerfGE 11, S. 161; *NJW* 1960, S. 1611.

후 불법청산 과정에서 다시 제기된 동독법상 정당화사유 제한여부와 관련하여 연방대법원의 판례는 제한적 허용이라는 기본적 태도를 일관되게 유지했으나 다만 제한근거에 대해서는 각 판결마다 입장을 달리하였다.[92] 하급법원에서도 같은 취지의 판결을 하였는데 대표적 판결로는 1991년 3월 6일 베를린 대법원의 호네커에 대한 구속영장 발부결정, 1992년 1월 20일 베를린 지방법원 제23형사합의부의 국경수비대 사건에 대한 판결, 1992년 2월 5일 베를린 지방법원 제18형사합의부의 국경수비대사건에 대한 판결 등이 있다.

3) 제한의 기준

(1) 서 언

앞서 살펴본 바와 같이 독일의 판례와 다수설은 동독의 정당화사유에 대하여 제한적 허용설의 입장을 취하였다. 이러한 제한적 허용설에 따라 동독 법률상 규정되었던 정당화사유 특히 동독의 국경보호규정은 통일 후 유효한 위법성조각사유로 인정되지 아니하였다. 판례와 학설은 동독의 정당화사유에 대한 적법성의 배제기준으로는 자연법원칙 · 국제법 규범 · 기본법상 공서양속 등을 제시하였으며, 그 이외에 동독 법질서 자체에서 찾으려는 입장도 있었다. 이러한 학설과 판례는 앞서 살펴본 바와 같이 나치불법을 계기로 논의되었던 법률적 불법에 대한 심사기준과 그 맥락을 같이한다.

---

92 BGH Urteil vom 3. 11. 1992-5 StR 370/92 (LG Berlin) ; BGH Urteil vom 25. 3. 1993-5 StR 418/92. ; BGH Urteil vom 26. 7. 1994-5 StR 167/94 (*NJW*, 1994, SS. 2708~2711) ; BGH Urteil vom 7. 2. 1995-5 StR 650/94. ; BGH Urteil vom 20. 3. 1995-5 StR 378/98. ; BGH Urteil vom 20. 3. 1995-5 StR 111/94. ; BGH Beschluß vom 30. 4. 1997-5 StR 42/97.

이하에서는 정당화사유를 제한하기 위한 근거와 기준들의 구체적인 내용에 관하여 각 학설과 판례의 입장을 살펴보기로 한다.

(2) 학 설

① 자연법원칙

가. 내 용

동독 국경법상의 탈출자 사살행위의 정당화사유가 자연법 또는 초실정법에 위반되므로 무효라는 주장은 이른바 '라드브루흐 공식'에서 비롯된다. 라드브루흐는 나치법률에 의해서 자행된 불법의 청산과 관련하여 국가의 법률도 참을 수 없을 만큼 정의에 어긋나면 그 법적 구속력을 부인할 수 있다는 견해를 표명하면서 그 근거를 자연법에서 찾았다.[93] 라드브루흐는 1946년 발표한 "법률적 불법과 초실정법"이라는 짧은 논문에서 실정법이 정의에 반하여 무효가 되는 기준에 대하여 '라드브루흐 공식'을 제시하였다.[94]

이 공식의 핵심은 다음과 같이 요약된다.

> 법령과 권력에 의해서 보장된 실정법은 그 내용이 부정의하고 합목적적이지 못한 경우에도 정의에 대한 모순이 참을 수 없는 정도에 이르러 '옳지 않은 법'으로서 정의에 양보해야 할 경우가 아니라면 실정법이 우선한다.

---

93 Horst Dreier, a. a. O., S. 429; Walter Odersky, a. a. O., S. 12.

94 G. Radbruch(1946), *SJZ*, S. 131.

이 공식은 극단적인 불법을 내용으로 한 법률은 이미 법이 아니므로 법률가는 이를 판단의 척도로 삼거나 적용하여서는 안 된다는 점을 함축하고 있다. 라드브루흐는 이 경우 실정법이 무효가 됨으로써 발생하는 법의 흠결은 인권이나 국제법의 일반원칙을 원용하여 판단하여야 한다고 주장하였다.[95]

따라서 국외탈출 방지를 위한 총격행위를 허용하는 동독의 국경법 제26조와 제27조는 동독주민의 권리를 핵심부분까지 침해했다는 점에서 자연법에 반하여 무효이므로 위법성조각사유로서의 효력은 배제되어야 한다는 것이다. 1992년 1월 20일 베를린 지방법원 제23형사합의부의 국경수비대 판결도 이러한 견해에 바탕을 두었다.[96]

나. 비판

이 설에 대하여는 자연법 내지 초실정법의 개념 자체가 불명확하므로 동독의 국경법이 언제 무효화되는지가 명확하지 못하다는 의문이 제기되었다. 왜냐하면 실정법적 불법과 다소 부당한 내용을 담고 있지만 그럼에도 불구하고 유효한 법률 사이에 명확한 한계를 긋는 것은 쉽지 않기 때문이라는 것이다. 또한 라드브루흐 공식은 정의의 핵심을 평등에 두는데 동독의 국경법은 자유의 원칙과는 모순되는 것이지 평등의 원칙과는 배치되지 않는다는 점에서 라드브루흐 공식은 국경법의 무효화를 위한 근거가 되지 못한다는 것이다.

나치법률처럼 지극히 자의적인 법률은 이 공식에 의하여 무효화될

---

95 Arthur Kaufmann(1995), *Die Radbruchsche Formel vom gesetzlichen Unrecht und übergesetzlichen Recht in der Diskussion um das im Namen der DDR begangene Unrecht*, NJW, S. 81; 김선택(1995), "과거청산과 법치국가", 〈고대법학논집〉, 제31호, 127면.

96 Michael Pawlik, a. a. O., S. 478.

수 있으나, 동독의 국경법은 이와 동일하게 평가할 수 없다는 것이다. 즉, 동독 국경법 제27조와 형법 제213조는 권위적일지는 모르지만 자의적이지는 않으므로 라드브루흐의 공식에서는 무효화의 근거를 찾을 수 없다는 비판이 제기되었다.[97]

학설상 다수설은 동독국경법상의 정당화사유에 대한 불법심사의 기준으로 자연법원칙을 수용하고 있으나, 판례는 1992년 1월 20일자 베를린 지방법원 제23형사합의부 판결에서 라드브루흐 공식을 원용한 이후 그 적용을 회피하였다. 그 이유는 연방대법원은 동독의 불법내용과 나치의 불법내용이 서로 다르므로 나치범죄에 적용된 기준을 동일하게 적용할 수 없기 때문이라고 주장하였다. 그러나 기본적인 인권을 침해했다는 점에서 나치불법과 동독불법은 본질상 다르지 않으므로 SED체제의 실정법에 대해서도 자연법원칙에 배치된다는 이유로 불법이고 무효라는 주장이 가능하다고 보는 견해도 제기되었다.[98] 이러한 견해는 나치불법이나 동독불법은 모두 기본적 인권의 핵심영역을 침해하고 있다는 점에서 서로 다르지 않다는 입장이다.

② 국제법 규범

가. 내 용

동독은 1948년 12월 10일의 '세계 인권선언', 1950년 11월 4일의 '인권 및 기본적 자유권 보호를 위한 국제규약', 1966년 12월 16일의 '시민적·정치적 권리에 관한 국제규약' 등과 같은 국제조약에 가입하고 이를 비준하였다. 동독 역시 국제법상 독립된 주체로 인정되었으며 동독

97 Jörg Arnold & Martin Kühl, a. a. O., S. 993.

98 Rudolf Wassermann, a. a. O., S. 7.

이 가입한 국제조약에 대한 국내적 구속력을 헌법 등에 명시하고 있었다. 따라서 연방대법원은 이러한 인권에 관한 국제조약들을 근거로 동독법상 정당화사유의 효력을 제한할 수 있다고 판시하였다.[99]

이러한 이론은 특히 내독 경계지역에서의 총격행위가 구체적인 불법 내용 면에서 나치의 불법행위와 서로 다르다는 이유로 라드브루흐 공식이 적용할 수 없다는 비판을 반영한 것이다. 이 판례는 특히 1976년 3월 23일에 발효되었던 '시민적 · 정치적 권리에 관한 국제규약'을 정당화사유의 제한근거로 원용하였다. 이 규약은 제6조에서 생명권 · 자의적 살인으로부터의 보호권을 보장했고, 제12조에서는 이주의 자유를 규정했다. 이러한 점에 근거할 때 불법탈출을 저지하기 위하여 총격행위를 허용하는 동독 국경법 제27조는 상위규범인 국제법규에 위반되며 따라서 부분적으로 무효화된다고 보았다.

나. 비 판

그러나 이러한 이론구성에 대해서는 다음과 같은 비판이 가해졌다.

첫째, 시민적 · 정치적 권리에 관한 국제규약 제6조 및 제12조에 대하여는 비준국가들이 국가안전과 공공질서의 수호에 필요한 경우 제한을 가할 수 있다. 동독에서는 이러한 조약에서 규정하는 권리를 모두 동독 법률 내에 규정하지 않았다. 그러나 이러한 비판에 대하여는 이 규약에서 명시하는 권리는 보편적이고 기본적인 인권이므로 국내법에 실정화되지 아니한 경우에도 존중되어야 한다는 반론이 제기되었다.[100]

둘째, 동독헌법 제51조에 따르면 국제조약이 국내적 구속력을 갖기 위해서는 사전비준과 인민의회의 의결 등을 통하여 국내법으로의 전환

---

99 BGH Urteil vom 3. 11. 1993. -5 StR 370/92 (LG Berlin)

100 Rudolf Wassermann, a. a. O., S. 7.

절차를 거쳐야 한다. 그러나 시민적 · 정치적 권리에 관한 국제규약은 이러한 절차에 흠결이 있었다. 따라서 국내법화되지 못한 국제조약으로부터 국경수비대의 개별적인 가벌성의 근거를 도출할 수는 없다는 것이다.[101] 그러나 이러한 비판에 대해서는 동독의 헌법상황을 외면한 것이라는 반론이 제기되었다.[102] 이러한 비판은 동독에서는 인민의회의 결의 없이도 동독이 가입한 국제조약은 국민에 대해서 구속력이 있는 것으로 간주되었다는 현실을 간과하고 있다는 것이다. 사실 동독에서는 인권에 관한 국제조약은 인민의회에 의한 국내법적 전환이 거의 이루어지지 않았다. 인민의회 동의절차 없이도 시민적 · 정치적 권리에 관한 국제규약에 대한 비준 및 비준문서의 공탁은 규약문언에 따라 동독의 법률관보를 통하여 공포되었으며, 이 규약의 발효는 1976년 3월 1일 법률관보에 공포되었다. 연방대법원은 인민의회의 동의가 없다는 사실이 국제법적 구속을 변경시키지는 않는다고 판시하여 이러한 비판을 수용하지 않았다.[103]

셋째, '시민적 · 정치적 권리에 관한 국제규약'이 1976년 발효되기 이전에 발생한 내독 경계에서 발생한 총격사건을 처리할 때에는 이를 정당화사유의 제한근거로 원용할 수 없게 된다. 따라서 이러한 경우에는 연방대법원은 생명권(제3조)과 이주권(제13조 제2호)을 인정하는 1948년의 '세계 인권선언'을 원용하였다.[104] 그러나 세계 인권선언은 유엔총회의 순수한 결의이지 국제조약은 아니라는 재비판이 가해졌다. 이

101 Jörg Arnold & Martin Kühl, a. a. O., S. 994.

102 Wilfried Bottke(1993), Der Verfolgung von Regierungskriminalität der DDR nach der Wiedervereinigung, *Deutsche Wiedervereinigung-Die Rehtseinheit: Arbeitskreis Strafrecht Bd. II*, S. 214.

103 Michael Pawlik, a. a. O., S. 474; BGH Urteil vom 3. 11. 1992.

104 BGH Urteil vom 26. 7. 1994-5 StR 98/94(LG Berlin), *JZ*, 1995.

에 대하여 연방대법원은 총격행위가 실정적이고 비준된 국제법에 대한 위반이 되는 것이 아니라 인권선언에 내포된 자연법적 원칙을 위반한 것으로 이해하였다.

③ 인권친화적 해석

가. 내 용

동독 국경법을 법치국가적 기준과 인권친화적 방법에 의해 해석함으로써 그 유효성을 부인하는 입장이며 역시 연방대법원에 의해서 구성된 이론이다.[105] 동독 헌법 제19조는 인간의 존엄성 및 자유를 침해할 수 없는 것으로 선언했었고, 동독형법 제95조는 기본권 · 인권 · 동독의 국제법상의 의무 · 국가주권을 무시하여 행위한 자는 법률 · 명령 또는 지시를 정당화사유로 원용할 수 없도록 규정했었다. 따라서 기본권 제한 시 비교형량의 원칙을 규정한 동독헌법 제30조 제2항에 의하여 해석할 경우 '탈출자의 생명을 대가로 요구하는 탈출저지는 동독에서 유효한 비례성의 원칙에 위반되었다'고 할 수 있다는 것이다.

이러한 비례성 원칙 이외에 인권친화적 해석방법도 가능하다.[106] 동독 국경법 제27조 제2항을 인권친화적으로 해석하면 무장을 갖추지 아니하고 나아가 타인의 생명과 신체를 위태롭게 하지도 아니한 탈출자에 대한 발포행위는 결코 정당화될 수 없다는 것이다. 연방대법원은 동독이 유엔에 가입하고 인권관련 국제규약 등을 서명 · 비준하였다는 점에서 국제법상 인권보호의무가 발생함에 따라 동독의 법률이 인권을 침해하는지 여부의 해석이 가능하다고 보았다. 또한 국제규약에 대한

105 BGH Urteil vom 26. 7. 1994-5 StR 167/94(LG Berlin), *NJ*, 1995.

106 Walter Gropp(1996), Natur oder Rückwirkungsverbot?: Zur Strafbarkeit der Berlin Mauerschützen, *NJ*, S. 395.

인민의회 승인의 흠결은 동독의 국민에 대한 국제법적 의무를 발생시키지 못한다는 비난에 대해 연방대법원은 이러한 인권친화적 해석방법이 종래 동독 법률에서도 존재했던 것이었다는 점을 들어 반박하였다.

나. 비 판

그러나 인권친화적인 해석방법에 의하여 정당화사유를 제한하고자 하는 이론에 대해서도 다음과 같은 비판이 가해졌다.

첫째, 연방대법원이 주장하는 인권친화적 해석은 특히 동독 법제도 내에서 법해석과 적용의 실무관행을 고려하지 않았다. 사회주의국가인 동독에서 법률은 오로지 사회주의 발전의 요구에 기여하고 SED정권의 목표를 지향하도록 해석되고 적용되어야 하였다. 사실 동독에서 어떠한 헌법이나 법률 규정도 연방대법원에 의해서 제시된 인권친화적 방법으로 해석되지 아니하였고 동독형법 제95조는 단지 형식적으로 존재했을 뿐이다. 1989년 장벽개방의 결과로 나타난 대탈출 현상에 비춰볼 때 동독의 SED정권은 오직 폐쇄되고 감시되는 국경을 조건으로만 존속할 수 있었다. 그럼에도 불구하고 동독에서 실제 행해진 내독경계의 통제는 여하튼 기본적으로는 금지되어야 할 것이었다고 동독 실정법을 해석한다면 이는 동독체제가 그 존속을 의지하였던 법적 · 정치적 기본여건들이 위법하다고 선언하는 것과 다르지 않다.

이러한 해석방법은 정치적 기본지침에 대하여 종속적이었던 동독의 실정법에 대한 해석의 범위를 뛰어넘는 것일 수 있다는 비판이 제기되었다. 이 점은 동독이 이론이나 실무에서 궁극적으로는 정치가 법보다 우위를 차지하였던 사회주의국가였다는 점을 고려해 볼 때 더욱 명백하다는 것이다.[107]

107 Michael Pawlik, a. a. O., S. 474

둘째, 동독이 사회주의적 합법성에 근거한 전(前)법치국가였다는 점에서 과거 그 법질서 내에 존재하지 아니하였던 법치국가적 기준에 의하여 동독 법률을 해석하는 것은 부당하다. 나아가 사회주의 법률과 법적 이해를 사후에 법치국가적 관점에서 재평가하는 것은 가벌성과 형량의 예견가능성에 대한 신뢰위반을 초래한다는 점에서 기본법 제103조 제2항에서 보장되는 소급효금지원칙에 대한 위반이다.

이에 대하여 연방대법원은 동독의 실정법이 이미 60년대부터 인권친화적으로 해석되었기 때문에 국경수비대원은 국경법의 계속적용에 대한 그의 신뢰를 침해받았다고 할 수 없다는 이유로 이러한 해석방법이 기본법 제103조 제2항과 모순되지 아니한다는 주장을 고수하였다.[108] 연방대법원의 이러한 태도에 대하여는 동독에서 실정적으로 유효한 법률을 원용한 것이 아니라 자유민주적 법치국가 차원의 이념적인 법률을 원용한 것으로서 해석의 너울을 쓰고 자연법을 적용하였다는 비판이 가해졌다.[109]

④ 동독 실정법

가. 내용

동독 국경법상의 정당화사유가 동독의 실정법에 위반됨이 명백한 경우에는 그 효력이 배제된다는 이론이다. 이는 물론 동독 실정법의 정당성과 법으로서의 기속성을 인정하는 것을 전제로 한다. 이 이론에 의하면 동독 헌법상의 사회주의적 합법성(*sozialistische Gesetzlichkeit*), 법적 안정성, 인간 존엄성과 자유의 존중(제19조 제1항), 기본권 제한에서의 비례성의 원칙(제30조 제2항), 죄형법정주의(제99조) 등의 제원칙

108 BGH Urteil 20. 3. 1995, *NJW* 1995, S. 2728, S. 2732.

109 Horst Dreier, a. a. O., S. 427.

과 이로부터 도출되는 사회주의적 법치국가(*sozialistischer Rechtsstaat*) 의 요구 등이 구체적 심사기준으로 기능할 수 있다.[110] 따라서 동독의 사회주의적 헌법가치질서에 위반되거나 또는 각 법률에 내재하는 한계를 일탈하거나 그 고유한 규범적 요구를 충족하지 못하는 정당화사유는 위법성조각이라는 법적 효력을 발휘할 수 없게 된다.[111]

예를 들면 동독 국경법 제27조 제1, 3, 4항에서 정한 제한을 벗어나 총기를 사용한 경우에는 이른바 과잉행위로서 동독 실정법에 의하여 처벌될 수 있다는 것이다.[112]

물론 동독에서 과잉행위가 형사소추된 적은 단 한 차례도 없었다. 그로 인하여 다음과 같은 의문이 제기된다. 즉, 현존하는 국가형벌권을 실현하지 않고 내버려 두었던 것인가? 아니면 동독의 이와 다른 국가관행이 가벌성 자체를 부정하는 결론에 서있었던 것인가?

과잉행위의 가벌성을 동독 실정법에서 끌어낼 수 있다고 보는 견해는 전자의 입장에 서있다. 이 견해의 지지자들은 그 논거로서 다음의 두 가지를 지적한다. 첫째 동독에서 과잉행위의 외형이 갖추어지고 그에 상응하는 정당화사유들은 존재하지 않았음에도 불구하고 그러한 정당화사유들이 존재하는 것으로 사실상 받아들여진 경우라면 법치국가를 구성요소로 하는 연방독일의 형법에서는 이를 승인할 의무가 없다는 것이다. 만일 비밀리에 오직 사실적으로만 받아들여진 그런 정당화사유들을 그리고 그 행위자들 스스로도 그 당시 공개적으로 원용하려고 감히 시도조차 하지 않았던 정당화사유들을 심사하여 행위자들에게 면죄부를 주는 것이 연방독일 법원의 의무라면, 이는 죄형법정주의 원칙에 대한 요청에서 지나치게 벗어난다는 것이다.

---

110 Hans-Ludwig Schreiber, a. a. O., SS. 61～63.

111 Herwig Roggemann, *Systemunrecht und Strafrecht*, a. a. O., S. 58.

112 Michael Pawlik, a. a. O., SS. 475～477.

둘째 동독법을—예를 들면 동독 국경법 제27조를 포함하여—현시점에서 해석함에 있어서는 법치국가적으로 형성되어온 동독 시민운동의 이념 및 사회주의국가를 법적으로 올바르게 지탱하려고 애썼던 동독 법학 내의 경향 등을 고려해야 한다는 것이다. 그리하여 이 견해는 실정법과—나아가 법이론적으로 추구되는 해석과—동독의 정치적 현실과의 연관성을 고려하지 않는다. 이러한 견해는 상당수 학자들의 지지를 받았고, 1992년 2월 5일 베를린 지방법원 제18형사합의부의 국경수비대 판결도 이러한 견해에 바탕을 두었다.[113]

나. 비 판

무릇 법해석이란 그것이 관련성을 갖는 그 사회의 정치적인 기본구조를 훼손하지 않으면서 또한 어떤 경우에도 그 기본구조를 위법이라고 선언하지 않을 때에만 용인되는 것이다. 이러한 입장에서 보면 비법치국가의 특성을 지닌 동독 법질서를 기준으로 동독법상 정당화사유의 적법성 여부를 심사한다는 것이 무의미하다는 비판이 가능할 것이다. 동독 실정법에서 정당화사유의 제한근거를 구하는 견해는 법과 정치의 영역을 구분하지 않음으로써 법규범은 가졌으나 법치국가는 아니었던 한 국가로서의 동독의 정치현실을 간과한 것이라고 할 수 있다.[114]

동독을 그 자체로는 하나의 법치국가이나 유감스럽게도 빈번히 법을 왜곡하고, 저질러진 범죄행위를 기소하지 않았던 정도의 국가로 정형화하는 것은 잘못된 일이다. 왜냐하면 동독의 권력자들은 도덕적 인격체인 국가를 단지 잘못 다스렸던 것이 아니라, 사실상의 국가로부터 도덕성 자체를 박탈했던 것이다. 동독의 이러한 도덕불감증의 본질은 특정 범죄를 기소하지 않았다는 점에 있는 것이 아니라, 그보다는 훨씬

113 A. a. O., S. 475; *NJ* 1992, S. 418.

114 Michael Pawlik, a. a. O., S477.

더 좋지 않은 조치로서 마땅히 비난받아야 할 국경통제를 전혀 형벌로써 다스릴 수 없었다는 점에 있다. 그 이유는 동독이 국가로서 그의 존립을 이러한 국경통제에 기초했기 때문이었다. 다시 말하면 장벽수비 과정에서 처벌되어져야 할 불법은 '국가 내에서의 불법'이 아니라, '국가가 저지른 불법'이었다. 동독 실정법을 기준으로 삼는 견해는 이 양자의 근본적인 차이를 분간하지 못했다는 점에서 문제가 있다.[115]

⑤ 기본법상의 공서양속

가. 내 용

자국법(自國法)의 공서양속에 반하는 외국법의 적용을 금지한다는 준거법 적용의 일반원칙상 동독 국경법상의 정당화사유를 제한할 수 있다는 견해도 있다.[116] 공서양속이 동독의 법률 승인 여부의 한계가 된다는 주장은 통일 전에 이미 연방헌법재판소에 의하여 표명된 바 있다.[117] 연방헌법재판소에 의하면 연방법상의 기본원칙에 부합되지 아니한 외국법 또는 외국법상의 정당화사유는 적용될 수 없다는 것이다.

나. 비 판

이러한 헌법재판소의 입장에 대하여 베를린 지방법원[118]과 연방대법원[119]은 반대의견을 표명하였다. 그 이유는 기본법상의 공서양속을 근거로 동독법상의 정당화사유를 제한한다면 법적 안정성을 침해하는 결

---

115 A. a. O., S. 478.

116 Gerog Küpper & Heiner Wilms, a. a. O., S. 93.

117 BVerfGE 11, S. 161.

118 LG Berlin Urteil vom 5. 2. 1992-(518) 2 Js 63/90 KLs(57/91)

119 BGH Urteil vom 3. 11. 1992-5 StR 370/92(LG Berlin)

과를 가져온다는 것이다. 연방대법원은 1992년 11월 3일자 국경수비대 판결에서 연방공화국의 공서양속에 반한다는 것이 정당화사유를 제한할 만한 충분한 근거가 되지 못하며 그 결정적인 이유는 법적 안정성에 있다고 판시하였다.

그러나 법적 안정성만을 이유로 하여 공서양속에 의한 유보를 부인하는 연방대법원의 태도에 대해서는 법적 안정성만이 법규범의 적용을 위한 유일한 기준이 된다고 할 수는 없다는 반론이 제기되었다. 즉, 연방대법원은 어떠한 요건하에서 부당한 불법국가의 현행규범이 이를 제정하였던 국가의 붕괴 이후에도 여전히 법적 안정성을 이유로 하여 적용되어야만 하는지를 명확히 해명해야 한다는 것이다.[120]

(3) 판 례

① 하급심

판례는 처음에는 정당화사유의 제한기준으로 자연법원칙 또는 동독의 실정법을 원용하였으나 나중에는 국제법 규범 또는 인권친화적 해석 등으로 입장을 바꾸었다. 베를린 지방법원 제23형사합의부는 제1차 국경수비대의 총격사건 판결에서 어떤 법률이나 국가조치에 의해서도 침해되어서는 안 되는 권리의 핵심영역을 침해하는 정당화사유의 효력배제를 인정하고 그 적용제한 기준으로 자연법원칙을 들었다.[121] 곧이어 베를린 지방법원 제18형사합의부는 제2차 국경수비대 총격사건 판결에서 동독의 실정법으로부터 그 제한근거를 도출하였다.[122] 즉, 국

---

120 Heiner Wilms & Burkhard Ziemske (1994), Gesetzliche Unrecht und übergesetzliches Recht?, *Zeitschrift für Rechtspolitik*, Heft 5, S. 172.

121 LG Berlin Urteil vom 20. 1. 1992-(523) 2 Js 48/ 90 (91), *JZ* 1992, S. 691.

경수비대의 총격행위는 국경법 제27조 제1, 3, 4항이 정한 제한을 넘는 과잉행위서 처벌이 가능하다는 것이다.

② 연방대법원

그러나 이러한 자연법원칙은 연방대법원에 의하여 통일 후 동독의 정당화사유 인정의 판단기준으로서는 받아들여지지 아니하였다.[123] 이 판결은 베를린 지방법원 제18형사합의부 판결에 대한 상고심 판결이었지만 제23형사합의부 판결에서 제기되었던 논점도 함께 다루었다.[124] 이 판결에서 연방대법원은 국경수비대원의 탈출자 총격행위에 대한 위법성조각사유를 법제화한 동독 국경법 제27조가 자연법원칙 위반으로 인하여 무효가 될 정도는 아니라고 판시하였다. 즉, 내독경계에서의 생명침해가 나치의 대량학살과 동일시될 수 없으므로 종전 나치불법에 대해 인정하였던 자연법원칙에 의한 한계를 그대로 적용할 수 없다는 것이다.

따라서 연방대법원은 이러한 자연법원칙 대신 과거 동독이 가입한 바 있는 국제법규를 기준으로 하여 위법성조각사유 적용여부를 판단하였다. 즉, 연방대법원은 시민적·정치적 권리에 관한 국제규약, 세계인권선언과 같은 국제법규의 위반을 이유로 하여 동독 국경법 제27조를 위법성조각사유로 인정할 수 없다고 판시하였다. 이때 연방대법원은 이러한 국제법 규범이 비록 동독 헌법상 규정된 인민의회의 의결절차를 거치지 아니하는 등 국내법 전환절차상 흠결이 있는 경우에도 위법성조각사유의 적용여부의 판단기준으로 보는 데 아무런 방해를 받지

---

122 LG Berlin Urteil vom 5. 2. 1992, *JZ* 1992, S. 492.

123 BGH Urteil vom 3. 11. 1992; BGH Urteil vom 26. 7 1994; BGH Urteil vom 20. 3. 1995.

124 Friedrich-Christian Schroeder, a. a. O., S. 3019ff.

아니한다고 해석하였다.

③ 연방헌법재판소

이에 반하여 연방헌법재판소는 국경수비대원의 헌법소원을 기각하는 결정에서 라드브루흐 공식을 간접적인 방법으로 재적용했다. 1996년 10월 24일 결정에서 연방헌법재판소는 동독 국경법 제27조 제2항에서 유래하는 정당화사유의 무효화는 라드브루흐 공식에서 파생된다고 보았다. 연방헌법재판소는 동독의 국경관리체제를 극단적인 국가불법으로 파악함으로써 그 정당화사유가 고려될 수 없으며 이러한 극단적인 불법을 판단함에 있어 라드브루흐 공식이 결정적 기준이 될 수 있다고 판시하였다. 나아가 연방헌법재판소는 라드브루흐의 공식을 국제법적으로 보호되는 인권에 의하여 구체화하려고 하였다. 종전까지 인정되던 공서양속을 이유로 한 한계는 더 이상 동독 국경법상 정당화사유의 배제를 위한 기준으로 원용하지 아니하였다.

4) 소급효 금지위반 여부

통일 후 내독 경계지역에서 서독으로 탈출하려는 동독인들에 대한 총격행위를 허용하는 동독 국경법상의 정당화사유를 제한하려는 시도가 마주쳤던 가장 커다란 헌법적 난제는 소급효금지의 원칙이었다. 이에 대하여 독일판례는 베를린 지방법원[125]에서 연방대법원[126]까지 일관되게 내독 경계지역에서 총격행위의 처벌이 소급효금지원칙에 위반되

125 LG Berlin, Urteil vom 20. 1. 1992 (*JZ* 1992, S. 691) ; Urteil vom 5. 2. 1992 (*JZ* 1992, S. 492) ; Urteil vom 16. 9. 1993 (*NJ* 1994, S. 210).

126 BGH Urteil vom 3. 11. 1992 (*NJW* 1993, S. 141) ; BGH Urteil vom 25. 3. 1995 (*NJW* 1993, S. 1992)

지 않는다고 보았다. 연방대법원은 국경수비대 판결에서 상위규범에 위반되어 행위 당시 이미 유효성이 부정된 위법성조각사유를 사후 행위자에게 불리하게 배제하더라도 그것이 자의(*Willkür*)로 인정되지 아니하는 한 소급효금지원칙에 반하지 아니한다고 판시하였다.

위 판결에 따르면 소급효금지원칙이란 행위자들을 자의로부터 보호하는 것으로서 행위 당시 유효하였던 법이 존속될 것으로 믿었던 신뢰의 보호가 그 핵심이라 할 수 있으나 인권을 침해하는 내용의 위법성조각사유가 존속될 것이라는 신뢰는 보호할 가치가 없는 것으로서 행위 시 가능하였던 올바른 해석과 현재의 판단이 동일하다면 이는 자의에 해당되지 아니한다는 것이다. 연방헌법재판소[127]도 국경수비대원의 총격행위에 대한 정당화사유의 부정이 기본법상 소급효금지원칙에 반하여 위헌이라는 헌법소원에 대한 결정에서 이는 기본법 제103조 제2항에 위반되지 않는다고 보았다.

독일기본법상의 소급효금지원칙과의 모순을 피하면서 동독법상의 정당화사유를 제한하기 위한 방안으로 연방헌법재판소와 연방대법원 등은 전술한 바와 같이 자연법원칙, 국제법규, 인권친화적 해석 등을 불법심사의 기준으로 제시하였다.

먼저 연방헌법재판소는 서로 충돌하는 정의와 법적 안정성의 원칙을 모두 포괄적인 법치국가의 구성원리로 이해하면서 극단적인 불법의 경우에는 정의가 우선된다고 하여 총격행위를 정당화하는 동독 국경법의 무효화의 판단기준으로서 '라드브루흐 공식'을 적용하였다. 이러한 라드브루흐 공식은 자연법적 근거에서 법체계를 소급적·잠정적으로 새로이 규율하는 작용을 하므로 소급적 효력이 있다고 할 수 있으나, 그 형태는 명시적 소급효가 아닌 묵시적 소급효로 나타난다. 이 공식에 따

127 BVerfGE vom 24. 10. 1996-2 BvR 185/94, *NJW* 1997.

르면 단순히 자국을 떠나려고 한 사람에 대한 살인은 명백히 자유법치국가적 가치로 보장되는 인권의 침해에 해당되므로 자연법원칙에 반한다는 것이지만, 이러한 자연법적 기초에 의해서 정당화사유를 제거하기 위해서는 인권침해가 현실적으로 명백한지 여부와 그 명백성의 기준만으로 법적 안정성의 기능을 제거하기에 충분한지 여부가 논의되어야 할 것이다.

이러한 이유로 연방대법원은 라드브루흐 공식이 아니라 '세계인권선언', '시민적·정치적 권리에 관한 국제규약' 등을 인간의 존엄에 관한 구체적 기준으로 사용하였음은 앞서 살펴본 바이다. 그 밖에 연방대법원은 행위시 법령을 검토함에 있어 인권친화적 해석방법도 사용하였다. 이러한 방법은 실제 적용된 가벌성에 관한 법률규정이 아니라 사후에 법치국가적 이해에 따라 허용되고 적용되어야 할 규정을 기준으로 하는 것이다. 본래 소급효금지원칙은 신뢰보호를 목적으로 하는 것이나 인권침해적 해석에 의한 신뢰는 보호될 가치가 없기 때문에 이 원칙에 대한 위반이 아니라는 것이다.[128]

이런 점에서 연방대법원은 소급효금지원칙을 두 가지 형태로 이해했다. 즉, 기본법 제103조 제2항에서 정언적으로 규정된 무조건적 소급효금지원칙과 동조의 법치국가원리적 요청에서 도출된다고 보는 조건적 소급효금지원칙이 바로 그것이다.[129] 연방대법원은 후자에 의하여 행위시 유효한 법률의 존속 하에서만 행위자에게 규정하였던 신뢰가 보호되는 것으로 이해하고 인권을 침해하는 정당화사유에 대한 신뢰는 보호할 가치가 없다고 보았다.[130] 즉, 행위 당시 동독 법률을 타당하게

128 Bernhard Schlink, Rechtsstaat und revolutionäre Gerechtigkeit, *Humbolt Forum Recht*, 1996, S. 5.

129 박수희, 앞의 논문: 70면.

130 이러한 연방대법원의 입장에 대해서 두 종류의 소급효금지원칙은 완전히 서

해석하면 그 위법성과 관련하여 행위자가 가벌성이 인정되는 경우 사후의 유죄판결은 자의에 해당되지 아니한다고 보았다.

한편, 소급효금지원칙을 규정한 기본법 제103조 제2항의 형사소추상 장애요인은 헌법개정에 의하여 극복되어야 한다고 주장하는 소수설도 있었다.[131] 이 설은 동독 불법청산과 관련하여 제기되는 소급효문제를 국경수비대원의 가벌성을 인정한 판례의 묵시적인 소급효에 의존하는 대신에 헌법개정을 통하여 입법적으로 해결하고자 한다. 그 예로 소급효금지의 예외규정을 둔 '인권과 기본권 보호를 위한 유럽협약'(이하 유럽인권협약이라고 약칭) 제7조를 제시한다. 즉, 동조 제2항은 '행위시 문명국 국민에 의하여 승인된 일반적 법원칙에 의하여 처벌이 가능하였던 행위를 책임 있게 자행한 사람의 처벌은 소급효금지원칙에 의하여 배제되지 아니한다'고 규정하고 있다.[132]

이러한 견해를 취하는 입장에서는 헌법개정의 전제요건으로 사전의 충분한 논의를 거친 국민적 합의가 필요하다고 보고 자유로운 의사형성을 통해서 국경수비대원의 형사처벌의 필요성에 관한 사회적 합의를 형성하고 합법화할 수 있을 것으로 보았다.[133]

5) 평 가

동독 국경법상의 정당화사유를 제한하기 위한 이론구성은 나치체제의 법률에 대한 불법성 심사기준에 관한 법철학적 논의를 기초로 한다. 이러한 심사기준에 따른 정당화사유의 사후적인 제한은 필연적으로 법

로 다르다는 점을 부인한다는 비판이 가해지고 있다(Bernhard Schlink, a. a. O., SS. 8~9).

131 Horst Dreier, a. a. O., S. 433.

132 Schweizer Katja, a. a. O., S. 180. ; Papier & Möller, a. a. O., S. 3290.

133 Horst Dreier, a. a. O., S. 433.

치국가의 기본원리인 법적 안정성과 정의의 충돌을 야기한다. 독일의 판례는 동독 국경수비대원의 법적 안정성과 그들의 반인도적 행위에 대한 사법처리라는 정의의 요청을 조화시킬 수 있는 차원에서 다양한 이론 구성을 전개했다. 단지 서독으로 이주를 원하여 동독을 벗어나려 했다는 이유로 비무장 동독인에 대하여 총기사용이라는 극한적 조치를 허용한 동독 국경법의 불법성에 대한 심사기준으로 초기에는 나치불법에 대한 심사기준으로 활용되었던 '라르브루흐 공식'이 원용되었다. 그러나 이 공식의 핵심을 이루는 초실정법 내지 자연법원칙의 불명확성에 대한 학계의 비판에 직면하여 그 구체적 내용을 보편적으로 승인된 국제법이나 인권 등으로 보완하려는 절충적인 태도를 보였다.

한편 동독 실정법 자체에 대한 인권친화적 해석을 통하여 국경법의 불법성을 제한하려는 시도가 있었지만 동독의 정치현실을 간과했다는 호된 비판을 받았다. 과거 기본법 정신에 부합하지 못하는 외국법의 적용을 제한하는 기준으로 활용되었던 공서양속에 의한 유보는 동독 정당화사유가 되지 못한다는 판례도 나왔다. 이러한 판례변경에 대하여는 정의를 외면하고 법적 안정성에만 치우친 태도라는 비판이 있었다.

이상에서 살펴본 바와 같이 동독 국경법상의 정당화사유를 제한하기 위하여 다양한 불법심사의 기준을 원용한 연방대법원의 태도는 일관성은 없지만 정의와 법적 안정성이라는 법치국가의 포기할 수 없는 두 개의 기본가치를 조화시키면서 소급효금지원칙과 관련된 위헌시비를 피해가려는 고뇌어린 노력으로 긍정적 평가를 받아야 할 것이다.

6. 공소시효 문제

1) 문제의 제기

공소시효의 도과로 인하여 정권범죄를 처벌할 수 없게 되는 상황을 회피하기 위한 방안으로 정당화사유 제한문제와 더불어 공소시효 정지문제가 학계와 실무에서 치열한 논쟁의 대상이 되었다. 동독체제 존속기간 동안 정치적 또는 반법치국가적 이유로 인하여 형사소추되지 아니함으로써 공소시효가 완성된 정권범죄를 통일 후에 형사소추할 수 있도록 하기 위해서 동독체제가 붕괴된 시기[134]까지 해당 범죄의 공소시효가 정지된 것으로 볼 수 있는가? 나아가 이렇게 공소시효가 정지된 것으로 해석할 경우 소급효금지원칙 내지는 법치국가원리에 위반되는 것은 아닌가? 이러한 문제들은 동독체제 불법청산 과정에서 공소시효 정지와 관련된 법적 논쟁의 핵심을 이루었다.

독일의 학계와 실무에서 공소시효 정지문제는 이미 나치불법의 극복과정에서 제기되었다. 독일은 나치불법을 완전히 청산하기 위해 일정기간 공소시효를 정지하는 법률을 제정한 바가 있었다.[135] 그러나 통일

---

134 종래 어느 시기를 기준으로 하여야 하는가에 대해서 견해가 나뉘어져 있었다. 먼저 베를린 장벽이 무너진 1989년 11월 9일로 보는 견해, 1990년 10월 3일 통일발효일로 보는 견해, 민주적 선거를 통해 동독 SED 지배가 종료되었으므로 민주적 상황을 이룬 1990년 3월 18일로 보는 견해 등이 있었다. 공소시효정지법은 1990년 10월 3일까지 공소시효가 정지된다고 규정하였다.

135 나치범죄의 청산을 위하여 1965년 4월 13일 독일법원이 재판기능을 제대로 발휘하지 못하였던 1945년 8월부터 1949년 12월 31일까지 동안 법정형이 무기형인 범죄의 공소시효를 시효계산에서 배제하는 이른바 공소시효정지를 내용으로 하는 법률이 제정된 바 있다. 이것이 독일역사상 첫 공소시효

조약은 동독 정권범죄에 대하여도 종전의 나치범죄와 관련해서 발전된 공소시효정지 이론을 적용할지 여부에 대하여 별도의 규정을 두지 않았다. 다만 통일조약은 가입발효 당시까지 공소시효가 완성되지 아니한 범죄의 '시효중단'을 규정한 형법시행법률 제315조의 a를 신설하였다. 그러나 학계와 실무에서는 이 조항만으로는 동독체제불법의 청산과정에서 야기되는 공소시효 문제를 적절하게 해결할 수 없게 된다는 지적이 제기되었다. 이미 공소시효가 완성된 체제범죄의 경우 이 조항 이외에는 그 처리에 관한 명확한 규정이 존재하지 아니하였는바, 이러한 입법상 흠결은 불법청산을 추진하는 본래의 취지에 반한 것이다.

따라서 죄형법정주의 원칙에 어긋나지 않으면서 이미 완성된 공소시효의 문제를 해결할 수 있는 적절한 방안이 마련되어야 했다. 이러한 점에서 과거 나치불법의 공소시효에 관한 해결방안을 원용하여 '정치적 이유에서 소추되지 아니한 동독의 정권범죄의 공소시효'도 통일 당일까지 정지된 것으로 볼 수 있는가에 대하여 학계와 실무에서 수많은 논란이 제기되었고, 판례도 일관성이 없어 법적 혼란상태가 초래되었다. 대부분의 하급심판결[136]과 일부 학설은 공소시효정지론에 반대하는 입장이었던 반면, 연방법무부 및 연방검찰 특히 정권범죄 소추를 담당하는 '정권범죄특별수사본부'는 이러한 경우 동독 존속기간 동안 공소시효정지론을 지지하였다.

정지에 관한 법률이며 정식명칭은 '형법상 공소시효기간 산정에 관한 법률'(Gesetz über die Verrechnung strafrechtlicher Verjährungsfristen)이다. 그 후 제9차 형법개정법률을 통해서 인종학살(제220조의 a)에 대한 공소시효를 완전히 배제하고 모살의 공소시효기간을 20년에서 30년으로 연장하다가 제16차 형법개정법률에 의해서는 모살에 대해서도 공소시효적용을 배제시켰다.

136 OLG Frankfurt(*NStZ* 1991, S. 585) ; OLG Braunschweig(*NStZ* 1992, S. 183).

이에 연방의회는 1993년 동독의 정권범죄의 공소시효가 정지된 것으로 간주하는 내용의 'SED 불법행위의 공소시효 정지에 관한 법률', 즉 제1차 공소시효법[137]을 제정하는 한편 종전의 동독의 정권범죄의 공소시효 중단에 관해 규정하던 형법시행법률 제315조의 a를 개정하였다. 이러한 입법조치로 동독 정권범죄의 공소시효에 관한 논쟁은 종결되었다. 동법은 1949년 10월 11일부터 1990년 10월 2일까지 동독의 정권범죄에 대한 공소시효가 정지된 것으로 인정할 수 있는 법적 근거가 되었다.[138]

이하에서는 먼저 공소시효 중단에 관한 형법시행법률 제315조의 a에 관하여 일별하고, 다음 공소시효 정지이론에 관한 학설과 판례의 입장을 살펴보고, 끝으로 공소시효의 사후적 변경에 관한 입법이 소급효금지원칙 내지 법치국가원리에 위반되는지 여부에 대한 견해들을 검토해 보기로 한다.

2) 공소시효의 중단

통일조약에 의한 동서독 법률통합으로 가입발효일 이후 공소시효에 관해서도 서독형법 제78조 이하의 시효규정이 동독형법 제82조 내지 제84조의 시효규정을 대신하게 되었다. 다만 통일조약은 가입발효일 이전에 서독형법의 적용을 받지 아니하고 단지 동독형법만이 적용되던 동독에서 범하여진 범죄의 시효문제를 규율하기 위하여 형법시행법률

137 이 법률은 나치체제의 정권범죄를 청산하기 위하여 제정된 공소시효기간 산정에 관한 법률과 구분하기 위하여 제2차 공소시효기간 산정에 관한 법률이라고 불리기도 하였다.

138 공소시효 정지기간의 기산점은 동독 창건일인 1949년 10월 7일로 하자는 견해와 동독 최초 수상 선거일인 1949년 10월 11일로 하자는 견해가 제시되었으나 결국 후자로 결정되었다.

에 제315조의 a를 신설하였다. 이 조항은 1990년 9월 23일 통일조약에 의하여 형법시행법률에 삽입된 과도적 공소시효규정인바, 항(項)으로 구분되지 않고 모두 3문(文)으로 구성되어 있었다. 이 조항은 표제가 "동독에서 형사소추되어 판결확정된 행위에 대한 공소시효 및 형집행시효"이고, 내용은 "동독법에 의한 공소시효 및 형집행시효가 가입 발효시까지 완성되지 아니한 경우에는 그대로 유지된다. 공소시효는 가입 발효일에 중단된 것으로 본다. 형법 제78조의 c 제3항은 그대로 적용된다"이었다.

이 조항은 동독 내에서 공소시효 및 형집행시효가 통일 당일까지 완성되지 아니한 경우에 한하여 그대로 유지시키도록 하였는바, 이는 과도적 조치로써 형사소송상의 법적 안정성을 확보하여 혼란을 방지하고자 하는 데에 목적이 있었다. 이 조항에 의하면 동독형법에 따른 시효가 1990년 10월 3일까지 완성되지 아니한 경우 이는 그대로 유지된다. 따라서 동독형법에 의해서 아직 시효가 완성되지 아니한 범죄는 연방시효규정 발효에 의하더라도 아직 공소시효가 완성되었다고 할 수 없다. 이 조항은 서독형법상 공소시효기간이 통상 동독형법상 대응되는 범죄의 공소시효기간에 비하여 단기인 경우, 연방가입 이전 공소시효가 완성되지 아니하였던 동독의 범죄에 연방가입 이후 연방형법을 적용하면 이미 공소시효가 완성된 것으로 보아야 하므로 형사소추를 할 수 없게 되는 경우에 대비하기 위하여 공소시효가 동독법에 의하여 연방가입 발효일까지 완성되지 아니한 경우에는 그대로 유지된다고 규정하였던 것이다.[139]

이 조항은 1990년 10월 3일까지 아직 시효가 완성되지 않았던 범죄

139 Joachim Riedel(1992), Schießbefehl und Verjährung-Zum Problem der Strafverfolgungsverjährung bei Schußwaffengebrauch an der ehemaligen DDR-Grenze, *Deutch-Deutsche Rechtszeitschrift*, Heft 6, S. 163.

의 공소시효는 연방가입의 발효일에 시효진행을 중단시킴으로써 공소시효 완성에 의하여 향후 체제불법의 청산작업이 불가능하게 되는 것을 방지하고 있다. 이로써 연방가입 발효 당시 공소시효가 진행중인 범죄에 대해서는 법치국가적 사법(司法)이 재건될 때까지는 시효기간이 진행되지 않게 되며 새로이 경과되기 시작하게 될 시효기간은 연방형법에 의하게 된다.

또한 이 조항은 연방형법 제78조의 c 제3항이 그대로 적용된다고 규정했으므로 공소시효의 진행이 중단된 범죄는 연방가입 발효일 이후 범죄종료시로 소급 기산되는 절대적 공소시효의 상한에 의하여 제한되는 범위 내에서 연방형법 제78조 이하가 적용되도록 하여 동독 형벌청구권의 계속효를 입법기술적으로 해결하였다.

그러나 형법시행법률 제315조의 a의 적용범위와 관련하여 견해가 대립하고 있었다. 먼저 제315조의 a의 표제를 기준으로 해석함으로써 이 조항은 동독의 연방가입 이전 동독에 의하여 이미 현실적이고 구체적인 형사소추 조치가 취하여졌던 구범죄에 제한된다는 '표제기준설'과 동독 연방가입 이전의 구체적인 형사소추조치 유무와 관계없이 모든 구범죄에 대하여 적용된다고 보는 '내용기준설' 등이 있으나, 내용기준설을 지지하는 입장이 우세하였다.[140]

한편 이 조항에 의할 때에는 제1문이 동독의 연방가입 이전에 서독형법상 가벌적이었던 행위들에 관하여도 적용되는 것인지, 동독형법상 가벌적이었던 행위들에 한하여 제한적으로 적용되는 것인지 여부가 불분명하였다. 따라서 후술하는 바와 같이 제1차 공소시효법에 의하여

140 Wilfired Bottke는 공소시효를 입법적으로 중단시키기 위해서는 동독 내에서 가입발효 당시까지 구체적인 소추조치가 개시되었는지 여부가 문제되지 아니한다고 보았다: Wilfired Bottke a. a. O., S. 235; Joachim Riedel, a. a. O., S. 163.

"가입 이전 연방형법이 적용되었던 경우에도 같다"는 구절을 제1문 뒤에 삽입하여 전자의 입장을 지지하던 학계의 주장을 명문화함으로써 법적 명확성을 확보하게 되었다. 이와 같이 개정된 취지는 서독형법상 공소시효기간이 동독형법상의 그것에 비하여 장기인 경우 가입발효일 당시 단기인 동독형법상의 공소시효가 완성되었으나 서독형법상의 공소시효가 완성되지 아니한 경우 계속 형사소추할 수 있도록 하기 위한 것이었다.

나아가 이 조항은 제2차 공소시효법에 의하여 동독의 정권범죄 등 구범죄를 포함하는 통일범죄(*Vereinigungskriminalität*)[141]의 공소시효를 연장하는 제2항과 모살에 대한 공소시효를 배제하는 제3항이 추가됨으로써 모두 3개항으로 구성된 조문으로 개정되었다.[142]

141 이른바 통일범죄라 함은 보통 1990년 10월 3일 이후 편입지역에서 발생한 통일과 관련이 있는 범죄를 의미한다고 보나 어떠한 범죄들이 이에 해당되는지 여부를 판단하는 기준은 명확하지 않다. 1990년 10월 3일 전에 행하여진 정권범죄를 구범죄라고 하는 것과 구별하여 통일범죄는 신범죄라고 불리기도 한다. 통일범죄라는 표현은 '정권·통일범죄 중앙수사본부'의 기관명과 관련하여 사용되기 시작하였다: Adolf-Dietrich Jordan(1996), Die Regelung des 2. Verjährungsgesetz zur Vereinigungskriminalität, *NJ*, SS. 294~295.

142 제315조의 a: ① 독일민주공화국법에 의한 공소시효 및 집행시효가 가입 발효시까지 완성되지 아니한 경우에는 그대로 유지된다. 가입 이전 연방형법이 적용되었던 경우에도 같다. 공소시효는 가입 발효일에 중단된 것으로 본다. 형법 제78조의 c 제3항은 그대로 적용된다. ② 통일조약 제3조 소정의 지역 내에서 1992년 12월 31일 이전에 실행된 범죄로서 법정자유형의 상한이 1년 이상 5년 이하인 경우에는 1997년 12월 31일 이후, 위 지역 내에서 1990년 10월 2일 이전에 실행된 범죄로서 법정자유형의 상한이 1년 미만이거나 법정형이 벌금형인 경우에는 1995년 12월 31일 이후 비로소 각 공소시효가 완성된다. ③ 모살(Mord, 서독형법 제211조)의 구성요건을 충족하지만 독일민주공화국법상 형벌이 규정되어 있지 아니한 중죄에 대한 공소시

이러한 공소시효 중단에 관한 특별규정을 통하여 연방가입 이후 공소시효가 완성되었을 많은 사건의 공소시효가 결과적으로 연방가입 이전의 동독형법을 적용하는 경우에 비하여 현저히 연장되었다. 이러한 이유로 소급효금지원칙 위반여부가 문제될 수 있으나, 학계에서 이 조항은 1990년 10월 3일까지 형사소추될 수 있었던 사건, 즉 연방가입 발효시까지 동독형법상 공소시효가 완성되지 아니한 사건으로 그 적용범위를 명백히 제한하고 있으므로 소급효금지원칙과 관련한 헌법적 문제를 야기하지 아니한다고 보았다.[143]

3) 공소시효의 정지

공소시효 정지는 정권범죄의 공소시효가 이미 역수상으로 경과되었을 경우에 비로소 문제가 된다. 통일시까지 아직 역수상 공소시효가 남아있는 경우에는 형법시행법률 제315조의 a에 의하여 공소시효가 중단되므로 굳이 공소시효 정지이론을 원용할 필요가 없는 것이다.

공소시효 정지는 동독 불법체제의 존속기간중 정치적 또는 반법치국가적 이유로 인하여 형사소추가 되지 못함으로써 공소시효가 완성된 경우에 한하여 문제된다.[144] 즉, 형사소추가 되지 못한 이유가 동서독 형법상의 공소시효 정지요건인 '법률상 근거'에 해당되어야 하는 것이다. 이러한 두 가지 요건이 충족되었을 때 비로소 공소시효 정지이론의 적용가능성을 논의할 수 있게 된다.

한편, 동독 정권범죄의 공소시효 정지이론의 적용 여부는 동서독 형사법 중 어느 법률이 적용되는지 여부에 따라 법적 판단에 차이가 나타

효는 완성되지 아니한다.

143 Joachim Riedel, a. a. O., S. 163.

144 법무부, 앞의 책, 388면 이하.

난다.

이하에서는 서독형법만 적용되는 경우, 동독형법만 적용되는 경우, 두 형법 모두 적용되는 경우 등 3가지로 구분하여 검토해보기로 한다.

(1) 서독형법만 적용되는 경우

예컨대 타인의 공화국 탈출죄를 밀고하여 처벌받게 하였던 자는 통일 이전부터 서독형법 제241조의 a에 따라 정치적 무고를 이유로 처벌이 가능하였으나 동독형법은 이에 관한 처벌규정을 두지 아니하였다. 이와 같이 가입발효 이전에도 서독형법의 적용 대상이 되었으나 동독형법에 의해서는 구성요건이 존재하지 아니하는 범죄[145]의 공소시효가 연방가입 당시 역수상으로 이미 완성된 경우 그 시효정지를 인정함으로써 연방형법상 처벌이 가능한지 여부가 문제된다.

이에 대해서는 공소시효 정지를 부인하는 견해가 다소 우세한 것으로 판단된다. 부정설은 형법시행법률 제315조 제4항에 의하여 서독형법상의 공소시효규정이 적용되므로 서독형법에 의한 공소시효정지의 가능성만이 검토되어야 하나, 수사기관의 접근불가능성은 사실상의 장애요인일 뿐이므로 서독형법 제78조의 b 제1항 제2호 소정의 법률상 근거에 해당되지 않는다고 본다.[146]

이에 반하여 긍정설은 통상 범죄자가 동독 내에 체재했으므로 그에 대한 수사기관의 접근이 제한되고 사법적 인도가 불가능하였다는 사정에 기초하여 서독형법에 의하여서만 가벌적이었던 범죄에 대해서 그 공소시효의 정지를 인정한다.[147] 즉, 그와 같은 사정은 법률상 근거에

145 서독형법 제234조의 a 정치적 약취유인과 제241조의 a 정치적 무고, 제93조 이하의 대서독 간첩행위 등이 이에 해당된다.

146 Wilfried Bottke, S. 236; Walter Odersky(1992), a. a. O., S. 25.

147 Joachim Riedel(1992), Schießbefehl und Verjährung-Zum Problem

해당된다고 보는 것이다.

(2) 동독형법만 적용되는 경우

동독형법만이 적용되는 경우 공소시효는 통일조약에 의하여 신설된 형법시행법률 제315조의 a에서 규정하고 있다. 이 규정에 의하면 통일조약 발효 당시에 아직 동독형법에 따라 공소시효가 완성되지 아니한 범죄행위는 시효가 중단되고 시효기간이 새로이 진행된다. 따라서 통일조약 발효일인 1990년 10월 3일 당시 이미 시효가 완성된 행위에 대하여는 소추가 불가능하게 된다.

그러나 동독형법 제83조 제2호 제2문에 의하여 공소시효의 정지가 인정될 경우에는 예외로 한다.[148] 여기서 동독 내부에서도 법률상 가벌적이었으나 정치적 이유 또는 반법치국가적 이유로 형사소추되지 아니한 범죄의 경우, 그러한 동독 정권 또는 권력자의 비소추 의사나 명령을 공소시효 정지요건인 법률적 근거에 해당한다고 보아 공소시효정지를 인정할 수 있겠는가가 문제된다.

이에 대해서는 공소시효의 정지를 긍정하는 견해가 지배적이다. 긍정설은 동독 공산정권이 동 범죄를 정치적 이유로 처벌하지 아니하였다면 이는 동독형법 제83조 소정의 법률적 근거에 의하여 형사소추가 개시되지 못한 경우에 해당되며 따라서 공소시효는 정지된 것이라고 주장한다.[149]

---

der Strafverfolgungsverjährung bei Schußwaffengebrauch an der ehemaligen DDR-Grenze, *DtZ*, S. 166; Alfred Sauter(1992), Verjährung von SED-Unrecht-Überlegung zum gesetzgeberischen Handlungsbedarf, *Deutsch-Deutsche Rechtzeitschrift*, Heft 6, S. 171.

148 이 조항은 형사절차가 법률적 이유로 개시될 수 없거나 진행될 수 없는 때에는 공소시효가 정지된다고 규정하고 있다.

특정한 행위를 처벌하지 아니하고자 하는 동독 SED의 정치적 의사는 법률로 간주되어야 하고 따라서 SED 존속기간중인 1949년 10월 11일부터 1990년 10월 2일까지 공소시효가 정지된다. 이는 나치범죄와 관련하여 형사소추에 반대하는 국가지도부의 의사를 법률로 간주하여 공소시효가 정지된다고 판시하였던 종전의 연방대법원과 연방헌법재판소 판례를 원용한 이론이다. SED의 정치적 의사를 법률적 소추장애요인으로 보는 것은 동독 SED 지배하에서 당지도부의 결정이나 지시 등이 사실상 법적 기속력을 가지고 있었기 때문이다.

이러한 긍정설에 따를 경우 가입 발효시까지 동독형법만이 적용되었던 정권범죄는 SED정권 존속기간중에는 그 공소시효가 정지되고 다시 가입 발효일로부터 형법시행법률 제315조의 a에 따라 공소시효가 중단되는 것으로 해석된다.

이에 반해서 부정설은 동독 권력자의 불처벌 의지로 인한 불소추가 동독형법 제83조 소정의 법률적 근거가 될 수 없다는 이유로 동독형법상 공소시효규정이 연방가입 당시 완성된 경우에는 공소시효가 정지될 수 없다고 주장한다.[150] 부정설은 동독체제와 나치체제를 동일시할 수 없다는 점에 기초한다. 즉, 나치체제 하에서 총통의 의지는 법률과 동일한 기속력이 인정되었으므로 동독의 국가지도부의 결정 · 지시 등을 이러한 총통의 의지와 동일시할 수는 없다. 따라서 국가지도부의 결정 · 지시를 법률로 이해함으로써 이에 의한 불법행위의 불소추가 곧 법

149 Joachim Riedel, a. a. O., S. 167; Peter König (1991), Zur Verfolgungsverjährung von SED-Unrechtstaten, *NStZ*, S. 570; Papier & Möller, a. a. O., S. 3292.

150 Georg Grünwald (1992), Zur Frage des Ruhens von DDR-Straftaten, *StV*, S. 33; Georg Küpper & Heiner Wilms (1992), Die Verfolgung von Straftaten des SED-Regimes, *ZRP*, S. 96.

률적 근거에 의한 불소추에 해당한다고 보는 것이 타당하지 못하다는 것이다.

(3) 동 · 서독 형법이 모두 적용되는 경우

① 문제점

가입발효 이전에 구동서독 형법에 의하여 모두 가벌적인 범죄의 공소시효 문제는 첫째, 서독형법상 공소시효는 완성되지 아니하였지만 동독형법상 공소시효가 완성된 경우, 둘째, 동독형법상 공소시효는 완성되지 아니하고 서독형법상 공소시효가 완성된 경우, 셋째, 두 형법상 공소시효가 모두 완성된 경우로 나누어 볼 수 있다.

첫 번째 경우는 서독형법에 의하면 될 것이므로 별 문제가 발생하지 아니한다. 두 번째 경우는 동독형법상 공소시효규정에 근거하여 이미 서독형법상 시효가 완성된 범죄를 처벌할 수 있는가가 문제된다. 세 번째 서독형법 및 동독형법에 근거하여 발생한 두 개의 형벌청구권이 모두 공소시효 완성을 이유로 소멸된 경우, 동독 존속기간 동안 각 형벌청구권의 대상이었던 범죄에 대한 공소시효가 정지된 것으로 보아야 하는지 여부와 공소시효 정지를 인정할 경우 아직 소멸하지 않게 된 동독의 형벌청구권을 근거로 하여 이미 소멸된 서독의 형벌청구권이 회복될 수 있는가가 문제된다.

이상에서 볼 때 동서독 형법이 모두 적용되었던 경우 공소시효와 관련하여서 제기되는 문제는 둘째와 셋째의 경우에 공소시효 정지 가능여부와 형벌청구권 회복여부 두 가지 문제로 압축할 수 있으며, 입법적 해결 전까지 견해가 가장 첨예하게 대립된 부분이었다.

② 공소시효의 정지

가. 정지설

정지설은 정치적 이유 또는 반법치국가적 이유에 의하여 동독 정권에 의하여 형사소추되지 아니한 경우 이는 동서독 형법상 공소시효 정지요건인 '법률적 요건'에 해당된다고 본다. 그 근거로 동독 사법기관은 당과 국가기구의 명령에 전적으로 봉사함으로써 당의 지시를 실천하는 실행기구에 불과하였다는 점, 나치 폭력지배 청산을 위하여 연방대법원에 의하여 발전된 공소시효 정지이론이 동독 불법청산에도 원용될 수 있다는 점, 동독 SED 전당대회 · 국가위원회 · 국방위원회 등 당 지도부의 결정과 지시는 사실상 법적 기속력을 가지고 있었다는 점 등이 제시되었다.

정지설에 의하면 동독 정권범죄가 동독 SED 수뇌부 및 국가기관의 의지에 따라 정치적 또는 반법치국가적 동기에 기하여 형사소추되지 아니한 경우에는 동독 존속기간 동안 공소시효의 진행이 정지된 것으로 보게 되므로 통일 이후에도 형사소추가 가능하게 된다. 정지설이 독일의 지배설[151]이었으며 후술하는 공소시효법의 제정의 이론적 근거를 제공하였다.

나. 비정지설

비정지설에 의하면 동독 수뇌부의 의지에 의한 정권범죄 불소추는 양독 형법상 공소시효 정지요건인 '법률적 근거'에 해당되지 않는다.[152] 이 설은 동독체제와 나치체제를 동일시할 수 없다는 점에 기초한다. 나치

151 Klaus Beymann(1991), Zur Auslegung der Verjährungsregelung in Art. 315 a EGStGB, *NStZ*, S. 464; Joachim Riedel, a. a. O., S. 163.

152 Wilfried Bottke, a. a. O., SS. 237~238.

체제는 총통의 의지가 법적 기속력은 물론 근본적으로 범죄이념적 구조를 갖고 있었으며, 인종적 광기로 인간의 존엄성에 대한 신념을 모멸하였으므로 체제존속기간중에 공소시효는 정지되었다고 본다. 그러나 동독체제는 처음부터 반문명적으로 성립된 것은 아니고 SED 수뇌부의 지시가 나치체제의 총통의 지시처럼 법적 기속력도 갖지 못하였으므로 정권범죄의 불소추가 법률적 근거에 의한 것으로 보기 어렵다는 것이다.

비정지설은 SED 수뇌부의 지시에 대하여 명령에 의한 행위의 책임유무 판단에서는 법적 효력을 인정하지 아니하면서 공소시효의 정지여부 판단에서는 형사소추의 흠결에 대한 배후로 작용하는 법률적 근거로 해석하는 것은 모순이며 법치국가원리에 반한다고 주장한다.

③ 형벌청구권의 회복

형벌청구권의 회복문제는 서독형법에 의한 공소시효가 완성되어 형벌청구권이 이미 소멸하였지만 동독형법에 의한 공소시효가 아직 남아 있거나 정지되었다고 인정되는 경우에 발생한다. 학설상으로는 서독형법에 의하여 공소시효가 완성되었으면 더 이상 동독형법을 원용하여 처벌할 수 없다는 부정설과 서독형법상 공소시효가 만료되었더라도 동독형법에 의하여 시효가 완성되지 아니한 범죄에 대한 처벌이 가능하다는 긍정설이 대립한다.

이에 반해서 판례[153]는 이 두 가지 형벌청구권의 구별 자체를 부인함으로써 형벌청구권 경합 문제에 대한 언급을 회피하였다.

153 OLG Frankfurt(*NStZ* 1991); OLG Braunschweig(*NStZ* 1992).

가. 부정설

공소시효 완성으로 소멸된 서독의 형벌청구권이 동독의 형벌청구권에 근거하여 회복할 수 없다고 보는 견해이다. 이러한 부정설은 제시하는 논거에 따라 다시 제1설, 제2설로 세분할 수 있다. 제1설은 동서독의 형벌청구권 자체가 경합되지 아니한다는 데서 출발하는 데 반하여 제2설은 양 형벌청구권의 경합은 인정하되 소급효금지원칙과 모순된다는 점을 논거로 제시한다.

제1설은 그 논리적 기초를 형법시행법률 제315조 제4항에 두고 있다.[154] 이 규정에 의하면 가입발효 이전에 서독형법이 적용되었던 범죄에 관하여는 행위지법인 동독형법의 적용이 배제되는바, 그렇다면 동독형법에 기초한 형벌청구권은 당초부터 존재할 수 없고, 따라서 이를 기초로 하여 서독의 형벌청구권을 회복한다는 것이 논리적으로 불가능하다.

제2설은 공소시효의 완성으로 인하여 소멸된 서독형법상 형벌청구권을 아직 소멸하지 아니하거나 소멸하지 아니한 것으로 취급된 동독형법상 형벌청구권에 근거하여 회복시키는 것이 소급효금지원칙에 모순된다는 것이다.[155]

그러나 이상의 부정설은 다음과 같은 비판을 받았다.[156] 먼저 제1설에 대해서는 공소시효에 관하여는 형법시행법률 제315조의 a에서 별도로 규정하고 있으므로 동법 제315조 제4항은 실체법 차원에 한정된 것으로 보아 이를 공소시효에 관하여 적용할 수 없다는 비판이 가해졌다.

---

154 Michael Lemke & Reiner Hettinger(1992), Zur Verjährung von in der ehemaligen DDR begangenen Straftaten und Möglichkeit des Gesetzgebers, *NStZ* 1992. S. 21.

155 Michael Lemke & Reiner Hettinger, a. a. O., S. 21

156 Joachim Riedel, a. a. O.. SS. 167～168.

소급효금지원칙과 관련하여 이를 부정하는 제2설에 대하여는 다음과 같은 비판이 제기되었다. 본래의 동독 형벌청구권은 연방가입을 통하여 권리승계의 형태로 연방독일로 이전되었기 때문에 구체적 경우에는 전혀 다른 독립적인 두 개의 법적 형벌청구권의 경합이 문제될 뿐이다. 동독 자체의 형벌청구권에 의한 형사소추는 병존할 수 있었던 서독의 형벌청구권에 의한 형사소추가 가능하였는지의 여부와는 전적으로 무관하다. 또한 연방가입을 통하여 동독의 고유한 형벌청구권이 연방으로 이전되었다고 볼 수 있는바, 범행이후 동독 내에 체류함으로써 한편으로는 서독 사법기관에 의한 체포와 형사소추를 면하였고, 다른 한편으로는 동독형법에 의하여 독자적인 형벌청구권을 가지게 된 동독 사법기관에 의한 형사소추를 회피하였던 범죄자가 동독의 연방가입 이후 동독 형벌청구권이 이전됨으로 인하여 비로소 형사상 불이익을 받게 된다고 하더라도 이는 전혀 부당한 것이 아니라는 것이다.

나. 긍정설

긍정설은 동독 고유의 형벌청구권은 연방가입을 통하여 연방독일로 이전되었을 뿐 서독형법에 의하여 발생한 서독의 형벌청구권과는 독립된 법적 형벌청구권으로서 상호 경합관계에 있다.[157] 또한 1989년 전환기 이후 동독은 고유의 형벌청구권을 행사한 바 있으며, 통일조약상으로도 이를 소멸시킨 바 없으므로 이는 서독 형벌청구권의 소멸 여부와 무관하다는 것이다. 긍정설에 의할 경우 계산상 소멸된 동독 형벌청구권이 공소시효 정지제도에 의하여 회복되는 경우 이에 근거한 연방독일의 형사소추가 연방가입 이후에도 가능하게 된다.[158]

---

157 Thomas Geiger(1992), Verjährungsprobleme von in der ehemaligen DDR begangenen Straftaten, *Juristische Rundschau*, SS. 403～404; Joachim Riedel, a. a. O., SS. 167～168.

이러한 주장은 기본조약 체결 이후 서독의 형벌청구권이 발생조차 되지 않았으므로 동독의 형벌청구권과의 경합이나 이를 근거로 한 서독 형벌청구권의 회복은 논리상 불가능하다는 비판과 소급효금지원칙에 배치된다는 비판을 받고 있다.[159]

(4) 판례의 태도

판례는 공소시효정지법 제정을 계기로 태도를 변경하였다. 공소시효정지법 제정 이전의 판례는 형벌청구권의 경합을 부정하는 입장이었다. 브라운슈바이크 주(州) 대법원은 1991년 11월 22일자 판결에서 기본조약 체결 이후에는 동독 내에서 실행된 이러한 범죄에 대하여 서독의 형벌청구권 자체가 발생되지 아니하였으므로 공소시효 정지규정이 적용될 법적 기초가 상실되어 공소시효 정지제도가 적용될 여지가 없다고 판시하였다. 이 법원은 나치범죄의 경우 법률로서 평가될 지도자의 의사가 객관적으로 형사소추를 반대한다는 점에서 서독의 구형법 제69조 제1항 제1문의 법적 소추장애요소가 충족되었다는 취지로 판시한 종전의 연방대법원 판결[160]은 특히 서독이 처벌할 수 있었던 동독의 정권범죄에 대하여는 적용될 수 없다고 판시하였다.

그 근거로 나치체제와 동독 SED체제가 서로 다르다는 점을 들었다. 즉, 나치체제 동안에는 그러한 불법을 소추하려는 국가의사가 결여되어 있었으나, 이와 달리 동독의 범죄는 연방의 지역간 형법 및 후에 유

---

158 Joachim Riedel, a. a. O., S. 163; Justus Liebig (1991), Anwendbarkeitbundesdeutschen Straf-und Ordnungswidrigkeitenrechts auf Alttaten in der DDR, *Neue Zeitschriften für Strafrecht*, S. 374; Kalus Beymann (1991), Zur Auslegung der Verjährungsregelung in Art. 315a EGStGB, *Neue Zeitschriften für Strafrecht*, S. 464.

159 법무부, 앞의 책, 399면.

160 *NJW* 1963, SS. 2308～2309; BGHSt 23, SS. 137～139.

추적용된 국제형법의 적용을 받았으므로 국가의 소추의사가 있다고 보아야 했다. 이러한 사실은 특히 잘츠기터에 중앙법무기록보존소를 설립하고 동독 불법과 관련하여 여러 판결이 선고되었다는 사실에서 충분히 입증된다. 또한 이 법원은 행위자가 동독에 주소를 가지고 있어서 연방사법기관이 체포할 수 없었기 때문에 통일 이전에 행위자를 처벌할 수 없었다는 점은 사실상의 소추장애에 해당될지언정 법률상의 소추장애에는 해당되지 아니한다고 보았다.

대체로 하급심 법원은 이와 같은 결론을 유지하면서 동독 SED의 정치적 불법행위 중 서독형법이 적용되는 경우에는 공소시효가 정지될 수 없다는 입장을 취하고 있었다. 반면 동독형법이 적용되는 경우에는 나치의 정치적 불법행위에 대한 시효정지이론을 전면 적용하고자 하는 지배적 견해에 반대하지는 아니하였다.

그러나 공소시효정지법이 제정된 이후 선고된 판결들은 위 하급심판결과는 다른 경향을 보였다. 1997년 1월 16일자 예나(Jena) 주대법원의 판결은 이중적인 입장을 취했다. 즉, 동독 내에서 법치국가적 원칙을 무시하여 행하여진 범죄행위로서 당시 권력자들이 이를 방조하거나 용인하였던 경우는 공소시효정지법에 따라 동독형법 제83조 제2호의 법률적 근거에 해당되며 따라서 구범죄(*Alttaten*)의 공소시효는 정지된다고 보았다. 반면에 상대적으로 경미한 범죄로서 상당기간이 경과한 경우는 법적 안정성의 측면을 고려하여 시효가 정지되지 아니한다고 보는 것이 타당하다고 판시하면서 그 기준을 당해 범죄행위의 형벌범위에 의해서 결정하고자 하였다.[161]

이에 반해서 연방헌법재판소는 1998년 5월 12일자 헌법소원 기각결정에서 법왜곡의 공소시효에 관한 연방대법원의 견해[162]를 그대로 원

161 OLG Jena vom 16. 1. 1997-DtZ 1997, Heft 10, S. 328.

용하였다. 먼저 연방대법원은 동독의 국가 및 당지도부의 의사에 따른 정치적 이유 또는 반법치국가적 이유에 의해서 처벌받지 아니한 범죄에 대해서는 소추장애요인이 사라질 때까지 공소시효의 진행이 정지된다고 하여,[163] 1955년에서 1956년 사이에 범한 법왜곡의 공소시효가 완성되지 아니하였다고 보았다. 나아가 통일조약에 의해서 형성된 법적 상황에 따라 서독형법에 의해 가벌적인 동독 범죄의 경우에 공소시효가 완성되지 아니한 동독 형벌청구권은 서독형법상 형벌청구권이 이미 동독 가입 이전에 소멸된 경우에도 행사가능하다고 판시하였다.

또한 연방헌법재판소는 나치불법의 공소시효정지법에 관한 판결에 의해서 전개되었던 원칙에 근거하여 동독불법의 공소시효정지를 인정하였는바, 나치 폭력지배와 동독 SED정권이 유사하지 아니하다는 이의가 적용될 수 없다고 본 것이다. 이러한 이의는 나치 폭력행위의 형사소추가 법률과 동일하다고 간주되는 지도부의 의사에 의해서 방해받았으나 반면에 동독에서는 이와 유사한 것이 없었다는 점에 근거한 것이다.

그러나 연방헌법재판소는 이 두 지배체제에서 비교가능한 불법구조가 존재하였고 그에 의해서 정권범죄의 소추가 권력자의 의사에 의해서 방해받았다는 사실에서 유사하다고 보았다. 즉, 동독에서도 국가에 의해서 유발된 불법행위가 일반적으로 소추되지 않았고 사실 이를 불법으로 인정할 수 있었던 경우에도 소추되지 않았다는 것이다.[164] 다만 연방헌법재판소는 형벌권 경합문제에 대해서는 연방대법원의 견해와 달리 하나의 국가에 두 개의 형벌청구권이 존재하는 것이 개념상으로

162 BGH Urteil vom 16. 11. 1995. -5 StR 747/94, NStZ 1996.

163 BVerfGE vom 12. 5. 1998-2 BvR 61/96, *NJW* 1998, S. 2588; *NJW* 1999, S. 3292.

164 BVerfGE vom 12. 5. 1998-2 BvR 61/96, *NJW* 1998, S. 2588.

불가능하다고 보고 그 이유를 동독의 연방가입이 등급이 같은 두 개의 국가의 연합으로서 이루어지지 아니하였다는 점에서 찾았다.

4) 입법적 해결

공소시효와 관련하여 수많은 논쟁이 야기되고 법적 안정성의 측면에서도 공소시효 문제를 입법적으로 해결하여야 할 필요성이 대두되었다. 그 결과 공소시효 정지여부를 명확히 규정한 법률의 제정을 위한 입법절차가 진행되어 1993년 3월 26일 '제1차 공소시효법'이 제정되고 동년 4월 4일 발효되었다. 이 법에 의하여 제정된 '공소시효정지법'은 동독 불법정권 지배기간동안 정권범죄의 공소시효는 정지된다고 규정했다. 그리고 형법시행법률 제315조의 a를 개정하여 제1문 뒤에 '가입이전 연방형법이 적용되었던 경우에도 같다'라는 문구를 삽입함으로써 서독형법이 적용되는 범죄의 공소시효에 관한 학계의 논란을 입법적으로 해결하였다.

그 이외에 공소시효의 완성을 이유로 정권범죄의 형사소추가 불가능하게 되는 것을 피하고자 공소시효기간의 진행을 중단시키는 것을 내용으로 하는 '공소시효연장법'과 '공소시효배제법'도 제정되었다. 이하에서는 관련 법률의 구체적인 내용을 살펴보기로 한다.

(1) 제1차 공소시효법

'SED 불법행위의 공소시효 정지에 관한 법률(Gesetz über das Ruhen der Verjährung bei SED-Unrechtstaten); 제1차 공소시효법(Erstes Verjährungsgesetz)'은 1993년 3월 26일 제정된 조문형식의 법률이다. 이 법률에 따라 형법시행법률 제315조의 a 제1문과 제2문 사이에 "가입이전 연방형법이 적용되었던 경우에도 같다"라는 문구가 삽입되었다.

종전 형법시행법률 제315조의 a에 의할 때에는 제1문이 동독의 연방가입 이전에 서독형법상 가벌적이었던 행위들에 관하여도 적용되는 것인지, 동독형법상 가벌적이었던 행위들에 한하여 제한적으로 적용되는 것인지 여부가 불분명하였다. 따라서 "가입 이전 연방형법이 적용되었던 경우에도 같다"는 구절을 제1문 뒤에 삽입하여 전자의 입장을 지지하던 학계의 주장을 명문화함으로써 법적 명확성을 확보하게 되었다. 이와 같이 개정된 취지는 서독형법상 공소시효기간이 동독형법상의 그것에 비하여 장기인 경우 가입발효일 당시 단기인 동독형법상의 공소시효가 완성되었으나 서독형법상의 공소시효가 완성되지 아니한 경우 계속 형사소추할 수 있도록 하기 위한 것이다.

한편, 제1차 공소시효법에 의해 '제2차 공소시효기간 산정에 관한 법률(Zweites Gesetz zur Berechnung strafrechtlicher Verjährungsfristen)'이 같은 날에 제정되었다. 이것은 동독 SED 존속기간 동안 일정한 정권범죄에 대하여 공소시효가 정지된 것으로 간주한다는 내용의 단일조문으로 구성된 법률이다. 독일은 이미 1965년 4월 13일 나치 잔재청산을 위하여 첫 번째 공소시효 정지에 관한 법률인 '공소시효기간 산정에 관한 법률'을 제정한 적이 있었으므로[165] 이와 구분하기 위하여 '제2차 공소시효기간 산정에 관한 법률'이라고 명명한 것이다.

이 법률에 의하면 동독 불법정권 지배기간 동안 실행된 범죄로서 동독 국가나 당지도부의 명시적 또는 묵시적 의사에 따라 정치적이거나 기타 자유민주적 법치국가질서의 중요한 원칙에 부합되지 아니하는 이유로 처벌받지 아니한 경우, 그 범죄의 공소시효기간 산정에서는 1949년

---

165 이 법률의 공식명칭은 'Gesetz über die Berechnung strafrechtlicher Verjährungsfristen'이며, 법정형이 종신형인 경우 공소시효가 1945년 5월 8일부터 1949년 12월 31일까지 정지되는 것으로 간주하는 규정을 두고 있다.

10월 11일부터 1990년 10월 2일까지 사이에는 공소시효가 정지한다.[166] 이러한 의미에서 이 법률은 '공소시효정지법'이라고도 불리는데 이 법률의 공소시효 정지에 관한 규정이 소급효금지원칙 및 법치국가원리와 배치되는지 여부와 관련하여 격렬한 논쟁을 야기하였다.

(2) 제2차 공소시효법

'공소시효기간 연장에 관한 법률(Gesetz zur Verlängerung strafrechtlicher Verjährungsfristen); 제2차 공소시효법(Zweites Verjährungsges etz)'은 1993년 9월 27일 제정되어 같은 달 30일부터 발효되었다. 이 법률은 본래의 형법시행법 제315조의 a를 동조 제1항으로 하고 여기에 제2항과 제3항을 추가하였다. 추가된 제2항은 "통일조약 제3조 소정의 지역 내에서 1992년 12월 31일 이전에 실행된 범죄행위로서 법정자유형의 상한이 1년 이상 5년 이하인 경우에 1997년 12월 31일이 경과함으로써, 위 지역 내에서 1990년 10월 2일 이전에 자행된 범죄행위로서 법정자유형의 상한이 1년 이하이거나 법정형이 벌금형인 경우에는 1995년 12월 31일이 경과함으로써 공소시효가 완성된다"라고 규정했다. 이 법률 제2항은 그 적용 대상을 동독 SED 불법에 의해서 실현된 범죄 및 기타 가입 이전에 행하여진 범죄로 제한되지 아니하고 1990년 10월 3일부터 1992년 12월 31일까지 편입지역 내에서 자행된 이른바 통일범죄(*Vereinigungskriminalität*)도 포함한다.

한편, 추가된 제3항은 "모살(Mord; 연방형법 제211조)의 구성요건을 충족하지만 동독형법에 의하면 형벌이 규정되지 아니한 중죄(*Verbrechen*)에 대한 공소시효는 완성되지 아니한다"라고 규정하고 있다. 모살과 같은 중죄에 대하여는 가입 전 동독지역에서 발생한 경우라도 공소시효를

166 Papier & Möller, a.a.O., S. 3292.

배제한 것이다. 물론 추가된 제2항과 제3항은 위 법률의 발효일인 1993년 9월 30일 이전에 이미 공소시효가 완성된 범죄에 대해서는 적용되지 아니한다.

위 법률 제2항은 1990년과 1992년 사이에 신설 연방주에서는 법치국가적 사법기관의 개편작업이 추진되었는바, 이러한 인적・조직적 재구성이 신속히 이루어지지 못함에 따라 형사소추가 지연되고 이에 따라 공소시효가 완성되어 그 처벌이 불가능하게 되는 것을 방지하고자 일정기간 공소시효를 연장하고 있다. 한편 이 법률 제3항은 모살과 같은 반인도적 범죄에 대하여는 아예 공소시효를 배제하고 있다. 이러한 의미에서 제2항은 '공소시효연장법', 제3항은 '공소시효배제법'이라고 부를 수 있겠다.

(3) 제3차 공소시효법

공소시효기간은 그 후 제3차 공소시효법에 의하여 다시 연장되었다. 즉, 1997년 12월 22일 '공소시효기간의 재연장 및 사법부담경감법 개정을 위한 법률(Gesetz zur Weiteren Verlängerung strafrechtlicher Verjährungsfristen und zur Änderung des Gesetz zur Entlastung der Rechtspflege); 제3차 공소시효법(Drittes Verjährungsgesetz)'에 의하여 동독 정권범죄에 대한 공소시효가 2000년 10월 2일까지로 다시 연장되었다.[167]

167 Jahresbericht der Bundesregierung zum Stand der Deutschen Einheit, 1998, S. 5.

5) 공소시효의 사후적 변경과 합헌성

(1) 공소시효정지법

이미 언급한 바와 같이 동독 정권범죄의 처벌과 관련하여 시효정지 문제의 혼란을 피하고 법적 통일을 기하기 위한 목적으로 '공소시효정지법'이 제정되었다. 이 법률에 의하면 동독의 지배기간 동안 실행된 범죄로서 국가나 SED지도부의 명시적 또는 묵시적 의사에 따라 정치적이거나 기타 자유민주적 법치국가질서의 중요한 원칙에 부합되지 아니하는 이유로 처벌받지 아니한 경우, 그 범죄의 공소시효기간 산정에서는 1949년 10월 11일부터 1990년 10월 2일까지 사이에는 공소시효가 정지한다. 공소시효정지법이 제정된 이후 공소시효에 관한 논의는 이 법률이 죄형법정주의와 법치국가원리에 위배되는지 여부에 집중되었다.

먼저 죄형법정주의와 관련하여 그 부분원칙의 하나인 형벌불소급의 원칙에 저촉되는지 여부가 문제되었다.[168] 형벌불소급의 원칙은 사후적 범죄구성, 즉 사후적 형벌강화를 금지하는 것을 의미한다. 죄형법정주의의 일부로서 형벌불소급의 원칙은 범죄의 성립과 이에 결부된 처벌의 범위에 관한 실체법적 가벌성(*Strafbarkeit*)에만 미친다. 이에 따라서 수사·소추·재판에 관련된 절차법적 조건인 소추가능성(*Verfolgbarkeit*)에는 미치지 못한다.[169] 따라서 공소시효를 사후적으로 변경하는 입법이 죄형법정주의의 일부를 이루는 형벌불소급의 원칙에 위배되는지 여부

---

168 형법학에서는 죄형법정주의 원칙으로부터 성문형법주의(*lex scripta*), 명확성 원칙(*lex certa*), 유추금지(*lex stricta*), 법률의 사전성(*lex praevia*)이라는 4가지 부분원칙을 도출하는바, 형벌불소급의 원칙은 법률의 사전성 원칙에 해당한다(잘리거 저, 윤재왕 역, 앞의 책, 57면).

169 이재상(1986), 《형법총론》, 박영사, 19~20면.

는 공소시효제도의 본질에 달린 문제이다.

공소시효가 행위의 가벌성과는 관련이 없는 소송법상의 소추조건으로만 파악하는 소송법설에 의하면 공소시효의 사후적 변경은 형벌 불소급원칙의 적용범위에서 배제된다. 그러나 공소시효를 시간의 경과에 따라 형벌권을 소멸시키는 제도로 이해하는 실체법설에 입각하여 보면 공소시효의 소급효는 형벌 불소급원칙의 적용범위에 포함된다고 봄이 상당하다.[170] 독일에서는 나치범죄 청산과정을 거치면서 소송법설이 학설과 판례상 통설적 지위를 차지하게 되었다.[171]

한편 법치국가원리와 관련해서는 신뢰보호와 법적 안정성이 문제되었다. 공소시효를 사후적으로 변경하는 소급입법은 그 내용에 따라 진정소급입법과 부진정소급입법으로 구분된다. 진정소급입법이라 함은 이미 공소시효가 완성된 행위에 대한 공소시효를 사후적으로 되살리는 내용의 입법이고, 부진정소급입법이라 함은 아직 공소시효가 완성되지 않았지만 이를 사후적으로 연장시키는 내용의 입법을 의미한다고 할 것이다. 그런데 이와 같이 공소시효를 사후적으로 변경하는 입법은 필연적으로 신뢰보호나 법적 안정성을 침해하고, 궁극적으로 이를 구성원리로 하는 법치국가원리를 침해하는 결과를 가져온다. 그러나 법치국가는 다른 공익적 요청을 충족시키기 위해서 이러한 신뢰보호나 법적 안정성을 후퇴시키고 입법자에게 재량적 형성의 자유를 보장해야 할 경우도 있다. 따라서 소급입법의 합헌성은 신뢰보호와 공익상의 필요를 비교형량하여 판단되어야 할 것이다.[172]

독일의 학계와 실무에서 진정소급입법은 신뢰보호에, 부진정소급입

---

170 김선택(1995), "과거청산과 법치국가", 〈고대법학논집〉, 제31호, 115면 이하.

171 Johanes Wessels (1993), *Strafrecht AT*, 23. Aufl, S. 9.

172 계희열, 《헌법학(상)》, 346면 이하.

법은 공익상의 필요성에 우선적 가치를 두고 평가하는 경향을 보여왔다. 연방헌법재판소는 소급효의 종류를 진정소급효와 부진정소급효로 구분하여 전자는 법치국가원리, 즉 법적 안정성과 신뢰보호의 관점에서 원칙적으로 허용되지 아니하는 반면 후자는 원칙적으로 허용된다는 입장을 피력해 왔다.[173] 즉, 이미 종결되어 과거에 속하는 사실상태에 대하여 변경을 가하는 진정소급입법은 허용되지 않으며, 아직 종결되지 아니한 사실관계나 법률관계에 대하여 장래에 향하여 영향을 주는 부진정소급입법은 허용될 수 있다고 보았던 것이다. 물론 부진정소급입법의 경우에도 이를 필요로 하는 공익상의 사유가 존재하여야 함은 당연하다고 할 것이다.

이러한 관점에서 공소시효 정지규정을 포함한 '공소시효정지법'이 법치국가의 관점에서 허용될 수 있는 소급입법에 해당되는지 여부가 문제되었다. 나아가 소급입법에 해당된다고 하더라도 그 합헌성 검증을 위해서는 이미 공소시효가 완성된 행위에 대하여 사후적으로 시효의 정지를 규정한 진정소급입법인지 아니면 아직 공소시효가 완성되지 아니하여 진행중인 공소시효를 연장하는 효과만을 가진 부진정소급입법에 해당되는지 여부도 검토되어야만 하였다.

이하에서는 이러한 공소시효에 관한 일반적 이해를 토대로 공소시효정지법의 합헌성 여부에 대한 독일의 학설과 판례를 차례로 살펴보면 다음과 같다.

① 위헌설

위헌설은 공소시효정지법이 형벌청구권의 소멸로 무의미하여진 법적 상황을 다시 회복시킨다는 점에서 이 법의 발효일인 1993년 4월 4일

173 BVerfGE 63, SS. 343~353; BVerfGE 72, SS. 200~241.

전에 시효가 완성된 행위에 대하여는 진정소급효를 가지고 있는바, 이러한 진정소급효는 법치국가원리와 그 본질적 구성요소를 이루는 신뢰보호원칙에 따라 원칙적으로 인정되지 아니한다고 이해한다. 긴급한 공익적 사유가 소급적 규율을 예외적으로 정당화한다고 판시한 연방헌법재판소의 판결[174]을 고려하더라도 이 법은 기존의 법적 상황에 비추어 위헌성이 인정된다고 보았다.

위헌설도 동독정권의 보호로 인하여 형사소추가 저지된 중대한 정권범죄행위들에 대하여 소추가 가능하여야 한다는 점에서 이러한 긴박한 공익적 사유가 존재한다는 사실을 부정하지는 않았다. 다만 공소시효정지법에서 공소시효가 이미 완성된 범죄에 대하여는 적용되지 아니한다는 제한규정을 두지 않아 진정소급효를 인정하고, 범죄의 경중에 관하여 아무런 차이를 두지 아니함으로써 너무 포괄적으로 규율한다는 점에서 위헌 여지가 있다고 보았다.

동독이 법치국가가 아니었기 때문에 보호할 만한 신뢰가 당초부터 존재하지 아니하며 비법치국가에서의 정치적 불법행위에 대하여는 소추불가의 신뢰가 인정될 수 없다는 비판에 대하여는 단순히 주관적 신뢰보호의 측면에서만 소급효문제를 파악함으로써 그 범위를 지나치게 좁게 해석한다고 반박하였다.

② 합헌설

합헌설의 가장 큰 논거는 공소시효정지법이 시효의 정지여부에 관하여 내려져야 할 당연한 해석을 확인했을 뿐이므로 법치국가원리와의 배치문제는 발생할 여지가 없다고 보는 데 있다. 이는 나치 지도부의 의사에 따라 처벌되지 아니한 중죄에 있어 공소시효의 진행에 법률상

174 BVerfGE 13, SS. 261~271.

의 장애사유가 있다고 인정하여 합헌으로 판단하였던 종전의 연방헌법재판소의 판례[175]가 제시하였던 해석논리를 동독정권의 정치적 범죄에도 그대로 적용하고자 한 것이다.

이와 같이 보는 견해가 공소시효정지법의 입법취지에 부합하며 학계의 일반적 입장이었다. 그러나 이러한 견해에 대하여는 소급효금지를 피하기 위하여 분명 사후처벌이 문제되는 법률관계를 억지로 사후입법이 없었다고 강변하는 측면이 있다는 비판과 함께 국가지도부의 소추의사를 법률과 같이 도식화하는 것이 타당한가라는 의문이 제기되었다.

그 외에 합헌설 중에는 공소시효정지법이 소급효 인정의 예외사유에 해당된다는 점에서 소급효금지원칙과 모순되지 아니한다고 보는 견해도 있다.[176] 이미 완성된 시효의 사후연장은 진정소급입법에 해당되나 진정소급입법이 예외 없이 헌법적으로 불허되는 것은 아니며 비교형량에 의한 예외를 인정하고 있는바, 동독 정권범죄의 처벌이 이와 같은 특별한 예외사유를 구성한다는 것이다.

③ 판례의 입장

연방헌법재판소는 이미 1965년 4월 13일 나치잔재의 청산을 위한 첫 번째 공소시효정지에 관한 법률인 '공소시효기간 산정에 관한 법률'에 대하여도 소송법설의 입장에서 다음과 같은 요지의 합헌판결을 내린 바 있었다.[177]

> 기본법 제103조 제2항은 어떤 태도가 가벌적이라고 선고될 수 있는 요건을 규정하고 있다. 동조는 소급적인 형벌근거규정도 소급적인

175 BVerfGE 1, S. 1418.

176 Thomas Geiger, a. a. O., SS. 404~405.

177 BVerfGE 25, S. 269.

> 형벌강화도 금지한다. 시효규정은 가벌적이라고 선고되는 범죄가 얼마나 오랫동안 소추될 수 있는가를 규정한다. 그것은 범죄의 가벌성과 무관하다. 따라서 시효규정은 기본법 제103조 제2항의 소급효금지에 복종하지 않는다. 아직 완성되지 아니한 시효기간을 연장하거나 배제하는 것은 어쨌든 종신형이 규정된 범죄에 대한 것인 경우 법치국가원리에도 평등원칙에도 위반되지 아니한다.

연방헌법재판소는 두 번째 공소시효정지에 관한 법률인 '공소시효정지법'에 대하여도 소송법설에 입각하여 형벌 불소급의 원칙을 규정한 기본법 제103조 제2항에 위반되지 아니한다고 판시하였다.[178] 연방헌법재판소는 기본법 제103조 제2항이 행위의 가벌성에 관하여 규정할 뿐이며 범죄행위를 소추하고 처벌할 수 있는 시효기간에 대해서는 적용되지 아니한다는 입장을 유지하였다. 연방헌법재판소의 견해에 의하면 피고인에게 책임을 귀속시켜야 할 행위는 이미 통일조약 발효 이전에 양독 국가에서 형벌에 의해 처벌되는 것이었다. 피고인이 동독에서 기소되지 아니하였다는 사실은 그 당시 동독에서 유효하게 적용되던 법률에 근거한 것이 아니라 통일 이전에 붕괴된 정권의 하자있는 소추의사에 기인한 것이었다.

통일조약 발효 이전에 이미 동독 내에서 권력관계의 변화에 따라 형사소추가 법적으로 뿐만 아니라 사실상으로도 가능하였다. 따라서 피고인에게 유리한 포괄적인 신뢰의 보호는 기본법에서 도출될 수 없다. 이러한 이유로 헌법에 의해 금지되는 소급적용이 존재하지 아니하며, 이러한 상황에서 통일조약 발효가 피고인에 대해 사후에 소송법적 상황변화를 가져왔다고 할 수는 없다는 것이다.

---

178 BVerfGE vom 12. 5. 1998-2 BvR 61/96, *NJW* 1998, S. 2588.

④ 평 가

공소시효정지법의 헌법합치성 여부에 관하여 위와 같이 독일의 학설과 판례의 견해가 대립되었으나, 공소시효정지법이 단순히 확인적 의미의 법률일 뿐이라는 이론구성이 대체적으로 받아들여진다. 공소시효정지법이 시효가 이미 완성된 범죄에 대하여 그 기간을 연장하는 진정소급입법 성격을 띤다는 지적을 받아들인다고 하여도 그러한 입법이 법치국가원리와 배치된다고는 볼 수 없다. 독일 판례[179]는 법적 지위에 대한 신뢰가 객관적으로 정당화될 수 없는 특단의 사정이 있는 때에는 예외적으로 진정소급입법도 허용될 수 있다고 보기 때문이다. 따라서 신뢰보호의 이익이 거의 없는 반면 새로운 입법을 통하여 달성하려는 공익적 목적이 현저히 커서 당사자가 신뢰에 대한 침해를 감수할 수밖에 없는 특별한 사정이 있는 경우 진정소급입법도 예외적으로 허용될 수 있다는 것이다. 이때 신뢰보호의 필요성과 공익적 목적을 비교형량하여 판단하여야 하며 진정소급효의 경우에는 현저히 중대한 공익적 목적이 있을 때에만 허용된다고 할 수 있다.

동독의 정권범죄를 청산하는 과정에서 각 행위자의 시효완성에 대한 신뢰를 보호할 필요성보다는 시효연장을 통하여 달성하려는 공익적 필요가 훨씬 크다고 하겠다. 그러한 점에서 동독 SED가 존속하였던 기간 동안 공소시효기간을 정지시키는 법률은 헌법과 배치되지 아니한다고 판단된다. 과거체제 아래서 자행된 반법치국가적 불법에 대한 청산은 양보할 수 없는 실체적 정의의 요청이며, 그 체제의 존속으로 인하여 소추권의 행사가 불가능하게 되었던 경우 시효완성의 이익을 행위자에게 돌릴 수 없다고 하는 것 또한 정의의 관념에 합치된다고 할 수 있다. 이러한 경우에는 중대한 공익의 실현이라는 실질적 정의의 요청이 법

179 BVerfGE 13, S. 261; BVerfGE 30, S. 367.

률의 일반성 또는 신뢰보호라는 형식적 법적 안정성의 요청보다 앞선다고 해야 할 것이다.

이러한 의미에서 공소시효정지법은 동독의 정권범죄에 대하여 공소시효를 인정하면 참을 수 없는 부정의가 발생한다는 논리를 전제로 하고 있다는 점에서 '라드브루흐 공식'을 반영한다고 해석할 수 있다.[180]

(2) 공소시효연장법

1993년의 공소시효정지법과는 별도로 동독 정권범죄의 사법처리가 지연됨에 따라 시효도과로 인한 소추의 어려움을 피하기 위하여 공소시효 연장을 내용으로 한 형법시행법률 제315조의 a 제2항이 신설되어 "통일조약 제3조 소정의 지역 내에서 1992년 12월 31일 이전에 실행된 범죄로서 법정자유형의 상한이 1년 이상 5년 이하인 경우에는 1997년 12월 31일 이후, 위 지역 내에서 1990년 10월 2일 이전에 실행된 범죄로서 법정자유형의 상한이 1년 미만이거나 법정형이 벌금형인 경우에는 1995년 12월 31일 이후 비로소 각 공소시효가 완성된다"는 내용이 삽입되었다. 이에 따라 공소시효를 연장하는 이 조항이 소급효금지원칙과 합치될 수 있는지 여부가 문제가 되었다.

그러나 공소시효정지에 관한 위헌논의가 활발히 진행되었던 반면에 공소시효연장에 관한 위헌논의는 상대적으로 미미하였다. 그 이유는 공소시효연장법률 자체에 공소시효가 완성된 범죄에 대한 적용배제 규정을 두고 있다는 점에서 공소시효연장법을 부진정소급입법으로 이해하여 공소시효정지법에 비하여 위헌소지가 비교적 적다고 보았기 때문이었다. 이 규정은 진정소급효가 아니라 부진정소급효 또는 소(少) 소급효(*kleine Rückwirkung*)를 규정하고 있으므로 관계자에 대한 신뢰위

180 잘리거 저, 윤재왕 역, 앞의 책, 113면 이하.

반의 정도와 정의의 요구에 따른 소추필요성을 비교형량해 볼 때 법치국가원리에 위반되지 아니한다고 보았던 것이다.

(3) 공소시효배제법

앞서 살펴본 바와 같이 1993년 9월 27일 '제2차 공소시효법'(Zweites Verjährungsgesetz)은 본래의 형법시행법 제315조의 a에 제3항을 추가하였다. 이 제3항은 "모살(Mord; 연방형법 제211조)의 구성요건을 충족하지만 동독형법에 의하면 형벌이 규정되지 아니한 중죄(*Verbrechen*)에 대한 공소시효는 완성되지 아니한다"라고 규정하여 모살에 대한 공소시효 완성을 사후적으로 배제했다. 이 조항은 연방형법상 모살에 해당되는 범죄에 관하여 서독지역에서는 공소시효가 적용되지 아니하는 반면 동독형법에는 모살죄가 없는 결과 단순살인죄가 적용되어 공소시효가 완성될 수 있다는 불합리와 불평등을 제거하기 위하여 신설된 조항이다. 그러나 추가된 제3항은 이 법률의 발효일인 1993년 9월 30일 이전에 이미 공소시효가 완성된 범죄에 대해서는 적용되지 아니한다.

따라서 이 법률은 모살에 관하여 이른바 부진정소급효만을 인정하는 것으로 동서독 지역의 모살에 대한 차등취급을 배제하여 법치국가원리의 핵심요소인 평등원칙을 실현하기 위한 합리적 근거가 있으므로 합헌적인 것으로 평가되었다.

7. 기타의 쟁점들

1) 서 언

동독의 불법체제를 유지하기 위한 정권범죄는 참으로 다양한 유형으로 전개되었다. 정당화사유의 인정 여부와 관련하여 학계와 실무에서 가장 뜨거운 논쟁을 불렀던 내독 경계지역에서의 탈출자에 대한 총격행위, 평등원칙 위반 여부를 둘러싸고 연방대법원과 연방헌법재판소의 입장이 갈린 대서독 간첩행위, 처벌의 성사여부에 관하여 국제적 관심이 집중되었던 호네커 재판, 법이념적 차이로 불법의 연계성이 문제되었던 법왜곡과 선거부정, 국민적 기대와는 달리 무죄가 선고되어 싱겁게 끝나 버린 동독 국가공안부에 대한 불법도청 및 우편물 횡령 등이 대표적 사례일 것이다.

이하에서는 가해자 처벌의 여러 가지 유형 중에서 통일독일의 사법실무상 가장 치열하게 유무죄가 다투어졌던 호네커 재판, 피해자들에게 커다란 고통과 절망감을 안겨주었던 사법종사자들의 법왜곡, 동독 내 대서독 간첩행위를 중심으로 논의되었던 헌법상의 쟁점들에 관한 학설과 판례의 태도를 간단히 살펴보고자 한다.

2) 호네커 재판

(1) 개 요

1989년 민주화 혁명에 의하여 동독체제가 붕괴되자 세인의 관심은 당시 SED 서기장이었던 에리히 호네커의 사법처리에 모아졌다. 베를린주 최고검찰청은 1992년 5월 12일 호네커를 내독 경계지역에서 탈출자들에 대한 총격명령 혐의로 베를린 지방법원에 살인죄 등으로 기소하였다. 중앙법무기록보존소의 관련자료에 의할 때 총격으로 사살된 탈출자사건은 약 4백 건에 이르렀다. 그러나 호네커가 고령이고 증거확보상 난점이 있어 모두 기소할 수 없게 되자, 그중 기소될 경우 유죄가 확실히 기대될 수 있는 68건만을 기소한 것이었다. 그러나 이는 담당재판부에 의하여 1992년 10월 19일 공소허가결정시 12건으로 다시 축소되었다. 그 이유는 68건 모두를 심리하려면 최소 1년 이상이 소요될 것으로 예상되는 데다가 호네커의 건강상태가 양호하지 못한 상황에서 호네커 사망 이전에 심리를 신속하게 종결하겠다는 의지에 의한 것이었다.

호네커 재판과 관련하여서는 면책특권과 국가행위이론 등이 원용될 수 있는지 여부와 범죄가담형태를 어떻게 구성할 수 있는가 등의 법적 문제가 제기되었다.[181] 여기서는 헌법적 관점에서 전자의 문제에 대해서만 살펴보기로 하기로 한다.

---

181 이 문제에 대하여는 실무상 검찰과 법원 및 법원 상호간에도 의견이 통일되어 있지 않았다. 먼저 공소를 제기한 베를린주 최고검찰청은 호네커와 실행행위자였던 국경수비대원 간에 공동정범이 성립된다고 보았다. 그러나 1991년 11월 30일 호네커에 대한 구속영장을 발부하였던 베를린 지방법원 소속 티어가르텐 구법원(Amtsgericht Tiergarten)은 호네커가 간접정범에 해당된다는 입장을 취하였다. 호네커 변호인단의 구속취소신청 기각결정의 항고사건을 심리한 베를린 지방법원은 호네커와 국경수비대원 간에 교사범과 정범의 관계가 성립된다고 보았다. 다만 호네커에 대한 공판이 분리된 후 진행된 국방위원 재판 상고심에서 연방대법원이 교사범의 성립을 인정한 원심을 파기하고 조직지배설에 입각하여 간접정범에 해당한다고 판시하였다는 점에서 볼 때 재판이 종결되지 아니하고 계속 진행되었을 경우 호네커는 살인죄의 간접정범에 대한 공동정범으로 유죄판결을 선고받았을 것으로 판단된다.

(2) 재판진행 경과

호네커는 내독 경계지역에서 동독 탈출자들에게 총격을 명령한 이유로 국방위원들과 함께 살인죄로 기소되었다. 베를린주 최고검찰청의 기소에 따라 베를린 지방법원 형사27부가 1992년 10월 19일 공소허가를 결정하고 10월 21일에는 공판개시결정을 내림으로써 이에 11월 12일부터 총 14회에 걸쳐 공판절차가 진행되었다. 그러나 제12회 공판 후 변호인단의 헌법소원이 제기되었고, 베를린주 헌법재판소가 호네커 재판이 인간의 존엄성에 반한다는 이유로 위헌결정을 함에 따라 공판절차는 사실상 종결되고 1993년 1월 13일 호네커는 모아비트 구치소에서 석방되어 칠레의 산티아고로 떠났으며 그곳에서 1994년 5월 29일 간암으로 사망하였다.[182]

(3) 법적 문제점

① 면책특권

연방법원조직법은 제20조에서 이른바 호네커법(lex Honecker)이라 불리는 특별면책특권 조항을 포함하여 일반적 면책특권에 관하여 규정하고 있다.[183] 면책특권(*Immunität*)이란 국가주권 평등의 원칙에 따라

182 법무부, 앞의 책, 405면 이하 참조.

183 1984년 이전 연방법원조직법(Gerichtsverfassungsgesetz, GVG) 제20조는 일반적인 면책특권에 관하여 규정했었다. 내독관계의 특수성으로 인하여 호네커를 외국의 국가원수로 간주한 바가 없었으므로 1984년 7월 17일 당시 동독 국가위원회 의장이었던 호네커의 구서독 방문과 관련하여 개정의 필요성이 제기되자 연방중앙등록법 제2차 개정법률(Zweites Änderungsgesetz des Bundeszentralregistersgesetzes; BZR ndG)에 의하여 제1항을 추가하였으며 종전의 규정을 제2항으로 하였다. 제1항은 구서독 정부의 공식초청에 의하여 구서독에 체류하였던 때에 한하여 형사소추의 면제를 규정하고 있

국제관습법상의 일반원칙에 근거하여 외국 국가원수, 외교관 등과 같은 외국의 대표자 및 수행원에 대하여는 퇴임 이후 재직중의 공무행위에 대하여 형사책임을 부담하지 아니한다는 것을 그 내용으로 한다. 따라서 호네커를 비롯한 동독 수뇌부들이 동독의 국가주권 및 연방법원조직법을 근거로 하여 면책특권을 주장할 수 있는지 여부와 종전 호네커법에 의하여 인정되던 면책특권을 부인할 경우 소급효금지원칙에 위반되는 것이 아닌지 여부가 문제되었다.

면책특권은 국가원수의 개인적 특권이 아니라 국가권력에 대한 존경의 표시일 뿐이므로 국가원수의 면책특권은 박탈될 수 있으며, 당해 국가의 소멸에 의하여서도 배제될 수 있다. 따라서 호네커는 법적으로 동서독의 통일이 완성되고 동독이 소멸한 1990년 10월 3일 이후에는 국가원수라는 공적 신분으로 수행한 행위에 대하여 형사책임을 부담하게 되는 것이다. 이러한 점에서 통일조약은 연방법원조직법 제20조에서 인정되던 면책특권을 소급하여 박탈한 것으로 볼 수 있다.

한편, 국가원수에 대한 국제법적 특권은 당해 국가원수가 그 지위를 적법하게 유지하는 동안에 한하여 인정되는 것이다. 연방법원조직법 제20조는 국제법의 일반규정, 국제조약 또는 기타 법규에 근거하여 독일의 재판권이 미치지 아니하는 인적 범위를 정하고 있다. 연방법원조직법 제20조 제1항은 연방독일의 공식초청을 면책특권 부여의 요건으로 규정함으로 동조 제2항에 비하여 면책특권이 부여되는 범위가 좁다고 할 수 있다. 호네커가 공식초청을 받아야 한다는 요건과 국가원수라는 지위에 있어야 한다는 요건을 갖추지 못하였으므로 연방법원조직법 제20조 제1항과 제2항의 규정에 의할 때 호네커의 면책특권은 부정하

는바, 이러한 제1항을 이른바 호네커법이라고 칭하기로 하였다: Dieter Blumenwitz(1992), Zur strafrechtlichen Verfolgung Erich Honecker: Staats- und Völkerrechtliche Fragen, Deutschland Archiv, S. 570.

는 것이 타당할 것이다. 연방대법원도 제2차 국경수비대사건에 대한 1992년 11월 3일자 판결에서 "동독이라는 국가는 더 이상 존재하지 아니하므로 피고인들은 외국의 대리인으로서 취급될 수 없다"고 판시하였다.[184]

다음, 면책특권의 부인이 소급효금지원칙에 반하는지의 문제는 연방법원조직법 규정의 법적 성격이 실체법인지 또는 소송법인지와 소급효금지의 원칙이 소송법에도 적용되는지에 따라 결론을 달리한다. 소급효금지원칙이 실체법 외에 소송법에도 적용된다고 보는 입장에 의하면 소급적으로 면책특권을 부인하는 것이 기본법 위반이 될 것이다.[185] 이에 반하여 연방법원조직법이 형사소송법에 해당되며, 소급효금지원칙은 형사소송법에 적용되지 아니하므로 호네커에 대한 면책특권의 사후적 박탈이 소급효금지원칙에 배치되지 아니한다고 보는 견해가 통설적 입장이었다.

② 국가행위이론

호네커에 대한 형사처벌이 가능한가와 관련해서 논의되었던 또 다른 쟁점은 국가행위이론(*Act of State Doctrine*)을 원용할 수 있는가 하는 점이다. 국가행위이론이란 외국의 고권행위에 대한 항변은 외교적 수단을 통해서만 제기되어야 하며 따라서 외국의 국가 또는 국가기관이 자국 영토 내에서 행한 고권행위에 대하여 타국 법원은 그 유효성 또는 적법성에 관한 판단을 자제하여야 한다는 것을 의미한다.[186] 즉, 기본조약을 통하여 서독 역시 과거 동독의 국가성을 인정했으므로 호네커를 비롯한 국가 수뇌부들의 행위가 이와 같은 국가행위에 해당되어 면

184 BGH Urteil vom 3. 11. 1992-5StR 370/92(LG Berlin)

185 Günther Jakobs(1991), *Strafrecht AT*, 2. Aufl., S. 68.

186 Knut Ipsen, a. a. O., S. 335.

책될 수 있는지 여부가 논의될 수 있는 것이다.

주로 호네커 변호인단을 비롯한 일부 학자들은 호네커의 행위가 국가행위에 해당된다고 하여 연방법원의 재판권을 부인하였으나, 대부분의 학설과 판례는 국가행위이론에 의한 면책을 부정하는 것이 일반적이었다. 즉, 통일조약에서는 이러한 국가행위이론에 근거하여 동독의 국가행위에 해당되는 행위들을 사법심사의 대상으로 하지 아니한다는 규정을 두지 않았다는 점에서 국가행위이론에 의한 면책은 인정될 수 없다고 보는 것이 타당할 것이다.

③ 인간의 존엄성

호네커가 간암 중증상태로 죽음에 임박한 환자라는 점에서 그 재판을 속행하는 것이 헌법에 배치된다는 주장이 제기되었다. 호네커 변호인단은 피고인의 사망으로 재판이 종결될 수 있음이 충분히 예견되는 상황에서 피고인의 책임을 신속하게 확정할 수 없다면 재판절차를 속행하는 것은 무의미할 뿐만 아니라 대중을 의식한 보여주기 재판에 불과하다고 주장하였다. 일부학자들도 이러한 재판은 법치주의의 한계를 넘어선 정치재판에 불과하다며 재판의 부당성을 지적하며 이에 동조하였다.

이러한 위헌주장은 베를린주헌법재판소에 의하여 받아들여졌다.[187] 동 재판소는 형사판결의 선고 이전에 사망할 것이 확실한 피고인에 대한 재판을 계속하는 것은 무의미하며 인간을 무의미한 형사재판의 대상으로 삼는 것은 인간의 존엄성에 위반된다고 보았다. 동 재판소는 인간의 존엄성 위반 여부에 대한 심사권한이 기본법으로부터 도출된다고

---

187 BerlVerfGH Beschluß vom 12. 1. 1993-VerfGH 55/92., *DtZ* 1993, S. 128.

보았다. 즉, 인간의 존엄성을 규정한 기본법 제1조 제1항은 주헌법에까지 효력을 미치므로 인간의 존엄성은 베를린주헌법에 명문화되지 않았더라도 불문의 헌법원칙이 된다는 것이다. 그 이유로 베를린주헌법이 인격의 자유(제9조), 법률 앞의 평등(제6조), 자유로운 의사표시의 권리(제8조), 거주이전의 자유(제11조), 신앙의 자유(제20조 제1항)를 보장하는바, 이러한 기본권들은 연방헌법재판소에 의하여 인간의 존엄성과 관련된 것으로 간주된다는 점을 들었다.

이러한 결정은 헌법학자를 비롯하여 검찰 측의 거센 비판을 받았다.[188] 이러한 비판은 주로 주헌법재판소의 심판권의 범위와 관련하여 제기되었는데 그 근거로 제시된 내용을 살펴보면 다음과 같다.

첫째, 베를린주 헌법상에는 '인간의 존엄성'이 명문으로 보장되어 있지 않음에도 불구하고 동 재판소는 이를 근거로 위헌심사를 한 것은 잘못이라는 것이다. 둘째, 호네커가 죽음이 임박하여 그에 대한 사법절차를 진행할 수 있는지 여부를 판단하는 것은 연방형사소송법에 속하는 사항이므로 이에 대하여 주헌법재판소가 결정할 권한이 없다는 것이다. 셋째, 호네커에 대한 공소사실을 축소하는 방식으로 공소장을 변경하면 호네커가 죽기 전에 재판을 종결지을 수도 있다는 것이다.

188 Rupert Scholz, *Die Welt* vom 14. 1. 1993; Roman Herzog, *Süddeutsche Zeitung* vom 6. 2. 1993; Klaus Stern, *Berliner Tagesspiegel* vom 11. 3. 1993; Karl August Bettermann, *FAZ* vom 11. 3. 1993; *Der Tagesspiegel* vom 14. 1. 1993; *Berliner Tagesspiegel* vom 16. 1. 1993.

3) 사법종사자의 법왜곡

(1) 개 요

동독도 형식적 의미의 법치국가였으므로 SED체제불법도 대부분 법률에 근거하여 자행되었다. 따라서 SED체제불법을 청산함에 있어 법왜곡에 참여하였던 사법종사자들에 대한 형사처벌은 다른 불법유형의 청산작업에 비하여 상대적으로 큰 의미를 갖는다. 법왜곡의 죄책이 인정된 판·검사의 경우 재임용에서 배제되며 동시에 해당 사건의 형사사법적 피해자는 일정한 요건하에 형사복권의 신청자가 될 수 있다는 점에서 법왜곡 재판은 통일독일의 사법정책적 측면에서도 중요한 의미를 갖는다.[189] 법왜곡에 대한 형사소추는 형법적 관점에서는 양독의 사법이념이 서로 대립되어 왔다는 점에서 불법의 연계성이 문제되었지만 헌법적 관점에서는 소급효금지의 원칙이 문제되었다.

동독의 사법부는 독일연방 사법부와 달리 인적·물적 독립성을 갖지 못하였다. 동독의 사법부는 SED 지침 아래 사회주의국가 실현이라는 국가목표를 수행하는 도구에 불과하였다. 그러나 이러한 사정을 감안하더라도 불법의 연계성을 배제할 정도로 연방독일과 동독 판·검사의 활동 사이에 본질적 차이가 없었다는 점에서 SED의 명령과 지침 등에 복종하였던 동독의 사법종사자에 대한 사법처리가 부당하지 않다고 보는 견해가 일반적이다.[190]

나치정책에 동조하였던 판·검사의 경우 그 판결에 기여한 한도 내에서 법왜곡의 정범이 된다는 입장을 확정한 독일 판례와 학설은 동독

189 박수희, 앞의 논문: 123면.

190 Olaf Hobmann(1996), Die strafrechtjiche Bewältigung der Rechtsanwendung durch Richter und Staatsanwälte der DDR-Aktuelle Probleme der Rechtsbeugung, *Deutsch-Deutsche Rechtspolitik*, Heft 8, S. 232 참조.

사법종사자의 처벌과 관련하여서도 유지되었다.[191] 연방헌법재판소도 1998년 4월 7일자 결정을 통해 법왜곡을 범한 동독 사법종사자의 사법처리가 소급효금지원칙에 모순되지 아니한다고 하여 그 가벌성을 긍정하였다.[192]

(2) 처벌기준

통일 이전 동독형법은 제244조[193]에서, 연방형법은 제336조에서 각각 사법종사자들의 법왜곡 행위에 대한 처벌규정을 두고 있었다. 독일의 불법청산 실무에서 법왜곡의 죄책을 지는 판사와 검사의 사법처리는 동독형법 제244조의 구성요건과 연방형법 제336조의 구성요건 사이에 불법의 연계성이 긍정되었고[194] 그중 경한 법률인 동독형법 제244조를 적용하여 이루어졌다.[195] 연방대법원은 동독체제하에서 자행된 법왜곡에 대한 재판과정에서 다음과 같은 3가지의 판단기준을 정립하였다.[196]

첫째, 법률문언의 적용한계를 초과하거나 불명확한 형벌구성요건을 확장적용하여 그 처벌이 현저히 부당하고 중대하게 인권을 침해한 경우이다. 그러나 법률규정, 즉 형벌구성요건을 단순히 확장한 것만으로

---

191 BGHSt 14, S. 147; *NJW* 1968, S. 133; *NJW* 1971, S. 571.

192 BVerfG 7. 4. 1998, *NJW* 1998, SS. 2585~2587.

193 동독형법 제244조: 재판절차 또는 수사절차의 진행시에 법관, 검사 또는 수사기관의 소속원으로서 고의로 위법하게 당사자 일방에게 유리한 또는 불리한 결정을 한 자는 5년 이하의 자유형에 처한다.

194 BGHSt 40, SS. 272~275. ; Bemann, *JZ* 1994, SS. 123~124.

195 BGH Urteil vom 6. 10. 1994-4StR 23/94(LG Schwerin), *NJW* 1995, SS. 65; Landesgericht Leipzig Urteil vom. 1. 9. 1993, *NJ* 1993. 3, S. 114.

196 BGHSt 40, SS. 30~41.

는 법왜곡의 책임이 인정되지 아니한다. 따라서 확장적용이 인정되는 경우에도 동독의 사법종사자는 그 당시 형사피고인에 대하여 이루어진 불법이 참을 수 없을 정도로 가혹한 제재에 의하지 않는 한 그 행위에 대하여 책임지지 아니하였다. 연방대법원은 탈출방조에 대하여 '반국가 인신매매죄'를 적용하여 처벌한 경우에도 선고된 형이 행위와 현저히 비례하지 않고서는 동독형법 제105조의 자의적 해석에 해당되지 아니한다고 보았다. 또한 동독형법 제106조의 '반국가 선동죄'의 구성요건을 비판적인 의사표현에 적용한 경우에도 이를 자의적 법률해석으로 보지 않아 법왜곡으로 인정하지 아니하였다.[197]

둘째, 형사절차의 방법상 중대한 인권침해가 있는 경우로서 형사소추와 처벌이 정의의 실현에 기여하는 것이 아니라 정치적 목적으로 이루어진 경우이다. 연방대법원은 형사절차의 진행이 방법상 법치국가적으로 의문의 여지가 있는 경우에도 동독 재판법에 의한 절차에 따랐다면 중대한 인권침해에 해당되지 아니한다고 보았다. 예를 들어 변호인의 흠결, 공소장·공판개시결정문·판결문 등의 공개 및 인도의 불이행 등이 이에 해당된다. 따라서 절차상의 인권침해가 있는 경우에도 동시에 그러한 형사소추와 재판이 정적이나 체제비판자의 제거에 기여하려는 목적만으로 진행되었다는 사실이 인정되어야만 법왜곡이 성립된다.

셋째, 행위와 형벌이 현저히 비례하지 아니하여 그 형벌이 동독형법 규정에 비추어 보아도 모순되며 따라서 부당하고 중대한 인권침해로 인정될 수 있는 경우이다. 이와 관련되는 경우로는 구성요건의 확장적용 없이 이루어진 절대적 테러형벌 및 구성요건의 확장적용과 함께 이루어진 상대적 테러형벌이 있다. 절대적 테러형벌의 경우 행위와 책임

197 BGH Urteil vom 15. 9. 1995-5StR 642/94.

의 경중에 비례하지 아니한 법정형과 형벌의 종류를 선고한다는 사실을 판사가 인식한 때에만 법왜곡이 인정되었다.

연방대법원은 대체로 판결의 위법성이 명백한 경우 및 판결이 자의적 행위라고 볼 수 있을 정도로 관계자의 인권을 중대하게 침해하는 경우에 한하여 법왜곡의 성립을 인정하는 제한적 해석을 고수하였다.[198]

(3) 구체적 사례

① 발트하임 재판사건

동독에서 발생하였던 법왜곡의 가장 대표적 사례가 발트하임 재판사건일 것이다. 발트하임 재판은 1945년 이후 소련군에 의해 체포되어 동독 기관에 인도된 후 발트하임 교도소에 수용된 3,432명에 대하여 진행된 반법치국가적 재판이었다. 이들은 공무원, 법률가, 경찰관, 나치당원 등이었다는 이유만으로 개별적인 형사책임도 없이 연합군 관리위원회법률(Kontrollratsgesetz) 제10호[199]와 관리위원회지침 제38조에 근거하여 처벌되었다.

연방대법원은 1994년 8월 10일 과거 발트하임 재판시 배석판사였던 오토 위르겐(Otto Jürgen)에 대해 법왜곡 혐의를 인정한 라이프치히 지방법원의 판결을 받아들여 유죄를 확정하였다.[200] 피고인 오토 위르겐은 형사3부의 배석판사로서 7건의 발트하임 재판에 관여한 혐의로 1심

198 BGH Urteil vom 15. 9. 1995-5 StR 642/94; 5 Str 713/94(*NStZ* 1996, S. 86); 5 StR 23/95; 5 StR 68/95; 5 StR 168/95.

199 연합군 관리위원회법률 제10호는 행위 당시에는 존재하지 않았던 새로운 형벌구성요건으로 전쟁범죄와 소급효를 갖는 인간존엄 내지는 평화에 대한 중범죄를 도입하였다(Schweizer Katja, a. a. O., S. 180).

200 BGH Urteil vom 6. 10. 1994-4 StR 23/94 (LG Schwerin), *NJW* 1995, SS. 64~67.

에서 2년의 자유형과 집행유예를 선고받았다. 연방대법원은 이들에 대한 유죄판단의 근거를 행위와 형벌 사이의 현저한 불균형에서 찾았다.

② 정치적 반대자에 대한 법왜곡

동독 SED는 체제수호를 위하여 수많은 정치적 반대자들을 사법적 방법으로 숙청하였다. 동독의 법왜곡 유형 중에서 특히 정치적 반대자들을 형사사법의 수단으로 처단하였던 사례가 가장 많았다. 지금까지 연방대법원의 판결이 선고된 사안 중 대부분이 정치적 형사사건에 관여한 판·검사의 법왜곡에 관한 것이다. 연방대법원은 1955년부터 1956년까지 동독 대법원의 배석판사로 재임중 간첩죄로 사형선고를 받은 자의 상고를 기각한 3건의 재판에 배석한 판사에 대해 법왜곡 및 고살을 이유로 유죄를 확정하였다.[201] 연방대법원은 1989년 지방자치단체 선거부정 고소사건의 수사를 방해한 동독 차장검사와 3명의 부장검사에 대하여도 유죄를 선고하였다.[202]

③ 수사절차상의 법왜곡

1994년 5월 9일 연방대법원은 국가공안부 소속 위병이 청년 2명을 사살하고 1명에게 부상을 입힌 사건을 수사하던 중 사안을 조작하고 부당하게 수사절차를 중지하였다는 혐의로 기소된 2명의 군검찰관에 대해 원심대로 유죄를 확정하였다.[203] 이 사례는 수사관이 범죄혐의 사실이 충분히 입증됨에도 불구하고 수사절차를 중지한 경우에 법왜곡의

---

201 BGH Urteil vom 16. 11. 1995-5 StR 747/94, *NStZ* 1996, S. 389.

202 BGH Urteil vom 21. 8. 1997-5 StR 652/ 96(LG Berlin), Pressemitteilung des Bundesgerichthofs Nr. 62/1997.

203 BGH Urteil vom 9. 5. 1994-5 StR 354/93 (LG Berlin), *NJW* 1994, SS. 3238~3242.

성립을 인정한 경우이다.

4) 대서독 간첩행위

(1) 개 요

동서독 분단기간 동안 양독의 첩보전이 치열하게 전개되었던 것은 역사적 사실이다.[204] 특히 동독의 대서독 간첩행위는 동독의 국가공안부 산하 중앙정보국(HVA: *Hauptverwaltung Aufklärung*)의 주도로 이루어졌다. 동서독이 통일된 직후부터 이러한 대서독 간첩활동의 형사처벌의 필요성을 강조하는 실무와 기본법 제3조 제1항의 평등원칙에 근거하여 그 타당성에 대하여 의문을 제기하는 학계 사이에 수많은 논쟁이 있었다. 이러한 논쟁은 1995년 5월 15일 연방헌법재판소의 위헌결정에 따라 종식되었다.

동독의 대서독 간첩행위는 두 가지 유형으로 분류할 수 있는바, 그것은 통상적으로 동독 정보기관 요원이 서독에 파견되어 간첩행위를 한 경우와 동독 영토 내에 머물면서 서독을 대상으로 간첩행위를 지휘 조종한 경우이다. 그중에서도 전자의 경우나 서독인이 동독 국가공안부에 포섭되어 동독을 위해 간첩활동을 한 경우에는 별다른 이견 없이 유죄판결이 선고되었다. 학계와 실무에서 형사처벌의 타당성에 대한 논쟁은 주로 후자의 경우에 집중되었다.

학설의 대부분은 동서독 주민 사이의 진정한 내적 통합을 이루기 위

204 동서독 간의 가장 대표적 간첩사건으로는 1974년의 기욤사건을 들 수 있을 것이다. 당시 서독의 총리였던 빌리 브란트의 당무비서였던 기욤은 동독 국가공안부 소속 장교로서 간첩활동을 위해 부인과 함께 서독으로 위장탈출을 하였던 자이다. 기욤사건은 결국 동독에 대한 평화정책인 동방정책의 선구자였던 브란트의 사임을 초래하였다.

한 화합차원에서 동독 정보기관의 대서독 간첩행위에 대한 형사처벌에 반대하였지만 법원은 형사처벌을 긍정하는 입장을 고수하였다. 연방정부 차원에서도 통일 직후부터 이러한 문제를 사면과 같은 법정책적인 방법으로 해결하기 위하여 국가공안부에 의한 대서독 정보수집행위를 사면대상으로 한 사면법 초안이 마련되기도 하였다. 그러나 이러한 법률초안은 국가공안부에 의해 자행된 다양한 정권범죄 중에서 유독 대서독 간첩행위만을 사면하려는 것은 형평에 맞지 않는다는 이유로 채택되지 못하였다.

연방정부와 달리 연방대법원은 대서독 간첩활동을 이유로 기소된 전직 국가공안부 간부들에 대하여 계속해서 유죄판결을 선고하였다. 그러나 연방헌법재판소가 1995년 5월 15일 대서독 간첩행위에 대한 유죄판결에 대하여 위헌결정을 내림에 따라 간첩행위의 가벌성에 관한 논쟁은 일단락되었다. 즉, 연방헌법재판소는 동독지역에 머물면서 대서독 간첩활동을 한 사람을 연방편입 이후에 형사처벌하는 것은 타당하지 않다는 결정을 내렸다. 이와 같은 위헌결정에 따라 동독지역에서 간첩행위를 하였다는 내용으로 기소된 사람들에 대하여 진행중이던 사법절차는 중지되었고, 유죄판결은 상고심에서 파기되거나 재심청구가 인용되었다.

이와는 달리 동독을 위해 간첩으로 활동한 서독인들에 대한 형사소추는 꾸준히 진행되어 1995년까지 71명이 유죄판결을 선고받았으며,[205] 1999년 1월 19일 연방의회의 사회민주당 사무총장 출신으로 간첩혐의로 기소되어 유죄판결을 선고받은 카알 비인난트(Karl Wienand)의 재심청구가 연방대법원에 의해 기각되었다.

---

205 Frankfurt Allegemeiner Zeitung vom 26. 7. 1995.

(2) 준거법

동독 공안부서에 의한 대서독 간첩행위는 통일조약에 의해서 개정된 형법시행법률 제315조 제4항과 연방형법 제5조 제4호에 근거하여 처벌이 이루어졌다. 준거법 결정문제에서 살펴본 바와 같이 형법시행법률 제315조 제4항에 의하여 가입발효 이전부터 연방형법이 적용되었던 범죄행위에 대하여는 형법시행법률 제315조 제1항의 적용이 배제되므로 경중에 상관없이 연방형법이 그대로 적용된다. 간첩 및 외환의 죄[206]는 연방형법 제5조 제4호에 의해 동독의 연방가입 발효 이전부터 행위지인 동독형법과는 관계없이 연방형법이 적용되는 범죄이다.

서독에서 간첩활동을 한 자를 동독 내에서 지휘 조종한 자와 공범으로 처벌할 수 있는 법적 근거는 연방형법 제9조 제2항 제2문이다. 이 조항에 의하면 국외범에 대한 공범이 국내에서 행위한 경우에는 행위지법상 당해 행위에 대한 법정형이 규정되지 아니한 경우에도 공범에 대하여 연방형법을 적용한다.

(3) 학 설

동독의 간첩행위를 처벌하려는 실무에 대하여 대부분의 학설은 반대하는 입장을 보였다. 학설은 그 논거에 따라 국제법상 일반원칙을 원용하는 입장과 소급효금지원칙에 배치된다는 입장으로 나누어 볼 수 있겠다.

---

206 연방형법상 간첩죄 유형으로는 제94조(간첩), 제95조(국가기밀누설), 제96조(간첩목적 기밀탐지), 제97조(과실 국가기밀누설), 제97조의 a(불법기밀의 누설) 제97조의 b(불법기밀로 오인한 국가기밀누설), 제98조(간첩목적 정보수집활동), 제99조(타국 정보기관을 위한 간첩), 제100조(평화를 위협하는 관계 개시 등), 제100조의 a(간첩목적의 위조) 등이 있다.

① **국제법상 일반원칙 원용설**

이 설은 동서독 사이에 국제법이 적용될 수 있다는 연방헌법재판소의 기본조약에 관한 판례[207]에 근거하여 동독 간첩의 가벌성을 판단함에 있어 국제법의 일반원칙을 원용할 수 있다고 보는 입장이다. 여기에는 간첩활동이 국제법상 허용된다고 주장하면서 이를 근거로 하여 동독간첩의 처벌이 국제법에 반한다고 보는 입장[208]과 헤이그육전법규 제31조를 유추적용하여야 한다는 입장[209]등이 해당된다. 후자는 동독의 대서독 간첩도 간첩활동 후 자기 부대로 귀환하였으나 이후에 포로가 된 자는 종전의 간첩행위를 이유로 처벌될 수 없고 전쟁포로로서 취급되어야 한다는 1907년 10월 18일자 헤이그육전법규 제31조를 유추적용해야 한다고 주장한다.

그러나 이러한 주장은 동 규정이 전시규범으로서 평화시의 간첩활동에 대해서는 준용될 수 없다는 비판을 받았다. 또한 이 설은 간첩의 가벌성 여부는 국내법적 문제임에도 불구하고 국제법을 배경으로 하며, 따라서 국제법의 일반원칙이 동독의 대서독 간첩활동의 처벌을 면제하는 근거가 될 수 없다는 비판을 받았다.[210]

207 BVerfGE 36, 1(22f.).

208 간첩활동을 전시의 간첩과 평화시의 간첩으로 구분하여 무장투쟁을 전제로 하는 전시중에는 간첩활동이 원칙적으로 허용된다는 데에 이론이 없는 반면 평화시 간첩활동의 허용 여부에 대해서는 견해가 나누어져 있으나 국제법상으로 간첩활동이 적어도 금지되지는 않는다고 보는 입장이 지배적이다.

209 Ulfrid Neumann(1993), Strafrechtliche Verantwortlichkeit für DDR-Spionage gegen die Bundesrepublik, in: *Deutsche Wiedervereinigung-Die Rechtseinheit Bd.2*, S. 165.

210 Bernd Schünemann(1993), Strafrechtliche Verantwortlichkeit für die DDR-Spionage gegen die Bundesrepublik Deutschland nach der Wiedervereinigung, in: *Deutsche Wiedervereinigung-Die Rechtseinheit*

② **소급효금지 위반설**

이 설은 대서독 간첩행위 당시 동독형법상에는 이를 처벌하는 규정이 없었으므로 동독의 연방가입 이후에 행위자를 연방형법 제5조에 의하여 형사처벌하는 것은 소급효금지원칙에 위반된다고 보는 입장이다.[211] 이 설은 다음과 같은 논리적 근거를 제시한다.

첫째, 간첩행위 당시에 행위지 법률인 동독형법에 처벌규정이 없었음에도 불구하고 이를 통일 후 처벌하는 것은 명백하게 소급효금지를 명시한 기본법 제103조 제2항에 위배된다. 이러한 입장은 동독의 대서독 간첩행위를 통일 이후 처벌하는 것은 소급적 책임에 근거한 것으로서, 책임주의와 소급효금지를 내용으로 하는 법치국가원리에 반한다. 그러나 이에 대해서는 형법시행법률 제315조 제4항에 의하면 대서독 간첩행위 당시 이미 연방형법이 적용되므로 그 적용범위가 소급적으로 확장된 것으로 볼 수 없고, 나아가 기본법 제103조 제2항은 실체적 가벌성 요건의 소급적 확장적용을 금지하는 것이지 사법기관의 지역적 관할범위의 확장까지 금지하는 것은 아니라는 점에서 타당하지 않다는 비판이 제기되었다.

둘째, 통일 전에는 동독법상 대서독 간첩행위가 허용되고 있었음에도 불구하고 형법시행법률 제315조 제4항은 이를 소급적으로 폐지하는 결과를 가져오므로 소급효금지원칙에 위반된다는 주장도 있다. 그러나 연방형법 제5조에 의하면 대서독 간첩행위는 처음부터 연방형법이 적용되는 것이며, 동독법상의 허용규정은 행위에 대한 책임확정에 관하여서만 의미를 가질 수 있을 뿐이라는 이유로 이러한 주장은 타당하

Bd.2, S. 179.

211 Günter Widmaier(1990), Strafbarkeit der DDR-Spionage gegen Bundesrepublik-auch noch nach der Wiedervereinigung, *NJW*, S. 3172; Ulfrid Neumann, a. a. O., S. 165.

지 못하다는 비판이 제기되었다.

(4) 판 례

① 연방대법원의 태도

연방대법원은 동독 간첩행위의 형사소추가 국제법의 일반원칙 및 기타 헌법규정에 위배되지 않는다는 입장을 취하면서 다음과 같은 논리를 제시하였다.[212]

첫째, 연방형법 제94조 제1항 제1호에 의한 간첩의 가벌성이 범행시점에 이미 성립되었으며 동독의 연방가입에 의해 그 가벌성이 소멸되지 않는다.

둘째, 국가공동체의 공통된 법적 확신에 의해 확립된 보호주의를 실현하기 위하여 국내법에 따른 간첩의 처벌이 국제법상 금지되지 않는다. 자력구제 또는 자기방어라는 국제법상 일반원칙은 국내법상 간첩에게 유리한 위법성조각사유로 작용하지 못한다. 따라서 국제법상 일반원칙은 연방형법의 간첩 처벌규정의 적용을 배제하지 아니하며 간첩의 책임이 면제되는 결과를 가져올 수 없다. 헤이그육전법규 제31조는 평화시 동독 간첩행위에 대해서는 적용될 수 없으며, 국제법상 면책특권도 간첩기관에 대해서는 적용될 수 없다.

셋째, 서독 정보요원의 간첩행위에 대해 동독형법에 의한 형사소추가 당연히 배제되는 반면 동독 국가공안부요원의 간첩행위만이 연방형법에 따라 소추된다고 해도 이것이 기본법 제3조 제1항에 위배되는 자의적 불평등으로 볼 수 없다. 그 이유는 서독의 정보기관이 국가보호라는 측면에서 방어적 · 소극적으로 활동한 데 반하여 동독의 정보기관의

---

212 BGH Beschluß vom 29. 5. 1991-3StE 4/91-3-geh, StB 11/9(BayObLG), *NJW*, 1991, S. 2498.

대서독 정보활동은 서독의 대외안전을 위협하는 공격적 · 적극적인 것이었기 때문이다.

② 베를린주 대법원의 태도

가벌성을 긍정하는 연방대법원의 판결에도 불구하고 간첩처리 문제에 관하여 법원간의 의견은 합치되지 못하였다. 1991년 6월 22일 베르너 그로스만 사건을 심리한 베를린주 대법원은 동독 간첩의 형사소추가 기본법 제3조 제1항의 평등원칙에 위배된다는 이유로 연방헌법재판소에 위헌심판을 제청하였다.

베를린주 대법원의 견해를 요약하면 다음과 같다.

> 형법시행법률 제315조 제4항에 의하여 동독의 중앙정보국요원의 형사책임을 긍정하는 것은 통일 전 동일하게 첩보활동을 하였음에도 불구하고 연방정보부요원이 형사소추 되지 않는 반면에 중앙정보국요원만이 처벌되어 기본법 제3조 제1항의 평등원칙에 위반이 된다. 또한 연방정보부는 방어활동만을 하였고 국가공안부 중앙정보국은 연방공화국의 안전을 교란하기 위하여 공격적인 명령을 수행하였다는 점은 간첩행위의 본질상 법적으로 의미 있는 차이라고 할 수 없다. 각 정보기관의 구체적 활동내용만이 법적으로 의미 있는 척도가 되나 동독 간첩행위자들이 타국가 비밀정보기관의 활동과 구별되는 활동을 전개하였다고 볼 수 있는 근거가 없다.

③ 연방헌법재판소의 태도

1995년 5월 15일 연방헌법재판소는 베를린주 대법원의 위헌심판제청 사건과 또 다른 3건의 헌법소원도 병합하여 판결하였다.[213] 이 판결

---

213 BVerfG Beschluß vom 15. 5. 1995;-2 BvL 19/91;-2 BvR 1206/91;-2

에서 연방헌법재판소는 5 : 3의 다수결로 '동독 내에서 이루어진 국가공안부의 간첩행위'에 대한 형사소추가 법치국가원리에 근거하는 비례원칙과 평등원칙에 반한다고 판시하였다. 그러나 '서독 내에서 이루어진 국가공안부의 간첩행위'에 대한 형사소추는 연방헌법재판소도 위헌으로 보지 않았다. 연방헌법재판소의 위헌판결의 주요내용을 요약하면 다음과 같다.

> 동독지역에서 이루어진 대서독 간첩행위에 대한 형사소추는 법치국가의 근간을 이루는 비례성의 원칙에 위반된다. 동독간첩에 대한 사후적 형사처벌의 적정성, 형사소추로 인하여 침해되는 당사자의 법적 지위, 형사소추를 통해 달성될 수 있는 국익 등을 종합적으로 형량하여 보면 간첩행위 당사자의 이익을 그에 대한 소추권한보다 우위에 두어야 한다고 판단된다. 따라서 동독지역 내에서 자행된 대서독 간첩활동의 소추가능성은 부인되어야 마땅하다. 과거 동독에 거주하면서 첩보활동을 수행한 간첩은 그들의 국가가 원하는 바에 따라 행동하였을 뿐이며 그 국가의 법률에 의하면 소추되지 않았다.
>
> 통일독일은 이와 같은 형벌권을 오로지 통일을 통하여 취득했을 뿐이며 통일 이전 동독의 간첩들은 동독이라는 국가의 보호를 받고 있었다. 이러한 이유에서 동독이라는 국가의 보호영역을 떠나지 않았던 사람들을 동독을 위한 간첩행위를 하였다는 이유로 처벌하는 것은 그들의 권리를 특별하게 침해하는 것이다.

④ 비 판

연방헌법재판소의 판결에 대하여는 행위자들의 헌법적 권리보호를 충분히 보장한 공정한 판단이었다는 점에서 긍정적 평가도 없지 않았

BvR 1584/91-2 BvR 2601/93.

지만 사법실무상 부정적 평가가 우세하였다.[214] 즉, 간첩죄의 성격이나 비례원칙의 해석상 연방헌법재판소의 판결은 적절하지 못하다는 것이다. 통일로 인하여 그 보호막인 국가를 상실하게 된 것이 간첩행위의 위법성을 소멸하게 하거나 감소한다고 보기는 어렵다. 나아가 연방헌법재판소의 결론에 의하면 동독 내 간첩행위의 지휘자들은 처벌이 불가능하다고 하면서 그들의 명령을 받고 서독 내에서 활동한 동독 간첩들은 처벌이 가능하다는 결과를 초래하여 오히려 평등원칙에 반하게 된다는 것이다. 무엇보다도 연방헌법재판소 판결에 의해서 동독 지역에서 간첩활동을 명령하고 조정하였던 중앙정보국의 간부들이 서독 지역에서 간첩활동을 실제 수행하였던 하수인들보다 유리하게 되었다는 점이 문제로 지적되었다.

또한 연방헌법재판소의 판결은 동독 간첩행위 전반에 대하여 사면조치를 취한 것과 동일한 결과를 가져오나 일반사면은 입법자인 의회의 권한에 속하는 것이므로 연방헌법재판소는 자신의 권한을 넘어 입법권을 침해한 결과를 야기하고 있어 위헌적이라는 비판을 받았다. 소수의견을 낸 헌법재판관 3명은 다수의견에 강력히 반대하며 위헌결정은 연방헌법재판소가 지금까지 존중하였던 모든 원칙들의 한계를 초월한 조치라고 비판하였다.

214 Frankfurt Allegemeiner Zeitung vom 24. 5, 1995.

8. 성과 및 평가

'정권범죄특별수사본부'는 통일 당일인 1990년 10월 3일 출범하여 1994년 10월 1일 '제2의 베를린지방검찰청'으로 확대 개편된 뒤 2003년까지 존속하였다.[215] 이러한 정권범죄특별수사본부는 동독의 정권범죄 청산이라는 역사적 과업을 완수함에 있어 중추적 역할을 수행하였다. 그러나 정권범죄의 사법처리에 관여하였던 수많은 실무자들의 노력에도 불구하고 동독의 체제불법행위들은 극히 일부만이 유죄판결로 이어졌다. 독일은 '중앙법무기록보존소'를 설치운영하면서 통일 전부터 가해자 처벌을 위한 증거수집에 대비했지만 대부분의 경우에 수사장애와 입증장애가 있었다.

한편 학계에서는 정권범죄에 대한 처벌을 어렵게 하는 다양한 법리적 근거를 제시하였다. 법원은 정권범죄자에 대하여 지나치게 엄격한 기준에 따라 유죄를 인정하였으며, 유죄를 인정하는 경우에도 지나치게 낮은 형량을 선고하였다.

사실 동독의 거의 모든 정권범죄의 배후에는 항상 정권수뇌부의 보이지 않는 손이 작동하고 있었다. 특히 SED의 연장된 팔인 국가공안부는 거의 모든 분야에서 이루어진 정권범죄에 사전 또는 사후적으로 관여했다고 해도 과언이 아닐 것이다. 국민적 관심을 모았던 동독 국가공안부 요원들에 대한 사법처리는 이들이 미리 불법청산에 대비하여 지능적으로 범증을 철저하게 인멸하였던 관계로 형사소추가 쉽지 않았다. 어렵

215 베를린 제2지방검찰청 통계에 의하면 동독 정권적 범죄행위와 관련하여 1996년 9월 30일 현재 총 19,972 건의 고발이 접수되어 불과 367 건(2.5%)만이 기소되었다고 한다. 그리고 기소된 범죄를 분류해보면 동독 고위관료의 경제범죄행위가 166 건, 동독 법조인의 법왜곡 행위가 94 건, 동독 탈출자 총격살상행위가 80 건이었다.

사리 기소한 일부 요원들에 대한 불법도청 및 우편물 횡령 피고사건 등은 법리적 이유로 무죄가 선고되어 싱겁게 끝나 버렸다. 이러한 사례들은 체제불법에 대한 법적 청산이 얼마나 어려운 일인지를 단적 보여주고 있다고 하겠다.

특히 법왜곡에 대한 유죄판결은 가장 엄격한 기준이 요구되었다는 평가가 지배적이다. 탈출자 총격행위와는 대조적으로 자유박탈과 관련된 법왜곡에 대해서만 유난히 엄격한 기준으로 재판이 진행되었다. 하지만 법원의 이러한 태도는 동독 구금시설의 상태가 '황색 추방'(*Gelbes Elend*) 또는 'U보트'(*U-Boot*)로 불렸던 것처럼 짧은 구금만으로도 커다란 후유증을 남길 정도로 견디기 어려웠다는 점에서 많은 비판을 받았다.[216]

한편 수많은 피해자들은 물론 일반인들의 법의식에 비추어 보아도 동독 탈출자에 대한 조준사살에 대하여 선고된 형량은 지나치게 가볍다는 비판이 일었다. 소수의 동독 국방위원에 대하여 선고된 7년 6월의 자유형이 탈출자 총격행위의 책임자들에게 선고된 가장 높은 형량이었기 때문이다. 그러나 동독 정권범죄의 가해자에 대한 처벌은 엄격한 법치국가원리에 입각하여 사법절차에 따라 진행되지 않을 수 없었던 관계로 동서독 주민의 정의감정을 충분히 만족시킬 수 없었던 것은 불가피한 결과였다. 특히 동독 정권범죄에 대한 형사소추의 법적 제한에 대한 비판을 사법기관의 탓으로만 돌리는 것은 정당하지 않을 것이다. 그 이유는 대부분의 경우에서 정권범죄의 형사소추는 학계로부터 무시할 수 없는 법리적 반대에 부딪혔기 때문이다.

결과적으로 통일독일에 의한 동독 정권범죄의 청산조치가 불완전하다는 내부의 비판에도 불구하고 국제적으로는 물론 역사적으로 보아도 매우 성공적이었다는 평가를 받고 있다. 정권범죄에 가담한 가해자들

216 Friedrich-Christian Schroeder, a. a. O., S. 3022.

의 동기가 아무리 비열하고 그 행위가 참을 수 없을 정도로 비인도적이었다고 하더라도 그들에 대하여도 통일독일은 그들에게 주어진 국민으로서 기본법상의 법적 보호를 배제하지 않았다. 동독 정권범죄자들에 대한 사법처리 과정에서도 기본법상의 보호장치들이 철저하게 적용되었다. 가해자들 스스로 짓밟았던 법치국가원리가 이제 그들을 보호하는 방패가 되는 역사의 아이러니를 지켜보면서 동서독 주민들은 많은 실망과 분노를 느꼈다.

하지만 법치국가원리가 지배하는 새로운 민족공동체의 수립을 위한 사회적 통합을 이루어 내기 위해서 그들은 냉정하리만큼 차분하게 이러한 역사의 반전을 참아냈던 것이다. 그 결과 이제 통일독일은 통일 후 불과 20여 년의 짧은 기간 내에 민족분단의 어두웠던 과거를 청산하고 동서독 주민이 하나로 통합되어 새로운 역사를 만들어 가는 것이다. 동독 정권범죄에 대한 형사소추가 분단국가의 잠재적 정권범죄자들을 근절하려는 목표에 어느 정도 기여할 것인지에 대하여는 통일독일의 미래가 입증할 것이다.[217]

---

217 A. a. O., S. 3022.

05/ 피해자 구제

1. 서설

동독 체제불법의 희생자를 법적으로 구제해주는 작업은 앞서 지적한 바와 같이 가해자 처벌과 함께 불법청산의 두 수레바퀴 중 하나에 비유될 정도로 중요한 의미를 갖는다. 왜냐하면 불법체제가 남긴 잔재와 후유증을 청산하기 위해서는 가해자를 처벌하는 것만으로는 충분하지 않기 때문이다. 통일조약 제18조 제1항과 제19조 제1항은 동독의 재판과 행정처분의 효력은 통일 후에도 효력을 갖는 것을 원칙을 하였다. 그러나 통일조약 제17조와 제19조 제2항은 반법치국가적이거나 위헌적인 재판과 행정처분은 무효로 하며 이로 인하여 피해를 입은 사람들의 복권에 필요한 조치를 지체 없이 마련할 것을 선언하였다. 이러한 조치는 법치국가를 기본이념으로 하는 통일독일의 기본법 정신에 비추어 당연한 일이라고 하겠다.

통일조약에 따른 동독 체제불법의 희생자에 대한 법적 구제는 형사복권, 행정복권, 직업복권 등으로 구성되었다. 동독 체제불법의 가해자 처벌과 마찬가지로 피해자 구제도 법치국가원리가 원칙과 기준이 되었음은 물론이다. 복권대상이 되는 불법적인 판결이나 행정처분 등을 파기 또는 취소함에 있어서는 자유법치국가원리가 기준이 되고, 복권된 피해자를 구제하는 방법과 내용을 결정함에 있어서는 사회법치국가원리가 기준이 되었다. 특히 체제불법의 피해자에게 주어지는 사회적 조정급부를 결정함에 있어서는 사회법치국가원리가 작용한다는 것은 앞서 살펴본 가해자 처벌과의 차이점이다.

서독은 통일 전부터도 '내독간 형사사법 및 공무 공조에 관한 법률'(RHG)[1]에 의하여 정치적 이유에 기한 동독법원의 불법적인 형사판결에 대하여 집행불허 확인제도를 두었다. 또한 '구금자지원법'에 의하여 동독에서 정치적 이유로 불법구금을 당한 사람들에 대하여 보상을 했었다. 통일 후의 형사복권법, 행정복권법, 직업복권법 등은 통일 전부터 법치국가원리의 구현을 위하여 존재하였던 이러한 구제제도들이 발전된 형태라고 볼 수 있다. 아래에서는 먼저 피해자 구제의 가장 전형적인 모습을 갖추고 있는 형사복권을 먼저 살펴본 다음 행정복권과 직업복권을 차례로 살펴보기로 한다.

1 Gesetz über innerdeutsche Rechts-und Amtshilfe; 1953년 5월 2일 제정된 법률로서 종전 직후 동독주민의 대거유입에 따른 법적 문제들을 해결하기 위한 입법적 근거로 활용되었다.

2. 형사복권

1) 역사적 고찰

1989년 가을 서독과 동독에서는 당시 동독의 SED 통치의 종식과 함께 과거 소비에트 점령지구와 그 이후 동독의 법원에서 이루어진 법치국가에 위반하는 형사판결의 희생자들에 대한 구제방안이 논의되기 시작하였다. 이러한 논의는 동독 인민의회의 복권법 제정과 통일조약 제17조의 동독 SED정권의 정치적 희생자들에 대한 형사복권과 보상조치로 결실을 맺게 되었다. 독일에서 소련점령지구나 그 이후의 동독의 법원에 의해 자행된 불법적인 형사판결에 대한 복권은 통일 전후로 나누어 고찰할 필요가 있다. 왜냐하면 서독에서는 동독의 불법판결의 희생자들에 대한 보상제도가 제한적으로나마 이미 존재하였고, 동독에서는 통일직전에도 동독 형사소송법에 의한 파기절차에 의하여 수많은 불법판결이 파기되었기 때문이다. 통일 이후에는 SED불법청산법과 관계법령이 제정되어 동독법원의 불법판결에 의한 희생자들에 대한 형사복권절차가 정식으로 진행되었다.

(1) 통일 전

① 서독에서의 보상제도

서독에서는 1950년대 초부터 베를린을 포함하는 동독 법원의 불법적인 형사판결을 받고 서독으로 탈출한 동독주민들에게 동독에서 겪은 불법판결에 대한 제한적 보상이 주어졌다. 1953년 5월 2일의 '내독간 형사사법 및 공무 공조에 관한 법률' 제15조에 의하면 소련점령지구나 그 이후의 동독법원에 의해 반법치국가적 형벌을 선고받은 유죄 확정자들은 자기 주거지를 관할하는 주최고검찰청 검사장에게 이 판결의 집행불가를 확인해달라고 신청할 수 있었다. 동독법원에서 반법치국가적 유죄판결을 받은 사람이 서독으로 탈출에 성공하여 이 조항에 의해 정치적 희생자로 인정을 받게 되면 1955년의 구금자지원법에 따른 정착지원금이 지급되었다.

그러나 이 조항에 의한 동독판결의 집행불가 확인절차는 그것이 동독의 사법절차에 의해 불법적으로 유죄판결을 받았던 사람의 보상의 정도에 관계되고, 이러한 사람들의 형사복권을 위한 법적기구와의 조정에 실패하면 중지되었다. 그래서 이러한 절차는 동서독의 통일 이후에는 실무상 그리 중요한 역할을 하지 못하였다. 이 조항은 결국 1990년 8월 31일 통일조약에 의하여 폐지되었고, 1990년 10월 3일 당시 계속중인 절차는 종결되었다.

② 동독에서의 파기절차

형사복권은 사실상 동서독 통일이 임박한 1990년 초부터 동독법원이 동독 형사소송법 제311조 이하에 규정된 확정판결의 파기(*Kassation*) 절차를 통하여 수많은 정치적 이유의 형사판결을 파기함으로써 이루어지기 시작하였다. 동독 형사소송법상의 파기절차는 본래는 사회주의국가 완성을 위하여 검찰의 요청으로 확정판결을 피고인에게 불리하게 파기할 수 있도록 마련된 제도였지만 동독시민혁명을 계기로 피고인에게 유리하게도 파기할 수 있도록 개정된 것이었다. 확정판결의 파기절차는 대법원장과 검찰총장만이 신청할 수 있었고 유죄판결을 받은 사람들 스스로의 신청은 허용되지 않았지만 동독법원은 동서독이 통일되기 직전에 파기절차를 통하여 수많은 유죄판결을 무효화하였다.[2] 이러한 동독의 파기절차는 1990년 8월 31일 통일조약 제18조 제2항에 의해 법치국가원리와 합치하지 않는 확정판결을 받은 사람도 스스로 신청할 수 있도록 허용되는 중요한 변화를 거치면서 통일 후인 1992년 11월 3일까지 존속하였다. 한편 1990년 9월 6일 동독 인민의회는 '복권법'을 제정하였는데, 동법은 같은 해 9월 18일 통일조약 추가협정에 의하여 통일 독일의 법질서의 일부로 편입되었다. 동법은 법원으로 하여금 헌법상의 정치적 기본권을 행사했다고 보여지는 행동으로 유죄판결을 받았던 사람들 또는 정부의 허가 없이 동독을 떠나려고 시도를 했던 사람들의 복권을 가능하게 하면서 1992년 11월 3일까지 존속하였다.

(2) 통일 후

① 제1차 SED불법청산법

'제1차 SED불법청산법'(Erstes Gesetz zur Bereinigung von SED-Unrecht)은 1992년 9월 25일 제정되어 같은 해 11월 3일 공포되었다. 동법 제1조는 편입된 신주지역에서 법치국가위반의 형사소추 조치로 희생된 사람들을 위한 '형사복권법'(Strafrechtliches Rehabilitierungsgesetz)을 중요한 구성부분으로 포함했다. 동법은 1990년 9월 6일 동독 인민의회에서 제정되어 구복권법상의 복권요건 및 피해보상과 관련된 미비점을 보완하였다. 이로써 독일연방의회는 정치적 동기에 의한 형사소추와 그 밖에 법치국가원리 또는 헌법에 위반된 법원판결로 희생되었던 사람들은 모두 복권될 수 있다는 법률적 근거를 제공함으로써 SED불법의 희생자들의 복권과 적절한 배상을 규정한 통일조약 제17조[3]의 지침을 실

2 동독 형사소송법상의 파기절차에 의하여 형사복권을 받은 사람들로는 유명한 사법희생자들, 즉 출판업자 발터 양카, 철학자 볼프강 하리히, 작가 에리히 뢰스트, 여성시민법학자 베라 볼렌베르거, 자유사상가 겸 사회생태학자 루돌프 바흐로 등이 있다.

행하였다.

형사복권법은 그때부터 과거 소련점령지구와 그 이후 동독에서 이루어진 형사소추를 '법치국가성'이라는 척도로 재심사하여 법치국가위반이라고 선언하거나 또는 폐기할 수 있도록 허용함으로써 정치적 희생자들에게 형사복권의 기회를 제공하였다. 형사복권은 사회적 조정급부의 보장과 납부한 벌금, 형사절차의 비용, 당사자의 불가피한 지출, 몰수된 물품과 재산의 반환을 청구할 근거가 된다. 형사복권법은 통일조약 이후 약간의 변화를 거쳐 계속 효력을 유지하며 1945년 5월 8일부터 1990년 10월 2일까지 사이에 편입지역에서 발생한 불법적인 형사사법에 대한 보상에 기여해 왔던 복권과 파기라는 두 개의 법제도를 보충하고 개선하며 통합하였다.

피해당사자들은 사회적 조정급부와 고통에 대한 보상을 받기 위해서는 먼저 형사복권을 청구해야만 한다. 청구는 피해당사자 본인과 법정대리인 이외에 당사자가 사망한 후에는 혈족이나 친족, 그의 복권에 정당한 이해관계를 가진 사람과 검사도 할 수 있다(동법 제7조 제1항). 복권청구는 동독 시대에 1심 재판이나 수사절차가 개시되었던 지구를 관할하는 지방법원이 담당한다.

② 제2차 SED불법청산법

'제2차 SED불법청산법'(Zweites Gesetz zur Bereinigung von SED-Unrechts)은 1994년 6월 23일 제정되어 같은 해 7월 1일 발효되었다. 동법은 제1차 SED불법청산법을 보완하고 특히 행정불법과 직업영역에

---

3 통일조약 제17조 : 쌍방은 모든 정치범과 반법치국가적·위헌적 불법재판의 희생이 된 사람들이 복권될 수 있는 법적 기초를 즉각 마련할 것을 확인한다. 사회주의통합당(SED) 불법정부 치하의 이 희생자들은 복권과 동시에 적절한 보상조치가 행해져야 한다.

서의 정치적 박해를 청산하기 위하여 만들어 졌다. 행정복권법은 동법 제1관의 조문법률이고, 직업복권법은 동법 제2관은 조문법률이다. 동법 제6조는 형사복권법을 개정하기 위한 몇 가지 조항을 포함했다. 가장 중요한 개정내용은 '형사절차 밖에서 자유박탈'에 관한 법치국가위반적 재판을 효과적으로 취소할 수 있는 가능성을 열어준 형사복권법 제2조의 개정이다.[4] 이로써 법원의 결정에 의한 정신치료시설에의 강제입원은 형사절차 밖에서 자유박탈에 관한 법치국가위반적 재판의 하나로 취급되었다. 동법은 구속상태에서의 생활과 강제노동을 자유박탈처분과 동일하게 취급하였다(동법 제2조 참조). 동독의 수용시설에 소위 귀환자를 수용하는 일은 현저히 그리고 엄격히 감시를 받는 행동자유의 제한을 초래한다. 그 결과 만일 당사자가 대체적으로 구금자의 생활과 비슷한 삶을 살아야 했다면 복권신청이 허용되었다.

③ 형사복권법 제1차 개정

독일연방의회는 '1997년 7월 1일 구동독에서 정치적 박해의 희생자를 위한 복권법 규정의 개정을 위한 법률'(이하 제1차 형사복권법개정법률로 약칭함) 로 당시까지의 법률개정을 모두 반영하였으며 형사복권의 청구기간을 2년간 더 연장하였다. 당시 연방정부는 동독 형사사법의 희생자들의 이익을 위한 복권청구는 기간을 제한하지 않으려고 했으나 연방의회의 반대로 관철시킬 수 없었다. 동법의 의미는 금전보상 청구와 집행된 벌금형, 당사자의 형사절차 비용과 필수불가결한 비용의 청구를 위한 기간을 도입하였다는 점에서 찾을 수 있겠다.[5]

---

4 Michael Heinatz(2000), Zehn Jahre strafrechtliche Rehabilitierung in Deutschtland, NJW, S. 3023.

5 A. a. O., S. 3024.

④ 형사복권법 제2차 개정

독일연방의회는 '1999년 12월 17일의 제2차 구동독에서 정치적 박해의 희생자들을 위한 복권법 규정의 개정을 위한 법률'(이하 제2차 형사복권법개정법률로 약칭함)로 다음과 같은 사실을 반영하였다. 즉, 정치적 동기에 의한 형사소추 또는 그 밖에 소련점령지구와 그 이후의 동독에서 반법치국가적・위헌적 형사판결로 희생된 자들에게 있어서 복권의 필요성이 계속 존재한다는 것이다. 1999년도에만 동독 불법판결에 대한 형사복권을 관할하는 베를린 지방법원 2개 형사재판부에 1,200건 이상의 보상신청이 접수되었다. 이러한 현실을 반영하여 동법은 제1조에서 제1차 형사복권법개정법률의 신청기한연장, 배상의 단일화, 추가지급, 청구권의 상속 등 몇 가지 중요한 점들을 다시 개정하였다.

2) 형사복권의 내용

(1) 개 요

1992년 10월 29일 제정된 '1차 SED 불법청산법'은 동독 형사사법에 의한 불법의 피해자에 대하여는 복권과 보상제도에 관한 자세한 규정을 두었다. 이 법의 일부를 이루는 형사복권법은 1990년 9월 6일 동독 인민의회에서 제정된 구복권법상의 복권요건 및 피해보상과 관련된 미비점을 보완했다. 즉, 복권의 효과로서 인정되는 사회적 조정급부청구권에 관한 규정을 별도의 장을 두어 독자적으로 규율했다. 형사복권법상 정치적 피해자의 구제부분은 크게 형사복권과 사회적 조정급부의 부여라는 두 가지 측면으로 나눌 수 있다.

이하에서는 형사복권법에서 정한 복권의 요건과 절차 및 그 효과에 관하여 고찰하되, 그 효과의 하나인 보상청구권의 내용 등에 대해서는 주요내용만을 간략히 살펴보기로 한다.

정치적 가해자의 사법처리를 위해 특별수사기관이 별도로 설치된 것과는 대조적으로 정치적 피해자의 형사복권을 처리하기 위하여서는 이를 전담하는 독립된 관청이 설치되지 아니하고 법치국가원리에 따라 재조직된 동독지역 내 관할법원이 복권신청의 심리절차를 담당하였다. 형사복권 절차에 따른 금전보상과 원호급부를 담당하는 기관 역시 통일적으로 설치되지 아니하고, 주(州)에 따라 법무부가 이를 관장하거나 별도의 관할관청이 설치되기도 하였다.

(2) 형사복권의 요건

① 반법치국가성

동독지역 내에서 1945년 5월 8일부터 1990년 10월 2일까지의 기간중 독일의 국가법원에 의해 선고된 형사재판이 정치적 박해에 이용된 경우, 선고된 형벌이 범행과 현저히 비례하지 아니한 경우, 그 밖에 자유법치국가적 기본원칙과 양립하지 아니한 경우에는 신청에 따라 법원의 결정으로써 반법치국가적인 것으로 선언, 폐지된다(형사복권법 제1조 제1항 제1호 및 제2호).

독일법원의 재판에 국한하므로 특히 소련군사법원의 재판은 형사복권의 대상에서 배제된다. 또한 사회법원(gesellschaftliches Gericht)[6]을 제외한 동독의 군법원(Kreisgericht), 지구법원(Bezirksgericht), 최고법원(Oberstes Gericht) 등 국가법원의 재판만이 복권대상이 된다. 형사재

6 분쟁위원회(*Konflikkommission*)와 중재위원회(*Schirdskommission*)로 구성된 사회법원은 노동사건, 일반법원으로부터 이송된 경범죄, 질서위반사건, 취학의무위반 사건, 소가 500 마르크 이하의 단순 민사쟁송 등을 관할했다. 이와 같이 사회법원이 아주 경미한 사건만을 다루었다는 점에서 사회법원의 결정을 복권의 대상에 포함시키지 아니하였다.

판을 복권대상으로 하므로 동독형법이나 형사소송법에 의거한 법원의 판결, 결정 또는 명령 등이 이에 해당된다. 따라서 영장발부, 약식명령에 대하여도 복권을 신청할 수 있다. 법원 또는 기타 관청에 의한 반법치국가적 치료감호소 수용은 그러한 수용이 정치적 박해나 기타의 목적을 추구하기 위한 경우 형사재판과 동일하게 취급하여 복권대상이 된다.

재판이 수 개의 형벌규정의 위반을 근거로 하나 복권의 요건이 그 형벌규정의 일부에서만 성립하는 경우에도 다른 법률위반이 중요하지 아니한 때에는 그 재판의 전부가 취소될 수 있다(형사복권법 제1조 제3항).[7] 무효가 되는 재판의 범위는 재판의 결과와 당사자의 책임 등을 판단하여 법치국가적 기본원칙과 합치되지 아니한 부분에 한한다.

② 재판이 정치적 박해에 이용된 경우

형사복권의 청구는 형사판결이 자유법치국가질서의 기본원칙과 일치하지 않는 경우에만 인용된다. 그러한 불일치는 형사판결이 당사자의 정치적 박해에 이용된 경우에 존재한다(형사복권법 제1조 제1항 제1호). 일반적으로 체제수호를 위하여 정치적으로 바람직하지 않았던 반체제적 행태를 규율하기 위하여 소련점령지구 또는 동독 법원들이 적용하였던 동독 형법규정들에 의한 유죄판결이 여기에 해당된다.

형사복권법은 정치적 박해에 관하여 개념정의를 하는 대신 정치적 박해에 이용되었을 것으로 추정될 수 있는 법규정을 예시하고 있다. 즉, 형사복권법은 제1조 제1항 제1호 a~i의 9개 항목에 걸쳐 정치적 박해에 이용된 경우를 열거함으로써 이 규정에 해당되는 재판은 반법

7 재판이 수개의 형벌규정의 위반을 근거로 하고 동시에 제1항의 요건이 그 형벌규정의 일부에 있어서만 성립하는 경우 처분의 선고에 있어 그 밖의 법률위반이 중대한 것이 아닌 때에는 재판의 전부가 취소될 수 있다.

치국가적 판결로서 무효의 대상이 된다고 추정하여 재판부의 심사부담을 경감시켰다.

가. 표준목록

복권법원의 판결실무에서 형사복권법 제1조 제1항 제1의 a~i호에서 언급된 표준목록은 정치적 박해의 법률적 의제를 포함하지는 않지만 유죄판결이 정치적 박해에 기여하였다는 점에 대한 법률적 추정을 포함한다. 표준목록에는 동독형법상의 국가배반적 정보전달(제99조), 반국가 인신매매(제105조), 반국가선동(제106조 제1항 제1호 내지 제4호, 제2항, 제3항), 불법단체 가입(제219조), 불법월경(제213조 제1항, 제2항, 제3항 제3호 내지 제6호, 제4항), 보이콧 선동(동독 제헌헌법 제6조 제2항), 병역면탈과 병역거부(제256조 및 동독 병역법 제43조)와 같은 정치형법에 의한 유죄판결 등이 주로 해당되었다. 예를 들면 동독탈출을 도와준 행위가 동독형법 제105조에 의한 국가적대적 행위로 의율되었을 경우 형사복권법 제1조 제1항 제1의 b호에 해당되었다. 동독법원이 악의 없는 정치적 위트의 유포행위를 동독형법 제106조 제1항 제1~4호, 제2항, 제3항에 의한 국가적대적 선동행위로 의율하였을 경우는 형사복권법 제1조 제1항 제1의 c호에 해당한다. 동독형법 제219조에 의한 불법적인 단체결성은 형사복권법 제1조 제1항 제1의 d호에 해당된다.

1961년 8월 13일의 베를린 장벽 설치 이후에도 탈출에 성공한 수많은 사람들이 개인적인 이유로 다시 동독으로 귀환하였다. 이러한 경우에 형법 제213조의 공화국탈출죄라는 죄명으로 내려진 유죄판결도 형사복권법 제1조 제1항 제1의 e호의 정치적 박해에 해당되었다.

예외적으로 정치적 박해의 존재를 근거 없게 만드는 조건들이 존재할 수 있다. 가령 내독경계를 동쪽에서 서쪽으로 넘어가기 위해서가 아니라 서쪽에서 동쪽으로 침입하기 위하여 침범하였던 경우에 한하여 동독형법 제213조 내지는 내용상 같거나 비슷한 임시규정들에 의한 국경침범으로 인한 형사적 유죄판결의 경우가 그러하다. 그러나 그러한 경우에도 복권법원은 정치적 박해가 다른 이유에 의해서 유죄판결의 기초가 되었는지 여부를 심사하여야 한다. 그리하여 만일 당사자가 불법적인 동쪽으로의 국경침범을 통하여 정치적 상징을 설정하려 하였거나, 유죄판결이 법치국가적 절차의 원칙을 심각하게 침해한 것에 기초하였거나, 행위 당시 심각하게 술에 취해서 저지른 행동이 정치적 고려에 따른 판결이유에서 국가중범죄로 왜곡된 경우에는 형사복권이 가능하다.[8]

나. 표준목록 이외의 경우

형사복권법 제1조 제1항 제1의 a~i호의 표준목록에 속하지 않은 동독형법의 규정들에 있어서 유죄판결이 정치적 박해에 기여했는지 여부는 개별적 사안의 구체적 사정에 달려있다. 표준목록 이외의 형벌규정들 또는 동독법원이 이 규정들을 관용적으로 적용하였던 일정한 사례들에 있어서는 이 규정들이 일반적으로 사실상 정치적 박해에 기여하였다는 점을 근거로 한다.

㉠ 탈 영

형사복권법의 입법자는 동독형법 제254조의 탈영을 정치적 박해의 표준목록에 포함하지 않았다. 그럼에도 불구하고 군인으로서 동독에서 서독으로 탈출하기 위하여 허락 없이 군부대를 떠났다는 이유로 처벌된 경우에는 보통 형사복권이 허용되었다. 그런 경우에 동독의 군인이 일반 시민들보다 불리한 위치에 놓여서는 안 되기 때문이다. 동독에

8 Michael Heinatz, a. a. O., S. 3027.

서 불법적으로 국경을 넘었다는 이유로 동독형법 제213조에 의해 책임을 져야만 했던 시민은 원칙적으로 형사복권법 제1조 제1항 제1의 e호에 의해 복권이 되었다. 일반시민과 같이 동독에서의 사회적・정치적 유대에 더 이상 자신을 맡기고 싶지 않았고 불법적인 국경침범을 통한 이주권을 실현하는 것과 달리 그에게 기대되는 다른 가능성이 없는 군인에게 그가 동시에 탈영죄도 범하였다는 이유로 형사복권을 거절한 것은 부당한 판결이라는 것이다.[9]

㉡ 관리위원회 훈령 제38호

연합군 관리위원회 훈령 제38호 제32절 제3조 A의 Ⅲ(KD38)의 규정들도 비록 형사복권법 제1조 제1항 제1의 a~i호의 표준목록에는 속하지는 않지만 일반적으로 정치적 박해에 기여하였다. 원래 이 훈령은 전쟁범죄자, 나치주의자, 군국주의자들에게 형사책임을 묻고 전후 독일에서 나치의 재건을 예방하는 데 그 목적이 있었다. 당시 소련점령지구와 그 이후의 동독 법원은 이 규정들을 구성요건의 충족 여부를 묻지 않고 당과 국가 및 그 조치들에 대한 비판자들을 형사처벌하기 위하여 적용하였다. 이러한 정치적 희생자들에는 여호와의 증인과 같은 신앙공동체의 신도들도 해당되었다. 소련점령지구와 동독지역의 법원들은 관리위원회 훈령 제38호 제32절 제3조 A의 Ⅲ(KD38)의 규정들을 이러한 신앙공동체의 소속원들에게 자의적으로 적용하였다. 그들은 이렇게 함으로써 이른바 활동가라는 인적 집단에게 1945년 5월 8일 이후 국가사회주의 또는 군국주의에 대한 헛된 정치선전과 편향된 소문의 확산을 통하여 독일민족 또는 세계평화를 위협하였거나 아직도 위협하고 있다는 멍에를 씌웠기 때문이다.[10]

---

9 A. a. O., S. 3027.

㉢ 체류제한령

1961년 8월 24일의 체류제한에 관한 동독정부의 명령은 그것이 형사복권법 제1조 제1항 제1의 a~i호 표준목록에 속하지 않더라도 정치적 박해에 이용되었다. 이러한 명령에 따른 유죄판결의 경우에는 형사복권법 제1조 제1항의 의미에서의 형사판결이 될 수 있다. 가령 일부지역의 국가기관이 형법위반에 대한 변론을 거치지 않고 체류제한령에 의한 절차를 강행하였을 경우가 그러하다. 위 명령 제3조 제1항에 의한 체류제한뿐만 아니라 위 명령 제3조 제2항에 따른 직무박탈도 형벌적 성질을 갖는 조치를 구성하였다. 형사법원이 이러한 조치를 지시하였고, 그 절차에서 동독 형사소송법의 규정들이 적용되었다. 이러한 사실관계는 1961년 8월 24일의 체류제한에 관한 동독정부의 명령에 따른 유죄판결을 형사판결로 간주할 수 있게 하였다.[11]

㉣ 반사회적 태도에 의한 공공질서의 위협

동독형법 제249조에 의한 반사회적 태도에 의한 공공질서의 위협(나중에는 비사교적 태도로 인한 공공질서와 안전에 대한 영향)으로 인한 유죄판결이 선고되었던 경우에는 개별적 사례에서 복권판결은 어렵게 된다. 그 이유는 민주적 법치국가에서도 반사회적 태도들을 일정한 요건 아래서 형벌에 처하였거나 지금도 형벌로 처벌하는 규정들이 존속하고 있기 때문이다.

동독형법 제249조에 의한 반사회적 태도에 의한 공공질서의 위협으로 인한 유죄판결이 항상 정치적 박해에 이용되었던 것은 아니었다. 이러한 규정에 의한 책임추궁은 그것이 노동능력이 있는 성인으로 하여금

---

10 A. a. O., S. 3027.

11 A. a. O., S. 3028.

자신의 생활유지를 위한 필수적인 재원을 일정한 직업활동을 통하여 벌어들이도록 격려하려는 목적을 추구하였다면 자유법치국가 질서의 본질적 기본원칙에 어긋나지 않는다. 반사회적 태도에 의한 공공질서의 위협으로 인한 유죄판결은 무엇보다도 당사자가 자기의 생계를 처벌 가능한 행태로 유지하였을 경우에는 일반적으로 이의를 제기할 수 없다.

반사회적 태도에 의한 공공질서의 위협으로 인한 유죄판결에 대한 형사복권은 일반적으로 동독법원이 단지 일반적인 근로의무의 이행을 형법적인 수단으로 관철하려고 시도하였던 경우에만 허용된다. 만일 당사자가 돈벌이를 하지 않았고, 따라서 독일 권력자들의 용어례에 의하면 '노동혐오적' 태도를 보였을 뿐만 아니라 추가적으로 자기의 부양의무를 이행하지 않았고, 장기간 임료나 전기요금을 지불하지 않았으며, 오로지 공적 수단이나 의무가 전혀 없는 제3자의 온정에 의존하였던 경우에는 복권청구가 일반적으로 기각되었다. 주대법원은 동독형법 제249조 제1항의 구성요건표지들을 정의하기 위하여 당시 동독 대법원의 판결을 참고로 하였다.[12]

③ 재판이 현저히 비례성을 잃은 경우

형사복권법은 제1조 제1항 제2호에서 선고된 유죄판결의 법적 효과가 그 기초가 된 행위와 심각한 불비례관계에 있을 경우에는 복권을 신청할 수 있다고 규정하였다. 따라서 체제유지를 목적으로 범죄의 경중에 비하여 현저히 중한 형벌을 선고한 경우와 같이 범죄와 형벌이 비례하지 아니하고 그 정도가 심각한 경우도 형사복권의 대상이 될 수 있다. 그러한 심각한 정도의 불비례관계는 당사자가 동독에서 감경된 형벌을 받았을 경우에는 인정되지 않는다. 형사적 복권절차에서 법원의 판결

12 A. a. O., S. 3029.

을 심사하는 목적은 동독에서 당사자에게 비난이 제기된 행위에 대한 형벌을 연방공화국에서 유효한 양형규정을 고려하여 새롭게 확정하려는 것이 아니다. 형사복권법 제1조 제1항의 표준사례는 구소련점령지구나 그 이후의 동독에 대하여 사후적으로 정당한 양형실무에 관한 연방독일의 입장을 확실하게 주입시키는 데에 기여하지도 않는다. 이러한 형사복권 구성요건에 의하여 단지 법치국가적 비례성의 원칙에 정확히 입각해서 참을 수 없는 정도로 그 한계를 넘는 유죄판결의 법적 효과만이 번복된다. 따라서 내려진 형벌이 우선 정당한 것으로 간주될 수 있는 범위를 초과해야만 한다.

사형판결이 선고된 경우에는 처분된 법적 결과와 그 기초가 된 행위 사이에 심각한 불비례가 존재한다는 강한 추정을 받는다. 연방독일의 법질서는 사형판결을 알지 못한다.[13] 동독은 1987년에 궁극적으로 사형을 폐지하였다. 인간의 존엄성을 존중하라는 명령(기본법 제1조 제1항)을 고려하고, 생명에 대한 기본권의 우월적 의미(기본법 제2조 제1항)로 인하여 사형에 반대하는 의견도 상당수가 존재한다. 다른 한편 미국의 여러 주에서 법적 상황에 기초하여 나타나듯이 사형제도의 폐지가 자유법치국가질서의 포기할 수 없는 징표가 되는 것은 아니다. 사형의 선고는 그것이 가장 무거운 불법에 대한 형벌로 기여한 경우에는 복권법적 관점에서 결코 자의적인 행동이라 보지 않는다. 어떤 복권절차에서 어느 당사자가 1933년 7월에 나치돌격대원(SA)으로서 정적의 박해와 학대에 관여하여 4명의 사망을 야기하였고 그 이외에 수많은 사람들의 심각한 학대에 주된 책임자 중 한 사람으로 참여하였다면 그는 연방독일법에 의한 유죄판결에서 가장 높은 형벌을 받아 마땅했다는 이유로 형사복권은 허용되지 않았다.[14]

13 독일 기본법 제102조: 사형은 폐지된다.

④ 자유법치국가적 기본원칙과 양립하지 아니한 경우

형사복권법 제1조 제1항에 의하면 정치적 박해에 기여(제1호) 하지 않고, 그의 법적 결과가 그 기초가 된 행위와 심각하게 불비례(제2호) 하지 않더라도 자유민주적 법치국가질서의 본질적 원칙과 일치하지 않는 유죄판결을 법치국가위반이라고 선언하고 폐기할 수 있는 가능성이 존재한다. 형사복권법 제1조 제2항은 유죄판결이 절차법적 하자로 인하여 자유법치국가의 기본원칙과 양립할 수 없는 상태에 이르게 된 경우도 형사복권의 대상이 된다. 이러한 경우는 유죄판결이 평등원칙, 비례성의 원칙, 법적 안정성 등과 같은 중요한 법치국가적 절차규정을 침해한 때에 존재한다.

자유법치국가의 질서 속에서도 발생할 수 있는 단순한 법률위반은 기본적인 법치국가적 절차보장에 어긋난다고 할 수 없다. 그러나 동독 법원이 형사소송법 제136조 a의 의미에서 허용되지 않는 신문방법으로 얻어진 자백을 근거로 유죄판결을 선고한 경우는 형사복권의 대상이 될 수 있다.[15] 이 규정에 의한 형사복권의 대표적 사례로서 발트하임 재판을 들 수 있다. 이 규정에 따라 1950년 4월 26일부터 7월 14일까지 발트하임의 켐니츠 지방법원 특별형사부에 의해서 선고된 3,324 건의 확정판결은 무효로 선언되었다.

14 Michael Heinatz, a. a. O., S. 3029.

15 A. a. O., S. 3029.

(3) 형사복권의 절차

① 신 청

형사복권 절차는 당사자 등 신청권자의 신청에 의해서만 개시된다. 신청권자는 직접당사자, 간접당사자와 검사가 된다. 직접당사자란 유죄판결을 선고받은 자, 타인의 재판과 관련하여 소유권 또는 기타 재산권을 몰수당한 제3자를 말한다(형사복권법 제7조 제1항 제1호).[16] 직접당사자가 사망한 경우에는 그 배우자, 직계 존비속, 형제자매, 직접당사자의 복권에 정당한 이익을 갖는 자 등이 간접당사자로서 신청권자가 된다(형사복권법 제7조 제1항 제2호.)

복권신청은 애초 1995년 12월 31일까지만 할 수 있었다. 그러나 이 기간은 1999년 말까지로 연장되었다가 다시 '1999년 12월 17일의 제2차 형사복권법 개정 법률'로 2001년 12월 31일까지 다시 연장되었다.[17] 물론 이 기간은 복권신청에만 적용될 뿐 복권결정 후 그에 따른 사회적 조정급부의 신청은 기간의 제한이 적용되지 아니하였다.

복권신청은 복권대상이 된 형사판결의 수사절차가 있었던 지역의 지구법원 또는 그 지구법원 소재지에 있는 지방법원이 관할하며 3명의 직업법관으로 구성된 복권부(*Rehabilitierungssenate*)에 의하여 심사된다. 복권부 구성에서는 형사소송법상 법관에 대한 제척·기피·회피에 관한 규정이 준용되고, 재심사절차를 통과한 동독 출신 판사는 1인 이상을 둘 수 없다(형사복권법 제9조).[18] 재판이 아닌 반법치국가적 형사법

16 구복권법하에서는 유죄판결을 받은 자만이 복권신청을 할 수 있었다. 이 점에서 형사복권법은 구복권법이나 파기절차에 비하여 신청권자의 범위를 확대했다.

17 Michael Heinatz, a. a. O., S. 3024.

18 지구법원과 지방법원은 각기 3인의 직업판사로 구성된 복권부를 통하여 재판

적 조치에 대해서는 그 조치가 있었던 장소를 관할하는 법원이 복권절차를 관할한다.

② 심리와 결정

복권법원은 복권절차에서 실체적 진실을 발견하기 위하여 직권으로 심리하여야 한다. 복권결정을 함에 있어 원칙적으로 구두변론을 거치지 아니한다(형사복권법 제11조 제3항). 다만 사안의 규명 등을 위해 필요하다고 인정되는 경우에는 법원은 신청인에게 구두설명을 위해 출석을 요구할 수 있으며(형사복권법 제11조 제3항) 검사는 복권절차에 출석하여 의견을 진술할 수 있다. 복권결정에 의하여 제3자의 권리가 직접 침해될 것으로 예상되는 경우 그 제3자도 복권절차에 참여하여야 한다(형사복권법 제11조 제5항).

복권법원의 재판은 결정을 내림으로써 종결되며 결정은 서면에 의한다. 결정문에는 특히 재판의 일부만이 복권대상이 된 경우 다른 후속결정을 위하여 무효화된 범죄사실과 형의 선고 등을 특정하여야 하며 사회적 조정급부액의 산출을 용이하게 하기 위하여 자유박탈기간을 기재하여야 한다.

③ 이의절차

복권법원의 결정에 대하여는 항고할 수 있다. 항고기간은 재판이 고지된 날로부터 1개월 이내이다(형사복권법 제13조 제1항). 복권절차에

한다. 1990년 10월 3일 이전에 가입지역 내에서 직업판사나 검사로 재직하였던 자가 독일법관법 및 통일조약에 따라 법관의 자격을 갖지 못한 때에는 복권재판에 참여하여서는 아니된다. 가입지역에서 1990년 10월 3일 이전에 직업판사나 검사로서 재직하였던 자는 복권재판에 1인 이상 판사로서 참여할 수 없다.

참가한 이해관계 있는 제3자도 항고할 수 있다. 복권절차의 신속한 종결을 위하여 일정한 사안에 대하여 항고권은 제한될 수 있다. 따라서 복권신청인과 참가인 신청에 모두 배치되지 아니한 재판, 재판부를 구성하는 법관 전원과 검찰의 의견이 일치되어 결정된 것으로서 현저한 비례성 위반을 인정할 수 없다고 한 결정, 파기절차나 구복권법에 따른 절차에서 복권이 거부된 사안 중 재신청 불허의 결정에 대하여는 항고가 불가능하다.

(4) 형사복권의 효과

복권법원이 심리한 결과 복권결정을 내리게 되면 그 대상이 된 형사판결은 무효가 되며, 신청인에 대하여는 후속청구권(*Folgeanspruch*)과 사회적 조정급부청구권 등 두 개의 청구권이 인정된다. 후속청구권은 자유민주적 법치국가원리에 의하여 형사판결이 무효화되어 그 판결에 기초를 둔 조치들이 근거를 상실하게 됨으로써 발생되는 당연한 권리임에 반하여, 사회적 조정급부청구권은 기본법상의 사회적 법치국가원리에 의하여 입법자가 사회적 약자의 지위에 있는 피해자들의 실질적 평등을 보장하기 위해 설정된 권리이다.

① 후속청구권

가. 형집행의 종료: 복권법원의 복권결정에 의하여 남은 형의 집행이 종료된다.

나. 전과말소: 복권절차에서 그 대상이 된 판결이 무효화된 경우에는 이에 관한 동독의 형벌등록부상(*Strafregister*) 기록은 연방중앙등록부에 이기되지 아니한다.

다. 벌금, 소송비용, 필요적 경비의 보상: 형사복권법은 복권결정이 이루어진 경우 종전 재판에서 납입된 벌금이나 소송비용, 필요적 경비 등에 대한 보상을 규정하고 있다(형사복권법 제6조).

② 사회적 조정급부청구권

가. 신청권자 등

사회적 조정급부는 권리자의 신청에 의해서만 보장된다. 형사복권법에 의하여 복권된 자 이외에도 구복권법에 따라 복권된 자, 통일조약 발효 이후 파기절차에 따라 보상청구권을 가진 자, 구금자지원법 제10조 제4항에 따른 급부청구권증명서를 가진 자도 사회적 조정급부를 신청할 수 있어서 인적 범위가 구복권법에 비하여 확대되었다.

신청절차는 사회적 조정급부청구권의 구체적 종류에 따라 그 급부에 해당되는 절차규정에 의한다. 금전보상에 대해서는 사법행정법 특히 형사보상법에 정한 절차규정이, 지원급부에 관해서는 일반 행정절차법이, 원호급부에 관해서는 사회법적 행정절차법이 각각 적용된다.

나. 신청권의 배제

형사복권법은 사회적 조정급부청구권에 대한 인적 배제규정을 두고 있다. 즉, 청구권자가 인간의 존엄성이나 법치국가의 기본원칙을 침해하였거나 자신의 이익을 위하여 타인에게 불이익하게 자신의 지위를 남용하였던 경우에는 사회적 조정급부를 청구할 수 없다(형사복권법 제16조 제2항). 통일독일의 입법자는 다음과 같은 합리적 사유가 있는 경우에는 사회적 통합의 차원에서 사회적 조정급부청구권을 허용하지 아니하기로 결단한 것이다.

첫째, 인간의 존엄성이나 법치국가원리를 침해한 경우이다. 정치적 이념을 달리하는 사람들을 정치적으로 박해하였거나, 그들의 정치적 기본권의 행사를 폭력이나 도덕적으로 비난받을 동기에서 방해하였던 경우가 이에 해당된다. 피해자가 실제 나치 강제수용소 책임자였던 경우[19]가 대표적 사례라고 하겠다. 인간의 존엄성 또는 법치국가성에 대한 침해가 구소비에트 점령지구나 그 이후의 동독지역의 불법체제와 관련이 있었고, 따라서 어떤 방식으로든 정치적 근거에 의한 박해에 기여하였던 경우에만 사회적 조정급부청구를 배제한다. 물론 권리자가 단지 인간존엄이나 법치국가의 원칙을 침해하는 범죄행위를 한 것만으로는 청구를 배제할 수 없다.

둘째, 청구권자가 동독 공산당체제나 나치 지배기간중 국가나 당, 그리고 경제분야에서의 불법체제를 유지하는 기능을 수행한 자로서 그 지위를 남용한 경우이다. 청구권을 갖지 못하는 사람들에는 독일사회주의통합당(SED)의 수뇌부·국가공안부(MfS)의 비공식 협조자나 사회적 협력자들도 해당된다고 보는 견해도 있으나, 판례는 이러한 견해를 제한적으로만 수용하였다.[20]

이러한 배제사유가 있는지 여부는 보상담당기관이 직권으로 심사하며, 법원은 이러한 기관의 결정을 사후에 심판할 수 있을 뿐이다. 이러한 심사과정에서 국가공안부문서나 중앙법무기록보존소의 자료를 활용할 수 있다. 청구가 배제되는 것은 사회적 조정급부에 한하며 후속청구권은 위 요건에 해당하는 자라도 행사할 수 있다. 또한 이러한 배제사유는 여러 단계의 승계절차를 거친 경우에는 각 단계별 모든 권리승계인, 즉 불법구금되었던 자뿐만 아니라 그 권리승계인에게도 존재하지 않아야만 사회적 조정급부가 보장된다. 따라서 불법구금되었던 자

19 재판절차가 법치국가의 기본원칙을 위반하였다는 이유로 형사복권의 대상이 되었던 발트하임 재판에서 유죄판결을 선고받았던 자들 중 약 20%가 나치강제수용소와 노역소의 책임자나 감독자들이었다는 이유로 사회적 조정급부청구권이 배제되었다고 한다.

20 Michael Heinatz, a. a. O., S. 3025.

가 배제사유에 해당하지 아니하더라도 그의 유족이 위 배제사유에 해당한 경우에는 유족에게 독자적으로 보장된 사회적 조정급부인 유족의 원호급부나 지원급부를 신청할 수 없다.

다. 내용

㉠ 금전보상

자유법치국가적 기본원칙에 반하는 자유박탈을 당한 자에게 그 박탈기간에 상응하여 보상금이 지급되며 이러한 금전보상은 신청인의 신청에 의해서만 지급이 가능하다(형사복권법 제17조). 보상신청의 기간은 제한이 없으며 따라서 금전보상신청은 복권신청과 동시에 신청할 수도 있다. 동시에 신청된 경우에는 복권법원이 복권신청을 인정한 경우에 비로소 보상신청을 관할 보상청에 송부한다. 여기서 자유박탈이란 사람의 의사에 반하거나 의식이 없는 상태에서 사람을 교도소, 유치장, 노역장, 폐쇄된 구금시설, 폐쇄된 보호시설이나 병원시설에 수용하는 것을 말한다.[21] 형사복권법에는 동법상 요건을 갖추지 못하여 금전보상에서 배제되는 경우에도 금전보상의 거부가 특별히 부당하다고 평가되면 예외적으로 금전보상이 지급될 수 있도록 하는 보완규정(*Härteregelung*)을 두었다(형사복권법 제19조). 이는 보상요건을 정형화함으로써 입법과정에서 고려되지 아니한 사항을 구체적 보상결정 과정에서 참작하도록 하여 예외적으로 금전보상이 지급될 수 있도록 한 것이다.

형사복권법상 사회적 조정급부청구권에 대하여 금전보상액수가 사회국가원리의 기대수준에 미치지 못하고 연방형사보상법상 소정의 형

21 자유박탈에 대한 사법절차에 관한 법률(Gesetz über das gerichtliche Verfahren bei Freiheitsentziehung; FEVG) 제2조 제1항.

사보상과 비교할 때 이에 미치지 못하여 평등원칙에 위배된다는 비판이 가하여졌다. 이러한 비판에 대하여 1991년 연방헌법재판소는 형사복권법에 따른 사회적 조정급부는 한 국가의 체제에 기인하는 집단적 불법에 대한 보상을 대상으로 한다는 점에서 법치국가에서도 불가피하게 예외적으로 발생하게 되는 불법적 자유박탈에 대한 보상을 대상으로 하는 형사보상법과 차이를 인정했다. 또한 한정된 자원을 여러 국가과업에 적절하게 분산시켜야 할 필요가 있기 때문에 입법자에게 보상액의 크기를 정하는 데 있어 광범위한 재량이 인정되었다는 점에서 헌법에 배치되지 않는다고 보았다.[22] 그러나 수많은 희생자들의 거듭되는 불평과 불만을 반영하여 제2차 형사복권법 개정으로 2000년 1월 1일부터는 자유박탈기간 1개월당 300 DM에서 600 DM으로 상향 조정되었다(형사복권법 제17조 제1항 제1호).[23]

㉡ 원조급부

원조급부(*Unterstützungsleistung*)란 금전보상 청구권자가 자유박탈로 인하여 경제적으로 생계가 곤란하게 된 경우에 금전보상 외에 추가적 급부를 제공하는 것을 내용으로 한다. 원조급부 여부는 '정치적 구금자 후원재단' 이사회가 결정한다(형사복권법 제18조). 원조급부 청구권자는 형사복권법 제17조 제1항에 따른 금전보상 청구권자로서 경제적으로 특별히 곤궁한 자이다. 따라서 불법하게 자유박탈을 당한 자로서 사회적 조정급부청구 결격사유에 해당하지 않아야 하며 이 요건 외에 건강상의 장애나 노동능력의 부족·직업상의 현저한 불이익으로 인하여 자신의 힘으로 경제적 곤란 상태를 극복할 수 없는 자로서 일정 수준의 수입을 넘지 않는 자이어야 한다.

---

22 BVerfGE vom 23. 4. 1991.

23 Michael Heinatz, a. a. O., S. 3025.

㉢ 피해자 원호

피해자 원호(*Beschädigtenversorgung*)는 불법적인 자유박탈로 인하여 건강상의 손상을 입었던 경우 이를 원인으로 한 신체적・경제적 피해를 보상하는 것을 내용으로 하는 사회적 조정급부이다(형사복권법 제18조). 원호급부가 인정되기 위해서는 이중의 인과관계가 요구된다. 우선 자유박탈과 건강상의 손상과의 사이에 인과관계가 있어야 하며 그 밖에 후유장애나 경제적 손해와 위 건강상의 손상 사이에 인과관계가 있어야 한다. 이들 인과관계는 개연성(*Wahrscheinlichkeit*)이 있으면 인정된다.

㉣ 유족 원호

불법구금으로 인한 건강상의 손상이나 불법 사형판결의 집행으로 사망한 자의 유족에 대하여 원호급부가 보장된다(형사복권법 제22조). 유족 원호는 사망한 자의 배우자, 자녀 및 직계존속에 한정하여 인정되며 형제자매나 사실혼 관계에 있는 배우자에 대해서는 청구권이 인정되지 않는다. 유족원호를 인정하기 위해서는 사망이 구금으로 인하여 입은 건강훼손에 직・간접적으로 기인하였어야 한다. 사망원인의 증명방법에는 제한이 없다.

3) 형사복권의 개별적 문제점

복권법원의 판결실무에서 형사복권법의 다양한 조항들에 대한 해석을 둘러싸고 수많은 개별적인 문제점들이 발생하였다. 이러한 개별적인 문제점들 중에서 중요한 사항만 살펴보면 아래와 같다.

(1) 형사판결의 심사범위

법치국가위반 여부에 대한 심사는 동독법원에 의한 형사판결을 대상으로 한다(형사복권법 제1조 제1항). 따라서 통일조약 제3조에 언급된 지역(동독지역)에서 1945년 5월 8일부터 1990년 10월 2일 사이에 판결이 선고되었다는 사실이 중요한 의미를 갖는다. 그러므로 베를린 소재 법원의 판결은 그것이 소비에트 관할지역에서 이루어진 경우에만 실효성 있게 취소될 수 있다. 베를린 지방법원이 1947년 영국 관할지역에 있던 모아비트 형사법원의 건물에서 내린 판결은 형사적 복권절차에서 심사될 수 없다. 형사절차상 베를린의 소비에트 관할지역에서 집행결정이나 특사결정이 이루어졌다고 하더라도 베를린의 소비에트 영역에서 선고되지 않은 판결은 취소할 수 없다.[24]

형사복권법 제1조 제1항에 의하면 제2차 세계대전 종전 후에 연합군의 점령고권에 근거하여 이루어진 비독일 재판부의 판결은 형사복권법에 의하여 폐기할 수 없음을 분명히 밝히고 있다. 이러한 판결의 폐기가능성에 대하여는 소비에트연방의 승계국가인 러시아연방이 결정할 수 있었다. 러시아연방은 '1991년 10월 18일의 정치적 억압의 희생자들의 복권을 위한 법률'을 통하여 이에 대한 법적 기초를 만들었다. 원래 이 법률은 외국(비러시아) 인들에게는 적용되지 않았지만 1992년 12월에 헬무트 콜과 보리스 엘친의 '책임 없이 박해받은 자들의 복권을 위한 공동성명'으로 법률개정이 이루어졌다. 그때부터 이 법률은 구소련인들을 초월하여 구소련의 법원이나 특별법원의 판결에 의하여 정치적 박해의 고통을 겪은 외국인들에게도 적용될 수 있게 되었다. 러시아 주재 독일 대사관과 꾸준히 접촉을 유지하면서 모스크바의 군최고검찰청은 2000년 1월까지 독일인들이 제기한 1만 2천 건 이상의 청구를 처리

24 A. a. O., S. 3026.

하였다. 그중 약 8천 명의 독일인은 복권되었다.[25]

동독은 1950년 1월 14일의 협정을 근거로 소비에트 군사법원과 독일인에 대한 특별법원에 계속된 자유형의 집행을 인수하였다. 동독 형벌집행기관의 책임영역에서 이루어진 자유형의 추가집행은 형사복권법 제1조 제5항의 형법적 조치에 해당된다. 이에 반하여 소비에트 관할권의 책임영역에서 집행된 자유형은 이 규정의 의미에서의 형법적 조치에 속하지 않는다. 따라서 소비에트 군사법원이나 특별법원의 판결을 근거로 자유박탈 처분을 받았던 사람들에 대한 형사복권은 허용되지 않았다.

(2) 형사복권의 배제

당사자의 복권이 부분적으로만 고려되거나 고려되지 않은 경우들도 있다. 동독에서 일반적인 범죄(재산범죄나 상해범죄 등)로 정치적 동기 없이 유죄판결을 받은 사람들에 대해서는 복권이 고려되지 않는다. 형사복권절차에서 당사자들은 통상적으로 그들이 자기에게 혐의가 주어진 범죄를 저지르지 않았다거나 유죄판결의 기초가 될 정도의 잘못을 범하지 않았다고 주장한다. 그러나 당사자들은 복권절차에서 원칙적으로 이러한 이의를 제기할 수 없다. 논란의 여지가 있는 판결의 이유에서 문제된 사실확정의 부당성에 관한 입증노력이 형사적 복권절차에서는 좀처럼 성공하지 못한다. 복권법원은 소련점령지구나 그 이후 동독의 형사법원의 논란의 여지가 있는 판결의 기초가 되는 증거들의 증거가치를 항소나 상고절차처럼 새롭게 심사할 수가 없기 때문이다. 형사복권법에 의하면 부적절한 증언이나 잘못된 자백을 근거로 하여 소련점령지구나 그 이후의 동독 형사법원에 의해서 이루어진 잘못된 법

25 A. a. O., S. 3026.

률적용을 되돌리지 못한다. 단지 이러한 법원이 판결시에 부적절한 사실관계를 알면서도 유죄의 근거로 삼았거나 당사자들에게 범죄를 법에 맞추어 '전가한' 경우에만 복권법원은 당사자의 유죄판결에 이르게 된 사정을 새롭게 조사할 의무가 있다. 그 밖의 경우에는 당사자들은 형사소송법 제359조 이하에 의하여 재심을 청구하여야 한다.[26]

4) 평 가

형사복권법은 통일독일에서 SED불법의 희생자와 가해자 사이의 법적 평화를 재건하는 임무에 있어서 중요한 의미를 갖는다. 동독의 정권범죄가 공소시효 완성으로 인하여 처벌할 수 없게 될 경우 형사복권은 더욱 의미가 크다. 구소련점령지구와 그 이후의 동독 법원의 구성원들의 법왜곡(형법 제339조)으로 인한 가벌적 행위의 경우에도 마찬가지이다. 이러한 이유로 통일독일은 법개정을 통하여 소련점령지구와 동독 사법부의 판결에 대하여 2006년 12월 31일까지 그것의 법치국가성을 심사할 수 있도록 기한을 연장하였다. 이로써 외국의 문서고나 동독의 슈타지문서 관리수임자들의 재고창고로부터 나온 문서들이 법치국가 질서의 본질적 원칙에 대한 사법적 침해를 확인하기 위하여 폭넓게 활용될 수 있는 기회가 제공되었다. 그럼에도 불구하고 통일독일에서 형사복권에 의한 SED불법의 피해자에 대한 구제가 충분하였다는 평가는 찾아보기 어려웠다.

26 A. a. O., S. 3030.

3. 행정복권

1) 행정복권법의 제정

동독은 사상적 이단자를 정치적으로 탄압하기 위하여 형법 및 노동법 등을 악용하였을 뿐만 아니라 행정권한도 남용하였다. 국가기관은 동독주민을 대상으로 그의 정치적 태도에 상응하는 행정처분 내지 집행력 있는 결정을 내렸다. 예를 들어 동독주민이 SED 지침에 위배하여 서독 측과 접촉한 데 대하여 군위원회로부터 부당한 처분을 받거나 국가기관의 자의적인 행위로 동독주민이 심한 불이익을 받은 경우가 허다하였다. 이처럼 동독체제하에서 국민은 법의 보호없이 국가기관에 의하여 부당한 침해를 받도록 방치되었다.

동독체제하에서 국가기관의 자의적인 행위로 야기된 생명권의 박탈은 물론 건강상의 피해, 재산상의 피해, 직업상의 불이익 등 현재까지 지속되는 불법적인 결과를 하루빨리 제거하고 그 피해를 보상하여야 할 필요성은 동독의 자체적 개혁과정에서 이미 심각하게 논의되었다. 그리하여 통일 직전 동독의 인민의회가 형사·행정·직업상의 복권에 관한 포괄입법을 제정하여 시행하였으며 이들은 통일 후 부분적으로 연방법질서에 편입되어 상당기간 효력을 유지하였다.[27]

법적 측면에서 동독은 연방독일에 가입함으로써 국가 내지 국제법 주체로서 자격을 상실하였고, 동독기관의 불법조치에 대해서는 연방이나 신설주 모두 동독의 포괄적 권리승계인이 아닐 뿐만 아니라 기본법에도 동독의 불법행위에 대한 서독측의 원상회복의무가 규정되어 있지 않기 때문에 구서독이나 통일독일은 이에 대하여 책임이 없었다. 그

27 A. a. O., S. 3023.

러나 기본법상의 가치질서 특히 법치국가원리 및 사회국가원리에 근거하여 입법자는 이러한 문제에 관한 입법조치를 강구할 의무를 부담하게 되었다.

통일조약 제17조는 복권에 대하여, 제19조는 "가입의 발효 이전에 내려진 동독의 행정행위는 계속 유효하며 그것이 법치국가원리나 이 조약의 규정들과 합치되지 아니하는 경우에는 취소될 수 있다"고 규정했다. 이러한 규정들에 근거하여 동독의 반법치국가적인 행정행위를 취소하거나 반법치국가성을 확인함으로써 복권신청시까지 지속되는 반법치국가적 행정행위로 인한 부당한 결과를 시정하는 입법조치가 이루어졌다.

1994년 5월 19일 연방내각이 제출한 '제2차 SED불법 청산을 위한 법률'안이 연방하원과 상원을 통과하여 같은 해 7월 1일부터 발효하게 되었다. 이 법률은 '제1차 SED 불법청산법'을 보완하고 행정불법과 직업영역에서의 정치적 박해를 청산하기 위하여 제정된 것이다. 이 법률은 동독의 반법치국가적 사법 및 행정처분은 결과적으로 직업상의 불이익을 초래한 경우가 대부분이므로 이러한 형사복권·행정복권·직업복권 사이의 상호연관관계를 고려하여 그 요건 및 절차를 통일적으로 규율하였다. 이 법률은 제1관에서 행정복권에 관하여, 제2관에서 직업복권에 관하여 각 규율하였다. 말하자면 행정복권법[28]은 직업복권법과 함께 종합법률인 '제2차 SED 불법청산법'의 일부를 이루는 부문법률인 것이다.

28 제2차 SED불법청산법의 제1관을 이루는 행정복권법의 공식명칭은 '가입지역에 있어서의 반법치국가적 행정결정의 취소와 이에 근거한 후속청구권에 관한 법률'이며 총 17개 조문으로 구성된다.

2) 행정복권법의 개요

이 법률은 동독 국가기관의 정치적 박해, 자의적 행위로 야기된 생명권 박탈, 건강상 피해, 직업상 불이익으로 인하여 계속되는 현저한 불법적 결과를 복권을 통하여 제거하고 보상할 필요성에 기초한다. 통일조약 제19조[29]에 의하면 동독 국가기관의 행정처분의 효력은 원칙적으로 통일 이후에도 유효하나, 법치국가원리 또는 통일조약의 규정에 반하는 경우에는 이를 취소할 수 있다고만 규정한다. 따라서 통일조약상 결여된 동독 행정처분의 취소절차, 관할 및 그 취소로 인하여 발생되는 후속청구권에 관한 구체적 규정을 보완하기 위하여 '행정복권법'의 제정은 불가피한 조치였다.

행정복권법의 골격은 다음과 같다. 즉, 동독 정권의 반법치국가적 행정처분 또는 정치적 박해에 의한 현저한 침해가 계속되는 경우에 한하여 복권이 되도록 함으로써 수인할 수 있는 통상적이고 사소한 불법을 제외하고 중대한 불법결과에 대해서만 복권이 허용되도록 그 요건을 제한하였다.

행정복권법의 주요내용을 살펴보면 정치적 박해 및 차별에 대한 구제를 통한 피해의 제거라는 입법목적상 자연인에 한하여 그 복권신청권을 인정한다(제9조 제1항). 복권신청대상의 행정행위는 산업국유화, 민영기업의 해체, 수공업자에 대한 박해, 강제적 농업집단화, 강제이주, 강제수용, 자의적인 운전면허 취소 등 모든 행정처분 및 조치로 한다.[30] 또한 공산독재라는 동독체제의 일반적인 조건하에서의 통상적인

29 통일조약 제19조(공공행정기관의 행정행위의 효력존속) : 가입의 발효 이전에 행해진 동독의 행정행위는 계속 유효하며, 그것이 법치국가적 원리나 이 조약의 규정들과 합치되지 아니하는 경우에는 취소될 수 있다. 그 밖에 행정행위에 효력존속에 관한 규정의 적용은 배제되지 아니한다.

피해자가 아닌 특별한 희생자에 한하여 '중대하고 감내불능한' 침해가 복권신청 당시까지 계속중인 경우에 한하여(제1조 제1항) 그 신청권을 인정한다.

신청대상 행정처분이 정의·법적 안정성·비례성의 원칙으로 구성되는 법치국가원리에 부합되는지의 여부가 그 신청의 심사기준이며(제1조 제2항), 그 관할기관은 복권신청의 대상인 동독 국가기관의 행정처분이 이루어진 행위지를 관할하는 신설 5개주 및 베를린 소재 복권청이다. 복권청은 사회적 조정급부청구의 내용을 결정하는 전제조건이 되는 사실의 확정기능을 수행토록 했다(제12조). 그리고 복권신청은 1995년 12월 31일까지 관할 복권청에 서면으로 복권신청서를 제출하여야 했다(제9조 제2항). 복권절차는 복권청에 대한 복권신청 및 심사단계와 복권신청인용 이후의 원호청·연금관리청 등 조정급부 주무관청에 대한 조정급부 신청단계로 구분된다.

한편 복권신청 인용 이후의 후속청구권은 복권신청자가 침해당하였던 법익의 종류·내용에 따라 구체적 청구권의 내용과 범위에 따라 결정한다. 예컨대 건강악화인 경우에는 연방원호법에 의한 치료비 등 급부청구권이 발생하며, 건강악화로 사망한 때에는 유족원호 급부청구권이 발생한다. 또한 재산침해의 경우에는 재산법·투자우선법·보상 및 조정법에 의한 재산가치의 반환 또는 보상청구권이 발생하고, 직업·교육상의 불이익이 있는 경우에는 후술하는 직업복권법에 의한 각종 급부청구가 인정된다(제2조 내지 제8조). 피해보상은 완전보상이 아니라 사회적 고려하의 조정급부를 시행하여 계속되는 불법조치의 결과를 완화함으로써 그 조정급부의 범위가 제한된다.

30 행정복권법 제1조 제5항: 이 법의 규정은 법적 효과를 수반하지 않는 고권적 조치에 대하여 준용된다. 이러한 조치의 취소에 갈음하여 그 조치의 반법치국가성을 확인한다.

3) 행정복권의 요건

행정복권법상 행정복권의 대상이 되는 반법치국가적 행정처분의 실질적 요건은 다음과 같다. 첫째 동독체제 아래서 고권적 행정조치가 법치국가의 기본원칙에 부합하지 아니할 것, 둘째 이러한 고권적 조치로 인하여 건강상 훼손·재산상 침해·직업상 불이익 등이 초래되었을 것, 셋째 중대하고 감내불능한 피해가 현재까지 계속될 것 등이다(제1조 제1항).

그리고 행정복권의 대상이 되는 행정처분의 취소 또는 반법치국가성 확인을 심사함에 있어 적용되는 기준으로 형사복권법과 같이 법치국가의 기본원칙을 제시하고 있다(제1조 제2항). 이때 정의·법적 안정성·비례성의 원칙에 현저히 위배하고 정치적 박해에 기여했거나 또는 자의적인 행위로 인정되는 조치는 법치국가의 기본원칙에 위배된 것으로 본다.

(1) 정의의 원칙

국가가 최우선으로 하는 목표 중의 하나는 정의에 대한 열망일 것이다. 정의란 구체적으로 평등을 의미한다. 이러한 평등의 원칙은 동일한 것을 동일하게 다른 것은 다르게 취급할 것을 요구한다. 평등의 원칙은 행정관청에 의하여 행하여진 차별에 합리성, 조리(사물의 본성) 또는 실질적으로 명확한 근거를 발견할 수 없어서 그 결정이 자의적인 것으로 평가되어야 할 때 침해되었다고 볼 수 있다. 행정복권법상 정의규범은 심사되어야 할 행정조치가 반복집행할 수 없고 대체될 수 없으며 명백한 사유 없이 이루어진 경우에만 침해되었다고 평가할 수 있다.

(2) 법적 안정성의 원칙

법적 안정성의 핵심적인 내용은 국가행위의 명료성과 신뢰성이다. 국민은 자신의 개인적인 행위에 따르는 법적 효과를 가능한 한 예견할 수 있어야 한다. 국가의 명령이 적법한 형태로 공지되어진 경우에는 국민은 국가의 과제에 따라 자신의 삶을 합치시킬 수 있게 된다. 이러한 원칙에 대한 중대한 위배는 법적 안정성의 원칙을 침해할 수 있다. 법적 안정성의 다른 관점은 신뢰보호이다. 따라서 자기에게 유리한 법적 지위를 이용하여 행위를 하였던 자에 대하여 그것을 취소할 때에는 보호할 가치가 있는 이해관계의 존부도 동시에 고려되어야 한다.

(3) 비례성의 원칙

비례성의 원칙은 모든 국가행위에 대한 포괄적인 지도규범의 규준이 된다. 전통적으로 비례성은 하위의 3가지 원칙인 적합성, 필요성 및 상당성으로 세분된다. 적합성의 영역에서는 행정조치가 규정한 목적을 달성하기 위하여 동조치가 적절한가를 심사할 수 있다. 필요성의 규준은 여러 가지 비슷한 적정수단 중에서 국민에게 가장 적은 피해를 가져오는 적절한 방법을 선택하였는가를 판단한다. 상당성의 원칙은 그 행정조치가 적합하고 필요한 것인지 여부와는 별개로 그것을 통하여 초래하는 불이익이 사회적인 또는 정치적인 가치가 추구하는 목적과 합리적인 관계에 있지 않다면 시민의 권리영역을 침해하는 것을 금지한다.

4) 행정복권의 이원성

행정복권법상 행정복권의 개념은 이원적으로 구성된다. 그중 하나는 반법치국가적 행정처분의 취소이고, 다른 하나는 취소할 수 없는 단순한 사실상의 고권적 행정조치에 대하여는 그것의 반법치국가성을 확인하는 것이다. 후자의 경우를 좀 더 자세히 설명하면 다음과 같다. 행정복권법 제1조 제4항은 동조 제1항에서 규정한 행정조치를 취소하고 동일한 내용의 행정조치를 새로이 발할 수 없는 경우에는 그 조치의 취소에 갈음하여 반법치국가성을 확인한다고 규정한다. 신청인에게는 해당조치를 취소하지 않고 반법치국가성을 확인하는 결정을 한다고 하더라도 거의 모든 면에서 불리하지 않다. 그 이유는 반법치국가성의 확인 이후에 신청자에게 행정복권법상의 후속청구권이 귀속되며 신청인은 그 밖에 동독관청에 의하여 취소되었던 행정처분을 새로이 신청할 수 있기 때문이다. 후자에 해당되는 사례로서 다음과 같은 경우가 문제되었다.

(1) 영업허가의 박탈

당사자들의 진술에 의하면 1950년대 동독에서는 법적 근거를 제시함이 없이 영업허가를 종종 박탈당하였다. 이러한 조치는 경제를 통제하는 방법으로 경제 국유화 목적의 전단계로 실시되었다. 1956년 6월 28일자 사경제 영업활동에 관한 규정 제3조에 의하면 영업에 대한 인민경제의 수요가 존재할 때에만 영업허가를 할 수 있었다. 이 규정 제4조에 의하면 영업허가는 제3조의 요건이 성립하지 아니하였거나 또는 후에 이러한 요건을 상실하였을 경우에 취소할 수 있었다. 인민경제의 수요에 대한 판단은 법적인 통제 없이 지역위원회가 담당했기 때문에 중요한 영역에서도 순수한 자의적인 결정이 이루어질 수 있었다.

행정복권법 제1조 제1항에 의하여 이러한 영업허가의 박탈이 취소된다면 이미 수십 년이 지난 오늘날의 법에 의하여 취소된 영업허가를 할 수 없는 상황일지라도 영업허가가 부활되어야 한다. 동독의 행정행위 예컨대 이미 언급한 영업허가박탈의 경우 오늘날 아직도 영업허가를 받을 수 있는지에 의문이 생겼을 때에는 그러한 조치의 반법치국가성을 확인하는 것으로 제한한다.

(2) 교육관계에서의 취소

행정복권법 제1조 제4항 제2문은 교육관계와 공법적 고용관계에 있어서 취소에 의하여 발생하는 불합리한 결과를 방지하고자 해당조치에 대한 반법치국가성을 확인할 수 있도록 규정한다. 그렇지 아니한 경우에는 1950년대 당사자에게 행하여졌던 퇴학처분이 취소되어 오늘날 다시 학생으로 복권된다는 불합리한 결과를 초래할 것이다.

(3) 무장된 조직에서의 취소

동독에 있어서 1977년 6월 16일자 노동법은 다른 규정이 없으면 국가공무원에게도 적용되었다. 그러나 동법 제145조 제4항 lit. a호에서는 내무부에서 근무하는 민간인 종사자에게는 특별규정을 적용할 수 있다고 규정한다. 1976년 5월 3일자의 복무경력규정 제1조는 독일인민경찰과 소방서, 내무부 산하 교도소에서의 복무에 대하여는 노동법은 적용되지 않는다고 규정하였다. 1982년 3월 25일자 군복무법 제45조 제2항 제2문에서도 이에 상응하는 내용을 규정하고 있었다. 동독 인민군의 법률관계와 국경수비대의 법률관계는 군복무법과 1982년 3월 25일자의 인민군 복무경력규정 및 1982년 3월 25일자의 국경수비대의 복무경력규정에 명시되어 있다.

따라서 경찰·소방대·교도소·군대와 같은 무장된 조직에서 입대와 제대는 행정복권법 영역의 고권적 조치로서 평가할 수 있다. 그러나 이러한 조치가 법치국가의 기본원칙과 일치하지 아니할 경우에는 복권관청은 그 조치를 취소할 수 없고 단순히 반법치국가성의 확인만 할 수 있다.

(4) 국가공안부의 미행 및 억압

행정행위, 즉 법적 효과를 발생시키는 행정관청의 의사표시에 대한 심사가 행정복권법의 규율 대상임은 물론이다. 그러나 앞서 본 바와 같이 이른바 단순한 사실적 행정조치도 행정복권법에 의한 심사의 대상이 된다. 예컨대 국가공안부에 의한 장기간의 미행 및 억압으로 건강상의 장애를 초래했으며 현재도 고통을 당하는 경우에도 그 조치는 단순한 사실적 행정조치이지만 행정복권법에 의하여 심사될 수 있다. 그러나 이러한 경우 취소가 배제되기 때문에 복권관청은 조치의 반법치국가성을 확인한다.

5) 형사복권법 및 직업복권법과의 관계

형사복권법, 행정복권법, 직업복권법 등 3가지 유형의 복권법은 상호 연계되어 보완관계에 있다. 형사복권법에 의하여 이미 복권된 경우에도 이와는 별도로 제2차 SED불법청산법상의 행정복권과 직업복권에 의한 급부를 청구할 수 있다. 앞에서 살펴본 바와 같이 형사복권은 자유박탈에 관한 반법치국가적인 판결의 취소 및 법원의 결정에 의한 복권을 가능케 한다. 형사복권은 박탈된 재산의 반환 또는 보상을 위한 전제조건이며 사회적 조정급부청구권의 기초가 된다.

행정복권법은 동독 행정기관의 반법치국가적 행정처분의 취소 또는 반법치국가성의 확인을 가능하게 함과 아울러 현재까지 그 영향이 남아 있는 반법치국가적 행정처분의 효과를 사회적 조정장치로 완화하도록 규정한다. 이 점에서 행정복권법은 직업복권법을 고려하고 있다. 고전적 조치로 인하여 직업상 침해가 발생한 때에는 일단 행정복권법 규정에 의하여 반법치국가적 행정조치의 취소 또는 반법치국가성 확인이 이루어지고, 그 후 직업복권법에 따라서 피해구제를 위한 조정급부

신청이 제기될 수 있다.

직업복권법은 정치적 박해로 인하여 현재까지 남아 있는 직업상 또는 교육상 불이익한 결과에 대한 사회적 조정문제를 규정한다. 직업복권법은 형사복권법 및 행정복권법과 연계되고, 청구권자의 범위를 확대하여 노동법 영역에서 박해를 당한 경우에도 이 법이 적용된다.

결국 박해의 유형에 따라 위의 3가지 복권법 중 어느 법이 적용될 것인지가 결정된다.

6) 재산법과의 관계

뒤에서 살펴보게 될 몰수재산 처리에 관한 재산법에 직접적으로 포함된 조치에 대하여는 행정복권법은 적용되지 아니한다. 따라서 반법치국가적 재산몰수에 대해서는 재산법이나 동법을 보충한 규정에 의하여 청구권이 부여되어 있을 때에는 행정복권법에 의한 어떤 청구권도 성립되지 아니한다.

행정복권법과 재산법 사이에는 적용범위에 차이가 존재한다. 재산법에서 말하는 불공정행위에 관한 규정(재산법 제1조 제3항)은 동독법에 대한 자의적 위반을 의미하지만 행정복권법에서는 대부분의 동독규범에서 규정하는 것처럼 추상적이고 일반적인 자의를 의미한다. 따라서 어떤 하나의 행정조치가 형식적으로 동독법에 근거할 경우에는 동조치의 기초가 되는 법규의 법치국가성에 상당한 의문이 있더라도 불공정행위가 존재한다고 할 수 없다. 왜냐하면 재산법상 불공정행위에 관한 규정은 고의적이고 차별적이며 당사자에게 현저하게 불리한 동독법의 위반만을 구제대상으로 규정하고 있기 때문이다. 비례성의 원칙에 대한 위배는 일반적으로 이러한 요건들을 충족할 수 없다. 선량한 풍속에 위배된다거나 또는 법치국가원리에 근거하여 어떤 조치를 사후적으로 부인하는 것만으로 재산법상의 불공정행위요건을 충족한다고 평가할 수 없다.

이에 반하여 행정복권법은 동독법에 근거하지만 법치국가 원칙의 해석상 오늘날에는 바로 잡을 필요성이 있다고 간주되는 재산상의 침해를 규율한다. 비례성의 원칙에 대한 현저한 위반은 동독 법률에서 스스로 비례성의 관점을 반영하지 않는 한 행정복권법 영역에서는 이에 대하여 심사할 수 있다. 그만큼 행정복권법은 재산법에 비하여 그 대상이 넓은 셈이다.

또한 복권절차가 장기간이 소요될지도 모르는 경우 그 기간중에 토지가 양도되는 것을 저지하기 위하여 행정복권법과 재산법의 사이에 협업이 이루어지기도 한다. 즉, 재산법에 의한 반환신청이 있고 그것이 허용될 가능성이 있으면 원칙적으로 그 토지는 처분할 수 없게 된다. 불필요한 투자장애를 야기하지 않도록 복권관청에 의하여 복권신청이 명백하게 성립된다는 증서가 발급된 때에만 행정복권법상 새로 발생한 반환청구권에 의하여 재산법상의 반환신청을 제기할 수 있다.[31] 이러한 증서가 없는 경우에는 재산법의 처분제한은 허용되지 않는다. 이러한 복권신청은 복권관청에 제기되어야 한다. 신청제기에 대한 복권관청의 승인이 있을 때에는 관할 미해결재산청에 반환양도를 신청할 수 있다.

행정복권법은 재산가치의 침해가 있는 경우에는 재산법을 보충하기도 한다. 재산법 제1조 제7항 규정에 의하면 "재산법은 다른 규정에 의하여 발생한 법치국가에 반하는 형벌, 질서벌 또는 행정법상 결정을 다른 규정에 의하여 취소하는 경우 이와 관련된 재산가치의 반환에 관하여 준용한다"고 규정하는바, 행정복권법상의 취소규정도 재산법의

31 행정복권법 제7조 제1항 및 재산법 제3조 제3항 참조.

구성부분으로 이해될 수 있다. 양법의 이러한 긴밀한 관계상 재산법의 적용이 배제되는 사안은 행정복권법의 적용도 마찬가지로 배제되어야 한다.

행정복권법 제1조 제1항 제3문에 의하여 재산법 제1조 제8항에 규정된 사안은 행정복권법이 적용되지 아니한다고 규정하고 있다. 재산법 제1조 제8항의 lit. a호에 의하여 점령법 또는 점령고권에 기한 재산가치의 몰수는 재산법규정의 적용을 받지 아니한다. 행정복권법도 마찬가지로 재산법 제1조 제8항의 배제구성요건을 받아들여 이러한 사안에는 적용되지 아니한다. 그 이유는 통일조약 제3부속의정서인 공동성명에서 독일기관에 의한 소련의 점령조치에 대한 심사를 포함하지 않았기 때문이다. 재산법 제1조 제8항의 lit. b호에 의하여 '동독측에 의하여 국제적 협정을 통하여 규율된 재산법상의 청구권'도 행정복권법의 적용범위에서 제외된다. 이러한 협정은 덴마크, 핀란드, 오스트리아 및 스웨덴과의 사이에 체결된 바 있었다.

그 밖에 구예금상환공채에 대한 지분권에 대하여도 행정복권법은 적용되지 아니한다. 이러한 공채는 1948년 동독에서 화폐개혁시 새로운 화폐로 전환하고자 구예금을 위하여 교부되었던 것이다. 행정복권법은 지방공공단체의 청구권도 허용하지 않는다. 그 이유는 행정복권법에 의하면 단지 자연인만이 청구권한을 가지기 때문이다.

4. 직업복권

1) 직업복권법의 제정

동독에서는 교육이나 직업, 경력은 사회적 개혁의 대상임과 동시에 지배체제의 유지 및 국가의 목적을 실행하기 위한 도구로 활용되었다. 동독은 정치범, 해외이주신청자, 신앙고백자, 사회활동에 소극적인 자, 체제비판자, 서방측과의 접촉자, 국가공안부에 비협조적인 자 등에 대하여 교육기회를 박탈하였고 직장생활에서 승진을 방해하였으며, 더 나아가 근로계약의 강제적인 변경과 해약·해고·취업금지 등의 방법으로 박해를 자행하였다.

통일독일은 이러한 직업적인 차별과 박해로 인하여 발생한 '중대하고 감내불가능한 현저한 손해'를 사회보장적 차원에서 보상함으로써 법치국가원리를 구현하고 국민통합을 도모할 필요성에서 직업복권법을 제정했다. 1994년 5월 19일 연방내각이 제출한 '제2차 SED불법청산을 위한 법률'안이 연방하원과 상원을 통과하여 같은 해 7월 1일부터 발효 되었고, 직업복권법은 이 법률 제2관의 '편입지역에서의 정치적 박해로 인한 희생자에 대한 직업상 불이익 청산에 관한 법률'이란 이름으로 규정된 부문법률로 총 6장, 29개조로 구성됐다.

동법은 제1장 일반규정에서 피박해자의 개념과 박해기간, 직업복권법상의 급부청구권의 배척사유를, 제2장에서 직업보충교육과 전환교육의 우선적인 청구권을, 제3장에서 직업복권법상의 조정급부청구요건을, 제4장에서 동독체제하의 정치적 박해로 현재까지 영향이 남아있는 직업상 불이익에 대한 연금보험에 의한 조정을, 제5장에서는 복권관할관청과 그 절차를, 마지막 제6장에서 조정급부비용의 부담주체에 대하여 각각 규정하였다.

2) 직업복권의 개요

직업복권법에 의한 복권신청자는 동독체제의 성격상 동독 주민들의 일반적인 운명이었던 직업적 불이익의 피해자가 아니라 동법 제1조 제1항 소정의 '피박해성'의 요건을 충족하는 피해자에 한한다. 그리고 복권신청요건으로 피박해성, 정치적 박해, 직업 또는 직업교육에 대한 침해 등이 필요하다.

먼저 피박해성은 동법 제1조 제1항 제1~4호에 규정된 바와 같이 동독법과 통일조약에 따른 복권·재판파기절차에서 자유박탈로 인한 복권·재판파기신청이 허용된 경우(제1호), 서독의 구금자지원법 제10조 제4항에 의한 증명서를 발급받은 경우(제2호), 직업 또는 직업교육에 대한 고권적 침해행위(제3호)로서 형사복권법 또는 행정복권법의 복권요건을 충족하는 경우에 성립한다. 또한 행정복권신청의 요건을 충족시키지 못하는 정치적 박해에 기여한 조치로서 제1호 내지 제3호에 해당하지 아니하는 조치(제4호)의 경우에도 성립한다.

한편 인도주의원칙에 위반하거나 그 지위를 자신의 이익 또는 타인의 불이익을 위하여 남용한 경우에는 복권신청이 제척된다(제4조). 이와 함께 동법 제5조는 직업복권의 성격상 기본법 제135조의 a 제2항[32] 소정의 국가책임과 관련된 경우에도 규제대상에서 제외한다.

관할기관은 행정복권법에 의한 관할관청과 동일한 신설 5개주 및 베를린의 복권청이며(제17조), 복권신청자는 관할 복권청에 서면으로 복권신청서를 제출하여야 한다. 다만 직업상 복권신청이 반법치국가적

---

32 통일조약 제4조 제4항에 의해 신설된 조문으로 동서독 통일에 따르는 국가책임을 연방입법에 의하여 면제 또는 감액할 수 있다는 것이다.

자유박탈결정의 취소, 행정처분의 위법확인 또는 취소가 전제가 된 경우에는 당해행위의 취소 또는 위법확인결정 이후 6개월 이내에 제출하면 됐다. 각종 교육의 재개를 위한 '임시복권증서'는 1995년 12월 31일까지 서면으로 신청해야 했으며, 연금관련 급부청구의 신청기간에는 제한이 없으나 '복권증서' 발급신청 자체는 1995년 12월 31일까지 제출해야 했다.

3) 직업복권의 요건

(1) 정치적 박해행위의 존재

직업복권법 제1조 제1항은 연방보상법 제1조 및 제3조의 규정에 의하여 피박해자에게만 급부청구권을 부여했다. 피박해자의 요건, 즉 피박해자성은 1945년 5월 8일부터 1990년 10월 2일까지의 기간에 연방편입지역, 즉 소련점령지역 내지 동독에서 직업복권법 제1조 제1항 제1호 내지 제4호에 규정된 형사상 · 행정상 기타 정치적 박해조치를 당한 결과, 현존하는 직업 및 교육상의 불이익이 존재하는 경우에 성립하는 것으로 규정했다. 그러나 이러한 피박해자라고 하더라도 본인이 인간의 존엄성 및 법치국가 기본원칙을 위반하여 자기의 이익 또는 타인의 불이익을 목적으로 그 지위를 현저하게 남용한 경우에는 급부청구를 배제했다. 이와 함께 동법 제5조는 직업복권의 성격상 기본법 제135조의 a 제2항 소정의 국가책임과 관련된 경우에도 규제대상에서 제외했다.

① 시간적 · 공간적 적용범위

여기에서 말하는 피박해자성의 시간적 · 공간적 범위는 나치제국의 몰락 이후 동독의 소멸시까지의 연방편입지역으로 제한된다. 따라서 1945년 5월 8일 이전 소련점령고권에 의한 박해조치는 그 이후 직업 ·

교육상의 불이익 영향이 계속되었다면 직업복권의 대상이 된다. 나치에 의한 박해조치는 적용대상에서 제외되고 다만 편입지역의 경우에는 연방보상법의 적용대상이 될 뿐이다. 그리고 직업복권법은 적용범위의 종기를 SED체제의 지배가 1990년 10월 2일 이전에 사실상 종료되었다고 하더라도 법률적으로 국제법적 주체로서 독일민주공화국이 소멸한 이 일시를 채택했다.

장소적 범위와 관련해서는 소련점령지역 내지 동독으로 규정했다. 여기에서는 피박해자의 주소, 거소 및 근무지는 고려대상이 아니다. 따라서 서독인이 동독에서 구금당한 경우에도 직업복권법 제1조 제2항의 요건에 맞으면 피박해자로 인정된다.

② 형사 · 행정 복권의 요건충족

직업복권법 제1조 제1항 제1호, 제2호 및 제3호의 규정은 형사 · 행정 복권절차나 파기절차에서 신청 내지 청구의 인용 또는 구금자지원법 제10조 제4항의 증서의 교부를 직업복권절차에서의 청구권의 요건으로 규정하고 있다. 동 규정은 직업복권법상의 복권절차의 경제면에 기여하는바, 이러한 자유박탈의 경우에는 이미 형사복권절차와 행정복권절차에서 해당 조치의 반법치국가성에 대한 확인이 이루어졌기 때문이다.

여기에서 동독시절의 파기절차를 포함시킨 것은 동독의 형사사법이 정치도구화되었고 형량도 남용되었기 때문에 직업복권 영역에서는 고유한 형사복권절차와 동일시할 필요가 있다는 생각에 기초한다.

직업복권법 제1조 제1항 제2호에서 구금자지원법 제10조 제4항의 구금자를 포함시킨 것은 형사복권법의 체계에 맞춘 입법으로서 동법 제25조 제2항 제1문 제1호 및 제2호의 요건이 존재하여야 한다. 이 규정은 형사복권법과는 달리 청구권자의 범위를 확대해 실무상 커다란 의미가 있다. 구금자지원법 제10조 제4항은 편입지역에서 소련점령고권에 의하여 내국인 또는 외국인 강제노동자를 소련군법정에 의하여 정치적 이유 또는 자유민주법치국가의 입장에서는 수용할 수 없는 이유로 구금된 사람들을 포함한다. 이 조항에 의해 일정급부를 부여하는 증명서를 발급받은 자라고 할지라도 형사복권법 발효 이전에 그 증명서의 발급을 신청하였거나 발급받았다면 그 구금은 동독지역에서 이루어져야 하고 그것은 그 지역의 공산지배체제의 구축과 유지에 기여하는 것이어야 한다. 이른바 1993년 3월 19일자의 '형사복권법에 의한 금전보상보장에 관한 명령'의 적용영역에는 이러한 사람들이 포함되기 때문에 많은 경우 금전보상의 지급에 관한 어떤 결정도 이루어지지 아니하였다. 따라서 복권관청은 가입지역에서의 공산주의 지배체제의 설립과 관련하여 형사복권법 제25조 제2항 제1문 제2호의 요건을 심사하여야 한다.

예컨대 동독에서 소련점령고권에 의하여 구금되었고 구금해제 후 직업적으로 심한 불이익을 받은 경우에는 직업복권법에 의한 급부를 수령할 수 있다. 공산주의 지배체제의 창설 또는 유지와 관련하여 소련점령고권에 의하여 구금되었거나 강제노동을 당하였거나 그곳에서 강제노동을 위하여 강제이주된 경우 또는 소련군법정에 의하여 유죄판결을 선고받았던 경우 등도 마찬가지이다. 이 경우 복권관청에 구금자지원법 제10조 제4항에 의한 증서를 제출하여야 한다.

복권의 요건이 구비되어 있음에도 불구하고 형사법적 복권절차를 생략하려고 하는 자에게도 그대로 준용되는바, 그 이유는 이러한 사람들을 형사복권법이 발효되기 전에 이미 이른바 '제10조 제4항의 증서'를 받았거나 신청했었기 때문이다. 이러한 당사자는 복권관청에 직접 이러한 증서만 제출하면 된다.

직업복권법 제1조 제1항 제3호는 행정복권법 제8조의 규정에 의하여 직업복권법에 위임된 직업 또는 직업관련 교육관계를 침해한 반법치국가적 고권조치의 피박해자를 보호하기 위한 규정이다. 예컨대 반법치국가적 퇴학처분, 영업허가의 박탈 등이 이에 포함된다.

이러한 3가지 유형의 피박해자에 대하여는 형사복권절차, 파기절차상의 인용결정, 구금자지원법 제10조 제4항 소정의 증서교부 또는 행정복권절차상의 취소 내지 반법치국가성의 확인이 이루어져야 하고, 자유박탈 내지 구금기간이 해당절차에서 확인되어야 한다(제1조 제2항). 따라서 제1호 내지 제3호의 경우 복권절차의 기본적 결정에서 기판력 또는 확정력 있는 기각결정이 있을 때에는 직업복권법상의 급부청구권은 고려되지 아니한다.

(2) 정치적 박해에 기여한 기타 조치

① 입법취지

SED체제가 반체제 인사들을 탄압하기 위하여 노동법적 수단으로 직업 또는 직업관련 교육을 침해한 경우는 직업복권법의 고유한 적용범위에 속한다. 동법 제1조 제1항 제4호는 이러한 경우를 규율하기 위하여 '정치적 박해를 가져오는 편입지역의 여타의 조치'라고 규정했다. 동조 제4호는 제1호 내지 제3호상의 규정과 연계된다. 제4호는 제1호 내지 제3호에 해당하지 아니하는 직업 또는 직업관련적 교육상의 박해사안을 규율한다. 동법은 이러한 사안에 관하여 직업상의 일반적 불이익과 특별한 희생자를 구별하고, 권리남용과 구별하기 위하여 '정치적 박해'라는 개념을 사용했다. 직업 또는 직업교육의 침해가 정치적 박해행위로 인정할 수 있는 예로서 다음과 같은 것을 들 수 있다. 정치적 또는 종교적 확신을 이유로, 체제에 대한 비판을 이유로, 또는 반체제단체에 가입했다는 이유로, 외국여행신청을 이유로 또는 서방과의 금지된 교류를 이유로 한 직업적 보복수단으로서 행해진 해고・강등・강압적 근로계약해지 내지 변경·면허취소 등이다. 직업 또는 직업교육에 대한 침해는 취업금지, 해고뿐 아니라 동독 정권의 침해적 조치로 인해 당사자가 숙련된 직업은 물론 이와 '사회적 등가성'이 인정되는 다른 직업에 더 이상 종사할 수 없게 된 경우를 포함한다.[33] 다만 재판상의 해고 내지 파면은 여기에 해당하지 아니한다.

② 정치적 박해

정치적 박해의 법적인 개념은 기본법 제16조의 a에 대한 연방헌법재판소 및 연방대법원의 판결로 정립된 개념으로서 '당사자의 민족, 인종, 종교, 국적, 사회단체 가입 또는 정치적 신조를 이유로 하는 체제유지에 기여하는 차별취급에 의한 박해'를 의미한다. 이것은 복권관청이 법적용을 활발히 하면서 구체화되었다고는 하나 그 의미내용이 명확하지 아니하다.[34] 정치적 박해의 해석적인 개념은 SED체제 반대자들에 대하여 노동법상의 보복수단이 행하여진 경우가 대부분이었다.

지배체제의 유지를 보장하고자 하였던 동독의 국가조치가 기본법 소정의 정치적 박해인지의 여부는 판결 및 학설상 대립되는 논쟁으로 직업복권법상의 적용영역에서도 미해결 상태로 남았다. 노동계급과 맑스·레닌정당의 지배하의 노동자의 정치조직 또는 맑스·레닌의 국가이론에 따라 지배계급의 권한하의 기구로 파악되는 국가에서 권력과 지배체제의 유지 및 구서독, 즉 서방에 대한 장벽 등은 정치적 기본질서의 중요한 요소로 존재하였다. 구서독으로부터의 영향의 방지, 서방에 대한 장벽은 사상적인 보장과 정치권력적인 보장을 위한 것이었다. 따라서 동서

33 신·구 직업간 수입감소액이 20% 이상인 경우에는 직업상 사회적 등가성은 부정되며, 전문직에서 보조직으로 강등된 경우에는 수입감소와 관계없이 등가성이 상실된 것으로 간주된다.

34 Kimminich, Bonner Kommentar, Art. 16, S. 179ff.

독의 분단에 근거하여 외국여행을 원하는 자에 대한 박해 또는 바람직하지 못한 서방과의 접촉을 이유로 하는 박해는 정치적 박해에 해당된다.

또한 국가공안부에 대한 협력을 거절했다는 이유로 가해지는 반작용으로서의 박해 또는 연좌제의 적용도 이에 포함된다. 그러나 정치적 이유에 기한 근로관계의 침해라도 국가기관담당자 특히 지도급 인사에 대한 경우, 예컨대 서방접촉금지 내지 이에 비견할 만한 명령을 위반했다는 이유로 가해진 직업적 불이익은 제외된다. 특히 대서방 비밀첩보담당자의 서방접촉금지 위반에 대한 불이익조치를 들 수 있다. 물론 이러한 경우에도 극단적인 동독의 안보필요성만 내세울 것이 아니라 일반적 법치국가·헌법국가의 합법적 안보필요성을 기준으로 개별적으로 판단해야 한다.

포츠담협정에 따라 나치관련 전력을 이유로 한 공직배제의 경우에도 원칙적으로 그 적용을 배제한 것으로 해석된다. '박해'란 당사자의 법익에 대한 국가의 의도적 가해를 전제로 한다. 기본법 제16조 제2항 제2문에 대한 연방헌법재판소 판결에 의하면 직업적 및 경제적 활동을 방해받지 않도록 하는 것도 망명권에 의하여 보호될 법익에 속한다. 그러나 이러한 법익이 침해되는 때에도 인간의 존엄성이 침해되고 고국의 지배체제를 감내할 수 없어 고국을 탈출하였을 때에만 망명권이 성립한다. 경제적 존립을 위협받고 인간다운 삶을 영위할 수 있는 최소한도의 여건이 보장될 수 없을 때에는 원칙적으로 박해를 인정하여야 한다.

이러한 박해의 개념은 직업복권법의 경우 동법 제1조 제1항의 필요성에 의하여 확대할 필요가 있다. 따라서 직업복권법 제1조 제1항 소정의 박해는 취업금지와 해고의 경우는 물론 정치적 이유로 가해진 영업제재로 그 결과가 사회적으로 동등한 가치가 있는 직업활동을 하지 못한 경우도 여기에 해당한다.

4) 직업복권의 효과

복권신청이 인용된 이후의 조정급부청구권은 다음과 같다.

첫째, '박해기간'중 수입액의 손실·감소에 의한 연금감소분에 대한 연금조정급부청구권이 인정된다. 연금조정급부청구권은 박해기간과 평균수입을 기준으로 산정된다.

둘째, 교육상의 복권급부청구권이 인정된다. 여기에는 각종 교육의 우선적 지원보장, 입학연령제한 배제, 피박해학생에 대한 우선적인 지원특례가 해당된다. 따라서 각종 참가자에 대하여 보충교육·직업전환 교육을 받는 피박해자에게 연방의 근로촉진법에 따라 최종 순노동보상총액의 60% 한도의 생산비가 지급되고, 새로이 대학교육을 시작하는 피박해자에게는 입학연령 제한(30세) 규정의 적용을 배제하며, 직업보충교육과 전환교육을 우선적으로 받을 수 있는 특례가 주어진다.

셋째, 직업교육 등 직업촉진조치가 불충분하거나 본인의 귀책사유 없이 이루어지지 못한 경우의 특별곤궁자에게 사회부조 수준의 최저생계비가 지원된다. 연방사회부조법 소정의 최저생계비 이하의 소득자로 무직인 피박해자에게는 자신에 대한 연금지급 이전까지 월 150마르크의 특별조정급부를 지급하고, 인문계고등학교·대학교 재학중 정치적 박해의 피해자가 된 경우에는 행정복권법에 의하여 복권신청이 인용되면 우선 지원하는 특혜를 부여한다.

넷째, 복권절차 종료까지 장기간이 소요될 것으로 예상되는 경우에는 그 절차가 종료되기 전에 보충교육·직업전환교육 또는 대학교육에 관한 조정급부청구를 위한 임시복권증서를 발행하여 교육기회를 우선 부여한다.[35]

---

35 법무부, 앞의 책, 996면 이하.

06/ 몰수재산 처리

1. 서설

동독의 체제불법 청산과제 중에서 소유권문제(*Eigentumsfragen*)의 해결도 정권범죄의 청산과 더불어 수많은 헌법적 논쟁을 야기하였다. 통독후 소유권문제는 크게 두 가지 측면에서 제기되었는데, ① 동독의 사회주의적 소유권·이용권을 서독의 법질서에 맞추어 재편·정리하는 문제, ② 반법치국가적 재산권 침해로 인해 상실된 재산가치의 원상회복 또는 반환에 관한 문제가 그것이다.

몰수재산 내지 미해결재산(*offene Vermögen*)[1]의 처리문제는 이 중 후자에 관한 문제이나, 엄밀히 따지면 인민소유재산의 원상회복을 통한 소유권 재편 중 한 부분을 이룬다는 점에서 전자에 관한 문제이기도 하다. 동독의 소유권 질서를 서독의 기본법에 맞추어 재편하는 작업은 사

1 독일 문헌상 미해결재산은 몰수재산과 거의 동일한 의미로 사용된다. 독일문헌에서는 몰수재산보다 미해결재산이라는 표현을 자주 사용하므로 여기에서는 이에 따르기로 한다.

유재산제의 보장을 핵심으로 하는 법치국가적 재산법 질서로의 복귀를 의미한다. 이것은 미해결재산의 처리문제에 있어서도 법치국가원리가 법적 토대가 되어야 하는 이유이다.[2]

따라서 미해결재산 처리문제를 검토하기에 앞서 전자에 관한 문제를 간단히 살펴보기로 한다. 통일 후 동독의 국가계획경제 질서를 서독의 사회시장경제 원칙에 따라 재편성하는 데 있어서는 동독의 사회주의적 소유권을 해체(*Ablösung*)하고 이를 사적 소유권으로 전환시키는 문제와 동독정권하에서 다양한 형태로 존재한 각종 이용권을 서독 민법에 맞추어 정리하는 문제가 출발점이 된다. 수많은 동독의 사회주의적 소유재산, 그중에서도 가장 대표적인 인민소유재산이 누구에게 귀속되는가 하는 문제와 각종 다양한 이용권을 어떻게 정리할 것인가 하는 문제를 해결하지 않고서는 어떤 투자도 기대할 수 없다. 이 때문에 재산의 재편과 정리의 문제는 동독의 경제적 부흥과 그로써 기대되는 동·서독 간 삶의 균형을 이룩하기 위해 우선적으로 해결되어야 할 기본문제이기도 하다.

우선 동독의 사회주의적 소유권을 재편하고 귀속시키는 문제에 대한 법적 규율은 두 개의 영역으로 나누어 생각할 수 있다. 하나는 동독의 사회주의적 소유권을 실질적으로 재편하여 귀속시키는 실체법적 규율에 관한 것이고, 다른 하나는 이와 같이 귀속된 결과를 절차적으로 확정짓는 등기부상 실행의 문제에 관한 것이다. 또한 전자와 관련해서는 사유화(*Privatisierung*)와 법률에 의한 귀속(*Zuordnung*)의 두 가지 방법으로 재산의 재편과 귀속이 이루어졌다는 점을 지적할 수 있다. 인민소유기업이 사유화에 의해 재편되었다면, 토지는 주로 법률에 의한 분배

2 이헌섭(1999), 통독 후 미해결재산의 처리현황, 〈외국사법연수논집〉 17, 법원도서관, 437면.

와 귀속의 방법으로 재편되었다고 할 수 있다.

한편, 이용권의 정리에 관하여는 이용권의 실상에 따라 물권적으로 보호된 이용권과 단지 채권계약에 기해 성립된 이용권을 구분하여 달리 취급하였다는 점이 지적될 수 있다. 전자에 대하여는 소유자에 대한 이용권자의 우위를 바탕으로 권리관계의 정리가 이루어졌고, 후자에 대하여는 이용권자에 대한 소유자의 우위를 바탕으로 권리관계의 정리가 이루어졌다고 말할 수 있다.

여기서 또 하나 염두에 두어야 할 점은 위와 같은 사유화와 법률에 의한 분배 · 귀속을 통한 인민소유재산의 재편과 반법치국가적 재산권 침해로 성립된 인민소유재산의 원소유자에 대한 반환과의 관계이다. 이는 마치 일반과 특별의 관계와 같다고 말할 수 있다. 즉, 재산법에 의한 반환배제의 사유(반환불능, 특별투자목적 등)가 없는 한 인민소유재산의 사유화와 법률에 의한 분배 · 귀속보다는 재산법에 의한 반환이 우선한다는 것이다.

이하에서는 이러한 이해를 기초로 통일독일의 불법청산 유형 중의 하나로서 미해결재산, 즉 몰수재산 처리문제를 살펴보기로 한다.

2. 문제해결의 기초

1) 서 언

독일통일의 전 과정에서 미해결 재산문제는 실로 해결하기 어려운 문제였다. 독일분단, 동독주민의 서독으로의 이주, 40여 년간 지속된 양독간 국가와 사회에 있어 이념적 대립과 갈등 그 자체만으로도 무수한 재산법상의 문제를 일으키기에 충분했다. 여기에다 소련점령지역에서 이루어진 재산권 몰수와 관련된 구소련과의 외교적 관계, 편입지역에서의 투자장애와 그로 인한 경제적 부담, 동독인과 서독인 사이의 이해관계의 대립으로 인한 사회정책적 관점 등 여러 요인이 복합적으로 작용하여 더욱 문제를 어렵게 만들었다.

통일을 전후로 이 문제는 이해관계가 다른 여러 계층의 초미의 관심사였는데, 논점은 주로 다음의 3가지 이해관계의 대립으로 요약될 수 있다.[3]

① 종전소유자(주로 서독주민)의 관심은 과거 동독의 불법을 원상회복하는 것, 그것도 원물반환을 원칙으로 하고 손해배상 및 보상이행은 부차적인 것으로 하는 데에 있었다. 그 논거는 기본법 제14조 소유권 보장, 제20조 사회적 법치국가원리에서 찾으려고 하였다.

② 이에 반해 현재소유자(주로 동독주민)는 그 사이 이루어진 권리관계의 현상유지에 더 많은 관심이 있었다. 그 논거는 신뢰보호원칙과 기본법 제14조에서 찾으려고 하였다.

---

3 Hiester, Andreas(1996), *Verfassungsrechtliche Grundlagen und Bestandsschutz des Immobiliarrestitutionsanspruchs*, Diss., SS. 3~4.

③ 이외에도 편입지역의 경제적 부흥에 대한 공공이익과 불명확한 소유관계의 신속한 해결에 대한 필요성이 제기되었다. 소유관계의 신속한 해결과 법안정성이 투자를 위한 절대적 조건이라는 것이다. 그 논거는 기본법 경제적 균형에 관한 제109조 제2항 및 균등한 삶의 조건형성에 관한 제72조 제2항, 제106조 제3항 제4문 제2호에서 찾으려고 하였다.

이와 같은 이해관계의 대립을 고려하여 생각할 수 있는 해결방안은 크게 3가지로 ① 그 하나는 종전 권리자의 이익을 최우선으로 고려하여 무조건 원상회복을 명하는 방안, ② 다른 하나는 현재의 권리자와 투자자의 이익을 우선으로 고려하여 기존 질서를 절대적으로 승인하는 방안, ③ 마지막 하나는 종전 권리자와 현재의 권리자 및 투자자의 이익을 조정하여 제한된 범위에서만 원상회복을 인정하고 그 밖의 경우에는 손해배상 또는 국가적 보상이행 등을 통해 종전 권리자의 손해를 전보해 주는 방안이 그것이다.[4]

이러한 미해결 재산문제에 대한 수많은 논의를 배경으로 이를 해결하기 위한 법정책적 결단의 기초를 제공한 것이 동서독의 공동성명과 통일조약이었다.

4 H. J. Papier (1991), Verfassungsrechtliche Probleme der Eigentumsregelung im Einigungsvertrag, *NJW*, S. 193.

2) 공동성명

1990년 6월 15일의 공동성명(*GemErkl*)[5]은 미해결 재산문제를 처리함에 있어 서로 다른 이익을 사회계약적으로 조정한다는 기본전제에서 출발한다. 법적 안정성, 법적 명확성 및 소유의 권리를 3대 기본원칙으로 삼고 14개항의 기본방침(*Eckwerte*)을 선언했다. 위 기본방침은 향후 미해결 재산문제에 관한 입법을 하는 데 하나의 준거로서 작용하였다. 그중 주요내용은 다음의 4가지 기본방침으로 요약할 수 있다.

① 구소련의 점령지법과 점령고권에 근거하여 1945년부터 1949년까지 이루어진 재산권 몰수는 원상회복되지 않는다. 다만 보상이행을 위한 입법권이 전 독일을 대표한 의회에 유보되어야 한다.

② 1949년부터 1989년까지 동독에서 이루어진 재산권 몰수는 원칙상 원소유자 또는 그 상속인에게 반환된다. 그러나 반환이 사물의 본성상 불가능하거나 현재의 권리자가 반환목적물에 대하여 정당한 방법(*in redlicher Weise*)으로 소유권 또는 물권적 이용권을 취득하였던 경우는 예외로 한다. 이때는 원소유자 또는 그 상속인에게 손해배상하는 것으로 사회계약적 조정이 이루어진다.

③ 동독주민의 임대보호와 기존의 이용권은 종전대로 유지된다.

④ 동독탈출자 등의 재산가치에 대한 국가관리는 폐지한다.

---

5 Gemeinsame Erklärung der Regierungen der Bundesrepublik Deutschland und der Deutschen Demokratischen Republik zur Regelung offener Vermögensfragen vom 15. 6. 1990 (BGBl. 1990 II S. 1237 = Anlage III zum Einigungsvertrag).

3) 통일조약

(1) 공동성명의 규범화

1990년 8월 31일의 통일조약은 독일통일에 있어 법적 통합의 기초를 제공했다. 통일조약에서 법적통합과 관련있는 주요내용은 ① 동독 5개 주(브란덴부르크, 메클렌부르크 포폼먼, 작센, 작센 안할트, 튀링엔)와 동베를린이 1990년 10월 3일을 기해 독일연방공화국의 신주로 편입(동베를린은 서베를린과 합쳐 베를린으로 통합) 되고(제1조), ② 서독 기본법과 모든 연방법률 및 유럽공동체법률이 동독지역에도 원칙상 확대 적용되고(제3조 내지 제6조, 제8조, 제10조), ③ 동독법률은 서독기본법과 연방법률 및 유럽공동체법률에 반하지 않고 통일조약에서 달리 규정되지 않은 한 주(州) 법으로 효력을 유지한다(제9조)는 것이다. 여기에 예외적으로 제1부속서는 연방법률 중 다르게 적용되는 법률을,[6] 제2부속서는 통일 후에도 수정 없이 또는 수정에 의해 계속 효력을 유지하는 동독의 법률을 각각 다루고, 제3부속서는 공동성명의 전문(全文)으로 되어 있다.

그중 미해결 재산문제의 처리와 관련된 부분은 통일조약 제41조(재산문제의 처리) 및 제2부속서의 재산법, 제3부속서의 공동성명 전문이다. 미해결 재산문제에 대하여 통일조약은 제41조 제1항에서 공동성명을 제3부속서로 하여 통일조약의 내용으로 한다고 명시하고, 이어 제3항에서 향후 연방정부로 하여금 제1항에 거시된 공동성명에 반하는 법률을 제정하지 못하게 함으로써 단순히 정치적 선언에 불과하였던 공동성명의 내용을 법규화하였다.

---

6 구체적으로는 ① 확대 적용되지 않는 따라서 서독지역에서만 적용되는 연방법률 ② 전(全) 독일에 대해 폐지, 수정, 보충 적용되는 연방법률 ③ 서독지역에서만 수정 적용되는 연방법률을 의미한다.

나아가 통일조약 제41조의 관련 규정을 헌법적으로 보장하기 위해 통일조약 제4조 제5호로 "통일조약 제41조 및 그 시행규정들은 편입지역의 재산권 침해조치에 대해 향후 원상회복하지 아니할 것을 규정한 경우에도 효력이 있다"라는 내용의 기본법 제143조 제3항을 신설했다. 또 통일조약 제4조 제4호로 장래 입법자가 '손해배상과 보상이행에 관한 법률'을 제정함에 있어 재량의 여지를 갖게 하기 위해 기본법 제135조 a 제2항을 신설했다.

통일조약은 그 외 공동성명의 내용을 보다 구체화한 '재산법'(VermG)을 제2부속서로 붙여 조약의 효력발생(1990년 9월 29일)과 동시에 동독의 법률로서, 통일(1990년 10월 3일) 이후는 통일독일의 연방법률로 효력을 갖게 하였다. 통일조약은 1990년 8월 31일 베를린에서 서명됨으로써 성립하였다. 통일조약 제45조 제1항에 의하면 통일조약은 양독정부가 효력발생을 위해 필요한 국내적 조건을 충족하였음을 서로 통보하는 날 효력이 발생한다고 규정되어 있는바, 서독연방의회가 통일조약을 동의하는 법률(통일조약법)을 제정하고 그것이 공포됨에 따라 통일조약법 제10조 제2항에 의해 서독연방정부는 통일조약이 1990년 9월 29일 효력이 발생하였음을 공고하였다.

(2) 투자우선의 인정

한편, 공동성명이 동독에서의 과거 재산권 침해에 대해 소유권 반환을 원칙으로 함으로써 1990년 여름 반환신청이 폭주하고 그로 인해 경제적 부흥을 위한 투자의 장애요인으로 작용하자, 통일조약 제41조 제2항에서 투자목적을 위해 공동성명에서 천명된 소유권 반환의 예외가 인정될 수 있음을 규정했고,[7] 이를 더 구체화하여 '연방투자법'(BInvG)

7 표명환(2002. 12), "통일한국과 재산권", 〈헌법학연구〉 제8권 4호, 398면.

을 통일조약의 제2부속서에 붙여 재산법과 함께 효력을 갖게 하였다. 통일조약 제41조 제2항에 따르면 토지와 건물이 긴급하고 특정한 투자목적에 필요하다면 그 토지와 건물에 관한 원물반환은 이루어지지 않는다. 이처럼 투자목적을 위해 소유권 반환의 예외를 인정한 것은 동독의 경제적·사회적 여건을 감안하여 투자활성화를 장려하는 것이 무엇보다도 중요하다고 평가하고 법률적 목적과 경제적 목적의 충돌에서 투자이익에 우선권을 부여한 것이다.

(3) 통일조약의 의의

통일조약으로 미해결 재산문제의 처리를 위한 기본법률(통일조약 제41조, 독일기본법 제135조 a, 제143조, 공동성명, 재산법, 연방투자법) 이 모두 제정된 셈인데, 그 구체적 내용은 소련점령지역(1945~49년) 에서의 재산권 몰수에 대하여는 원상회복 대신 보상이행을 인정하고, 동독(1949~89년) 에서의 재산권 몰수에 대하여는 손해배상보다 원물반환을 원칙으로 하되 현재권리자가 정당한 방법으로 권리를 취득한 때와 투자우선의 특별목적이 있는 때는 원물반환에 대한 예외로서 손해배상을 인정한다는 것으로 요약될 수 있다.

이러한 법정책적 결단은 과거 불법적인 재산권 침해에 대해 기본법이 소급하여 이를 무효로 할 수는 없다고 하더라도 통일에 의해 전 독일을 위한 사회법치국가적 민주주의를 수립하는 마당에서 불법이 청산되어야 한다는 일반적 정의원리의 요청에 입각하여 통일조약의 입법자가 과거불법을 조정한다는 차원에서 선택한 결론이라 할 수 있다.[8]

8 Badura(1990), *Der Verfassungsauftrag der Eigentumsgarantie im Wiedervereinigten Deutschland*, DVBl, S. 1256, S. 1261ff.

3. 재산권 침해의 회복

1) 침해와 원상회복

(1) 재산권의 침해

재산법(VermG)을 비롯하여 투자우선법(InVorG), 손해배상 및 보상이행법(EALG)은 통독후 동독의 과거 불법청산에 관계된 법률 중에서도 특히 재산권 침해의 회복을 다룬 핵심법률들이다. 그중에서도 재산법은 동독지역에서의 '반법치국가적 재산권 침해'에 대한 '원상회복을 위한 법률'(*Wiedergutmachungsrecht*)이라 할 수 있다.[9] 사회주의식 소유권의 재편과 관련해서 말한다면 이는 원소유자 또는 그 권리승계인에게 재산을 반환함으로써 인민소유재산을 재편하는 소유권문제 중 한 부분이라 할 수 있다.

독일에서는 제2차 세계대전을 전후하여 불법적인 방법으로 수많은 재산권 변동이 이루어졌다. 나치정권에 의한 유대인의 재산에 대한 몰수조치는 물론 대전 직후 소련군점령지역과 동독에서는 사회주의법질서에 맞추어 재산권을 재편한다는 명분 아래 수많은 몰수조치가 단행되었다. 재산법은 이러한 재산권 변동 중에는 사회법치국가적 관점에서 용인될 수 없는 재산권 침해가 있었다는 역사적 인식에서 출발한다. 구체적으로 어떤 것이 불법적 재산권 침해였는가는 재산법 제1조에 열거되어 있지만 이는 나치정권은 물론 소련 점령군과 동독 정부에서 이루어졌던 재산권 침해의 기본상황에 대한 면밀한 이해를 기본전제로 한다.

---

9 Vitzthum & März(1994), Restitutionsausschluß, S. 23; Bertrams, *DVBl*, S. 374.

① 나치정권기(1933~45년)

나치정권의 통치아래에서 유대인을 비롯한 수많은 사람들이 인종, 종교 그리고 정치적 이유 등으로 재산을 몰수당했다. 동독정부는 나치정권의 불법에 대한 책임을 거부하였던 관계로 피해자들의 몰수재산에 대한 회복청구를 모두 기각하였다. 나치정권의 몰수재산은 사실 오랜 세월이 흘러 소유관계에 대한 입증도 용이하지 않았을 뿐만 아니라 몰수재산을 매입한 사람들도 동독정부에 의해 다시 재산권을 박탈당하였던 경우에는 누구에게 우선권을 주어야 하는 등의 법적 어려움이 발생한다. 그럼에도 불구하고 통일독일은 나치정권의 재산몰수는 반법치국가적 재산권 침해라는 인식 아래 동독지역에서 미해결 상태로 남아있던 나치정권의 몰수재산문제에 대하여도 동서독 법질서의 통합에 따른 소유권문제 해결이라는 틀 안에서 그 처리방안을 모색하였다.

② 소련군 점령기(1945~49년)

1945년 5월 8일 독일군의 항복에 따라 소련군사위원회(SMAD)는 1945~49년 소련군 점령지역에서 명령 또는 각 주의 법령 등을 통해 전쟁보상 또는 사회주의개혁이라는 명분으로 재산을 몰수하여 인민소유로 귀속시켰다.[10]

그중 나치와 전범자로 규정한 자의 재산을 몰수한 조치를 우선 들 수 있는데, 나치와 전범자로부터 몰수된 재산은 1946년 7월 30일 작센주

---

10 Fricke & Märker(1996), Enteignetes Vermogen in der Ex-DDR, *München*, Rn. 32. ; 행정법상 수용이 개개의 행정행위에 근거하여 이루어지는 것과는 대조적으로 소련군사위원회의 명령 또는 각 주의 법령에 의해 이루어진 재산몰수조치는 포괄적 수용의 성격을 갖고 있는데 이를 행정행위적 수용(*Administrativenteignungen*)과 구별하여 법규적 수용(*Legalenteignungen*)이라 한다.

가 법률에 의해 인민소유로 이전하는 조치를 취한 데 이어 튀링엔, 작센안할트, 브란덴부르크, 메클렌부르크 포폼먼 등 나머지 주들도 뒤를 이어 비슷한 조치를 취하였다.

다음 대표적인 것이 '봉건지주의 농지를 소작인'에게라는 표어와 함께 1945년 종전 직후부터 단행된 토지개혁(*Bodenreform*)을 들 수 있는데 이는 사실상 토지수용 내지는 토지수탈에 가까운 조치였다. 이는 1945년 9월 3일 작센주를 시작으로 모든 주에서 100 ha 이상의 토지를(전범자와 전쟁책임자 소유의 토지는 크기에 관계없이) 몰수하는 토지개혁령을 제정, 공포함으로써 시행되었다. 당시 100 ha 이상의 토지를 소유한 약 1만 명으로부터 몰수된 토지는 총 330만 ha에 달하였는바, 몰수토지는 잠시 토지기금(*Bodenfond*)에 귀속되었다가 그중 65% 정도는 신경작인(*Neubaudern*)에게 분배되었고 나머지는 인민소유로 귀속되었다.[11]

기업에 대하여는 1945년 7월 23일 소련군사위원회 명령 제1호에 의해 은행, 보험회사 등 금융기관의 업무가 중단되고 각 주의 법령에 의해 이를 인민소유로 귀속시키는 조치가 있었고, 1945년 10월 30일 소련군사위원회 명령 제124호에 의해 전범자, 나치추종자, 독점자본가의 기업과 기타 재산이 몰수된 후 국가관리 하에 놓였다가 각 주의 법령 또는 규정에 의해 인민소유기업(VEB)으로 수용되었다.

11 Kiethe, in: Clemm(Hrsg.), Rechtshandbuch, *SystDarst* II, S. 156; 위와 같이 신경작인(소작농)에게 분배된 토지는 면적이 8 ha 정도밖에 안되어 경작지로 이용하기에는 너무 작은데다가 그나마 매각, 임대차, 사용대차 등을 하지 못하게 처분제한의 조건이 붙여졌다. 또 위와 같이 소규모의 분배 뒤에는 뒷날 집단농장화의 실현을 염두에 두고 있었다(Fricke & Märker, a. a. O., Rn. 28, 29).

③ 동독 정권기(1949~89년)

1949년 10월 7일 인민회의의 결의로 동독헌법의 효력이 인정됨으로써 동독정권이 탄생한 후 소유제도는 사적소유권에서 동독헌법이 정한 바에 따라 집단적·사회주의적 소유권으로 변화하는 과정을 겪었다. 대표적인 것이 1952~53년과 1959~60년 두 번에 걸쳐 이루어진 농지의 강제집단화이다.[12] 농지개혁에 의해 신경작인에게 분배된 농지는 농지집단화라는 계획에 의해 농업생산협동조합(LPG)에 출연이 강제됨으로써 신경작인에게는 형식적인 소유권만 남고 농업생산협동조합의 광범위한 이용권이 성립되었다.

이외에도 동독탈출자, 서독이주자, 외국인 등의 소유재산에 대한 인민소유로의 귀속 또는 국가관리의 개시, 형사판결 등에 의한 재산권 박탈, 각종 행정법규 특히 건축법에 의한 재산권 수용, 경제적 곤궁에 기한 재산권 포기, 해외이주를 위한 재산권 포기의 강요 등 각종 형태로 인민소유권이 성립하고 또는 국가관리가 개시되었다.

우선, 토지수용과 관련하여 동독에서 가장 중요한 역할을 담당한 법률이 1950년 9월 6일 건축법(Aufbaugesetz)이었다. 이에 의해 특정도시의 전 지역을 주거용 건축용지로 지정한 뒤 1960년 4월 25일 손해배상법에 의해 이들 토지 전부를 인민소유로 수용하였다. 한편 1952년 7월 17일 동독탈출자 등 재산가치의 보호에 관한 규정에 의해 동독탈출자 등의 토지를 몰수하여 인민소유로 귀속시켰고, 1953년 10월 6일 이후로는 1958년 8월 20일 명령을 소급 적용하여 이들 탈출자의 재산은 국가에 의해 관리되었다.

---

12 Bohrisch(1996), Die sozialische Grundeigentumsordnung und deren Überleitung in die bundesdeutsche Rechtsordnung, Diss., Göttingen, S. 11.

그 밖에 공공재산은 우체국과 철도가 인민소유로 귀속되어 새로운 국가기업(예컨대 Deutsche Reichsbahn)이 권한담당자가 되었고, 지방자치단체의 재산은 역시 인민소유로 된 후 당해 지방자치단체가 권한담당자로 지정되었다. 특히 소련점령 직후 단행된 지방자치단체의 관할구역 조정에 따라 전에 다른 지방자치단체 소유의 토지를 또 다른 지방자치단체가 권한담당자로 점유하는 경우도 생기게 되었다. 이외에도 광산, 전력회사, 수도회사, 운송시설, 문화재, 항공회사 등 많은 공공재산이 특별법률에 의해 인민소유로 귀속되었다.

(2) 재산권의 원상회복

나치정권은 물론 소련군과 동독정권에 의하여 이루어진 위와 같은 재산몰수조치와 관련하여 통독 후 이를 어떻게 다룰 것인가 하는 문제는 여러 가지 측면에서 정의의 요청(*Gerichtigkeitsgeboten*)이 가장 첨예하게 대립된 분야이다.[13]

공동성명에서 재산권 침해의 원상회복, 특히 반환원칙(소련군점령지역에서의 재산권 침해는 예외)이 확립된 후부터 최종적으로 '손해배상 및 보상이행법'(EALG)이 제정되기까지 실로 많은 논의가 있었다. 편입지역의 주민은 당연히 기존권리의 승인에 관심이 있었고, 반면에 대부분이 서독주민, 동독탈출자인 재산권 침해의 피해자는 당연히 자신의 종전권리를 되찾는 데 관심이 있었다. 이를 대변하여 서독 내에서는 보수기반의 연립정부(CDU · CSU / FDP)가 원물반환에 의한 재산권 침해의 원상회복을 지지한 반면, 진보기반의 야당(SPD)은 기존권리의 승인 하에 대안으로 재산권 침해의 피해자에 대한 배상(보상)원칙을 지지하였다. 여기에 동독지역의 경제적 부흥과 이로 인한 동 · 서독 간

13 Horn(1996), *Einführung in die Rechtswissenschaft und Rechtsphilosophie*, Rn. 427.

삶의 균형을 급속히 실현하기 위해서는 많은 투자가 절실히 요청되었는데 이는 곧 소유관계의 조기해결을 전제로 하는 문제였다.

또한 소련군 점령기(1945~49년)에서 이루어진 재산권 몰수에 대하여는 통일을 이루기 위해 외교적으로 고려하지 않으면 안 될 국제법적인 문제가 있었다. 이외도 농지개혁에 의한 토지수용은 신경작인 또는 이주경작인(*Siedlungsbauern*)의 이익을 고려해야 할 부분도 있었고, 원물반환의 대안인 손해배상은 막대한 비용이 소요되므로 국가재정 능력을 고려하지 않을 수 없었다.

이처럼 수많은 논쟁을 통하여 수렴된 다양한 정의의 요청 중 통일조약의 입법자가 법정책적으로 선택한 결론은 소련군 점령기(1945~49년)에 이루어진 재산몰수는 보상을 원칙으로 하고, 동독(1949~90년)의 몰수 중 반법치국가적 재산권 침해에 대하여는 원소유자 또는 그 권리승계인에게 원물을 반환하는 것을 원칙으로 삼되 예외적으로 현재권리자가 정당한 방법으로 권리를 취득하였을 때 또는 투자우선의 특별목적이 있는 때는 원물반환 대신 손해배상을 인정한다는 것이었다.

2) 재산법

(1) 연 혁

재산법(Vermögensgesetz)[14]은 통일조약 제2부속서에 포함되어 통일조약의 발효일인 1990년 9월 29일 동독의 법률로 효력이 발생하였고 1990년 10월 3일 통독 후에는 연방법률로 편입되어 효력을 유지하면서

14 재산법은 동독의 반법치국가적 재산권 침해를 원상회복하기 위하여 통일 직전에 제정된 동독의 법률로서 통일조약 제2부속의정서에 포함되어 통일 후 연방독일의 법률이 되었다. 재산법은 재산권 분야에서 자행된 동독체제불법의 청산에 관계된 법률 중 하나로서 대부분 공동성명의 내용을 법제화한 것이다.

몰수재산 처리문제의 토대가 되었다.

소련점령군 및 동독정권에 의한 재산권 침해는 1972년 12월 21일 기본조약에서도 이미 다루어진 문제이다. 그러나 여기서는 양독정부의 의견 접근이 어려워 의정서협약(Protokollnotiz)에서 명시적으로 이 문제를 배제하였다. 이 문제의 구체적 해결은 1989년 12월 18~19일 이틀간에 걸쳐 동독의 드레스덴에서 이루어진 동독서기장 모드로프와 서독수상 콜 사이의 합의에서 출발한다. 여기에 근거하여 양측간 실무협의회(deutsch-deutsche Kommission)가 구성되고 이 문제는 본격적인 논의에 들어갔다.

하지만 미해결 재산문제에 관한 한 동독은 현재의 권리관계가 인정되어야 한다는 입장을 고수하였다. 논의가 진행되는 동안에도 동독은 일방적으로 또 다른 재산문제인 사유화(*Privatisierung*)와 관련된 개별 법령을 제정, 공포하였다. 실무위원회의 협의가 시작된 후 1990년 5월 18일 양독정부는 통일을 위한 첫걸음으로 '통화, 경제와 사회적 통합을 위한 국가조약'(Staatsvertrag)[15]을 체결하였다. 국가조약에 의해 1990년 7월 1일부터 서독 마르크화가 동·서독의 단일통화로 통용되고 경제, 통화 및 사회적 통합 기반 조성을 위해 서독의 일부 법률이 동독에서도 효력을 갖게 되었지만 미해결 재산문제는 여전히 합의에 이르지 못하였다.

1990년 6월 15일 미해결 재산문제의 처리를 위한 동·서독 정부간 공동성명은 당시까지 지지부진하던 미해결 재산문제의 처리에 관해 양독 정부가 처음으로 합의에 이른 결과물이다. 공동성명은 미해결 재산문제와 관련된 제각기 상이한 이해관계를 사회계약적 방법으로 조정함으로써 통독 후에도 법적 평화가 보장되는 데에 그 기본적 이념을 두

15 Staatsvertrag über die Schaffung einer Wahrungs-, Wirtschafts-und Sozialunion vom 18. 5. 1990(BGBl. 1990 II S. 537).

고, 양독 정부가 당면한 재산문제를 다루는 데에 있어 법적 안정성, 법적 명확성 및 소유의 권리를 3대 원칙으로 선언하면서 14개 항의 기본방침을 정했다. 공동성명은 전문(前文)을 다음과 같이 시작한다.

> 독일분단, 이와 결부된 동독으로부터 서독으로의 인구유입과 양독간 이질적인 법질서로 인하여 무수한 재산법상의 문제점이 발생하였는바, 이는 동·서독에 있는 많은 주민들의 현안이다. 당면한 재산문제를 해결함에 있어 양독정부는 서로 다른 이익이 사회계약적으로 조정되어야 한다는 기본전제에서 출발한다. 법적 안정성, 법적 명확성 및 소유의 권리는 당면한 재산문제를 해결하는 데 있어 양독정부가 지도이념으로 삼을 수 있는 원칙이다. 이를 통해서만 향후 독일에서의 법적 평화가 항구적으로 보장되어질 수 있다….

여기에서 알 수 있는 바와 같이 공동성명은 재산법상의 문제에 관해 서로 다른 이익을 사회계약적으로 조정한다는 기본이념에서 출발하고 있는데, 여기서 조정대상인 서로 다른 이익이란 구소련 또는 동독정부의 재산권 침해로 인해 재산가치를 상실했던 원소유자 또는 권리승계인의 이익(반환이익), 기존의 권리관계를 다시 변경함으로써 새로운 피해를 입을 수도 있는 현재 소유자의 이익(현상보호이익), 통일 후 동독지역의 경제적 부흥에 대한 투자자 및 일반공중의 이익(공공이익) 등을 생각할 수 있다.

그리고 이 경우 정치적으로 취할 수 있는 태도는 원소유자 또는 그 권리승계인에 대한 예외 없는 반환, 한정적 반환 및 그에 대신한 손해배상, 기왕에 이루어진 재산몰수를 아무런 조건 없이 그대로 수용하는 방안 등 크게 3가지로 요약해 볼 수 있는데, 공동성명은 위와 같은 여러 태도 중에서 국가관리의 폐지와 함께 원물반환의 기본방침(Grundsatz 'Rückgabe vor Entschädigung')을 정하고 있다. 그러나 1945~49년 소련점령지역에서 이루어졌던 재산권 몰수에 대하여는 외교상의 이유로 여기서 제외했고,[16] 나치불법과 관련된 재산법상의 문제점은 양독 정부의 정치적 입장의 차이로 인해 다루지 않았다.

한편, 공동성명은 원물반환이 사실상 불가능하거나 현재권리자가 정당한 방법에 의해 권리를 취득하였던 때에는 기존의 권리관계가 그대로 유지되는 것으로 하여 원물반환의 예외를 두면서 종전소유자에 대하여는 손해배상을 인정함으로써 종전소유자와 현재권리자 사이의 이익을 조정했다. '정당한 방법으로 권리를 취득한다'라고 함은 동독 당시 존재한 법률에 따라 자신의 지위를 남용하지 않고 상대방의 약점도 이용하지 않은 상태에서 권리를 취득한 경우라고 말할 수 있다. 그러나 공동성명은 정당한 방법으로 권리를 취득할 수 있는 시기를 1989년 10월 18일 호네커 정권이 실각한 날까지로 제한하여 그 후의 권리취득자에 대하여는 기존 권리관계의 변경가능성을 예견하였거나 예견할 수 있었음에도 권리를 취득한 것으로 보아 보호대상에서 명백히 제외했다.

공동성명은 양독 정부가 장래 재산문제를 다루는 데 있어 기본방침을 정한 정치적 선언에 불과한데 통일조약이 공동성명을 제3부속서로 첨부하여 제41조 제1항에서 통일조약의 내용으로 함과 동시에 제41조 제3항에서는 향후 독일연방정부가 여기에 반하는 법규정을 제정하지 못하게 함으로써 공동성명의 기본방침이 법적인 효력을 갖게 되었다.

---

16 Fieberg & Reichenbach, in: F/R/M/V, VermG, Einf. Rn. 30은 소련점령군하에서 시행된 조치를 후에 재심사하는 것에 대해 2+4자 조약의 당사국 중 하나인 구소련이 이를 원하지 않았다는 것이다. 소련이 1945~49년 사이의 수용조치를 문제 삼지 않을 것을 독일통일의 조건으로 삼았다는 연방정부의 주장에 관해서는 Frankfurter Allgemeine Zeitung vom 6. 9. 1994, S. 14; 한편 이러한 구소련의 입장에 대한 진위를 두고는 논란이 있었는데 이에 관하여는 Fricke & Märker, a. a. O., Rn. 354ff 참조.

재산법은 이러한 공동성명의 기본방침을 기초로 제정되었다.

(2) 주요내용

① 기본원칙

재산법은 공동성명의 내용을 더 구체적으로 법률화한 것이다. 그 핵심은 원소유자에게 소유권을 반환하는 데 있다. 이를 위해 재산법은 제1조에서 재산권의 침해유형을 개별적으로 열거하고 그중 재산법의 적용을 받는 부분과 받지 않는 부분을 명시했다. 또 반환절차의 실행을 위해 위 침해유형 중 국가관리행위에 대하여는 법률에 의해(제2차 재산법 개정법률로 개정되기 전에는 신청에 의해) 폐지되는 것으로, 기타의 반환절차는 원소유자 또는 그 권리승계인의 신청에 의해 개시되는 것으로 각각 규정했고, 구체적 실행에 필요한 조직과 절차에 관한 규정을 두었다. 그러나 예외적으로 반환이 불가능하거나 정당한 방법으로 기존소유자가 권리를 취득하였던 경우에는 반환청구권을 배제하고 원소유자에게 손해배상청구권을 인정했다. 또 반환으로 인한 기존권리자와 원소유자 사이의 이익조정에 관한 규정을 두었다.

② 적용범위

재산법은 제1조 제1항 내지 제7항에서 1933년 1월 30일부터 1990년 10월 2일까지 사이 이른바 편입지역에서 동독정권에 의해 일어난 재산권 침해의 사례를 수집하여 그중 재산법적 청구권이 적용되는 유형을 제한적으로 열거했다. 따라서 재산법은 동독지역에서 발생한 모든 재산권 침해의 사례를 원상회복의 대상으로 삼지는 않는다. 구체적으로 재산법의 적용을 받는 재산권 침해의 유형은 건축부지인 토지, 나대지인 토지, 법적으로 독립한 건물과 구조물, 이에 대한 이용권과 물권적 권리, 동산 및 영업보호권, 저작권과 유사권리, 예금채권과 기타 금전채권 및 기업에 대한 소유·지분권(제2조 제2항) 등과 같은 재산가치(*Vermögenswert*)에 대한 유형 등이다.

- 무보상 수용(제1조 제1항 a)
- 저가보상에 의한 수용(제1조 제1항 b)
- 국가관리자 또는 처분권자에 의한 양도(제1조 제1항 c)
- 1972년 기업의 몰수(제1조 제1항 d)
- 경제적 강제에 기한 상실(제1조 제2항)
- 부당한 이용행위에 의한 취득(제1조 제3항)
- 나치정권하의 상실(제1조 제6항)[17]
- 반법치국가적 판결(제1조 제7항)
- 국가관리행위(제1조 제4항)

위에서 열거된 유형의 재산권 침해는 이른바 수용행위가 법치국가원리에 반하여 이루어진 것이라는 법적 평가에 기초를 둔다. 그중 재산법 제1조 제1항 a와 b는 무보상 또는 저가보상이 바로 법치국가의 수용원리에 반하고, 나머지 유형은 재산권을 몰수한 국가의 강제행위 자체가 반법치국가적이라는 사고에 입각한다.

③ 적용배제

재산법 제1조 제1항 내지 제7항이 재산법을 적용하기 위한 적극적 구성요건에 관한 규정이라면, 제1조 제8항은 재산법의 적용이 배제되는 소극적 구성요건을 규정하고 있는바, 이는 다음과 같다.

17 나치지배기간(1945. 5. 8~1993. 1. 30)에 인종, 정치, 종교, 세계관 등을 이유로 재산을 상실했던 경우

- 점령지법 또는 점령고권에 근거한 재산가치의 수용(제1조 제8항 a)
- 동독에 의하여 상호 국가간 조약으로 규율된 재산법적 청구권(제1조 제8항 b)
- 구예금상환공채에 기한 권리(제1조 제8항 c)
- 통일조약 제3조에 의한 편입지역의 지방자치단체 소유의 청구권.

그중 1945~49년 소련점령지역에서의 점령지법 또는 점령고권에 근거하여 이루어진 수용은 이미 설명한 바와 같이 공동성명은 제1항에서 이를 원상회복하지 않기로 기본방침을 정한 바 있다. 또 통일조약은 제41조에서 이를 조약의 구성부분으로 받아들이고(제1항), 이에 반하는 연방정부의 입법을 금지하는 한편(제3항), 제4조에서 그 헌법적 보장을 위해 통일조약 제41조 및 시행규정이 편입지역의 재산권 침해에 대해 원상회복을 하지 않기로 한 경우에도 효력이 있다는 내용의 기본법 제143조 제3항을 신설하여(제5항), 이에 대한 헌법적 근거를 부여했다.

이에 대하여는 통일조약의 입법자가 통일조약을 통해 기본법 제143조 제3항을 개정하여 이에 대한 헌법적 정당성을 부여했으나 이는 헌법개정의 절차법적 측면에서 무효일 뿐만 아니라 실질적으로도 기본법 제14조(소유권보장), 제3조 제1항(평등원칙)에 위반된다는 비판이 있었다. 독일연방헌법재판소는 이런 비판이 제기된 가운데 통일 직후 신청된 헌법소원에 대한 1991년 4월 23일 판결에서 이를 기각하였다.

소련점령지역에서의 재산권 침해에 대해 원물반환을 배제한 것이 독일연방헌법재판소의 견해와 같이 합헌이더라도 반환론자들이 제기하는 바와 같이 특히 인민소유재산에서 사유화로 인해 '불가역성'이 더 이상 유지될 수 없는 경우라면 원소유자의 권리는 충분히 존중되어야 할 것인바, 이런 관점에서 현재 인민소유로 귀속된 재산(주로 공공재산)에 대하여는 이용권자의 권익이 침해되지 않는 한 반환예외를 엄격히 해석해야 한다는 주장이 있었다. 이러한 주장은 정당한 것이고 나아가 국경토지취득법(MauerG), 보상이행법(AusglLeistG)처럼 사유화에 앞서 원소유자에게 시가보다 저렴한 가격의 우선취득권을 인정한 입법태도는 정당하다고 할 수 있다.

④ 반환청구의 배제

재산법적 청구권의 핵심은 반환청구권이고 재산법은 반환청구와 관련된 조직과 절차에 대해서만 규정했다. 재산법은 반환이 불능인 경우 또는 이른바 '사회계약적 조정'의 차원에서 현재의 권리가 정당한 방법으로 취득된 경우에는 반환청구권을 배제했다(제4조, 제5조). 반환의 불능은 사물의 본성에 따른 사실상 불능 및 법률상 불능을 포함한다. 사실상 불능이란 재산가치가 반환 또는 회복할 수 없을 정도로 소실하였음을 의미하고, 법률상 불능이란 재산가치를 반환 또는 회복함에 있어 상당기간 법률적 장애가 존재함을 의미한다. '정당한 방법에 의한 권리취득'이라 함은 민법상의 선의취득과는 다른 개념으로 독일법에 있어서도 비교적 생소한 개념이다.[18] 이는 재산법 제1조 제3항의 부당한 이용행위와 결부하여 생각해 볼 수 있는데 일반적으로 권리취득의 과정에 부도덕한 이용행위가 관여한 경우의 반대개념으로 이해할 수 있다.[19] 대체적으로 권리취득이 동독의 법규에 위반하거나 독직 또는 우월적 지위의 이용, 사기 또는 강박상태의 이용에 의하지 않은 경우라면 정당한 취득으로 인정될 수 있다.[20]

---

18 예컨대, 권리취득자가 취득 당시 재산법 제1조 소정의 재산권 침해인 사정을 알았거나 알 수 있었던 경우, 즉 선의취득이 인정되지 않는 경우라도 구동독의 법규에 따라 권리취득을 한 경우라면 정당한 방법으로 권리를 취득한 것으로 인정될 수 있는 여지가 있는바, 이런 의미에서 입법자는 선의취득보다 더 광의의 개념을 생각한 것으로 보인다.

19 Fricke & Märker, a. a. O., Rn. 537f.

아울러 '편입지역의 부흥'(*Aufschwung des Ost*)을 위해 특별투자목적이 인정되는 경우에는 투자우선법에 따라 반환청구권이 배제된다. 반환청구권이 배제되는 경우 종전권리자는 반환에 갈음하여 손해배상 또는 매각대금반환 등을 청구할 수 있다(제6조 제6항 a, 제9조, 제10조).

⑤ 재산법상 청구권

가. 반환청구권

재산법적 청구권의 핵심은 반환청구권이고 재산법은 반환청구와 관련된 조직과 절차에 대해서만 규정했다. 재산법적 청구권 중 또 하나 중요한 손해배상청구권과 소련점령지역에서의 재산권 침해에 대한 보상이행청구권은 손해배상 및 보상이행에 관한 법에서 자세한 내용을 규정했다.

재산법 제1조 소정의 침해행위에 의해 재산가치를 상실한 원소유자 또는 그 권리승계인은 반환의 예외사유가 없는 한 그 재산가치의 반환을 신청할 수 있다(제3조 제1항 제1문). 재산법에 의한 청구권은 신청주의 원칙에 따라 미해결재산관청[21]에 신청서를 제출함으로써 행사된다(제30조 제1항 제1문). 재산법에 의한 반환청구권은 일종의 공법상 청구권이다.[22] 재산법적 청구권 중 또 하나 중요한 손해배상청구권과 소련점령지역에서의 재산권 침해에 대한 보상이행청구권은 손해배상 및

20 표명환(2002. 12), "통일한국과 재산권", 〈헌법학연구〉 제8권 4호, 404면.

21 독일은 미해결 재산문제를 관할하는 연방관청인 BARoV(Bundesamt zur Regelung Offener Vermögensfragen)를 정점으로 편입지역에 그 지부를 두었다.

22 Friauf & Horscht, Rechtsfolgen der Enteignung von Grundbesitz und Wohngebäuden in der ehemaligen DDR zwischen 1949 und 1990, S. 125.

보상이행에 관한 법에서 자세한 내용을 규정했다.

반환청구권의 주체는 원소유자 또는 그 권리승계인이다. 반환청구권의 형식상 상대방은 처분권자이다. 처분권자라 함은 기업반환의 경우는 수용된 기업의 전부 또는 일부의 소유권 또는 처분권을 갖는 사람, 자본회사의 경우는 직접 또는 간접적인 투자지분의 소유자, 기타 재산가치의 반환의 경우는 당해 재산가치의 소유권 또는 처분권을 갖는 사람을 말한다(제2조 제3항 제1문). 국가관리자는 처분권자로 보고(제2조 제3항 제2문), 신탁공사가 처분권자에 대한 지분을 직접 또는 간접적으로 유일하게 소유한 경우는 신탁공사만이 처분권자를 대리한다(제2조 제3항 제3문). 재산법에 의한 청구권(반환청구권 및 손해배상청구권)은 양도, 질권설정 또는 압류의 대상이 될 수 있다(제3조 제1항 제2문).

나. 처분제한

권리자로부터 제30조 소정의 반환신청이 있는 때는 처분권자는 권리자의 동의 없이 물권적 법률행위 또는 장기의 계약상 의무부담행위를 하지 못한다(제3조 제3항 제1문). 이는 권리자로부터 반환신청이 있는 때는 반환결정이 확정될 때까지 권리자의 반환청구권에 영향을 미칠 수 있는 처분권자의 처분행위를 금지한 것이다. 국가가 관리하는 재산가치에 대하여도 국가관리의 폐지가 확정될 때까지는 국가관리자의 처분행위를 금지했다(제15조 제2항).

다. 선택권

권리자는 재산가치의 반환청구권에 갈음하여 손해배상청구권을 선택할 수 있다(제8조 제1항 제1문, 제11조 제1항 제2문). 권리자가 선택적으로 행사할 수 있는 손해배상청구권은 반환토지와 비슷한 가치의 대토를 이전함으로써 실현됨이 원칙이고, 이것이 불능일 때만 손해배상법의 내용에 따라 배상된다(제9조).

라. 손해배상청구권

재산법 제4조, 제5조에 의해 반환이 배제되거나 권리자가 선택권을 행사하면 손해배상청구권이 성립한다. 반환청구권이 배제되는 경우 종전권리자는 반환에 갈음하여 손해배상 또는 매각대금반환 등을 청구할 수 있다(제6조 제6a항, 제9조, 제10조). 이에 관하여는 손해배상법에서 구체적으로 규율하고 있다.

⑥ 성 과

재산법 제30조는 원칙적으로 재산권 반환청구를 1992년 12월 31일까지로 제한하였다. 독일의 미해결재산관청에는 대략 230만 건 이상의 재산에 대한 반환청구권을 주장하는 신청서가 100만 건 이상 접수되었으며 그중 220만 건 이상이 부동산에 해당되는 것이었다.[23] 부동산 관련 신청건수 중 약 50만 건 정도만 반환되거나 민영화되어 재산법이 원칙으로 내세웠던 반환우위의 원칙은 크게 실효를 거두지 못하였다는 평가를 받았다.

23 전신욱(2005. 6), "통일독일의 구동독지역 미해결 재산권처리에 관한 개관", 〈통일연구〉 제10권 제1호, 서경대학교, 6면 이하.

3) 투자우선법

(1) 입법목적

① 반환우위의 원칙

투자우선법(InVorG)[24]은 재산법과 함께 미해결 재산문제를 처리하기 위한 2대 핵심법률로 지적됐다. 이 법의 목적은 재산법에 의해 만들어진 문제상황과 관련이 있다.

재산법은 1933년부터 1945년까지 나치정권, 1949년부터 1989년까지 동독정권에 의해 행해진 반법치국가적 재산권 침해를 원상회복하는데 그 목적이 있다. 즉, 재산법은 제1조 제1항에서부터 제7항까지 재산법적 청구권의 적용을 받는 재산가치에 대한 침해유형을 열거하고 이에 대하여는 원칙적으로 원소유자 또는 그 권리승계인(재산법 제2조 제1항 소정의 권리자)이 반환청구권을 행사할 수 있는 것으로 규정하면서 제4조, 제5조의 예외적인 경우에만 반환청구 대신 손해배상을 청구할 수 있는 것으로 규정했다. 이른바 손해에 대한 반환우위의 원칙을 법규화한 것이다.

② 투자장애의 요인

재산법에 의한 반환원칙이 확립된 후 원소유자 또는 그 권리승계인으로부터의 반환신청은 엄청나게 폭주하였고 그로 인해 처리도 상당히 지연되었다. 이는 결과적으로 동독지역에서 많은 재산의 소유관계를 장기간 불분명하게 하여 투자장애의 요인으로 지적되었다.

---

24 Gesetz über den Vorrang fur Investitionen bei Rückübertragungsanspruche nach dem Vermögensgesetz (Investitionsvorranggesetz; InVorG) vom 14. 7. 1992 (BGBl. 1992 I, S. 1268).

재산법 제3조 제3항은 원소유자의 반환청구권을 보호하기 위해 신고된 반환목적물에 대하여는 처분권자로 하여금 물권적 법률행위 또는 계약상 장기 의무부담행위를 하지 못하도록 금지하고 있는바, 이에 따라 처분권자 특히 신탁공사가 투자자에게 반환대상인 목적물을 매각하거나 지상권 또는 지역권을 설정하는 등 투자목적을 위한 처분행위를 하는 것이 허용되지 않았다. 통설에 의하면 재산법 제3조 제3항의 처분제한은 독일민법(BGB) 제134조 소정의 법률상 금지를 의미하지는 않기 때문에 이에 위반된 법률행위라도 유효하다는 것이나, 토지거래법(GVO) 제2조 제1항 a에 의하면 편입지역에서 토지거래를 위해서는 관청의 허가를 받아야 하고 허가를 받기 전까지 매매계약은 유동적으로 무효이다. 그런데 동법 제1조 제2항에 의하면 재산법에 의해 신고된 토지는 권리자의 동의가 없는 한 허가를 내주지 않도록 규정하여, 이러한 법적 규율과 함께 재산법 제3조 제3항은 원소유자의 반환청구권을 보호하는 한편 투자장애의 요인으로 작용하였던 것이다.

③ **투자우위의 원칙**

투자우선법은 이러한 문제상황에서 출발하여 재산법상의 반환대상인 부동산 또는 기업에 대해 특정한 투자목적을 위한 투자우선결정을 함으로써 재산법 제3조 제3항 소정의 처분제한의 법률적 장애를 없애고 처분권자로 하여금 이의 매각 또는 지상권, 지역권설정 등 신속한 투자행위를 가능하게 하여 동독지역에서의 투자활성화에 의한 경제적 부흥을 이루고자 하는 데에 그 목적이 있다. 이로써 이에 의해 원소유자의 반환이익에 앞서 투자자의 이익이 우선하는 이른바 반환에 대한 투자우위(*Investition vor Rückgabe*)의 원칙이 확립된 것이다.

(2) 연혁 및 내용

① 공동성명은 미해결 재산문제에 관해 반환원칙만을 천명하였을 뿐이고 투자우선에 관하여는 아무런 고려도 하지 않았다. 그러나 통일조약의 협의과정에서 폭주한 반환신청, 그로 인한 처분제한의 장기화가 투자활성화의 걸림돌임을 인식한 양독 정부는 통일조약 제41조 제2항에서 투자우위에 의한 반환원칙의 예외를 인정했다. 즉, 통일조약 제41조 제2항은 "어떤 토지나 건물이 긴급하고 더 상세하게 확정된 투자목적을 위해 필요하고, 특히 기업경영의 기반시설에 이용되고, 이러한 투자결정의 실현이 고용을 창출하거나 보장하는 등으로 국민경제적으로 조성할 만한 가치가 있다고 인정되는 경우에는 특별법률이 정한 바에 의해 당해 토지 또는 건물의 소유권 반환은 이루어지지 않는다. 이 경우 투자담당자는 추진업무의 주요내용이 담긴 계획서를 제출하고 이에 따라 업무를 시행할 의무가 있다. 또한 원소유자의 손해배상과 관련된 내용은 법률로 규정되어야 한다"라고 규정하고 있는바, 이는 제1항에 의해 통일조약의 내용으로 된 공동성명 제3항이 천명하는 반환원칙의 예외를 인정한 것이다.

② '연방투자법'[25]은 재산법(VermG)과 함께 통일조약의 부속서에 포함되어 1990년 9월 29일 통일조약의 발효와 동시에 동독의 법률로, 1990년 10월 3일 통일 후에는 동독지역에만 적용되는 연방법률로 효력이 발생하였다. 재산법이 통일조약으로 승인된 공동성명의 반환원칙을 구체화한 법률이라면, 연방투자법은 통일조약에서 최초로 인정된 투자우위의 원칙을 구체화한 법률이다.

---

25 Gesetz über besondere Investitionen in der Deutschen Demokratischen Republik, in: EV-Anhang II Sachgebiet B Abschnitt 1 Nr. 4 (BGBl. 1990 I, S. 1157)

그 내용은 특히 영업소 또는 서비스기업의 설립에 의해 고용을 보장 또는 창출하거나 주민의 주택수요에 부응하거나 이들에 필요한 사회간접투자 등과 같은 투자목적이 하나 이상 인정되고 이를 위해 처분권자의 토지 및 건물의 매각이 '긴급하고도 적합한'(*dringlich und geeignet*) 때에는 투자담당자가 투자행위를 구체적으로 실현할 수 있는 기술, 재정적 능력을 보증한 경우에 한해 처분권자의 신청으로 관할 행정기관은 투자증명서를 교부한다. 투자증명서가 교부되면 당해 토지 및 건물에 대하여 재산법 제3조 제3항에 의한 처분제한은 제거되고 처분권자는 투자담당자에게 토지 및 건물을 매각할 수 있으며 투자증명서를 기초로 토지거래허가를 신청할 권한이 인정되었다. 투자에 의한 매각으로 반환청구권을 상실한 원소유자에 대하여는 처분권자를 상대로 한 매각대금의 상환, 매삭대금이 시가에 못 미칠 때는 시가상당액의 교부청구권이 인정되었다. 그러나 이러한 연방투자법이 투자장애의 문제를 상당히 해결해 줄 수 있을 것이란 당초 기대와는 달리 거의 실효를 거두지 못하였는데, 그 이유는 '긴급하고도 적합한 때'라는 등 투자요건이 추상적인 데다가 투자증명의 업무를 관장하는 행정조직이 통일 후 미처 정비되지 않은 점, 여기에 원소유자의 재산을 2차로 수용한다는 심리적 요인이 복합된 점 이외에 절차는 번잡하면서도 정작 세부적인 면에서는 많은 흠결이 있었던 점 등 여러 요인이 작용하였다.

③ '투자장애제거법'[26]은 실효성이 없었던 연방투자법을 대신해 동독지역에서의 투자를 촉진하고 신속한 경제적 부흥을 가능하게 하기 위해 제정되었다. 여기서 투자촉진과 관련된 부분은 기존 연방투자법의 투자관련 조항을 보완 및 확대하고, 재산법에 투자관련 조항을 몇 가지

26 Gesetz zur Beseitigung von Hemmnissen bei der Privattisierung von Unternehmen und zur Föderung von Investitionen (Hemmnisbeseitigungsgesetz) vom 23. 3. 1991 (BGBl. 1991 I, S. 766).

신설한 것이다. 투자장애제거법은 우선 연방투자법을 개정하여 투자행위의 유형을 토지와 건물의 매각뿐만 아니라 임대차, 사용대차, 지상권의 설정, 부분소유권 또는 주거소유권의 설정 및 양도 등으로 확대하였고 투자증명서만으로 토지거래법(GVO)의 거래허가를 대체하는 등 투자의 효율성과 신속성을 보장하는 쪽으로 절차규정을 간소화하였다. 또한 재산법을 개정하여 반환대상으로서의 기업에 대하여도 매각, 장기임대차 등 투자행위가 가능하도록 제3조 제6항 내지 제8항을 신설하였고, 제3조 a에 특별우선조항을 신설하여 신탁공사와 지방자치단체가 처분권자로서 직접 투자증명을 할 수 있도록 했다.

④ 투자우선과 관련된 법규들의 산재, 법조문의 미비, 반환이냐 보상이냐의 끊임없는 논쟁 등은 투자촉진을 위한 새로운 입법의 필요성을 야기하였다. 그 결과 1992년 7월 22일 제2차 재산법개정법률(das zweite Vermögensrechtsänderunsgesetz)이 제정되었다. 이 법률은 모두 15편으로 이루어졌는데 이에 의해 미해결 재산문제와 관련된 여러 법률이 개정되었다. 그중 하나가 새로 제정된 '투자우선법'(InVorG)인데 이로써 기존의 재산법과 연방투자법의 투자관련 조항은 모두 폐지되고 단일법률로 통합되었다.

⑤ 제2차 재산법 개정법률에 의해 새로 제정된 '투자우선법'은 모두 7장, 26개 조문으로 이루어졌는데 기존의 재산법과 연방투자법의 투자관련 조항과 비교할 때 우선 투자우선절차를 개시할 수 있는 기한이 길어졌고, 투자절차를 더 상세히 규정했으며, 특별 투자목적도 더 넓게 인정했다. 그 밖에도 제6장에서 특별 투자우선절차를 규정하여 투자우선절차의 집중화 및 간이화를 꾀했다.[27]

---

27 투자우선법의 신규조항에 관하여는 Försterling(1993), Recht der offenen Vermögensfragen, , Rn. 404ff. 참조.

4) 손해배상 및 보상이행법

(1) 서 언

① 손해배상 및 보상이행법(손해보상법)[28]은 미해결 재산문제의 처리를 위한 일련의 입법 중 가장 마지막으로 제정된 법률이다.

② 손해보상법은 연방재무성 초안에 연합정당(CDU / CSU) 위원회, 즉 게스터 위원회(Gerster Kommission)의 의견 등을 반영하여 연방정부가 1993년 5월 10일 제출한 법안이 연방하원의 심의과정에서 2차례 부결됐고, 1994년 5월 20일 연방하원에서 제2차 수정안이 의결되었으나 연방상원의 심의과정에서 부동의됐고, 연방 상·하원 합동위원회의 제2차 절충안이 1994년 9월 23일 연방상원의 동의를 받는 등의 우여곡절 끝에 법률로 성립하여 1994년 12월 1일 효력이 발생하였다. 이로써 재산법에 의해 예정되었던 1949~90년 동독의 재산권 침해행위로 인한 반환불능시 손해배상 및 공동성명과 통일조약에 의해 통일독일의 입법자에게 유보되었던 1945~49년 점령지법 및 점령고권에 근거한 수용으로 인한 보상이행의 문제가 입법적으로 완결되었다.

③ 손해보상법은 모두 11편의 제정·개정법률로 구성된 이른바 종합법률(Artikelgesetz)인데 제정법률 중에서 가장 중요한 법률이 손해배상법(EntschG)과 보상이행법(AusglLeistG)이고, 그 밖에 나치피해자배상법(NS-VEntschG), 동독채권(債券)정리법(SchuldBBerG), 실향민보조금법(VertrZuwG) 등을 포함하고 있다.

---

28 Das Gesetz über die Entschädigung nach dem Gesetz zur Regelung offener Vermögensfragen und über staatliche Ausgleichsleistungen für Enteignugen auf besatzungsrechtlicher oder besatzungshoheitlicher Grundlage vom 27. 9. 1994(BGBl. I 1994, S. 2624, berichtigt BGBl. I 1995, S. 110).

(2) 손해배상법

① 예외적 배상

손해배상법(Entschädigungsgesetz)은 손해보상법 제1편에 모두 12개 조문으로 구성되어 있다. 이는 과거 동독지역에서 발생한 재산권 침해에 관해 재산법상의 반환청구권이 배제되거나 권리자가 선택권을 행사함으로써 손해배상청구권이 성립하는 경우 손해배상의 범위와 방법을 정한 법률로서, 이미 재산법은 침해된 재산가치의 반환청구권이 배제되는 경우 또는 원소유자가 반환에 갈음하여 손해배상을 선택하는 경우 손해배상청구권이 성립하는 것으로 하면서 손해배상의 구체적 범위에 관하여는 다른 법률에 입법을 위임했었다(재산법 제9조). 손해배상법은 재산법의 위와 같은 규정에 따라 제정된 후속법률로서 말하자면 그 보충법률이라 할 수 있다.

② 주요내용

손해액을 재산가치의 시가(*Verkehrtwert*)에 의하지 않고 1990년 10월 3일 당시의 이른바 의제시가(*fiktiver Verkehrtwert*)에 의하여 정했는데 의제시가는 1935년도 과세표준액(*Einheitswert*)을 기초로 재산가치의 유형에 따라 일정배율을 곱하여 산출한다. 이러한 의제시가를 평가기초액(*Bemessungsgrundlagen*)이라 한다. 1만 마르크 이상의 평가기초액은 여기서 다시 최저 30%에서 최고 95%까지 감축(*Degression*)된다. 위와 같이 정해진 손해액은 현금으로 즉시 배상되지 않고 2004년까지 무이자인 양도가능한 채권증서로 교부된다. 채권증서는 2004년부터 5년간 매년 추첨에 의해 균등으로 배상기금에서 상환된다.

위와 같은 내용의 손해배상법이 제정되기까지는 입법과정서부터 격렬한 논쟁이 있었다. 이는 주로 배상의 범위와 재원마련의 방안에 관한 것이었다. 독일기본법 제14조에 의하면 수용시 배상은 침해당시 거래가격에 기한 시가배상을 의미하는데[29] 소련점령지역과 동독에서의 재산권 침해로 인한 배상 또는 보상에 있어서도 이러한 시가배상을 해야 하는지, 그리고 배상권리자를 위한 재원마련을 위해 반환권리자로부터 일정금액을 징수할 수 있는지가 연방정부의 재정능력을 고려하여 집중적으로 문제되었다.

(3) 보상이행법

보상이행법(Ausgleichsleistungsgesetz)은 소련점령지역에서 점령지법 또는 점령고권에 근거한 무보상 수용으로 인하여 재산법적 청구권이 배제된 경우 보상이행에 관해 규정하고 있다. 보상이행의 방법과 범위는 손해배상법과 동일하다. 다만 보상이행법에는 신경작인과 원소유자의 소유권우선취득(제3조), 동산에 대한 반환배제의 예외(제5조) 등이 추가로 규정됐다.

그중 원소유자의 소유권우선취득과 관련하여 보상이행법 제3조와 제4조는 신탁공사(THA)에 의해 사유화될 과거 인민소유의 농지·임야에 대한 토지우선취득조항을 두었다. 동독의 농지·임야는 그 소유권의 법적 형식과는 관계없이 농업·임업생산협동조합의 광범위한 이용권에 제공되었고 통독 전후로 그중 인민소유인 농지·임야는 신탁공사에 의해 사유화될 과정에 놓이게 되었다. 보상이행법의 토지우선취득조항은 해당토지의 경작인 또는 원소유자에게 보상이행청구권(원소

29 독일기본법 제14조 소정의 배상은 완전배상(*volle Entschädigung*)을 의미하지는 않더라도 적어도 시가(*Marktwert*)에 기초하여 공익과 사익 간의 적절한 이익형량에 의해 정해진 배상을 의미한다; Papier, in: Maunz & Dürig, Komm. z. GG, Art. 14 Rn. 599ff.; Buchs(1996), *Handbuch des Eigentums-und Entschädigungsrecht*, Rn. 2356ff.

유자의 경우) 과는 별도로 이렇게 사유화될 농지·임야의 우선취득권을 보장한 것이다. 이는 손해보상법의 제1차 수정안(볼 수정안) 에 부속서로 첨부되었으나, 연방하원이 이를 보상이행법에 추가할 것을 요구하여 제2차 수정안에 법률로 규정되었다. 그 후 이 조항은 연방상원의 법률안 동의과정에서 장기간 논란이 있다가 연방 상·하원의 제2차 절충안에서 현재의 법률대로 확정되어 성립하였다. 토지개혁의 희생자인 원소유자에게 수용토지의 우선취득권을 보장해야 한다는 주장은 일찍부터 제기되었던 것이다. 그러나 보상이행법의 토지우선취득조항은 원소유자 이외의 경작인 등에게도 우선취득권을 부여하여 원소유자의 권리는 상당히 희석되었다는 지적도 있다.

4. 헌법적 문제점

1) 개관

이상에서 살펴본 바와 같이 통일독일은 동독의 반법치국가적 재산권 침해를 법치국가원리에 따라 원상회복 내지 보상함으로써 미해결 재산 문제를 해결하였다. 통일독일의 몰수재산 처리문제는 사회주의적 재산권 질서를 자본주의적 기본법 질서 아래 재편하고 정리하는 소유권 문제라는 큰 틀 안에서 진행되었다. 국가계획경제하의 동독과 사적소유권을 인격발전의 기본전제인 불가침의 인권으로 보장하고 시장경제 질서의 기본으로 받아들이는 서독이 기본법의 한 지붕 아래로 통합하는 데 있어 소유권문제는 일차적으로 동독의 사회주의적 소유권을 재편하고 이용권을 정리하는 문제에서부터 출발하였던 것이다. 그런데 사회주의적 소유권을 재편하는 데 있어 기본법 제14조를 직접 소급적용할 수는 없다고 하더라도 통일조약의 입법자는 서독의 사회적 법치국가원리를 동독지역에 이식함에 있어 과거불법을 적당한 방법으로 수정해야 한다는 의무에서 결코 자유스러울 수 없다는 견해가 통일을 전후하여 서독 정치가와 법률가 심지어는 일반국민들 사이에서 지배적 주류를 형성하였다.[30] 통일독일의 몰수재산 처리문제도 결국 이런 주류적 흐름 속에서 진행되었다.

따라서 반법치국가적 재산권 침해를 되돌리는 것은 법치국가의 당연한 요청이었다. 다만 그 방법에 관하여 법률적 목적과 경제적 목적이 충돌하는 상황이 야기되었다. 침해된 재산권을 원물형태로 반환하는

---

30 Ossenbühl, Eigentumsfragen(1997), in: Isensee/Kirchhof (Hrsg.), *Handbuch des Staatsrechts, Bd. IX*, Rn. 75f.

것이 가장 정의에는 부합하겠지만 그로 인하여 현 소유자나 이용권의 현재의 법적 상태에 대한 신뢰는 보호받지 못하고 따라서 법적 안정성이 위협받게 되었다.

독일분단과 이와 결부된 동독으로부터 서독으로의 인구유입 그리고 양독간 이질적인 법질서로 인하여 무수한 재산법상의 문제점이 발생하였다. 통일독일은 당면한 재산문제를 해결함에 있어 양독정부는 서로 다른 이익이 사회계약적으로 조정되어야 한다는 기본전제에서 출발하였다. 통일독일은 법적 안정성, 법적 명확성 및 소유의 권리를 당면한 재산문제를 해결하는 데 있어 지도이념으로 삼았다.

동독의 미해결재산 처리의 구체적 내용은 소련군점령기(1945~49년)에 이루어진 재산권 몰수에 대하여는 원상회복 대신 보상이행을 인정하고, 동독(1949~89년)에서의 재산권 몰수에 대하여는 손해배상보다 원물반환을 원칙으로 하되 현재권리자가 정당한 방법으로 권리를 취득한 때와 투자우선의 특별목적이 있는 때는 원물반환에 대한 예외로서 손해배상을 인정한다는 것으로 요약할 수 있다. 이러한 법정책적 결단은 과거 불법적인 재산권 침해에 대해 기본법이 소급하여 이를 무효로 할 수는 없다고 하더라도 통일에 의해 독일 전체를 위한 사회법치국가적 민주주의를 수립하는 마당에 있어서는 불법이 청산되어야 한다는 일반적 정의원리의 요청에 입각하여 통일조약의 입법자가 과거불법을 '조정한다'(*ausgleichen*)는 차원에서 선택한 결론이라 할 수 있다.

여기서 알 수 있는 바와 같이 공동성명은 재산법상의 문제에 관해 서로 다른 이익을 사회계약적으로 조정한다는 기본이념에서 출발했다. 조정대상인 서로 다른 이익이란 구소련 또는 동독정부의 재산권 침해로 인해 재산가치를 상실했던 원소유자 또는 그 권리승계인의 이익(반환이익), 기존의 권리관계를 다시 변경함으로써 새로운 피해를 입을 수도 있는 현재 소유자의 이익(현상 보호이익), 통일 후 동독지역의 경제적 부흥에 대한 투자자 및 일반공중의 이익(공공이익) 등을 생각할 수 있다. 그리고 이 경우 취할 수 있는 정책은 원소유자 또는 그 권리승계인에 대한 예외 없는 반환, 한정적 반환 및 그에 대신한 손해배상, 기왕에 이루어진 재산몰수를 아무런 조건 없이 그대로 수용하는 등 크게 3가지 방안으로 요약해 볼 수 있는데, 공동성명은 그중에서 국가관리의 폐지와 함께 원물반환을 기본방안으로 정했다. 그러나 1945~49년 소련점령지역에서 이루어졌던 재산권 몰수 문제는 외교적 이유로, 나치불법과 관련된 재산법상의 문제는 양독정부의 입장이 다르다는 정치적 이유로 공동성명에서 제외되었다.

한편, 공동성명은 원물반환이 사실상 불가능하거나 현재권리자가 정당한 방법에 의해 권리를 취득한 때는 기존의 권리관계가 그대로 유지되는 것으로 하여 원물반환의 예외를 두면서 종전소유자에 대하여는 손해배상을 인정함으로써 종전소유자와 현재권리자 사이의 이익을 조정했다. '정당한 방법으로' 권리를 취득한다고 함은 동독 당시 존재한 법률에 따라 자신의 지위를 남용하지 않고 상대방의 약점도 이용하지 않은 상태에서 권리를 취득한 경우라고 말할 수 있다. 그러나 공동성명은 정당한 방법으로 권리를 취득할 수 있는 시기를 1989년 10월 18일 호네커 정권이 실각한 날로 명시하여 그 후의 권리취득자에 대하여는 기존 권리관계의 변경가능성을 예견하였거나 예견할 수 있었음에도 권리를 취득한 것으로 보아 보호대상에서 명백히 제외했다.

서독은 재산권 침해유형에 관한 충분한 자료와 사실조사 등으로 사전에 준비를 하였고 국가경제력도 우리보다 훨씬 컸음에도 불구하고 수많은 시행착오를 겪었다. 미해결 재산문제에 관한 법령은 가제식 법률(*Loseblatt*)이라고 표현될 정도로 수회에 걸쳐 제정 또는 개정되었다.

우리도 남북통일에 대비하여 서독과 같은 사실적 조사와 더불어 통일독일이 겪었던 법적 문제점을 철저히 연구하여야 할 것이다. 특히 통일독일이 몰수재산 처리문제를 둘러싸고 겪었던 법적 문제점은 우리에게도 많은 교훈을 줄 것이다. 아래에서는 이러한 법적 문제들 가운데에서 북한의 몰수재산문제를 처리함에 있어서 반드시 제기될 만한 헌법적 논점들에 대한 독일의 학설과 판례를 정리하여 보기로 한다.

2) 재산권 침해의 불법성

(1) 침해유형의 공통점

재산법은 제2차 세계대전 후 소련점령지역 및 동독에서는 사회주의 법질서에 맞추어 재산권을 재편한다는 명분 아래 수많은 몰수조치가 시행되었는데 그 가운데는 사회법치국가적 관점에서 용인될 수 없는 재산권 침해가 있었다는 역사적 인식에서 출발한다.

재산법의 적용대상은 편입지역에서 이른바 재산가치에 대한 무보상 수용(제1조 제1항 a), 저가보상에 의한 수용(제1조 제1항 b), 국가관리자 또는 처분권자에 의한 양도(제1조 제1항 c), 1972년 기업의 몰수(제1조 제1항 d), 경제적 강제에 기한 상실(제1조 제2항), 부당한 이용행위에 의한 취득(제1조 제3항), 나치정권하의 상실(제1조 제6항), 반법치국가적 판결(제1조 제7항), 국가관리행위(제1조 제4항)로 제한된다. 이러한 유형의 재산권 침해는 법치국가의 재산권 수용원리에 반하여 이루어진 것이라는 법적 평가에 기초를 두었다. 그중 무보상 또는 저가보상이 바로 법치국가원리에 반한다는 것이고, 나머지 유형은 재산권을 몰수한 국가의 강제행위 자체가 반법치국가적이라는 사고에 입각한 것이다.[31]

동독의 미해결재산 문제가 갖는 반법치국가성을 지적한 어느 학자의

31 Kleinlein(1997), Das Gesetz zur Regelung offener Vermögensfragen-eine systematische Betrachtung, *DtZ*, S. 178(179).

말을 인용하여 반법치국가적 재산권 침해가 갖는 불법성을 확인해본다.

> 반법치국가적 수용과 그에 수반되었던 상황은 시간이 흐르면서 점점 의식에서 사라져 간다. 여기에 과거 동독정권 시절 재산가치의 몰수 업무에 최소한 간접적으로라도 관여했던 사람들이 미해결재산 관청의 담당공무원, 심지어는 관리자 지위에 종사한다고 생각해보자. 이들의 눈에는 반환청구권의 신청인이 일종의 도움을 청하는 사람의 범주쯤에 해당하고 나아가서는 과거 계급의 적으로 간주될 것이다. 편입지역의 많은 사람에게 있어 반환원칙이 별로 달갑지 않다는 사실은 오랫동안 동독제도에 젖어온 사고가 아직도 우위에 있다는 이야기다. 동독정권 하에서 유지되어 온 소유권사상이 사람들의 법의식에 아직도 상당히 남아 있어 사고전환을 어렵게 만든다. 반법치국가적 재산권 침해에 대해서는 전 독일연방헌법재판소 재판관인 뵈머가 말하였듯이 '불법이라는 생각'을 가질 필요가 있다.[32]

(2) 분단불법론의 배제

초기에는 재산법의 적용범위가 이른바 '분단에 기한 불법'(*Teilungsunrecht*)에 한정된다는 주장이 있었다.[33] 구체적으로 재산법은 독일분단에 기한 불법으로 파악되는 수용 또는 재산권 침해만을 심사하여 원상회복하는 데 목적이 있고 동독의 모든 불법행위를 재산법의 적용대상으로 삼으려 한 것은 아니므로 재산법을 적용하기 위해서는 과거 동독지역에 소재한, 서독주민 또는 외국인 소유의 재산가치에 대한 침해행위와 같이 이른바 동독과 서독 간의 '지역적 연관성'(*interlokaler Bezug*)이 있어야 하고, 동독주민이 불법적인 재산권 침해로 같은 유형의 피해를 입은

---

32 Fricke & Marker, a. a. O., Rn. 19f.

33 Fieberg & Rechenbach (1991b), Zum Problem der offenen Vermögensfragen, *NJW*, S. 321 (323) ; 표명환, 앞의 논문: 405면 이하 참조.

경우라도 이는 '지역적 연관성'이 없기 때문에 재산법의 적용대상이 될 수 없다는 것이다.

재산법에 있어 분단불법론의 출발점은 공동성명의 전문에서 찾을 수 있는데 "독일분단, 이와 결부된 동독으로부터 서독으로의 인구유입과 양독간 이질적인 법질서로 인하여 무수한 재산법상의 문제점이 발생하였는바, 이는 동·서독에 있는 많은 주민들의 현안이다 …"라는 표현이 바로 그것이다. 그 뒤 재산법에 대한 연방정부의 공식자료[34]에서도, 재산법은 동독에서 단행된 모든 재산권 침해의 원상회복을 목적으로 하지는 않고 "서독주민과 외국인이 동독지역을 합법 또는 불법적으로 떠났다는 이유 또는 동독 내 주소가 없다는 이유 등으로 그 소유재산에 대해 지금까지 처분할 수 없었거나 더 이상 스스로 처분할 수 없었던 사정으로 인해 감당했던 특정한 불이익을 보상하는 데 그 중점이 있다. 동·서독주민과 외국인이 똑같이 관계된 수용, 예컨대 동독의 방위법(Verteidigungsgesetz)에 근거한 수용은 원칙적으로 재산법의 적용대상이 아니다"라고 하여 이를 뒷받침하고 있다.

그러나 학계의 다수설은 재산법의 적용범위를 굳이 위와 같이 '분단에 기한 불법'만으로 한정하여 보지는 않았다.[35] 재산법 제1조에 열거된 재산권 침해의 유형 중 제1항 a~d, 제4항은 '분단에 기한 불법'과 관련이 있으나 기타의 경우는 이와 무관하다는 것이다.[36]

---

34 BT Drucksache Ⅱ/7831 vom 12. 9. 1990, S. 1ff.

35 Teilungsunrechtstheorie의 가장 대표적 비판은 Clemm (Hrsg.), Rechtshandbuch, § 1 VermG Rn. 11ff. 참조.

36 그래서 다수설은 재산법 제1조 제1항 a~d, 제4항의 경우는 '분단에 기한 불법'만이 문제되므로 동독주민은 이에 의한 재산법적 청구권의 주체가 될 수 없고, 그 밖의 재산법 제1조에 열거된 재산권 침해의 경우에는 동독주민, 서독주민과 외국인이 모두 청구권의 주체가 될 수 있다는 것이다; 이에 관하여는 Försterling, a. a. O., Rn. 497ff., Rn. 510; Sacker/Busche,

(3) 법치국가 위반성

동독체제의 재산권 침해에 대한 불법청산에서 '분단으로 인한 불법'의 개념보다는 '차별성'(*Diskriminierungen*) 또는 '반법치국가성'이라는 개념을 중시하는 경향을 보여왔다.[37] 즉, 동독하에서 반법치국가적 또는 차별적 성격을 갖는 재산권 침해를 원상회복 또는 손해배상을 통해 보상하는 데 재산법의 기본목적이 있다는 것이다.[38] 특히 통일조약 제19조 제2문에 의하면 동독의 서독에로의 편입 이전에 동독정권에 의해 행해진 행정행위가 '법치국가원리에 반할 때'는 폐지한다라고 기본방침을 정했는데, 재산법도 형사복권법이나 제2차 SED불법청산법 등과 같이 이러한 원칙의 기본선상에서 이해되어야 한다는 것이다.[39]

이와 같이 '분단에 기한 불법' 청산보다는 '차별성을 지닌 불법' 또는 '반법치국가적 불법' 청산을 재산법의 목적으로 중시한다면 '분단에 기한 불법'과 관련이 있다는 재산법 제1조 제1항 a~d, 제4항의 경우도 이른바 '두 지역의 연관성'을 요구하여 청구권의 주체를 서독주민과 외국인만으로 제한할 이유가 없고 동독주민도 경우에 따라서는 청구권의 주체가 될 수 있다는 주장이 가능한데 독일의 학계와 실무는 이러한 주장에 동조하는 추세를 보였다.[40]

---

in: Sacker, Vermögensrecht, §1 Rn. 12ff. 등 참조.

37 Fricke & Märker, a. a. O., Rn. 79.

38 Kleinlein, *DtZ* 1997, S. 178은 "Der Zweck des VermG besteht in der Wiedergutmachung rechtsstaatswidriger Vermögensentziehungen ……" 라고 썼다.

39 Vitzthum & März, Restitutionsausschluß, 1994. S. 33ff.

40 Kleinlein, *DtZ* 1997, S. 178는 재산법 제1조 제1항 a와 관련, 그 적용범위를 분단불법에 한정하지 않은 독일연방행정법원의 판례로서 BVerwG, VIZ 1996, S. 451, 및 BVerwG, VIZ 1996, S. 577 등을 거론하고 있다.

3) 원상회복이 배제된 재산권 침해

(1) 서 언

재산법은 제1조 제8항은 재산법의 적용이 배제되는, 즉 모든 재산법적 청구권(반환청구권, 손해배상청구권 등)이 배제되는 경우를 규정했다. 여기에는 점령지법 또는 점령고권에 근거한 재산가치의 수용(제1조 제8항 a)도 해당된다. 1945~49년 소련점령지역에서의 점령지법 또는 점령고권에 근거하여 이루어진 수용은 재산법 제1조 제6항(나치정권하의 불법), 제7항(반법치국가적 판결의 취소)에 의한 경우를 제외하고는 재산법이 적용되지 않는다(제1조 제8항 a). 점령지법에 근거한 수용이라 함은 소련군사위원회(SMAD)의 명령 또는 그의 위임에 기한 각 주의 법령 등에 근거한 수용을 말하고, 점령고권에 근거한 수용이라 함은 소련점령군의 동의 또는 승인 하에 이루어진 수용을 말한다. 실무상 주로 적용되는 사례는 소련점령지역에서의 토지개혁(*Bodenreform*)과 기업몰수에 관한 것이다.

소련점령지역에서의 재산권 침해를 구제범위에서 배제한 것은 재산법 중 가장 많은 논란을 야기하였다. 특히 통일조약의 입법자는 통일조약을 통해 기본법 제143조 제3항을 개정하여 이에 대한 헌법적 정당성을 부여했으나 이는 헌법개정의 절차법적 측면에서 무효일 뿐만 아니라 실질적으로도 기본법 제14조(소유권보장), 제3조 제1항(평등원칙)에 위반된다는 비판이 있었다.[41] 이하에서는 이러한 헌법적 정당성의 근거에 대한 연방헌법재판소의 태도와 이에 대한 학계의 비판을 살펴

41 소련점령지역에서의 재산권 침해에 대해 재산법의 적용을 배제한 것과 관련된 논쟁에 관하여는 Otto Kimminich, Die Eigentumsgarantie im Prozeß der Wiedervereinigung, 1990; Badura, a. a. O., S. 1256ff.; Papier, *NJW* 1991, S. 193ff.; Stern, *DtZ*, 1990. S. 289(291f.) 등 참조.

보기로 한다.

(2) 연방헌법재판소의 태도

연방헌법재판소는 이런 비판이 제기된 가운데 통일직후에 신청된 헌법소원에 대해 1991년 4월 23일 판결[42]에서 다음과 같은 논거로 이를 기각하였다.

① 우선 헌법개정의 절차법적 효력에 관해 연방정부가 통일조약으로 헌법을 개정하고 의회가 이에 동의하는 법률을 제정하는 방식으로 기본법(제143조 제3항)을 개정하였더라도 이는 기본법에 의해 부과된 통일의 당위적 측면(*Wiedervereinigungsgebot*)에서 볼 때 헌법적으로 문제가 되지 않는다는 것이다(판결문 'C. Ⅱ. 1. a' 참조).

② 또한 실질적 위헌의 문제에 관하여, 소련점령지역에서의 몰수조치는 합법성이나 합법률성의 문제를 떠나 이미 점령고권 또는 동독에 의해 유효한 것으로 취급되었고, 이에 대해 독일은 책임이 없으며 기본법을 소급하여 적용시킬 수도 없고, 영토주의원칙[43]에 입각해서 보면 그 효력을 인정할 수밖에 없다고 전제하고(판결문 'C. Ⅱ. 2. b. aa.' 참조), 다만 다른 가치질서에 기해 형성된 정치체제로부터 그 국가권력을 인수함에 있어 기본법의 구속을 받는 입법자는 법치국가의 기준에 의해 승인될 수 없는 과거불법은 원상회복의 방법으로 이를 조정할 의

42 BVerfGE 84, 90; NJW 1991, S. 1597ff.; 위 판결에 관하여는 Leisner, *NJW* 1991, S. 1569; Maurer, *JZ* 1992, S. 183; Wasmuth, *NJW* 1993, S. 2476; Scholz, in: Maunz & Durig, Komm. z. GG, Art. 143 S. 22ff.; Klein, in: Ipsen & Rengeling & Mossner & Weber(Hrsg.), Verfassungsrecht im Wandel, S. 94ff.; Graf Vitzthum, in: Strern(Hrsg.), *Deutsche Wiedervereinigung, Bd. II/1*, 1992, S. 3ff.; Steinberg, *NJ* 1991, S. 1 등 참조.

43 한 국가의 영토에 국한된 문제는 그 국가의 문제이고 외국이 관여하지는 못한다는 원칙.

무가 있다고 볼 수 있다. 이때 입법자에게 부과되는 한계는 기본법 제79조 제3항[44]일 뿐이고 기본법 제3조 제1항이나 제14조 등은 직접 준거가 될 수 없다는 것이며, 그 외 입법자는 원상회복의 방법으로 원물반환이든 보상이든 광범위한 형성의 자유를 갖는다는 것이다(판결문 'C. II. 2. b. cc.' 참조).

③ 그런데 통일조약의 입법자를 구속할 수 있는 기본법 제79조 제3항은 헌법개정에 의해서도 기본법 제1조(인간존엄), 제20조(민주주의, 국민주권)의 기본원칙은 침해될 수 없음을 명시했는데, 여기의 기본원칙으로는 인간의 존엄, 인간공동체의 평화 및 정의의 기초로서 불가침이고 불가양적인 인권, 인간존엄과 인권의 보장을 위해 포기될 수 없는 (기본법 제1조 이하에 열거된) 기본권, 그리고 법의 평등과 자의금지를 의미하는 기본적 정의와 사회적 법치국가원리 등을 열거할 수 있고(판결문 'C. II. 2. a.' 참조), 이런 관점에서 기본법 제14조의 소유권보장 중 개인의 삶을 형성하고 인격발전을 위해 필요한 최소한의 부분과 기본법 제3조 제1항(평등원칙)은 기본법 제79조 제3항에 의해 헌법개정으로 침해될 수 없는 본질적 내용에 속한다는 것이다.

④ 그러나 소련점령지역에서 이루어진 몰수조치와 관련해서는 침해가 이루어진 뒤 이미 40년 이상 소유권불행사의 현상이 고착된 사정을 감안할 때 원소유자 또는 그 권리승계인에게 속한 소유권의 본질적 내용이 침해되었다고 할 수는 없고, 입법자가 소련점령지역에서의 재산권 침해와 동독에서의 재산권 침해를 반환배제와 반환인정으로 달리 취급하였더라도 이는 동독과 소련이 통일의 협상과정에서 소련점령지역에서의 반환배제를 고수하였고 연방정부는 통일의 당위적 측면에서

44 기본법 제79조 제3항(불가침조항) : 연방을 각 주로 편성하는 입법에 있어서 주의 원칙적인 협력 또는 제1조와 제20조에 규정된 원칙들에 저촉되는 기본법 개정은 허용되지 아니한다.

의무에 합치한 평가에 의해 통일의 목표 달성을 위해 그 조건을 고려하지 않을 수 없음을 감안하면 충분히 정당화될 수 있으므로, 소련점령지역에서의 몰수조치에 대해 반환배제를 승인한 기본법 제143조 제3항은 기본법 제79조 제3항(에 의해 보장된 기본법 제3조 제1항, 제14항의 본질적 내용)을 침해하였다고 할 수 없다는 것이다(판결문 'C. II. 2. b. cc. (2) (3).' 참조).[45]

연방헌법재판소는 1996년 4월 18일 판결[46]에서 위 판결의 취지를 다시 확인하였고, 1996년 11월 19일과 같은 달 28일 각 판결[47]에서 과거 동베를린에 소재한 재산가치를 1949년 2월 8일 베를린 최고사령관에 의해 공포된 전범자와 나치추종자의 재산몰수에 관한 법률[48]에 의해 1949년 2월 9일 몰수대상으로 공고된 이른바 목록 1(Liste 1)[49]과 1949년 2월 8일 공고된 이른바 목록 3(Liste 3)[50]에 올라 몰수당한 각 당사자가 연방행정법원에 의해 구제를 받지 못하자 제기한 헌법소원에 대해 목록 1, 3에 기한 몰수가 점령고권에 근거한 수용이란 점을 인정하고

---

45 위 판결이 있기 전에 판결내용과 같은 입장을 가장 잘 대변한 논문으로는 Badura, a. a. O., S. 1256ff.; Papier, *NJW* 1991, S. 193ff. 등 참조; 판결의 입장이 다수설이라는 점은 Maurer, Die Eigentumsregelung im Einigungsvertrag, JZ 1992, S. 183(184), Fußn. 10 참조.

46 BVerfGE 94, 12; *NJW* 1996, S. 1666.

47 *NJW* 1997, SS. 449~450.

48 Gesetz zur Entziehung von Vermögenswerten der Kriegsverbrecher und Naziaktivisten vom 8. 2. 1949 (VOBl für Groß-Berlin I, S. 34)

49 BVerfGE vom 1996. 11. 28.: 이는 목록 1에 기한 몰수가 점령고권에 근거한 수용이란 점을 인정한 연방행정법원의 판결(BVerwG 1994. 4. 29.; *NJW* 1994, S. 2777)에 대한 헌법소원 사건임.

50 BVerfGE vom 1996. 11. 19.: 이는 목록 3에 기한 몰수가 점령고권에 근거한 수용이란 점을 인정한 연방행정법원의 판결(BVerwG 1995. 2. 13.; *NJW* 1995, S. 1303, S. 1306)에 대한 헌법소원 사건임.

헌법소원을 각 기각함으로써 1991년 4월 23일 판결에서의 기본전제를 재확인하였다.

(3) 학설의 대립

독일연방헌법재판소의 판결에도 불구하고 논쟁은 가시지 않았는데[51] 그 핵심은 독일연방헌법재판소가 킹켈(Kinkel), 마이지레(Maizire), 카스트룹(Kastrup) 등의 증언을 기초로 동독과 소련이 반환배제를 통일의 조건으로 내세웠고 연방정부는 통일의 목표달성을 위해 이를 받아들였다는 전제에서 반환배제를 정당화시켰으나 이는 사실과 다르다는 것이다. 즉, 조약체결 당시 동독이나 소련은 소련점령지역에서의 몰수당시 조치에 대해 합법성(*Rechtmäßigkeit*)을 요구하였을 뿐이고 불가역성(*Unumkehrbarkeit*)을 요구하지는 않았는데 독일연방헌법재판소는 허위의 증언에 기초하여 불가역성을 요구한 것으로 사실을 오인하고 위헌이 아니라는 결론에 이르렀다는 것이다.[52]

당시 조치의 불심사성(*Irrevisibilität*)과 불반환성(*Irreversibilität*)은 엄연히 구분되어야 하고 소련이 합법성을 요구한 것만으로 당시 조치의 불가역성이 필연이었다고 말할 수는 없는바, 이는 소련점령지역에서의 반환이 배제된 인민소유재산에 대해서도 사회주의적 소유권의 재편과정에서 그의 합법성이나 합법률성의 문제와는 관계없이 사유화가 불가피하고 그 사유화를 위해 과거 원소유자를 포함한 만인에게 소유의

51 Wasmuth, *NJW* 1993, S. 2476; Felix, *NJW* 1995, S. 2697; Sendler, *NJW* 1995, S. 3235.

52 Wasmuth (1993), Restitutionsausschluß und Willkürverbot, *DtZ*, S. 334 (335, I); ders., Zur Verfassungswidrigkeit des Restitutionsausschusses für Enteignungen auf besatzungsrechtlicher oder besatzungshoheitlicher Grundlage, *NJW* 1993, S. 2476 (S. 2478ff,).

기회가 보장된 점만 보더라도 명백하다는 것이다.

소련점령지역에서의 재산권 침해에 대해 반환을 배제한 것은 소련점령지역에서의 재산권을 침해당한 원소유자에 대해 동독에서의 재산권을 침해당한 원소유자와 비교할 때 대가없는 반환의 길을 배제하였다는 점에서 기본법 제3조 제1항의 자의금지에 위반됨이 분명함에도 독일연방헌법재판소는 동독과 소련이 불가역성을 요구하였다는 사실오인에 기초하여 소련점령지역과 동독에서의 재산권을 침해당한 원소유자 사이에 불평등취급을 정당한 것으로 판단하였다는 것이다.[53]

그러나 독일연방헌법재판소가 사실오인을 하였느냐 하지 않았느냐는 지엽말단적인 문제일 뿐이고, 중요한 것은 독일연방헌법재판소가 위 증언의 내용을 판결의 중요근거로 삼았든 삼지 않았든 반환배제의 입법이 헌법 제79조 제3항에 반하지 않는다고 판단한 근거이다. 또 소련점령지역에서의 재산권 침해에 대해 원상회복을 하지 않기로 한 공동성명과 이를 그대로 계승하여 재산법의 적용범위에서 배제한 재산법의 입법배경과 관련하여 지금까지는 1990년 9월 12일 '2+4'자 조약(Zwei-plus-Vier Vertrag)의 당사국 중 하나인 소련과 동독이 소련점령지역에서의 재산권 몰수조치에 대해 통일 이후 재심사를 원하지 않았다는 것이 정설로 되어 있다.[54] 따라서 독일연방헌법재판소는 바로 위와 같은 사실인식에서 출발했으므로 반드시 사실을 오인하였다고 비난

53 Motsch(1994), Sachgründe für den Restitutionsausschluß bei besatzungsrechtlichen Enteignungen(1945~1949), *DtZ*, S. 20(vor III).

54 Papier, *NJW* 1997, S. 2841(2846) 참조; 최근에는 동독이나 소련이 독일통일의 승인조건으로 소련점령지역에서의 재산권 침해에 대해 과연 사후불심사를 요구하였다고 볼 수 있는지에 관해 역사적 진실을 논구하는 차원에서 반론이 제기되는데 이에 관하여는 Fricke & Marker, Enteignetes Vermögen, S. 354ff 참조.

할 수도 없다.[55]

소련점령지역에서의 재산권 침해에 대해 원물반환을 배제한 것이 독일연방헌법재판소의 견해와 같이 합헌이더라도 비판론자(반환론자) 들이 제기하는 바와 같이 특히 인민소유재산에 있어 사유화로 인해 '불가역성'이 더 이상 유지될 수 없는 경우라면 원소유자의 권리는 충분히 존중되어야 할 것이다. 이런 관점에서 현재 인민소유로 귀속되어 있는 재산(주로 공공재산) 에 대하여는 이용권자의 권익이 침해되지 않는 한 반환예외를 엄격히 해석해야 한다는 주장[56]이 있었다. 이러한 주장은 정당성이 평가되어 국경토지취득법(MauerG), 보상이행법에서 원소유자에게 사유화에 앞서 시가보다 저렴한 가격에 따른 토지우선취득권을 인정하도록 영향을 미쳤다.

4) 원상회복의 방법: 반환과 배상

(1) 서언

반환(*Rückgabe*) 이냐? 배상(*Entschädigung*) 이냐? 통일 후 미해결 재산문제를 처리하는 데 있어 통일독일의 고민을 한마디로 표현한 것이다. 여기에 대해 통일독일은 '처음 반환원칙, 나중 반환원칙의 완화(*Reduzierung*)'라는 해답을 찾았다. 처음 공동성명과 통일조약 및 재산법에서 반환우위의 원칙을 확립하였다면 그 뒤 투자우선법으로 반환원칙을 '조심스럽게' 완화했다고 할 수 있다.

공동성명에서 재산권 침해의 원상회복, 특히 반환원칙이 확립된 후

55 Papier, in: Ipsen & Rengeling & Mossner & Weber(Hrsg.), Verfassungsrecht im Wandel, S. 164.

56 Steinberg(1991), Die Verfassungsmäßigkeit des Restitutionsausschlusses sowjetzonaler Enteignungen im Einigungsvertrag, *NJ*, S. 6(VII).

부터 최종 손해배상 및 보상이행법이 제정되기까지 원상회복의 방법과 관련하여 실로 수많은 논의가 있었다. 특히 소련점령지역에서의 몰수조치에 관하여는 구소련과의 외교적 관계로 인해 처음부터 반환원칙이 포기되고 보상원칙을 채택하였으나 이에 대해 많은 비판이 제기되었음은 앞에서 언급한 바와 같다. 반환원칙이 나중에 투자장애의 문제로 일부 비판을 받긴 하였어도 독일인들 사이에서 이는 처음부터 다수의 지지를 받았고, 비록 재산법의 '정당한 취득' 혹은 투자우선법의 '특별투자목적' 등으로 많은 예외가 허용되었지만 높은 지지를 받았다.

독일인들, 특히 정치가와 법률가 사이에 반환원칙에 대한 지지율이 예나 지금이나 높은 이유는 이미 언급한 바와 같이 반환이 배상보다 법치국가원리에 더 잘 부합된다는 법인식과 통일 후 독일연방정부의 재정능력에 대한 부담과 무관하지 않다고 하겠다. 실제로 반환원칙의 세부적인 실행국면에서는 여러 긍정적, 부정적 효과가 나타났다.

(2) 정의의 충돌

소련점령군 및 동독정권의 재산몰수문제를 통독 후 어떻게 해결할 것인가 하는 문제는 여러 가지 측면에서 정의의 요청이 가장 첨예하게 충돌하는 분야이다.[57] 편입지역의 주민은 당연히 기존권리의 승인에 관심이 있었고 반면에 대부분이 서독주민 또는 동독탈출자인 재산권 침해의 피해자는 당연히 자신의 종전권리를 되찾는 데에 관심이 있었다. 이를 대변하여 서독 내에서는 보수기반의 연립정부(CDU · CSU / FDP)가 원물반환에 의한 재산권 침해의 원상회복을 지지한 반면 진보기반의 야당(SPD)은 기존 권리관계의 승인을 전제로 재산권 침해의 피해자에 대한 배상원칙을 지지하였다.

57 Horn, a. a. O., Rn. 427.

여기에 동독지역의 경제적 부흥과 이로 인한 동·서독 간 삶의 균형을 급속히 실현하기 위해서는 많은 투자가 절실히 요청되었는데 이는 곧 소유관계의 조기해결을 전제로 하는 문제였다. 또한 소련군점령기(1945~49년)에 이루어진 재산권 몰수에 대하여는 통일을 달성하기 위하여 외교적으로 고려하지 않으면 안 될 문제가 있었다. 그 밖에도 농지개혁에 의한 토지수용은 신경작인 또는 이주경작인의 이익을 위해 다루어져야 할 부분이 있었고, 원물반환의 대안으로서 손해배상은 통일로 인한 비용부담과 함께 국가의 재정적 능력을 고려하지 않을 수 없었다.

이런 수많은 논의 속에 주장된 여러 가지 정의의 요청 중 통일조약의 입법자가 법정책적으로 선택한 결론은 소련군점령기에서의 몰수는 보상을 원칙으로 하고, 동독(1949~90년)의 몰수 중 반법치국가적 재산권 침해에 대하여는 원소유자 또는 그 권리승계인에게 원물을 반환하는 것을 원칙으로 삼되 예외적으로 현재권리자가 정당한 방법으로 권리를 취득하였을 때 또는 투자우선의 특별목적이 있는 때는 원물반환 대신 손해배상을 인정한다는 것이 되었다

(3) 원상회복의 근거

① 통일독일의 의무

소련점령군 및 동독정권의 재산권 몰수에 의해 인민소유로 귀속된 재산가치에 대하여는 어차피 통독 후 사적소유권으로 재편, 분배해야 하는 문제이고 편입지역에서 적극적 투자를 유치하여 경제적 부흥을 꾀하는 것이 시급한 국가적 과제였음에도 불구하고 통일독일의 입법자는 왜 굳이 기존의 권리관계를 승인하는 태도를 취하지 않고 반환이든 보상(배상)이든 국가경제적 부담이 수반되는 원상회복을 법정책적 결단으로 지지하였는지는 과거청산의 관점에서 천착을 요한다. 다시 말

해 동독지역의 과거불법에 대해 통일독일의 입법자는 보상이든 반환이든 군이 원상회복의 의무가 있었는가? 만약 있었다면 그 근거는 무엇인가? 이는 동독의 체제불법에 대한 물적 청산의 연장선상에서 제기되는 의문이기도 하다.

제2차 대전 후 연합군 측의 전쟁보상과 관련하여 일찍이 유사한 문제가 제기된 적이 있었는데 독일연방헌법재판소는 이에 대해 패망한 독일제국의 불법행위에 관해 서독은 국제법적으로든 국내법적으로든 원상회복의 의무가 없다는 결론을 내린 바 있다.[58] 그 연장선상에서 통독 후 미해결 재산문제에 관하여도 독일연방헌법재판소는 독일기본법의 효력범위 외에서 이루어진 다른 고권행위에 의한 재산권 침해는 독일이 책임질 수 없다고 판시하였다.[59]

이는 소급하여 독일기본법(특히 제14조)을 적용함으로써 원상회복을 위해 통일독일의 입법자를 구속할 수 없다는 뜻이다. 그러나 다른 가치질서에 기해 형성된 정치체제로부터 그 국가권력을 인수함에 있어 기본법의 구속을 받는 입법자는 사회적 법치국가원리[60]의 기준에 의해 승인될 수 없는 과거불법은 원상회복의 방법으로 이를 조정할 의무가 있을 수 있다고 하였다. 물론 연방헌법재판소의 위 판단은 1945~49년 소련점령지역에서의 재산권 몰수를 대상으로 한 것이지만 그 논리는 1949~90년 동독에서의 재산권 몰수에 대하여도 마찬가지로 유효하다고 하겠다.

---

58 BVerfGE 41, S. 126ff.; Bohmer, Verfassungsrechtliche Fragen der Enteignung nach der Vereinigung der beiden deutschen Staaten, AnwBl. 1991, S. 456(457).

59 BVerfGE 84, 90.

60 독일 기본법 제20조 제1항.

② 사회적 법치국가원리

그렇다면 독일기본법상의 사회적 법치국가원리는 왜 소급하여 다른 고권행위에 대한 판단의 준거로 작용할 수 있는가 하는 의문이 곧이어 제기되지 않을 수 없다. 다시 말해 기본법의 불소급을 이유로 독일기본법의 개별, 구체적 조항(제3조, 제14조 등)이 원상회복의 근거가 될 수 없다고 하면서 사회적 법치국가원리는 어찌하여 그 근거가 될 수 있는가 하는 의문이 든다. 이는 법률실증주의(*Gesetzespositivismus*)에 의하면 도저히 풀릴 수 없고, 사회적 법치국가원리를 초법률적인 일반적 정의원리로 받아들일 때에만 이해될 수 있다. 초법률적 규범[61]은 입법자를 특정내용으로 구속할 수는 없어도 적어도 어떤 법률이 여기에 위반할 때는 규범으로서의 효력을 부인하고 그 적용을 거부하도록 명령하는 효력은 있다는 관념이다.

초법률적 규범이 실정법률을 구속한다는 사고는 나치불법을 경험한 직후 자연법사상이 부활하며 논의된 초실증적 법(*überpositives Recht*), [62] 정당한 법(*richiges Recht*)[63]의 관념에서부터 출발한다. 칸트의 이원주의(*Dualismus*)에 입각하여 켈젠이 순수법학(*Reine Rechtslehre*)[64]을 제창한 이래 지금까지도 법의 형이상학(*Metaphysik des Rechts*)에 대한 회의가 불식되지 않았다. 회의론자들은 법철학에서 법의 형이상학에 관한 부분을 따로 떼어내어 법정책학, 정치학, 윤리학 등에 이를 떠넘기고 법철학을

---

61 '초법률적'이라 함은 법률에 내재하는 기본원리 또는 법률에 상위하는 실정규범을 의미하며, 법률은 물론 도덕·관습·질서·체계 등의 모든 실정규범을 초월하는 의미의 '초실증적'이라는 개념과 구별을 요한다.

62 Radbruch, *SJZ* 1956, S. 105ff. = *Gustav Radbruch-Gesamtausgabe*, *Bd. 3*, 1990, S. 83ff.

63 Karl Larenz(1979), *Richtiges Recht*, *Grundzüge einer Rechtsethik*.

64 Hans Kelsen(1960), *Reine Rechtslehre*, 2. Aufl.

순수 법이론에 국한시키고자 한다.[65]

그러나 독일에 있어 법사상의 중심은 정당한 법만이 법의 개념에 포함된다는 기본전제 아래 사회인류학(*Sozialanthropologie*)과 법형이상학의 현대적 주조(*moderne Legierungen*)라는 관점에서 여전히 정당한 법의 모색에 나서고 있다. 그중 하나가 독일기본법(제79조 제3항)에 실정화된 기본권조항(기본법 제1조 이하)과 국가조직의 원리에 관한 조항(제20조 이하)은 실증적인 일반적 정의원리라는 것이다. 마르틴 크릴레는 근대 이후 국가현상의 역사적 발전과정을 더듬어보면 민주적 헌정국가(*der demokratische Verfassungsstaat*)는 평화·자유·정의를 존립의 정당성으로 한다고 주장하였는데,[66] 이는 곧 사회적 법치국가원리의 이념과 그대로 일치한다.

독일통일의 정치적 결단 후 곧바로 제기된 문제가 구체적 통일의 기본전제로서 법적 통합의 문제였다면, 그 해답은 서독법의 확대적용과 그로 인한 법적 불안정성을 제거하기 위한 경과법률의 제정에서 구해졌다. 그런데 경과법률의 제정에서는 필연적으로 동독의 기존법률 및 권리관계를 어떻게 다룰 것인가 하는 문제, 즉 이를 승인(*Festschreibung*)할 것인가, 아니면 수정(*Korrektur*)할 것인가 하는 법정책적 결단의 문제가 제기된다. 이에 대해 통일독일은 인민소유재산의 재편과 함께 반법치국가적 재산권 침해의 원상회복을 정책목표로 선택하였다.

여기에는 사회법치국가적 기반이 전혀 없는 동독에 사회적 법치국가원리를 이식(*Implementation*)함에 있어서는 서독법을 확대적용하는 것만으로는 부족하고 반법치국가적 체제불법은 반드시 청산(*Abwicklung*)되어야 한다[67]는 기본사고가 그 근저에 자리잡고 있다고 말할 수 있다. 다

65 Wolfgang Naucke(1996), Rechtsphilosophische Grundbegriffe, Rn. 252ff.

66 Kriele(1994), *Einführung in die Staatslehre*, Opladen.

시 말해 기본법에 명시적 근거는 없더라도 일반적 헌법원리로서 사회적 법치국가원리에 근거하여 요구되는 원상회복의 의무로부터 통일독일의 입법자는 결코 자유스러울 수 없다는 법사상[68] 이 원상회복의 결단을 지배하였다고 할 수 있다.

(4) 원물반환의 법치국가성

원상회복의 근거가 사회적 법치국가원리의 요구에 있었다는 점이 해명되었다고 하더라도 다음과 같은 의문은 남는다. 즉, 소련점령지역에서의 재산권 침해에 대하여는 보상원칙을 채택하면서 동독에서의 재산권 침해에 대한 원물반환우위의 원칙을 채택한 근거는 무엇인가 하는 점이다. 사회적 법치국가원리에 입각하여 동독의 재산권 침해에 대해 원상회복을 명한다고 할 때 그 방법은 소급효가 없는 독일기본법(특히 제14조)에 의할 수 없고, 다만 일반적 법원리로서 자의금지 또는 법치국가적 소유질서의 기본조건을 무시하지 않는 한 입법자에게 광범위한 형성의 자유가 인정된다는 것이다.[69] 그렇다고 하여도 반법치국가적 재산권 침해에 대한 원상회복이 사회적 법치국가원리(기본법 제20조 제1항)에 근거하여 정의의 요구에 부합된다고 하더라도 반환 그것도 원물반환(*Naturalrestitution*)에 의한 원상회복을 채택해야 하는 당위는 거기서 곧바로 도출되지는 않는다.

반환우위원칙은 애초 정부여당과 야당뿐만 아니라 연방장관들 사이에서도 첨예한 의견대립이 있었고 그 원칙이 확립된 이후로도 투자장

---

67 Schulze-Fielitz(1991), Der Rechtsstaat und die Aufarbeitung der vorrechtsstaatliche Vergangenheit, *DVBl*, S. 893(896).

68 Heintzen(1994), Verfassungsrechtliche Vorgaben der Wiedergutmachung des SED-Unrechts, *DOV*, S. 415ff.

69 BVerfGE 84, 90.

애의 문제와 관련하여 반환원칙이냐 보상원칙이냐 중에서 어느 방안이 옳은가를 두고 끊임없는 격론이 있었다.

반환원칙의 치명적 단점은 두 가지로 요약될 수 있다. 하나는 법적 안정성이 크게 흔들린다는 점이다. 동독은 미해결 재산문제의 협의과정에서 이 문제를 제기했다. 기원전 251년 이미 키케로(Cicero)는 한 독재자로부터 해방된 어떤 나라(*Sikyon*)의 재산권을 원상회복하는 문제에 관해 보고하면서, 여기서 평화를 위해 모두가 만족할 수 있는 정의로서 손해배상이 선택되었다는 점을 언급한 바 있다.[70] 또 하나는 원물반환은 소유관계를 조기에 해결할 수 없어 투자장애의 가장 큰 걸림돌이 된다는 점이다.[71] 따라서 통일조약으로 반환원칙이 법률화되자마자 이후 줄곧 투자활성화를 위한 반환제한의 입법이 이어졌다.

위의 두 가지 치명적 약점에도 불구하고 연방정부가 원물반환원칙을 고수한 이유는 법원리상의 대의적 측면과 경제적 측면으로 나눠볼 수 있다. 우선 대의적 측면은 '제2차 재산법 개정법률'의 제정과 관련하여 투자우선의 문제가 뜨겁게 논의될 즈음 공동성명의 협상을 담당하였던 전 연방법무장관 클라우스 킹켈(K. Kinkel)의 "우리는 할 수만 있다면 손해에 대한 반환 우위의 원칙을 고수해야 한다. 그렇지 않으면 우리는 정치적으로 그리고 무엇보다도 법적으로 매우 난처한 상황에 처하게 될 것이다. 반환원칙이야말로 우리 기본법의 가치질서에 가장 부합한다고 생각한다"라는 말[72]에서 찾을 수 있다. 다시 말해 원물반환이 사회적 법

---

70 Wiegand(1992), Rechtsphilosophische Anmerkungen zur Behandlung offener Vermögensfragen in der Pflichtenlehre von M. Tullius Cicero und im Vermögensgesetz, *ZRP*, S. 284(II).

71 그러나 이 점에 관하여는 편입지역의 투자장애가 반환원칙보다는 사회간접시설의 미비, 행정능력의 결함 등 투자조건의 열악한 환경에 기인한다는 반론도 만만치 않다(Fieberg & Rechenbach, *NJW* 1991, 1977).

치국가원리에 가장 가깝다는 사고이다.[73] 이러한 사고는 반환원칙이 후에 투자우선원칙에 의해 광범위한 예외가 인정되자 제기된 반환론자의 비판에서도 발견된다. 반환원칙은 이미 재산법에서 정당한 취득에 대한 예외가 인정되었고 그 뒤 입법에 의해 투자우선을 위한 광범위한 예외가 추가로 인정됨으로써 사실상 형해화됨으로써 반환에 대한 보상우위가 원칙으로 확립되었다고 할 수 있는데 반환론적인 시각에서 이는 법치국가의 포기로 비난받을 일이었다.[74]

다음 경제적 측면으로는 연방정부의 재정부담을 지적할 수 있다. 미해결 재산문제의 협상과정에서 연방정부는 과거 나치불법의 청산과 관련하여 부담조정법(LAG) 상의 금전배상이 연방정부의 재정적 부담이 되었다는 역사적 경험에서 동독 SED의 불법청산과 관련해서는 원물반환의 원칙을 고수하였다.[75]

5) 투자우위의 원칙의 근거

공동성명에는 미해결 재산문제에 관해 반환원칙만을 천명하였을 뿐이고 투자우선에 관하여는 아무런 고려도 하지 않았다. 그러나 통일조약의 협의과정에서 폭주한 반환신청, 그로 인한 처분제한의 장기화가

---

72 Schäuble, Der Vertrag, 1991, S. 259.

73 원물반환이 사회적 법치국가원리에 가장 가깝다는 주장은 Lorenz Claussen (1992), Rückgabe vor Entschädigung, *NJ*, S. 297ff 참조; Hartmut Maurer (1992), Die Eigentumsregelung im Einigungsvertrag, *JZ*, S. 183 (189f.)는 법치국가의 일반적 수용법에 있어서는 수용목적이 사라지면 원물반환이 원칙이고, 독일연방헌법재판소도 이 경우 손해에 대한 반환우위를 강조하여 원물반환이 법치국가원리에 가장 잘 부합한다는 점을 언급했다.

74 Wassermann & Märker (1993), Rechtstatsachliche Anmerkung zur Behandlung der offenen Vermögensfragen, *ZPR*, S. 138ff.

75 Schäuble, a. a. O., S. 255ff.

동독지역의 투자활성화에 걸림돌이 됨을 인식한 양독 정부는 통일조약 제41조 제2항에서 투자우위에 의한 반환원칙의 예외를 인정하게 되었다. 이는 제1항에 의해 통일조약의 내용으로 된 공동성명 제3항이 천명하는 반환원칙의 예외를 인정한 것이다. 투자우선법은 재산법상의 반환대상인 부동산 또는 기업에 대해 특정한 투자목적을 위한 투자우선결정을 함으로써 재산법 제3조 제3항 소정의 처분제한의 법률적 장애를 없애고 처분권자로 하여금 이의 매각 또는 지상권·지역권 설정 등 신속한 투자행위를 가능하게 하여 동독지역에서의 투자활성화에 의한 경제적 부흥을 이루고자 하는 데 그 목적이 있는바, 이에 의해 원소유자의 반환이익에 앞서 투자자의 이익이 우선하는 이른바 반환에 대한 투자우위의 원칙이 확립된 것이다.

재산법이 통일조약으로 승인된 공동성명의 반환원칙을 구체화한 법률이라면, 연방투자법은 통일조약에서 최초로 인정된 투자우위의 원칙을 구체화한 법률이다. 그 내용은 투자담당자에게 영업소 또는 서비스기업의 설립에 의한 고용보장 또는 창출, 주민들의 주택수요에 부응, 이들에 필요한 사회간접투자 등의 투자목적이 하나 이상 인정되고 이를 위해 처분권자의 토지 및 건물의 매각이 '긴급하고도 적합한' 때는 투자담당자가 투자행위를 구체적으로 실현할 수 있는 기술, 재정적 능력을 보증한 경우에 한해 처분권자의 신청으로 관할 행정기관은 투자증명서를 교부하였다.

투자우선과 관련된 법적 규율의 산재, 그 후 지적된 법조문의 미비, 반환이냐 보상이냐의 끊임없는 논쟁 등이 투자촉진을 위한 새로운 입법의 필요성을 불러왔다. 제2차 재산법 개정법률(2. VermRAndG)은 그 결과 제정된 법률이다. 이는 모두 15편으로 이루어졌는데 이에 의해 미해결 재산문제와 관련된 여러 법률이 개정되었다. 그중 하나가 새로 제정된 '투자우선법'인데 이로써 기존의 재산법과 연방투자법의 투자관련

조항은 모두 폐지되고 단일법률로 통합되었음은 앞서 살펴본 바이다.

이러한 반환원칙의 예외가 인정되고 투자우위의 원칙이 확립된 헌법적 배경에는 공동성명에서도 천명되었듯이 재산법상의 문제에 관해 서로 다른 이익을 사회계약적으로 조정한다는 사회적 법치국가의 기본이념이 작용했다. 이러한 이념을 바탕으로 구소련 또는 동독정부의 재산권 침해로 인해 재산가치를 상실했던 원소유자 또는 그 권리승계인의 이익(반환이익),[76] 기존의 권리관계를 다시 변경함으로써 새로운 피해를 입을 수도 있는 현재 소유자의 이익(현상 보호이익),[77] 통일 후 동독지역의 경제적 부흥에 대한 투자자 및 일반공중의 이익(공공이익)[78] 등이 조정될 수 있었던 것이다. 그리고 서독지역에 비하여 동독지역의 사회경제적 여건이 지나친 열악한 데서 초래되는 양 지역 주민들의 불평등과 인간다운 삶의 권리도 작용하였다고 판단된다.

6) 손해배상액과 재원조달문제

(1) 서언

통일독일은 원물반환 대신에 재산권 침해로 인한 손해를 배상할 경우에 그 손해액을 재산가치의 시가(*Verkehrtwert*)에 의하지 않고 1990년 10월 3일 당시의 이른바 의제시가(*fiktiver Verkehrtwert*)에 의하여 정하였다. 의제시가는 1935년도 과세표준액(*Einheitswert*)을 기초로 재산가치의 유형에 따라 일정배율을 곱하여 산출한다. 이러한 의제시가를 평가기초액(*Bemessungsgrundlagen*)이라 한다. 1만 마르크 이상의 평가

76 기본법 제14조의 소유권 보장, 제20조의 사회적 법치국가원리에 근거함.

77 법치국가의 신뢰보호원칙과 기본법 제14조의 소유권 보장에 근거함.

78 기본법 제72조 제2항 및 제106조 제3항 제4문 제2호의 균등한 삶의 조건형성, 제109조 제2항의 경제적 균형에 근거함.

기초액은 여기서 다시 일정비율(최저 30%에서 최고 95%까지)이 감축(*Degression*)된다. 위와 같이 정해진 손해액은 현금으로 즉시 배상되지 않고 2004년까지 무이자인 양도가능한 채권증서로 교부된다. 채권증서는 2004년부터 5년간 매년 추첨에 의해 균등으로 배상기금에서 상환된다.

그런데 위와 같은 내용의 '손해보상법'이 제정되기까지는 입법과정서부터 격렬한 논쟁이 있었다. 이는 주로 손해(보상)액의 범위와 재원마련의 방안에 관한 것이었다. 독일기본법 제14조에 의하면 수용에 따른 배상은 침해당시 거래가격에 기한 시가배상을 의미하는데[79] 소련점령군과 동독정권의 재산권 침해로 인한 배상(또는 보상)에서도 이러한 시가배상을 해야 하는지, 그리고 배상권리자를 위한 재원마련을 위해 반환권리자로부터 일정금액을 징수할 수 있는지가 연방정부의 재정능력을 고려하여 집중적으로 문제되었다.

연방정부의 법안은 손해액의 범위에 관하여 시가배상을 배제하고 현재의 법률과 같이 1990년 10월 3일 당시의 의제시가에 기초한 배상, 더 구체적으로는 1935년도의 과세표준액을 기초로 일정배율(1 내지 3배)을 곱하여 산출된 금액을 손해액의 평가기초액으로 삼았다. 배상의 재원마련에 관하여는 이른바 연방의 재정중립원칙에 입각하여 재산법에 의해 종전권리를 회복하게 되는 반환권리자로부터 이른바 재산부담금을 징수하여 배상기금의 재원으로 사용하게 하는 '재산부담금 징수법'(Vermögensabgabegesetz) (제3장)을 마련하였다.[80]

---

79 독일기본법 제14조 소정의 배상은 완전배상(*volle Entschädigung*)을 의미하지는 않더라도 적어도 시가(*Marktwert*)에 기초하여 공익과 사익 간의 적절한 이익형량에 의해 정해진 배상을 의미한다(Papier, in: Maunz & Dürig, Komm. z. GG, Art. 14 Rn. 599ff.; Buchs(1996), Handbuch des Eigentums-und Entschädigungsrecht, Rn. 2356ff).

(2) 평등의 원칙과 가치균형

연방정부는 SED 불법청산은 사회적 법치국가원리에 입각하여 요구되는 사명이므로 재산권 침해로 인한 손해배상에서도 독일기본법 제14조 소정의 시가배상이 아니라 상당한(*angemessen*) 배상이면 충분하다는 입장에서 과거 나치청산을 위한 '부담조정법'(LAG)을 입법의 모델로 하였다. 연방정부가 법안 작성에 있어 기초한 논거는 1991년 4월 23일 독일연방헌법재판소의 판결[81]에서 찾을 수 있다. 이 판결의 요지는 다음과 같다.

① 손해배상액(또는 보상이행금)의 범위를 정하는 데 있어 독일기본법 제14조는 준거가 될 수 없다. 기본법은 그 기본법에 의해 조직된 국가권력만을 구속한다. 따라서 입법자는 만약 다른 국가권력에 의해 자행된 불법에 대한 원상회복의 문제라면 더 광범위한 형성의 자유를 갖는다. 이때는 독일기본법 제20조 제1항의 사회적 법치국가원리만이 준거가 될 수 있을 뿐이다. 따라서 손해보상법의 배상은 반드시 기본법 제14조 제3항 소정의 시가배상을 의미하지 않고, 여기서는 다른 국가과제, 다른 법익침해자들과의 균형, 국가적 재정능력 등을 고려하여 결정해야 한다.

② 입법자가 원상회복의 법률을 제정함에 있어 또 하나 고려해야 할 요소는 기본법 제3조 제1항 소정의 평등원칙이다. 여기서는 배상권리자와 보상권리자의 균형[82] 뿐만 아니라 반환권리자와 배상권리자

---

80 재산부담금: Strobel(1993), Das Entschädigungsrecht für das Beitrittsgebiet nach dem Regierungsentwurf(Ⅰ), *DStR*, S. 689(690ff). 참조; 원래 연방정부의 시안에는 반환권리자뿐만 아니라 정당한 취득자로부터도 재산부담금을 징수하는 방안이 마련되었으나 동독주민 등의 반발로 이는 삭제되었다고 한다: Schöneberg(1993), Die Rechtsentwicklung im Bereich der Regelung offener Vermögensfragen, *NJ*, S. 253(256) 참조.

81 BVerfGE 84, 90.

사이에 가치균형(*Wertschere*)도 이루어져야 한다. 그런데 국가의 재정능력과 다른 국가과제를 고려하여 배상권리자에게 만족할 만한 충분한 배상, 즉 반환권리자가 갖는 만큼의 시가배상을 할 수 없다면 반환권리자와의 가치균형은 다른 방도로 강구되어져야 한다. 이는 곧 반환권리자로부터 반환목적물의 재산가치 중 일정분을 징수하여 배상권리자에게 배상금으로 지급하는 방안(nicht die Gleichheit nach oben, sondern die Gleichheit nach unten)이다. 반환권리자에 대한 재산부담금징수법의 정당한 논거를 여기에서 찾을 수 있다.

(3) 가치의 불균형

그러나 연방하원의 제1차 법안심의과정에서부터 재산부담금의 도입과 관련된 이른바 '재산부담금징수법안'은 위헌의 소지가 있다는 지적[83], 즉 피해자에 대한 손해배상은 피해자의 특별부담으로 할 것이 아니라 전체의 부담으로 해야 한다는 이유로 제1차 수정안(볼 수정안)에서 벌써 폐기되었다. 또 재산부담금징수법안의 폐기로 인해 벌어진 배상권리자와 반환권리자 사이의 가치균형을 줄이기 위해 손해배상법은 과세표준액의 일정배율을 1~20배까지로 연방정부안보다 상향조정하였으나 감축 역시 강화되어 효과는 그렇게 크지 않다.[84]

'손해배상법'은 제정 직후에도 손해액의 범위와 관련하여 격렬한 비난이 그치지 않았다. 특히 반환권리자와의 사이에 가치균형이 문제점

---

82 Ossenbühl, in: Ipsen & Rengeling & Mossner & Weber(Hrsg.), Verfassungsrecht im Wandel, S. 133f. (Ⅲ. 1), S. 137f. (Ⅳ. 2).

83 Vizthum(1994), Wiedergutmachungsregelung und Willkürverbot, *DZWiR*, S. 1(8); Sendler(1995), Restitutionsausschluß, Entschädigungen und Ausgleichsleistungen, *VIZ*, S. 65(68ff.).

84 Zimmermann(1994), Wiedergutmachung zwischen materieller Gerechtigkeit und politischem Kompromiß, *DtZ*, S. 35.

으로 지적되었다.[85] 손해배상이 시가배상에 의하지 않을 뿐만 아니라 의제거래가격에 기초한 데에 그치지 않고 이른바 감축까지 행함으로써 배상액이 평균 거래가격의 25% 정도에 불과하다는 점에서 반환권리자와의 사이에 가치균형이 이루어지지 않았다는 것이다. 또한 배상권리자는 투자우선으로 반환이 불능인 권리자에게 시가에 준하는 매각대금의 반환청구권이 인정되는 것과 비교해도 불이익한 취급을 받으므로 평등의 원칙에 반한다고 할 수 있다(투자우선법 제16조).

여기에 재산법 제8조가 권리자에게 반환청구에 갈음하여 손해배상을 청구할 수 있는 선택권을 부여한 취지에 비추어 보면 손해배상은 반환청구에 의한 권리회복의 경우와 동일하게 시가배상에 의해야 한다는 비판이 있었다. 손해배상법은 이런 이유로 해서 지금까지도 '철저한 헌법위반'이라는 혹평[86]과 함께 손해액이 '뜨거운 돌에 떨어진 물방울'로 비유되는 등의 냉소적 비난이 가시지 않았다.

85 Leisner(1995), Das Entschädigungs-und Ausgleichsleistungsgesetz-ein Gleichheitsverstoß, *NJW*, S. 1513ff.

86 Rosenberger(1995), Der Verfassungswidrigkeit des Entschädigungs-und Ausgleichsleistungsgesetzes, *VIZ*, S. 321.

07/ 슈타지문서의 처리

1. 서설

동독의 슈타지문서는 동독의 과거청산 과정에서 발견된 통일독일의 판도라 상자로 비유된다. 이것은 열어버리면 독일 전체를 공포와 경악·분노와 불화·보복과 불안으로 몰아넣을 것이며, 독일사회의 평온을 일순간에 흔들어 버릴 파괴력을 갖는 것이다. 슈타지문서 안에는 600만의 동독주민과 200만의 서독주민의 과거가 기록되어 있었다. 동서독 정당은 물론이고 노동조합, 언론, 시민단체 심지어는 교회조차도 슈타지문서의 기록으로부터 자유로울 수 없었다. 동독은 물론 서독의 지식인들조차도 예외가 아니었다.

슈타지문서의 극히 일부가 공개되어 동독 민주혁명과 평화운동의 산파역할을 하였던 신(新) 교회는 사회주의시절 SED와의 공생관계가 알려지면서 일순간에 신뢰와 명성을 잃게 되었다. 만일 슈타지문서가 공개된다면 그 후폭풍은 통일독일이 감당하기 어려운 파급효과를 가져올 수도 있었다. 동독 측의 함정에 빠진 서독 측의 정책적 실수는 물론이고 그들에게 우호적이었던 정치인들의 명단들이 공개될 경우 서독의 정치사가 다시 쓰여져야 했다.

그러나 일부에서 주장된 바와 같이 슈타지문서에 대한 열람과 공개를 완전히 차단하고 접근조차 봉쇄해버리는 것도 정치적 불법을 완전히 파악도 하기 전에 용서해버리는 결과를 초래한다는 점에서 용납될 수 없는 측면이 있었다. 만일 이에 대한 접근을 완전히 막아버린다면 동독주민 모두가 의심을 받게 될 것이며 그중에서 어느 누가 언론의 집중포화를 받게 될 것이고 여론의 심판대에 무방비로 내몰리는 불운을 겪게 될지 모르는 일이었다.

이러한 상황에서 슈타지문서를 어떻게 관리하고 활용하며 보존할 것인가에 대한 해답을 찾기는 쉬운 일이 아니었다. 사실 통일독일의 어느 누구도 또는 어느 기관도 슈타지문서로부터 완전히 자유로운 상태에서 이를 관리하고 처분할 위치가 아니었다. 오직 슈타지문서의 폭발력으로부터 새로운 공동체의 안정과 그 구성원인 동서독 주민들의 인권을 지키기 위한 원칙과 기준을 갖춘 법치국가만이 이러한 역할을 수행할 수 있을 것이라는 공감대가 형성되었다. 따라서 통일독일은 법치국가 원리에 입각하여 정보보호 체계를 정비하고 이를 형사제제 체계와 연계시키는 방법으로 불법국가가 수집한 정보에 대한 접근을 제한했다. 그리고 이렇게 슈타지문서에 대한 접근을 제한함으로써 동서독 모든 주민들이 과거의 경력에 대한 두려움 없이 통일독일이라는 새로운 무대에서 새로운 차원의 생활영역을 얻고 미래를 설계하는 새로운 기회를 얻게 하는 것이 바람직한 방향이라고 판단되었다.

통일독일은 이러한 판단 아래서 국민의 대표들로 구성된 의회를 통하여 슈타지문서의 관리와 처분을 위한 법적 근거를 마련하고, 이에 따라 관리기관을 구성하여 슈타지문서의 이용을 규율하도록 하였다. 이하에서는 슈타지문서 관리법률인 '구 국가공안부 개인 관련자료의 보전 및 이용에 관한 법률'(Gesetz über die Sicherung und Nutzung der personenbezogenen Daten des ehemaligen MfS)의 주요내용과 슈타지문서를 관리했던 기관인 '국가공안부문서관리청'(Bundesbesuftragte für Unterlagen des Staatssicherheitsdienstes der ehemaligen DDR)의 주요임무를 중심으로 통일독일의 슈타지문서 처리내용에 반영된 헌법적 문제점들을 살펴보기로 한다.

2. 국가공안부의 정보수집

1) 조직 개요

동독 국가공안부(MfS: *Ministerium für Staatssicherheit*; Stasi)는 1950년 2월 8일 법률에 의하여 내무부 인민소유권보호국 내에 설치된 국가보안경찰을 대신할 기구로 설치되었다. 국가공안부는 1953년 6월 폭동이 있은 후 잠시 내무부에 편입되었으나, 1955년 11월 24일 독립된 부로 승격되었다. 국가공안부는 검찰 및 법원과 함께 사회주의적 국가·사회질서의 유지를 그 임무로 하였다. SED의 직접지령에 따라 국가공안부는 완벽한 통제기구를 가졌고, 이를 통해 주민생활의 모든 부문을 감시하였다. 소련의 경찰 및 공안기관을 본받아 만들어진 국가공안부는 통일 전까지 SED의 권력유지를 위한 가장 중요한 도구였다. SED의 정규적 방향제시나 지시에 의해 그 활동범위가 결정되고 정치국의 감독을 받았으나, 나름대로 SED 내에 확고한 영향력을 가졌었다.

국가공안부는 동독의 15개 행정구역에 각 1개의 행정조직, 211개의 지방행정구역에 각 1개의 지부, 그 외에 7개의 특별관리구역에 각 1개의 지부를 설치하여 동독의 모든 지역에서 정치·경제·문화·교육·체육 등 모든 분야에 정보활동을 한 SED의 창과 방패로서 SED의 독재체제를 지탱한 골격이었다. 내부조직은 사무총국, 행정실, 여러 개의 국과 팀으로 구성되었다.[1]

드 메지에르 정부의 국가공안부 및 국가안전국 청산국가위원회의 보

---

1 국가공안부의 최고지도부는 장관과 4명의 차관이다. 동독의 붕괴 당시 국가공안부장관은 에리히 밀케였으며, 1989년 10월 당시 차관은 모두 군장성인 루돌프 미티히, 게르하르트 나이버, 볼프강 슈바니츠, 베르너 그로스만이었다.

고에 의하면, 1980년대 호네커 치하에서는 85,500 명 이상의 기간요원(장성, 장교, 하사관, 사병, 군무원)이 종사했으며, SED체제 붕괴시까지 약 10만 명 이상의 직원과 밀고자를 확보하고 있었다. 85,500명의 기간요원 중 약 33,000명이 중앙부서에서 활동했다. 이들은 13개의 총국 및 약 20개의 독립한 국과 중앙정보국, 다수의 중앙조직에 배속되었다. 중앙조직 중 중요한 기구로서는 특히 수집된 정보를 분석하여 SED 지도부에 제출할 정세보고서를 준비하는 중앙정보분석국, 중앙의 활동 및 안보의 조정을 담당하는 중앙활동부, 이주의 통제와 조정 및 관리의 배후업무를 지원하는 중앙조정단과 후방임무국 등이 있었다.

2) 활동 개요

스탈린주의적 권력구조형태를 가진 동독 국가공안부의 활동은 임무와 책임한계에서 전혀 법적인 통제를 받지 않았으며, 그 활동은 비밀로 분류된 내부지침과 상부지시에 의해 규정되었다. 내부지침 중 비교적 형식을 갖춘 것으로는 국방위원회가 승인한 '국가공안부 정관'을 들 수 있다. 국가공안부 정관 제1조는 국가공안부는 각료회의 소속기관으로서 국가안보를 수호하기 위해 제국주의세력과 그 동조자들의 적대행위를 정찰 및 사전봉쇄하는 임무를 수행하고, SED의 결정사항을 충실히 수행하는 것으로 되어 있다.

그 임무는 스파이활동, 스파이색출, 인민군 및 인민경찰의 전력확보, 경제의 확보, 혐의가 있는 단체에 대한 투쟁, 교통의 확보, 국가 및 당의 요인보호이다. 스파이활동은 중앙정보국에서 담당하였다. 국가공안부는 그물 같은 정보망으로 동독을 덮고 국민 대다수에 관한 개인정보까지 수집하였다. 비공식 정탐요원과 사회적 안보협력자라는 익명의 부대는 국가공안부에 의하여 적과의 투쟁에서 중요한 무기로 간주되었다(국가공안부지침 제1 / 79호). 국가공안부는 이들을 이용해서 6백만 동독 주민들과 2백만 구서독 국민 및 서베를린주민들에 대한 약 178km에 달하는 자료를 수집하였다.[2]

시민들의 반체제 활동은 완벽하게 구축된 정탐조직을 이용한 국가공안부에 의해 감시되고, 구금·국적박탈 및 취업금지가 뒤따랐다. 우체국에서는 그들의 서신이 검열되었고, 전화통화도 도청되고 때로는 국가공안부의 심리적 테러에 처하여 체제비판적 시민들에게 국가공안부는 공포의 대상이었다. 또한 국가공안부는 전시에 대비해서 확고한 적대적·부정적 목적을 가진 사람들을 위한 격리시설을 준비했으며, 국가공안부의 첩보부서는 서방국가에 밀파된 많은 간첩들을 관리하면서 국제적 테러활동을 적극적으로 지원했다. 국가공안부는 또한 사법에도 상당한 정도 관여했다. 즉, 형사재판에서 수사기관으로 참여했고, 독자적인 유치장도 있었다. 정치사건뿐만 아니라, 국유기업에서의 대규모 파업은 모두 다루었고 당연히 그것이 태업에 의한 것이 아닌지 조사했다. 또한 국가공안부는 특별배치된 주요협력자 및 간부를 통해 경찰기구의 주요부분·여권제도·여행 및 우편·원격통신·세관업무를 통제했다. 이러한 의미에서 슈타지문서는 국가공안부가 국정전반에 걸쳐 무소불위의 권력을 휘두르며 자행하였던 기본권 침해의 생생한 기록인 것이다.

2 1992년에 발견된 국가공안부문서는 1.5km 길이의 파일목록 16개, 18만 개의 녹음테이프, 사진 백만 장, 미리 파기된 17만 2천 자루의 조각난 종이 등 총 178km에 달하며 그중 2/3가 인적 관련사항을 내용으로 하며 1/3이 물적 관련 문서이다. 성과 이름이 정확히 파악된 사람 6백만 명에 관한 정보가 포함되어 있으며 그중 2백만 명이 서독인이었다: Hans-Hermann Lochen (1995), Der Umgang mit den Stasi-Unterlagen, in; G. Brunner (Hrsg), Juristische Bewältigung des kommunistischen Unrechts in Osteuropa und Deutschland, S. 255.

3. 슈타지문서의 관리 필요성

1) 법률제정

동독 불법정권 하에서 일부의 최고위층을 제외한 모든 동독 일반인의 전반적인 생활이 과거동독 정보기관인 국가공안부의 감시와 정보수집활동에 노출되었다. 이러한 점을 고려할 때 통일 후 개인정보를 담은 슈타지문서의 무분별한 이용을 방지하고 나아가 체체불법의 청산과정에서 이를 적극 활용하기 위한 법적 장치가 필요했다. 국가공안부는 민주화 혁명과정에서 해체되면서 조직적이고 단계적으로 문서의 파기를 시도했으나 이러한 움직임은 혁명기구인 시민위원회의 봉쇄로 좌절되었다.

1990년 3월의 자유총선거로 새로이 조직된 인민의회 내에 가우크(Joachim Gauck) 의원을 위원장으로 하는 국가공안부자료 관련 특별위원회가 구성되어 국가공안부문서의 오용을 방지하고 자료이용을 보장하기 위한 입법작업을 추진하였다. 동독 인민의회가 제정하여 그해 9월 7일로 시행이 예정되어 있었던 '구 국가공안부 개인 관련자료의 보전 및 이용에 관한법률'(Gesetz über die Sicherung und Nutzung der personenbezogenen Daten des ehemaligen MfS)은 통일조약에 의해 그 시행이 연기되었다.

통일독일의 입법작업이 지연됨에 따라 연방정부는 국가공안부문서에 의해 야기될 수 있을 파급효과를 고려하여 잠정적 조치로서 1990년 12월 18일 '국가공안부문서의 임시이용규정'(vorläufige Benutzerverordnung)을 우선적으로 제정하였다. 이러한 상황에서 1991년 6월 12일 여당과 야당이 공동제안한 '동독 국가공안부 자료와 문서의 보전 및 이용에 관한 법률'(Gesetz über die Sicherung und Nutzung der Daten und Unterlagen des Sicherheitsdienstes der ehemaligen DDR) 안이 1991년 12월 20일에야 비로소 연방하원에서 통과될 수 있었다. 이 법률은 국가공안부문서법(Gesetz über die Unterlagen des Staatssicherheitsdienstes) 또는 슈타지문서법(Stasi-Unterlagen Gesetz)으로 약칭되기도 하였다.

2) 주요내용

국가공안부문서법은 모두 5장 48개조로 구성된다. 제1장 총칙부분 제1조 내지 제6조에 따라 제2장의 제7조 내지 제11조에서는 연방문서관리청의 문서보관의 독점을 규정한다. 제3장은 동법률의 핵심부분으로서 개인의 정보청구권・문서열람 인도권(제1절 제12조 내지 제16조), 공공기관 및 민간기관의 문서이용(제2절, 제19조 내지 제31조), 정치적 역사적 청산을 위한 문서이용과 언론의 문서이용(제3절, 제32조 내지 제34조) 등에 관한 규정을 두고 있다. 제4장은 제35조 내지 제41조에서 국가공안부문서관리청을 제도화했으며, 제5장의 제42조 내지 제48조는 기타 종결규정에 해당된다.

국가공안부문서법은 과거 국가공안부가 개인의 운명에 미친 영향을 해명하기 위하여 모든 개인에 대하여 국가공안부가 수집한 문서에의 접근이 가능하도록 했으며, 개인관련 정보의 유포로 인하여 개인의 인격권이 침해되는 것을 보호하고자 하며, 국가공안부 활동의 역사적・정치적・법률적 청산을 보장하기 위하여 국가공안부문서의 등록, 관리 및 이용 등에 관한 여러 규정을 두었다.

이상의 국가공안부문서법에 의하여 과거 국가공안부에 의해 수집된 문서가 일반에게 공개되었을 뿐만 아니라 원래의 사용목적과 다른 의도로 이용될 수 있게 되었다. 원래 국가공안부문서는 관계자의 이익에 반한 목적을 위해 작성된 것이었으나 국가공안부문서법의 제정에 의해서 그 작성자의 이익을 차단하고 관계자의 이익을 위하여 활용되는 역사적 반전이 가능하게 되었다. 다만 문서의 관계자는 동법 제5조, 제14조, 제21조, 제23조, 제24조의 개별규정에 의한 엄격한 통제 속에서 문서를 열람하거나 이용할 수 있었다.

(1) 문서열람 및 이용

국가공안부문서는 연방내무장관의 업무감독을 받는 연방기관(제35조 제1항)인 국가공안부문서관리청에서 보존 관리된다(제2조). 따라서 국가공안부문서를 보유하거나 발견한 공공기관, 민간기관, 개인 등은 이를 국가공안부문서관리청에 제출·인도할 의무를 부담한다(제7조). 국가공안부문서를 열람 이용할 수 있는 인적 범위는 개인, 공공기관, 민간기관, 연구기관과 언론기관 등이다. 먼저 모든 개인은 국가공안부문서에 자기정보가 포함되었는지 여부에 관하여 정보제공을 요구할 권리를 가지며 자기 정보가 포함된 경우 그 정보내용의 제공, 문서의 열람, 문서사본의 교부를 요구할 수 있다. 나아가 동 정보와 문서를 일반법률이 허용하는 범위 내에서 이용할 권리도 인정된다(제3조, 제13조).

공공기관과 민간기관은 원칙적으로 국가공안부문서법에 의하여 허용된 사용목적을 추구하는 경우에 한하여 정보 및 문서열람의 신청권자가 된다. 동법 제19조는 그 사용목적으로 당사자의 복권, 행방불명 및 사망사건의 규명, 원호급부의 정지, 공무원 재임용 심사 등을 규정했다. 따라서 공공기관의 경우에는 보통 국가공안부를 위해 활동하였던 전력이 있는 공무원을 심사하기 위하여 사용된다. 그와 같은 과거전력은 해고나 면직에 대한 중요한 사유가 되기 때문이다.

그러나 동법 제20조 제3항 및 제21조 제3항에 의하여 발효일로부터 15년이 지난 2006년 12월 30일 이후부터는 국가공안부에의 협력사실을 이유로 비난받거나 불이익을 받지 않았다. 이러한 규정은 국가공안부에의 경미한 활동사실을 계속해서 유포시키는 것이 법치국가적 관점에서 요청되는 재사회화 사상과 일치할 수 없다는 점에서 타당하다고 할 수 있다.

국가공안부문서법은 국가공안부의 활동을 청산하려는 목적에서 만들어진 법률이다. 따라서 연구기관과 언론기관에 대하여도 국가공안부 활동의 정치적·역사적 청산 등을 목적으로 하는 경우에는 열람청구권이 인정되었다(제32조 내지 제34조). 따라서 국가공안부 연구를 목적으로 한 문서의 열람 및 무상의 송부 등이 허용되었다. 이 경우 연구의 목적을 국가공안부활동의 청산과 관련이 있는 경우로 제한하여야 한다는 입장과 1945년 이후 독일 역사연구를 위한 경우에도 이를 허용하여야 한다는 입장이 대립되어 있으나, 실무에서는 후자의 견해에 따랐다.

(2) 형사소추목적의 문서이용

동법 제5조에서는 국가공안부에 의하여 수집된 정보의 사용에 의하여 희생자에게 피해를 주는 것을 금지했으나, 제23조에 의하여 공공안전에 대한 급박하고 현저한 위험을 방어하고 특히 범죄의 예방 및 소추를 위한 경우 문서의 사용이 허용되었다. 제23조 소정의 범죄에는 동독 공산당 불법과 관련 있는 범죄, 특히 생명 및 기타 고도의 가치를 지닌 법익침해 범죄, 무기법, 전시무기관리법 및 마취법 위반 범죄, 나치지배 하에서 자행된 범죄, 국가공안부문서법 제44조 보호규정에 위반한 범죄 등이 해당된다. 따라서 당사자 또는 제3자의 개인관련 자료가 담겨있는 문서는 동독체제와 관련된 범죄, 특히 국가공안부의 활동과 관련된 범죄의 소추를 위하여 이용할 수 있었다.

(3) 문서남용의 제한

독일의 사법실무상 독수독과이론이 절대적으로 유효한 것이 아니라는 이유에서 원칙적으로 법치국가적 기본원칙에 위반하여 취득한 국가공안부 문서도 증거로 사용가능하다고 보았다. 국가공안부문서법은 중요한 정보를 증거로 사용할 수 없게 되는 것을 방지하기 위하여 반법치국가적 정탐의 피해자에 대하여 문서보호법상 규정된 관련 정보의 파기 또는 말소청구권을 부인했다. 그러나 이러한 규정에 대해서는 예컨대 피해자의 성생활이 도청된 경우 관계자의 파기청구권보다 우선하는 법률상 사용목적이란 있을 수 없다는 점에서 의문이 제기되었다. 나아가 동법에 의하여 보호받는 당사자 또는 제3자에 관한 신상문서나 그 부본을 전부 혹은 본질적인 부분을 그 동의 없이 공개한 자에 대하여는 3년 이하의 자유형 또는 벌금형에 처하도록 했다(제44조).

당사자 및 제3자의 신청에 의하여 국가공안부문서상의 개인정보는 제14조 제2항 소정의 경우를 제외하고는 익명화되었다. 즉, 입증상 난점을 제거하기 위해 타인이 해당정보에 중대한 이익을 가진 경우, 정치적·역사적 청산을 위한 연구에 필요한 경우, 해당문서에 대하여 관할관청의 자료제공요청이 계속중인 경우에는 신청자의 익명화에 대한 권리가 인정되지 않았다(제14조 제2항). 익명화가 어려운 경우에는 관련문서는 폐기되고 익명화되어도 해독이 가능한 경우에는 등재된 관련정보를 말소하였다(제14조 제4항).

3) 개정내용

국가공안부문서법은 1994년 2월 22일자 제1차 개정된 것을 비롯하여 동년 7월 26일, 동년 9월 14일 제2, 3차의 부분개정을 거쳤다. 이러한 개정은 동독 중앙주민등록청(zentrales Einwohnerregister der ehemaligen

DDR, ZER)에 보존된 개인신상에 관한 문서의 교부와 이용을 충실하게 하기 위한 법적 근거를 마련한다는 목적으로 이루어졌다. 따라서 국가공안부문서관리청과 사법기관에 대하여 그와 같은 업무수행을 위하여 위 문서를 사용할 수 있는 권한이 인정되었다(제2조 제2항 제1문, 제2문). 1994년 7월 26일자 제2차 국가공안부문서법 개정법률은 국가공안부문서법 제정 당시 인식하지 못한 이른바 배회중인 사본(*vagabundierende Duplikate*)에 관한 입법상의 과오를 바로잡기 위한 것이다. 동법은 과거 국가공안부요원 등이 작성하여 유통시킨 슈타지문서의 사본들을 관리하기 위한 법적 근거를 마련하기 위한 것이었다.

4. 국가공안부문서관리청

1) 설립

1989년 11월 동독의 민주화 혁명이 시작되자 분노에 찬 혁명세력은 국가공안부 건물을 점령하고 국가공안부의 완전해체를 주장함과 동시에 국가공안부문서가 과거청산을 위한 가장 중요한 자료임을 인식하고 이를 없애려는 국가공안부측 시도를 봉쇄하였다.

혁명의 와중에서 국가공안부는 약간의 행정요원만을 남기고 1990년 3월 31일 해체되었고 당시 혁명주도세력의 기구였던 '시민위원회'는 국가공안부에 의하여 수집된 자료를 보전하는 데 진력하였다. 그때의 목적은 정치적 전환기에서 동 자료들로부터 나오는 정보를 이용하여 과거의 국가공안부 관련자들이 또 다시 새로운 권력집단으로 등장하는 것을 막고 새로운 민주사회에서 영향력 있는 지위를 가지지 못하게 막기 위한 것이다. 당시 국가공안부 자료의 보호임무를 수행한 것은 각 지역의 시민위원회였는데 베를린의 국가공안부 중앙본부의 자료보존에는 시민위원회 외에 원탁회의의 안전위원회와 국가공안부 해체를 위한 국가위원회의 두 기관이 추가로 투입되었다.

1990년 초기에는 시민위원회의 주도로 국가공안부자료가 보전되었는데 1990년 3월의 자유총선거로 동독인민의회가 새로 결성되자 인민의회 내에서 국가공안부자료 관련 특별위원회를 구성하여 그 위원장으로 요하임 가우크 인민의회의원을 임명하였다. 1990년 10월 3일 통일이 되자 연방정부는 요하임 가우크 의원을 국가공안부자료관리 특별전담관으로 임명하여 계속 자료를 관리시켰다. 국가공안부문서의 중요성은 널리 알려진 터라 통일독일의 연방의회는 1991년 12월 29일 제정된 국가공안부문서관리법에 따라 '국가공안부문서관리청'(Bundesbesuftragte für Unterlagen des Staatssicherheitsdienstes der ehemaligen DDR)을 발족시켰다.[3] 국가공안부문서관리청은 베를린에 본부를 두고 베를린과 신연방주에 14개의 지부를 둔 연방대통령 직속의 연방기관이다. 국가공안부문서관리청장은 직무를 수행함에 있어서 법률의 구속을 받을 뿐 완전히 독립적이며 5년의 임기 동안 판사와 같은 신분보장을 받으며 1회에 한하여 연임이 가능하였다(국가공안부문서관리법 제35조, 제36조).

2) 임 무

국가공안부문서법의 입법취지는 국가공안부 활동의 정치적, 역사적, 법적 청산을 위한 국가공안부문서의 이용을 규율하는 것이다. 이를 위하여 국가공안부문서관리청은 동법 제37조 소정의 다음과 같은 임무를 수행하였다

(1) 국가공안부자료의 열람 · 공개 · 사본교부

과거청산과 미래의 화해를 도모하고 개인과 사회에 진정한 평화를 가져오기 위하여는 과거에 어떠한 일이 일어났는지를 명백히 알지 않고는 불가능하다. 따라서 모든 개인은 국가공안부 자료에 자기에 관한 정보가 포함되어 있는지의 여부에 관하여 문의하고 자신에 관한 정보가 포함되어 있으면 자료내용의 통지 · 열람 · 교부를 신청할 권리를 가지고(동법 제3조 제1항) 법률이 허용하는 범위에서 이를 이용할 권리를 가진다(동조 제2항). 이때 당사자나 제3자는 그 정보를 수집한 국가정

3 당시 바이체커 연방대통령은 연방하원의 의결을 거쳐 국가공안부자료관리특별전담관이었던 요하임 가우크를 초대 국가공안부문서관리청장으로 임명하여 1992년 1월 2일부터 임무를 시작하게 하였다.

보부 요원이나 밀고자의 이름을 알려줄 것을 신청할 수 있다(동법 제32조 제1항 제3호).

(2) 피해자 복권 및 보상의 지원

실종자의 생사여부, 장벽탈출자에 대한 살해여부 등의 규명 또는 그 경우의 개인적 권리의 보호를 위하여 국가공안부문서관리청의 근무자들은 해당서류를 찾아서 법원과 실종자 또는 피살자들의 친지들이 이용할 수 있도록 하였다(동법 제15조, 제21조 제1항 제1호). 더 나아가 국가공안부문서관리청은 억울하게 국가공안부에 협력하였다는 비난을 받는 사람들을 위하여 이들이 더 이상 오해로 인한 불이익을 받지 않도록 국가공안부에 협력하였음을 뒷받침하는 관련서류가 없음을 확인하여 주기도 하였다(동법 제15조 제2항 제2호).

(3) 공공기관 종사자 등에 대한 인적 심사

통일조약에 따라 과거의 국가공안부협력자들은 특별한 신뢰가 요구되는 직위에 임명될 수 없기 때문에 공공기관 종사자들이나 종사희망자들에 대한 국가공안부 협력여부를 판정하기 위하여 국가공안부문서관리청은 그 인적 심사를 할 수 있도록 국가공안부문서를 이용할 수 있도록 했다(동법 제20조 제1항 제6호). 이 경우 국가공안부문서관리청은 자신의 의견첨부 없이 단지 신청인에게 조사한 결과를 객관적 자료로서 교부할 뿐이다. 다만, 만 18세 이후까지 계속되지 아니한 과거의 협력은 문제 삼지 아니하였다.

(4) 국가공안부 조직과 활동방법의 조사 · 연구

과거 국가공안부 협력자들의 우월감을 없애고 명백한 자료들을 근거로 직접적으로 국가공안부의 과거의 역사적 정치적 청산을 위하여 국가공안부의 범죄적 조직과 수법, 영향력 행사방법 등을 국가공안부가 남긴 자료를 통하여 직접 연구하여 대중에게 교육시키는 것도 중요한 일로 부각되었다.

이렇게 조사·연구한 국가공안부 활동의 대중공개와 정보제공·전시 등을 통하여 일반시민들과 특히 다음 세대들에게 국가공안부의 치명적인 폐해를 알림으로써 역사적 교훈으로 삼기 위하여 국가공안부문서법은 국가공안부문서관리청에 국가공안부 과거의 연구와 그에 대한 대중교육을 임무로 부여했다(동법 제37조 제1항 제5호).

(5) 동독 정권범죄 형사소추의 지원

법원, 검찰 또는 사법경찰은 형법상의 중범죄, 특히 동독 공산체제와 관련된 범죄의 소추에 필요한 경우에 한하여 당사자 또는 제3자의 개인 관련자료가 담겨진 국가공안부문서를 법적 절차에 따라 이용할 수 있다(동법 제18조). 국가공안부문서법에는 법원과 검찰 등 사법기관도 동법 소정의 절차에 따라 국가공안부문서를 이용할 수 있도록 되어 있다. 국가공안부문서는 개인의 사생활에 너무 깊이 관여되었으므로 사생활보호 차원에서 사법기관도 규정된 절차에 따라 신청에 의하여 기록을 열람하고 해당기록 사본을 교부받아야 한다.

(6) 국가공안부문서의 관리

국가공안부문서의 수집과 안전한 보존, 이용한 자료의 분류 등은 국가공안부문서법의 집행을 위하여 필요한 조건을 충족시키기 위한 전문가적 관리를 의미한다(제37조 제1항 제1호, 제2호, 제3호). 국가공안부문서관리청은 연구 등 활동상황을 연방하원에 보고할 의무가 있고(동조 제3항) 보고 후 소정의 절차에 따라 일반에 공개하도록 했다. 국가공안부문서의 관리에 관하여 국가공안부문서법은 국가공안부문서관리청 이외의 기관이나 개인이 소지한 국가공안부 자료는 합법적 소유물이 아닌 이상 지체없이 신고하여 국가공안부문서관리청에 제출하도록 했다(제7조).

3) 사생활 보호

국가공안부의 활동범위는 정치·경제·문화 등 모든 분야에서 모든 사람의 모든 생활에까지 영향을 미쳤기 때문에 국가공안부의 개인 관련문서는 마치 개인 일기장을 보는 것 같았다는 표현이 있을 정도로 개인의 사생활에 깊숙이 개입되었었다. 동독 사람들 거의 전부가 직접적이든 간접적이든 국가공안부의 활동과 관련되었기 때문에 국가공안부문서는 과거청산에 올바로 이용되면 좋으나 악용될 경우 엄청난 정치적·사회적 파장과 개인의 인권침해라는 결과를 가져오므로 그 공개와 이용은 적절히 규제할 필요가 있었다. 그러므로 국가공안부문서의 이용으로 말미암아 무고한 제3자의 피해자 없도록 국가공안부문서법은 상세한 규정을 두었다(동법 제14조, 제13조 제4항).

실무상으로도 부인의 남편에 대한 자료요청이 있고 자료상에 남편의 다른 여자와의 관계부분이 있는 경우 그 부분은 가리고 복사하여 교부하고, 검찰의 수사관련 자료요청이 있는 경우에도 수사내용과 무관한 부분은 가리고 복사하여 교부하는 식으로 담당직원이 자료의 비공개부분을 판단하여 공개하며, 한 장의 서류에도 많은 사람들의 내용에 대하여 같은 정보가 담겨있을 수 있으므로 신청인이 신청하면 한 장의 문서에서도 신청인에 관련된 분야만 발췌하여 복사하여 주었다. 결론적으로 동독의 국가공안부문서는 인간의 존엄성을 기본이념으로 하는 법치국가원리에 입각하여 관련자들의 사생활이 침해되지 않도록 철저하게 관리되고 이용되었던 것이다.

3

통일한국의 불법청산

북한정권은 해방직후부터 오늘에 이르기까지 정권의 수립과 유지 그리고 세습을 위하여 수많은 체제불법을 자행해 왔다. 집권과정에서 이루어진 정적과 지주계급의 숙청은 물론 토지개혁의 미명하에 북한 전역에서 실시된 토지 등 재산몰수, 정권수립 후에 단행된 남침과 그 이후에 전개된 각종 유형의 대남도발, 정권의 세습에 장애가 되거나 체제유지에 위험을 초래하는 북한주민에 대한 정치적 목적의 가혹한 인권침해 등은 체제불법의 전형을 이루는 불법행위들이다.

북한은 1990년대 경제난으로 인하여 아사자가 속출하고 탈북자들이 늘어나면서 체제유지를 위한 국경단속과 주민감시체제가 강화되기 시작하였다. 그 과정에서 북한주민들의 인권은 심각하게 침해됐으며 이러한 사실들은 북한에 대한 인도적 지원을 담당하였던 국제인권단체들에 의해 국제사회에 알려지기 시작하였다. 국제사면위원회(Amnesty International) 등과 같은 권위 있는 국제인권단체들이 북한의 인권침해 실상에 관한 보고서를 작성하여 공론화하기 시작하였고 이에 따라 유엔에서도 북한인권문제에 대하여 관심을 갖기 시작하였다. 유엔인권소위원회는 1997년 북한인권결의안을 채택한 것을 시작으로 매년 북한의 인권문제를 논의하였다. 이러한 논의에도 불구하고 북한인권문제가 개선될 기미를 보이지 않자 유엔인권위원회는 2003년 유럽연합 주도로 북한의 인권침해상황을 규탄하고 인권 개선노력을 촉구하는 북한인권결의안을 채택하였다. 유엔인권위원회는 북한인권 특별보고관을 지명하여 북한에 대한 인권에 관한 보고서를 작성하여 보고하도록 함으로써 북한인권문제에 대한 국제적 이슈화를 시도하였다. 2006년 유엔인권위원회를 확대개편한 유엔인권이사회도 2008년부터 매년 북한인권결의안을 채택해오고 있으며, 2013년에는 북한인권조사기구 설립을 결의하기에 이르렀다. 유엔총회도 2005년 대북인권 결의안이 채택된 이래 매년 북한인권결의안을 채택했다.[1]

미국은 2004년 10월 북한인권법(North Korea Human Rights Act)을 제정하고 북한인권문제를 개선하기 위한 구체적 행동계획에 착수하였다.[2] 그 밖

---

1 최의철(2005), 《유럽연합의 대북인권정책과 북한의 대응》, 통일연구원, 106면; 통일부(2013), 통일미래를 준비하는 통일정책(2008~2013 정책자료집), 199면 이하.

2 김수암(2005), 《북한의 형사법제상 형사처리절차와 적용실태》, 통일연구원, 3면.

에 인권감시협회(Human Rights Watch)나 미국 프리덤 하우스(Freedom House) 등과 같은 국제적인 민간인권단체들도 북한인권에 관한 국제대회를 개최하는 등 북한인권상황에 대한 국제적 관심을 유도했다.

북한인권문제의 심각성은 1990년대 초부터 국제적 민간인권단체에 의해 제기되어 유엔이나 유력국가들에 의하여 꾸준히 논의되는 국제적 이슈이다. 굳이 이러한 국제적 인권단체나 기구들의 활동보고서에 의존하지 않더라도 목숨을 걸고 중국 등 외국을 거쳐 남한으로 들어온 북한이탈주민, 이른바 새터민들의 증언에 의하더라도 북한정권에 의한 인권침해의 심각성을 확인할 수 있다. 몇 해 전 공중파 방송에도 보도된 바 있는 탈북자에 대한 공개처형은 21세기 인류 역사상 오점으로 기록될 반인륜적 처사가 아닐 수 없다고 할 것이다.

이처럼 북한의 인권상황이 정권수립 이래 최악의 상태에 처하게 된 원인으로는 여러 가지 요인이 복합적으로 작용했겠지만 무엇보다도 북한의 경제사정의 악화가 주된 요인으로 지적된다. 물론 북한정권이 경제적 요인으로 북한주민의 생계를 궁핍하게 하는 결과를 초래하더라도 그것이 곧 불법청산의 대상이 되는 체제불법에 해당된다고 보기는 어렵다. 그러나 식량난을 이기지 못하여 북한을 탈출하는 주민들을 체제의 이완을 막기 위한 정치적 목적에서 공개처형이나 강제수용 등과 같은 방법으로 가혹하게 처벌하는 행위는 체제불법에 해당됨이 명백하다. 굶어죽지 않기 위하여 경계를 넘는 행위를 극형에 처하는 국가형벌권 행사는 어떠한 이유와 근거로도 정당화될 수 없을 것이다.

북한정권의 체제불법에 대한 청산작업은 통일한국이 진정한 민족통합을 이뤄내기 위해서 반드시 넘고 가야 할 험난한 산맥이 아닐 수 없다. 그러나 북한에 대한 과거청산은 반법치국가적 혁명재판이나 피해자들의 보복감정을 충족하는 유혈극으로 흐르지 않고 법치국가원리에 따라 차분하게 해결되어 통일한국의 사회적 통합을 이루기 위한 기틀이 되어야 한다. 통일한국은 통일 후 북한의 과거청산 작업이 어떠한 형태로든 승자의 보복감정을 충족시키는 유혈극이 되지 않도록 관리하고 통제하는 임무를 수행해야만 한다. 그리고 이러한 임무를 수행함에 있어서는 반드시 통일한국 헌법의 기본원리가 될 법치국가원리가 지켜져야만 할 것이다. 그렇지 못할 경우 통일한국이라는 새로운 공동체는 그 구성원간의 내적 통합에 실패하여 결국 민족통일의 시너지 효과를 누리지 못한 채 통일비용의 부담만 껴안아 불안한 출발을 하게 될 것이다.

여기에서는 먼저 북한체제의 불법성과 북한정권이 자행한 체제불법의 유형을 검토한 다음 장차 통일한국이 직면하게 될 북한정권에 대한 불법청산 과정에서 제기될 헌법적 문제점을 쟁점별로 검토해보고자 한다. 그리고 이러한 검토를 바탕으로 북한정권의 불법청산작업에 대비하여 지금 우리가 준비해야 할 사항이 무엇인지를 점검해 본다.

01/ 북한의 체제불법

1. 북한체제의 특성

1) 1인 독재국가

북한헌법[1] 제1조는 "조선민주주의인민공화국은 전체 조선인민의 리익을 대표하는 자주적인 사회주의국가이다"라고 규정되어 있다. 사회주의국가에서 법은 맑스와 엥겔스의 유물사관을 기초로 한다. 따라서 법은 상부구조를 형성하며 하부구조인 경제관계의 발전에 따라 변화한다. 자본주의에서 법은 부르주아 계급이 프롤레타리아 계급을 착취하기 위한 도구로서 지배계급을 위한 제도이다. 그러나 자본주의에서 공산주의로 넘어가는 과도기인 사회주의 단계에서는 법은 다수의 노동자가 소수의 자본가를 지배하는 도구이며, 프롤레타리아 계급의 지배를 공고히 하는 데 이용되는 수단이 된다.

이러한 의미에서 북한헌법은 당과 정부의 정책을 옹호하고 사회주의

1 북한헌법의 공식명칭은 '조선민주주의인민공화국 사회주의헌법'이지만 이하에서는 북한헌법으로 약칭한다.

혁명의 전취물을 지키는 프롤레타리아 독재의 무기이며, 사회주의 건설을 다그치고 온 사회의 혁명화 · 노동계급화를 위한 수단이 된다.

북한헌법 제18조는 "법은 근로인민의 의사와 리익의 반영이며 국가관리의 기본무기"라고 정의했지만, 이는 프롤레타리아 독재 · 생산수단의 사회주의적 소유 · 프롤레타리아 국제주의원칙 · 사회주의적 민주주의를 실현시키기 위한 수단에 불과하다. 북한헌법 제11조는 "조선민주주의인민공화국은 조선로동당의 령도 밑에 모든 활동을 진행한다"라고 규정한다. 이는 모든 권력이 조선로동당을 장악한 1인에게 집중된다는 것을 의미한다.

북한은 헌법을 인민의 권리장전이 아니라 김일성의 혁명사상인 주체사상을 구현하기 위한 사회주의 정치의 대헌장이라고 주장한다.[2] 그 결과 북한헌법은 입헌주의의 본질적 구성요소인 국민주권의 원리 · 권력분립의 원리 · 법치주의의 원리 등을 도외시했다. 이러한 의미에서 북한헌법은 한마디로 칼 뢰벤슈타인이 분류한 규범적 헌법 · 명목적 헌법 · 장식적 헌법 중에서 장식적 헌법에 해당된다고 하겠다.[3]

북한헌법에 인민의 기본권이 규정됐다고는 하지만 당과 국가의 권력으로부터 침해당한다고 하더라도 아무런 보호장치를 보장하지 않아 장식적 의미가 있을 뿐이다. 조선노동당 규약과 수령의 지시는 북한헌법에 우선한다. 그 결과 북한헌법은 체제불법이나 정권범죄로부터 인민의 권리를 지켜주는 기본권 보장규범으로서 전혀 기능하지 못한다.

한편 북한의 정치권력은 김일성 일가에 집중되어 3대에 걸쳐 세습되

---

2 북한헌법은 그 서문에서 "조선민주주의인민공화국 사회주의헌법은 위대한 수령 김일성 동지와 위대한 령도자 김정일 동지의 주체적인 국가건설사상과 국가건설업적을 법화한 김일성-김정일 헌법이다"라고 하여 이미 사망한 김일성과 김정일 부자를 찬양하고 있다.

3 Karl Löwenstein (1975), *Verfassungslehre*, 3. Aufl., S. 420f.

고 있다. 이러한 전제권력의 혈족간 세습은 사회주의국가체제에서도 유례를 찾아보기 어려운 일로서 봉건적 전제군주체제에서나 가능한 일이다. 북한의 정치권력이 김일성의 직계후손들에게 대를 이어 세습되는 현상은 인민주권의 사회주의국가에서는 선례를 찾아보기 어려운 매우 이례적인 일이 아닐 수 없다.

2) 인권침해국가

유엔인권위원회[4]와 인권소위원회는 1990년 초부터 북한의 인권문제의 심각성을 인식하고 북한의 인권상황을 개선하기 위한 지원과 더불어 국제적 권고를 해 왔다. 1997~98년 제49~50차 유엔인권소위원회에서는 처음으로 북한인권결의안이 채택되었다. 제50차 인권소위 결의문은 유엔인권위원회가 차기 회의에서 북한의 인권상황을 다루어 줄 것을 권고하였다. 유엔인권위원회가 2001년 북한의 인권상황을 개선하기 위하여 권고한 내용을 살펴보면 북한의 인권상황이 얼마나 심각한지 짐작할 수 있으며, 북한체제가 법치국가의 본질적 구성요소를 결하는 불법체제임을 반증한다고 하겠다.

유엔인권위원회가 북한에 권고한 내용은 사법부의 독립과 공정성 보장, 국가인권위원회 설립 등 독립적인 인권감시 제도 설립, 국제인권단체들에 대한 문호개방, 사형제도 개선 및 공개처형 금지, 형법 개정

4 유엔인권위원회는 1946년 유엔 경제사회이사회의 산하기관으로 발족되어 3년 임기의 53개국 정부대표로 구성되며 연 1회 회의를 소집하였다. 그런데 2006년 3월 15일 유엔총회는 제네바에서 유엔인권이사회(Human Rights Council)를 발족시켰고 이로써 유엔인권위원회는 발전적으로 해체되었다. 유엔인권이사회는 유엔총회의 산하기관으로서 47개의 이사국으로 구성되며 1년에 최소한 3번의 회의를 소집할 수 있도록 활동을 강화하고 있다〔서보혁(2007), 《북한인권》, 한울, 53면 이하 참조〕.

및 강제노동 폐지, 국내여행증(허가제도) 폐지, 여성지위 향상 및 인신매매 금지 등이었다.[5] 그러나 북한은 남북분단의 특수성 등을 이유로 이와 같은 권고조치의 이행을 거부하였다.

제50차 인권소위로부터 북한인권결의 권고를 받은 후 5년이 지난 2003년 제59회 유엔인권위원회는 처음으로 북한인권결의안을 채택하였다. 이러한 인권위 결의는 유럽연합의 주도로 이루어졌다. 2004년도에는 유엔인권위원회가 윗팃 문타폰(Vitit Muntarbhorn)을 북한인권특별보고관으로 임명하고 동인이 작성한 〈북한인권보고서〉가 2005년 제61차 유엔 인권위원회에 보고되었다.[6] 2005년 제60차 유엔총회는 전년도 인권위원회의 북한인권 결의를 받아들여 처음으로 북한인권결의안을 상정하여 통과시킨 이후 매년 북한인권결의안을 채택하고 있다.[7] 유엔총회에 상정된 북한인권결의안도 유럽연합 회원국들이 주축이 되어 발의하였고 여기에 미국·일본·이스라엘이 동참하였다.[8]

여기서 잠시 2006년도 유엔총회의 북한인권 결의안의 주요내용을

5 최의철, 앞의 책, 109면.

6 위 보고서는 식량권과 생명권에 대한 보장이 불충분, 신체적 안전 및 인간적 대우와 관련해 개선 필요, 법적 차별 지속, 거주이동의 자유 제약, 건강과 교육의 권리 취약, 정치적 참여 등 전반적인 자유권에 대한 엄격한 제약, 여성과 어린이들의 권리침해 지속 등을 담고 있다(최의철, 앞의 책, 121 참조).

7 서보혁, 앞의 책, 203면 이하.

8 대한민국은 2003~05년 유엔인권위원회 북한인권결의안 투표에 3회 모두 불참 또는 기권하였고, 2005~07년 유엔총회 북한인권결의안 투표에 2005년도와 2007년도에는 기권하였고 2006년도에는 찬성하였다. 한국정부는 불참 내지는 기권이유를 남북한 특수관계로 밝히고 있으나, 2006년도에는 북한의 핵실험 등으로 남북관계가 극도로 악화된 상황에서 찬성한 바 있다. 한국정부의 이러한 태도는 국내외 인권단체들로부터 북한인권문제를 북한의 눈치를 살피며 남북정치상황에 따라 달리 대응한다는 비난을 샀다(〈동아일보〉, 2007년 11월 22일자 2면 기사 참조).

살펴보면 고문, 공개처형, 불법감금, 정치범수용소 운영, 강제노동, 사상·종교·의사표현·집회·여행의 자유제한, 여성·아동·장애인의 권리위반, 납치문제, 사회권 위반 등을 언급했다. 특히 여성의 경우 강제결혼, 강제낙태, 탈북했다가 송환된 여성의 영아살해 의혹도 지적되어 있다.[9]

미국은 2003년 제59차 유엔인권위원회에서 북한인권결의안에 찬성하면서부터 유럽연합과 협력하여 북한인권문제에 대한 국제적 관심을 주도하고 있다. 제59차 유엔인권위 회기중 미국은 회의장 밖에서 비정부기구(NGO)들과 협력하여 북한인권문제를 부각시켰다. 인권감시협회(Human Rights Watch)와 세계기독교연대(CSW) 등 미국에 본부를 둔 인권단체들은 북한을 '인권침해국'으로 지목하고 유엔인권위원회가 북한인권결의안을 채택할 것을 공개적으로 촉구하였다. 미국은 2004년 10월 북한인권법(North Korean Human Rights Act)을 제정하고 대북지원을 인권보호와 연계시키고 탈북유도 및 탈북지원 대책을 밝혔다.[10] 미국은 2005년 이후 유엔총회의 북한인권 결의안 채택에서도 적극적인 지지의사를 밝혔다.

그 이외에도 국제적으로 활동하고 있는 인권단체인 국제사면위원회(Amnesty International)와 프리덤 하우스도 연례적인 인권보고서에서 북한 인권침해사례를 다루며 심각한 우려를 표명하고 국제적 관심을 촉구

9 2007년 북한인권이사회에 제출된 북한인권 특별보고관의 보고서에는 북한 인권상황이 반인도적 범죄에 해당되고 그에 따라 유엔 안전보장이사회가 군사적 조치를 검토하고 북한의 최고지도자를 국제형사재판소에 제소할 것을 주장하는 비정부기구의 입장을 인용하여 국내 인권단체들로부터 정치적이고 편향적이라는 비판을 받고 있다(서보혁, 앞의 책, 210면 참조).

10 미국은 북한인권법 제107조에 근거하여 북한주민의 근본적인 인권향상을 위한 노력을 조정하고 증진하는 임무를 담당한 북한인권특사로 레프코위츠(J. Lefkowitz), 로버트 킹(R. King) 등을 지명한 바 있다.

하는 상황이 계속되고 있다. 프리덤 하우스는 미 국무부의 지원을 받아 2005년 워싱턴, 서울대회에 이어 2006년 브뤼셀, 로마에서 '북한인권 국제대회'를 개최하고 북한인권상황에 대하여 북한정부를 강도 높게 비판했다. 국내외 민간인권단체로 구성된 '북한인권시민연합'은 1999년 이래 매년 '북한인권·난민국제회의'를 개최하고 북한의 정치범 수용소·구류장 폐쇄, 탈북난민 강제송환 중단 등의 결의문을 채택하는 등 대북 압박을 강화하고 있다.

이러한 국제적 압박상황에서도 북한은 "당과 영도자를 충성으로 받들고 모든 것을 다 바쳐 투쟁하는 사람들의 인권은 보장하지만, 계급적 원쑤들에게는 철저한 독재를 실시하는 것이 우리식 인권"이라고 공개적으로 천명하면서 집단주의에 근거하여 공민의 권리보다 의무를 강조하고 있다. 북한의 이러한 태도는 인도적 차원의 경제지원도 외면하며 국제적 고립을 자초하는 것으로 보인다. 그 결과 2013년 유엔인권이사회는 북한인권조사기구 설립을 골자로 하는 북한인권결의안을 채택하고 북한인권문제에 대한 본격적인 조사활동에 착수한 것으로 알려지고 있다.[11]

3) 유추해석과 소급입법

북한형법은 체계나 내용에 비추어 죄형법정주의에 반하는 요소들이 많이 발견된다. 가령 구성요건이 다의적이고 확장가능한 개념으로 이루어져 불명확한 경우도 있고, 유추해석을 명문으로 허용한 적도 있다. 북한형법은 1950년 3월 3일 최고인민회의 상임위원회 정령으로 채

11 유엔인권이사회의 결의에 따라 구성된 '북한인권조사위원회'는 2013년 3월 호주 대법관 출신 마이클 커비(M. Kirby)를 위원장으로 선임하고 2014년 3월까지 북한인권조사활동을 개시하였다.

택된 이래 2004년 4월 29일 전면개정을 거쳐 2009년 일부개정에 이르기까지 총 9차에 걸쳐 개정되었지만 일관되게 그 사명을 인권보장이 아닌 국가주권과 사회주의 제도를 지키는 데에 두었다.[12]

1950년에 제정된 북한형법 제9조는 "범죄적 행위로써 그에 직접 해당하는 규정이 본법에 없는 것에 대하여서는 본법중 그 중요성과 종류에 있어서 가장 비슷한 죄에 관한 조항에 준거하여 그 책임의 기초와 범죄 및 형벌을 정한다"라고 규정하였다. 1974년 형법도 이를 계승하여 유추해석을 허용하고 소급효금지도 미흡하여 국제적으로 죄형법정주의가 수용되지 않는 반인권적 형법이라는 비난을 받아왔다. 이러한 이유로 1987년 형법에서는 유추해석에 관한 제한규정을 신설하였는바, 제10조에서 "범죄행위를 한 경우 형사법에 그와 꼭 같은 행위를 규정한 조항이 없을 때에는 이 법 가운데서 그 종류와 위험성으로 보아 가장 비슷한 행위를 규정한 조항에 따라 형사책임을 지운다. 그러나 범죄의 종류와 위험성으로 보아 그와 류사한 행위를 규정한 조항이 없는 경우에는 형사책임을 지울 수 없으며 해당 조항에서 규정한 침해대상과 사회관계, 주관적 표현과 범인의 표징의 한계를 넘어 류추할 수 없다"라고 규정하였다. 더불어 제8조에서 "죄를 범한 자에게는 그 범죄행위를 수행한 당시의 형법에 의하여 형사책임을 지운다. 그러나 종전 형법에서 죄로 보던 행위를 이 법에서 죄로 보지 않거나 어떤 범죄행위에 대한 형벌을 종전 법보다 낮춘 경우에는 이 법에 따른다"라고 하여 행위시법주의를 규정함으로써 비로소 소급효금지원칙을 채택하였다.

그러던 중 2003년 유엔인권위원회에서 '북한인권결의안'이 채택되고 북한의 인권문제에 대한 국제적 관심과 비난이 고조되자 북한은 죄형법정주의를 형식적으로나마 수용하지 않을 수 없게 되었다.[13] 유추해

12 법무부(2012), 《통일법무 기본자료(북한법제)》, 85면 이하.

석을 허용하던 1999년 형법 제10조를 삭제하고 2004년 개정형법 제6조(형법에 규정된 행위에 대해서만 형사책임을 지우는 원칙)에서 '국가는 형법에서 범죄로 규정한 행위에 대하여서만 형사책임을 지우도록 한다'고 규정하여 비로소 죄형법정주의원칙을 명문화하기에 이르렀다.[14]

한편, 북한은 형사소송법에 대해서도 정치적 색채를 삭제하고 범죄처리 절차를 규정한 순수 절차법적 성격을 갖도록 변화하는 모습을 보여주었다. 1999년 형사소송법은 제1조에서 "조선민주주의인민공화국 형사소송법은 범죄와의 투쟁을 통하여 국가주권과 사회주의제도를 보위하고 인민들의 자주적이며 창조적인 생활을 보장하는 데 이바지한다"라고 규정하였었다. 그런데 2004년도 개정 형사소송법 제1조(형사소송법의 사명)에서는 "조선민주주의인민공화국 형사소송법은 수사, 예심, 기소, 재판에서 제도와 질서를 엄격히 세워 형사사건을 정확히 취급 처리하는 데 이바지한다"라고 규정하였다.

그러나 이와 같이 형식적으로는 유추해석과 소급효금지 및 죄형법정주의 명문화 등과 같은 내용의 형법과 형사소송법을 개정하였지만 북한은 아직도 사법권의 독립을 인정하지 않으며 정권 수뇌부의 의사와 당의 결정에 의해서 범죄자의 처리와 내용이 결정되는 현상이 발생하고 있어 북한의 형사법이 인권보장기능을 제대로 담당하는지에 대하여는 여전히 의문이 아닐 수 없다.[15]

---

13 특히 시민적·정치적 권리에 관한 국제규약을 관장하는 유엔인권위원회는 북한이 제출한 위 규약 2차보고서를 심의한 후 발표한 최종검토의견서(*Observing Conclusions*)에서 북한형법 제10조의 유추해석 조항을 삭제할 것을 권고하였다.

14 북한은 법률 특히 형사법에 대한 비밀주의에 입각하여 이에 대한 대외적 공개를 하지 않고 있던 중 2004년 6월 형법을 포함한 112개 법률이 수록된 '조선민주주의인민공화국 법전'(대중용)을 발간하고 이를 대외적으로 공개하였다.

15 북한은 2005년 식량을 구하기 위해 북한을 탈출하여 중국을 떠돌다가 북한당

4) 전법치국가

북한의 인권침해에 대한 원인으로는 정치적으로 일인독제체제, 경제적으로 극심한 빈곤, 사회적으로 계급독재에 기인하지만 법률적으로는 앞서 살펴본 바와 같이 북한헌법이 장식적 헌법으로서 기본권 보장 기능을 전혀 갖지 못한 데 기인하는 것으로 판단된다. 북한헌법은 법치국가로서 갖춰야 할 법의 최고성 · 행정의 합법률성 · 포괄적 위임입법의 금지 · 독립된 재판과 사법적 구제절차의 보장 · 소급입법의 금지 · 재산권의 보장 · 비례성의 원칙 · 권력의 분립 등의 기본적 구성요소를 갖추고 있지 못하며, 인간의 존엄성과 자유 · 평등의 보장을 최고의 이념으로 하지도 않는다. 유엔 총회, 인권이사회 등과 같은 헌장기구의 결의내용은 물론 각종 국내외 인권단체의 보고서에 의하더라도 북한은 법치국가로서 갖추어야 할 최소한의 본질적 요소인 권력의 분립이나 독립된 법관에 의한 재판조차도 보장되지 않는 것으로 보인다.[16]

앞서 동독을 전(前)법치국가라고 평가하면서 제시되었던 각종 기준의 관점에서 보아도 북한체제는 오히려 동독체제보다 더욱 강한 불법성을 보인다고 판단된다. 향후 북한이 현 체제를 벗어나 법치국가가 요구하는 기본적 구성요소를 갖추고 인간의 존엄성을 최고의 가치로 추구하는 체제로 나아가기 전까지는 북한체제는 전법치국가라는 평가를 피하기는 어려울 것으로 보인다.

국에 체포되어 북한으로 송환된 북한주민 2명을 조국반역죄를 적용하여 공개처형함에 있어 법정형에는 정상이 무거운 경우가 아니면 사형이 없음에도 불구하고 사형에 처하였다.

16 법무부(2004), 개정형사소송법 해설, 법무자료 제257집, 3면 이하.

2. 체제불법의 태양

1) 서 언

체제내부적으로 가벌성이 도출되는 범죄는 비록 그것이 조직적으로 자행되었다고 하더라도 체제범죄라고 할 수는 없을 것이다.[17] 또한 국내외 인권단체가 지적하는 북한의 인권침해사례 중에서 경제사정의 악화에 따른 불가피한 기아문제는 불법청산의 대상이 되는 체제불법이라고 할 수 없다. 다만 경제사정을 이유로 탈북한 북한주민들을 반국가범죄자로 몰아 공개처형하거나 납치, 고문, 강제수용소에 감금하는 등과 같은 정치적 보복행위는 전형적 체제불법에 속한다고 할 것이다.

한편, 북한정권의 인권침해는 경제적 사정의 악화 이전에도 정치적·사회적 목적에 따라 자행되어 왔음은 탈북자들의 증언과 국제인권단체의 활동보고서에 의해 확인되고 있다. 북한정권은 체제유지와 권력세습에 장애가 되는 반대세력을 제거하기 위해 수많은 정적을 처형하고 강제수용소에 감금하였으며 재산을 몰수하였던 것으로 알려졌다. 북한정권은 북한주민 뿐만 아니라 남한주민과 일본인·미국인 등 외국인에 대한 인권침해도 서슴지 않았음은 국내외적으로 널리 알려진 사실이다. 국내외에서 이루어진 남한주민과 외국인에 대한 수많은 납치사건과 KAL 858기 공중폭파 등 수많은 테러사건 등이 관련자들의 증언에 의해서 북한정권이 그 배후로 확인되고 있다.

이러한 북한의 체제불법 중에서 통일한국이 청산해야 할 가장 우선적인 것이 북한정권이 저지른 형사적 범죄행위일 것이다. 토지개혁에 따른 토지몰수, 사회주의적 노동구조의 재편에 따른 직업박탈, 공산당

17 법무부(1995), 《통일독일의 구동독체제불법청산 개관》, 112면.

독재에 의한 자의적 행정처분 등과 같은 제도적 불법행위에 대한 원상회복도 중요하지만 이에 비하여 정권의 비호 아래 개인의 인권을 침해하였던 정권범죄로 인한 피해자 구제와 가해자 처벌의 필요성이 더욱 강하게 요구될 것이다. 그 이유는 북한의 체제불법을 이루는 각종 유형의 불법행위 중에서 정권범죄의 반법치국가성이 가장 강하다고 보여지기 때문이다. 따라서 북한의 체제불법을 이루는 다른 어떤 유형의 불법행위보다 북한의 정권범죄에 대한 신속한 청산이 통일한국의 사회적 통합에 더욱 기여하게 될 것으로 예상된다.

불법청산의 대상이 될 북한정권의 체제불법은 그 기준을 어디에 두느냐에 따라 다양한 분류가 가능할 것이다. 우선 보호법익을 중심으로 본다면 ① 생명권의 침해, ② 신체와 건강에 대한 침해, ③ 자유에 대한 침해, ④ 거주와 이전의 제한, ⑤ 재산권의 침해, ⑥ 직업에 대한 침해 등으로 분류할 수 있을 것이다. 다음 행위주체에 따라 ① 최고권력자, ② 정권수뇌부, ③ 체제수호기관, ④ 국경군인, ⑤ 사회질서유지기관 등에 의한 직무범죄 등으로 구분할 수도 있고, 행위태양의 관점에 따라 ① 국경수호, ② 테러, ③ 인민학대, ④ 간첩행위, ⑤ 강제수용, ⑥ 경제범죄 등으로 분류할 수도 있을 것이다.

이하에서는 북한의 정권범죄를 인권침해의 관점에서 분석하되 침해대상을 기준으로 ① 북한주민에 대한 불법, ② 남한주민에 대한 불법, ③ 외국인에 대한 불법으로 나누어 유형별로 살펴본다.[18]

18 박강우(1999), 《통일 후 북한지역에 대한 불법청산 및 범죄자 처리방안 연구》, 한국형사정책연구원, 166면 이하.

2) 북한주민에 대한 불법

통일독일의 경험에서 알 수 있듯이 통일 후 정권범죄에 대한 청산요구는 서독 지역보다는 동독 지역에서 훨씬 강하게 제기되었다. 통일한국도 북한의 불법청산에 직면하게 되면 가장 심각하게 고려해야 할 대상이 북한주민에 대한 불법행위가 될 것으로 예상된다. 북한정권의 북한주민에 대한 불법행위는 피해자의 규모, 피해의 정도, 피해기간 등에 비추어 남한주민이나 외국인에 대한 그것과 비교할 수 없을 정도로 심각한 수준이기 때문이다. 이러한 이유로 통일한국에서의 불법청산은 북한주민들의 강력한 요구에 의하여 그들에 대한 가해자의 처벌이 주류가 되어 진행될 것으로 예상된다. 북한정권이 북한주민을 상대로 자행한 정권범죄의 유형은 다음과 같다.

(1) 공개처형

인간은 존엄한 존재로서 국가권력도 그 생명권을 함부로 박탈할 수 없지만 불가피하게 사형을 집행할 경우 고통을 최소한으로 줄이는 방법으로 집행해야 한다.[19] 북한은 1951년부터 공개처형을 실시하기 시작하였다는 국제사면위원회의 보고를 인용한 국내문헌이 있다.[20] 이러한 보고에 따르면 북한은 정치범, 경제범 등 다양한 범죄자를 대중들이 지켜보는 가운데 교수형이나 총살형, 심지어 화형시킨다고 한다. 1997년 1월 국제사면위원회는 북한의 공개처형에 관한 특별보고서를 발표하고 북한의 전 지역에서 광범위하게 시행되어온 공개처형 실태를 폭로하였다. 이 보고서는 1970~92년간 함흥, 신의주, 평산 등 다양한 지역에

19 유엔 경제사회이사회 안전규정 9호(Safeguard 9) 참조.

20 김병로(1997. 12), 《북한인권문제와 국제협력》, 57면 참조.

서 최소한 23명이 공개처형된 것으로 보고했다.

최근 북한은 극도의 식량난으로 인한 사회일탈행위와 그로 인한 체제이완 현상을 막기 위한 정치적 목적에서 주민들에 대한 위하적 효과를 극대화할 수 있는 공개처형을 집중적으로 실시한 것으로 알려지고 있다. 1995년 하반기 정권수뇌부의 지침에 따라 시도별로 공개처형이 실시되었다는 북한이탈주민들의 증언과 1995년 영양 형제산 구역에서 영화부문 간부와 배우 등 7명이 외설영화를 제작한 죄로 30만 명이 운집한 가운데 공개처형 되었다는 전 북한고위인사의 증언이 이를 뒷받침한다.[21] 이밖에도 1997년 3월 신의주에서 전기 및 전화용 구리선 절취자에 대한 공개처형이 있었다는 북한이탈주민의 증언이 있었고, 서관희 노동당 농업담당비서의 처형사실이 외신에 보도되었으며, 2005년도에는 북한을 탈출하려다 검거되어 공개처형되는 장면이 촬영된 동영상이 공개되어 국제적인 충격을 주었다.

최근 입국한 북한이탈주민의 증언에 의하더라도 북한에서 아직도 이러한 공개처형이 지속되는 것으로 보인다. 이러한 공개처형 대상자들에 대한 재판은 변호사나 재판관의 임석 없이 시군 인민보안원(경찰) 만 배석시킨 가운데 해당지역 인민보안성 책임자가 범죄를 심리해서 형량까지 선고하는 약식 공개재판으로 이루어지는 경우가 대부분이라 한다.

(2) 강제수용

북한은 1956년 발생한 이른바 '8월 종파사건'[22]을 계기로 반종파투쟁을 전개하면서 체제유지를 위해 1967년부터 1970년까지 주민들의 정

---

21 Korea Herald, July 10. 1997.

22 1956년 8월 친중공계열의 연안파와 친소련계열의 소련파가 연합하여 시도하였던 김일성에 대한 조직적 반란사건으로 북한 권력투쟁사의 한 획을 긋는 사건이었다〔김성보(2004), 《북한현대사》, 웅진씽크빅, 3장 참조〕.

치적 성향을 가족의 계급적 배경과 사회적 활동 등에 기초하여 핵심군중(핵심계층), 기본군중(동요계층), 복잡군중(적대계층)으로 분류하고, 복잡군중 가운데 6천 명에 대해선 내각결정 149호에 의거 처형하고, 처형을 모면한 1만 5천여 세대의 종파연계자와 그 가족 7만여 명을 149호 대상지역에 수용시켰으며, 그중 반당·반김일성 분자에 대해서는 특별독재대상구역에 수감하였다.[23] 이후 1980년 노동당 6차대회에서 김정일이 당권을 장악한 이후 권력세습의 반대자를 숙청하는 과정에서 약 1만 5천여 명을 특별독재대상구역에 수감하였으며 동구공산권의 붕괴 이후 1990년대에 내부통제를 강화하면서 10여 개 이상의 특별독재대상구역이 설치된 바 있다.

현재 북한에는 6개 이상의 정치범 수용소에 약 20만 명 정도가 수용되어 있고,[24] 지난 30년간 약 40만 명 이상이 수용소에서 사망한 것으로 알려져 있다. 북한은 정치범들을 수용하기 위하여 '관리소'라고 불리는 강제수용소를 광범위하게 운영하며, 여기에서는 혹독한 노동을 통하여 체제에 순응하는 훈련을 실시한다. 현재 관리소는 평남 개천, 함남 요덕, 함북 화성·회령·청진 등 10여 곳 이상의 지역에 분포된 것으로 추정된다. 각 관리소는 종신수용지역인 '완전통제구역'과 출소가능한 '혁명화구역'으로 구분되고, 혁명화구역은 다시 '가족구역'과 '독신자구역'으로 분리되어 있다. 정치범은 강제노역에 혹사당하며 이를 못이겨 탈출하다가 체포되면 공개처형되기도 하는 것으로 알려졌다.

이러한 강제수용은 정치적 이유는 물론 우생학적 이유에서 유전적 장애자를 대상으로 이루어지기도 하며, 이들에 대하여는 강제적 산아제한도 이루어진다. 특히 강제수용은 정식재판절차도 거치지 않고 이

---

23 박강우, 앞의 책, 169면.

24 통일연구원은 1996년부터 매년 《북한인권백서》를 발간하는바, 북한 정치범 수용소의 현황 등에 대하여는 《2012 북한인권백서》, 123면 이하 참조.

루어진다는 점에서 불법성이 더욱 크다. 강제수용은 과거 반당·반혁명분자와 지주, 친일파, 종교인, 월남자의 가족은 물론 노동당 간부나 당원으로 재직하다 권력투쟁에서 밀려난 정치인의 가족들도 포함되어 연좌제가 통용된다.

(3) 탈북자 사살 및 납치

북한은 최근 식량난 및 경제난 악화 등으로 인해 북한주민들이 중국·러시아 등을 경유하여 남한으로 탈출하는 것을 막기 위해 중국·러시아 등과의 접경지역에 지뢰를 매설하고 국경경비부대를 창설하여 순찰활동을 강화하고 있다. 나아가 중국·러시아 등으로 탈출한 북한주민을 검거하여 송환하기 위해 공안요원들을 중심으로 체포 및 송환조가 편성되어 활동하는 것으로 알려지고 있다. 이들에 의하여 체포된 뒤 북한으로 송환된 북한이탈주민은 주민들이 지켜보는 가운데 공개처형되는 일도 있으며, 이러한 처형현장이 동영상으로 촬영되어 국내방송에 의해 보도되기도 하였다. 이처럼 탈북자가 계속 증가하자 정권수뇌부에서 "간첩 하나 잡는 것보다 탈북자 하나 막는 것이 더 중요하다"는 지시를 하달하여 당국에 의한 주민통제가 강화되어 여행의 자유가 더욱 제한되는 실정이다.[25]

북한형법은 사회주의제도를 부정하는 행위나 월경 및 망명시도 등의 행위를 '반국가범죄'로 규정하고[26] 가혹한 형벌을 부과하고 전술한 바

25 2013년 5월 탈북청소년 9명이 그들의 의사에 반하여 라오스에서 중국을 거쳐 북한으로 강제송환된 것은 전형적인 탈북자 납치에 해당된다고 하겠다.

26 북한형법 제62조(조국반역죄) : 공민이 조국을 배반하고 다른 나라로 도망쳤거나 투항, 변절하였거나 비밀을 넘겨준 조국반역행위를 한 경우에는 5년 이상의 로동교화형에 처한다. 정상이 특히 무거운 경우에는 무기로동교화형 또는 사형 및 재산몰수형에 처한다.

와 같이 때로는 공개처형도 서슴지 않는다. 중국은 1960년대 초 북한과 비밀리에 체결한 '중국 · 북한 범죄인 상호인도협정'과 1989년 체결한 '국경지역 업무협정'에 따라 북한이탈주민들을 체포하여 북한으로 강제송환했었다. 중국 공안당국의 이러한 강제송환은 1993년 11월 '길림성 변경관리조례'가 통과된 이후 본격화되었다.[27]

(4) 재산몰수

북한은 1948년 9월 8일 최고인민회의에서 채택된 조선민주주의인민공화국 헌법 제6조에서 '조선인 지주의 토지를 몰수한다'고 규정하였다. 그러나 그 이전인 1946년 3월 '토지개혁에 관한 법령'과 '토지개혁 실시에 대한 임시조치법'(1946. 3. 5), '토지개혁에 대한 법령에 관한 결정서'(1946. 3. 7), '토지개혁법령에 관한 세칙'(1946. 3. 8) 등을 제정하여 토지개혁을 단행하였다. 토지개혁은 불과 20여일의 단기간 내에 무상몰수 · 무상분배의 방법으로 마무리되었다. 당시 토지개혁은 사소유권을 전면적으로 폐기하는 것이 아니라 일본인 토지몰수, 경자유전의 원칙에 따른 농지의 농민소유를 실현하여 소작제도를 폐지하는 데 주된 목표를 두었다. 북한의 토지 이외의 모든 생산수단도 사회주의식 계획경제체제의 필요에 따라 국가나 협동단체의 소유로 전환되어 아무런 보상도 없이 몰수되었다.

1972년 사회주의헌법을 제정 · 공포하면서 제10조에서 "조선민주주의인민공화국에서 생산수단은 국가 및 협동단체의 소유이다"라고 규정하여 토지에 대한 개인소유를 전면 부정하였다. 그 후 북한은 1977년

---

27 러시아 정부는 1997년 1월 24일 북한과 새로이 체결한 '러 · 북 공인 상호여행에 관한 협정'을 통해 북한인의 본국송환 및 제3국 출국제한 조항 등을 삭제함으로써 '유엔난민고등판무관실'에 의한 난민지위판정을 허용하고 있다.

4월 29일 제정된 '조선민주주의인민공화국 토지법'(이하 토지법)을 제정하여 1972년 사회주의헌법에 명시된 사회주의적 소유권개념을 토지부문에서 더 철저히 관철시켰다. 이어 1990년 민법을 제정하면서 사회주의적 토지소유제도를 규정하였다.

북한은 이러한 제도적 재산권 몰수 이외에도 정치적 이유로 형벌이나 강제수용 대상이 된 사람들과 그 가족들의 모든 사유재산을 개별적으로 몰수했다. 개별적 재산몰수는 통상적으로 앞서 살펴본 유형의 정권범죄와 병행하여 이루어져 온 것으로 보인다.

(5) 기타의 인권침해

북한에서는 거주 이전과 여행의 자유가 엄격히 제한된다. 다른 지역으로 여행하고자 하는 사람은 당국의 허가를 받아야 하며, 이를 어기면 가혹한 처벌을 받는다. 체제수호를 위하여 주민들의 통제를 강화하기 위한 수단으로 거주이전의 자유를 제한하는 것으로 보인다. 북한은 1994년 특별행정구역인 평양에서는 '평양시민증'을 발급하면서 당성이 약한 주민들을 지방으로 강제이주시켰다. 이러한 조치는 평양이 남북한 교류의 중심지이며 외국인들의 출입이 잦은 곳이므로 체제불만 세력에 의한 불상사를 미연에 방지하기 위한 대책으로 보인다. 1997년 8월 21일 채택된 유엔인권소위원회 보고서에도 북한당국이 여행의 자유를 제한하는 것에 대한 우려가 표명되어 있다.

한편 북한은 자유로운 경쟁선거를 불허하고 정치적 집회를 원천적으로 봉쇄한다. 나아가 북한은 신앙의 자유와 종교활동도 엄격히 통제해 왔으며, 한국전쟁 이전까지 존재했던 30만여 명의 기독교인과 12만 명의 천도교인, 3만 5천 명의 불교인을 '반동분자'로 분류하여 가혹한 처벌을 가하거나 수용하였다. 당국에 의하여 동원된 집회가 아닌 정치집회나 종교집회를 주최하거나 참석한 행위는 사회질서를 문란케 하는 집단적 소요행위로 간주하여 5년 이하의 로동교화형에 처해진다.

3) 남한주민에 대한 불법

(1) 한국전쟁

북한의 김일성은 1949년 6월 미국이 주한미군을 철수시킨 데 이어 한국과 대만을 극동방어선(일명 애치슨라인)에서 제외시키자 한국을 공산화하기 위해 소련의 지원을 받아 1950년 6월 25일 새벽 4시 전격적인 기습남침을 감행하였다. 이에 유엔은 즉시 안전보장이사회를 소집, 북한의 공격을 '평화를 파괴하는 침략행위'로 규정하고 '원상회복'을 요구하였으나 북한이 불응하자 미·영·호주 등 21개국(의료지원국 5개국 포함)이 유엔군을 구성, 한국을 지원하였다. 전쟁초기 한국군보다 월등한 화력과 병력(한국군의 약 4배)을 보유한 북한군은 한 달여 만에 한국의 4분의 3을 점령하였으나 9월 15일 유엔군의 인천상륙작전 성공으로 패주를 거듭하여 압록강까지 후퇴하였다. 그러나 10월 16일 중국이 갑자기 10만여 명의 병력을 투입하여 북한군을 지원하자 전세가 역전되었으며 38도선 상에서 대치상태를 보이다가 1953년 7월 27일 휴전협정이 체결되었다.

북한정권은 무모한 전쟁도발로 660만여 명의 사상자(군인 230만, 민간인 430만여 명)를 발생시키고 공장(900여 개), 주택(60만여 동), 산업시설과 전국토의 4분의 3을 초토화시키는 불법을 자행하였다.

(2) 무장공비 남파

1968년 1월 21일 밤 10시경 북한군 제124군부대 소속 무장공비 31명이 휴전선을 넘어 침투하여 대통령 관저인 청와대를 습격하려다가 비상근무중이던 경찰 검문에 단속되자 기관단총을 난사하고 4대의 시내

버스에 수류탄을 던져 승객을 살상하였다. 당시 생포된 공비 김신조가 밝힌 바에 따르면 이들의 목적은 대통령관저 폭파와 요인암살, 주한미대사관폭파와 대사관원 살해, 육군본부 폭파와 고급지휘관 살해, 서울교도소 폭파, 서빙고 간첩수용소 폭파 후 북한간첩 대동월북 등이었다. 그 밖에도 북한은 남한정권을 전복하여 공산화시킬 목적으로 무장간첩을 끊임없이 남파하였다. 남한에 침투한 무장공비들은 게릴라전을 펴면서 군사시설을 파괴하고, 이승복 어린이 등과 같은 무고한 양민을 살해하는 만행을 저질렀다.

(3) 테러와 납치

북한은 무장공비의 남파 이외에도 무력으로 남한주민에게 수많은 테러를 자행하였다. 이 중에는 수백 명의 인명을 한꺼번에 앗아간 KAL 858기 공중폭파 및 외교순방중인 대통령 일행에 대한 아웅산 테러 등과 같이 세계를 경악시킨 사건들이 포함된다. 또한 북한은 휴전 이후 지금까지 해상, 공중, 해외에서 약 4천 명에 이르는 한국인을 납치하여 간첩교육을 시킨 후 남파하였으며, 그중 일부는 아직까지 북한에 억류되어 있다. 남한주민 납치사례로는 1969년 12월의 대한항공 소속 YS-11기 공중납북사건을 들 수 있다. 이 사건은 북한이 당시 고정간첩 조창희(당시 42세)를 시켜 대관령 상공에서 승객과 승무원 총 51명을 태운 KAL기를 공중납치하였다. 이들 중 여승무원 등 12명은 아직도 북한에 억류된 상태라 한다. 북한은 또 서해나 동해의 휴전선 부근에서 어로작업중이던 어부와 해상경계중이던 군경을 납치하여 그중 일부는 아직도 북한에 억류되어 있다. 남한주민에 대한 납치는 해외에서도 이루어졌으며 그중에는 유명한 영화인 부부도 포함되어 있다.

4) 외국인에 대한 불법

(1) 외국인의 납치와 테러

북한은 1970년 정권수뇌부의 지시에 따라 노동당 작전부 내에 외국인 납치조직을 만들어 놓고 전 세계 외국인도 납치대상으로 삼았다는 증언이 있다. 미국의 아시아 감시위원회와 미네소타 변호사 국제인권위원회가 1988년에 펴낸 '북한의 인권'에 의하면 1970년대 초 5명의 레바논 여인이 평양에 끌려가 프랑스, 이탈리아, 네덜란드 등 여러 나라에서 납치된 여인들과 함께 간첩교육을 받았다고 밝히고 있으며, 북한에 납치되었다가 탈출한 남한 영화인 부부의 증언에 의하면 평양초대소에서 마카오로부터 끌려온 중국인과 요르단 여인을 만났다고 증언하였다.

특히, 북한은 일본인을 7회에 걸쳐 10명을 납치한 것으로 알려지고 있으며, 이 가운데 KAL기 폭파범 김현희에게 일어를 가르쳤던 '다구지 야에코'(78년 피납)와 최근 일본 중의원에서 폭로되어 북일 간 외교문제가 된 '요코다 메구미'(니아가다현 거주, 77년 피랍당시 13세 중학생), 그리고 아직 북한에 살고 있는 것으로 최종 확인된 '데라코에 다케시'(63년 피랍당시 13세 중학생) 등이 대표적 희생자들이라 한다.

(2) 통화위조 등

북한은 최악의 경제난을 극복하기 위하여 외화벌이에 전력하고 있다. 외화벌이는 북한정권이 국제사회에서 경제적으로 고립된 가운데 체제유지를 위한 최소한의 비용을 충당하기 위한 것으로 수뇌부의 지대한 관심 속에서 북한의 중요기관들이 경쟁적으로 추진하는 사업으로 알려지고 있다. 그런데 1990년대에 정교하게 위조되어 이른바 '슈퍼노트'라고 불리는 미국 100달러권 위조통화가 국제사회에서 유통되었는데 그 출처가 북한정권이라는 유력한 주장이 제기된 바 있다.[28] 만일 이러한 주장이 사실이라면 국제통화의 위조행위는 통일한국에서 반드시 규명되어야 할 북한의 정권범죄 유형 중 하나가 될 것이다.

(3) 마약밀매

북한의 마약밀매에 대한 의혹은 오래 전부터 끊임없이 제기되었으며, 2000년까지 북한의 마약사업과 관련한 적발건수는 세계 20여 개국에서 50여 건이 넘는 수준에 이르고 있다. 1970년대부터 소규모로 은밀하게 시작된 북한의 마약사업은 1992년부터 사실상 국가적 공식사업으로 부상하며 본격화되었다. 북한에서 양귀비 재배사업은 '백도라지 사업'(White Balloonflower)이라고 불리며, 100만 달러 이상 마약을 판매하는 사람에게 '백도라지 영웅' 칭호가 부여된다.[29] 북한의 필로폰 제조기술은 일본을 통해 배운 것이나, 현재는 다른 어느 나라보다도 뛰어나다는 평가도 있다.[30] 탈북자들의 증언에 따르면 해방과 함께 일본 군수공장의 조선족 기술자들이 귀국하자, 북한당국은 이 기술자들을 특

28 미국은 슈퍼노트로 인하여 1996년에 100달러권 지폐의 도안을 변경하였다.

29 1998년 11월 6일 국가정보원 국정감사에서 국가정보원장이 국회 정보위원회에 보고한 자료에 따르면 북한에서는 외화획득을 위해 아편을 대대적으로 수출하고 있다고 한다.

30 원래 필로폰(philopon-일본식 발음으로는 히로뽕)은 희랍어로 '일을 좋아하다'라는 뜻이며, 화학명은 메스암페타민이다. 일본은 1919년 마황 등에서 원료인 에페드린을 추출, 중추신경 흥분제 합성에 성공하여 필로폰으로 명명한 이래 2차대전 당시 군수공장에서 대량으로 제조하기 시작했다. 특히 태평양전쟁 때 일본 군부는 한국인 노무자들을 군수공장의 철야노동자로 끌어들여 필로폰을 투약하고 제조기술을 습득하게 했다. 여기에서 만들어진 필로폰에 '승리정', '돌격정'이라는 명칭을 붙여 '가미가제식' 자살특공대원들에게 집중 공급하여 담력을 키우는 데 사용했다고 한다.

별 관리하며 제조기술을 더욱 발전시켰다는 것이다.

북한은 1970년대 초에는 단순히 해외공관들의 경비조달을 위해 미얀마, 라오스, 타이 등의 접경지역에 형성된 이른바 '황금의 삼각지대'에서 마약을 소규모 형태로 거래하였으나 1970년대 말부터는 정권차원에서 외화벌이 수단으로 마약생산 및 밀매를 시작하였다. 1980년대 말에는 동구 사회주의권의 붕괴와 함께 찾아온 경제난 및 식량난 타개를 위해 마약사업에 본격적으로 뛰어들었으며, 1990년대 중반부터는 극심한 식량난과 경제난으로 경제회복을 기대하기 어려운 만큼 마약밀매의 유혹을 뿌리치지 못했던 것으로 전해진다. 또한 1990년대 말부터는 경제난 타개를 위한 단순한 외화벌이 목적에서 벗어나 무기구입비를 포함한 정권 비자금, 당운영비, 대남공작금, 해외공관 운영비 조성 등의 목적으로 추진하는 것으로 전해진다. 이처럼 정권의 비호 아래 자행되고 그 수익금이 정권의 유지를 위해 사용되는 등 북한의 마약제조와 판매행위는 전형적인 정권범죄를 구성한다고 판단된다.

(4) 대량살상무기 수출

북한은 국제사회에 대량살상무기(WMD) 수출국으로 알려져 있다. 미국은 북한을 생화학무기·중장거리 미사일을 테러단체 등에게 밀수출하는 테러지원국으로 의심했다. 미국의 주장대로 북한의 대량살상무기를 테러 국가나 단체에게 밀수출하여 인명살상 등 테러에 이용되게 하였다면 그것은 새로운 유형의 정권범죄로 성립될 수 있을 것이다.

02/ 불법청산의 법적 토대

1. 서설

불법청산의 보편적 원칙과 기준은 앞서 살펴본 바와 같지만, 북한체제에 대한 불법청산도 확고하면서도 최고의 규범력을 갖춘 기준과 원칙에 입각하여 진행되어야 한다. 그렇지 않다면 남북통일이라는 급변적·혁명적 상황 속에서 청산주체의 자의성과 정치적 선동성이 개입되어 자칫 잘못하면 승자의 보복으로 흐를 가능성이 있다. 그리고 절차적 안정성이 확보된 청산절차를 거치더라도 실체적 기준이 가변적이거나 유동적일 경우 불법청산이라는 미명 아래 또 다른 국가불법이 자행될 위험성도 없지 않다고 할 것이다.

따라서 통일한국이 북한의 체제불법을 청산함에 있어서 그 법적 토대는 통일헌법이 되어야 함은 물론이다. 통일한국은 현행 헌법 제3조 및 제4조에 따라 한반도에서 자유민주적 기본질서를 기초로 하여 평화적 방법으로 통일된 국가를 의미한다. 그러므로 통일헌법은 인간의 존엄성을 기본이념으로 하고, 법치국가원리를 기본원리로 하는 자유민주주의 헌법이 될 것이다. 그렇다면 통일한국에 의해 관리되고 통제될 북한의 불법청산문제도 인간의 존엄성에 기초한 법치국가원리에 입각하여 해결되어야 할 것이다.

한편 통일독일의 불법청산에서도 동독의 법적 지위가 문제되었듯이 통일한국의 불법청산에서도 북한과 북한주민의 법적 지위가 여러 분야에서 문제될 것이다. 독일에서는 동서독 기본관계를 정한 기본조약의 법적 효력이 인정되었음에도 불구하고 동독의 법적 지위에 대하여 학설과 판례에서 다양한 견해가 대립하였다. 따라서 현행 헌법상의 영토조항과 남북한 기본합의서의 규범적 효력에 대하여 의견이 일치되지 않은 우리의 현실에서 북한의 법적 지위를 확정하기는 더욱 어려운 일이 아닐 수 없다.

따라서 북한체제의 불법청산을 위한 법적 기초로서 먼저 현행헌법에 구현된 법치국가원리의 구체적 형태를 점검해보고 이어서 북한과 북한주민의 법적 지위에 관하여 가능한 입장을 모두 검토해보기로 한다.

2. 인간의 존엄성과 법치국가원리

현행 헌법은 인간의 존엄성과 자유·평등의 보장을 최고이념으로 하고, 법의 최고성·행정의 합법률성·포괄적 위임입법의 금지·독립된 재판과 사법적 구제절차의 보장·소급입법의 금지·재산권의 보장·비례성의 원칙·권력의 분립·법적 안정성과 신뢰의 보호 등을 본질적 구성요소로 하는 자유민주적 법치국가원리를 기본으로 한다.[1]

우리 헌법에 반영된 법치국가원리의 이념과 구성요소를 조문별로 살펴보면 다음과 같다. 우리 헌법은 인간의 존엄성을 존중할 것(제10조)을 최고의 이념으로 하고, 자유(제12조 이하)와 평등(제11조)을 최대한 보장한다. 이를 위하여 우리 헌법은 헌법에 열거된 각종의 기본권(제10조 이하)은 물론 헌법에 열거되지 아니한 권리(제37조 제1항)까지 보장한다. 우리 헌법의 최고성은 법의 안정화와 정당화 작용을 돕는 법치국가의 중요한 구성요소로서 현행 헌법상 법의 위계구조(헌법-법률-명령-규칙)와 사법적 통제를 통하여 보장된다. 위헌법률심사제(제107조 제1항) 등을 통하여 헌법에 위반된 법률은 무효화되고 그 심사의 기준은 헌법이 보장하는 인간의 존엄성과 자유·평등에 기속된다. 행정의 합법률성은 헌법 제107조 제2항에 규정했으며, 이는 행정의 법률적합성과 더불어 행정행위가 헌법상 인간의 존엄성과 자유·평등에 기속됨을 의미한다. 포괄적 위임입법의 금지는 헌법 제75조에 규정했고, 민주적 정당성을 갖춘 입법자에 의하여 상위법에 최소한 대강이라도 정해놓고 하위법령에 위임할 것을 요구함으로써 행정국가화 현상에 따른 국민의

1 성낙인(2007), 《헌법학》, 법문사, 176면 이하; 이준일(2007), 《헌법학 강의》, 홍문사, 156면 이하.

권리의무 보호장치로서의 의미를 갖는다.

독립된 재판과 사법적 구제절차의 보장은 헌법 제27조·제101조·제103조·제111조 제1항 등에 규정했으며 궁극적으로 인간의 존엄성과 자유·평등에 기여한다. 소급입법의 금지는 헌법 제13조 제1항과 제2항에 규정했으며, 행위시의 법률에 의하지 않고는 형벌을 받거나 재산권을 박탈당하지 않을 권리를 보장한다. 즉, 사후입법에 의한 인간의 존엄성과 자유·평등을 제한할 수 없다는 것을 의미한다. 그러나 구법질서에 대한 신뢰를 보호해서는 안 되는 공익적 이유가 있는 경우에는 예외적으로 소급효가 허용되는 경우도 있다.

재산권 보장은 헌법 제23조에 규정했으며, 이를 통하여 인간 생존의 물적 기초를 보장함으로써 인간의 존엄성과 자유의 신장에 기여하고 있다. 기본권제한에 대한 비례의 원칙은 헌법 제37조 제2항 후단에 규정했으며, 국가권력에 의한 기본권의 과도한 제한을 금지한다. 권력분립의 원리는 헌법 제40조, 제66조 제4항, 제101조 등에 규정했으며, 국가권력의 집중에 따른 기본권 침해를 예방하고, 국가권력을 인간의 존엄성 향상에 기여할 수 있도록 기능별로 각 국가기관에 정서하는 원리를 담았다.

위에서 살펴본 법치국가원리의 각종 구성요소들은 인간의 존엄성과 자유·평등의 보장이라는 법치국가의 이념과 목적을 실현하기 위한 것이며 이에 기속을 받는다. 이러한 의미에서 우리 헌법은 법치국가원리의 형식적 요소와 실질적 요소가 충분히 구현됐다고 평가된다.[2] 여기에 더하여 우리 헌법은 소수자와 사회적 약자를 배려하는 사회적 법치국가원리도 가미되었다는 점에서 북한주민에 대한 사회적 조정급부에 대한 헌법적 근거도 마련되어 있다.

---

2 계희열, "한국헌법의 기본원리로서의 법치주의", 18면 이하.

3. 북한의 법적 지위

1) 검토의 필요성

북한의 법적 지위, 즉 북한의 국가성 인정 여부는 북한의 체제불법 청산에도 영향을 미친다. 만일 북한의 국가성을 인정하면 통일의 법적 성격이 국가통합 내지는 국가승계로 해석될 수 있고, 통일 후 북한의 대외적 권리의무의 승계문제는 물론이고 국가불법에 대한 대내적 책임을 논함에 있어서도 이에 관한 국제법 이론이 적용될 가능성이 크다. 북한의 국가성을 인정하게 되면 우선 북한 법질서의 독자성을 인정하지 않을 수 없을 것이고 그 결과 북한 체제불법 청산을 위한 준거법 결정에서 북한법은 커다란 비중을 차지하게 된다. 나아가 체제불법책임의 승계, 국가면책이론 등에서 국제법 일반이론의 적용가능성이 커진다.

그러나 북한의 국가성을 부인하게 되면 북한 법질서의 독자성을 인정하기 어렵게 되고 북한의 국가성을 전제로 하는 국제법상 면책이론 등은 적용될 논거를 잃게 된다. 다만 한 가지 주의를 요하는 점은 북한의 국가성을 부인한다고 반드시 북한 법질서의 독자성을 부인하는 것이 논리필연적인 결과는 아니라는 점이다. 앞에서 살펴보았듯이 서독은 민족 내부관계에서는 동독의 국가성을 인정하지 않았지만 동독 법질서의 독자성은 인정하였다. 따라서 동독의 법질서가 서독의 법질서와 충돌할 경우 준거법 결정기준에 관한 합당한 논리전개를 위하여 서독의 판례와 학설은 통일 전에는 지역간 형법이론과 기능적 내국이론이 주장되었으며, 통일 후에는 내국이론과 외국이론이 제기되었다.

아무튼 우리나라의 경우에도 북한의 법적 지위를 어떻게 보느냐에 따라 통일 후는 물론 통일 전에도 북한의 불법행위에 적용할 준거법이라든가 법적 책임의 구성에 관한 논거가 달라질 수 있음은 당연한 논리다. 서독의 경우처럼 북한의 국가성과 법질서의 독자성 인정여부를 별개의 문제로 보더라도 남한 법질서와 북한 법질서가 충돌할 경우 합당한 해결기준을 위해서는 또 다시 북한의 법적 지위가 문제된다. 따라서 북한의 체제불법 청산을 위해서는 그 기초작업으로서 북한의 법적 지위에 관한 검토가 필수적으로 요구된다고 할 것이다.

2) 북한의 국가성

북한의 국가성 인정여부, 즉 북한의 법적 지위를 비롯한 남북한의 법적 관계를 규율하기 위한 법적 토대는 우리 헌법에서 구해야 한다는 점에 대하여는 이론의 여지가 없다. 그중에서도 영토조항(제3조)과 평화통일조항(제4조) 및 평화통일관련조항(전문과 제66조, 제69조, 제72조, 제92조 등)이 직·간접적인 근거를 제공한다고 할 수 있을 것이다. 따라서 우리 헌법이 지향하는 이념과 가치를 바탕으로 이러한 헌법규정들의 규범적 의미를 체계적이고 조화롭게 해석하여 북한의 법적 지위를 설명하려는 다양한 견해들이 제시되었다. 특히 영토조항의 규범적 의미를 평화통일조항과의 관계에서 어떻게 이해할 것인지에 대한 입장차이로 인하여 북한의 국가성 인정여부에 관한 학설은 크게 두 가지로 나누어 볼 수 있다.

(1) 인정설

북한의 국가성을 인정하는 입장은 영토조항의 규범력을 부정하는 입장과 맥락을 같이 한다. 이러한 입장은 주로 국제사회에서 그리고 남북관계에서 정치적 실체로 활동하는 북한의 국가성을 인정하지 않을 수 없다는 현실론에 바탕을 두며, 영토조항의 효력을 부인하는 근거에 따라 다음과 같이 다양한 견해를 주장한다.

첫째, 영토조항은 북한지역에 대하여서는 비현실적이고 비논리적인 규정이므로 그 규범력을 상실하였다고 보는 견해이다. 이러한 견해는 한반도가 남북한으로 분단되어 서로 독립적이고 자율적으로 존재하면서 대내외적으로 국가로서의 기능을 정상적으로 수행하는 현실을 바탕으로 한다. 이 견해는 영토조항의 규범적 효력을 인정하면 이러한 헌법 현실에도 모순됨은 물론 평화통일을 위한 남북교류에도 장애로 작용하여 평화통일조항과 상충되는 결과가 초래된다고 주장한다.[3]

둘째, 영토조항은 헌법변천을 통하여 규범력을 상실하였다고 보는 견해가 있다.[4] 이러한 견해는 우리 헌법이 제7차 개헌부터 평화통일에 관한 규정을 도입하고, 남북교류협력에 관한 법률을 제정하였으며, 남북기본합의서를 체결하였고, 남북한이 동시에 유엔에 가입하였으며, 남북한 정상이 두 번씩이나 만나 공동선언문을 채택하는 등 상호 대화와 협력의 상대방으로 인정하여 영토조항이 제정 당시에 가졌던 규범적 의미를 상실한다고 보는 견해이다.

셋째, 영토조항의 규범력은 인정되지만 평화통일조항의 규범력에 비하여 그 규범력이 약화·완화되어 결과적으로 실효성을 상실하기에 이르렀다고 보는 견해이다. 이 견해는 영토조항은 통일에 대한 당위적 명제를 선언한 역사적·선언적·명목적 규정으로 미래지향적·미완성

3 윤명선·김병묵(1998), 《헌법체계론》, 법지사, 156; 이장희(1992), 남북합의서의 법제도적 실천과제(남북합의서의 후속조치와 실천적 과제), 아시아사회과학연구원 제1회 통일문제 학술세미나, 3면 참조.

4 장명봉(1991), "남북한 기본관계 정립을 위한 법적 대응"(유엔가입과 통일의 공법문제), 한국공법학회, 45 및 134; 김승대(1995), "남북한 특수관계의 법적 성격에 관한 고찰", 〈법조〉, 통권 462호, 44면 이하.

적 · 개방적 · 프로그램적 규정인 반면, 평화통일조항은 이러한 통일의 추진방법과 수단을 규정한 현실적 · 구체적 · 규범적 조항 또는 구체적 · 구속적 · 법적 규정으로 이해한다.[5]

넷째, 영토조항이 규범력은 갖지만 평화통일조항의 규범력과의 관계에서 후자가 전자에 비하여 우월한 효력을 가지므로 결과적으로 전자의 규범력이 상실된다는 견해이다. 이 견해는 영토조항의 규범력을 인정한다는 점에서 첫째 및 둘째 견해와 구별되고, 그 규범력이 약화 · 완화되는 것이 아니라 평화통일조항의 우월적 규범력으로 인하여 규범력 자체를 상실한다는 점에서 셋째 견해와 구분된다. 즉, 평화통일조항이 헌법이념이나 헌법정책적 측면에서 영토조항에 비하여 고도의 헌법적 가치 또는 이익을 내포하므로 영토조항에 비하여 우월적 효력을 가진다는 것이다.[6] 영토조항은 일반규범이고 평화통일조항은 특별규범으로서의 지위를 가지므로 후자가 전자에 우선한다는 견해도 크게 보아 이러한 견해의 범주에 속한다고 하겠다.[7]

(2) 부정설

북한의 국가성을 부정하는 입장은 영토조항의 규범력을 인정하는 입장에 그 맥이 닿아있다. 이러한 입장은 영토조항이 헌법 제정시부터 현행 헌법에 이르기까지 일관되게 유지된 조항으로서 현실적 규범력을 보유하며, 평화통일조항과의 관계에서도 서로 모순되지 않고 헌법체계상 조화될 수 있다고 보는 견해이다.

이러한 견해는 영토조항의 규범적 의미에 대한 정당화 이론들로 이

5 최대권(1990), 《통일의 법적 문제》, 법문사, 29면 이하; 최경옥(1999), "한국헌법 제3조와 북한과의 관계(공법학 연구)", 영남공법학회, 202면 이하.

6 장명봉, 앞의 논문, 133면 이하.

7 계희열, 《헌법학(상)》, 171면.

해되며 다음과 같은 논거를 제시한다.

첫째, 대한민국 영토는 역사지리적으로 구한말 대한제국 시대의 국가영역에 기초하는 것을 법적으로 확인하고 있다. 둘째, 대한민국의 영토범위를 대내적·대외적으로 명백히 선언함으로써 다른 나라에 대한 침략의도가 없음을 의미하는 국제평화주의를 표명하는 것이다. 셋째, 대한민국의 영토인 한반도에서의 유일한 합법정부는 국내법상으로나 국제법상으로나 오로지 대한민국밖에 없다는 것을 천명한 것이다. 넷째, 영토조항은 대한제국·대한민국 임시정부·대한민국으로 이어지는 국가의 법통 또는 정통성의 전제 위에서 대한민국의 영토도 그러한 역사적 기반 위에서 형성·존립된 것을 규범적으로 선언하는 조항이다. 그러므로 북한지역은 미수복지역에 해당되고 북한정권은 헌법상 용인할 수 없는 불법단체에 해당된다고 보는 견해이다.[8]

그리고 이러한 견해는 영토조항은 대한민국의 영토를 회복하여야 할 법률상 책무를 부과하는 규정이고, 평화통일조항은 이러한 통일의 책무에 대한 기본적 추진방식과 수단을 규정하므로 서로 목적과 수단의 관계에 있다고 이해한다.

3) 판례의 입장

(1) 대법원 판례

대법원 판례는 대한민국만이 한반도 전 지역에서 '유일한 합법정부'이고 북한정권은 군사분계선 이북 지역을 불법적으로 점거한 반국가단체라는 입장을 유지하고 있다.[9] 이러한 입장을 보여주는 대표적 판례

---

8 김철수(2006), 《헌법학개론》, 박영사, 112면.

9 대법원 판례는 서독의 동일성이론과 기본맥락을 같이 한다고 보여진다. 서독

를 살펴보면 다음과 같다:

① 한반도 중 38선 이북인 괴뢰집단의 점령지역도 헌법상 우리나라의 영토이고 헌법에 의거하여 제정·시행된 모든 법령의 효력이 당연히 미친다.[10]

② 북한지역은 헌법상 대한민국의 영토에 속하는 한반도의 일부를 이루는 것이므로 이 지역에는 대한민국의 주권이 미칠 뿐이며, 대한민국의 주권과 부딪치는 어떠한 주권의 정치도 법리상 인정될 수 없다.[11]

③ 국가보안법은 헌법이 지향하는 조국의 평화적 통일과 자유민주적 기본질서를 부인하면서 공산계열인 북괴 등 불법집단이 우리나라를 적화 변란하려는 활동을 봉쇄하고 국가의 안전과 국민의 자유를 확보하기 위하여 제정된 것이어서 헌법에 위반된다고 할 수 없다.[12]

④ 북한집단은 자유민주적 기본체제를 전복할 것을 완전히 포기하였다는 명백한 징후를 보이지 않고 있고 그들 내부에서의 민주적 변화도 없는 상태에서 대한민국에 대한 무력도발과 각종 선전 선동 및 이른바 통일전선전술에 의하여 대한민국의 자유민주체제의 붕괴를 지속적으로 획책하고 있으므로 국가보안법의 보호법익인 국가의 존립 안전과 자유민주적 기본질서에 대한 최대의 현실적 위해집단으로서 반국가단체이고 북한을 반국가단체로 본다고 하여

의 동일성 이론은 다시 핵심국가이론(서독이 독일제국의 핵심국가이다), 국가수축이론(독일제국이 서독의 기본법의 효력범위 안으로 수축한 형태로 존속한다), 내전이론(동서독이 서로 독일제국의 법통성을 주장하며 상대방을 지역적인 사실상의 정부로 본다) 등으로 구분되는바, 대법원 판례는 그중에서도 내전이론에 가깝다고 보여진다.

10 대판 1954. 9. 28. 대판 4286.

11 대판 1961. 9. 28. 대판 4292 행상 48.

12 대판 1987. 7. 21. 87도1081.

헌법상 평화통일의 원칙에 배치된다고 할 수 없다.[13]

⑤ 비록 남북 사이에 정상회담이 개최되고 그 결과로서 공동선언이 발표되는 등 평화와 화해를 위한 획기적인 전기가 마련되고 있다 하더라도, 그에 따라 남북관계가 더욱 진전되어 남북 사이에 화해와 평화적 공존의 구도가 정착됨으로써 안으로 북한의 반국가단체성이 소멸되는 것은 별론으로 하고, 지금의 현실로는 북한이 여전히 우리나라와 대치하면서 우리나라의 자유민주주의체제를 전복하고자 하는 적화통일노선을 완전히 포기하였다는 명백한 징후를 보이지 않고 있는 이상, 북한은 조국의 평화적 통일을 위한 대화와 협력의 동반자임과 동시에 적화통일노선을 고수하면서 우리의 자유민주주의체제를 전복하고자 획책하는 반국가단체라는 성격도 아울러 가지고 있다고 보아야 하고 남북정상회담의 성사 등으로 북한의 반국가단체성이 소멸하였다고 볼 수는 없다.[14]

⑥ 우리 헌법이 영토조항을 두고 있는 이상 대한민국의 헌법은 북한지역을 포함한 한반도 전체에 그 효력이 미치고 따라서 북한지역은 당연히 대한민국의 영토가 되므로 북한을 외국환관리법 소정의 외국으로, 북한의 주민 또는 법인 등을 비거주자로 바로 인정하기 어렵지만 개별법률의 적용 내지 준용에 있어서는 남북한의 특수관계적 성격을 고려하여 북한지역을 외국에 준하는 지역으로, 북한주민 등을 외국인에 준하는 지위에 있는 자로 규정할 수 있다.[15]

(2) 헌법재판소의 결정

헌법재판소도 일관되게 북한의 국가성을 부인하고 반국가단체 또는 불법단체로 보는 입장을 유지하고 있다:

13 대판 1993. 10. 8. 93도1951.

14 대판 2003. 5. 13. 2003도604.

15 대판 2004. 11. 12. 2004도4044.

① 현 단계에서 북한은 조국의 평화적 통일을 위한 대화와 협력의 동반자임과 동시에 대남 적화노선을 고수하면서 우리 자유민주체제의 전복을 획책하고 있는 반국가단체라는 성격도 함께 갖고 있음이 엄연한 현실인 점에 비추어, 헌법 제4조가 천명하는 자유민주적 기본질서에 입각한 평화적 통일을 수립하고 이를 추진하는 한편 국가의 안전을 위태롭게 하는 반국가활동을 규제하기 위한 법적 장치로 전자를 위하여는 남북교류협력에 관한 법률 등의 시행으로써 이에 대처하고, 후자를 위하여는 국가보안법의 시행으로써 이에 대처하고 있는 것이다. 이와 같이 국가보안보안법과 남북교류협력에 관한 법률은 상호 그 입법목적과 규제대상을 달리하고 있다.[16]

② 비록 남북한이 유엔에 동시에 가입하였다고 하더라도 이는 유엔헌장이라는 다자조약에의 가입을 의미하는 것으로서 유엔헌장 제4조 제1항의 해석상 신규가맹국이 유엔이라는 국제기구에 의하여 국가로 승인받는 효과가 발생하는 것은 별론으로 하고, 그것만으로 곧 다른 가맹국과의 관계에 있어서도 당연히 상호 간에 국가승인이 있었다고는 볼 수 없다는 것이 현실 국제정치상의 관례이고 국제법상의 통설적인 입장이다. 소위 남북합의서는 남북관계를 나라와 나라 사이의 관계가 아닌 통일을 지향하는 과정에서 잠정적으로 형성된 특수관계임을 전제로 하여 이루어진 합의문서인바, 이는 한민족 공동체 내부의 특수관계를 바탕으로 한 당국간의 합의로서 남북당국의 성의있는 이행을 상호약속하는 일종의 공동성명 또는 신사협정에 준하는 성격을 가짐에 불과하다. 따라서 남북합의서의 채택 발효 후에도 북한이 여전히 적화통일의 목표를 버리지 않고 각종 도발을 자행하며 남북한의 정치·군사적 대결이나 긴장관계가 조금도 해소되지 않고 있음이 엄연한 현실인 이상 북한의 반국가단체성이나 국가보안법의 필요성에 관하여

16 헌재결 1993. 7. 29. 92헌바48.

는 아무런 상황변화가 있었다고 볼 수 없다.
　그러므로 국가의 존립안전과 국민의 생존 및 자유를 수호하기 위하여 국가보안법의 해석 적용상 북한을 반국가단체로 보고 이에 동조하는 반국가활동을 규제하는 것 자체가 헌법이 규정하는 국제평화주의나 평화통일의 원칙에 위반된다고 할 수 없다.[17]

(3) 검토

대법원과 헌법재판소는 북한의 국가성을 부인하고 북한을 우리 영토 내에 있는 반국가단체임과 동시에 평화통일의 상대방이라는 이중적 지위를 가진다. 다만 북한을 반국가단체로 보는 근거에 대하여 대법원은 우리 헌법상의 영토조항(제3조) 및 자유민주적 기본질서의 수호라는 헌법원칙을 바탕으로 하는 반면, 헌법재판소는 국가의 안전과 국민의 자유보장, 자유민주적 기본질서 유지라는 헌법적 가치를 제시하며 영토조항은 언급하지 않아 미묘한 차이를 보인다.[18] 영토조항의 규범적 효력을 인정하는 대법원의 입장에 따르면 법논리상 헌법에 의하여 제정·시행된 모든 법령은 북한지역에도 당연히 효력을 미치고 대한민국의 영토인 한반도 안에서 이와 대립하는 어떠한 주권도 인정될 수 없다는 비현실적 결론에 이른다.

4) 남북한 특수관계론

남북한은 한국전쟁 후 군사적·정치적·이념적 대립과 갈등을 지속하여 오던 중 1970년 초부터 동서냉전이 완화되는 세계적 추세 속에서 조심

17 헌재결 1997. 1. 16. 92헌바6·26 및 93헌바34·35.
18 이러한 헌법재판소의 태도는 북한을 평화통일의 상대방이라는 지위를 인정하는 근거로 제시되는 통일조항과의 관계상 영토조항의 규범적 의미와 체계에 대한 사회적·법리적 논란을 회피하기 위한 정책적 판단이 개입된 것이라는 평가가 가능할 것으로 보인다.

스럽게 경제적 · 사회적 · 문화적 교류와 협력을 모색하기 시작하였다. 이러한 남북관계의 변화와 발전을 계기로 우리 헌법도 북한을 평화통일의 상대방으로 규정했으며, 남북관계에 대한 종래의 규범적 인식에 조심스런 변화가 일기 시작하였다.[19] 1990년대에 들어와 동구 사회주의국가 붕괴현상과 분단국가인 동서독 통일을 지켜보면서 국내 학계와 실무에서는 분단국가로서 평화적인 방법으로 통일을 달성한 동서독관계를 헌법적 관점에서 조망하게 되었는바, 서독의 학계와 실무가 동서독 기본관계를 '국제관계도 아니고 국내관계도 아닌 분단국 상호간의 특수한 관계'로 설정하고 이를 국내외적으로 발생하는 분단국가 특유의 법적 문제점들에 대한 해결기준으로 활용하여 왔음을 주목하게 되었다. 그 결과는 당장 실무적으로 1991년 12월 21일 체결된 남북기본합의서에 반영되었다.

남북은 위 기본합의서 전문에서 "쌍방 사이의 관계가 나라와 나라 사이의 관계가 아닌 통일을 지향하는 과정에서 잠정적으로 형성된 특수관계라는 것을 인정"하게 되었다. 그러나 남북한 특수관계론은 아직 우리의 학설과 판례에서는 총론적이고 추상적인 내용에 머물러 남북한 관계에서 발생하는 각종 법률문제를 해결할 수 있는 규범적 기준을 제시할 정도의 이론적 숙성상태에 이르지 못하고 있는 것으로 보인다.

남북한 특수관계론은 다양한 근거에서 주장되었지만[20] 최근 영토조항과 평화통일조항의 통일적 · 규범조화적 해석과 남북한 당국간의 합

19 우리 헌법은 1972년 이른바 유신헌법의 전문에서 최초로 "조국의 평화적 통일의 역사적 사명에 입각하여 자유민주적 기본질서를 더욱 공고히 하는 새로운 민주공화국을 건설함에 있어서"라고 규정하고, 통일주체국민회의를 신설하고, 제43조에서 "대통령의 책무에 조국의 평화적 통일을 위한 성실한 의무"를 포함시키는 등 북한을 국토수복의 대상이 아닌 평화통일의 상대방이라는 입장의 변화를 보여 주었다.

20 김명기(1992), 《남북기본합의서 요론》, 국제문제연구소, 120면 이하.

의 등을 기초로 남북한 특수관계론을 이론적으로 재정비하고 헌법적 규범력을 부여하려는 견해가 등장하여 학계와 실무계의 주목을 받고 있다.[21] 이 견해에 의하면 영토조항은 국가의 본질적 요소인 영토의 범위를 규정한 것으로 목적적·가치적 규범인 반면, 평화통일조항은 통일을 자유민주적 기본질서에 입각한 평화적 방법으로 추진하여야 한다는 실천적·방법적 규범이라고 성격을 규정하고, 양 조항은 남북한 관계의 특수한 현실을 반영한 상반구조적 입법으로 상호 통일적이고 조화적으로 해석함으로써 형식적 모순을 극복하고 그 규범적 효력을 최대한 살려나가되, 다만 국내적·국제적·남북관계적 규범영역에 따라 양 조항의 규범력을 상이하게 적용하여야 한다고 주장한다.[22]

분단국가관계인 남북관계에서 제기되는 법률문제는 국내법적 영역, 국제법적 영역 그리고 남북관계적 영역에서 각각 특수한 형태로 제기됨은 사실이다. 먼저 국내법적 영역에서는 남북의 실정법이 모두 상대방을 불법단체로 규정하고 상대방의 법질서를 부인하고 있지만 사실상은 상대방의 체제와 법질서를 인정하고 있다. 반면 국제사회에서는 남북한이 유엔에 동시에 가입하여 각자 국제사회의 일원으로 활동하면서도, 서로 우방국가들과 상대방과의 관계에서 자국의 관심과 이해가 반영될 수 있도록 제한적으로나마 이에 개입하는 것이 사실이다.[23]

그리고 남북한의 직접관계에서는 상호 각종 교류와 협력을 촉진하기

---

21 남북한특수관계론에 대하여 헌법적 규범력을 부여하고 국내법적·국제적·남북관계적 활용방안을 검토한 논문으로 이효원(2006), "남북한특수관계론의 헌법학적 연구", 서울대 박사학위논문 참조.

22 이효원, 앞의 논문: 98~138면 참조.

23 동서독 기본조약이 체결되기 이전 서독 정부가 취했던 이른바 '할슈타인 원칙'과 같이 동독과 외교관계를 수립하는 나라와는 국교를 단절하는 정도에는 이르지 않아도 남한은 제한적으로나마 북한과 우방국들의 수교문제 등에 있어서 남한의 의견을 존중하고 반영해주도록 요구하는 것으로 보인다.

위해 노력중이나 남한과 북한의 법과 제도의 차이로 많은 어려움을 겪고 있다. 나아가 남북간 거래가 민족간 내부거래로서 일반적인 국제거래와 달리 취급될 수 있도록 국제사회의 이해를 구하는 것도 어려운 문제이다.[24]

이렇게 남북관계의 영역에 따라 복잡다기하게 야기되는 다양한 법률문제를 해결하기 위해서는 영토조항과 평화통일조항에 대한 형식적이고 획일적인 해석을 지양하고 각 조항의 의미와 효력을 체계적이고 조화적으로 해석하여 규범영역별로 북한의 법적 지위에 대한 탄력적 대응이 불가피한 것으로 판단된다. 이러한 관점에서 남북한 특수관계론의 헌법적 근거를 영토조항과 평화통일조항의 통일적・규범조화적 해석에서 구하려는 견해는 남북관계의 현실을 직시한 합리성을 갖추고 있다고 생각된다.

한편 이 견해는 남북한 특수관계론의 또 다른 근거로 남북한 당국이 체결한 다수의 합의서를 제시한다. 이러한 합의서의 법적 성격과 효력에 관하여 견해가 일치되지는 않지만 최소한 남북한 당국이 한반도 분단과 통일의 쌍방당사자로서 남북한 관계와 통일문제에 관하여 기본원칙을 합의한 것으로서 그와 같은 사실 자체는 물론 남북한이 합의한 내용이 향후 남북관계와 남북통일에 대한 규범적 기준을 제시할 뿐만 아니라 남북한의 특수관계에 대한 직접 당사자의 의사가 반영되어 있다는 점에서 매우 중요한 의미를 갖고 있으므로 남북한 특수관계론의 규범적 근거가 될 수 있다고 주장한다. 그러한 남북한 당국간 합의서로는 7・4 남북공동성명, 남북기본합의서, 6・15 남북공동선언 등이 제시

---

24 WTO체제의 이행법률인 '세계무역기구협정의 이행에 관한 특별법' 제5조는 '남북한간의 거래는 민족내부의 거래로서 협정에 의한 국가간의 거래로 보지 아니한다'라고 규정했으나, 이러한 국내규정이 WTO협정에 가입한 국가들 사이에서 통용되기 위해서는 가입국들의 동의가 필요하다고 하겠다.

되고 있다. 이러한 견해는 남북한특수관계론의 이론적 근거로 종래 부인되던 남북한 합의서의 현실적 규범력을 어느 정도 고려한다는 점에서 진일보한 견해로 평가된다.

5) 사 견

국제사회가 북한을 엄연한 주권국가로 승인하고 남북관계에서도 남한이 북한을 정치적 실체로서 용인하는 현실 속에서 영토조항의 규범적 효력을 온전히 인정하기 어렵다고 하겠다. 따라서 영토조항은 현재 대한민국의 영토범위를 규정한 것이 아니라 장래 통일조국의 영토범위를 규정함으로써 통일의 지역적 대상과 범위를 분명히 한 것이고, 평화통일조항은 대한민국이 중심이 되는 조국통일의 방법과 한계를 규정한다고 해석하고자 한다. 즉, 헌법제정권자는 제3조에서 조국통일의 대상과 범위에 대하여, 제4조에서 조국통일의 방법과 한계에 대하여 그 의지를 천명했다고 해석된다.

나아가 영토조항과 평화통일조항은 그 전문 및 관련 조항들과 더불어 대한민국이 장차 통일되어야 할 미완성의 분단국가임을 대내외적으로 선언하는 의미도 갖는다. 즉, 영토조항은 외세의 침탈로 분단된 조국의 영토였던 한반도의 어느 부분도 다시는 외세에게 내어주지 않겠다는 의지를 표명함과 동시에 통일이 되더라도 한반도 이외의 지역으로 영토를 넓히지 않겠다는 국제평화 의지를 함께 표명한 것으로 보아야 한다. 그리고 평화통일조항은 모든 국민과 국가기관은 조국통일을 위하여 노력하여야 할 의무가 있다는 점과 우리 민족에게 조국통일이 절실히 필요하지만 자유민주주의가 아닌 사회주의나 공산주의로의 통일은 할 수 없고 나아가서 평화적 방법이 아닌 무력적 방법으로 추진하여서는 안 된다는 점을 분명히 한다고 할 수 있겠다.

따라서 영토조항과 평화통일조항은 대한민국은 영토범위를 한반도와 부속도서로 회복시켜 나아가야 하는 미완성의 분단국가이며 장차 자유민주주의를 기본질서로 하는 조국통일의 중심체가 되어야 하는 국가임을 선언한 것이다. 이러한 의미에서 양 조항은 영토적으로 미완성 국가인 대한민국이 통일조국을 완성하기 위하여 그 범위를 한반도와 부속도서로, 그 방법을 자유민주적 기본질서에 입각한 평화적 방법으로 제한하는 규범적 효력을 갖는다고 해석된다. 이러한 해석방법은 영토조항과 평화통일조항의 문언적 의미를 조화시키고 동시에 남북한이 두 개의 국가로 분단되었으나 통일을 지향하는 단일 민족의 잠정적 특수관계라는 국제사회를 향한 우리의 주장과 현실을 모순 없이 담아낼 수 있다고 생각한다.

이러한 해석에 의하면 북한은 평화적 통일의 상대방으로서 장차 대한민국의 영토가 되어야 할 한반도 일부지역에서 정치적 실체로서 존립하면서 국제관계 속에서는 독립된 주권과 법질서를 보유한 주권국가로 인정되나, 대한민국과의 관계에서는 장차 하나로 통일되어야 할 민족 내부의 특수관계에 있는 존재라고 이해된다. 이때 민족 내부의 특수관계라 함은 나라와 나라 사이가 아니면서 평화적 조국통일을 위해서는 상호 자주적 체제와 영역을 인정하고 교류·협력하는 관계이지만 조국통일의 중심체가 되는 대한민국의 존립과 안전을 위협하게 되면 자유민주적 기본질서에 입각한 평화적 조국통일에 대한 헌법제정권자의 의지에 반하는 위헌단체로 취급되는 관계라고 보아야 할 것이다.

따라서 남북관계는 북한이 대외적 관계에서는 국가로, 대내적 관계에서는 비(非)국가로 달리 취급된다는 점에서 이원적(二元的) 관계이며, 한편 대내적 관계에서 북한은 평화적 조국통일에 대한 헌법제정권자의 의지에 부합하는지 여부를 기준으로 교류·협력의 상대방 또는 위헌단체라는 이중적(二重的) 성격을 갖는다고 할 수 있을 것이다.

4. 북한주민의 법적 지위

우리 헌법 제2조 제1항은 "대한민국의 국민이 되는 요건은 법률로 정한다"라고 규정하고, 국적법 제2조 제1항은 "출생한 당시에 부 또는 모가 대한민국 국민인 때 대한민국 국적을 취득한다"라고 규정한다. 그런데 우리 국적법은 '최초의 대한민국 국민'에 관한 경과규정을 두지 않아[25] 북한주민들에 대한 국적문제가 현실적으로 논란이 된다. 따라서 북한주민의 법적 지위는 국적에 관한 헌법과 법률의 해석을 통하여 결정된다고 할 것이며, 이는 북한의 법적 지위를 어떻게 볼 것인가의 문제와도 결부된다고 하겠다.

국적법 이외에도 국적에 관한 특별법으로서 '재외동포의 출입국과 법적 지위에 관한 법률'(이하 재외동포법)과 '북한이탈주민 보호 및 정착지원에 관한 법률'(이하 북한이탈주민법)이 있는바, 후자는 북한주민의 법적 지위를 해석함에 있어 참고를 요한다. 북한이탈주민법 제19조에 의하면 북한에 주소나 가족 등을 두고 탈출하여 아직 외국의 국적을 취득하지 아니한 자(북한이탈주민)가 국내에 가족관계등록이 되어 있지 않으면 서울가정법원의 허가를 받아 남한에서 새로운 가족관계등록을 창설할 수 있다. 이 조항은 북한주민이 대한민국 국민이라는 전제하에서 인정되는 당연한 권리를 규정한 것으로 법원에서는 신청자가 북

25 북한헌법은 제62조에서 조선민주주의인민공화국 공민이 되는 조건은 국적에 관한 법으로 규정한다"라고 규정하고, 북한 국적법은 제2조에서 "조선민주주의인민공화국 공민은 다음과 같다. ① 공화국창건 이전에 조선의 국적을 소유하였던 조선사람과 그의 자녀로서 그 국적을 포기하지 않은 자 ② 다른 나라 공민 또는 무국적자로 있다가 합법적 절차로 공화국 국적을 취득한 자"라고 규정하여 남한주민도 이에 포함되는 것으로 해석된다.

한주민이었음이 확인되는 이상 가족관계등록 허가를 내주지 않으면 안 된다고 해석된다.

한편, 남북한은 1992년 남북기본합의서 전문에서 상호 '나라와 나라 사이의 관계가 아닌 통일을 지향하는 과정에서 잠정적으로 형성된 특수관계'라고 합의했다. 이러한 합의에 따른다면 남북한은 서로 상대방의 주민을 외국인으로 보지 않으며, 내국인으로 인정할 여지를 남겨 두었다고 하겠다.[26]

우리의 판례와 다수설은 북한의 국가성을 부인하는 입장의 연장선에서 북한주민은 그 조상이 대한제국의 국민이었고 대한민국 영토 내에 거주하기 때문에 대한민국 국민으로 인정한다.[27] 대법원 판례는 아래에서 보는 바와 같이 북한주민은 그 조상이 대한제국의 후손이므로 대한민국 국적을 갖는다는 태도를 취하고 있다.

> 남조선과도정부법률 제11호, 국적에 관한 임시조례 제2조 제1호는 조선인을 부친으로 하여 출생한 자는 조선의 국적을 가지는 것으로 규정하고 있고, 제헌헌법은 제3조에서 대한민국의 국민되는 요건을 법률로써 정한다고 규정하면서 제100조에서 현행 법령은 이 헌법에 저촉되지 아니하는 한 효력을 가진다고 규정하고 있는바, 원고는 조선인인 위 이승호를 부친으로 하여 출생함으로써 위 임시조례의 규정에 따라 조선국적을 취득하였다가 1948. 7. 17. 제헌헌법의 공포와 동시에 대한민국 국적을 취득하였다 할 것이고, 설사 그가 북한법의 규정에 따라 북한국적을 취득하여 중국 주재 북한대사관으로부터 북한의 해외공민증을 발급받은 자라 하더라도 북한지역 역

26 북한헌법 제1조는 "조선민주주의인민공화국은 전체 조선인민의 리익을 대표하는 자주적인 사회주의국가이다"라고 규정하여 문언상 남북한 주민 모두를 대표하는 국가임을 선언하고 있는 것처럼 읽힌다.

27 김철수, 《헌법학개론》, 105면.

> 시 대한민국의 영토에 속하는 한반도의 일부를 이루는 것이어서 대한민국의 주권이 미칠 뿐이고 대한민국의 주권과 부딪치는 어떠한 국가단체나 주권을 법리상 인정할 수 없는 점에 비추어 볼 때 그러한 사정은 그가 대한민국 국적을 취득하고 이를 유지함에 있어 아무런 영향을 끼칠 수 없다.[28]

앞서 살펴본 바와 같이 우리 헌법은 국적법정주의를 채택하지만 국민은 국가의 3대 구성요소 중 하나이므로 하위법률이 그 요건과 범위를 임의로 확정할 수는 없다. 즉, 국민의 요건과 자격을 의미하는 국적을 법률로 정한다는 의미는 헌법규범 자체에 의하여 확정되는 기본적 내용을 법률로써 구체화하는 것이라고 이해되어야 할 것이며, 따라서 국적에 관한 입법자의 형성의 자유는 헌법에 의해 제한된다고 하겠다. 우리 헌법재판소도 국적법에 관한 아래의 결정에서 이러한 취지를 확인하고 있다.

> 국적은 국가와 그의 구성원 간의 법적 유대이고 보호와 복종관계를 뜻하므로 이를 분리하여 생각할 수 없다. 즉, 국적은 국가의 생성과 더불어 발생하고 국가의 소멸은 국적의 상실사유이며, 국적은 성문의 법령을 통해서가 아니라 국가의 생성과 더불어 존재하는 것이므로 헌법의 위임에 따라 국적법이 제정되나 그 내용은 국가의 구성요소인 국민의 범위를 구체화·현실화하는 헌법사항을 규율하고 있는 것이다.[29]

이 결정은 헌법 제2조가 규정한 국적법정주의의 규범적 내용과 효력을 명확히 한 것으로서 국적에 관한 요건사실은 기본적으로 헌법적 사

28 대판 1996. 11. 12, 96누 1221.

29 헌재결 2000. 8. 31, 97헌가12.

항이지 법률의 규정에 의하여 창설되는 것이 아니라는 점을 밝힌 것이라고 판단된다.

따라서 북한주민의 법적 지위는 궁극적으로 우리헌법상의 영토조항의 해석과 관련하여 검토하지 않을 수 없다. 만일 북한을 대한민국의 영토라고 보고 북한의 국가성을 부인하는 입장에서 보면 북한주민도 대한민국 국민으로 인정하는 것이 자연스런 결론이다. 그러나 그 반대의 견해에 따르면 북한주민을 순수한 대한민국 국민으로 보기는 어렵겠지만 독일처럼 개별적인 법영역에 따라서 기능적인 내국인 개념을 상정하여 문제를 해결할 수 있다고 본다.

03/ 가해자 처벌

1. 서 설

통일한국이 북한의 정권범죄에 가담하였던 행위자를 처벌함에 있어서도 수많은 법적 문제들이 발생할 것으로 예상된다. 가장 먼저 제기되는 문제가 죄형법정주의 원칙이다. 통일한국의 성립으로 북한은 소멸될 것이기 때문에 북한의 법질서는 통일한국의 법질서로 통합되게 된다. 따라서 북한의 정권범죄를 처벌할 법적 근거는 통일한국의 법질서에 의존하지 않으면 안 되는데 이로 인하여 준거법 결정기준, 불법의 연계성, 소급효금지원칙 등이 파생적으로 문제된다.

나아가 북한법상의 정당화사유를 그대로 인정할 수 있는가의 문제가 있다. 만일 이를 제한 없이 인정하게 되면 북한의 정권범죄는 대부분 위법성이 조각되어 처벌할 수 없게 될 것이다. 그리고 북한의 정권범죄는 공소시효가 문제되는 경우도 많을 것인데 이를 그대로 인정해주면 처벌할 수 있는 행위의 규모는 극히 미미할 것이다.

이러한 문제들을 비롯하여 북한의 정권범죄를 청산하는 데 부딪히게 될 수많은 헌법적 과제들에 대하여 앞에서 살펴보았던 통일독일의 해결방안을 참고할 수 있다. 하지만 통일독일의 불법청산 과정에 적용되었던 각종의 헌법이론들을 통일한국의 불법청산에 적용하는 데에는 주의를 요한다. 왜냐하면 통일독일과 통일한국의 불법청산은 그 법적 토대에서 기본적 차이가 있기 때문이다. 서독 기본법에는 우리 헌법과 같은 영토조항이 없었으며, 서독은 분단 이후 '전체로서의 독일'의 존속을 전제로 동독과의 기본관계를 설정했다. 동서독 기본조약은 전체 독일국가의 부분인 동서독 두 국가간의 조약으로서 법적 효력을 보유했던 반면 남북한 기본합의서는 정치적 합의에 불과하다는 것이 지배적 견해이다.

하지만 이러한 차이점에도 불구하고 남북한 관계가 국가간의 관계가 아닌 통일을 지향하는 과정에 잠정적으로 형성된 민족 내부의 특수관계라는 입장에서 동서독 관계와 기본적으로 다르지 않다는 해석론에 동의한다면 독일의 통일헌법 이론의 상당부분은 남북관계에서 발생하는 수많은 헌법적 문제해결에 중요한 이론적 기초를 제공할 것이고, 이 점은 불법청산의 영역에서도 다르지 않을 것이다.

여기에서는 남북한 관계와 동서독 관계의 위와 같은 차이점에 유의하며 분단국가의 특수관계론이라는 형태로 발전한 독일의 통일헌법 이론을 기초로 통일한국이 북한의 정권범죄 특히 가해자 처벌영역에서 마주치게 될 헌법적 문제들을 검토하려 한다. 여기에서의 검토는 통일독일이 동독의 정권범죄를 청산하며 경험하였던 쟁점사항을 중심으로 전개되었던 학설과 판례에 기초하여 통일한국이 실무적으로 접하게 될 헌법적 문제점들에 대해 미리 준비해야 할 해결방안을 모색하는 데에 중점을 두려 한다. 특히 이하에서는 정권범죄의 처벌에 기준이 되는 준거법의 결정, 죄형법정주의와 소급효금지, 공소시효, 정당화사유와 불법판단의 기준, 비례성의 원칙과 평등의 원칙 등과 같이 불법유형에 상관없이 공통적으로 제기될 수밖에 없는 문제점들을 중심으로 검토하기로 한다.

2. 죄형법정주의

1) 서 언

북한의 정권범죄의 청산도 법치국가원리의 파생원칙인 죄형법정주의를 준수하여야 할 것이다. 죄형법정주의는 ① 관습형법 금지의 원칙, ② 소급효금지의 원칙, ③ 명확성의 원칙, ④ 유추해석 금지의 원칙, ⑤ 적정성의 원칙을 그 내용으로 한다. 그중에 특히 소급효금지의 원칙은 "법률 없으면 범죄도 형벌도 없다"(*nullum crimen, nulla poena sine lege*)는 표어로 그 의미내용이 함축되어 표현된다.[1] 우선 '법률 없으면 범죄 없다'는 원칙은 범죄의 구성요건을 사후적으로 구성할 수 없다는 의미이고, '법률 없으면 형벌 없다'는 원칙은 범죄에 대한 형벌을 사후적으로 강화할 수 없다는 의미로 해석된다.[2]

우리 헌법도 제13조 제1항에서 이러한 의미의 죄형법정주의와 소급효금지의 원칙을 명문화했다. 따라서 북한의 정권범죄를 처벌함에 있어서도 죄형법정주의의 원칙은 철저하게 지켜져야 한다. 통일독일의 선례에서 보았듯이 정권범죄의 처벌시 문제되는 죄형법정주의 문제는 주로 소급효금지의 원칙과 관련하여 제기된다.

체제가 유지되는 동안에는 정권범죄를 정당화하는 사유가 있었거나 아예 처벌법규가 없어서 아무런 처벌을 받지 않았던 행위가 체제가 붕괴된 후에 처벌되어야 한다면 소급효금지의 원칙에 위배되는 것이 아닌가라는 문제가 제기될 것이다. 그 밖에도 죄형법정주의와 관련하여 북한형법과 통일형법 사이의 불법의 연계성이라든가 경한 법률의 선택

1 이재상(1986), 앞의 책, 15면 이하.

2 김선택(1995), "과거청산과 법치국가", 〈고대법학논집〉, 제31호, 114면.

등이 문제될 것이다. 아무튼 죄형법정주의원칙은 정권범죄의 가해자 처벌과 관련하여 가장 기본적으로 지켜져야 하는 법치국가원리의 파생원리로서 후술하는 바와 같이 정권범죄에서 발생하는 법적 장애는 대부분 죄형법정주의 원칙으로 귀결된다.

2) 소급입법의 금지

우리 헌법 제13조 제1항과 형법 제1조 제1항에서도 죄형법정주의 원칙을 명시한다. 따라서 통일한국은 북한의 정권범죄 행위 당시에 그 가벌성을 규정한 처벌법규가 없었다면 사후적으로 이를 처벌하는 법규를 신설하여 가해자를 처벌할 수 없음은 당연하다. 그러나 소급입법이 금지되는 것은 구성요건 뿐만 아니라 위법성과 책임 등과 같이 범죄의 성립과 처벌에 관한 실체법적 규정들에 국한되며 소추요건에 관한 소송법적 규정들은 포함되지 않는다고 보는 것이 상당할 것이다.[3]

이와 관련하여서는 후술하는 정당화사유 제한문제와 공소시효 문제 등에서 상론하겠지만 사후적 처벌규정의 신설문제에 관한 '유럽인권협약'에 대하여 간단히 짚고 넘어가기로 한다. 이 협약 제7조 제2항은 "행위시 문명국 국민에 의하여 승인된 일반적인 법원칙에 의하여 처벌이 가능하였던 행위를 책임 있게 자행한 사람의 처벌은 소급효금지원칙에 의하여 배제되지 아니한다"라고 규정한다.[4] 따라서 이 조항은 북한의 정권범죄 중에서 전쟁범죄자나 반인도적 범죄자의 처벌을 위한 통일한국의 소급형법의 제정이 제한적으로 허용될 수 있는 국제법적 근거로 활용될 가능성이 있다. 독일에서도 기본법 제103조 제2항의 소급효금지원칙에 의한 형사소추상의 장애요인을 헌법개정에 의하여 극복되어

3 이재상, 앞의 책, 19면 이하.

4 Schweizer Katja, a. a. O., S. 180.

야 한다고 보는 입장이 있었으나 극소수설에 불과하였다. 이러한 입장은 동독 불법청산과 관련하여 제기되는 소급효문제를 국경수비대원의 가벌성을 인정하는 판례의 묵시적인 소급효에 의존하는 대신에 헌법개정을 통하여 입법적으로 해결하고자 하였다. 이러한 입장은 만일 북한 정권의 반인도적 범죄에 대한 처벌이 법적 장애로 불가능하게 되는 결과를 피하기 위해 자유로운 의사결정을 통한 사회적 합의가 도출된다면 이를 극복할 수 있는 소급입법이 가능하다는 시사로서 신중한 검토를 요하는 이론이다.

3) 불법의 연계성

죄형법정주의원칙상 범죄의 가벌성은 그 행위가 먼저 행위 당시의 구성요건에 해당될 것을 전제로 한다. 또한 형법의 변경이 있는 경우 행위시의 가벌성은 신법에 의해서도 유지될 것을 필요로 한다. 남북이 통일되면 남북법령의 통합으로 자연스럽게 행위시의 법령과 재판시의 법령이 달라질 것으로 예상된다. 따라서 북한의 정권범죄에 적용되어야 할 행위시의 처벌법규가 통일한국의 형법, 즉 통일형법 상에도 계속 존속하는 경우에만 처벌이 가능할 것이다. 달리 표현하면 북한형법은 통일과 동시에 통일형법에 흡수 통합될 것이므로 결과적으로 통일형법에 그에 상응하는 처벌규정이 존재하는 경우에만 북한의 정권범죄에 대한 처벌이 가능하다. 만일 행위 당시 북한의 정권범죄를 처벌하는 규정이 존재하였더라도 통일형법에 그에 상응하는 규정이 존재하지 않거나 그 가벌성의 흠결을 초래하는 규정이 존재할 경우에는 경한 법률 우선의 원칙에 의해 형벌이 면제되어야 한다.

이러한 점에서 통일 이후 북한의 정권범죄에 대한 가벌성 여부를 판단하기 위한 전제조건으로 두 가지 요건이 요구된다. 먼저 형식적 요건으로 해당범죄에 관하여 통일형법과 대응되는 북한형법상 구성요건이 존재하여야 하고, 실질적 요건으로 그 두 구성요건이 서로 핵심부분에서 일치되어야 한다. 이는 해당범죄가 통일형법상의 구성요건에 해당될 뿐 아니라 행위지인 북한 내에서도 일반적으로 범죄적 불법으로 유형화되어 있었으며 나아가 두 구성요건이 동일한 불법을 유형화하고 있어야 한다는 것을 의미한다. 이러한 기본전제가 실현되었을 때에 비로소 준거법 결정이 문제된다.

그런데 남북한형법은 서로 상반된 이념적 가치체계 위에서 발전되어 왔던 까닭에 범죄의 전형적인 불법내용을 규정하는 구성요건 간에 현저한 격차가 노정되어 있다. 따라서 자유민주주의적 기본질서와 시장경제주의를 근간으로 하게 될 통일형법과 사회주의와 계획경제주의를 바탕으로 하였던 북한형법 간에 나타나는 구성요건상의 괴리를 죄형법정주의원칙에 부합되는 한도 내에서 극복하여 그 동일성을 규명해야 한다. 그러지 않고는 북한의 정권범죄에 대한 형법적 청산은 불가능하다. 여기서 그 구성요건적 동일성을 인정할 수 있는 기준으로 제시되는 것이 바로 불법의 연계성이다. 즉, 서로 이념을 달리하는 형법의 구성요건적 동일성은 그 안에 포섭되어 있는 불법유형이 서로 일치하여 통일형법에 의하더라도 북한형법상의 불법내용이 계속 유지된다는 사실을 긍정할 수 있을 때에 인정된다. 이러한 불법의 연계성은 북한형법과 통일형법 간에 규정된 구성요건적 범죄기술을 비교하여 동일성이 인정될 수 있는 불법유형화(*Unrechtstypisierung*)가 존재하는 경우에 긍정된다. 이와 같이 불법의 연계성을 기준으로 구성요건을 비교하여 그 동일성이 인정될 때에 비로소 가벌성의 전제조건이 충족된 것이며 소급효금지원칙과도 배치되지 아니할 수 있다. 모든 정권범죄의 경우에 그 처벌을 위한 요건으로 불법의 연계성이 요구된다.

북한형법상 처벌할 수 있는 구성요건이 존재하였으나 다만 형사소추

대상에서 제외되었던 경우 사후 가벌성의 요건으로 북한형법과 통일형법의 구성요건 간에 불법의 연계성이 인정되어야 한다. 또한 실정법적 근거 하에서 자행된 체제불법의 경우에도 역시 그 처벌을 위해서는 통일형법상의 구성요건에 대응하는 북한형법상 구성요건이 존재하여야 하며 나아가 두 구성요건 간에 불법의 연계성이 인정되어야 한다.

따라서 이 경우에는 먼저 실정법의 불법성이 규명되어야 하며 그 다음 행위시법인 북한형법의 구성요건에 의하여 불법이 유형화되고 다시 그러한 불법의 유형화가 통일형법과 일치될 것을 내용으로 하는 불법의 연계성이 요구된다. 통일 이전부터 남한형법의 적용이 가능한 범죄라도 북한형법상 대응하는 구성요건이 없었다면 동일성을 인정할 수 있는 불법유형화가 존재하지 않는 경우로서 처벌할 수 없다고 해야 할 것이다. 이러한 논거의 타당성은 독일 연방헌법재판소가 형법시행법률 제315조와 관련하여 동독 내에서 실행된 범죄 중 연방형법 및 동독형법에 의하여도 가벌성이 인정되었던 경우에 한하여 적용된다고 판시[5]하였던 점에서도 발견할 수 있다.

불법의 연계성 유무는 북한형법과 통일형법 간에 서로 대응하는 구성요건이 존재하는 경우와 그렇지 아니한 경우로 나누어서 검토되어야 한다. 서로 대응하는 구성요건이 존재하는 경우에 불법의 연계성을 인정하기 위해서는 두 구성요건적 범죄기술의 내용이 문언상 다소 다르더라도 북한형법상 규정되어 있는 범죄의 핵심적 본질이 통일형법의 그것과 부합되어야 한다. 즉, 주요 기술적 구성요건요소 및 규범적 구성요건요소를 비교하여 그 안에 포섭되는 불법의 태양과 가치가 동일한 경우에 불법의 연계성이 인정된다. 단순히 형벌규범이나 형벌위하의 형식적 대칭성 유무를 비교하는 것만으로는 부족하며, 객관적 구성

5 BVerfGE vom 15. 5. 1995, S. 49.

요건요소뿐 아니라 고의의 범위와 같은 주관적 구성요건요소도 포함하여 복합적으로 비교하여야 한다.

만일 양 법규가 규정하는 구성요건 간에 불법의 연계성이 있다고 보기 어려운 경우에는 어느 한 쪽의 구성요건을 충족하는 행위라고 하더라도 그 가벌성을 인정하기 어려울 것이다. 그렇게 해석하지 않는다면 행위 당시에 위법하지 않았던 행위를 통일 후에 위법하다고 해석하여 처벌하거나 행위 당시에는 위법하였으나 통일 후에는 위법하지 않은 행위를 처벌하게 되는 경우가 발생하여 '죄형법정주의원칙' 내지 '소급효금지의 원칙'을 위반하게 될 수 있기 때문이다.

불법의 연계성과 관련하여서는 북한의 국가적 법익이나 사회적 법익을 보호하기 위한 구성요건을 어느 정도 적용할 것인가가 가장 문제될 것으로 보인다. 먼저 순수하게 북한의 국가적 법익만을 보호하는 처벌법규를 위반한 행위는 자유민주적 기본질서에 입각하게 될 통일한국의 국가적 법익을 보호하는 법규들과 불법의 연계성이 부인되어야 한다. 이러한 경우에는 양 법규 사이에 불법의 핵심이 일치하는 것이 아니라 오히려 상반되는 것으로 이해하여야 하기 때문이다. 예를 들어 북한형법 제3장에 규정된 가장 대표적인 반국가범죄인 국가전복음모죄(제59조)[6]와 남한의 내란죄의 관계가 그러하다.

한편, 사회적 법익을 보호하는 처벌법규를 위반한 행위는 국가적 법익을 보호하는 처벌법규와는 달리 불법의 연계성이 인정될 가능성이 높다. 선량한 미풍양속을 해치는 풍속범죄의 경우 남북한의 처벌규정 사이에 불법의 핵심이 일치하는 경우가 많이 있을 것이기 때문이다. 가

---

6 북한형법 제59조(국가전복음모죄) : 반국가적 목적으로 정변, 폭동, 시위, 습격에 참가하였거나 음모에 가담한 자는 5년 이상의 로동교화형에 처한다. 정상이 특히 무거운 경우에는 무기로동교화형 또는 사형 및 재산몰수형에 처한다.

령 북한의 비법혼인죄[7]와 통일형법의 간통죄[8]는 성풍속에 관한 범죄로 상호 불법의 연계성이 인정될 것으로 본다. 따라서 북한의 권력자가 다른 사람의 처를 빼앗아 데리고 살았지만 정권의 비호로 처벌받지 않은 채 통일이 된 다음 그 남편으로부터 고소 당한 경우 북한의 비법혼인죄와 남한의 간통죄 중에서 후술하는 경한 법률 우선의 원칙에 따라 처벌받아야 한다.

7 북한형법 제270조(비법혼인죄) : 탐욕 그 밖의 비렬한 동기에서 여러 대상과 혼인하였거나 다른 사람의 가정을 파탄시킨 자는 2년 이하의 로동단련형에 처한다. 정상이 무거운 경우에는 2년 이하의 로동교화형에 처한다.

8 최근 간통죄에 대한 위헌법률심판청구가 제기되는 등 폐지론이 주장되고 있어서 통일형법에도 간통죄가 존치될 것인지는 미지수이나 존속됨을 전제로 한 가설이다.

3. 준거법 문제

1) 서언

북한 정권범죄의 형사법적 처리과정에서 직면하게 되는 주요문제 중 하나가 준거법결정에 관한 것이다. 즉, 앞서 검토한 '불법의 연계성'이 인정되는 통일형법과 남한형법, 북한형법상의 처벌규정이 경합될 경우 이 중에서 어느 법률을 북한의 정권범죄에 적용하여야 하며 그 적용법률을 정하는 데 있어 어떠한 근거와 기준에 의하여야 하는가가 규명되어야 한다. 준거법을 결정하기 위한 기준은 북한의 정권범죄가 어느 지역에서 누구를 상대로 이루어졌는지가 중요하다. 그러나 이에 앞서 북한과 북한주민의 법적 지위가 먼저 규명되어야 할 것이다. 왜냐하면 북한의 국가성 인정 여부에 따라 북한과 북한주민의 법적 지위가 달라질 수 있고, 이에 따라 북한 법질서의 효력도 달라질 수 있기 때문이다. 따라서 북한의 정권범죄에 적용할 준거법 결정은 북한의 국가성을 인정하는 입장과 부인하는 입장으로 나누어서 살펴보아야 한다.

다만 북한의 국가성 인정 여부에 대하여 어떠한 입장에 따르더라도 북한의 정권범죄를 처벌함에 있어서는 전적으로 통일형법과 남한형법에만 의존할 수는 없을 것이다. 그 이유는 후술하는 바와 같이 공소시효 문제 등을 해결하기 위해서 북한형법의 적용이 반드시 필요한 경우가 적지 않게 발생할 것으로 예상되기 때문이다. 그리고 북한형법을 적용하는 경우에는 그 법률이 통일한국의 헌법질서를 해치지 않는 범위 내에서 법치국가원리에 맞게 적용되어야 함은 당연하다.[9]

---

9 김승대, 앞의 책, 325면.

2) 이론적 검토

(1) 북한 국가성을 부인하는 경우

북한의 국가성을 부인하게 되면 북한 법질서의 독자성도 부인하게 되는 것이 일반적이다(물론 북한의 국가성은 부인하되 북한 법질서의 독자성을 인정하는 입장도 가능한바, 이에 대하여는 후술하기로 함). 왜냐하면 북한의 국가성을 부인하는 근거를 영토조항을 비롯한 우리의 헌법질서가 북한지역에도 미치고 북한주민은 대한민국 국민이라는 점에 두고 있기 때문이다. 이러한 입장에서는 북한지역도 우리의 영토이고 북한주민도 우리의 국민이므로 우리 헌법의 효력이 북한 전역과 북한주민들에게 미치고 따라서 이러한 헌법에 의거하여 제정・시행된 모든 법령의 효력도 당연히 미친다.[10] 즉, 대한민국 헌법이 제정된 1947년 7월 17일 이후 우리 헌법과 법률은 북한지역과 주민에게 규범적 효력을 미치게 되므로 이것과 대립되는 북한 법령의 효력은 당연히 부인된다.

이러한 입장에 서면 북한 정권범죄를 처벌하는 준거법으로 북한 법질서는 고려할 필요가 없게 된다. 즉, 남북한 법령이 북한 정권범죄에 대한 준거법으로 경합할 여지가 없는 것이다. 이러한 입장에 따르면 북한의 정권범죄가 어느 지역에서 누구를 상대로 자행되었든 상관없이 그 범행주체가 대한민국 국민이므로 우리 형법(남한형법 및 통일형법을 포괄하는 의미임)이 적용됨(속인주의)은 물론이고, 범행장소가 대한민국 영토이므로 우리 형법이 적용됨(속지주의)은 당연한 결론이다. 물론 필요에 따라서는 개별법률에서 그 적용범위와 적용대상을 정함에 있어 남북한의 특수관계적 성격을 고려하여 북한지역을 외국에 준하는 지역으로, 북한주민 등을 외국인에 준하는 지위에 있는 자로 규정할 수

10 대판 1954. 9. 28. 대판 4286.

있다.[11] 하지만 우리의 개별 법령상에 북한이나 북한주민의 법적 지위에 대하여 특별한 규정을 두었다고 하더라도 북한과 북한주민을 개별 사안에서 외국이나 외국인처럼 취급하여 우리 법질서를 적용한다는 의미일 뿐이므로 이때에도 북한의 정권범죄를 청산하는 데에 적용될 준거법의 충돌문제는 발생하지 않는다.

그러므로 북한체제 아래에서의 전(前)법치국가적 불법행위나 반인도적 범죄행위에 대하여 적용될 법률은 그 행위 당시의 우리 법률에 의한다. 다만 행위시의 법률(남한형법)에 비하여 재판시의 법률(통일형법)이 형이 더 경한 경우에는 재판시 법률에 의하여 처벌하면 된다. 이 경우 북한지역과 북한주민에 대한 현실적 규범력의 존부를 떠나서 행위 당시에 이미 존재하던 법률을 적용하는 것이므로 법률불소급원칙에 위반되는 문제도 발생하지 않는다고 할 수 있다.

그러나 이러한 해석은 북한이 하나의 정치적 실체를 갖추고 독자적인 법질서에 따라 북한지역과 북한주민을 통치했고 유엔회원국으로서 국제사회에서 하나의 독립된 국가로 인정받는 현실에 비추어 보면 지나치게 형식논리에 치우친 감이 있다. 그리고 이러한 해석은 상호 체제를 인정하고 존중하기로 약속한 남북기본합의서의 내용에도 부합하지 않는다.[12] 비록 남북기본합의서가 정치적 합의문서에 불과하고 법적 효력을 갖지 못한다는 견해가 다수설이지만 남북한의 책임 있는 당국자가 합의하여 서명한 문서인 만큼 규범적 성격을 완전히 배제하기는 어려울 것이다. 따라서 북한지역에서 형식적이지만 규범력을 갖는 법령이 엄연히 존재하고 있음에도 불구하고 이를 무시하고, 행위자들에게 잘 알려지지도 않은 남한의 법령을 적용해야 한다는 해석론은 현실

11 대판 2004. 11. 12. 2004도4044.

12 남북기본합의서 제1조: 남과 북은 서로 상대방의 체제를 인정하고 존중한다.

성이 결여된 형식논리적 해결방안으로 적합하지 못하다는 비난을 면하기 어렵다.[13]

(2) 북한의 국가성을 인정하는 경우

북한의 국가성을 인정하게 되면 북한은 남한과는 독립된 별개의 주권국가로 존립하게 된다. 즉, 우리의 헌법질서는 북한지역에 미치지 못하며, 북한은 그 고유영역에서 독자적인 법질서와 사법주권을 갖는다. 이 경우 한반도 내에 두 개의 독립된 주권국가가 존재하는 것이며 이들은 각자의 고유한 법질서를 통하여 자기 지역과 주민을 통치한다고 보는 것이다.

북한 법질서의 독자성을 인정하는 입장에서 북한의 정권범죄에 적용할 준거법을 검토해보면 다음과 같다. 앞서 살펴본 바와 같이 북한의 정권범죄는 대부분 북한지역에서 북한주민을 상대로 발생하겠지만, 남한지역 또는 외국이나 공해상에서 남한주민 또는 외국인 등을 상대로 발생하였던 경우도 있을 수 있다. 어떠한 경우이든 북한주민이 대한민국 국민이라는 입장(더 정확히 표현한다면 북한주민의 법적 지위가 북한의 국민임과 동시에 대한민국의 국민이라는 입장)에 선다면 남한형법은 언제나 준거법이 될 수 있다고 보아야 할 것이다(속인주의, 보호주의). 그러나 북한주민이 외국인이라는 입장(북한주민의 법적 지위가 대한민국 국민이 아니라는 입장)에 선다면 다음과 같이 경우를 나누어 볼 수 있겠다.

먼저 북한의 정권범죄가 순수하게 북한지역에서 또는 북한주민을 상대로 이루어진 경우에는 행위지법인 북한형법이 준거법이 될 수 있다고 보아야 한다(속지주의, 보호주의). 그리고 북한의 정권범죄가 외국

13 김승대, 앞의 책, 324면.

이나 공해상에서 외국인을 상대로 이루어진 경우에는 행위자가 북한주민이므로 그 외국형법과 함께 북한형법도 준거법이 될 수 있다고 보아야 한다(속인주의).

다음 북한의 정권범죄가 남한지역에서 또는 남한주민을 상대로 발생한 경우에는 북한형법은 물론 우리형법도 준거법으로 적용될 수 있을 것이다(속지주의, 보호주의). 또한 북한주민이 남한지역 외에서 우리 형법상의 내란의 죄나 통화에 관한 죄 등 일정한 범죄를 저지른 경우에도 북한형법은 물론 우리형법이 적용될 수 있을 것이다(보호주의, 세계주의). 북한은 미국의 100 달러권 지폐를 위조하여 사용한다는 의심을 받은 바 있다. 슈퍼노트로 불리는 100달러짜리 미국통화의 위조는 우리 형법상 제207조(통화의 위조 등) 제2항과 북한형법 제99조(화폐위조죄)를 충족시키는 범죄행위이다.[14] 이 경우 법정최고형이 무기 로동교화형인 북한형법에 비하여 1년 이상의 유기징역인 남한형법이 경한 법률 우선의 원칙에 의하여 준거법이 되어야 할 것이다.

(3) 남북한 특수관계론의 입장

한편, 북한의 국가성을 부인하더라도 북한 체제를 존중하여 그 법질서를 인정할 수도 있을 것이다. 서독의 경우도 동서독 기본조약 체결을 통하여 대내적 관계에서 동독의 국가성을 인정하지 않았지만 그 체제와 영역을 인정하고 동독 법질서의 독자성을 인정하였다.

서독은 동서독기본조약의 체결을 전후로 동독의 법적 지위에 관하여 국제사회의 일원으로 인정하는 입장의 변화를 보였다. 그러나 전체로

14 북한형법 제99조(화폐위조죄) : 공화국 화폐와 공화국 은행에서 바꿀 수 있는 외국화폐를 위조한 자는 5년 이상 10년 이하의 로동교화형에 처한다. 정상이 특히 무거운 경우에는 10년 이상의 로동교화형 또는 무기로동교화형에 처한다.

서의 독일국가의 존속을 전제로 동서독관계가 나라와 나라 사이의 관계가 아닌 통일을 지향하는 과정에서 잠정적으로 형성된 특수한 관계라는 기본입장은 통일시까지 변함없이 유지되었다. 즉, 서독은 여전히 동독과의 내부적 관계에서 동독은 전체로서의 독일국가의 일부일 뿐이며 외국으로서의 지위를 인정하지 않았던 것이다. 이러한 점은 북한의 국가성을 부인하는 입장과 같은 맥락에 있다고 하겠다.

앞에서 살펴본 바와 같이 서독은 동서독 기본조약이 체결되기 전에는 동독을 내국으로 인정하고 서독과 동독의 법률이 충돌하는 경우 그 준거법을 결정하기 위하여 이른바 지역간 형법이론을 원용하여 왔다. 이는 하나의 국가 안에 서로 다른 법질서를 갖는 지역이 존재하고 그 내용이 상이한 지역형법이 서로 충돌하는 경우에 그 준거법을 결정하기 위한 기준을 정하는 이론이다. 따라서 동서독 형법의 규정이 서로 상이하여 행위지법과 재판지법 또는 주거지법 등이 차이가 있을 때 이 이론에 의하여 준거법 문제가 해결될 수 있었다. 즉, 행위지법이 재판지법의 공서양속에 위반되는 경우가 아닌 한 행위지법이 우선하여 적용되며 수개의 행위지법이 있는 경우에는 중한 법률이 적용된다는 것이다.

그러나 기본조약이 체결됨에 따라 동독을 더 이상 내국으로 취급할 수 없게 되자 연방대법원의 판례에 의해 기능적 내국개념(*funktionaller Inlandsbegriff*)이 새로이 도입되었으며 학설상으로도 종전의 지역간 형법이론을 대체하게 되었다. 기능적 내국개념이란 헌법이나 기타 다른 법률에서는 동독을 외국으로 취급하지 아니하지만, 형법과 관련된 의미에서는 동독주민을 외국인으로 또는 외국인과 유사하게 취급하는 것을 의미한다. 이와 같은 기능적 내국개념에 근거할 때 준거법 결정을 위하여 서독형법 제4조 내지 제7조(보호주의규정 또는 국제형법적용규정 등)가 직접 또는 유추 적용될 수 있다고 하였다.

물론 서독의 기본법은 그 적용범위를 서독지역에 국한하여 동독지역에 대한 확장적용을 배제하여 동독 법질서의 독자성을 인정할 수 있는 헌법적 기반이 있었던 것은 사실이다.[15] 이러한 헌법적 기초 위에서 서독은 통일시까지 일관되게 동독의 국가성을 부인하였지만 동독지역에 대하여 서독형법의 일반적 적용을 배제했다.[16] 위와 같이 서독은 동서독 기본조약의 체결을 전후하여 동독의 법적 지위에 대한 입장의 변화를 거치면서도 지역간 형법이론에서 기능적 내국이론으로 그 이론적 근거를 달리하며 일관되게 동독지역에 대한 서독 형법의 확장적용을 자제했다.

이러한 서독의 태도는 비록 서독 기본법과 우리 헌법상의 기본적 차이에도 불구하고 남한의 법질서와 북한의 법질서가 공존하는 민족분단의 특수한 현실을 담아낼 수 있는 해석 가능성을 시사한다. 즉, 이러한 서독의 태도에서 우리도 북한의 국가성은 부인해도 법질서의 독자성은 인정하는 이론구성으로 분단국가의 특수한 현실을 반영한 준거법 결정의 가능성을 엿볼 수 있다.

먼저 남북 기본합의서에서도 서로 국가성을 인정하지는 않지만 상대방의 체제를 존중하고 고유 영역에 대한 불가침을 합의했다. 남북 기본합의서의 규범적 효력을 전적으로 배제하기 어렵다면 이러한 합의사항은 북한의 국가성을 부인하더라도 법질서의 독자성은 인정하는 법적 근거가 될 수 있다. 이에 더하여 영토조항과 평화통일조항의 규범력을 조화시키는 해석을 근거로 하는 남북한 특수관계론의 입장에 선다면 통일을 지향하는 과정에서 발생하는 민형사상의 문제를 해결함에 있어서는

---

15 서독 기본법 제23조 참조.

16 서독 형법의 국제형법 적용규정(제5조 내지 제7조)에 의하여 서독형법이 적용되는 범죄 및 보호주의원칙에 의해 정치적 형법이 적용되는 범죄는 동독을 비롯한 다른 지역에서 발생한 경우에도 서독 형법이 적용되는 것은 이와는 별개의 문제이다.

물론 통일이 완성된 이후에 발생하는 북한체제의 불법을 청산하는 과정에서도 북한의 민형사법을 적용할 수 있는 가능성을 찾을 수 있다. 따라서 현재 남북간 교류협력 과정에서 제기되는 각종의 법률문제는 물론 향후 통일한국이 남북관계에서 발생하였던 기존의 법률문제를 해결하기 위하여 북한의 민형사법을 재판의 준거법으로 활용할 수 있을 것이다. 앞서 살펴본 우리 대법원 판례 중에는 이러한 해석가능성을 반영한 입법론을 제시한 판례도 발견된다.[17]

물론 남북한 특수관계론은 분단국가가 통일을 지향하는 과정에서 발생하는 특수한 법률문제를 해결하기 위한 통일정책적 고려가 반영된 이론이므로 남북교류협력 단계에서 발생하는 남북주민들의 형사법적 문제를 해결하기 위한 수단으로는 유익하게 작동할 수 있을지 몰라도 일단 통일국가가 완성된 다음에 제기되는 불법청산 문제를 해결하기 위한 이론으로 활용하기에는 부적절하다는 반론이 제기될 수도 있다. 왜냐하면 현재 북한의 형사법은 공산주의 혁명을 완성하기 위한 도구로서 후술하는 바와 같이 통일한국의 이념이 되어야 할 법치국가원리에 부합하지 않는 부분이 너무 많고, 통일이 완성된 다음에는 이에 기속되어야 할 통일정책적 이유가 사라지기 때문이다.

그러나 지도자의 교시나 당규약 등의 간섭으로 인하여 다소 불완전한 규범력을 갖고 있지만 북한의 법질서는 현실적으로 엄연한 독자성을 가지고 북한주민들의 생활규범으로 작용한다는 점에서 통일 이전은 물론 통일 이후에도 북한법질서의 독자성을 부인하고 남한형법과 통일형법으로만 북한의 정권범죄에 적용할 준거법을 결정하는 방법은 자칫 공정성을 잃고 승자의 사법으로 흐를 위험성이 있다고 할 것이다.

---

17 대판 2004. 11. 12. 2004도4044: 개별법률의 적용 내지 준용에 있어서는 남북한의 특수관계적 성격을 고려하여 북한지역을 외국에 준하는 지역으로, 북한주민 등을 외국인에 준하는 지위에 있는 자로 규정할 수 있다.

3) 입법론적 검토

북한의 국가성을 부인하고 나아가서 북한 법질서의 효력을 인정하지 않는 경우에는 북한의 정권범죄에 대하여 남한형법과 통일형법 중 경한 법률을 선택하여 준거법으로 적용하면 될 것이다. 다만 이러한 입장은 북한이 독자적 법질서를 가진 정치적 실체였음을 완전히 백안시하게 되므로 북한의 정권범죄 청산이 죄형법정주의원칙에 반하는 승자의 사법이라는 결과를 초래할 위험이 있다. 이러한 입장에 따른 불법청산은 자칫 북한주민의 반발을 불러일으키고 궁극적으로 남북한 주민의 사회적 통합에 장애로 작용할 위험성도 배제하기 어렵다.

한편, 북한 법질서의 독자성과 효력을 인정하는 경우 통일한국은 통일합의서에 남북한 법질서의 통합에 관한 원칙과 기준을 마련하여 할 것이며, 체제불법을 청산함에 있어 적용할 준거법을 결정할 기준을 마련하여야 하는 문제에 부딪히게 될 것이다. 동서독도 통일조약을 통하여 동서독 법률통합과 불법청산의 준거법 결정에 관한 기준을 설정하였음은 앞서 살펴본 바와 같다. 그러나 통일조약에 규정된 준거법 결정 기준의 불명확성으로 인하여 이에 대한 해석과 관련하여 내국이론과 외국이론으로 견해가 대립하다가 결국 연방대법원의 판례에 의하여 비로소 일관된 기준이 정립되었음은 앞에서 살펴본 바이다.

따라서 통일한국은 동서독에서와 같은 정권범죄에 적용될 준거법 결정에 관하여 불필요한 논쟁을 피하기 위해서는 위와 같은 내외국 이론 등에 대한 충분한 법리적 검토를 배경으로 통일합의서 체결과정에서 북한의 정권범죄에 적용될 준거법 결정에 관한 기준을 명확하고 상세하게 설정하여야 할 것이다.

4) 경한 법률 우선의 원칙

준거법 결정의 원칙을 정함에 있어 불법의 연계성이 인정되어 경합하는 두 법규 중에서 어느 법이 경한 법인가를 확인한 뒤 경한 법을 적용하여야 할 것이다. 만일 준거법으로 경합하는 두 법규 중에서 중한 법규를 적용하게 된다면 죄형법정주의의 실질이 침해되기 때문이다. 경합하는 법규의 경중을 가리기 위해서는 형량의 경중이 기준이 되지만 처벌법규가 없어진 때에도 적용되어야 한다. 따라서 범죄 후 법률의 변경에 의하여 범죄를 구성하게 되지 않거나 형이 구법보다 경한 때에는 신법에 의하여야 한다.

북한형법에는 행위의 위법성을 조각하는 정당화사유에 관한 법규가 존재하지만 통일형법에는 그러한 정당화사유에 관한 법규가 존재하지 않는 경우에는 주의를 요한다. 이러한 경우에도 원칙적으로는 경한 법률 우선의 원칙에 따라 북한형법을 적용하여 처벌할 수 없다고 해석함이 상당하다. 그러나 명백하게 인도주의정신에 반하거나 법치국가원리를 위반한 불법행위에 해당됨에도 불구하고 정당화사유가 존재하거나 처벌규정의 흠결을 이유로 처벌하지 못한다면 이것은 불법청산의 본질을 심각하게 훼손하는 결과를 초래하게 될 것이다. 이러한 경우에는 국제법규를 적용하거나 정당화사유가 이른바 법률적 불법으로 제한되어야 한다는 논리구성이 가능할 것이나, 이로 인하여 신뢰보호 내지는 법적 안정성이 침해됨으로써 형벌 불소급원칙에 위반되는 것이 아닌가의 문제가 발생할 여지가 있으며 이에 대하여는 정당화사유 제한과 관련하여 후술하기로 한다.

5) 준거법 적용의 한계

북한형법은 1950년 3월 3일 소련형법을 계수하여 사회주의 형사법 원리에 따라 제정된 이후 2009년 9차 개정에 이르기까지 최종목적인 공산혁명의 완수라는 기본입장에는 변화가 없다.[18] 사회주의 국가에서 법이란 '계급투쟁과 사회주의 국가관리의 수단이고 혁명의 전취물을 지키기 위한 무기'로 인식되고 있음은 앞서 지적한 바이다. 따라서 북한형법도 사회주의제도와 혁명의 전취물을 보호하는 데에 근본목적이 있다. 북한형법은 "사회주의 체제를 반혁명세력으로부터 지켜내고 모든 주민들을 계급투쟁과 주체사상을 추종하는 혁명투사로 만들어 궁극적으로 공산주의 혁명완수"를 목표로 한다. 그리고 북한형법은 "사회주의 제도를 보위하기 위한 목적을 달성하기 위해 계급노선에 따라 처벌방식을 엄격히 구분하고 계급원수들에 대한 경각심을 고취시키며 준법의식을 고양시키는" 사명을 갖고 있다. 북한의 '정치사전'에 규정된 형법의 정의를 살펴보면 아래와 같다.[19]:

> 공화국 형법은 우리 사회주의법의 중요한 구성부분의 하나이다. 공화국 형법은 위대한 수령 김일성 동지의 법률사상과 그 구현인 우리당 사법정책을 실현하기 위한 중요한 수단의 하나로서 로동자, 농민을 비롯한 절대다수의 근로인민들의 리익을 옹호하며 소수 적대분자들에 대해서는 철저한 독재를 실시하는 포롤레타리아 독재의 무기이다. 공화국 형법은 조선민주주의인민공화국 주권과 그에 수립된 법률질서와 사회주의전취물을 원쑤들의 온갖 침해로부터 보위

18 북한형법은 1950년 최고인민회의 상임위원회 정령으로 채택된 이래 1974년, 1987년, 1990년, 1995년, 1999년, 2004년, 2005년, 2009년 등 총 9회에 걸쳐 개정되었다. 〔법무부(2012), 《통일법무 기본자료》, 85면 이하.

19 《정치사전》, 1973, 평양: 사회과학출판사, 1249면.

> 한다. 공화국 형법은 우리당의 계급로선과 군중로선을 철저히 관철하여 원쑤와 우리 편을 옳게 갈라내여 적대계급과는 비타협적으로 투쟁하며 낡은 사상잔재를 버리지 못한 일부 사람들이 범하는 범죄행위에 대해서는 사회적 교양을 위주로 하면서 여기에 법적 제재를 배합하는 원칙, 범죄를 미연에 방지하는 원칙 등을 철저히 관철함으로써 우리의 사회주의제도와 혁명의 전취물을 온갖 범죄의 침해로부터 보호한다. 또한 공화국 형법은 전체인민들에게 원쑤에 대한 경각심을 높여주며 그들을 준법의식으로 교양하는 데서도 커다란 역할을 한다.

이렇듯 북한형법은 온 사회의 주체사상화를 위해 사회성원들을 주체형의 공산주의적 인간으로 만들고, 사회를 주체사상의 요구대로 철저하게 개조하여 공산주의의 사상적 요새와 물질적 요새를 점령하는 역할을 수행해야 한다는 것이다. 이를 위해 반혁명 적대분자들의 책동을 분쇄하고 낡은 사상의 잔재가 되살아나지 못하도록 계급투쟁을 해야 하는데 이러한 사명을 지니고 제정된 무기가 북한형법이라는 것이다. 북한의 최근 개정형법에서도 형법의 사명은 '국가주권과 사회주의 제도의 보위'에 있고(제1조),[20] 범죄자 처리원칙은 '노동계급의 원칙을 확고히 견지'한다(제2조)는 점을 분명히 했다.[21]

최근 북한은 인권침해국가라는 국제사회의 비난을 모면하기 위하여 1999년에 이어 2004년에도 형법전의 형식과 체제를 대폭 정비하였지

20 북한형법 제1조(형법의 사명) : 조선민주주의인민공화국 형법은 범죄에 대한 형사책임 및 형벌제도를 바로 세워 국가주권과 사회주의제도를 보위하고 인민들의 자주적이며 창조적인 생활을 보장하는 데 이바지한다.

21 북한형법 제2조(범죄자의 처리원칙) : 국가는 범죄자의 처리에서 로동계급적 원칙을 확고히 견지하고 사회적 교양을 위주로 하면서 이에 법적 제재를 배합하도록 한다.

만[22] 이러한 규정들이 법현실에서 실효성을 갖는지 여전히 의문이다. 왜냐하면 북한에서는 주체사상과 김일성·김정일의 교시나 이를 실천하기 위한 조선노동당의 결정이 형법은 물론 헌법보다 우선하는 상위규범으로 작용하기 때문이다. 따라서 북한형법은 여전히 인권보장규범으로서의 형법의 본래적 기능과는 거리가 있다고 보인다. 북한형법이 공산혁명의 완성을 위한 도구라는 본질을 벗어나지 않는 이상 인간의 존엄성을 최고이념으로 하는 법치국가원리에 위반될 가능성은 상존한다.

이처럼 북한의 형법은 남한의 형법과 비교하여 근본적으로 그 이념과 본질을 달리하고, 체제 내에서의 기능과 규범력의 비중도 서로 다르므로 북한형법을 통일한국의 불법청산을 위한 준거법으로 적용함에는 일정한 한계가 있다는 점은 분명하게 인식되어야 한다. 남한의 형법을 포함한 모든 법질서는 자유민주주의 체제를 유지하며 인간의 존엄성을 보호하는 데에 최우선의 가치를 두며 모든 국가활동과 국민생활의 규범이 되는 법치국가원리에 입각한다. 그러나 북한의 형법을 비롯한 모든 법질서는 사회주의체제를 수호하고 공산주의혁명을 완성하기 위한 도구에 불과하며 그 규범력에서도 당의 규약이나 지도자의 지시에 미치지 못하는 장식적 의미만을 갖는다. 따라서 통일한국은 북한의 정권범죄에 대하여 북한형법을 적용하게 되더라도 일정한 한계를 두지 않으면 안 된다.

이러한 한계는 통일한국의 근본규범인 통일헌법의 기본원리에서 찾아야 할 것이다. 통일독일은 불법청산에 대한 동독 법질서를 적용함에 있어 기본법상의 공서양속(*odre public*)에 위반되지 않아야 한다는 한계를 두었다. 통일한국에서도 북한의 정권범죄를 청산함에 있어 북한형

---

22 이러한 조치는 2003년 유엔 인권위원회가 대북인권결의안을 채택하고, 엠네스티 등 국제인권단체들이 북한인권문제를 이슈화하자 이에 대한 대응책의 일환으로 파악된다.

법의 적용은 통일한국의 공서양속을 위반하지 않는 한계 내에서만 허용된다. 통일한국의 공서양속이라 함은 인간존엄을 최고이념으로 하는 법치국가원리가 핵심내용이 될 것이다. 나아가 이러한 법적용의 한계는 준거법으로 적용될 북한형법의 해석원리에도 작용하여 맑스·레닌주의의 법해석 원칙에 따른 확대해석을 금지하고 통일한국의 법치국가적 헌법질서에 입각하여 엄격하게 해석하도록 제한하는 기능을 갖게 된다고 할 것이다.[23]

23 김승대, 앞의 책, 324면.

4. 정당화사유 문제

1) 서언

북한의 국가성에 대하여 어떤 입장을 취하든 북한의 정권범죄를 처벌하기 위하여 북한법질서를 준거법으로 활용할 수 있다는 입장에 선다면 앞에서 검토한 바와 같이 북한법상에 명백한 반인도적 또는 반법치국가적 행위들의 정당화사유가 존재하는 경우에도 이를 인정할 것인지 여부가 문제된다. 왜냐하면 북한의 정권범죄를 처벌하기 위해서는 위법성 검토단계에서 해당 범죄의 위법성을 조각하는 반법치국가적·반인도적 불법행위의 정당화사유가 존재할 경우에는 그 적법성을 검토하여 위법성을 조각시킬 것인지 여부를 결정하여야 하기 때문이다.

정권범죄를 정당화하는 사유는 통상 법률로 명시된 경우가 많겠지만, 북한 법제의 특성상 법규범적 효력을 갖는 지도자의 교시나 조선로동당의 규약에 의한 정당화사유도 적지 않을 것이다. 북한의 정권범죄에 대한 정당화사유가 법률에 근거한 경우는 물론이고 이러한 교시나 규약에 의한 경우에도 이를 무제한 인정하게 되면 정권범죄의 형사소추는 사실상 불가능하게 된다. 반면에 정당화사유의 적법성을 부정할 경우 소급효금지원칙에 배치되는 결과가 초래될 수 있다. 북한의 정권범죄 청산에도 법치국가원리상 소급효금지원칙이 준수되어야 함은 물론이다. 따라서 북한의 정권범죄를 처벌하기 위해서는 그와 같은 행위가 통일형법에 의해서 뿐만 아니라 행위 당시 북한의 법률에 의해서도 처벌이 가능하였어야만 한다.

위법성을 조각하는 정당화사유가 존재하는 북한의 정권범죄를 처벌하기 위해서는 그 정당화사유를 제한하여야 하는바, 그러한 제한이 소급효금지원칙과 조화될 수 있는 방법이 모색되어야 한다. 이를 해결하는 방법으로는 해석론적 해결방법과 입법론적 해결방법을 생각할 수 있다. 어떠한 방법에 의하건 정당화사유를 인정할 경우 법률적 불법의 용인이라는 문제가 발생할 것이고, 이를 부인할 경우 소급효금지원칙 위반이 문제될 것이다. 그리고 북한법상의 정당화사유를 제한하는 입장에 따르면 그 적용제한의 법적 근거와 기준을 어디에서 찾을 것인지가 문제된다.

2) 정당화사유의 제한

(1) 인정설

먼저 정당화사유 인정설에 의하면 북한의 정권범죄 중에서 반법치국가적 · 반인도적 만행이 있었다고 하더라도 북한 법규상에 이를 정당화하는 사유가 존재한다면 이를 처벌할 수 없게 된다. 인정설은 행위 당시에는 정당화사유에 의하여 위법하지 않다는 평가를 받았던 행위가 사후적으로 정당화사유가 무효화되어 위법한 평가를 받게 된다면 불이익변경에 해당되어 소급효금지원칙에 위반된다는 점을 주된 근거로 하게 될 것이다.

정권범죄의 정당화사유를 부인하면 실질적으로 형벌의 소급효가 발생한다. 왜냐하면 위법성조각사유의 사후적 폐지의 효과가 소급 적용되는 결과에 이르고 이는 피고인에게 불이익한 변경에 해당되므로 헌법상 신뢰보호 원칙에 반한다는 주장이 가능하기 때문이다. 인정설은 가벌성이란 해당 국가 내에 존재하였던 헌법, 법률 및 법률실무 등과 같은 실정법의 산물이므로 법치국가는 타국에서 자행되었던 불법행위에 대하여 자국의 형법을 수단으로 이를 소급하여 처벌할 수 없다는 점에서 이론적 근거를 찾을 수 있다.

(2) 제한설

정당화사유 제한설에 의하면 북한법에 반법치국가적 · 반인도적 행위를 정당화하는 사유가 존재하더라도 그것은 '법률적 불법'에 불과하므로 부인되어야 한다. 제한설에 의하면 설사 북한법상에 반법치국가적 · 반인도적 행위를 정당화하는 사유가 존재하더라도 그 법적 효력을 부인하고 처벌할 수 있게 된다. 이 설에 의하면 행위 당시에는 위법성의 결여로 처벌할 수 없었던 행위가 사후적으로 위법성이 인정되어 처벌되는 결과를 초래하므로 형벌 불소급의 원칙에 위배되는 것이 아니냐는 문제가 발생함은 앞서 살핀 바와 같다.

(3) 헌법개정 필요설

북한법상의 정당화사유를 제한하면 발생하는 소급효금지원칙 위반 문제를 헌법개정에 의하여 극복하자는 견해도 있을 수 있다. 이러한 견해는 정당화사유 제한에 따르는 위헌성 시비를 헌법개정을 통하여 입법적으로 해결하자는 입장이며, 소급효금지의 예외규정을 둔 유럽인권협약 제7조를 유력한 근거로 제시할 수 있을 것이다. 이 협약은 행위시 문명국 국민에 의하여 일반적으로 승인되고 형법상 보호되는 법원칙에 모순되는 행위의 처벌은 소급효금지원칙에 배치되지 아니한다고 규정했다. 남북한 주민들의 자유로운 논의를 통해 북한의 반인륜적 정권범죄에 대한 형사처벌의 필요성에 관한 사회적 합의를 형성하고 이를 통일헌법에 반영하여 합법화하는 방안도 입법론적 관점에서 검토할 가치가 있는 방안이라고 생각한다.

3) 정당화사유의 제한근거

북한 정권범죄의 정당화사유의 인정 여부에 대하여는 동독 국경법상의 정당화사유에 대한 학설과 판례에서 보았듯이 우선 부인설과 인정설의 입장이 가능하다. 그리고 양설의 절충적 입장에서 제한적 인정설도 가능한 견해이다. 앞서 살펴보았듯이 정당화사유의 부인으로 인하여 소급효금지원칙에 반하는 결과가 초래되므로 전면적으로 인정하여야 한다는 견해도 있을 수 있겠지만 북한의 정권범죄에 대한 형사소추를 찬성하는 입장에서는 취할 수 없는 견해이다.

따라서 여기에서는 북한 정권범죄의 정당화사유를 전면적이든 부분적이든 이를 제한하는 입장에서 그 제한의 법적 근거를 어디에서 구할 것인지에 대한 해답을 모색한다. 이는 북한 정권범죄의 정당화사유에 관한 헌법적 문제이지만 근본적으로는 이를 법률적 불법으로 무효화할 수 있는 근거에 대한 법철학적 성찰을 바탕으로 한다.

(1) 자연법원칙

'라드브루흐 공식'에 의하면 참을 수 없는 불법은 정의에 반하여 무효이다. 정당화사유가 인권의 핵심영역을 침해하는 내용을 담고 있는 경우 이것은 비법(非法)으로서 정의에 자리를 비켜주어야 한다는 주장을 근거로 한다. 실정법은 정의에 기여하기 위한 질서와 제도를 규정하는 것에 지나지 않으므로 처음부터 이러한 의미에 기여하지 아니한 규정은 부당한 법률이 아니라 비법, 즉 법이 아니다. 따라서 정의에 반하는 정도가 극심하여 참을 수 없는 법률은 '법률적 불법'(*gesetzliches Unrecht*)으로서 법이 아니므로 이를 대신할 초법률적 법이 원용될 수 있는바, 라드브루흐에 의하면 인권·국제법상의 일반원칙[24] 등이 여기에 해당된다. 물론 자연법원칙을 기준으로 정당화사유를 제한하는 것에 대하여는 자연법 또는 초실정법은 개념 자체가 불명확하고 또한 법률이 언제 법률적 불법으로서 무효화되는지도 불분명하다는 점에서 의문이 제기될 수 있음은 앞서 살펴본 바와 같다.

(2) 국제법규

정당화사유가 인권에 관한 국제법규를 위반하는 경우에는 무효이다. 이러한 주장은 국제법규는 대부분의 국가로부터 승인된 정의의 기준을 담는다는 일반론적 믿음을 기초로 한다. 북한은 국제법상 독립된 주체로서 인정되어 왔으며 1981년 9월 14일 '시민적 · 정치적 권리에 관한 국제규약', 1989년 1월 31일 '집단살해의 방지와 처벌에 관한 협약'[25]에 각 가입하였고, 1968년에 이미 '전쟁범죄 및 반인도적 범죄에 대한 공소시효의 부적용에 관한 협약'[26]에도 가입하였다. 북한헌법 제15조는 이러한 국제법의 법원성을 긍정한다. 즉, 북한헌법 제15조는 "조선민주주의 인민공화국은 해외에 있는 조선동포들의 민주주의적 민족권리와 국제법에서 공인된 합법적 권리와 리익을 옹호한다"라고 규정한다.

한편, '시민적 · 정치적 권리에 관한 국제규약'은 생명권과 자의적 살

---

24 독일 연방대법원은 생명권(제3조)과 이주권(제13조) 등을 인정하는 '1948년 일반 인권선언'에 대하여 자연법적 효력을 인정했다(BGH Urteil vom 26. 7. 1994. 참조).

25 집단살해죄의 방지와 처벌에 관한 협약(Convention on the Prevention and Punishment of the Crime of Genocide)은 1951년 발효되었고 가입국은 135개국이며 우리나라도 가입했다.

26 전쟁범죄 및 반인도적 범죄에 대한 공소시효의 부적용에 관한 협약(Convention on the Non-Applicability of Statutory Limitations to War Crimes and Crimes against Humanity)은 1970년에 발효되었고 가입국은 48개국이며 우리나라는 가입하지 않았다.

인으로부터 보호권(제6조)은 물론 출국권과 이주의 자유권(제12조) 등 기본적 인권을 보장했다. 북한이 이러한 국제조약에 가입하여 비준한 이상 그러한 조약의 성격과 내용에 비추어 이를 국내법으로 전환하는 별도의 입법적 시행조치 없이도 규범적 실효성을 갖는다고 해석된다. 따라서 북한의 실정법규상 이러한 조약내용에 반하는 정당화사유가 존재한다고 하더라도 그 효력을 부인하는 법적 근거로 활용할 수 있다고 하겠다.

(3) 인권친화적 해석

북한의 정권범죄를 정당화하는 법률을 법치국가적 기준과 인권친화적 방법에 의하여 해석함으로써 그 유효성을 부인하자는 주장이다. 왜냐하면 북한헌법도 사람중심의 세계관을 강조하고(헌법 제3조), 공민의 기본권리를 보장(제5장 제62조~제86조)하며, 인권을 보호하는 각종의 국제규약에 가입했기 때문이다. 따라서 무장도 하지 아니하고 타인의 생명과 신체를 위태롭게 하지도 않은 채로 식량을 구하기 위하여 중국과 러시아 국경을 넘는 북한주민들을 총살하는 것을 정당화하는 법률은 인권친화적 방법에 의하여 해석하면 무효가 된다는 것이다.

그러나 북한의 기본권은 집단주의에 입각한 허구적 권리로서 당과 국가의 필요에 따라 언제든지 무시될 수 있는 장식적 의미만을 갖는 것으로 보인다. 왜냐하면 북한헌법상 인간의 존엄성 존중이나 기본권 제한 및 그 한계에 관한 일반원칙도 규정되지 않았고 기본권이 침해된 경우 구제제도가 보장되지 않기 때문이다.[27] 사실 북한에서는 헌법이나 법률이 법치국가적 관점에서 인권옹호적 방법으로 해석되지 않고 오직 체제유지를 위한 주체사상을 지향하는 해석만이 통용된다는 현실을 감

27 헌법을 생각하는 변호사 모임 편저(2002), 《남북한헌법의 이해》, 삼광출판사, 183면 이하.

안하면 북한 정권범죄를 정당화하는 법률을 인권친화적으로 해석하는 것이 쉽지 않다는 비판이 가능할 것이다.

(4) 북한의 실정법

북한 정권범죄에 대한 정당화사유가 북한의 법 자체에 모순되거나 북한의 전체 법질서에 내재하는 금지에 대한 위반이 명백하게 드러나는 경우에는 그 효력의 전부 또는 일부가 배제된다고 할 수 있다. 이 경우 북한 법질서의 제정성과 법으로서의 효력을 인정하는 것을 전제로 구체적인 사안에 있어서 북한 법질서를 기준으로 정당화사유의 적법성을 심사하게 된다. 이때 북한헌법상의 제원칙과 헌법규정으로부터 도출되는 고유가치 등이 구체적 심사기준으로 작동할 수 있다. 북한헌법 제3조의 사람중심의 세계관 등과 같은 사회주의적 헌법의 가치질서에 위반되고, 각 법률에 내재하는 고유한 규범적 요구를 충족하지 못하거나 기타 모든 내재적 제한을 일탈하는 규범은 위법성조각이라는 법적 효력을 발휘할 수 없다. 북한헌법은 제64조 제1문에서 “국가는 모든 공민에게 참다운 민주주의적 권리와 자유, 행복한 물질문화 생활을 실질적으로 보장한다”라고 규정한다. 강제수용이나 거주이전의 자유제한, 출신성분에 의한 차별 등을 정당화하는 법률이나 당의 지시는 이미 북한헌법에 의해 무효가 된다. 그러나 이러한 주장에 대하여는 전법치국가적 특성을 지닌 북한 법질서를 기준으로 북한법상 정당화사유의 적법성 여부를 심사한다는 것은 무의미하다는 비판이 가능하다.

(5) 통일헌법상의 공서양속

자국법의 기본원칙과 부합되지 아니한 결과를 가져올 경우에는 외국법규범의 적용을 금지하고 있는 공서양속에 의한 유보가 북한 정권범죄에 대한 정당화사유의 제한근거가 될 수도 있을 것이다. 독일 연방헌법재판소는 서독 기본법상의 공서양속이 동독의 법률 승인 여부의 한계가 된다는 결정을 한 바 있다. 이에 의하면 연방법상의 주요원칙에 부합되지 아니한 외국법 또는 외국법상의 정당화사유는 적용되지 아니한다. 따라서 통일헌법의 공서양속에 반하는 북한의 정당화사유는 이를 이유로 제한할 수 있다는 주장이 가능하다.

이러한 주장에 대하여는 통일헌법상의 공서양속에 반한다는 이유만으로 북한 정권범죄의 정당화사유를 부인하게 되면 법적 안정성이 침해될 수 있으므로 신중한 판단이 필요하다는 반론이 가능하다.[28] 베를린 지방법원[29]이 법적 안정성을 해한다는 이유로 기본법상의 공서양속을 동독법상 위법성조각사유의 적법성 판단의 기준으로 볼 수 없다고 판시한 이후 연방대법원 역시 서독 기본법상의 공서양속에 부합되지 아니한다는 이유만으로 동독법상 위법성조각사유의 적법성을 부정할 수는 없다는 입장을 취하였음은 앞서 살펴본 바이다.

4) 소급효 문제

북한의 정권범죄도 그 가벌성이 범행 당시에 법률에 정하여진 경우에만 처벌될 수 있음은 죄형법정주의 원칙상 당연한 일이다. 가벌성에 관한 규정은 구성요건 이외에도 위법성과 관련된 사항을 포함한다. 따라서 북한 정권범죄가 구성요건에 해당하지만 위법성조각사유로서 정당화사유가 존재하는 경우에는 가벌성이 인정되지 않는다. 따라서 북한 정권범죄의 행위 당시에 존재하였던 정당화사유를 통일 이후에 사

28 BGH Urteil vom 3. 11. 1992. -5StR 370/ 92 (LG Berlin) ; 이 판결에서 "정당화사유가 연방공화국의 공서양속에 반한다는 것은 그 고려를 부인할 만한 충분한 근거가 되지 못한다. 이를 위한 결정적인 이유는 법적 안정성에 있다"라고 판시한 바 있다.

29 LG Berlin Urteil vom 5. 2. 1992. - (518) 2 Js 63/90 KLs (57/91).

후적으로 부인한다면 행위 당시 위법성이 배제되었던 정권범죄를 행위 후에 다시 위법한 것으로 취급하는 결과를 초래한다. 이러한 결과가 소급효금지원칙과 부합할 수 있느냐의 문제는 북한의 불법청산 과정에서 대두되는 가장 중요한 법적 쟁점 중 하나가 될 것이다.

독일 판례는 동독 국경법상의 정당화사유를 충족하는 경계지역 총격사살의 처벌이 소급효금지원칙에 위반되지 않는다는 입장이었다. 독일연방대법원은 자연법 등 상위규범에 위반되어 행위 당시 이미 유효성이 부정된 위법성조각사유를 사후 행위자에게 불리하게 배제하더라도 그것이 자의(*Willkür*)로 인정되지 아니하는 한 소급효금지원칙에 반하지 아니한다고 판시하였다.[30]

위 판결에 따르면 소급효금지원칙이란 행위자들을 자의로부터 보호하는 것으로서 행위 당시 유효하였던 법이 존속될 것으로 믿었던 신뢰의 보호가 그 핵심이라 할 수 있으나 인권을 침해하는 내용의 위법성조각사유가 존속될 것이라는 신뢰는 보호할 가치가 없는 것으로서 행위시 가능하였던 올바른 해석과 현재의 판단이 동일하다면 이는 자의에 해당되지 아니한다. 독일연방헌법재판소도 1996년 헌법소원 결정[31]에서 국경수비대원에 대한 정당화사유의 부정이 기본법 제103조 제2항의 소급효금지원칙에 대한 위반이 아니라고 보았다.

그러나 이러한 해석에 의해서 정당화사유를 제한하기 위해서는 인권침해가 현실적으로 명백한지 여부와 그것만으로 법적 안정성의 기능을 제거하기에 충분한지 여부가 철저히 검토되어야 할 것이다. 독일연방대법원은 인간의 존엄성에 관한 일반적인 법적 확신을 구체화하기 위한 기준으로 일반인권선언, 시민적 · 정치적 권리에 관한 국제규약 등

30 BGH Urteil vom 3. 11. 1992. -5StR 370/ 92(LG Berlin)

31 BVerfGE vom 24. 10. 1996. -2 BvR 185/94, NJW, 1997.

을 원용하였으며, 행위시 유효한 법률 및 가벌성과 관련된 규정을 검토함에 있어서는 비례성 원칙 및 인권친화적 해석방법에 의존하였다. 즉, 행위시 허용되고 실제 적용된 가벌성에 관한 법률규정이 그 기준이 되는 것이 아니라 사후에 법치국가적 이해에 따라 허용되고 적용되어야 할 규정을 그 기준으로 삼았다.

이러한 독일의 판례입장에 비추어 보면 북한의 정권범죄에 대한 정당화사유가 존재하여도 이에 대한 신뢰가 보호할 만한 가치가 없는 경우라면 이를 무시하고 처벌하더라도 소급효금지원칙에 위배되지 않는다는 해석이 가능할 것이다. 소급효금지원칙이 신뢰보호를 목적으로 하나 인권침해적인 정당화사유에 대한 신뢰는 보호될 가치가 없다는 점에서 북한 정권범죄에 대한 정당화사유를 제한하고 이를 처벌한다고 하더라도 소급효금지원칙에 모순되지 않는다고 보인다. 북한 정권범죄 행위시 북한 법률을 인권친화적으로 타당하게 해석하여 그 행위의 위법성이 인정되는 경우 사후적 유죄판결은 자의에 해당되지 아니한다고 보아야 할 것이다. 왜냐하면 이러한 정당화사유는 인권침해를 내용으로 하는 것이라 행위 당시에도 올바른 해석에 의한다면 무시될 수 있었던 것으로 이에 대한 신뢰는 보호할 가치가 없다고 할 수 있기 때문이다.

5) 사 견

북한 정권범죄는 대부분 실정법적 근거를 갖춘 정당화사유가 존재하므로 이를 모두 인정할 경우 북한의 정권범죄를 처벌하는 것은 불가능할 것이다. 따라서 통일한국의 사회적 통합을 위해 북한의 정권범죄를 처벌해야 할 필요가 있다면 이러한 정당화사유에 대한 법적 검토를 거쳐 정의에 반하는 경우 이를 제한하지 않으면 안 될 것이다. 법치국가원리는 정의와 법적 안정성을 모두 그 구성원리로 하지만 양자가 충돌할 경우 어떻게 해결할 것인지는 매우 어려운 법철학적 난제다. 이에 대하여는 나치불법의 청산기준으로 제시되어 동독불법의 판단기준으로도 부분적으로 활용되었던 '라드브루흐 공식'이 우선 기준이 될 수 있다. 즉, '실정법이 정의에 대한 참을 수 없는 모순의 정도에 이르면 정의가 실정법에 우선한다'는 공식에 따라 해결이 가능하다. 북한의 정권범죄의 근거가 되는 실정법이 정의나 인도주의에 어긋날 경우 이는 법률적 불법으로 무효가 되고 그로 인한 법적 흠결을 보완할 초실정법 또는 자연법이 요구된다. 이 경우 초실정법이나 자연법의 구체적 내용은 인권에 관한 국제규약 등을 근거로 원용할 수 있다. 그러나 이러한 근거를 어느 한 가지로 제한하지 않고 통일독일의 선례에서 보았듯이 여러 가지 기준을 종합하여 원용함으로써 북한 정권범죄에 대한 형사소추의 법적 장애를 극복해나가는 지혜가 필요할 것이다.

5. 공소시효 문제

1) 서언

1948년 9월 9일 북한정권이 수립된 이래 반세기가 넘는 세월이 지났다. 따라서 북한정권에 의해 자행된 정권범죄는 이미 가해자가 사망하였거나 증거가 산일되어 처벌이 사실상 불가능하게 된 경우가 많을 것이다. 그러나 이러한 사실상의 장애 이외에도 공소시효 완성과 같은 법률적 장애가 있는 경우도 문제이다. 왜냐하면 북한체제에 대한 불법청산은 법치국가원리에 따라 진행되어야 하기 때문에 공소시효가 완성된 정권범죄를 처벌할 수는 없기 때문이다.

그런데 공소시효 문제는 앞서 살펴본 준거법 문제와 관련되어 있다. 만일 북한의 법질서를 완전히 무시하고 모든 경우를 우리 법질서에 따라 해결한다면 공소시효 문제에서 많은 어려움이 예상된다. 현실적으로 정권범죄의 가해자들이 대부분 북한지역에 거주하고, 그 증거들도 그곳에 존재하고 있어 이들에 대한 남한의 형사소추권의 행사는 사실상 불가능하였다. 통일한국에서 북한체제에 대한 불법청산시 이러한 사실상의 장애를 법률적으로 어떻게 평가하여야 할 것인가? 통상적으로 형사소추의 사실상 장애는 공소시효 완성을 저지하지 못한다는 이론에 의하면 북한에서 자행된 대부분의 정권범죄는 공소시효가 완성되어 처벌이 불가능할 것이다.

또한 북한 법질서를 인정하고 북한 고유의 사법주권을 인정하더라도 문제는 발생한다. 왜냐하면 대부분의 정권범죄는 정치적 이유로 또는 법치국가원리에 반하여 처벌되지 않았기 때문이다. 이와 같이 정권수뇌부나 당 지도부의 의사에 따라 형사소추가 불가능하였던 경우도 법률상의 소추장애로 볼 수 있을 것인가?

이러한 의문들에 대한 해답은 일단 각 준거법상의 공소시효에 관한 규정들의 해석에 따라 달라지겠지만 해석론으로도 합리적 해결이 불가능할 경우 입법론적 방법이 강구되어야 할 것이다. 반인도적 범죄 등에 대하여 사후적으로 공소시효를 배제하거나 연장하는 입법은 '전쟁범죄와 반인도적 범죄에 대한 시효부적용에 관한 협약'을 비롯한 국제법규는 물론 개별국가 법률을 통해서도 이루어졌다.[32] 앞서 살펴보았듯이 독일의 경우 나치불법과 동독불법의 청산을 위해 공소시효정지에 관한 법률을 여러 차례 제·개정하여 이러한 문제들을 해결했다.

우리나라에서도 이미 '헌정질서 파괴범죄의 공소시효에 관한 특례법'과 '5·18 민주화운동 등에 관한 특별법'을 제정하여 정권을 장악하기 위하여 양민을 살해한 군사쿠데타 주역들을 형사처벌한 선례가 있다.[33] 통일한국에서도 이러한 입법적 방식으로 공소시효 문제를 해결할 수 있을 것이다. 이하에서는 북한의 국가성 인정여부에 따라 공소시효 문제의 해결방안을 구분하여 검토해 보기로 한다.

2) 북한의 형벌권을 부인하는 경우

북한의 국가성을 부인하고 따라서 형벌권도 부인하여 우리 법질서와 사법주권이 북한지역에도 미친다고 보는 입장에서는 공소시효에 관해서도 우리 법질서가 적용된다. 따라서 우리 형사법이 정하는 기준과 원칙에 따라서 공소시효가 진행되기도 하고 중단·정지되기도 할 것이

---

32 변종필(2006), "반인도적·국가적 범죄와 공소시효", 〈비교형사법연구〉 제8권 제1호, 648면 이하.

33 두 법률의 합헌성 검증에 관하여는 김선택(1995), "과거청산과 법치국가", 〈법학논집〉 제31집, 87면 이하 참조.

다. 그러나 북한의 국가성을 부인하는 경우 관념적으로는 우리의 사법주권이 북한지역에도 효력을 미친다고 보지만 사실적으로는 그 효력을 미치지 못함에도 불구하고 공소시효는 아무런 장애도 없이 진행하는가의 문제가 있다.

남북분단으로 인하여 북한지역에 대하여 우리의 형벌권을 행사하지 못하는 사정을 단순히 사실상의 장애로 본다면 공소시효는 아무런 법적 장애 없이 완성될 것이다. 즉, 북한지역에 우리의 사법주권이 미치지 못하는 현실은 법률적 장애가 아니라 사실상의 장애에 불과하다는 입장에 충실하면 시효는 장애 없이 진행되어 완성된다.[34] 그러나 이를 법률상 장애의 문제로 파악한다면 통일한국의 사법권이 미치는 날까지는 공소시효가 정지된다고 해석할 수 있다. 특히 인도주의에 어긋나는 정권범죄에 대하여는 공소시효 배제를 선언한 국제법 규정(시민적·정치적 권리에 관한 국제규약, 집단살해의 방지와 처벌에 관한 협약, 전쟁범죄 및 반인도적 범죄에 대한 공소시효의 부적용에 관한 협약 등)에 의거하여 공소시효 완성을 부인할 수도 있다.

3) 북한의 형벌권을 인정하는 경우

(1) 일반론

북한의 국가성을 인정하는 경우 또는 북한의 국가성을 부인하더라도 북한의 사법주권(법질서와 형벌권)을 인정하는 경우에는 북한 정권범죄의 공소시효는 북한형법에 따라 진행되고 중단·정지된다고 하겠다. 따라서 북한형법 제57조에 의해 고의적 중살해범죄에 해당되는 유형의 정권범죄는 공소시효가 배제된다고 하겠다.[35] 다만 통일한국은 정권범

34 이러한 이유로 북한형법을 적용하는 것이 절대적으로 요청되는 경우가 다수 발생한다는 주장에 대하여는 김승대, 앞의 책, 325~326면 참조.

죄에 적용될 남북한의 형사법규가 경합하여 그중 어느 하나를 준거법으로 결정하여야 하는 경우 경한 법률의 우선원칙에 따라 양 법규상의 공소시효기간과 중단 · 정지사유 등을 종합적으로 비교형량해서 경한 법률을 판단하여야 한다. 특히 정권범죄가 남북한 양 지역의 처벌규정에 해당되나 어느 한 지역의 법률에 의한 공소시효는 이미 완성되고 다른 지역의 법률에 의한 공소시효가 아직 완성되지 않았다면 통일한국은 이를 정지하거나 연장하는 법률을 제정할 수 있는 것인지 여부가 문제될 수 있다. 이는 이른바 부진정소급입법의 문제로 정권범죄의 공소시효 완성에 따른 당사자의 법적 안정성에 대한 기대와 신뢰보호라는 사익보다는 반법치국가적 · 반인도적 행위의 처벌이라는 공익을 우선시하여 이를 허용함이 상당하다.

(2) 정치적 · 이념적 근거에 의한 소추장애

반인도적 · 반법치국가적 불법행위에 대하여 정치적 · 이데올로기적인 근거에서 형사소추권이 행사되지 않은 경우에는 법률상의 장애사유가 있다고 보아 시효진행이 정지되었다고 봄이 상당할 것이다. 이러한 해석은 북한정권 아래에서 정권범죄가 소추되지 않고 공소시효기간이

---

35 북한은 우리와 달리 형법에 공소시효규정을 두고 있다. 반국가 및 반민족 범죄와 고의적 중살인범죄에 해당되는 범죄는 공소시효가 배제된다. 나머지 범죄에 대하여도 대체로 우리 형사소송법상의 공소시효기간보다 장기이다. 북한형법 제56조(형사소추 시효기간) : 범죄를 저지른 때부터 다음의 기간이 지나가면 형사책임을 지우지 않는다. ① 2년까지의 로동단련형을 줄 수 있는 범죄에 대하여서는 5년 ② 5년까지의 로동교화형을 줄 수 있는 범죄에 대하여서는 8년 ③ 5년 이상 10년까지의 로동교화형을 줄 수 있는 범죄에 대하여서는 10년 ④ 10년 이상의 로동교화형을 줄 수 있는 범죄에 대해서는 15년 ⑤ 무기로동교화형을 줄 수 있는 범죄에 대하여서는 20년. 제57조(형사소추 시효를 적용하지 않는 범죄) : 반국가 및 반민족 범죄와 고의적 중살인 범죄에 대하여는 형사소추 시효기간에 관계없이 형사책임을 지운다.

도과된 것에 대한 행위자의 신뢰이익을 보호하는 것보다는 정권범죄 처벌에 대한 국가적·사회적 처벌의 필요성이 크고 중요하기 때문에 정당성을 갖는다.

(3) 공소시효를 배제한 국제법규의 적용

인도주의에 관한 국제법규 중에는 공소시효 배제를 선언한 규정을 포함하는 경우도 있다. 시민적·정치적 권리에 관한 국제규약, 집단살해(*Genocide*)의 방지와 처벌에 관한 협약, 전쟁범죄 및 반인도적 범죄에 대한 공소시효의 부적용에 관한 협약 등이 그러하다. 북한도 이러한 국제조약에 가입하였으므로 이러한 국제조약에 근거한 공소시효의 배제는 소급효금지의 원칙에 해당되지 않는다고 할 것이다. 북한은 1984년 11월 8일 '전쟁범죄 및 반인도적 범죄에 대한 공소시효 부적용에 관한 협약'에 가입하였다. 이 협약에 의하면 한국전쟁 및 각종 공비 침투사건, 아웅산 폭탄테러사건, KAL기 폭파사건 등에 대해서는 공소시효 배제가 가능할 것이다.

4) 시효정지법의 제정

(1) 필요성 검토

앞서 살펴본 바와 같이 남북한 법질서의 독자성이 인정되어 각자의 형사법 규정에 따른 공소시효가 개별적으로 진행되는 경우 어느 한 쪽의 공소시효는 완성되었으나 다른 한 쪽의 공소시효는 아직 남아있는 사례 또는 양쪽의 공소시효가 모두 완성된 사례가 있을 수 있다. 남한법에 의한 공소시효가 남아있으면 별로 문제되지 않으나 그 반대의 사례나 양쪽 모두의 공소시효가 완성된 사례는 문제이다. 이러한 사례들은 아직 공소시효가 남은 북한의 형벌청구권을 원용하거나 공소시효

정지이론을 통하여 북한의 형벌청구권이 존속된다고 해석하지 않으면 처벌이 불가능하다. 따라서 이러한 불균형을 시정하고 북한의 정권범죄에 대한 공정하고 안정적인 사법처리를 위하여 공소시효의 정지에 관한 문제를 입법적으로 해결할 필요가 있을 것이다.

앞서 소개한 바와 같이 북한 정권범죄의 공소시효에 관한 해석논리가 다양하게 존재할 수 있으나, 그중 어느 견해도 우리 판례에 의하여 채택된 바가 없으므로 통일한국은 실무적으로 명확한 해결기준을 정립하기 위하여 특별법 제정이 불가피할 것으로 예상된다.

독일에서도 나치체제의 불법을 청산하기 위하여 공소시효에 관한 특별법을 제정하여 수회에 걸쳐 개정하면서 반인륜적 범죄의 공소시효 문제에 대처했으며, 통일독일에서도 이러한 경험을 바탕으로 동독의 정권범죄를 처리하기 위하여 수회에 걸쳐 시효정지법을 제정 및 개정하여 왔음은 주지의 사실이다. 이러한 독일의 선례들은 통일한국에 대하여서도 북한의 정권범죄에 대한 공소시효 문제를 해결하기 위한 특별법 제정의 필요성과 당위성을 확인해 준다.

(2) 합헌성 검토

통일한국이 북한의 정권범죄에 대한 공소시효를 정지하거나 연장하는 특별법을 제정한다면 형벌 불소급의 원칙과 관련하여 합헌성 여부가 먼저 검토되어야 할 것이다. 만일 통일한국이 통일 직후의 특수상황에서 특별법을 제정하여 아직 공소시효가 완성되지 않은 북한의 정권범죄를 대상으로 그 공소시효를 필요한 기간만큼 연장한다면 이는 헌법적으로 특별히 문제되지 않을 것이다. 그러나 특별법 제정 당시 이미 공소시효가 완성되어 버린 북한의 정권범죄에 대한 공소시효를 연장하는 것은 공소시효 완성에 대한 관련 당사자의 법적 신뢰를 해치는 조치로서 위헌의 소지가 있다. 이와 같은 문제들은 이른바 공소시효에 관한 부진정소급효와 진정소급효에 관한 문제로 구분되어 그 합헌성에 대하여 학설과 판례에서 다양한 견해가 제기되었음은 앞서 살펴본 바이다.

일반적으로 소급효금지는 범죄의 성립과 이에 결부된 처벌범위에 관한 실체법적 가벌성(*Strafbarkeit*)에만 미치고, 수사·소추·재판에 관련된 절차법적 조건에 해당하는 소추가능성(*Verfolgbarkeit*)에는 미치지 않는다. 따라서 공소시효기간을 사후적으로 변경하는 입법이 소급효금지에 반하는가 여부는 공소시효제도의 법적 성격에 달린 문제이다. 공소시효제도가 소송법적 성격을 갖는 것이라면 이러한 입법은 소급효금지에 반하지 않을 것이고, 실체법적 성격을 갖는 것이라면 사후적으로 공소시효기간을 연장하는 입법은 소급효금지에 위반된다고 할 것이다. 우리나라의 학설은 공소시효를 실체적 소송조건으로 보아 시효가 완성되면 소추권뿐만 아니라 형벌권 자체가 소멸한다고 보는 실체법설과 공소시효 완성은 하나의 소송조건으로 국가의 소추권을 소멸시킬 뿐이라고 하는 소송법설, 그리고 양자의 성격을 모두 갖는다고 보는 경합설이 대립한다. 참고로 독일의 통설과 판례는 소송법설을 취하며 공소시효기간의 소급적 연장의 경우 소급효금지에 관한 기본법 제103조 제2항이 적용되지 않는다.[36]

우리 형사소송법은 공소시효가 완성된 범죄에 대하여 무죄판결이 아닌 면소판결을 하도록 규정한 점에 비추어 입법자의 의도는 공소시효제도의 본질을 소송법설에 입각하여 이해하는 것으로 해석된다. 따라서 우리 헌법 제13조 제1항을 근거로 공소시효의 소급적 연장을 허용하는 입법의 합헌성 여부를 판단할 수 없다고 할 것이다.

오히려 공소시효 연장에 관한 법률은 법치국가적 신뢰보호와 관련하여 문제된다고 보아야 한다. 신뢰보호는 법치국가원리의 중요한 내용들

---

36 김선택(1995), "과거청산과 법치국가", 〈고대법학논집〉, 제31호, 116면.

중 하나이다. 법치주의는 정의의 실현과 더불어 법적 안정성 내지 신뢰보호를 목표로 삼지 않으면 안 된다. 국민이 행위시 법률을 신뢰하고 자신의 행동을 결정하였다면 그러한 신뢰가 보호할 가치가 있는 이상 입법자는 이를 함부로 박탈할 수 없음은 법치국가원리상 당연하다고 하겠다. 이와 관련하여 우리 헌법재판소의 다음 결정은 참고를 요한다.[37]

> 법률의 개정시 구법질서에 대한 당사자의 신뢰가 합리적이고도 정당하며 법률의 개정으로 야기되는 당사자의 손해가 극심하여 새로운 입법으로 달성하고자 하는 공익적 목적이 그러한 당사자의 신뢰의 파괴를 정당화할 수 없다면 그러한 새 입법은 신뢰보호의 원칙상 허용될 수 없다. 이러한 신뢰보호원칙의 위배여부를 판단하기 위하여는 한편으로는 침해받은 이익의 보호가치, 침해의 중한 정도, 신뢰가 손상된 정도, 신뢰침해의 방법 등과 다른 한편으로는 새 입법을 통해 실현하고자 하는 공익적 목적을 종합적으로 비교·형량하여야 한다.

앞에서 살펴보았듯이 독일의 판례와 다수설은 '공소시효 정지에 관한 법률'이 부진정소급효를 규정한 것으로서 헌법과 배치되지 아니한다. 우리 헌법재판소와 대법원의 판례[38]도 독일판례의 영향을 받아 소급입법에 관하여 진정소급효의 입법과 부진정소급효의 입법을 구분하여 전자에 대해서는 신뢰보호에, 후자에 대하여서는 공익상 필요성과 같은 입법목적에 우선권을 부여함으로써 전자는 법치국가에 위반되나 후자는 이에 위반되지 않는다고 보았다. 그러나 최근에는 부진정소급입법이라고 하더라도 당사자의 구법에 대한 신뢰를 보호할 가치가 있다고 할 특단의 사정이 있으면 위헌이라는 신중한 입장을 보인다.[39]

37 헌재결 1995. 10. 26. 94헌바12; 1989. 3. 17. 88헌마1.

38 대판 1989. 7. 11. 86누1123.

따라서 공소시효에 관한 소급입법에 대한 우리 판례의 태도를 종합하면 이미 시효가 완성된 범죄의 시효를 사후적으로 연장하는 것은 진정소급입법으로 특단의 사정이 없는 한 원칙적으로 법치국가원리에 위반되어 허용되지 않고, 아직 시효가 완성되지 않은 범죄의 시효를 사후적으로 연장하는 것은 부진정소급입법으로 시효완성에 대한 행위자의 신뢰보호와 시효연장에 대한 공익적 필요를 비교형량하여 후자가 우월하다고 판단되면 법치국가원리에 반하지 않으므로 허용된다고 보는 입장이다.

북한의 정권범죄에 적용될 공소시효 문제도 범죄의 가벌성을 결정하는 요소가 아니고 소추가능성에 관한 문제에 해당된다. 즉, 북한의 정권범죄에 관한 공소시효 문제는 이미 발생한 정권범죄의 처리에 관한 절차적 문제에 불과하므로 범죄구성의 실질적 요건에 대한 사후적 설정을 금지하는 죄형법정주의 내지는 형벌 불소급의 문제와 관계가 없다. 따라서 공소시효에 관한 특별법 제정의 문제는 법치국가 원칙에서 파생하는 신뢰보호의 원칙에 위배되는 여부의 관점에서 판단되어야 하고 범죄행위 이후에 사후적으로 구성요건을 설정하는 문제와는 질적인 차이가 있는 것으로 이해해야 한다.[40]

이러한 관점에 보면 아직 공소시효가 완성되지 않은 북한의 정권범죄에 대하여 공소시효를 연장하는 부진정소급입법은 물론 공소시효가 이미 완성된 북한의 정권범죄에 대하여도 그 처벌을 요하는 공익적 요구가 행위자의 시효이익에 대한 신뢰보호를 월등히 초월하는 경우에는 공소시효 연장을 허용하는 소급입법도 제한적으로 허용된다고 할 수 있을 것이다. 왜냐하면 우리 형사소송법상 공소시효는 사형이나 무기

39 헌재결 1995. 10. 26. 94헌바12; 대판 1989. 7. 11. 87누1123.

40 김승대, 앞의 책, 327면.

형에 처할 수 있는 범죄도 15~25년만 지나면 공소시효가 완성되어 처벌할 수 없도록 규정(제249조) 하여 사형이나 무기형을 규정한 입법자의 의도와 상치되는 측면이 있다.

이렇게 체계모순적인 단기공소시효제도가 남북분단이라는 형벌권 행사의 사실상 장애와 맞물려 북한정권의 반인도적·반법치국가적 범죄행위를 처벌할 수 없는 결과를 초래하는 걸림돌로 작용한다면 이것은 이른바 '라드브루흐 공식'에 의한 '법률적 불법'으로서 더 이상 적용할 수 없게 되고, 여기에는 입법의 흠결이 발생한다고 할 수 있다.[41] 따라서 이러한 경우에는 진정소급입법을 통하여 그 흠결을 메우는 것이 가능할 것이다. 왜냐하면 바로 이러한 경우가 라드브루흐가 지적한 대로 정의에 모순된 정도가 견디기 어려운 지경에 달하여 법적 안정성이 정의에 양보를 해야 하는 경우에 해당된다고 판단할 수 있기 때문이다.

독일 판례도 법적 지위에 대한 신뢰가 객관적으로 정당화될 수 없는 특단의 사정이 있는 때에는 예외적으로 진정 소급효도 허용될 수 있다는 입장을 취한다. 즉, 신뢰를 보호할 가치가 거의 없는 반면 소급입법을 통하여 달성하려는 공익적 목적이 현저하게 커서 당사자가 신뢰에 대한 침해를 감수할 수밖에 없는 특별한 사정이 있는 경우에는 진정소급입법이라고 하더라도 예외적으로 허용될 수 있다.[42] 따라서 북한의 정권범죄의 공소시효와 관련하여서도 보호하여야 할 공익의 정도를 고려할 때 그 행위자의 시효완성에 대한 신뢰를 보호하는 것이 명백히 합리적이지 못하다고 판단되는 경우에는 시효완성에 따른 법적 이익을 박탈하는 소급입법도 가능할 것이다.

41 김선택, 앞의 논문, 128면.

42 임준호 (1996. 4), "5·18 특별법의 합헌성(소추권행사의 장애와 공소시효의 정지)", 〈인권과 정의〉, 87~88면.

(3) 입법적 선례

우리나라에서도 이미 공소시효 정지와 관련된 입법이 제정된 바 있다. 1995년 12월 19일 5·18 광주민주화운동과 관련된 2개의 특별법안 '헌정질서 파괴범죄의 공소시효 등에 관한 특례법'(이하 공소시효 특례법으로 약칭)과 '5·18 민주화운동 등에 관한 특별법'(이하 5·18 특별법)이 국회에서 의결되었다. 두 법률은 모두 1995년 12월 21일 공포 발효되었다.

공소시효 특례법은 제2조에서 형법상 내란의 죄와 외환의 죄, 군형법상 반란의 죄와 이적의 죄를 헌정질서 파괴범죄로 열거하고, 제3조에서 제2조의 헌정질서 파괴범죄와 형법상 제250조(살인죄)로서 '집단살해죄의 방지와 처벌에 관한협약'에 규정된 집단살해에 해당하는 범죄에 대하여 형사소송법 및 군사법원법상의 공소시효의 적용을 배제하는 규정을 두었다.

또한 5·18 특별법은 제2조에서 "1979년 12월 12일과 1980년 5월 18일을 전후하여 발생한 헌정질서 파괴범죄의공소시효등에관한특례법 제2조의 헌정질서 파괴범죄행위에 대하여 국가의 소추권행사에 장애사유가 존재한 기간은 공소시효의 진행이 정지된 것으로 본다"고 규정하고(제1항), "여기의 국가의 소추권 행사에 장애사유가 존재한 기간은 당해범죄의 종료일로부터 1993년 2월 24일까지의 기간을 말한다"고 규정했다(제2항).[43] 그런데 위 법률에 대하여는 위헌이라는 주장이 제기되었으나 1996년 2월 16일 헌법재판소에 의하여 합헌결정이 내려졌는바, 그 판시내용은 다음과 같다.[44]

---

43 김선택, 앞의 글: 91~92면 참조.

44 헌재결 1996. 2. 16. 96헌가2, 96헌바7. 13.

12·12 군사반란 및 5·18 내란의 범죄행위자들이 국가권력을 장악하는 데 성공함으로써 그 집권기간 동안 소추가 불가능하였는데 이처럼 소추권 행사가 불가능한 때에는 공소시효의 진행이 정지되는 것으로 보아야 하며, 5·18 특별법은 당연한 법리를 확인하는 의미로 입법한 데 불과하므로 소급입법에 해당하지 아니한다.

5) 공소시효의 잠정적 연장

남북한 법질서가 하나로 통합되는 과정에서 일시적으로 사법기능이 마비되는 상황이 발생할 수 있다. 따라서 새로운 민주적 법질서가 확립되고 그에 따른 사법기능이 회복되기까지 사법기능의 공백상태에서 정권범죄의 공소시효가 완성되는 것을 예방하기 위한 특별한 조치가 필요하게 된다. 통일합의서에 통일에 따른 사법기능의 공백이 완전히 회복될 때까지 일시적으로 공소시효를 잠정적으로 중단 또는 연장하는 특칙을 둠으로써 혼란을 예방할 수 있을 것이다.

통일독일도 이러한 상황을 예견하여 통일조약 부속의정서에 통일기간중에 정권범죄의 공소시효가 완성되는 것을 막는 특칙을 두었음은 앞서 살펴본 바와 같다. 통일한국도 통일합의서 발효시점을 기준으로 사법기능이 정상화되기까지 일정기간을 정하여 아직 공소시효가 완성되지 않은 모든 정권범죄의 공소시효가 중단되도록 하거나 통일한국의 사법제도와 사법기구의 통합이 완성되는 일정 시점까지 공소시효를 연장하는 특별규정을 마련해 둘 필요가 있을 것이다. 이러한 조치는 결국 부진정소급효를 갖는 것에 불과하므로 공익적 필요에 의하여 합헌성을 인정하는 데에 큰 무리는 없을 것이라는 견해가 지배적이다.[45]

45 김승대, 앞의 책, 328면.

6. 기타의 헌법적 문제

1) 대남첩보활동

(1) 서언

북한의 대남첩보활동이 순수하게 북한 내에서의 이루어진 경우 다른 정권범죄와 달리 가벌성 유무에 관하여 특별한 헌법적 문제가 제기될 수 있다. 통일 후 형사처벌 대상이 될 수 있는 북한의 첩보활동에는 두 가지 유형이 있다. 하나는 통상적으로 북한 정보기관 요원이 남한에 파견되어 간첩행위를 한 사례이며, 다른 하나는 북한지역 내에서 남한을 대상으로 첩보활동을 한 사례이다. 북한의 대남첩보활동이 남한 내에서 이루어진 경우나 북한의 공작기관에 포섭된 남한주민에 의하여 이루어진 경우에는 수많은 간첩들의 처벌선례에서 보았듯이 통일한국에서도 이를 처벌할 수 있음은 당연하다고 하겠다. 그러나 자국 내에서 자국을 위하여 정보수집활동을 한 것으로 볼 수 있는 후자의 경우는 문제이다. 북한은 통일전선부 · 대외연락부 · 35호실 · 작전부 · 조국통일민주주의전선 등과 같은 대남사업기구를 통하여 남한 및 남한주민들에 관한 정보를 수집한 것으로 알려지고 있다. 나아가 최근 활성화된 남북교류협력 과정에서 취득된 각종 남한정보들은 중앙조직에 의하여 취합되어 각종 대남사업을 위한 기초자료로 활용되는 것이 여러 분야에서 확인됐다.

앞에서 보았듯이 통일독일의 경우 동독의 대서독 첩보기관의 요원들은 통일 후 간첩죄로 기소되었으나 연방헌법재판소의 최종판단에 의하여 이들에 대한 형사소추는 법치국가원리에서 파생되는 신뢰의 원칙과 평등의 원칙을 위배하는 것으로 위헌판단을 받았다. 대부분의 학설은 진정한 내적 통합을 이루기 위한 화합적 측면에서 동독 정보기관의 대서독 간첩행위에 대하여는 형사처벌에 반대하였다. 이와는 달리 사법실무에서는 형사처벌을 긍정하는 입장을 고수하여 연방대법원은 간첩활동을 이유로 기소된 국가공안부 간부들에 대하여 유죄판결을 계속 선고하였다. 그러나 연방헌법재판소가 1995년 5월 15일 동독지역에서 대서독 간첩활동을 한 경우에 한하여 가입 이후 형사책임을 묻는 것은 타당하지 않다는 결정을 내림에 따라 간첩행위에 대한 가벌성 논의는 현재 일단락되었다고 볼 수 있다.

통일한국에서도 테러행위를 포함하지 아니한 북한의 순수한 대남정탐 및 첩보행위를 처벌하는 것은 남한의 대북첩보활동과의 상호주의 및 대북간첩행위의 불처벌과의 형평성에 반하여 위헌이라는 주장이 제기될 가능성이 있다. 즉, 인명에 대한 침해를 수반하지 아니하는 단순한 대남첩보활동은 분단을 극복하고 통일이 완수된 시점에서 특별히 처벌할 필요성도 크지 않으므로 평등의 원칙과 법치국가의 원칙을 위태롭게 하면서까지 처벌할 필요는 없다는 주장이 그것이다.

(2) 처벌 가능 여부

① 처벌 불가설

북한 내에서 이루어진 대남 간첩활동을 처벌할 수 없다는 논거로서 크게 나누어 다음 3가지를 들 수 있겠다.

가. 국제법

국제관계에서 간첩활동은 허용되는 것이 국제법상 일반원칙이며,[46] 간첩활동 후 자기 부대로 귀환하였으나 이후에 포로가 된 자는 종전의 간첩행위를 이유로 처벌될 수 없고 전쟁포로로서 취급되어야 한다는 1907년 10월 18일자 헤이그육전법규 제31조를 유추적용하면 북한 내 대남첩보활동의 처벌은 국제법에 반한다는 주장이 가능하다. 또한 국제법상 원칙적으로 국가원수에 대해서만 허용되는 국제법적 면책특권이 특정한 조건하에서 정보기관의 간첩활동에도 적용될 수 있다는 주장도 가능할 것이다.

그러나 이러한 주장에 대하여는 간첩의 가벌성 여부는 궁극적으로 국내법적 문제라는 점에서 국제법의 일반원칙이 북한의 대남 간첩활동의 처벌을 면제하는 근거가 될 수 없다는 비판[47]과 헤이그육전법규 제31조는 전시규범으로서 평화시의 간첩활동에 대해서는 준용될 수 없다는 반론이 가능하다.

나. 소급효금지 위반

북한형법상 대남 간첩활동을 처벌하는 규정이 없으므로 통일 이후에 남한형법이나 통일형법을 적용하여 행위자를 처벌하는 것은 소급효금지원칙에 위반된다는 주장이 가능하다. 이 주장에 따르면 행위시에 행위지 법률이 처벌하지 아니하였던 행위를 통일 후 처벌하는 것이 소급효금지원칙에 위배된다는 것이다. 이러한 입장에 의하면 북한 간첩을

46 간첩활동을 전시의 간첩과 평화시의 간첩으로 구분하여 무장투쟁을 전제로 하는 전시중에는 간첩활동이 원칙적으로 허용된다는 데에 이론이 없는 반면 평화시 간첩활동의 허용 여부에 대해서는 견해가 나누어져 있기는 하나 국제법상으로 간첩활동이 적어도 금지되지는 않는다는 것이 지배설의 입장이다.

47 Bernd Schünemann, a. a. O., S. 179.

통일 이후 처벌하는 것은 소급적 책임에 근거한 것으로서, 책임주의와 소급효금지를 내용으로 하는 법치국가형법에 의해 허용될 수 없다고 할 것이다. 따라서 소급적으로 형사책임을 부담하지 아니한다는 신뢰의 보호에 근거하여 소급효금지의 원칙에 반한다는 주장도 가능하다.

다. 법치국가원리 위반

북한지역 내에서의 대남간첩활동에 대한 형사소추는 평등원칙과 비례원칙을 내용으로 하는 법치국가원리에 위반된다는 주장이 가능하다. 독일의 연방헌법재판소도 동독 내 대서독 간첩행위 처벌에 대한 위헌결정의 근거로서 법치국가의 근간을 이루는 '비례성의 원칙'을 들었다. 비례성의 원칙이라는 관점에서 보면 북한지역 내에서의 대남간첩활동에 대한 사후 형사처벌이 적정한지 여부 및 형사소추로 인하여 관련자의 법적 지위가 지나치게 침해되는지 여부, 그 밖에 형사소추를 통해 달성될 수 있는 국가보호라는 법익의 보호가 지나치게 경시되지 않는지 여부가 검토되어야 할 것이다. 만일 북한지역에서 북한주민에 의해 자행된 경우 이에 대한 국가형벌권보다 행위자의 법적 안정성을 우위에 두면 대남 간첩활동의 소추가능성을 부인할 수 있다.

한편 통일 전 동일하게 첩보활동을 하였음에도 불구하고 남한의 대북간첩활동은 형사처벌을 받지 않는 반면에 북한의 대남간첩활동만이 처벌되면 '평등의 원칙'에 위반이 된다는 주장도 가능할 것이다. 가벌성을 부인한 핵심적 근거는 과거 북한에 거주하면서 첩보활동을 전개한 간첩이 그들의 조국이 원하는 바에 따라 행동하였으며 그들의 법률에 의하여 소추되지 않았다는 점이다. 또한 통일한국은 이와 같은 형벌권을 오로지 통일을 통하여 취득했을 뿐이며 통일 이전 북한 간첩들이 북한이라는 국가의 보호를 받았었다는 점도 근거로 들 수 있다. 북한이라는 국가의 보호권 적용영역을 떠나지 않았던 사람들의 북한을 위한 북한지역에서의 간첩행위에 대한 통일한국의 국가형벌권 행사는 특별한 권리침해 상태를 초래한다고 볼 수 있으므로 평등의 원칙에 반한다는 주장이 가능한 것이다.

② **처벌가능설**

북한 내에서 이루어진 대남 간첩활동에 대한 가벌성에 관하여서는 다음과 같은 논거와 비판이 가능할 것이다.

북한지역의 대남간첩행위의 가벌성은 범행시점에 이미 성립되었으며 통일에 의해 그 가벌성이 소멸되지 않는다는 것이다. 간첩의 가벌성 여부는 궁극적으로 국내법적 문제라는 점에서 국제법의 일반원칙이 북한의 대남 간첩활동의 처벌을 면제하는 근거가 될 수 없으며, 헤이그육전법규 제31조는 전시규범으로서 평화시의 간첩활동에 대해서는 준용될 수 없고, 국제법상 면책특권도 간첩기관에 대해서는 적용될 수 없다.

이러한 주장은 남한 정보기관의 간첩행위를 북한형법규정에 의해 처벌하지 않는 반면 북한 정보기관의 간첩행위만이 남한형법에 따라 처벌한다고 해도 이것이 자의적 불평등이라고 볼 수 없다. 이러한 차이는 통일에 따른 법률체제 재구성의 결과일 뿐 아니라, 남한의 정보기관이 국가보호라는 측면에서 방어적·소극적으로 활동한 데 반하여 북한의 정보기관의 대남정보활동은 대한민국의 대외안전을 위협하는 공격적·적극적이었다는 이유로 양자를 등격화시킬 수 없다는 점에서 양자는 달리 취급될 수 있다는 것이다.[48]

물론 이에 대하여는 남한 정보기관은 방어활동만을 하였고 북한은 남한의 안전을 교란하기 위하여 공격적인 명령을 수행하였다는 점에 대하여 이러한 차이란 법적으로 파악될 수 없으며, 각 정보기관의 구체

48 김승대, 앞의 책, 331면.

적 활동내용만이 그 척도가 되나 북한 간첩행위자들이 다른 국가의 비밀정보기관의 활동과 구별되는 특별한 활동을 전개하였다고 볼 수 있는 근거가 없다는 반론도 가능할 것이다.

한편, 북한 간첩행위에 대한 처벌이 평등의 원칙이나 비례성의 원칙에 위반되어 이에 대한 기소가 불가능하다면 간첩행위 전반에 대하여 결국 사면조치를 취한 것과 동일한 효과를 가져오나 이러한 결과가 사법부의 판결에 의해서 이뤄질 수 있는 적절한 조치인지에 대하여도 의문이 제기될 수 있다. 사면은 입법자인 의회의 권한에 속하는 것이며 사법부의 권한에 속하는 것은 아니므로 사법부는 자신의 권한을 넘어 입법권을 침해한 결과를 야기하고 있어 오히려 위헌적이라는 비판이 제기될 수도 있을 것이다.

(3) 사 견

통일로 인하여 그 보호막인 국가를 상실하게 된 것이 간첩행위의 위법성을 소멸하게 하거나 감소한다고 보기는 어렵고, 나아가 북한 내 간첩행위의 지휘자들은 처벌이 불가능하다고 하면서 그들에 의하여 사주되어 남한에서 활동한 북한 간첩들은 처벌이 가능하다는 결론은 오히려 평등원칙에 반하게 된다. 왜냐하면 북한지역에서 간첩활동을 명령 조정하였던 총책들이 남한 지역에서 간첩활동을 실제 감행한 자보다 유리하게 될 수는 없기 때문이다.

북한의 대남첩보활동은 남한에 대한 공산혁명을 실현하기 위한 것으로 일반적으로 국가가 행하는 정보수집활동의 범위를 넘어선 공격적 도발행위에 해당하므로 이를 처벌하여야 하며, 이러한 처벌이 법치국가원리에 위배된다고 할 수는 없다. 왜냐하면 동독과 달리 북한의 대남첩보행위는 체제수호라는 소극적 차원을 넘어 항상 남한의 전복을 위한 수단의 일환으로 공격적으로 행해졌으며 남한에 대한 각종 테러행위의 기초가 되어 왔기 때문이다. 따라서 통일독일과 달리 통일한국에서는 북한 내의 대남첩보행위 관련자에 대한 처벌에 있어 헌법적 장애로 보기 어려운 특별한 사정이 존재한다고 봄이 상당할 것이다.

2) 국가행위이론

국가행위이론(*Act of State Doctrine*)이란 외국의 고권행위에 대한 항변은 외교적 수단을 통해서 제기되어야 하며 따라서 외국 또는 그의 국가기관이 자국 영토 내에서 행한 고권행위에 대하여 타국 법원은 그 유효성 또는 적법성에 관한 판단을 자제하여야 한다는 국제법 이론이다.[49]

호네커 재판시 변호인들이 동서독 기본조약을 통하여 서독은 동독의 국가성을 인정하였으므로 호네커의 행위는 독립된 주권국가였던 동독의 국가행위로서 통일독일의 재판권의 대상이 되지 않는다고 주장했다. 통일한국의 북한 최고권력자에 대한 재판과정에서도 이러한 주장이 제기될 가능성이 높다. 이러한 주장은 남북기본합의서에서도 남북한이 상호 체제를 존중한다고 합의하였고, 2회에 걸쳐 우리 대통령이 북한을 방문하여 아무런 위해 없이 정상회담을 마치고 귀환하였으며, 북한도 국제사회의 일원으로 남한과 함께 유엔의 회원국이라는 점에서 논리적으로 무시하기 어려운 주장이라고 생각한다.

따라서 만일 북한의 국가성을 인정하는 입장에 서면 북한이 통일한국으로 흡수되기 전에 이뤄진 국가지도자의 정권범죄 중에는 주권국가의 고권적 행위로서 면책주장이 가능한 행위도 있을 수 있다. 그러나 북한의 국가성을 부인하는 입장이라면 북한의 정치지도자들은 고권적 국가행위이론을 원용할 법적 토대가 존재하지 않는다. 상대적 관계에서는 동독의 국가성을 통일시까지 일관되게 인정하지 않았던 독일의 학설과 판

49 김정건(2004), 《국제법》, 박영사, 370면 이하.

례가 그러하였듯이 남한도 상대적 관계에서는 북한의 국가성을 인정할 여지가 없으므로 북한의 최고권력자는 국가행위이론에 의한 면책을 인용하기는 어려울 것이다. 특히, 북한체제는 권력이 세습되어온 일인독재체제였으며, 북한최고권력자는 모든 체제불법의 발원지로서 이에 대한 최종 책임자라는 점에서 더욱 그러하다고 하겠다.

3) 법왜곡 · 선거부정 등

독일형법 체계와 우리형법 체계가 대륙법계 형법으로 유사점이 많지만 그 구체적 내용에서는 차이가 있다. 그 예로서 독일 형법상 법왜곡과 선거부정 문제를 들 수 있겠다. 이 두 가지의 문제는 통일독일의 불법청산 과정에서 불법의 연계성 등 다수의 법적 문제점을 내포하여 학설과 판례의 격렬한 논쟁을 야기하였다. 그러나 북한형법에서 독일형법상의 법왜곡과 유사한 부당판결죄[50]를 규정하고 있는 것과 달리 우리형법은 이에 관한 처벌규정을 두지 않으므로 이를 청산대상으로 검토할 현실적 필요성은 크지 않다. 또한 선거부정 행위에 대하여 우리는 특별형법으로서 '공직선거법'에서 이에 관한 벌칙규정을 두었다. 북한은 사회주의체제를 유지, 합법화하며 정권을 세습하기 위하여 공정하지 못한 선거행위가 자행되었을 것으로 예상되나 이를 처벌하는 법규의 존재가 불분명하다. 따라서 이에 대한 불법청산 문제도 현실적 검토필요성이 크지 않다.

다만 법왜곡 문제는 앞서 검토한 피해자 구제와 관련하여 형사복권의 대상이 되는 불법판결을 가리는 기준과 단서로서 검토할 필요가 있을 것이며 그러한 한도에서 통일독일에서 논의되었던 법왜곡에 관한 학설과

---

50 북한형법 제255조(부당판결, 판정죄) : 재판일꾼이 고의적으로 부당한 판결, 판정을 한 경우에는 3년 이하의 로동교화형에 처한다. 정상이 무거운 경우에는 3년 이상 8년 이하의 로동교화형에 처한다.

판례가 많은 시사점을 제공할 것이다. 그리고 선거부정문제도 북한법상 직접적인 처벌규정이 없다고 하더라도 선거과정에서 투표결과를 조작하거나 협박이나 강요에 의한 투표행위에 대하여는 개인의 기본권을 침해하는 또 다른 유형의 범죄로서 처벌가능성이 검토될 수 있다.

7. 북한불법 감시기구 설립

앞서 통일한국이 북한의 정권범죄에 대한 불법청산시에 발생할 것으로 예상되는 법적 문제점을 중심으로 살펴보았다. 그러나 불법청산의 실무상 법적 문제점에 대한 해결방안 못지않게 정권범죄의 사실관계 확정도 중요한 문제이다. 그러나 폐쇄된 북한지역에서 발생하는 정권범죄를 사후적으로 입증하기는 쉬운 일이 아닐 것이다. 그런 점에서 북한의 정권범죄에 대한 입증자료를 수집하는 일은 국가차원에서 이루어져야 할 통일 준비작업의 하나로서 북한주민을 우리 국민으로 수용하고 있는 헌법에 기초한 국가적 책무라고 하겠다.[51]

서독의 경우도 동독 공산체제에서 자행된 정권범죄에 대한 불법청산을 위한 준비작업을 독일의 분단과 더불어 시작하였음은 앞서 살펴본 바이다. 즉, 1961년 8월 13일 동독정권이 동독주민의 서독으로의 이주를 막기 위하여 베를린 장벽을 구축하자 곧바로 그들의 공권력이 미치지 아니하는 독일의 다른 부분에서 자행되는 자국민에 대한 인권침해를 언젠가는 법치국가적 원칙 아래 소추할 수 있도록 증거자료를 수집할 기관으로 '중앙법무기록보존소'를 설치하였다. 이 기관은 동독 내에서 자행되는 인권침해행위를 소추하기 위한 증거의 확보를 위한 것이라는 측면과 더불어 분단된 조국의 다른 부분에 거주하는 독일인에 대하여도 연방공화국의 모든 기관은 보호의무를 다해야 한다는 기본법의 정신을 실현한다는 측면에서 동독주민들에게 공산억압체제를 넘어선

51 유엔인권이사회는 2013년 3월 북한인권조사위원회를 구성하여 본격적인 조사활동을 개시하였음에도 불구하고 북한과 특수관계에 있는 우리나라에는 정작 북한인권조사기구가 없다는 점은 국제사회로부터 납득하기 어려운 일로 평가될 것이 분명하다.

하나의 조국을 확인시켜 주는 정신적 상징임과 동시에 독일국민의 통일에 대한 의지를 표상하는 의미를 가졌다.

우리도 남북통일에 대비하여 독일의 중앙법무기록보존소와 같이 북한의 체제불법을 감시하고 이에 관한 인적 및 물적 증거를 체계적으로 수집하여 관리하는 기구의 조속한 설립이 요구된다고 하겠다. 이러한 기구의 설립은 실효적 규범력의 유무를 떠나서 북한지역을 영토범위로 규정하고 북한주민을 우리 국민으로 수용하는 헌법정신에도 부합하는 조치라고 판단된다. 북한의 체제불법을 감시하는 기구를 설립하게 되면 그 기구의 존재 자체만으로 자유를 갈구하는 북한주민에게 희망을 주고 나아가서 북한주민을 자국민으로 보호하겠다는 국가적 의지를 분명히 하게 된다. 북한불법 감시기구는 통일이 될 것을 기다리면서 북한에 거주하는 우리 동포들의 인권을 지키고 북한의 정권범죄를 감시하는 파수꾼의 역할을 할 수 있을 것으로 기대된다. 더 나아가 북한의 잠재적인 정권범죄 행위자들에 대하여 정권범죄로 인한 가벌성에 대한 경각심을 심어주는 계기가 되어 북한주민에 대한 불법행위를 자제하도록 경고하는 심리적 효과도 거둘 수 있으며 통일 후 정권범죄의 불법성을 알지 못하였다거나 알 수가 없었다거나 하는 변명의 가능성을 차단하는 예방적 효과를 가져올 수 있을 것이다. 그리고 이러한 기구가 수집한 자료들은 통일 후 사법실무상 정권범죄 청산의 증거자료로 활용됨과 동시에 공무원 재임용에 관한 인사자료로도 활용가능할 것이다.

물론 이러한 기구의 설립이 남북관계발전에 장애요인으로 작용할 가능성도 배제하기 어렵지만 남북관계발전의 궁극적인 목표가 남북한 주민 모두에게 인간의 존엄성이 보장되는 법치국가의 구현에 있는 만큼 반드시 필요한 조치라고 생각한다. 이러한 기관은 북한의 정치·사회·국방·외교·문화 등에 대한 정책정보를 수집하는 정보기관들과는 다르게 법적인 형사사법절차에 대비하는 증거와 증언을 수집하여 장차 증거능력을 인정받을 수 있는 상태로 유지 관리하는 형사사법기관의 형태를 갖추어야 할 것이다. 따라서 이러한 기관의 구성원은 증거법에 관한 전문지식과 경험을 갖춘 법조인으로 충원되어야 할 것이며, 어떠한 정치상황에서도 정치적 압력이나 회유에서 독립될 수 있도록 신분이 보장되어야 할 것이다. 특히 서독의 예에서 볼 수 있었듯이 이러한 기관의 구성원들은 그 존재가 알려지면 북한정권의 테러대상이 될 수 있을 것이므로 신변보호도 국가가 보장해주어야 할 것이다.

그리고 이러한 기관이 설립되면 그 구성원들은 국제기구나 국제적 언론매체를 통하여 북한정권의 인권침해에 대한 증거를 수집하는 일방 북한이탈주민을 활용한 적극적인 증거수집에 나서야 할 것이다. 이러한 증거와 정보들은 오남용을 방지하고 법적인 증거능력을 확보하기 위하여서라도 사법적 차원에서 적법절차의 원칙에 따라 수집되고, 통일에 대비하여 체계적으로 관리되어야 할 것이다.

이런 점에서 북한 당국자들의 불법행위에 관한 수많은 증거들이 정보기관에 의하여 단순히 대북 정보수집 차원에서 수집된 후 대북 정책자료 정도로 일시적으로 활용되고 마는 현실은 매우 안타까운 일이 아닐 수 없다. 만일 남북관계 현실에 비추어 당장 이러한 독립기구를 설립하기 어렵다면 임시방편으로 준사법기관인 검찰이나 사법경찰관이 현재 국가안보 관련 정보수집에 치중되는 북한이탈주민에 대한 합동심문과정에 직접 참여하여 증거를 조사하고, 다른 기관에서 수집된 증거를 취합하여 관리하는 권한이 주어져야 할 것이다.[52]

52 2011년부터 북한이탈주민들을 대상으로 인권침해 사례를 조사하기 위한 수사관 1명이 임시 수용소에 배치되어 조사활동을 하고 있다고 하지만 조사업무의 성격 · 규모 · 중요도에 비추어 매우 미흡한 조치라고 판단된다.

04/ 피해자의 구제

1. 서 설

통일독일의 선례에서 볼 수 있듯이 북한의 체제불법을 완전히 청산하기 위해서는 정치적 가해자의 처벌만으로는 부족하고 그 불법체제 아래서 피해를 당한 북한주민들에게 이를 보상하는 조치가 병행되어야 할 것이다. 언론보도를 통하여 알 수 있듯이 북한에서는 최근에도 정치적·사회적 동기에 의하여 형사소추되거나 적법절차에 의한 법원의 재판 없이 강제수용 또는 공개처형되는 일들이 자주 발생한다. 통일한국은 이러한 불법판결이나 불법적 행정조치로 인한 결과를 제거하고 피해자에게 그 피해를 보상해야 할 것이다.

현재 북한에는 6개 이상으로 추정되는 강제수용소가 존재한다. 이러한 집단수용시설에 감금된 자들은 체제유지와 정권세습에 장애가 되는 반체제 인사 내지는 탈북기도 주민들로서 이들의 강제수용은 정치적·사회적 동기에 기인한 것이다. 만일 이들의 강제수용 이유가 정치적 목적에 의한 것이었거나 강제수용되는 절차가 적법하지 못하였다면 그것이 형사재판에 의한 것이든 행정조치에 의한 것이든 그 형식을 불문하고 통일 후 대부분 형사복권이나 행정복권의 대상이 될 것으로 예상된다.

체제불법의 희생자를 법적으로 구제해주는 작업은 앞서 지적한 바와 같이 불법청산이라는 수레의 두 바퀴 중 하나로 비유될 정도로 중요한 일이다. 북한의 체제불법으로 인한 피해자의 구제는 가해자의 처벌에 못지않게 중요한 일이고, 오히려 통일한국의 미래를 향한 출발선을 재정비하는 작업이므로 그 의미가 더욱 크다. 수십 년을 넘는 북한정권의 통치기간 동안에 자행된 수많은 체제불법의 희생자들을 구제하는 일은 새로운 공동체로서의 통일한국에 대한 그들의 지지와 동참을 끌어내기 위한 필수불가결한 조치로 남북한 주민의 사회적 통합을 이루기 위한 지름길이 될 것이다.

북한 체제불법의 피해자에 대한 법적 구제방법도 통일독일의 선례에서 보았듯이 형사복권, 행정복권, 직업복권 등을 생각할 수 있다. 피해자 구제를 위한 구체적 조치 중에서 불법판결이나 불법행정처분을 무효화를 선언하여 권리를 회복해주는 것을 제외하고 이에 따른 대부분의 후속조치들은 상당한 비용을 요한다. 이러한 비용은 통일비용 중 상당부분을 차지할 것이고 따라서 남한주민들의 분담을 요한다. 북한주민들을 통일한국이라는 새로운 공동체의 일원으로 받아들이기 위해 남한주민들은 어느 정도의 비용분담은 감내하여야 할 것이지만 그들에게 무한책임을 지울 수는 없다.

여기에서 북한주민들의 피해구제를 위한 보상의 범위를 정함에 있어서는 선결되어야 할 법적인 문제가 제기된다. 통일한국이 북한정권의 불법책임을 승계하는지 여부에 따라 남한주민의 통일비용 부담의 한계가 결정될 것이기 때문이다. 만일 통일한국이 북한정권의 불법책임을 승계한다는 입장에 선다면 북한의 체제불법으로 인한 북한주민의 피해를 전액 배상해야 한다. 그러나 체제불법의 피해자 구제방안도 몰수재산 처리방안에서와 같이 보게 되는 바와 같이 통일한국은 북한의 불법책임을 승계하지 않는다고 해석된다.[1] 따라서 통일한국의 헌법제정권자를 포함한 입법자는 북한주민의 피해에 대한 보상의 방법에 대하여 광범위한 형성의 자유를 갖는다고 본다. 북한의 정권범죄로 인하여 피해를 입은 북한주민에 대한 보상은 사회적 약자에 대한 공공부조로서 사회적 조정급부를 행하는 사회적 법치국가원리에 의하여 이루어지는 것이므로 통일한국의 국가재정이나 피해자의 생활능력 등을 고려하여 합리적으로 보상하면 되는 것이다. 통일한국은 이러한 합리적 보상기준을 마련하기 위하여 통일독일의 선례에 따라 특별법을 제정하여 구체적 보상의 요건이나 범위를 정하면 될 것이다.

이상에서 살펴본 바와 같이 보상의 전제로서 복권대상이 되는 불법판결·행정처분·직업박탈 등의 파기·취소·무효화를 판단함에 있어서는 물론이고, 복권된 피해자를 구제하는 방법과 내용을 결정함에 있어서도 자유민주적 법치국가원리가 그 기초가 됨은 당연하다. 그러나 피해자 구제는 이에 더하여 반법치국가적 형사판결이나 행정조치 등과 같은 체제불법의 희생자들을 사회적 약자로 배려하여 그 이익을 조정해주는 사회적 법치국가원리를 필요로 한다. 이러한 점에서 피해자 구제는 순수하게 자유민주적 법치국가원리에 입각하여 진행되어야 하는 가해자 처벌에 비하여 다원적인 법치국가원리에 기초한다.

불법적인 북한체제의 피해자를 구제하는 방안도 통일독일의 그것처

1 통일독일도 법적 측면에서 동독은 연방독일에 가입함으로써 국가 내지 국제법 주체로서 자격을 상실하였고, 동독기관의 불법조치에 대해서는 연방이나 신설주 모두 동독의 포괄적 권리승계인이 아닐 뿐만 아니라 기본법에도 동독의 불법행위에 대한 서독 측의 원상회복의무가 규정되어있지 않기 때문에 구서독이나 통일독일은 이에 대하여 책임이 없다고 불법책임 불승계론을 주장하였다.

럼 형사복권, 행정복권, 직업복권의 관점에서 검토하는 것이 체계적이고 효율적이라고 생각되므로 이하에서도 그에 준하는 방식으로 검토하고자 한다.

2. 형사복권

1) 서언

북한은 2004년도 형법 개정으로 죄형법정주의를 명문화하기 전까지 유추해석을 허용하는 규정을 두었으며, 형법상 각종 구성요건의 개념도 불분명하여 다의적 해석이 가능하도록 규정하고 있다. 또한 권력이 1인에게 집중되어 사법권의 독립성은 보장되지 않으며, 형법보다 지도자의 교시나 당의 명령이 우선시된다. 북한의 형사사법절차는 정권의 유지에 봉사하는 요식적 절차에 불과하다고 봄이 정설이다. 따라서 이러한 형사사법체제하에서 이루어진 수많은 형사판결들이 법치국가원리에 반하여 정치적 목적에 따라 이루어졌으며 그 불법성의 정도는 앞에서 살펴본 동독의 형사판결과는 견줄 수 없을 정도로 심각한 것으로 평가된다. 따라서 남북통일 이후 가장 시급하게 해결을 요하는 문제들 가운데 하나로서 북한 형사판결에 대한 형사복권 조치가 요구된다고 하겠다.

체제불법의 피해자를 구제하는 일은 가해자의 처벌과 함께 불법청산이라는 수레를 구성하는 두 개의 수레바퀴로서 법치국가원리라는 축으로 연결되어 있다는 비유는 앞서 살펴본 바와 같다. 그런데 피해자를 구제하기 위한 방법의 하나로 피해자에게 형사복권과 피해보상을 해주기 위해서는 먼저 북한정권이 저지른 불법적 판결을 선별하여 폐기하는 일이 선행되어야 할 것이다. 왜냐하면 북한에서 이루어진 모든 판결을 폐기하는 것은 국가적 불법의 정도나 법적 안정성의 측면에서 불가능하기 때문이다.

따라서 통일한국은 폐기되어야 할 북한의 불법판결을 선별하는 기준을 정립할 필요가 있는데 그 기준은 법치국가원리에서 구해져야 한다. 즉, 불법판결의 이유가 법치국가적 원칙에 반하는 정치적 박해를 가하기 위한 것이라면 이것은 폐기되어야 한다. 나아가서 판결의 대상이 되었던 행위와 이에 가해진 형벌이 비례의 원칙에 부합하지 않은 경우도 불법판결로서 폐기되어야 한다.

통일 후 북한의 불법판결의 피해자 구제는 현행 우리 형사법상의 재심절차 등으로는 감당하기 어려울 것으로 예상된다. 따라서 통일독일의 예에 준해서 통일합의서와 특별법 제정을 통하여 특단의 대책이 마련되어야 한다. 통일한국의 입법자들은 북한정권의 정치적 동기에 의하여 이루어진 형사재판이나 법치국가위반 또는 헌법위반의 판결절차로 희생되었던 북한주민을 복권시키고 그 피해를 보상해 줄 수 있는 법률적 근거를 제공하여 불법체제의 희생자들이 새로운 공동체의 일원으로서 재활할 수 있는 법적 토대를 신속하게 마련할 의무는 통일헌법이 기본원리로 하게 될 법치국가원리의 당연한 요청이다.

북한체제 희생자들의 형사복권에 관한 통일한국의 특별법에서는 북한체제 아래서 이루어진 형사소추를 법치국가성이라는 척도로 재심사하여 법치국가원리에 위반되어 무효라고 선언하고, 사정에 따라 이를 폐기하며, 당사자의 형사복권을 선언할 가능성을 부여해야만 할 것이다. 그리고 이러한 형사복권은 사회적 조정급부의 보장과 납부한 벌금·형사절차의 비용·당사자의 불가피한 지출·몰수된 물품과 재산의 반환을 청구할 근거가 되며, 구금기간에 따른 금전보상이나 약자에 대한 사회적 조정차원의 각종 급부청구권의 법적 기초로 작용할 것이다.

2) 형사복권의 대상

(1) 요 건

북한정권의 정치적 피해자에 대한 구제조치의 주된 내용은 형사복권과 보상제도에 관한 것이다. 보상은 복권의 효과로서 이루어지는 조치로 사회부조적 성격을 갖는다. 정치적 가해자의 사법처리와는 달리 정치적 피해자의 형사복권을 처리하기 위하여서는 이를 전담하는 독립기구의 필요성이 크지 않으므로 법치국가원리에 따라 재조직된 북한지역 내 관할법원이 복권신청의 심리절차를 담당하게 하는 것도 무방할 것으로 보인다.

형사복권의 대상은 시기적으로 북한정권 수립 이후 통일시까지 북한법원에 의해 선고된 형사재판이 될 것이다. 따라서 해방 직후 소련군사법원의 재판은 점령고권에 의한 조치로서 형사복권의 대상에서 배제해야 할 것이다.

북한의 형사재판이 내용적으로 정치적 박해에 이용된 경우, 선고된 법적 효과가 범행과 현저히 비례하지 아니한 경우, 그 이외 자유법치국가적 기본원칙과 양립하지 아니한 경우에는 형사복권의 대상이 되어야 한다. 북한형법상에는 체제유지를 목적으로 하는 국가전복음모죄(제59조), 반국가선전선동죄(제61조), 조국반역죄(62조), 민족반역죄(67조), 조선민족해방운동방해죄(제68조), 조선민족적대죄(제69조) 등의 반국가 및 반민족 범죄유형의 구성요건들이 많이 규정되어 있다. 이러한 규정들에 의하여 처벌된 사례들은 현실적으로 정치적 박해에 이용된 경우가 많아서 형사복권의 대상이 될 가능성이 크다.

그러나 북한주민이나 북한군인이 탈북하였다가 북한으로 자진 복귀하여 형사처벌을 받은 경우 그러한 형사재판도 정치적 박해로서 자유민주 법치국가에 위반되는 재판으로 볼 수 있는지 여부가 문제이다. 이

점에 대하여는 서독으로 도주하였다가 동독으로 귀환한 동독군인을 탈영죄로 처벌한 사례에서 "동독에서의 사회적 정치적 유대에 더 이상 자신을 맡기고 싶지 않았고 불법적인 국경침범을 통한 이주권을 실현하는 것과 달리 그에게 기대되는 다른 가능성이 없었다고 볼 것이므로 이러한 경우도 형사복권이 허용된다"는 통일독일의 판례는 시사하는 바가 크다.[2] 나아가 행위 당시 심각하게 술에 취해서 저지른 행동이 정치적 고려에 따라 판결이유에서 국가중범죄로 왜곡된 경우에는 복권이 허용되었던 사례도 참고를 요한다. 따라서 배고픔을 못이겨 식량을 구하기 위하여 중국국경을 넘어 유랑걸식하다가 북한으로 귀환한 주민을 공개처형하거나 장기간 로동교화형에 처하는 형사재판은 형사복권의 대상이 된다고 하겠다.

체제유지를 목적으로 범죄의 경중에 비하여 현저히 중한 형벌을 선고한 경우와 같이 범죄와 형벌이 비례하지 아니하고 그 정도가 현저한 경우도 복권의 대상이 될 수 있다. 북한의 형사재판이 평등원칙, 비례원칙, 법적 안정성 등 일반기준으로서 자유법치국가의 기본원칙을 위반한 경우에도 형사복권의 대상이 되어야 할 것이다. 재판의 절차법적 하자로 인하여 자유법치국가의 기본원칙과 양립할 수 없는 상태에 이르게 된 경우도 형사복권의 대상이 되어야 할 것인바, 탈북주민들에 대한 공개즉결재판이 대표적 사례가 될 것이다. 어떤 형벌이 그 기초가 된 행위와 심각하게 불비례하지 않더라도 자유법치국가질서의 본질적 원칙과 일치하지 않는 경우에는 그 유죄판결을 법치국가 위반이라고 선언하고 폐기할 수 있다고 본다. 그러나 단순히 법률위반이라고 해서 기본적인 법치국가적 절차보장과의 불일치성을 인정할 수는 없다. 고문 등과 같은 허용되지 않는 신문방법으로 얻어진 자백을 근거로 유죄

2 Michael Heinatz, a. a. O., S. 3027.

판결을 선고한 경우와 같이 유죄판결이 중요한 법치국가적 절차규정을 침해한 경우에 형사복권의 대상이 될 수 있음은 물론이다.[3]

형사재판에는 북한형법이나 형사소송법에 의거한 법원의 판결 등 모든 형식의 재판이 해당되며, 강제수용은 물론 형사절차 밖에서 이루어진 자유박탈에 관한 형사사법적 조치도 대상으로 해야 한다. 북한은 우생학적 입장에서 난장이나 정신박약자들에 대하여 강제수용과 산아제한 조치를 취해 온 것으로 알려졌다. 이러한 법치국가위반의 조치가 법원의 판결에 의하여 이루어진 경우에는 형사복권의 구제대상으로 당연히 포함시켜야 할 것이다.

(2) 형사복권의 배제

일반적인 범죄(재산범죄나 상해범죄 등)로 정치적 고려 없이 유죄판결을 받은 사람들은 형사복권의 대상이 고려되지 않는다. 형사복권을 요구하는 당사자들은 자기에게 혐의가 주어진 범죄를 저지르지 않았다거나 유죄판결의 기초가 될 정도의 범행에 가담하지 않았다고 주장할 것으로 예상된다. 그러나 형사복권 절차에서는 원칙적으로 이러한 이의를 제기할 수 없다고 하여야 한다. 논란의 여지가 있는 판결이라고 하여도 사실확정의 부당성에 관한 입증은 형사적 복권절차에서는 다루기 어려운 문제이다. 왜냐하면 그러한 판결의 기초가 되는 증거가치를 형사복권 절차에서 새롭게 심사할 수 없기 때문이다. 따라서 형사복권 절차에서는 부적절한 증언이나 잘못된 자백을 근거로 하여 이루어진 판결을 바로 잡기는 어렵다. 다만 판결법원이 판결시에 부적절한 사실관계를 알면서도 이를 근거로 삼았거나 당사자들에게 법을 왜곡하여 범죄를 전가한 경우에는 복권법원은 당사자의 유죄판결에 이르게 된

3 A. a. O., S. 3029.

사정을 새롭게 조사하여 형사복권을 허용할 것인지 여부를 심사하여야 한다. 그 밖의 경우에는 당사자들은 형사소송법 제420조 이하에 의하여 재심을 청구하여야 할 것이다.

한편 형사복권 신청자의 '반사회적 태도'를 이유로 행해진 유죄판결이 정치적 박해에 기인한 것으로 볼 수 있을지는 문제이다. 만일 유죄판결이 노동능력이 있는 성인으로 하여금 자신의 생활유지를 위한 필수적인 재원을 직업활동을 통하여 벌어들이도록 조장하려는 목적을 추구하였다면 자유법치국가질서의 본질적 기본원칙에 어긋난 것으로는 볼 수 없다. 반사회적 태도에 대한 유죄판결은 무엇보다도 당사자가 자기의 생계를 처벌가능한 행위로 유지하였을 경우에는 일반적으로 이의를 제기할 수 없다고 해야 하기 때문이다. 반사회적 태도에 의한 유죄판결시에 형사복권은 일반적인 근로의무의 이행을 형벌로 관철하려고 시도하였던 경우에만 허용된다고 본다. 만일 신청자가 노동혐오적 태도를 보였을 뿐만 아니라 이에 더하여 자기의 부양의무를 이행하지 않았으며 현저히 공적인 수단이나 의무가 전혀 없는 제3자의 온정에 의존하여 생활한 경우에는 형사복권은 허용되지 않아야 할 것이다.

3) 형사복권의 절차와 효과

(1) 신청

형사복권 절차의 신청권자는 피해의 직접당사자가 되어야 함은 물론이다. 직접당사자란 유죄판결을 선고받은 자, 타인의 재판과 관련하여 소유권 또는 기타 재산권을 몰수당한 제3자를 말한다. 직접당사자가 사망한 경우에는 그 배우자, 직계 존비속, 형제자매, 직접당사자의 복권에 정당한 이익을 갖는 자 등이 간접당사자로서 신청권자가 되어야 할 것이다. 직접당사자의 의사에 반하지 않는 한 검사도 독립적으로 복권을 신청할 수 있도록 하는 것이 좋겠다. 검사는 공익의 대변자로서 복권신청권자가 존재하지 않는 경우와 유죄판결을 받은 자가 수인이지만 그중 한 명만이 복권을 신청한 때에 나머지 사람에 대해서 복권신청을 함으로써 소송경제를 도모하기 위한 경우에 복권신청을 할 수 있기 때문이다.

(2) 관할법원

형사복권에 관한 재판은 복권대상이 된 형사재판이 있었던 지역을 관할하는 법원이 되는 것이 상당하다고 생각한다. 왜냐하면 형사재판에 관한 기록이나 관련 증인들이 그곳에 집중되어 있을 것이기 때문이다. 물론 형사복권을 담당하는 재판부는 통일 후 법치국가원리에 따라 재조직된 독립된 법관으로 구성된 법원을 의미함은 당연하다. 재판이 아닌 반법치국가적 형사법적 조치에 대해서도 그 조치가 있었던 장소를 관할하는 법원이 복권절차를 관할함도 같은 이유에서 타당하다. 이와 같이 관할법원은 반법치국가적 형사재판에 대한 복권재판·치료감호시설에의 수용에 대한 무효재판·복권심사의 대상이 된 재판의 집행정지나 연기신청 등을 사물관할로 하며, 후술하는 사회적 조정급부 배제사유 결정 등도 심사하여야 한다.

관할법원은 복권절차에서 실체적 진실을 발견하기 위하여 직권으로 심리하여야 한다. 복권신청자에 대하여 변론절차 참석의 부담을 경감하고 복권심리절차를 간소화하여 절차의 신속한 처리를 위하여 구두변론을 거치지 아니하는 것이 필요하다. 다만 사안의 규명 등을 위해 필요하다고 인정되는 경우에는 법원은 신청인의 구두설명을 듣기 위해 출석을 요구할 수 있으며, 신청인이 이에 응하지 않으면 신청을 기각할 수 있어야 한다. 복권절차에서는 북한 공안부서가 작성한 기밀문서도 활용가능하겠지만 이로 인한 개인의 인격권 침해정도를 비교형량하여 판단하여야 하며 엄격한 진실성 검증을 거쳐야 할 것이다.

검사는 공익을 위하여 복권절차에 출석하여 의견을 진술할 수 있도록 하여야 하며, 복권결정에 의하여 제3자의 권리가 직접 침해될 것으로 예상되는 경우 그 제3자도 복권절차에 참여할 수 있도록 해야 한다. 복권법원은 이해관계인의 존재가 그 사람의 신청을 통해서나 또는 다른 문서를 통하여 확인된 이상 반드시 절차에 참여시켜야 한다. 다만 제3자의 소재를 확인할 수 없을 때에는 그 사람의 참여 없이 절차를 진행시킬 수 있어야 할 것이다.

(3) 복권결정과 불복절차

복권결정은 서면으로 하되 특히 재판의 일부만이 복권대상이 된 경우 다른 후속조치를 위하여 무효화된 범죄사실과 형의 선고 등을 특정하여야 한다. 그리고 보상금액의 산출을 용이하게 하기 위하여 '자유박탈기간'을 특정하여야 한다.

복권법원의 결정에 대하여는 불복할 수 있어야 함은 물론이다. 불복방법은 항고에 의하면 될 것이고, 복권결정에 의하여 자신의 권리를 직접 침해당한 제3자도 항고할 수 있어야 한다.

(4) 형사복권의 효과

복권신청이 인용되면 그 대상이 된 형사판결은 무효가 되며, 신청인에 대하여는 통일독일의 선례에 따라 후속청구권과 사회적 조정급부청구권 등이 인정되어야 한다. 후속청구권은 형사판결이 무효화되어 그 판결에 기초를 둔 조치들이 근거를 상실하게 됨으로써 파생되는 권리로서 법치국가원리에 따라 당연히 인정되어야 할 권리이다. 따라서 제한된 공민권이 회복되고, 잔형의 집행은 종료되어야 한다. 복권절차에서 그 대상이 된 판결이 무효화된 경우에는 이에 관한 전과기록은 말소되어야 한다. 복권결정의 대상이 되는 재판에서 납입된 벌금이나 소송비용, 필요적 경비 등도 반환되어야 한다.

이에 반하여 사회적 조정급부청구권은 사회국가원리에 의해 보장되는 배려적 권리로서 그 결정과 범위는 통일한국 입법자의 형성적 재량권에 달려있다. 사회적 조정급부는 한 국가의 체제에 기인하는 집단적 불법에 대한 보상을 대상으로 한다는 점에서 법치국가에서도 불가피하게 발생하게 되는 불법적 자유박탈에 대한 보상을 대상으로 하는 형사보상법과 구별되며 또한 한정된 자원을 여러 국가과업에 적절하게 분산시켜야 할 필요가 있기 때문에 입법자에게 보상액의 크기를 정하는데 있어 광범위한 재량이 인정되어야 한다. 사회적 조정급부는 사회적 약자에게 주어지는 국가적 배려라는 권리의 성격상 반드시 북한정권의 불법을 전제로 하지 않는다. 따라서 사회적 조정급부청구권은 소련군 점령기에 정치적 이유로 소련군사법원에 의하여 유죄판결을 받은 자나 수용소에 강제수용되었던 자들에 대해서도 인정할 수 있다고 하겠다.

4) 사회적 조정급부청구권

(1) 신 청

형사복권된 북한주민에게는 사회적 법치국가원리에 따라 사회적 조정급부청구권이 허용되어야 할 것이다. 그러나 사회적 조정급부청구권은 그 권리의 성격상 청구권자가 인간의 존엄성이나 법치국가의 기본원칙을 침해하였거나 자신의 이익을 위하여 타인에게 불이익하게 자신의 지위를 남용하였던 경우에는 이를 제한함이 상당하다.

먼저 청구권자가 인간의 존엄성이나 법치국가원리를 침해한 경우로는 정치적 이념을 달리하는 사람들을 박해하였거나, 그들의 정치적 기본권 행사를 폭력이나 도덕적으로 비난받을 동기에서 방해하였던 경우가 해당된다. 인간의 존엄성 또는 법치국가성에 대한 침해가 북한의 불법체제와 관련이 있었고, 따라서 청구권자가 어떤 방식으로든 정치적 근거에 의한 박해에 기여하였던 경우에는 사회적 조정급부 청구를 배제하여야 한다.

다음 청구권자가 북한정권의 지배기간중 국가나 로동당의 불법체제를 유지하는 기능을 수행한 자로서 그 지위를 남용한 경우이다. 여기에 해당되는 사람들로는 조선로동당과 그 기간조직의 수뇌부가 해당되겠지만 이들에 대한 비공식 협조자들로서 당으로부터 보호와 특권을 누렸던 자들도 포함시켜야 한다. 청구가 배제되는 것은 사회적 조정급부에 한하며 후속청구권은 위 요건에 해당하는 자라도 행사할 수 있음은 물론이다. 불법구금되었던 자가 배제사유에 해당하지 아니하더라도 그의 유족이 위 배제사유에 해당한 경우에는 유족에게 독자적으로 보장된 사회적 조정급부인 유족의 원호급부나 지원급부는 신청할 수 없다하여야 한다. 통일독일에서는 불법구금되었던 자가 사회적 조정급부 신청 후 사망한 경우에 유족의 권리승계가 부인된다고 보는 것이 일반적 입장이었다. 사회적 조정급부는 청구권자 개인의 사회적 약자라는 처지를 고려하여 허용되는 국가적 배려이므로 이러한 입장은 통일한국에서도 수용함이 당연하다. 사회적 조정급부는 우선 불법적인 자유박탈기간에 비례하는 금전보상이 주된 내용이 되어야 하겠지만 자유박탈에 따른 생계곤란, 건강손상에 대한 원호급부도 병행되어야 할 것이다. 나아가서 피해당사자의 사망으로 유족들이 겪고 있는 사회적·경제적 어려움에 대한 공공부조 차원의 지원도 고려되어야 하겠다.

사회적 조정급부의 신청절차는 구체적 종류에 따라 그 급부에 상응하는 절차규정이 마련되어야 할 것이다. 통일독일이 금전보상에 대해서는 사법행정법 특히 형사보상법에 정한 절차규정을, 지원급부에 관해서는 일반행정절차법을, 원호급부에 관해서는 사회법적 행정절차법을 적용하였던 선례를 참고로 통일한국도 급부의 성격에 맞는 절차를 정하여야 한다.

(2) 내 용

① 금전보상

금전보상은 자유법치국가적 기본원칙에 반하는 자유박탈을 당한 자에게 그 박탈기간에 상응하여 지급될 것이며, 이러한 금전보상은 피해자의 신청에 의해서만 지급이 가능하도록 해야 한다. 보상신청의 기간은 법으로 정하면 될 것이지만 통상 복권신청과 동시에 신청할 수 있도록 해야 한다. 보상액은 자유박탈기간에 비례하여 책정되어야 할 것이고, 여기서 자유박탈이란 사람의 의사에 반하거나 의식이 없는 상태에서 사람을 교화소, 구류장, 강제수용소 등 구금시설 또는 폐쇄된 보호시설이나 병원시설에 수용하는 것을 말한다. 따라서 단순한 거주지역 제한만으로는 자유박탈로 인정하기 어렵다고 본다. 형사복권으로 인한 금전보상청구권은 일정한 조건 하에서 양도와 상속을 허용하여야 한다. 다만 당사자 스스로가 형사복권이나 보상급부의 보장을 청구하였던 경우에만 허용함이 상당할 것이다.

여기에서는 금전보상의 요건을 정형화함으로써 입법과정에서 고려되지 아니한 사안을 구체적 보상결정 과정에서 참작하도록 하여 예외적으로 금전보상이 지급될 수 있도록 보완규정(*Härteregelung*)을 둔 통일독일의 선례는 참고를 요한다. 보완규정은 요건을 갖추지 못하여 금전보상에서 배제되는 경우이지만 금전보상의 거부가 특별히 부당하다고 평가된 때에 예외적으로 금전보상이 지급될 수 있도록 하는 규정이다. 예를 들어 공산체제에 적극적으로 저항하여 오랜 기간 동안 구금되었던 자가 아주 짧은 기간의 조선로동당에 대한 협력활동으로 금전보상청구권을 상실한 경우 등이 여기에 해당될 수 있을 것이다.

② 원조급부

금전보상과는 별도로 금전보상 청구권자가 자유박탈로 인하여 경제적으로 생계가 곤란하게 된 경우에 금전보상 외에 추가적 급부를 제공함이 상당하다. '자유박탈기간'에 비례하는 금전보상과 달리 이러한 원조급부의 내용은 경제적 곤궁의 정도와 종류에 따라 정해야 한다. 통일독일은 이러한 경우 원조급부(*Unterstützungsleistung*)를 하였으며 '정치적 구금자 후원재단'이 이를 담당하였다. 이러한 원조급부 청구권자는 금전보상 청구권자로서 경제적으로 특별한 정도로 곤궁한 자로 제한하였다. 따라서 불법하게 자유박탈을 당한 자로서 사회적 조정급부청구결격사유에 해당하지 않아야 하며 이 요건 외에 나아가 건강상의 장애나 노동능력의 부족, 직업상의 현저한 불이익으로 인하여 자신의 힘으로 경제적 곤란 상태를 극복할 수 없는 자로서 일정 수준의 수입을 넘지 않는 자가 여기에 해당되었다.

통일한국도 이러한 재단설립을 통해 북한정권의 반법치국가적 자유박탈의 후유증으로 자활능력이 부족한 희생자들에 대한 배려가 필요하다. 다만 경제적 곤궁상태가 다른 급부나 공공 수단에 의한 부조만으로는 제거될 수 없는 경우에는 반복 지급하는 것은 가능하다고 하겠다. 구체적 내용은 이 원조급부를 담당하는 정치적 구금자 후원재단이 법무부의 허가를 받아 결정하도록 함이 상당하다. 원조급부 청구권자의 자유박탈에 의하여 직접 고통 받거나 차별대우 또는 불이익을 받은 그 배우자, 자녀 및 부모 등에게도 본인의 사망 후에는 원조급부 청구권이 허용되어야 한다.

③ 피해자 원호

반법치국가적 자유박탈로 인하여 건강상의 손상을 입었던 경우 이를 원인으로 한 신체적 후유증이 남았거나 경제적 피해를 받았다면 보상해 주는 것을 내용으로 하는 피해자 원호(*Beschädigtenversorgung*)가 사회적 조정급부의 일환으로 허용되어야 한다. 원호급부가 인정되기 위해서는 이중의 인과관계가 필요하다. 우선 자유박탈과 건강상의 손상과의 사이에 인과관계가 있어야 하며 그외 후유장애나 경제적 손해와 위 건강상의 손상사이에 인과관계가 있어야 한다. 인과관계는 개연성이 있으면 인정해야 한다.

④ 유족 원호

불법구금으로 인한 건강상의 손상이나 불법적인 사형판결의 집행으로 사망한 자의 유족에 대하여 원호급부가 보장되어야 한다. 유족원호는 사망한 자의 배우자, 자녀 및 직계존속에 한정하여 인정하면 되고, 형제자매까지 확대할 필요는 없을 것이다.

유족원호를 인정하기 위해서는 사망이 구금으로 인하여 입은 건강훼손에 따라 직간접적으로 발생하였어야 한다. 사망원인의 증명방법에는 제한을 두어서는 안 된다.

(3) 담당기관

통일독일은 복권결정에 따른 보상을 전담하는 독립된 보상기관을 신설하지 않고 각 보상의 내용에 따라 담당기관을 지정할 수 있도록 하였다. 이는 보상내용의 다양성으로 말미암아 독립된 보상청을 신설하는 것이 오히려 비효율적이었기 때문이었다. 통일독일의 경우 통상 금전보상을 담당하는 기관과 원호급부를 담당하는 기관으로 구분하여 금전보상은 법무행정기관이 담당하고, 원호급부는 복지담당기관이 분담하였음은 참고를 요한다.

5) 사 견

북한의 사법기구는 독립성이 보장되어 있지 않으며 다른 국가기관과 마찬가지로 조선로동당에 예속된 기구이다. 북한형법은 지도자의 교시나 조선로동당의 규약 아래 있는 하위규범으로서 주체사상과 공산주의 혁명의 완성을 최고의 사명으로 한다. 2004년 국제인권단체의 압력으로 죄형법정주의가 명문화되기 전까지는 공식적으로 유추해석이 허용되었으며 형법상의 구성요건이 불명확하거나 다의적 개념으로 구성되어 자의적 형벌권으로부터 자유와 권리를 지켜주는 보장적 기능을 전혀 수행하지 못하였다. 이러한 형사사법 체제하에서 이루어진 북한의 형사판결은 다분히 법치국가원리에 위반되는 정치적 판결이 될 위험성이 크다고 하겠다. 통일한국에서 형사복권이 중요한 의미를 갖는 이유는 바로 북한 형사사법 체계의 구조적 반법치국가성과 그 불법성에 있다.

한편, 북한의 정권범죄는 시효에 관한 법리를 어떻게 구성하느냐에 따라 그 상당수가 공소시효 완성으로 인하여 처벌할 수 없게 될 위험성이 있다. 따라서 형사복권은 공소시효 완성으로 가해자 처벌이 불가능할 경우 그 공백을 메울 수 있는 보완적 기능을 담당할 것이므로 더욱 의미가 크다고 하겠다.

여하튼 통일한국에서 형사복권은 북한의 체제불법의 희생자와 가해자 사이의 법적 평화를 재건하고 사회적 통합을 통한 새로운 민족공동체의 토대를 다지는 임무를 수행함에 있어서 매우 중요한 의미를 갖는다고 하겠다.

3. 행정복권

1) 필요성

북한정권은 정치적·사상적 반대자들을 탄압하기 위하여 형벌권뿐만 아니라 행정권한도 남용하여 왔다. 북한은 정권수립 이후 북한주민을 대상으로 그의 정치적 성분이나 태도에 상응하는 제재적 행정처분을 취했다. 이처럼 북한주민은 법의 보호 없이 국가기관의 불법적인 행정처분에 부당하게 방치되었다. 따라서 통일한국은 북한정권의 정치적 박해, 자의적 행정처분으로 야기된 생명권 박탈, 건강상 피해, 직업상 불이익으로 인하여 지속되는 현저한 불법적 결과를 행정복권을 통하여 제거하고 보상할 필요성에 직면할 것이다. 통일한국은 북한정권의 행정처분을 전면 부인할 수는 없겠지만 법치국가원리 또는 통일헌법에 반하는 경우에는 이를 취소할 수 있어야 함은 당연하다.

이와 같이 북한 체제하에서 국가기관의 자의적인 행정조치로 야기된 생명권의 박탈은 물론 정치적인 박해, 건강상의 피해, 직업상의 불이익 등 불법적인 결과는 신속하게 제거되어야 통일한국의 사회적 통합을 앞당길 수 있을 것이다.

통일독일은 통일조약에서 형사복권(제17조)에 이어 행정복권(제19조)에 관하여 원칙을 규정하였는바, 통일 후 이에 근거하여 행정복권법을 제정하여 동독정권의 반법치국가적인 행정처분을 취소하거나 반법치국가성을 확인함으로써 통일 후에도 효력을 유지하고 있는 반법치국가적 행정처분으로 인한 부당한 결과를 시정하였다.

2) 대상과 요건

행정복권은 북한정권의 정치적 이유에 의한 반법치국가적 행정처분 또는 그에 준하는 사실상의 조치로 복권신청시까지도 현저한 침해가 계속되고 있는 경우에 한하여 허용하여야 한다. 공산독재라는 북한체제의 일반적인 조건하에서의 피해가 '통상적이지 않고, 개별적이고 중대하여 감내불능한 침해'가 복권신청 당시까지 계속중인 경우에는 그 신청권을 인정해야 한다. 행정복권의 목적이 정치적 박해 및 차별에 대한 구제를 통한 피해의 제거에 있으므로 신청권자는 자연인으로 한정함이 상당하고, 복권신청대상의 행정처분으로는 산업국유화·민영기업의 해체·수공업자에 대한 박해·강제적 농업집단화·강제이주·강제수용·자의적인 면허취소 등 모든 행정조치가 해당되어야 한다. 다만 불법적 과세행위와 같이 일반 행정처분과 구분되는 특수성을 갖는 행정처분에 대하여는 재무관청에 의한 별도의 구제절차를 마련해두어야 할 것이다.

행정복권이 이루어지면 그 대상이 되는 행위는 취소되어 법적 효력이 사라지고, 피해자는 그러한 행정처분으로 인하여 발생한 손해에 대한 보상 등 사회조정급부를 신청할 수 있게 된다. 행정복권의 대상이 되는 행정처분을 취소함으로써 불합리한 결과가 초래되거나 단순한 사실상의 고권적 행정조치로서 취소가 불가능한 경우에는 이에 대하여는 반법치국가성을 확인하는 것으로 취소에 갈음할 수 있다.

먼저 행정복권 허용으로 불합리한 결과가 초래되는 경우에는 그 행정처분의 취소를 배제하고 다만 반법치국가성만을 확인하는 방법으로 행정복권이 허용되어야 할 것이다. 가령 북한정권에 의하여 불법적으로 영업허가를 취소당한 경우 그러한 영업허가의 효력을 복권시점에서 다시 되살리는 것이 불합리한 경우에는 영업허가의 취소 대신 그러한 조치의 반법치국가성을 확인하는 것으로 제한함이 상당하다. 마찬가지 논리로 이미 오래 전에 행하여졌던 퇴학처분이 취소되어 다시 학생으로 복권되더라도 학업을 계속하기 어려운 고령자에게는 행정복권의 내용이 퇴학처분의 반법치국가성을 확인하는 것으로 제한되어야 할 것이다. 군입대와 제대도 법치국가의 기본원칙과 일치하지 아니할 경우에는 복권관청은 그 조치를 취소할 수 없고 반법치국가성의 확인만 할 수 있다.

다음 공안당국에 의한 장기간의 미행 및 억압으로 건강상의 장애를 초래했으며 현재도 고통을 당하고 있는 경우에도 그 조치는 단순한 사실적 행정조치이지만 행정복권의 대상이 되어야 한다. 이러한 경우 법리상 취소할 수 없기 때문에 복권관청은 사실상 조치의 반법치국가성을 확인함으로써 구제의 기초를 마련해주어야 한다.

3) 절차와 효과

통상 행정복권은 두 단계로 구성될 것이다. 첫째는 복권심사기관에 대한 복권신청·복권심사·복권결정의 단계이고, 둘째는 복권에 관한 기본결정이 있고 난 후 보상유형에 따라 원호 내지 복지 담당 주무관청에 사회적 조정급부를 신청하는 단계로 진행되어야 한다. 첫째 단계를 담당하는 행정복권 심사기관은 복권신청의 대상인 행정처분이 있었던 행위지를 관할하는 사법기관으로 구성함이 상당하다. 둘째 단계의 행정복권에 의한 손해보상은 피해의 완전보상이 아니라 사회국가원리에 의한 조정급부로서 계속되어왔던 불법조치의 결과를 완화하는 차원에서 그 범위를 제한하여야 한다. 왜냐하면 사회조정 급부청구권의 내용과 범위는 통일한국 입법자의 형성권에 맡겨져 있다고 보아야 하기 때문이다.

4) 심사기준

행정복권 대상이 되는 행정처분의 심사기준은 인간존엄성과 법치국가원리가 되어야 함은 앞서 살펴본 형사복권과 다름이 없다. 좀더 구체적으로 살펴보면 해당 행정처분이 정의·법적 안정성·비례성의 원칙으로 구성되는 법치국가원리에 부합되는지의 여부가 행정복권의 가부를 심사하는 기준이 되어야 할 것이다.

4. 직업복권법

북한에서 교육이나 직업은 주체사상과 사회주의 혁명의 완성을 위한 도구로 작용한다. 북한은 지주계급은 물론 정권세습에 비판적인 사람과 그 가족들을 반당·반혁명·종파분자 등으로 분류하여 이들과 그 자녀들에 대하여는 교육기회를 박탈하였고, 직업생활에서 해고·취업금지 등 여러 방법으로 불이익과 박해를 가했다. 통일한국은 이러한 교육적 및 직업적 차별로 인하여 발생한 '중대하고 감내하기 어려운 현저한 손해'를 사회보장적 차원에서 보상함으로써 법치국가원리를 구현하고 국민통합을 도모할 필요성이 있다.

직업복권은 북한체제의 성격상 북한주민들이 일반적으로 겪었던 교육기회 박탈이나 직업적 불이익을 당하였다는 이유만으로 허용될 수는 없고, 정치적 이유로 차별적 박해를 받은 사람들에 한하여 허용되어야 한다. 통일독일은 직업복권의 대상이 되는 불법행위를 직업상의 일반적 불이익 또는 권리남용과 구별하기 위하여 '정치적 박해'라는 개념을 사용하였음은 앞에서 살펴본 바이다.[4] 당사자의 신분, 종교, 출신지역 또는 정치적 신념에 의한 차별적 대우로서 당사자의 법익에 대한 북한정권의 의도적인 침해로 인해 인간다운 삶을 영위할 수 있는 최소한도의 경제적 여건이 보장되지 아니하였을 경우에는 정치적 박해가 있었다고 볼 수 있을 것이다.

4 정치적 박해의 법적 개념은 기본법 제16조 a에 대한 연방헌법재판소 및 연방대법원의 판결로 정립된 개념으로서 당사자의 민족·인종·종교·국적·사회단체 가입 또는 정치적 신조를 이유로 하는 체제유지에 기여하는 차별취급에 의한 박해를 의미하며, 복권관청이 법적용을 활발히 하면서 구체화되었다고는 하나 그 개념은 아직 정확하지 아니하다.

북한정권에 의한 직업 또는 교육의 침해를 정치적 박해행위로 인정할 수 있는 예로서 정치적 또는 종교적 신념을 이유로, 체제에 대한 비판을 이유로, 반체제단체에 가입했다는 이유로, 남한과의 금지된 교류를 이유로 한 직업적 보복수단으로서의 해고·강등·근무지 변경·자격증 박탈 등의 불이익을 받은 경우를 상정할 수 있다. 그리고 직업 또는 교육에 대한 침해는 취업금지, 해고뿐 아니라 일정한 직업의 숙련과정중 북한 정권의 침해적 조치로 인해 숙련된 직업과 '사회적 등가성'이 인정되지 않는 다른 직업으로 배치전환된 경우도 포함된다고 해야 한다.

직업복권의 신청도 인간의 존엄성 원칙 및 법치국가 기본원칙을 위반하여 자기의 이익 또는 타인의 불이익을 목적으로 그 지위를 현저하게 남용한 자에게는 허용해서는 안 될 것이다. 직업복권은 북한정권 지배기간중에 형사상·행정상의 불법적 조치 기타 정치적 박해조치를 당한 결과 현존하는 직업 및 교육상의 불이익을 받았던 경우에 성립하는 것으로 규정하여야 한다. 따라서 직업복권은 형사·행정 복권절차의 후속절차로 이루어지는 경우가 많다. 왜냐하면 그 요건이 되는 직업 및 교육기회에 대한 자유박탈의 경우에는 이미 형사복권절차와 행정복권절차에서 해당 조치의 반법치국가성에 대한 확인이 이루어질 가능성이 높기 때문이다.

관할기관은 행정복권을 담당하는 기관과 일치시키면 될 것이고, 복권신청은 서면으로 제출하도록 하여야 한다. 한편, 복권신청인용 이후의 사회적 조정급부청구권은 피해를 입은 기간과 수입액의 감소에 비례하는 재정지원이나 복직·보충교육·직업전환교육 또는 대학교육에 관한 급부청구를 보장하는 내용이 될 것이다. 그러나 북한의 낙후된 경제나 교육여건에 비추어 형사복권이나 행정복권과 달리 직업복권이 허용되어야 할 경우는 흔치 않을 것으로 예상된다.

5. 상호보완

형사복권, 행정복권, 직업복권 등 3가지 유형의 복권은 상호 연계되어 보완적으로 추진되어야 할 것이다. 이미 앞에서 본 바와 같이 형사복권은 자유박탈에 관한 반법치국가적인 판결의 취소 및 법원의 결정에 의한 복권을 가능케 한다. 형사복권은 자유와 명예를 회복하고 박탈된 재산의 반환 또는 보상을 위한 전제조건이며 사회적 조정급부청구권의 기초가 된다. 행정복권은 북한정권의 반법치국가적 행정결정의 취소 또는 반법치국가적 행정처분의 무효 확인을 가능하게 함과 아울러 효력이 존속되는 반법치국가적 행정처분의 효과를 사회적 조정장치로 완화시킬 것이다. 고전적 행정조치로 인하여 직업상 침해가 발생한 때에는 일단 행정복권에 의하여 반법치국가적 행정조치의 취소 또는 반법치국가성 확인이 이루어지고, 그 후 직업복권에 따라서 피해구제를 위한 조정급부신청이 제기될 수 있을 것이다. 직업복권은 정치적 박해로 인하여 효력이 남아 있는 직업상 또는 교육상 불이익한 결과에 대한 사회적 조정문제를 다루게 될 것이므로 형사복권 및 행정복권과 연계되어 추진되어야 한다. 결국 정치적 박해의 유형에 따라 위의 3가지 복권방법 중 어느 방법이 적절한지를 판단하여 단일 또는 상호 연계하여 완전한 권리회복이 이루어지게 하여야 될 것이다.

05/ 몰수토지 처리

1. 북한의 토지개혁과 토지제도

1) 서 언

통일한국이 통일을 전후하여 가장 크게 고민해야 할 문제 중 하나가 북한정권에 의한 몰수재산의 처리문제가 될 것으로 예상된다. 얼마전 일부지역에서는 북한의 땅문서가 거래된다는 언론보도도 있었듯이 북한지역의 부동산에 대한 원소유권자의 권리주장은 어느 정도 당연한 것으로 인식되는 것이 현실인 것 같다. 그러나 북한정권에 의한 몰수재산의 처리문제는 원상회복만이 능사가 될 수 없으며 반세기 이상 지속되어 왔고 앞으로도 언제 끝날지 모르는 분단상태에서 형성되어 온 새로운 권리관계를 백안시할 수 없음은 통일독일의 몰수재산 처리과정에서 이미 살펴본 바이다.

통일한국의 경우에도 북한지역 몰수재산의 처리문제는 사회주의식 소유제도의 재편이라는 제도적 측면과 개별재산에 대한 권리관계의 조정이라는 두 가지 측면에서 진행되어야 할 것이다. 북한정권에 의하여 불법적으로 몰수되었던 재산은 불법청산의 차원에서 처리되어야 함은 물론이다. 이는 이들 조치가 우선 무상몰수였다는 점과 무엇보다도 독립한 재판권에 기한 재심 내지 구제의 기회조차 박탈되었다는 점에서 인간의 존엄성과 법치국가원리에 대한 위반이자 전(前)국가적 법원칙에 반하는 조치라는 점에서 그 타당성을 찾을 수 있다.[1] 그러나 그 청산 과정에서 과거의 원소유자와 현재의 권리자 그리고 미래의 투자자 사이에서 대립하는 이해관계가 합리적으로 조정되어야 한다. 그렇지 못할 경우 통일한국은 새로운 공동체로 나아가기 위한 사회적 통합에 실패할 것이다. 여기에서는 이러한 관점에서 제기되는 여러 가지 헌법적 문제들을 살펴보고 통일독일의 선례에서 모색되었던 해결책을 통일한국의 경우에도 적용할 수 있는지를 검토해본다.

다만 이에 앞서 북한의 토지몰수 과정과 토지제도의 변천 과정을 일별할 필요가 있겠다. 왜냐하면 북한의 토지개혁과 토지제도는 몰수토지에 대한 불법청산의 근거와 방법 등에 관한 논의의 기초를 제공하기 때문이다. 북한의 토지개혁은 시기적으로 북한정권이 수립되기 전인 소련 군정하에서 발생하였다는 점에서 그 법적 주체가 누구인지도 문제된다. 이러한 의문은 북한지역의 토지 몰수조치의 유효성과 관련하여 후술하는 바와 같이 국제법적 검토를 필요로 한다는 주장으로 연결된다.

---

1 전국가적 법원칙이 국가법의 평가기준으로 작용할 수 있다는 점과 무엇이 전국가적 법원칙으로서 국가법의 평가기준으로 작용할 수 있는가 등에 대하여는 Christian Starck 저, 김효전 역, "법치국가와 전법치국가적 과거의 극복", 〈동아법학〉 제18호, 175~212면 참조.

2) 북한지역 토지제도 개관

(1) 북한의 토지개혁[2]과 토지몰수

북한은 먼저 토지개혁과 농지의 집단화 과정을 거쳐 토지를 국유화하고, 이어 이와 같이 완성된 생산수단으로서 토지의 국유화를 확고히 하기 위한 방법으로서 사회주의적 헌법의 채택 등 법령화 과정을 거쳤다고 할 수 있다. 즉, 북한은 일찍이 정권 수립 초기에 아무런 대가 없이 일방적·강제적으로 국유화를 단행, 개인의 소유권을 박탈하여 국가로 귀속시켰다. 그 후 북한은 토지법 등 관련 법령을 채택하는 등 토지관련 법제도를 정비함으로써 현재와 같은 토지제도를 정착시킬 수 있었다.

북한이 취한 이러한 일련의 조치는 통일 후 당연히 법치국가적 심사의 대상이 될 것이다. 그리고 그것을 어떻게 정리할 것인가 하는 문제는 통일한국의 기초를 다지는 가장 중요한 국정과제의 하나가 될 것이다. 여기에서는 북한이 현재의 토지소유제도에 이르기까지 추진했던 북한의 토지개혁과 토지몰수의 과정에 관해 살펴보기로 한다.

사회주의의 궁극적 목적은 모든 생산수단을 공유화하여 능력에 따라 일하고 필요에 따라 분배받는 이른바 지상낙원을 건설하는 것이다. 북한도 이러한 명분하에 정권수립 초기부터 계급투쟁의 차원에서 모든

---

2 북한의 토지개혁에 관하여는 김상용(1993), "북한의 토지소유제도", 〈토지연구〉 제4권 2호, 한국토지공사; 배병일(1993), "통일한국의 토지소유제도 개편방향", 〈북한연구〉 제4권 3호; 제성호(1996), "통일과정의 북한토지문제", 〈토지연구〉 제7권 3호, 한국토지공사; 안두순(1995년), "통일 후 북한토지소유권의 처리방안", 〈통일경제〉 6월호; 류해웅(1993), "통일 후 북한의 토지이용과 개발에 대한 기본구상", 〈토지연구〉 제4권 1호, 한국토지공사; 김용학(1994), "통일 후 북한의 재산권 확립방안", 〈토지연구〉 제5권 5호, 한국토지공사 등을 참조.

생산수단을 무상으로 몰수하여 무상으로 분배하였다. 이러한 무상몰수와 무상분배는 모든 생산수단의 국·공유화를 통한 사회화 작업의 일환으로 단행되었다.

먼저 북한은 1948년 9월 8일 조선민주주의인민공화국 헌법이 제정되기 전인 1946년 3월 '토지개혁에 관한 법령'과 '토지개혁 실시에 대한 임시조치법'(1946. 3. 5.), '토지개혁에 대한 법령에 관한 결정서'(1946. 3. 7.), '토지개혁법령에 관한 세칙'(1946. 3. 8) 등을 제정하여 토지개혁을 단행하였다. 토지개혁은 불과 20여 일의 단기간 내에 무상몰수·무상분배의 방법으로 마무리되었다. 당시 토지개혁은 사소유권을 전면적으로 폐기하는 것이 아니라 일본인 토지몰수, 경자유전의 원칙에 따른 농지의 농민소유를 실현하여 소작제도를 폐지하는 데 주된 목표를 두었다. 북한은 당시 일본인과 친일본 인사들이 소유하던 토지 1,325,000 정보(경지 983,954 정보, 대지 16,391 정보)를 무상으로 몰수하는 한편, 이 중 981,390 정보를 머슴, 품팔이 등의 고용농민과 토지를 소유하지 못하였거나 적은 토지를 소유하던 농가 724,000 가구에 무상으로 분배하고 나머지는 모두 국유화시켰다.

이어 북한은 1947년 3월 22일 '산림에 관한 결정서'를 공표하여 묘지 등을 제외한 전 산림을 국유화시켰고, 같은 날 '대지 및 잡종지에 관한 결정서'를 발표하여 빌려준 대지의 몰수·무상분여와 함께 주택의 사적 임대제도를 폐지하는 동시에 타인에게 빌려준 공장, 기업소, 광산, 병원, 학교 등을 무상 국유화하였다. 그 결과 북한당국은 모두 과수원 2,692 정보, 관개시설 1,165 개, 산림 3,432,986 정보, 건물 14,477 동을 몰수하여 국유화하거나 또는 학교, 병원기관, 사회단체 등이 이용하도록 하였다.

해당 도인민위원회는 토지개혁에 의해 무상분배된 토지와 관련하여 농민들에게 토지소유권에 관한 증명서를 교부하고, 소유관계를 새로운 토지대장(토지등기부)에 등록하였다(토지개혁에 관한 법령 제7조). 이때 구토지대장은 모두 불살라 폐기한 것으로 알려져 있다. 새로이 분배된 토지에 대해서는 매매·저당·임대차(소작) 등 일체의 처분이 금지되었다(동 법령 제10조). 이처럼 북한은 토지개혁 직후 형식적으로는 농민의 토지소유권 자체를 부인하지는 않았으나, 자유로운 처분행위가 금지되어 농민의 토지소유권은 사실상 토지이용권 내지 경작권을 인정하는 것에 해당하였을 뿐이었다. 결국 농민들의 토지소유권에 상당한 제약이 가해졌기 때문에 토지개혁은 사실상 국유화와 같은 효력을 가졌었다고 해도 지나친 말은 아닐 것이다.

이처럼 북한정권 수립 초기에는 토지의 사유화와 자영이 어느 정도 허용되었다. 그러나 북한은 한국전쟁 발발 직후부터 농업 협동화를 본격적으로 추진하기 위해 다수의 법령을 제정하기 시작하였다. 예컨대 북한은 전쟁기간중 많은 북한주민이 월남하자 '경작자 없는 토지에 관하여'(1950. 12. 26.), '경작자 없는 토지를 공동경작함에 대하여'(1951. 5. 22)라는 법령을 공포하여 월남자들의 토지를 국유화하고 협동조합원들에게 공동경작권을 부여하였다. 그 외에도 '협동단체들의 조직 및 사업강화에 관한 결정'(1951. 8. 22.), '생산협동조합들의 경제활동을 강화하기 위한 제대책에 관한 결정'(1953. 3. 27) 등의 법령을 공포하여 국가기관·국영기업소·기타 단체들이 부속농장을 조직하는 한편, 경작자 없는 토지를 부업경영케 함으로써 점차 협동적·집단적 토지소유 제도를 정비하였다.

1953년 7월 휴전이 이루어진 후 북한은 곧바로 농업의 사회주의적 개조를 위해 농업협동화를 본격적으로 추진하기 시작하였다. 농업협동화가 진행되면서 1946년 3월의 토지개혁에도 불구하고 몰수되지 않았거나 또는 농민들에게 무상분배되었던 사유지(개인농)가—당시 북한헌법은 개인의 토지소유를 인정하였음에도 불구하고—점차 협동단체의 소유로 전환되었다. 그 결과 토지개혁 직후 얼마동안 농민들이 명목상으로나마 향유하였던 사소유권이 점차 소멸되기 시작하면서, 1958년에 이르러서는 토지에 대한 사적 소유권이 완전히 사라지게 되었다. 또한 1954년부터는 개인농과 공동경작조합(개인이 토지소유, 개인이 사용권 보유, 공동경작의 결과 산출된 생산물은 토지면적에 따라 배분) 형태의 농장이 없어지기 시작하였다. 그 대신 반(半)사회주의적 농업협동조합[3]이나 사회주의적 농업협동조합[4]이 등장하여 이들이 주류를 이루다가, 1958년에는 모든 토지소유와 이용은 사회주의적 농업협동조합 형태로 완전히 전환되기에 이르렀다.

곧이어 북한은 1958년부터 협동농장의 규모를 확대 · 재조정하기 시작하였다. 즉, 1958년 10월 북한은 말단행정구역인 리(里)를 단위로 농업협동조합을 통합하여 조합의 규모를 확대하였으며, 리인민위원회의 위원장이 협동조합의 관리를 담당하도록 하였다. 다시 북한은 1959년 '농업협동조합 기준규약'을 제정하고, 1961년에는 '군협동농장경영위원회'를 설치하여 좀더 엄격한 국가적 통제와 지도하에서 농업경영활동이 수행될 수 있도록 농업협동조합을 통합 · 조정하였다. 농업협동조합은 1962년부터는 협동농장으로 개칭되었다.

이와 같은 과정을 거쳐 1972년 사회주의헌법을 제정 · 공포하면서 제10조에서 "조선민주주의인민공화국에서 생산수단은 국가 및 협동단체의 소유이다"라고 규정하여 토지에 대한 개인소유를 전면 부정하였다. 그 후 북한은 1977년 4월 29일 제정된 '조선민주주의인민공화국 토

3 명목상 개인이 토지소유, 협동조합이 조합원의 토지를 통합하여 공동경영, 생산물은 노동력 투입과 출자한 토지면적을 기준으로 배분하는 형태의 협동조합

4 협동조합이 토지소유, 공동경영, 노동력 투입을 기준으로 생산물을 분배하는 형태의 협동조합.

지법'(이하 토지법)을 제정하여 1972년 사회주의헌법에 명시된 사회주의적 소유권 개념을 토지부문에서 더 철저히 관철시켰다. 이어 1990년 민법을 제정하면서 민법에서도 사회주의적 토지소유제도를 규정하였다. 이와 같은 법제화 과정을 통해 북한의 소유제도가 보다 명확하게 확립되고 완성되었다고 할 수 있다.

(2) 북한의 토지제도

① 북한의 소유제도

북한의 토지제도[5]를 살펴보기에 앞서 먼저 북한의 소유제도를 검토할 필요가 있다. 이를 통하여 사회주의 소유제도가 자본주의의 그것과 구별되는 주요한 특징을 파악할 수 있기 때문이다.

현행 북한의 사회주의헌법은 소유제도에 관해 몇 가지 중요한 규정을 두었다. 먼저 북한헌법은 제20조 내지 제24조에서 북한에서 인정되는 소유권의 형태를 ① 국가소유, ② 사회협동단체 소유(협동적 소유), ③ 개인소유의 3가지로 분류하면서, 특히 토지를 비롯한 생산수단은 국가와 사회협동단체만이 소유한다고 규정했다.

북한 민법은 제2편 소유권편(제37조 내지 제63조)에서 헌법에 명시된 상기 3가지 사회주의 소유형태를 확인했다. 즉, 소유권을 국가소유·협동단체 소유·개인소유로 나누고, 생산수단의 사적 소유를 전혀 인정하지 않고 개인소유를 소비적 목적에 한정하는 등 소유권관계를 더욱 자세하게 규정했다. 나아가 북한 민법은 소유권 이외의 다른 물권을

5 북한의 토지소유제도에 관하여는 이승길(2001), "북한의 토지소유제도와 통일 후의 개편방향", 〈토지법학〉 제17호, 한국토지법학회; 오복룡(2001), "통일 후 북한의 토지정책", 〈토지연구〉 제12권 3호, 한국토지공사; 임수원(2002), "통일한반도 북한의 국토정책 및 토지제도", 한국토지공사 등을 참조.

인정하지 않는바, 점유권은 물론이고 지상권·지역권·유치권·질권·저당권 등 용익물권 및 제한물권에 관한 규정이 없다. 이것은 사회주의체제가 구축되면서 개인재산의 사용·수익·처분관계가 극히 제한되고 단순화되어 소유권 이외의 물권에 관한 내용이 존재가치를 상실하였음을 반영하는 것이라고 생각한다. 이외에도 북한 민법의 특징으로는 계약에 의한 소유권의 취득시기를 동산·부동산 구분 없이 소유물을 넘겨받은 때(인도시)로 한 점, 물권변동에 관한 공시방법으로서 등기제도를 인정하지 않은 점, 선의취득과 관련하여 동산과 부동산을 구별하지 않으면서 소유권의 종류별로 인정범위를 차별하는 점 등을 들 수 있다.

이하에서는 헌법과 민법 등에 명시되어 있는 3대 소유권의 내용에 관해 살펴보기로 한다.

첫째, 국가소유는 전체인민의 소유로서 국가가 전 인민을 대표하여 소유하는 형태를 말한다(헌법 제21조 제1문, 민법 제44조 1문). 국가소유권의 대상에는 제한이 없다(헌법 제21조 2문, 민법 제45조 1문). 따라서 토지가 국가소유가 될 수 있음은 물론이다(토지법 제10조 참조). 특히 ① 지하자원, 산림자원, 수산자원 등의 자연부원, ② 중공업, 경공업 등의 중요 공장, ③ 항만, 은행, 교통수단, 방송기관, ④ 각급 학교 및 중요문화·보건시설 등은 오직 국가소유의 대상으로만 될 수 있다(헌법 제21조 3문, 민법 제45조 2문 1~4호). 국가는 나라의 경제발전에서 주도적 역할을 하는 국가소유를 우선적으로 보호하며 장성시킨다(헌법 제21조 4문). 이것은 북한의 사회주의 체제하에서 국가소유가 다른 소유형태보다 우선함을 강조한 것이다. 국가소유권은 국가가 직접 또는 개별적인 국가기관, 기업소를 통하여 실현되며(민법 제47조 1문), 국가기관·기업소는 자기가 맡은 국가소유 재산에 대한 경영상의 관리권을 가지고 국가의 지도하에 그 재산을 자기의 이름으로 차지하거나 이용 · 처분할 수 있다. 국가소유재산의 반환청구에 대하여는 민사시효가 적용되지 않는다(민법 제259조 2문). 따라서 국가소유권의 대상은 취득시효의 대상이 되지 않는다.

둘째, 사회협동단체 소유는 협동경리에 들어 있는 근로자들의 집단적 소유로서, 국가가 그 대상에 일정한 제한을 두는 한정된 범위 내에서 사회협동단체가 그 소유권의 담당자가 되는 집단적 소유형태를 말한다(헌법 제22조 1문, 민법 제53조 1문, 토지법 제11조 1문 참조). 토지와 부림짐승(가축), 농기구, 고기배, 건물 등과 중소공장, 기업소와 문화보건시설과 그 밖에 경영활동에 필요한 것이면 협동단체 소유의 대상이 될 수 있다(헌법 제22조 2문, 민법 제54조). 국가는 협동단체 소유를 보호한다(헌법 제22조 3문). 협동단체 소유권은 시효의 제한이 없으며 금전 이외에는 강제집행이 불가능하다.

셋째, 개인소유는 사회주의적 소유의 대원칙 하에 국가와 사회에 의해 개인에게 매우 제한된 범위 내에서만 인정되는 소유권이다. 근로자들의 개인적이며 소비적인 목적을 갖는 것은 개인소유의 대상이 될 수 있다(헌법 제24조 1문, 민법 제58조 1문). 즉, 개인이 소유할 수 있는 대상은 소비품만이며 토지 등 생산수단은 개인소유의 대상에서 제외된다. 노동에 의한 사회주의 분배(노동의 대가), 국가와 사회로부터의 추가적인 혜택, 터밭경리(경영)를 비롯한 개입부업경리에서 나오는 생산물, 개인이 샀거나 상속 · 증여받은 재산, 기타 법적 근거에 의하여 발생한 재산, 살림집(주택), 가정용품 · 문화용품 등 생활용품은 개인소유의 대상이 된다(헌법 제24조 2문 및 3문, 민법 제58조 2문 및 제59조). 순수한 사적 소유물인 생활용품으로는 일용품 · 장신구 · 약간의 소농구 · 노동의 대가로 받은 분배물(임금, 현물) 등이 있는데, 이들은 매매 · 임차 · 증여의 대상이 될 수 있다(민법 제60조 2문 참조). 개인소유의 재산은 법에 따라 상속되며 국가는 상속권을 인정 · 보장한다(민법 제

63조 1문 및 2문, 가족법 제5장 참조).

② 북한의 토지소유제도

토지는 공장 또는 기업소의 입지가 될 뿐만 아니라 사회간접자본의 관리·이용과도 밀접한 관련이 있다. 사회주의적 소유제도를 확립하려는 북한에서는 토지를 규율하는 토지법제가 특히 중요한 법제로서 하나의 독자적인 법원(法源)을 형성했다. 1977년 4월 29일 최고인민회의에서 채택되어 동년 6월 1일터 시행된 '토지법'은 토지에 대한 사회주의적 소유형태(토지국유), 국토의 종합계획, 토지의 이용·관리를 포괄적으로 규율했다. 토지법 제2장에 규정된 토지소유권의 중요한 내용은 다음과 같다.

토지는 국가 또는 협동단체의 소유이다(토지법 제9조 1문). 나라의 모든 토지는 인민의 공동소유로서 그것을 누구도 팔고사거나 개인의 것으로 만들 수 없다(동조 2문). 특히 국가소유 토지는 전체 인민의 소유이고(동법 제10조), 협동단체 소유토지는 근로자들의 집단적 소유이다. 이처럼 토지의 개인소유는 인정되지 않을 뿐만 아니라 토지의 매매도 금지됐다. 결국 국가소유이든 협동단체 소유이든 불문하고 어느 경우에나 토지는 인민의 공동소유로서 개인의 소유대상이 될 수 없다는 점에는 변함이 없다. 이것은 헌법에서 명시된 생산수단의 개인소유 배제원칙의 필연적인 결과라고 볼 수 있다.

다만 사회주의이념에 비추어 볼 때 국가를 통한 전체 인민의 소유가 가장 이상적인 소유형태라고 할 것이므로 국가는 사회주의 협동경리를 공고히 발전시키되, 농업경리제도의 발전과 협동단체구성원들의 자발적인 의사에 따라 협동단체 소유의 토지를 점차 전 인민적 소유로 전환시킬 수 있도록 했다(헌법 제23조, 토지법 제12조). 여기에서 우리는 협동단체 소유의 토지는 종국적으로 국가소유로 옮겨갈 과도기적 소유형태임을 알 수 있다. 그러나 헌법상 협동단체소유의 국가소유로의 전환 입장에도 불구하고 실제에 있어서는 국가소유로의 전환이 이루어지지 않고 오히려 협동단체소유의 범위가 더욱 확대되고 있다.

결국 북한은 토지에 대해 국가소유권과 협동단체소유권만을 인정하고 개인의 소유권을 부인함으로써 토지는 전 인민 또는 협동단체 구성원의 공동소유가 될 수 있을 뿐이라 하겠다. 한편 개인 및 기업소는 단지 토지에 대해 이용권만을 갖는다.

전술한 바와 같이 헌법과 민법에서는 토지가 국가소유는 물론 협동단체의 소유대상이 될 수 있는 것으로 명시했으나, 실제로는 토지의 용도별로 소유권의 주체가 나뉘어 있다. 즉, 중요공장의 공장용지, 임야는 국가만이 소유할 수 있으며, 농지는 일부 국가소유를 제외하고는 협동단체소유의 대상으로 되어 있다. 다시 말하면 토지 중에서도 주로 농지만이 협동단체 소유의 대상이 될 수 있다는 것이다. 그리고 협동단체소유의 다른 대상물은 구성원의 의사에 따라 처분할 수 있지만, 농지에 대한 처분은 법이 정하는 바에 따라서만 할 수 있다.

사회주의 소유제도하에서 이른바 터밭이라는 농지는 특별한 지위에 있다. 터밭 자체는 농지로서 농민인 개인이 아닌 협동농장의 집단적 소유이다. 그러나 이미 언급한 바대로 터밭경리를 비롯한 개인부업경리에서 나오는 생산물은 개인소유의 대상이 될 수 있다. 협동농장원들이 개인적으로 터밭에 대해 갖는 권리는 소유권이 아닌 일종의 배타적인 경작권(이용권)에 불과하다. 즉, 터밭 이용권만이 협동농장 규약에 따라 개인에게 부여된 것일 뿐이다. 개인의 토지이용권이 인정되는 터밭의 규모는 초기에는 농가당 30~50평이었으나 최근에 20~30평으로 축소되었다(토지법 제13조 참조). 농가는 터밭에서 재배한 채소 등을 자체 소비하고 일부는 농민시장에서 판매도 하지만 터밭에서조차 경작자가 자유로이 재배작물을 선택할 수 없어 경작권 자체도 매우 제한되어 있다.

요컨대 북한 사회주의체제의 소유제도 내지 소유형태는 '생산수단은 국가 및 협동단체 소유, 개인적 소비·소모품은 개인소유', 다시 말하면 생산수단의 개인소유 배제로 특징된다. 그 결과 북한에서는 개인의 토지소유가 인정되지 않으며, 또한 소유권의 공시방법으로서 등기제도도 없다. 개인이 현실적으로 점유·사용하는 터밭이 주택의 일부인 경우에도 소유권이 아닌 이용권만이 인정될 뿐이라 하겠다.

(3) 북한의 토지현황 및 이용실태[6]

① 토지 현황 및 종류

북한의 토지는 약 1천 2백만 ha에 달한다. 이것은 ① 임야 950 ha, ② 농경지(논·밭 포함) 2백만 ha, ③ 도시용지 및 기타 50만 ha로 이루어져 있다. 이들은 거의 대부분 토지개혁과 농업협동화 과정을 거쳐 국유화 내지 협동단체의 소유로 재편되었다. 북한정권에 의해 불법적으로 몰수된 토지로서 통일 후에는 그 소유관계가 해결되어야 할 대상이다.

북한의 토지는 현재 그 이용형태에 따라 ① 농업토지, ② 주민지구토지, ③ 산림토지, ④ 산업토지, ⑤ 수역토지, ⑥ 특수토지 등으로 구분된다. 농업토지에는 오직 경작 가능한 농지만이 포함된다. 주민지구토지는 시·읍·노동지구의 건축용지와 그 부속지, 공공이용지와 농촌의 건설대지를 포함한다. 산림토지는 산림이 조성되었거나 조성 예

6 북한의 토지현황 및 이용실태에 관하여는 박상호(2004), "북한의 토지제도에 관한 소고", 〈토지법학〉 제20호, 한국토지법학회; 유해웅(1993), 〈토지연구〉 제4권 4호, 한국토지공사; 최수영(1994), "북한의 토지임대법", 〈토지연구〉 제5권 2호, 한국토지공사, 제5권 2호 등을 참조.

정인 임야와 그 내부의 각종 이용지를 말한다. 산업토지에는 공장・광산・탄광・발전시설 등 산업시설물이 차지하는 토지와 그 부속용지가 포함된다. 수역토지는 연안・영해・강하천・호수・저수지・관개용수로 등이 차지하는 일정한 지역의 토지를 말한다. 특수토지는 혁명전적지, 혁명사적지, 문화유적지, 보호구역, 군사용 토지 등 특수한 목적에 이용되는 토지를 말한다.

② 토지 이용관리제도

북한의 토지 이용관리 및 감독은 각급 인민위원회, 정무원 및 행정위원회의 지도하에 유관 국토관리기관이 통일적으로 수행했다. 그러나 현재는 내각의 통일적인 지도하에 국토관리기관이나 농업지도기관 등의 기관들이 관할 토지의 이용관리를 담당한다.

이하에서는 '토지법'을 중심으로 토지의 이용관리제도를 설명한다. ① 농업토지의 경우 농업지도기관과 이를 이용하는 해당 협동농장 및 기관・기업소・단체(제64조), ② 주민지구토지의 경우 도시경영기관과 지방행정위원회(제69조), ③ 산림토지의 경우 국토관리기관과 그것을 이용하는 기관・기업소・단체(제70조), ④ 산업토지의 경우 그것을 이용하는 기관・기업소(제72조), ⑤ 수역토지의 경우 국토관리기관 또는 농업지도기관(제74조), ⑥ 특수토지의 경우 해당 중앙기관과 지방행정위원회 및 이를 이용하는 기관, 기업소 및 군부대(제75조)가 각각 관리를 담당한다.

북한의 경우 토지이용에서 개인은 이용허가신청이 불가능하며 항상 기관・기업소・단체 등이 신청하여야 하는데, 토지이용의 허가기관은 각각의 토지별로 다르게 규정되어 있다.

주민지구토지는 도행정위원회 또는 내각이, 산림토지 및 수역토지는 내각 또는 국토관리기관이 허가권자가 되고(제69조, 제70조 및 제74조),

산업토지와 특수토지에 대하여는 따로 이용허가규정을 두지 않으나 이는 자유이용이 가능하다는 뜻이 아니라 용도구분 자체를 바꾸지 않는 한 다른 용도로 사용할 수 없음을 의미한다고 생각한다. 경작이 가능한 토지의 휴경, 타목적 전용 등의 경우 이러한 기관들로부터 허가를 받아야 한다.

북한의 토지관련 문건으로는 ① 토지등록대장, ② 토지이용허가 정리부, ③ 지적도, ④ 토양도, ⑤ 토지정리 설계도 등이 있다. 이 중에서 토지등록대장은 해방 전의 구토지대장이 아니라, 북한정권 수립 후의 이용권 분배사항 및 이용실태를 나타내는 문건을 말한다. 토지등록과 관련하여 북한의 토지법은 "국토관리기관은 나라의 모든 토지를 통일적으로 장악하고 등록하며 토지관리 및 이용에서 제도와 질서를 엄격히 지키며 토지를 국토건설총계획에 의해 이용할 수 있도록 감독 통제하여야 한다"(제77조) 고 규정한다.

농업관리기관은 개간 기타 토지관리로 얻은 땅을 제때에 등록하도록 하고 토지를 이용하는 기관·기업소·단체 등은 토지의 면적·형질 등의 변동상황을 제때에 보고하여야 하며(제78조), 농업지도기관과 협동농장·기관 등은 토지문건을 갖추고 이를 보관·관리한다(제79조). 토지의 보호·건설 및 관리질서를 어긴 기관·기업소·단체 및 공민은 그 정상에 따른 법적 책임을 진다.

북한의 국토이용과 관련한 기본계획으로 '국토건설총계획'이 수립되어 시행된다(제14조~제18조). '국토건설총계획'은 경제발전과 복리증진에 기여하도록 합리적인 국토개발 및 이용을 목적으로 하는 계획으로서 그 대상기간이 30~50년에 이르는 장기계획이라 할 수 있다(제14조 및 제16조 1문 참조). 국토건설총계획은 ① 농경지 잠식을 금지하면서, ② 도시의 규모를 너무 크게 하지 않고 중소도시를 많이 육성하되, 도시 주변에 공원, 유원지 및 문화시설을 설치하며, ③ 여러 지대들의 기후

풍토적 특성을 고려하며, ④ 경제발전 방향에 따라 과학적인 계획을 수립하는 데 중점을 두었다.

'국토건설총계획'의 주요내용은 ① 혁명전적지와 사적지 등의 보호대책, ② 토지정리 · 개량 · 보호 및 간석지 개간 · 이용대책, ③ 산림조성방향 · 보호 · 이용 및 이로운 동식물 보호대책, ④ 강 · 하천 · 호소 · 저수지의 건설 및 정리방향, 홍수예방을 위한 시설물 배치 및 종합적인 치수 · 이용대책, ⑤ 교통운수 · 전기 · 체신망과 그 시설물의 합리적 배치대책, ⑥ 산업입지대책(지하자원의 개별구역과 공업 · 농업기업소득을 배치할 위치와 규모), ⑦ 도시 및 마을의 위치와 규모, 관광지 대책, ⑧ 수자원 보호대책, ⑨ 공해대책 등이다(제17조).

(4) 북한 토지정책의 변화

건물과 함께 부동산을 구성하는 토지는 가장 중요한 생산요소의 하나이며, 특히 시장경제체제하에서는 가장 중요한 부의 재원이라 할 수 있다. 그러나 북한은 1958년 이후부터 엄격한 사회주의경제체제를 견지한 결과, 토지의 사유는 물론 양도도 허용하지 않았다.

1980년대 중반 이후 구소련 및 동구권 국가들이 자본주의로의 체제전환을 추진하면서 대외경제개방을 가속화하기 시작했다. 이러한 움직임은 북한에게도 적지 않은 영향을 주었다. 그러한 영향의 하나가 외국인이나 외국투자기업에 대한 북한의 토지제도 및 정책상의 변화로 나타났다. 즉, 북한이 대외경제개방을 효과적으로 추진하기 위해서는 토지에 대한 생산 · 분배 · 소비 등의 메커니즘을 제도적으로 정리하고, 토지를 포함한 부동산을 재화로서 시장으로 유인하는 작업이 필연적으로 수반되지 않을 수 없다. 1993년 10월 이후 북한이 토지관련 법제를 정비하여, 외국인이나 외국투자기업에 대해 토지임대를 허용한 것은 대외경제개방정책을 정책적으로 뿐만 아니라 법률적으로 적극 뒷받침함을 보여주는 것이다.

1993년 10월 27일 최고인민회의 상설회의 결정 제40호로 채택된 '토지임대법'은 외국인과 외국법인을 대상으로 임대기간 50년 이내에서 계약당사자간의 합의에 의해 토지임대를 허용하며(제6조), 토지임차인은 토지임대기관의 승인하에 임차토지의 전부 또는 일부의 이용권을 제3자에게 양도(판매, 재임대, 증여, 상속)하거나 저당할 수 있도록 했다(제15조 1문).

국토관리기관은 토지임대의 총괄주체로서 토지임대를 통일적으로 수행하지만, 자유경제무역지대에서는 지대당국이 토지임대를 수행한다(제4조). 토지임대 방법은 주로 협상에 의해 이루어지나, 자유경제무역지대 내에서는 입찰과 경매로도 가능하다(제9조). 토지를 임차한 경우 토지임차인은 토지임대기관에 소정의 토지임대료를 납부해야 하며(제28조 1문), 토지를 임대하는 기관이 개발한 토지를 임대할 경우에는 임차인으로부터 토지개발지를 포함시킨 '토지이용권 임대료'를 받도록 했다(제29조 1문). 다만 장려부문과 자유경제무역지대 내에 투자한 대상에 대해서는 토지사용료를 10년까지 감면 또는 면제해 줄 수 있다(제33조).

토지이용권은 계약에서 정한 임대기간이 만료하면 토지임대기관에 자동적으로 반환된다. 이 경우 해당토지에 있는 건축물과 기타 부착물도 무상으로 반환된다. 토지를 40년 이상 임차한 경우에는 임대기간 종료 전 10년 이내에 준공한 건축물에 대해서는 잔존가치를 인정하여 보상해 줄 수 있다(제34조).

이처럼 토지임대법의 제정으로 북한에서 합영·합작 내지 외국인기업을 설립하여 경영하는 데 있어서 필요한 최소한의 환경이 마련되었다.

2. 몰수토지의 처리와 법치국가원리

1) 법적 문제

북한지역 몰수재산의 처리문제는 사회주의식 소유제도의 재편이라는 제도적 측면과 개별재산에 대한 권리관계의 조정이라는 두 가지 측면에서 진행되어야 할 것이다. 통일한국이 북한정권 하에서 불법몰수된 재산문제를 처리함에 있어서도 법치국가원리가 원칙과 기준이 됨은 물론이다. 그러나 토지 등 몰수재산 처리는 가해자 처벌과 달리 정치·경제·사회적 여건에 따라 정책적 조정이 가능한 영역이 될 것이다. 왜냐하면 통일한국의 성립 직후에는 다양한 이념과 가치의 조정을 통하여 새로운 공동체의 사회적·경제적 토대를 굳건히 하여야 할 필요가 있기 때문이다. 통일한국은 몰수재산을 처리함에 있어서 원소유자의 반환이익과 현재 이용권자의 현상 유지이익을 합리적으로 조정하고 미래 투자자의 투자이익도 배려해야 할 것이다. 몰수재산처리에 대한 방안 수립은 법적 측면 못지않게 이렇게 다양한 이해의 조정을 요하는 정치적·경제적 측면에 대한 고려도 행해져야 한다.

여기에서는 먼저 불법청산 차원에서 북한정권에 의하여 불법적으로 몰수되었던 재산을 처리하는 과정에서 지켜져야 할 헌법적 원칙을 살펴보기로 한다. 이러한 원칙 속에서 과거의 원소유자와 현재의 권리자 그리고 미래의 투자자 사이의 이해를 어떻게 조정할 것인지 문제해결의 단초를 찾아낼 수 있을 것이다. 이에 대한 해답을 구함에 있어 통일독일의 선례는 우리에게 많은 시사점을 제공한다. 따라서 통일독일의 몰수재산 처리과정에서 제기되었던 헌법적 문제들에 기초하여 통일한국의 몰수재산 처리과정에서 논의되어야 할 주요 쟁점을 살펴보면 다음과 같다.

첫째, 북한의 토지몰수조치의 법적 효력이 문제된다. 나아가 그 효력의 존부와 관련하여 원소유자가 몰수토지에 대하여 원상회복을 요구하는 법적 근거를 어디에서 찾을 것인가가 문제된다. 둘째 원상회복의 대상을 남북분단으로 인한 재산권 침해로 국한할 것인지 아니면 분단에 상관없이 모든 반법치국가적 재산권 침해로 할 것인가도 문제될 것이다. 셋째 원상회복을 인정할 경우 그 방법과 관련하여 원물반환이냐 금전보상이냐 아니면 이를 절충한 방안이냐의 문제가 있다. 이 문제는 원상회복의 헌법적 근거를 재산권 보장에서 찾을 것인지 아니면 사회적 법치국가원리에 의할 것인지의 문제와 관련된다. 끝으로 투자자를 보호하기 위하여 원물반환을 제한할 수 있는 헌법적 근거는 무엇인가의 문제가 있다. 이는 달리 표현하면 투자자 우선 원칙의 헌법적 근거를 분명히 해야 하는 문제이다.

이하에서 이러한 문제들에 관해 차례대로 검토하기로 한다.

(1) 몰수조치의 법적 효력

북조선임시인민위원회가 1946년 3월 5일 토지개혁을 단행하였던 당시 북한은 소련군 점령하에 있었다. 따라서 북한의 토지개혁은 북한정권이 수립되기 전에 소련의 지도 아래 맑스·레닌주의를 실현하기 위하여 행해진 준비조치였던 것이다. 북한의 토지개혁 당시 대한민국도 역시 국가로서 정식 출범하지 못한 상황이었고, 아직 헌법이 제정되기 전이었다. 그 결과 대한민국 헌법의 시적(時的) 인 효력범위 밖에서 행해진 북한의 토지개혁에 따른 토지 무상몰수의 법적 효력에 관하여 다양한 견해가 제기되었다.

먼저 국제법적 관점에서 북한의 토지개혁이 사실상 소련에 의해 이루어졌는데, 소련 점령권의 범위 내에 패전국도 아닌 북한에 대한 토지개혁 권한이 포함되느냐의 의문이 제기될 수 있을 것이다. 그래서 북한의 토지몰수가 소련의 배후조정 아래 행해진 조치임을 주목하고 국제법적 근거에서 무효를 주장하는 견해가 있다.[7] 즉, 북한의 토지개혁은 그 주체가 북조선임시인민위원회로 되어 있지만 소련이 실질적으로 주도하여 북한지역에서 맑스·레닌주의를 실현하기 위한 준비작업으로 실행한 조치이다. 그런데 이러한 조치는 국제법상 점령권의 한계를 초월한 것이다. '헤이그육전법규' 제46조에 의하면 점령국은 피점령국 국민의 사유재산을 박탈할 수 없다고 규정했다. 더구나 연합군에 의한 한국의 점령이 전쟁법상의 패전국에 대한 점령이 아니라 패전국에게 강점당한 약소국의 해방을 위한 점령이라는 점에서 토지의 무상 몰수조치는 점령권의 한계를 일탈한 조치이다. 왜냐하면 해방군으로서의 소련점령당국에 그러한 권한이 부여될 수 없었음은 당연하기 때문이다. 따라서 소련 점령권에 의한 북한지역 토지개혁과 토지의 무상몰수는 국제사회의 공서양속인 '인간으로서의 기본권'을 침해한 점령권의 남용이었다. 그러므로 소련 점령군에 의한 북한지역 토지의 무상 몰수조치는 국제적으로 인정된 공서양속 등 강행규정(*jus cogens*)에 위반되어 무효라고 보아야 한다는 것이다.

그러나 북한에서의 토지개혁이 소련군의 점령권 남용에 해당하고 조선민주주의인민공화국 수립 전에 발생한 일이지만 건국을 준비하는 과정에서 국가수립을 위한 조치로 이루어진 행위이므로 국가수립 이후에 고권적 국가행위로 추인받았다고 봄이 상당하다. 실제로 1948년 9월 8일 제정된 북한헌법 제5조 내지 제7조는 명시적으로 점령기의 재산권 몰수조치와 이로 인한 북한에서의 새로운 소유권 질서를 승인했다.

7 제성호 외 3인(2002), "남북한 법통합 및 재산권문제 해결방안 연구", 통일연구원, 205면; 김병기(1997), 북한지역 몰수재산권의 원상회복 여부에 관한 고찰, 《부동산법학》, 15면 이하.

1972년 12월 27일 채택된 조선민주주의인민공화국 사회주의헌법과 그 개정헌법 및 북한민법 제3조와 제37조도 인민소유의 불가침 선언을 통해 과거 재산권 몰수조치를 간접적으로 추인했다.

따라서 북한에서의 토지몰수가 소련 점령군에 의한 행위로서 국제법상 강행규정에 위반되어 무효라고 하더라도 북한 당국에 의해 사후적으로 추인된 이상 그 유효성을 검토해 보아야 한다. 여기서는 북한의 국가성을 인정할 것인지 여부가 관건이 된다고 하겠다.

먼저 북한의 국가성을 부인하는 입장이라면 북한의 토지개혁과 이에 따른 토지의 무상몰수는 우리 헌법이 제정 시행되기 전에 발생한 불법단체의 불법행위로 보아 그 효력을 사후적으로 전면 부인할 수 있다. 특히 우리 헌법 제3조는 "대한민국의 영토는 한반도와 그 부속도서로 한다"고 되어있는데 이와 관련하여 우리 판례는 북한의 국가성을 부인하고 있고,[8] 우리 헌법 제23조는 "모든 국민의 재산권을 보장한다"라고 되어 있다. 이러한 헌법규정과 판례에 따르면 불법단체인 북한의 몰수조치는 아무런 효력이 없다고 볼 수밖에 없다.

그러나 대한민국의 통치권이 실효적으로 북한지역까지 미치지 아니한 상황에서 우리 헌법 제3조의 규범적 효력을 인정하는 데는 한계가 있다. 더구나 1991년 남북한 동시 유엔가입과 1992년 남북기본합의서가 발효되어 국·내외적으로 북한의 국가성을 전면적으로 부인하는 것은 무리이다. 현실적으로도 이미 우리는 국제관계에서 북한이 국가로서 활동하고 있음을 용인하였음은 물론 내부관계에서도 교류협력의 상대방으로서 그 실체를 인정하고 있으므로 북한을 획일적으로 불법단체로 규정하기는 어렵다고 생각한다.

---

8 대판 1992. 7. 24. 92도1148 판결 등; 헌재결 1990. 4. 2. 89헌가113 결정 등.

따라서 북한의 국가성을 용인한다는 전제아래 몰수조치의 유효성을 검토해보기로 한다. 북한의 국가성을 전제로 북한의 토지몰수 조치의 유효성을 인정하면서도 통일방식에 따라 이를 달리 이해하는 견해가 있다. 즉, 북한을 대등한 당사자로서 인정하고 합의에 의해 통일할 경우 북한이 실행하고 제헌헌법으로 추인한 토지개혁과정의 몰수조치를 적법한 것으로 인정할 수밖에 없다는 것이다.[9] 따라서 북한이 몰수한 재산에 대하여 원상회복 또는 행정법상 손실보상청구권은 인정될 여지가 없고 다만 공법상 특별보상청구권을 인정할 것인지 여부가 문제될 뿐이라고 한다. 나아가 흡수통일의 경우 북한이 정권수립 이후 행한 국유화조치는 정당화되지만 정권수립 전의 몰수조치에 대하여는 이를 보상 없는 공용수용으로 보아 행정법상 손실보상청구권을 인정할 수 있다는 것이다. 하지만 북한의 국가성을 전제로 토지몰수조치의 유효성을 인정하는 이상 합의통일이든 흡수통일이든 통일방식에 따라 이를 달리 볼 필요가 있는지는 의문이다. 어쨌든 이 견해에 따르면 토지의 몰수조치는 남한과 대등한 지위에 있는 북한 당국에 의한 것으로 볼 경우에 흡수통일이든 합의통일이든 그 효력을 부정할 수는 없다는 입장이다.

그러나 북한의 국가성을 인정하더라도 토지몰수 조치의 효력을 당연히 인정해야 하는 것은 아니다. 물론 북한의 국가성을 인정하는 입장에서 보면 북한의 토지몰수는 주권국가의 고권적 국가행위이므로 다른 국가의 사법심사의 대상이 될 수는 없다고 할 수 있다. 또한 대등한 국가로서 남북한이 하나의 통일한국으로 통합되었을 경우 1978년 국가승계에 관한 비엔나협약(Vienna Convention on Succession of States in Respect of

9 정영화(1995), "통일 후 북한의 재산권문제에 관한 헌법적 연구", 서울대 박사학위논문, 252~316면.

Treaties) 이나 1983년의 국가재산 · 국가문서 및 국가부채에 있어서 국가승계에 관한 비엔나협약(Vienna Convention on Succession of States in Respect of State Property, Archives and Debts) 등 국제협약 상으로도 북한의 몰수조치에 대하여 그 효력을 부정할 수는 없을 것이다.[10]

하지만 이러한 국제협약에도 불구하고 흡수통일이든 합의통일이든 통일한국의 성립 이전에 북한에 의해 저질러진 반법치국가적 불법행위까지 주권국가의 고권적 행위이므로 유효하다고 보아 통일한국의 헌법제정권자나 입법자가 이에 기속된다고 볼 것은 아니다. 어느 국가의 고권적 국가행위라고 하더라도 다른 국가의 사법체계상 유효성 여부가 문제될 경우에는 그것은 다른 국가에서 당연히 사법심사의 대상이 될 수 있는 것이다.[11] 또한 이미 언급한 바와 같이 인간의 존엄성이나 법치국가원리와 같이 일정한 전(前) 국가적 법원칙에 반하는 행위는 그것이 아무리 주권국가의 고권적 국가행위로 이루어진 것일지라도 그 효력을 인정할 수는 없다고 할 것이다.

이는 통일한국의 헌법제정권자나 입법자가 통일헌법이나 그 하위법령을 제정함에 있어 일탈할 수 없는 재량의 한계로서 작용한다. 통일독일은 이 점에 주목하여 동독의 불법체제를 통일독일이 승계함에 있어 인간의 존엄성이나 법치국가원리의 관점에서 이를 수정(*Korrektur*) 하는 방식을 통해 불법체제를 청산한 바 있는데[12] 통일한국에서도 참고를 요

---

10 국제법적 관점에서 논의될 수 있는 통일한국의 국가승계문제에 관하여서는 박용현(2002), "남북통일에 따른 국가승계 문제", 조선대 통일문제연구소, 99~120면.

11 이의 구체적 예로서는 다른 주권국가의 판결에 대해 우리 법원이 집행승인판결을 하는 경우에는 공서양속에 기한 사법심사를 통해 다른 주권국가의 판결의 효력을 부정할 수 있다(민사집행법 제27조, 민사소송법 제217조 제3호).

12 통독 후 재산문제에 있어 불법체제의 청산과 관련하여서는 이헌섭, 앞의 논문, 425면 이하.

하는 부분이다.

이러한 입장에서 보면 북한의 국가성이나 통일방식에 상관없이 북한의 토지몰수는 무엇보다도 무상몰수였다는 점과 독립한 재판권에 기한 심사 내지 구제의 기회조차 박탈되었다는 점에서 인간의 존엄성과 법치국가원리에 대한 위반이자 전(前)국가적 법원칙에 반하는 조치로서 무효라고 보아야 한다.

법치국가에서의 재산권 보장제도는 단순한 소유권 보장 차원을 넘어서 자유로운 인격의 형성과 이를 통한 자기실현의 물적 기초를 이루는 것이다. 그런데 1946년 북한지역의 토지개혁에 따른 토지의 무상몰수는 사회구조의 완전한 전복을 넘어 인간으로서의 기본권에 대한 중대한 침해를 초래하였다. 즉, 일본잔재와 봉건적 토지소유관계의 척결을 내세우면서도 실제로 일본의 지배와 관계없는 5 정보[13] 이상 토지보유자의 농지를 모두 무상으로 몰수하였다. 북한의 토지개혁은 주민들의 의사에 상관없이 한 국가의 토지소유구조를 이데올로기라는 틀 속에서 혁명적으로 개조하여 사회주의적 소유권 질서로 재편하려는 의도에서 이루어졌다. 또한 토지개혁과 더불어 이른바 지주계급에 대하여 자행된 생명권에 대한 각종 침해행위·강제이주·사회적 차별대우는 재산권 몰수조치가 단지 재산권 침해를 넘어서 생명·자유·건강 등을 추구하는 인간으로서의 기본권에 대한 회복할 수 없는 본질적 침해였다. 따라서 북한의 토지몰수는 인간의 존엄성을 해치고 법치국가원리에 반하는 위헌적 조치로서 어떠한 근거로도 정당화될 수 없는 무효라고 생각한다. 이러한 점은 북한에서의 토지몰수가 소련의 점령고권에 기한 것이라 하더라도 마찬가지다.

13 5정보는 15,000 평 또는 약 5만 평방미터(㎡)에 해당된다.

(2) 원상회복의 근거

북한의 토지개혁과 이에 따른 토지 무상몰수의 법적 효력에 관하여 어떠한 근거에서든 이를 무효로 보는 입장에 따르면 원소유자는 그 소유권에 기하여 원물반환을 요청할 수 있는 유리한 법적 지위에 서게 된다. 그러나 북한의 토지몰수가 무효라고 하더라도 그에 대한 원상회복 책임을 통일한국이 승계하느냐는 별개의 문제이다. 승계론에 의하면 원소유자는 통일한국을 상대로 소유권에 기한 원물반환청구가 가능하지만, 불승계론에 의하면 소유권에 기한 원물반환청구가 반드시 논리필연적인 결과라고 말할 수는 없다.

이 문제와 관련하여 북한의 국가성을 긍정하는가, 부정하는가에 따라 원상회복책임의 승계여부가 결정된다고 할 수는 없다. 만일 북한의 국가성을 긍정한다면 통일한국은 북한의 원상회복책임을 승계하지 않는다는 입장에서 통일한국의 헌법제정권자나 입법자는 더 광범위한 형성의 자유를 갖는다. 따라서 통일한국은 북한의 몰수조치에 대한 사법적 심사를 가하여 그 효력을 부정한다고 하더라도 그로 인한 수정의 범위나 방법 등을 규율함에 있어서는 더 자유롭다. 그러나 북한의 국가성을 부정한다 하더라도 반드시 승계론의 입장에 따라야만 하는 것은 아니다. 왜냐하면 대한민국의 헌법이나 이에 근거한 통치권이 전혀 미칠 수 없는 시기나 지역에서 단행된 북한 당국의 불법행위에 대한 책임이 통일한국에 당연히 승계된다고 할 수 없기 때문이다. 이러한 결론은 북한을 반국가단체로 본다고 하여도 마찬가지다. 한편, 북한체제가 합의통일에 의하여 종식되든 흡수통일에 의하여 종식되든 그에 따라 승계여부가 달라진다고 할 수도 없다. 또한 국가의 기본권보호의무 이론에 따르더라도 반국가단체인 북한의 불법행위에 대하여 통일한국이 그 책임을 당연히 승계한다고 볼 수도 없다. 결국 북한의 토지몰수를 무효로 본다고 하더라도 그 논리적 귀결로써 통일한국이 북한의 불법책임을 그대로 승계하여 통일 후 원소유자의 원물반환청구를 반드시 인정해야 한다는 결론을 내릴 수는 없다. 따라서 불승계론의 입장에서 몰수토지에 대한 원상회복 여부 및 그 방법과 범위 등은 통일한국 입법자의 광범위한 형성의 자유에 맡겨진다.

이렇게 볼 때 북한토지의 무상몰수에 대한 원상회복의 근거는 우리 헌법상의 재산권 보호에 관한 규정(제23조)에서 찾을 수 없다. 오히려 통일독일처럼 원상회복의 근거가 우리 헌법상의 재산권 보호규정에 있는 것이 아니라 사회적 약자를 배려하는 사회적 법치국가원리에 있다고 이해해야 한다. 그렇게 본다면 북한의 토지몰수는 통일한국의 헌법이 정하는 사회적 법치국가원리에 따라 미래지향적으로 해결될 수 있다. 몰수토지의 처리방안은 사회적 법치국가원리를 기준으로 대립하는 이해당사자들의 이익을 사회적으로 조정하는 차원에서 합리적 모색이 가능할 것이다. 한편, 통일한국에서 몰수토지의 처리가 사회적 법치국가원리에 의한다고 하더라도 몰수토지의 원소유자가 해당 토지에 대한 법적 이해당사자로서 갖는 고유의 권리는 우선매수권 등의 형태로 마땅히 배려되어야 한다.

(3) 원상회복의 대상: 분단불법론 문제

남한의 농지개혁은 법률에 근거한 국민의 재산권 제한 및 대가 없는 몰수의 배격이라는 법치주의 정신에 맞게 유상매수·유상분배 방법으로 진행되었다. 따라서 사유재산권의 불법·부당한 침해문제가 제기되지 않았다. 그러나 이에 반해 북한 당국은 공산화과정에서 토지개혁을 최우선 과제로 삼고 토지를 무상으로 몰수하여 국유화시켰다. 이러한 무상몰수 조치는 법치국가원리에 반하는 것으로서 무효란 점은 앞서도 살펴보았다.

따라서 통일한국에서는 사회적 법치국가원리에 따라 과거 북한에서 불법몰수된 토지에 대한 원상회복문제가 제기됨은 당연할 것인데, 이 경우 그 대상을 남북분단으로 인하여 재산권을 잃게 된 경우에 국한할 것인지 아니면 북한정권에 의한 반법치국가적 재산권이 침해된 모든 경우를 포함할 것인지가 문제될 수 있다.

이와 관련하여 통일독일에서도 몰수재산의 반환을 규정한 재산법의 적용범위에 관하여 이른바 '분단불법론'이 제기된 바 있다.[14] 즉, 동서독 분단으로 인한 재산권의 침해만을 재산법의 적용대상으로 하여 원상회복시키고, 동서독 분단과 상관없는 재산권의 침해는 그 대상에서 제외시켜야 한다는 주장이 그것이다. 그러나 이러한 주장은 모든 법치국가위반의 재산권 침해를 '재산법'의 적용대상으로 보는 다수의견에 밀려났으며, 굳이 분단을 직접적 원인으로 하여 이루어진 재산권 침해가 아니더라도 재산법의 보호를 받게 되었다.

통일한국에서도 이러한 문제가 제기될 가능성이 농후하다. 가령 북한 정권에 의한 불법적인 재산권 침해의 여러 가지 유형 중에서 분단과는 직접 상관이 없는 재산권 침해의 경우를 보호대상에서 제외할 수 있는가? 재산권의 회복을 주장하는 원소유자가 남북분단을 직접적인 원인으로 하여 재산권을 상실한 경우만을 보호대상으로 하자는 견해, 즉 분단불법론의 주장은 통일한국에서도 제기될 수 있는 문제이다. 가령 북한주민 또는 외국인이 북한지역을 합법 또는 불법적으로 떠났다는 이유, 북한지역 내에 주소가 없다는 이유 등으로 그 소유재산을 처분할 수 없었거나 그로 인하여 받게 되었던 특별한 불이익만을 분단에 기인한 재산권 침해로 인정하여 원상회복하고, 북한지역에 거주했던 북한주민의 재산을 북한정권의 필요에 의하여 일괄하여 몰수하였다면 그것

14 Fierberg & Reichenbach, *NJW* 1991 S. 321 (323).

은 남북분단을 직접적인 원인으로 하여 이루어진 재산권 침해가 아니므로 원상회복의 대상에서 제외하여야 한다는 주장이 제기될 수 있다는 것이다.

그러나 통일독일에서도 그러하였듯이 통일한국에서도 북한정권에 의한 재산권의 침해는 그 원인을 가리지 말고 불법청산 차원에서 법치국가원리에 위반하여 이루어진 것인지 여부를 가려 반법치국가성이 인정된다면 예외 없이 원상회복이 이루어져야 할 것이다.

나아가 원상회복의 대상을 논의함에 있어서는 그 밖에도 다음과 같은 주장들이 고려되어야 할 것이다. 첫째, 일제강점기의 반민족행위자 및 일본국 또는 일본인 소유의 토지에 대하여는 남한에서도 몰수의 대상이 되었다.[15] 따라서 북한에서 몰수된 토지 중 남한의 법에 따르더라도 몰수의 대상이 되었을 경우에는 원물반환이든, 보상이든 어떤 방식의 원상회복도 인정할 수 없다는 것이다. 둘째, 북한에서뿐만 아니라 남한에서도 토지개혁의 조치가 있었는데 남한 농지개혁법에 의하면 3정보 이상을 초과하는 지주의 토지를 국가에서 유상으로 매수하고, 국가에서 매수한 농지는 영세농에게 3정보를 한도로 유상분배하고 그 대가를 5년에 걸쳐 수확량의 30%씩 상환곡으로 수납하였다. 따라서 북한의 몰수토지라고 하더라도 남한의 농지개혁법에 의하여 유상몰수의 대상이 되었을 농지의 경우는 그 소유권에 기한 원상회복을 주장할 수 없다는 것이다.[16]

(4) 원물반환과 투자우선의 헌법적 근거

15 반민족행위처벌법 및 귀속재산처리법 참조. 최근에는 2004. 3. 22. 법률 제7203호로 제정, 공포된 일제강점하 친일반민족행위 진상규명에 관한 특별법 참조.

16 명순구(2004. 4), "통일 후 토지소유권의 개편방향: 소유권회복의 장해", 〈고려법학〉 42호, 187면 이하.

통일한국에서도 북한지역의 재산권 침해에 대한 원상회복의 방법을 어떻게 정할 것인지에 대하여 관련자들의 이해가 첨예하게 대립할 것이므로 반드시 그 헌법적 근거를 명확히 해두어야 한다.

통일독일의 경우에도 사회적 법치국가원리에 입각하여 구동독의 재산권 침해에 대해 원상회복을 허용한다고 할 때 그 방법은 소급효가 없는 독일기본법(특히 제14조의 재산권 보장)에 의할 수 없고, 다만 일반적 법원리로서 자의금지 또는 법치국가적 소유질서의 기본조건을 무시하지 않는 한 입법자에게 광범위한 형성의 자유가 인정된다는 것이 연방헌법재판소의 태도였다.[17] 통일독일에서도 원상회복의 방법에 관하여 정치적 기반이 다른 유력 정당간에 격론을 벌이다가 원물반환의 방법을 채택하였으나 이것이 투자장애라는 암초에 부딪히자 투자우위로 전환하는 우여곡절을 겪은 바 있었다. 이렇듯 반환원칙의 예외가 인정되고 투자가 우선하게 된 헌법적 배경에는 공동성명에서도 천명되었듯이 재산법상의 문제에 관해 서로 다른 이익을 사회계약적으로 조정한다는 사회적 법치국가의 기본이념이 작용하였다고 할 수 있겠다.

통일한국의 입법자도 재산권 침해에 대한 원상회복의 방법을 결정함에 있어서 원소유자 또는 그 권리승계인의 이익(반환이익), 기존의 권리관계를 다시 변경함으로써 새로운 피해를 입을 수도 있는 현재 사용자의 이익(현상 보호이익), 통일 후 북한지역의 경제적 부흥에 따른 일반인들의 이익(투자이익) 등을 조정하여 원물반환과 투자우위의 수위

17 BVerfGE 84, 90ff. ; BVerfGE 90, S. 12ff. 이들 판결을 소개한 국내문헌으로는 신봉기, "통독 후 미해결재산권 문제에 관한 독일연방헌법재판소 판결", 〈부산외대 비교법연구소 비교법학〉 제8집, 151면 이하; 윤진수, "동서독통일조약에 관한 독일연방헌법재판소 1991. 4. 23. 판결", 〈판례월보〉 제235호, 41면 이하; 전광석(1991. 12), "동서독 통일조약에서의 재산권문제", 〈한림대학교 논문집〉 제9집, 157 ~172면.

를 조절하여 신중하게 결정하여야 할 것이다. 그리고 이러한 결정과정에서는 남북한지역의 사회경제적 여건이 지나치게 오랜 기간 동안 불균형 상태가 지속됨으로 인하여 양 지역 주민의 불평등이 고착화되고 궁극적으로 인간다운 삶의 권리에 영향을 받는 상황이 초래되지 않도록 배려되어야 할 것이다.

2) 몰수재산 처리시 고려사항

위에서 보았듯이 통일 후 북한지역에서의 몰수재산 처리와 관련하여 사회적 법치국가원리에 의해 원소유자의 재산권보장의 문제만을 지나치게 강조할 수는 없다. 물론 재산권은 매우 중요한 기본권 중 하나이지만 이것도 역시 형량되어야 할 여러 가치들 중 하나일 뿐인 것이다. 따라서 통일 후 재산권 침해 문제를 처리함에 있어서는 그 밖에 다른 중요한 가치들도 함께 존중되어야 한다.

이하에서는 통일 후 몰수재산 처리시 고려해야 할 가치들을 살펴보기로 한다.

(1) 북한주민의 생활안정 확보문제

통일독일에서 발생한 수많은 재산권 분쟁 중에서 원소유자와 현재 해당토지를 사용하는 동독주민 간의 소유권 분쟁이 심각한 사회문제로 제기되었음은 잘 알려진 바와 같다. 통일된 후 반환이나 보상을 받게 되는 원소유자와는 달리 주택이나 건물과 토지 등을 빼앗기게 되는 선의의 피해자들에 대한 보호문제도 심각하게 고려하지 않을 수 없었다.

이러한 문제는 남북통일시에도 나타날 것으로 예상된다. 특히 한국전쟁으로 인해 남하한 피난민이 많았던 점을 감안하면 사정은 더욱 심각할 것으로 보인다. 북한주민은 분단 이후 반세기 이상을 사회주의 체제하에서 나름대로의 생활기반과 법의식·법감정을 가지고 살아왔다. 따라서 이러한 북한주민의 토지이용권은 기득권으로 당연히 보호되어야 한다. 통일독일이 몰수된 구재산권에 대해 반환원칙을 인정하면서도 동독주민들이 갖는 기존의 물권적 이용권을 보호하여 반환에 대한 예외를 인정하고, 반환대상인 토지 및 건물에 대해 설정된 기존의 이용권의 잠정적 효력을 인정한 것도 바로 이러한 이유 때문이라고 할 수 있다.

그런데 북한주민들의 기득권 보호문제는 월남자들의 재산권 보호문제와 상충되는 점이 있다. 만약 법치주의와 사유재산권 보장을 내세워 원소유자의 원상회복 요구만을 관철한다면 권리회복문제를 둘러싸고 남북한 주민간의 분쟁이 심화될 것이고 현재 토지이용자인 북한주민의 생활은 불안정해 질 것이다. 이것은 상호 불신과 적대감을 야기하여 민족적 동질성을 회복하고 사회적 통합을 달성하는 데 큰 장애가 될 수 있다.

북한주민의 기득권 보호 내지 북한주민의 생활안정은 통일 이후 남북한 주민간의 상호불신과 적대감 해소를 통한 민족적 동질성 회복의 관건이 될 수 있을 것이다. 따라서 몰수재산의 처리는 통일의 성공여부를 좌우한다고 할 수 있을 만큼 중요한 문제이므로 신중히 처리되어야 할 것이다. 그러한 점에서 통일 후 북한지역에 시장경제질서를 도입함에 있어 북한주민의 생존권을 위협하고 새로운 법체계에 대한 강한 반발을 야기하는 극단적 조치는 배제해야 할 것이다.

(2) 북한지역의 개발촉진 문제

북한은 그동안 폐쇄적인 사회주의 경제정책을 지속해 온 결과 현재 극심한 경제난에 처해 있다. 사회간접자본시설의 미비, 기술수준의 낙후, 자본부족 등 경제기반이 매우 취약한 상태이고, 남북한 주민간의 소득 격차는 이미 회복할 수 없을 만큼 벌어져 있다. 따라서 통일 후 남북한의 균형적 발전을 이룩하고 북한주민의 소득수준을 향상시키려면 북한지역에 대한 종합적인 경제개발계획의 수립과 대규모 투자가 절대적으로 필요하다.

통일독일의 경우 구동독의 몰수재산을 처리함에 있어 원소유자 반환원칙을 채택하자 동독지역의 1/3에 해당하는 곳에서 소유권 분쟁이 발생하여 동독지역에 대한 투자와 개발에 심각한 장애요인이 되었다. 이러한 독일의 경험에서 보듯이 북한지역에 대한 투자장애 요인을 제거하기 위해서는 재산권에 대한 분쟁을 사전에 예방하는 방향으로 북한지역의 몰수재산 처리문제가 해결되어야 할 것이다.

한편 북한지역의 원활한 개발을 위하여 공공용지 확보가 필수적이다. 만일 원소유자에게 원물반환의 권리를 예외 없이 인정한다면 경제개발과 사회간접자본 형성에 필요한 토지를 확보하기 어렵게 만들고, 따라서 북한지역의 계획적이고 체계적인 균형개발과 경제발전을 저해할 위험성이 커진다.

(3) 토지투기 방지문제

북한지역의 몰수재산 처리와 관련하여 반드시 고려해야 할 문제는 부동산투기이다. 자유시장 경제체제에 익숙하지 못한 북한지역에서 토지사유화가 추진될 경우 여러 가지 돌이킬 수 없는 부작용이 발생할 것으로 예견된다. 그중 몇 가지 중요한 사항들을 예시하면 다음과 같다.

첫째, 부동산시장의 미비이다. 아직 토지시장이 형성되지 않은 상황에서 토지사유화가 추진되고 토지거래가 활성화된다면 부동산 투기 등의 대혼란을 불러일으킬 수 있고, 그 파급효과가 다시 주거비나 생활비 등에도 미쳐 북한주민들의 생활에 큰 위협으로 작용할 수 있을 것이다.

둘째, 남북한 주민들 사이에 경제력 격차가 크기 때문에 토지구입에 있어 균등한 기회를 보장할 수 없게 된다. 사유재산이 없는 북한주민들은 토지구입 기회가 없고 결국 북한토지는 남한주민들에게 집중되게 될 것이기 때문이다.

셋째, 남한주민들의 북한지역에 대한 부동산 투기행위의 발호가 예상된다. 남북통일 후 북한지역 개발에 따른 지가상승을 노리고 남한의 투기꾼들이 대거 북한의 부동산을 구입하려 할 것이다. 만일 북한지역에서 부동산 투기현상이 만연된다면 결국 북한주민들은 재산축적의 기회에서 점점 소외되고 남북한 주민간의 소득격차가 심화될 것이다. 이러한 현상은 자연히 통일한국의 경제 및 사회적 통합의 장애요인으로 작용할 것이다. 또한 부동산투기로 인한 지가급등은 투자활동에 지장을 초래할 것이다.

넷째, 공공용지 확보가 어렵게 된다. 만일 북한지역의 모든 토지를 사유화의 대상으로 하게 되면 공공용지로 사용될 지역에 대한 집중적인 투기행위가 이루어질 것이다. 그 결과 북한의 사회간접자본 형성에 필요한 공공용지의 확보에 장애가 초래되고 결국 체계적이고 계획적인 북한지역 개발에 어려움이 예상된다.

다섯째, 토지의 독점이 우려된다. 재벌이나 소수 재력가에 의해 북한지역의 토지가 독점될 위험성이 있다.

(4) 원소유자의 권리보호

통일한국이 자유민주주적 법치국가원리를 기본으로 한다면 원소유자 특히 북한에 토지를 남겨두고 월남한 사람들은 당연히 소유권 회복을 기대할 것이다. 북한에서 남한으로 이주한 사람들의 동기는 다양하겠지만 주로 공산주의 세력에 의해 받게 될지도 모르는 피해를 모면하기 위하여 부득이 남하했다. 그러므로 북한지역에 토지를 두고 월남한 사람들은 이에 대한 반환이나 이에 갈음하는 보상을 희망하는 것은 당연하다. 이들은 토지소유권은 소멸시효에 해당되지 않는다는 현행법상의 법리를 근거로 이를 반환받기 위한 소송이 폭주할 것이고, 사법부는 이에 대한 판결을 회피할 수 없을 것이다. 앞서 살펴본 바와 같이 원소유자의 반환청구권이 법리상 당연히 인정된다고 할 수는 없다. 따라서 원소유자의 권리를 인정할 것인지 여부와 인정할 경우 그 방법에 대한 입법자의 결단이 있어야 할 것이다. 그러나 그 결단에 따른 판결에 불복하는 사람들은 통일한국에 대한 불만을 갖게 될 것이고 이로 인하여 파생되는 복잡한 정치적 · 사회적 문제는 사회적 통합에 큰 부담이 될 것이다.

(5) 형평성의 문제

몰수토지문제와 관련하여 주목해야 할 법률로서 '수복지역 내 소유자 미복구 토지의 복구등록과 보존등기 등에 관한 특별조치법'이 있다. 이 법은 한국전쟁이 종료된 후 북한 치하에서 남한에 수복된 경기도 · 강원도의 11개 시 · 군을 대상으로 한다. 이 법은 전쟁으로 지적공부와 등기부가 분실 · 소실되어 소유관계가 불명확하게 된 토지에 대하여 소유자라 주장하는 사람은 인우보증을 근거로 소유권 복구등록을 할 수 있도록 규정했다. 만일 월남자의 북한지역 토지에 대한 원상회복을 허용하지 않는다면 원소유자들은 이 법에 따른 복구등록 조치와의 형평성을 주장하며 상응하는 조치를 요구할 가능성이 있다. 복구등록 조치는 일종의 원상회복이라 할 수 있는데 이런 입장의 연장선상에서 본다면 월남자의 북한지역 토지에 대해 반환조치를 취하는 것이 형평에 맞는다는 주장이 가능하다.

그러나 '수복지역 내 소유자 미복구토지의 복구등록과 보존등기 등에 관한 특별조치법'은 사유재산권을 보장하는 우리 헌법정신을 반영한 것이지만 현재 우리 법체계상 미수복지역으로 볼 수 있는 북한지역의 몰수재산 처리에 그대로 적용되기에는 여러 가지 어려움이 예상된다. 그럼에도 불구하고 이 법에 의한 수복지역에 대한 복구등록의 선례는 앞으로 통일이 이루어진 후 북한지역 내 몰수토지문제의 해결에 있어서 어떤 방식으로든 영향을 미칠 것으로 예상된다.

3. 몰수토지 처리방안

1) 서언

북한정권하에서 불법적으로 몰수된 토지의 통일후 처리방안에 대하여 우리 학계와 실무에서 다각적인 방법이 연구되어 발표되고 있다.[18] 우리의 학계와 실무에서 논의되는 몰수토지 처리방안들 중에는 앞서 검토한 헌법적 근거에 대한 심각한 고민 없이 단지 토지정책적 고려사항에 초점을 맞추고 급조된 견해도 적지 않다. 그러나 이러한 방안이 현실화되었을 경우 제기될 헌법적 장애에 부딪혀 통일한국의 불법청산작업이 난관에 봉착하는 일을 예방하기 위해서라도 학계와 실무에서 논의되는 각종 방안의 합헌성 내지는 적법성에 대한 철저한 논증작업이 이루어져야 한다.

따라서 여기에서는 각각의 방안들이 주장하는 내용과 근거를 살펴보고, 그 장·단점을 헌법적 관점에서 평가해 보기로 한다. 앞서도 지적하였지만 몰수토지의 처리방안과 관련하여 그 헌법적 근거를 재산권보장이 아닌 사회적 법치국가원리에서 구하는 독일 연방헌법재판소의 판례는 우리에게도 많은 시사점을 준다. 즉, 동독의 몰수재산에 대하여 사회적 법치국가원리에 입각하여 원상회복을 명한다고 할 때 그 방법

---

18 북한지역 몰수재산의 처리문제에 관하여는, 제성호(1996), "통일과정의 북한토지문제", 〈토지연구〉 제7권 3호, 한국토지공사; 양승종(1995), "통일이후 북한토지 처리방안에 관한 연구", 〈토지연구〉 제6권 1호, 한국토지공사; 조영진(1999), "한반도 통일토지정책", (주) 중앙경제; 이부하(2004), "통일 후 북한의 토지소유권 문제", 〈토지공법연구〉 제21집, 한국토지공법학회 등.

은 소급효가 없는 독일기본법(특히 제14조의 재산권 보장)에 의거할 수 없고, 다만 일반적 법원리로서 자의금지 또는 법치국가적 소유질서의 기본조건을 무시하지 않는 한 입법자에게 광범위한 형성의 자유가 인정된다는 점을 상기하고자 한다.

2) 원소유자에 대한 반환방안

(1) 내 용

이 방안은 원칙적으로 북한체제 하에서 몰수된 토지 내지 구재산권을 원소유자에게 반환하되, 구체적 정의 실현을 위해 또는 사물의 본질상 불가피 한 경우에는 반환에 대한 예외를 인정하는 방안을 말한다. 북한정권이 정식 출범하기 전 행해진 토지개혁은 말할 것도 없고, 정권수립 후 사회주의체제 공고화를 위해 단행한 토지무상몰수는 모두 법치국가원리에 반하여 불법적으로 이루어진 재산권의 박탈이므로 원상회복되어야 한다. 다만 예외적으로 반환이 불가능하거나 제3의 선의취득자를 보호할 필요가 있는 경우에는 반환대신 보상방법을 인정할 수 있다.

(2) 평 가

이 방안은 북한의 토지몰수의 불법성은 인정하되, 그 승계책임은 부정하고 통일한국의 입법자에게 광범위한 형성의 자유를 인정하려는 입장에서 보면 재산권 보장과 법치국가원리에 가장 잘 부합하는 방안이라 할 수 있다. 과거 북한공산정권이 행한 토지몰수는 불법적인 소유권 침해에 해당되므로 원소유자에게 그에 대한 반환청구권을 인정하는 것은 법치국가원리를 근간으로 하게 될 통일한국의 헌법정신에 맞는다. 또한 원소유자의 반환청구권 인정은 대가 없는 재산권 침해를 부인하는 법치국가원리에도 합치된다.

그러나 원소유자의 토지반환청구를 인정할 경우 다음과 같은 문제점이 제기된다.

첫째, 토지를 이용하는 북한주민의 권리보호가 미흡하여 장기간의 분단상태, 즉 주어진 환경에서 나름대로 적응하면서 살아온 북한주민의 생활터전에 치명적인 위협을 준다.

둘째, 북한토지의 원소유자(월남한 남한주민)와 토지이용자(북한주민) 간의 이해 상충으로 사회 전체가 혼란에 빠질 수 있다. 즉, 몰수토지 처리방식과 관련, 반환청구권을 인정하는 것은 북한주민을 차별대우한다는 주장이 가능하게 함으로써 통일 직후 남북한 주민간의 갈등을 유발하고 결국 사회적 통합을 저해한다.

셋째, 원소유자의 반환청구 폭주와 증거산일에 따른 권리존부의 확인 곤란은 소유권 관계의 불명확상태를 장기화시키는 요인이 된다. 이것은 투자자들의 대북한지역 투자 기피현상을 초래하게 될 것이고 이것은 다시 북한지역 경제재건에 부정적으로 작용한다.

3) 보상방안

(1) 내용

보상방안은 해당재산의 매각을 전제로 원소유자에게 몰수토지에 상응하는 금전적 보상을 해주는 것을 원칙으로 하면서, 예외적으로 원물반환을 인정하는 방안을 말한다. 이 방안은 사유재산권을 인정한다는 점에서는 원물반환 방안과 일맥상통하는 점이 있으나, 예컨대 원소유자의 확인작업에 장기간이 소요될 경우 초래될 투자장애요인 등의 부작용을 최소화하려는 데 주된 목적이 있다. 한편 이 방안에 의하여 예외적으로 원물의 반환을 허용하더라도 ① 거래의 안전을 해치지 않거나, 또는 ② 투자장애를 초래할 우려가 없는 경우에 한해서만 몰수토지의 반환을 인정한다는 점에서 원물반환은 극히 제한적이다.

보상방안의 정당성에 관한 논거로는 다음과 같은 점들이 제시된다.

첫째, 사회적 법치국가의 헌법하에서 사유재산권은 신성불가침의 권리가 아니라 공공복리를 위해 그 제한이 가능하다. 통일한국의 공공복리 확보, 반환소송 폭주에 따른 경제질서 혼란 방지라는 관점에서 보상원칙을 택하고 원물반환을 전면 불허하더라도 위헌의 소지를 불식시킬 수 있다.

둘째, 통일 후 북한사회의 신속한 경제재건을 위해 대북투자가 절대 필요하다. 그런데 원소유자의 토지반환문제로 소유권 관계의 미확정 상태가 계속되면 거래의 안전을 저해하고 투자기피현상이 초래될 것이다. 경제정책적 입장에서 보면 보상방안은 이러한 투자장애요인을 제거하고 원활한 투자를 유치하는 데에 유리할 수 있다.

셋째, 보상방안은 남한과는 다른 이질적 체제를 장기간 유지해 온 북한사회가 새로운 체제로 전환하는 과정에서 혼란을 방지하고 사회안정을 유지하기 위해 주민에 대한 생활보장을 배려해야 하는 사회정책적 입장에서도 합리적이다.

(2) 평 가

보상방안의 장점으로는 다음과 같은 것을 생각해볼 수 있다. 첫째, 통일 후에도 토지이용자인 북한주민들의 연고권(토지이용권)을 계속 인정함으로써 북한주민의 생활안정과 계속적인 생산활동을 보장할 수 있다. 둘째, 소유권 관계의 불명확이라는 투자장애요인을 제거함으로써 북한에 대한 투자를 유도하고 북한의 경제재건에 기여할 수 있다. 셋째, 원소유자에 대한 반환의 경우보다 통일초기에 북한지역에 대한 종합적인 국토이용·개발계획 및 경제재건계획의 수립이 가능하며,

아울러 동 계획을 강력하게 추진할 수 있다. 넷째, 국가가 북한토지를 관리 · 처분함으로써 통일 후 염려되는 북한지역에 대한 부동산투기를 억제하는 효과도 기대할 수 있다. 다섯째, 보상방안의 경우 몰수토지를 반환하는 방법으로 문제를 해결할 경우 발생하는 북한당국 및 주민들의 통일에 대한 거부감과 위화감을 줄임으로써 통일과업 촉진에 기여할 수 있다.

그러나 보상방안의 경우에도 문제점은 없지 않다.

첫째, 원칙적으로 원물의 반환을 부인함으로써 사유재산권의 보호에 소홀한 점이 있다. 둘째, 통일 직후 북한지역 재건 등 남북한 경제적 · 사회적 통합을 위해 막대한 통일비용이 소요된다. 이러한 점을 감안할 때 통일한국 정부가 원소유자에게 몰수토지에 대한 보상을 위한 재원까지 추가적으로 마련하는 것은 쉬운 일이 아니다. 셋째, 몰수토지에 대한 재산가치를 평가하여 적정수준의 보상액을 결정해야 하는 복잡한 업무가 새로이 발생한다. 즉, 보상금액의 산정에 있어서 침해 당시 가격, 현재의 시가, 미래의 예상가격 등 다양한 기준이 있어서 결정이 용이하지 않을 것이다. 넷째, 북한지역에 대한 월남자들의 원소유권을 인정하고 보호하여 이들에게 보상을 지급하는 반면 북한주민들에 대한 기득권 보호에 미흡할 경우, 남북한 주민간의 소득격차 해소에 별로 기여하지 못한다. 다섯째, 보상방안은 투자장애요인으로 작용할 가능성은 적지만, 북한지역에의 투자를 촉진하는 적극적인 요인이라고는 할 수 없다.

4) 재국유화 방안

(1) 내 용

이 방안은 통일 즉시 북한정권에 의해 불법적으로 몰수된 토지에 대한 소유관계를 무시하고 북한 내 모든 재산을 재국유화한 후, 적절한 시기에 매각 처분하여 사유화하는 방안을 말한다. 재국유화 방안은 남북통일이 되면 통일 이전 북한의 소유였던 모든 토지의 소유권은-국가승계이론에 의하여-당연히 통일한국의 소유권으로 된다는 논리를 바탕으로 한다. 이것은 현재 북한의 소유권제도와 질서를 인정하는 기초 위에서 북한 국유재산을 그대로 접수하는 것을 의미한다.

이와 관련하여 재(再)국유화된 북한지역 토지의 소유·관리, 사후 매각·처분 등을 담당하는 특별기구의 설립이 필요하다. 이를 위해 통일 독일은 헌법과 법률에 의거하여 '신탁관리청'을 설치 운용하였던 점은 참고를 요한다.

이 방안에 의하면 원소유자에게 소유권에 기한 반환청구는 인정되지 않는다. 다만 해당토지 매각처분시 원소유자의 연고권을 인정하여 우선매입권 등을 제공할 수는 있다. 그러나 이 경우에도 통일 당시 직접 토지를 이용하는 북한주민들의 우선매입권과 충돌하는 문제가 발생할 것이므로 신중한 검토를 요한다. 요컨대 이 방안에 따르면 통일 후 국가기관이 북한토지를 관리하면서 사유화를 비롯한 국토이용의 효율적 방안을 모색하게 될 것이다.

재국유화방안은 북한지역에서의 투자조건 조성을 통한 조속한 경제재건, 북한주민의 생존권 보장, 보상재원 조달 등의 어려운 과제를 한꺼번에 해결할 수 있다는 점에서 장점이 있다. 또한 이 방안은 북한주민들로 하여금 현재의 상태로 주택과 토지 등에 대한 이용권의 확보를 가능하게 하여 불필요한 대규모 남한이주를 방지할 수 있으며 정부의 추가적 재정부담을 크게 줄일 수도 있다. 특히 이 방안은 다음과 같은 실무적 장점도 갖추고 있다.

첫째, 통일한국 초기 발생할 통일후유증을 최소화하고 북한지역의 신속한 재건을 통해 경제통합을 이룩하는 것과 동시에 사회·문화적 이질감을 해소하는 것이 가장 시급한 과제임을 감안한다면, 재국유화방안은 간명한 처리방법이면서도 매우 효율적인 대처방안이 될 수 있다.

둘째, 통일한국이 북한지역 토지를 재국유화하지 않고 원소유자에게 보상하기로 결정할 경우 토지의 급격한 사유화로 인한 혼란이 야기될 수 있다. 즉, 사유화의 조기추진에 따라 북한의 협동농장을 개인소유로 급격하게 전환할 경우 비료·농기구·장비의 태부족, 농지구매자금·영농자금의 미확보, 운송수단의 미비, 유통망 및 관련 정보 부족 등의 문제가 동시다발적으로 나타나고 북한농민들은 큰 혼란에 빠진다. 이것을 제도적으로 막는 방법은 기존의 북한토지를 재국유화함으로써 사유화를 점진적으로 추진하는 것이라 할 수 있다. 통일한국은 일정기간 동안 기존의 사회화된 토지소유형태를 존중하면서 재국유화된 토지를 사업용 토지, 비사업용토지, 택지, 임야, 농지 등 토지용도에 따라서 분야별로 구분하고 우선순위를 정하여 점진적으로 사유화를 추진하는 것이 국토의 효율적 이용은 물론 소유권 변경에 따른 업무폭증의 부담을 줄일 수 있다는 점에서도 바람직하다.

셋째, 통일한국이 북한지역을 조속한 시일 내에 재건하고 경제수준을 일정단계로 끌어올리기 위해서는 막대한 공공투자사업을 추진해야 한다. 이에 따른 토지수요는 적지 않을 것이다. 이를 위해서는 공공용지를 미리 예비해두어야 하며, 동시에 이를 위한 투자재원 확보가 매우 중요한 과제로 등장할 것이다. 아울러 열악한 북한지역에 대한 공공투자, 그리고 기업과 개인의 대북투자는 일찍이 지난 시기에 남한지역에서 발생했던 바와 같은 부동산투기, 특히 토지투기 과열현상을 야기하게 될 것인바, 이를 억제하기 위한 적극적인 조치가 요구된다. 재국유화방안은 이러한 문제에 효과적으로 대응할 수 있다.

(2) 평 가

재국유화 방안을 채택하여 공공투자를 위한 사업용 토지와 비사업용 토지에 차별적으로 적용할 경우 예상되는 장점은 다음과 같다.

첫째, 토지반환과 관련된 분쟁을 사전에 제도적으로 방지함으로써 투자장애요인을 제거하고 북한에의 투자를 촉진하는 효과를 기대할 수 있다. 둘째, 통일한국이 일정기간 종합적인 국토개발과 균형발전을 위해 토지이용정책을 효과적으로 추진할 수 있다. 셋째, 국가가 북한의 토지를 국유화한 후 상당기간 이를 소유·관리함으로써 북한지역에서의 부동산투기를 방지할 수 있다. 넷째, 사유화 추진과 관련, 공장부지 등 사업용 토지의 지가가 충분히 상승된 후 기업인에게 매각할 경우 매각수입을 극대화할 수 있다. 다섯째, 주택부지 등 비사업용 토지의 경우 현재 사용하고 있는 북한주민에게 장기간 임대함으로써 이들에게 기본적인 생존권을 보장할 수 있다.

그러나 이 방안을 채택할 경우에도 역시 문제점은 있다. 첫째, 원소유권을 전면적으로 무효화하고 통일 즉시 국유화할 경우 사유재산권을 보장하는 헌법정신에 위반된다는 이유로 위헌 논란의 소지가 있다. 둘째, 원소유권을 인정하지 않을 경우 남한의 원소유자로부터 강한 반발이 있을 것으로 예상된다. 월남자들은 북한지역에 소재한 몰수된 토지에 대해 소유권을 주장할 것이다. 그들은 한국전쟁과 분단이라는 특수상황으로 인해 장기간 권리를 행사하지 못하였다는 이유로 소유권이 소멸되었다고 볼 수 없으므로 소멸시효에 해당하지 않는다고 주장할 것이다. 북한지역 토지의 전면국유화 조치는 원소유자와 현재 이용자 등의 해당 토지에 대한 권리를 전혀 인정하지 않는 것이므로 헌법상의 법치주의원리에 반하지 않는지 신중한 검토를 요한다. 셋째, 북한이 통일 이전 소유하던 국유토지를 통일한국이 그대로 인수하여 재국유화하는 데에는 어려움이 없으나, 통일 이전 북한주민들이 공동으로 운영해 온 협동단체의 소유토지까지 통일한국이 접수 내지 국유화할 수 있는 합리적 근거를 찾기 어려운 점이 있다. 넷째, 이 방안은 북한이 통일 이전 법치국가원리에 위반하여 불법적으로 토지를 국유화했다는 사실을 불문에 부치고 있다. 즉, 과거 북한이 행한 대가 없는 강제적 몰수를 기정사실로 받아들이기 때문에 반법치국가적 행위는 마땅히 청산되어야 한다는 통일한국의 법치국가적 당위성에 부합하지 못한다.

5) 북한주민 소유방안

(1) 내 용

이 방안은 북한토지의 소유관계를 현재의 상태대로 인정하고 보장해주는 방안이다. 북한의 소유제도는 국가소유와 협동단체소유로 되어 있다. 국가소유는 전 인민적 소유로서 이른바 북한주민 모두가 공동으로 소유한다는 것을 말하며, 협동단체소유라는 것도 현재 협동농장 구성원이 이용권만 가졌으나 이론상 협동단체 구성원 모두의 공동소유라고 볼 수 있다. 사실 한국전쟁으로 폐허가 된 북한지역을 오늘과 같은 상태로 만들어 놓은 것은 북한주민의 노동과 노력의 결과다. 이러한 점에 비추어 현재 북한지역에 형성된 재산에 대한 권리를 북한주민에게 인정해주는 것이 타당하다는 논리도 우선 성립될 수 있다. 이 방안의 법리적 근거는 북한의 토지몰수를 고권적 국가행위로서 유효성을 인정하고 따라서 원소유자의 권리를 부인함을 전제로 한다.

(2) 평가

이러한 방안은 몰수토지를 비롯한 북한지역의 모든 재산의 처리와 관련하여 가장 간명한 처리방법으로서 다음과 같은 장점이 있다. 첫째, 통일 직후 몰수토지의 원소유자에 대한 권리회복에 따른 인력과 시간 소요 등 국력낭비를 최소화할 수 있고, 특히 국가가 보상재원 확보 등 추가적인 경제적 부담을 지지 않아 통일비용을 대폭 절감할 수 있다. 둘째, 통일한국이 통일초기에 북한지역에 대한 종합적인 국토개발정책을 수립하여 집행함으로써 효과적인 토지이용을 극대화할 수 있다.

그러나 다른 한편으로는 다음과 같은 문제점도 있다.

첫째, 우선 법리적으로 몰수토지의 원소유자에게 최소한의 보상도 해주지 않음으로써 사유재산권 보장을 기본으로 하는 통일한국 헌법의 기본권 보장에 배치되는 위헌문제가 발생하고, 또한 통일 이전 북한정권이 행한 대가 없는 불법적인 무상몰수를 추인하게 됨으로써 전국가적 법원리에도 어긋난다는 비판을 면할 수 없다. 둘째, 통일한국이 협동농장 소속의 구성원들에게 협동농장 소유 농지와 농기구 등의 공동소유(총유 또는 합유 등)를 인정하는 것은 사회주의식 소유구조를 존속시키게 되는바, 이는 개인간의 자유경쟁을 극대화시켜 경제발전을 추구하는 시장경제원리에 역행하는 결과를 초래하고 따라서 체제전환에 걸림돌이 될 수도 있다. 셋째, 북한의 토지에 대해서 북한주민의 소유권만을 인정하고 월남자들의 원소유권을 부인할 경우 형평성의 문제가 야기될 것이다. 특히 '수복지역 내 소유자 미복구 토지의 복구등록과 보존등기 등에 관한 특별조치법'에 규정된 반환조치와 비교할 때 형평에 맞지 않는다는 주장이 제기될 것이다. 넷째, 현실적으로도 북한정권의 불법적 토지몰수조치에 항거하여 월남한 원소유자와 그 상속인들의 거센 반발을 초래할 것으로 예상된다. 따라서 이에 대해 통일한국이 토지반환에 상응하는 해결책이나 대안을 마련하지 않을 경우 통일 초기 원소유권자의 불만이 조직화되어 사회적 혼란으로 증폭될 가능성도 배제할 수 없다. 북한주민들의 현재 이용상태를 소유권으로 전환하여 주는 조치가 사회적 통합 차원에서 어느 정도 필요하겠지만 이를 전면적으로 소유권으로 전환하여 인정하는 조치는 원소유권자와의 관계에서 보거나 낙후된 북한지역의 균형발전을 저해하는 측면이 있다. 이는 헌법적인 관점에서도 사회적 이익의 합리적 조정을 요하는 사회적 법치국가원리에 반하는 위헌적 결과를 초래할 위험이 있다고 하겠다.

6) 소 결

앞에서 북한지역의 몰수토지 처리방안을 살펴보았는데, 전술한 바와 같은 각 방안들은 모두 나름대로 합리적 근거와 장·단점을 가지고 있어 어느 방안이 가장 우수하다고 단정하기는 어렵다. 그러나 법적 문제와 더불어 여러 가지 정책적 고려하에서 원소유자에 대한 원물반환 원칙은 현실적 타당성이 없다는 것이 다수의 견해이다. 동독의 경우에는 북한과 달리 개인소유가 어느 정도 인정되고 있었고 토지의 거래와 저당권의 설정이 가능했으며, 특히 분단 전의 등기부를 계속 유지해 왔다. 이러한 여건이 통일독일로 하여금 국가소유와 협동단체 소유를 사유화하고 원소유자에게 원물반환하는 방안을 선택하게 하는 데 중요한 기초가 된 것이 사실이다. 그러나 북한의 경우는 등기제도가 존재하지 않아 원소유자를 확인하기 어렵고 등기부 원부의 회복도 사실상 불가능하다. 이러한 이유로 원물반환은 법리적으로 가장 타당성이 있는 방안이지만 현실적 어려움이 예상된다. 다음 북한토지에 대한 현재의 이용관계를 권리관계로 격상하여 전환하는 방안은 간명하기 그지없으나, 원소유자의 이익을 전혀 고려하지 않는다는 점에서 법치국가원리에 위반될 소지가 있다. 금전보상 방안은 간편한 방안이나 재원조달의 어려움이 있고, 재국유화방안은 투자우선 원칙에 충실한 방안으로 낙후된 북한지역 개발에 가장 효율적인 장점이 있으나 원소유자와 현재 이용자의 이익을 고려하지 않는다는 점이 문제이다.

이처럼 어느 방안이든 장단점이 있어 통일한국이 채택한 궁극적인 해결방안은 각 방안의 장점을 취하여 이를 조화롭게 조정하는 방안이 되어야 한다. 특히 북한의 토지몰수의 불법성은 인정하되 통일한국에 그 승계책임은 인정하지 않고, 따라서 통일한국의 입법자는 광범위한 형성의 자유를 갖는다는 기본원칙에 입각하여 가장 합리적인 해결방안이 무엇인지를 모색하여야 한다.

4. 통일한국의 처리방안에 대한 사견

북한지역의 몰수토지 처리문제는 기본적으로는 법치국가원리에 반하는 재산권 침해에 대한 소유권 회복을 목표로 하지만, 평상시의 정상적인 상황하에서 제기되는 일반적인 소유권 보호문제와는 본질적으로 성격을 달리한다. 이 문제는 반세기 이상 동안 분단되어 지내온 2개의 정치적 실체가 하나로 통합되는 과정에서 발생하는 특수성을 지니고, 국가경제는 물론 사회적 통합에도 심대한 영향을 줄 수 있다. 그러한 점에서 재산법적 형식논리에 집착할 경우 합리적 해결책을 찾기 어렵고 자칫 돌이킬 수 없는 민족의 재분열에 빠질 위험성이 있다. 따라서 통일한국이 처한 상황에서 가장 적합한 몰수토지 처리방안을 선택함에 있어 어떤 식으로든 원소유자의 권리회복을 염두에 둔 원상회복을 기본방침으로 하되 그 구체적 방안에서는 각종 이해관계인의 이익을 사회적 법치국가적으로 조정하는 정책적 고려도 병행되어야 할 것이다. 이러한 고려사항으로 지적할 수 있는 것들은 다음과 같다.

첫째, 몰수토지의 처리문제는 통일한국의 경제적 번영과 사회적 통합의 기초를 다지는 작업이라는 점을 인식할 필요가 있다. 몰수토지 처리문제를 단순히 재산법적 관점에서 원소유자에게 빼앗긴 재산을 돌려주기 위한 방안으로서 접근하는 방법은 이 문제가 가진 각종 사회적 이익충돌을 조정하는 데 한계가 있다. 몰수토지 처리문제는 남북한이라는 2개의 정치실체가 하나로 통합되어 새로운 공동체를 건설하는 과정에서 파생하는 고도의 공익적 행위라는 측면이 충분히 고려되어야 한다.

둘째, 몰수토지의 처리문제는 북한의 사회주의 계획경제체제를 자본주의 시장경제체제로의 전환하는 체제전환의 기초를 이룬다는 점이 고려되어야 한다. 낙후된 북한지역의 신속한 경제재건으로 남북한 경제의 균형발전은 민족간의 진정한 내적 통일을 앞당기는 사회적 통합의 밑거름이 될 것이다.

셋째, 몰수토지의 처리에서 사회적 약자로서의 북한주민들에 대한 배려가 있어야 한다. 몰수재산의 처리는 이들이 남한주민들과 경쟁하여 살아남을 수 있는 최소한의 경쟁력을 확보하는 데 도움을 주는 방향에서 추진되어야 한다. 통일 후 일정기간동안 협동농장과 농장 내의 농기구를 포함하여 기존의 영농체제가 유지될 수 있도록 유예기간을 설정함으로써 그들의 생활기반과 터전이 붕괴되지 않도록 최소한 배려가 요구될 것이다.

넷째, 몰수토지에 대한 북한주민들의 연고권, 즉 이용권이 몰수토지 처리에 반영될 수 있도록 하여야 한다. 이를 위해서는 몰수토지를 처분하게 되는 경우 북한주민에게 토지의 구입에 대한 우선권을 가질 수 있도록 배려되어야 한다. 또한 북한주민이 현재 거주하는 주택을 소유하는 데 필요한 토지의 계속적 이용권 내지는 소유권 확보방안이 강구되어야 한다.

끝으로 사유재산권 보장 측면과 법치국가원리의 측면에서 원소유자의 재산권에 대한 최소한의 배려도 아울러 행해지도록 해야 한다.

결국 몰수토지의 처리방안은 법치국가원리에 입각하여 원상회복을 인정하되 그 원상회복의 방안으로서는 원소유자의 재산권적 이익 못지않게 통일한국의 사회적 통합, 북한지역의 체제전환 및 경제재건, 북한주민의 생존권 보장, 농업정책을 포함한 산업정책의 재조정, 국토의 효율적 개발과 환경문제 등 제반 공공이익까지 감안하여 사회적 법치국가적 조정을 이끌어 내도록 신중하고도 종합적인 접근이 필요하다. 그 헌법적 근거는 첫째 북한의 토지몰수가 전(前)국가적 법원리 내지 전헌법적 법원칙(*vorkonstitutionelle Rechtsgrundsatz*)으로서 인간의 존엄성과 법치국가원리에 반하여 무효이며, 둘째 북한의 국가성 인정여부와 상관없이 북한에 의한 불법책임을 통일한국이 이를 전부 그대로 승계한다고 볼 수는 없다는 것이다. 셋째 통일한국의 헌법제정권자나 입법자는 북한에 의해 저질러진 불법을 수정해야 할 당위로부터는 자유로울 수 없지만, 그 구체적 방법에 관해서는 자의금지나 법치국가적 소유질서의 기본조건을 무시하지 않는 한 광범위한 형성의 자유가 주어져 있다는 데에서 찾을 수 있을 것이다.

요컨대 재산권보장은 헌법적 가치로서 존중되어야 하지만 절대적 가치는 아니며 따라서 다른 가치와 충돌하는 경우에는 조정될 수 있는 것이다. 또한 북한의 토지몰수가 전국가적 법원리 내지 전헌법적 법원칙의 관점에서 무효라고 하더라도 그로 인해 반세기 동안 형성된 질서에 대하여 하루아침에 그 존속력을 부정하는 것은 타당치 아니하다. 그러므로 통일한국이 과거 북한정권에 의해 저질러진 불법을 수정(*Korrektur*)하는 문제는 결국 법치국가의 구성원리인 법적 안정성과 정의의 관념에 따라 결정되어야 할 문제이다. 앞서 살펴보았듯이 정의와 법적 안정성이 충돌하는 경우에는 절대불변의 명확한 해결기준이란 존재할 수 없고, 단지 입법자는 개별 구체적 사안에 따라 여러 가치들을 비교형량하여 합리적으로 조정할 수밖에 없는 것이다.

이러한 관점에서 볼 때 통일한국은 북한의 몰수토지에 대하여는 통일 직후 최대한 빠른 시일 내에 남한과 북한에 잔존하는 지적도와 추가적인 지적조사 등을 통해 북한지역의 지적공부를 복원하는 것이 급선무다. 이를 기초로 북한지역의 모든 토지를 우선 국유로 등록한 다음 연고권이 주장·입증되고 해당토지의 사유화가 지역개발 등 공공의 이익에 반하지 않는 경우에 한해 1차적으로는 현재의 이용권자에게 우선매수권을 인정하고, 현재 이용권자가 없거나 권리주장을 포기한 때에는 2차적으로 원소유자에 의한 우선매수권을 인정하되, 그 매수가격은 시가보다 훨씬 낮은 가격을 원칙으로 해야 한다. 토지의 매각대금은 일괄 적립하여 현재 이용권자나 원소유자에 대한 보상기금으로 활용하고, 나머지 금원은 낙후된 북한지역의 토지개발에 활용하는 방안이 가장 적절하다고 생각한다.

06/ 기밀문서의 관리

북한이 체제유지를 위하여 작성한 북한주민에 대한 개인신상에 관한 자료의 수집과 관리문제가 통일한국에서 헌법적 문제를 야기할 수 있다. 특히 개인정보의 무분별한 유포로 인하여 체제불법과는 무관한 사람 또는 그 희생자들의 인격권마저도 심각하게 훼손될 가능성이 크기 때문이다. 북한의 국가안전보위부나 인민보안부 등과 같은 국가기관은 물론이고 조선로동당 하위조직과 그 세포구성원들로 구성된 북한주민들에 대한 감시 및 정보수집 체계는 동독의 국가공안부에 의한 정보수집에 못지않게 조직적으로 가동되고 있다. 최근 극심한 식량난으로 북한주민들의 탈북이 이어지자 당국에 의한 주민들의 감시가 더욱 심화된 것으로 전해진다.[1]

한편, 북한은 통일전선부 · 대외연락부 · 35호실 · 작전부 · 조국통일민주주의전선 등과 같은 대남사업기구를 통하여 남한 및 남한주민들에

1 2012년 12월 17일 김정일 사망 이후 권력을 승계한 김정은은 체제수호를 위하여 북한주민들이 바늘을 떨어뜨리는 소리도 알아낼 수 있도록 주민통제를 강화하라고 지시하였다고 한다.

관한 정보도 수집하여 온 것으로 알려지고 있다. 나아가 최근 활성화된 남북교류 협력과정에서 취득된 각종 남한정보들은 중앙조직에 의하여 취합되어 각종 대남사업을 위한 기초자료로 활용됨이 여러 분야에서 확인되었다.

이렇게 수집된 개인정보들이 통일 직후의 혼란기에 고의 또는 실수로라도 외부로 유출될 경우 그로 인한 사회적 파장은 가늠하기 어려우며 정보 관련자들의 인권침해는 회복 불능상태로 진행될 가능성을 배제하기 어렵다. 예를 들면 북한의 대남공작부서에서 관리하는 남한주민들에 관한 기밀문서들은 북한을 위한 간첩활동을 입증할 수 있는 유력한 증거가 될 수도 있지만 간첩활동과 같은 범죄입증 정도에는 이르지 못하면서 사회통합만 해칠 수 있다. 가령 친북인사 내지는 우호세력으로 분류해놓은 문건이 외부로 유출될 경우 우리 사회는 극한적 이념대립과 사회혼란이 야기될 것임은 명약관화하다.

따라서 통일한국도 북한정권에 의하여 수집된 각종 기밀정보와 문서들을 효율적으로 관리하면서 옥석을 가려서 효율적으로 활용할 수 있도록 통일독일의 '동독 슈타지문서 관리청'과 같은 기구를 창설할 필요가 있다. 기밀문서의 체계적 관리와 보존은 정권범죄 수사와 공소유지를 위한 증거자료로 활용할 수 있도록 하기 위해서 그리고 무분별한 외부유출로 인한 당사자들의 인권침해를 예방하는 차원에서도 반드시 필요하다. 개인정보를 담고 있는 기밀자료들은 그 성격상 외부에 공개될 경우 관련자들의 인권을 심각하게 침해할 위험성이 높은 만큼 통일한국은 그 관리와 보존에 필요한 근거법규를 마련하고 관리기구를 설치하는 등 법치국가원리에 따른 관리체제를 철저하게 준비하여야 할 것이다.

결 론

평화적 불법청산

저자는 지금까지 통일독일의 동독체제불법 청산방안에서 드러난 헌법적 문제점들을 추출한 다음 이를 동서독과 남북한 관계의 기본적 차이점에 의한 여과과정을 거친 뒤 이를 기초로 통일한국의 북한 체제불법 청산방안을 수립하는 데에 반영하는 방식으로 논의를 전개하여 왔다. 앞서 보았듯이 북한 체제불법 청산과정에서 제기되는 각종 헌법적 문제점들을 정서하고 해결하는 원칙과 기준은 인류의 보편적 가치인 인간의 존엄성 및 자유와 평등을 최고이념으로 하는 '법치국가원리'를 토대로 하였다. 따라서 이 책에서 다룬 내용들은 장래 통일이 되면 북한 체제불법에 대한 법치국가적 청산방안의 헌법적 밑그림으로 활용될 것으로 기대한다.

그러나 북한 불법체제의 법치국가적 청산방안에 관한 수많은 헌법적 연구성과에도 불구하고 막상 통일이 되면 통일한국의 불법청산작업이 통일독일의 그것처럼 '법치국가원리에 따른 사법절차에 의해서 평화적으로 진행'될 수 있을 것인지에 대한 우려를 금할 수 없다. 모든 재산을 몰수당하고, 공개적으로 처형당하고, 가족과 격리되어 강제수용당하고, 목숨을 위협하는 강제노역에 시달리고, 민항기를 폭파하여 탑승자

전원이 사망에 이르고, 납치당하여 생사가 불명한 상태로 평생을 고통받았던 피해자들과 그 가족들이 과연 가해자들에 대한 법치국가적 사법처리를 차분하게 지켜볼 수 있을 것인가? 우리는 동족상잔의 전쟁을 치른 뼈아픈 경험을 가졌다는 점에서 동서독과는 불법청산의 역사적 배경을 달리한다.

그럼에도 불구하고 저자는 통일한국의 불법청산은 철저하게 법치국가원리에 따라 평화적으로 이루어져야만 한다고 확신한다. 남북한이 통합된 민족공동체가 새로운 미래를 향한 사회적 통합에 성공하기 위해서는 반드시 그렇게 하지 않으면 안 된다. 피해자들이 겪었던 상처와 고통이 아무리 크고 아프다고 하더라도 북한체제의 불법청산은 '법치국가원리에 따른 사법절차에 의해서 평화적으로 진행'되어야 한다. 북한체제의 불법청산이 사법절차에 따라서 진행되더라도 그것이 형식적 절차에 그쳐서는 안 된다. 왜냐하면 그것은 '승자의 사법'으로 악용될 수 있기 때문이다. 통일한국은 북한에 대한 승리자로 심판하는 자세를 가져서는 안 되며 불가피한 불법청산이 헌법적 궤도를 이탈하지 않도록 감시하고 통제하는 자세를 가져야 한다. 북한체제의 불법을 청산해야 하는 가장 중요한 목적은 가해자에게 보복을 가하기 위한 것이 아니라 불의한 과거의 청산을 통하여 피해자와 가해자의 진정한 화해를 이루고 새로운 민족공동체에서는 동일한 불법이 재발하지 않도록 예방하기 위한 것이다. 따라서 북한의 불법청산은 새로운 민족공동체의 구성원들이 사회적 통합을 이루어 다시는 청산하여야 할 불법이 없는 사회를 만들기 위한 데에 그 최상의 목표를 두어야 한다.

만일 불법청산이 사법처리를 빙자한 유혈적 보복으로 나아간다면 그것은 또 다른 체제불법이 될 것이고 다시 이의 청산을 요하는 악순환으로 이어질 것이다.[2] 따라서 통일한국의 불법청산을 위한 사법처리는 인간의 존엄성을 최고이념으로 하는 '법치국가원리'에 따라 철저하게 적법한 절차를 밟아서 진행되어야 한다. 그 길만이 통일한국이라는 민족공동체에서 구성원 모두가 하나로 통합되어 새로운 미래를 향한 전진을 가능하게 할 것이기 때문이다. 보복은 더 큰 보복을 낳는다. 그리고 이러한 악순환은 우리 민족의 장래를 남북분단보다 더욱 고통스러운 형태의 새로운 분단상태에 빠트리게 될지도 모른다.

물론 부모형제와 재산을 잃은 보복감정에서 또는 통일한국의 정치권력을 장악하려는 정치적 필요에서 아무런 원칙과 기준도 없이 이루어지는 과거청산이 용납되어서는 안 되겠지만, 그렇다고 원칙 없는 사면도 허용되어서는 안 된다. 우리 민족의 장래에 다시금 반인도적 · 반법치국가적 체제불법이 재현되지 않도록 하기 위해서는 새로운 공동체의 이념과 가치에 충실한 최소한의 불법청산은 반드시 필요하다고 본다. 북한의 체제불법에 가담한 사람들은 그 책임에 비례하는 응분의 처벌을 받아야 하며 이러한 법적 정화과정을 통하여 통일한국이라는 새로운 공동체의 진정한 일원으로 거듭날 수 있을 것이다. 만일 체제불법에 가담한 사람들이 아무런 처벌도 받지 않고 새로운 민족공동체의 구성원이 된다면 통일국가에서의 정의는 혼란에 빠질 것이다. 남북통일의 본질적 목적은 감상적 차원의 민족 재결합이 아닌 남북한 주민 모두가 '인간으로서의 존엄성이 존중되고 자유와 평등이 실질적으로 보장되는 새로운 민족공동체의 수립'에 두어야 한다.[3] 따라서 북한의 반인도적 · 반법치국가적 체제불법을 청산하지 않는 통일국가는 새로운 공동체로서의 존재이유가 반감될 것이며 피해당사자들에 의한 사회적 · 정치적 혼란

---

2 통일독일의 불법청산에서 살펴본 동독의 발트하임재판이 그러하였다.

3 우리 민족과 같이 외세에 의한 민족분단이라는 어려움 속에서도 '통일보다는 자유'를 요구하며 서두르지 않고 의연하게 대처한 결과 마침내 일당 독재치하의 동독을 자유의 영역으로 흡수하였던 독일민족의 지혜와 인내심은 우리에게도 좋은 본보기가 될 것이다.

이 야기될 것이다. 사회적으로 통합되지 못한 신생 통일국가의 존립과 안전은 처음부터 심각한 위험에 직면할 것이다. 통일한국은 국민 모두가 인간의 존엄성을 보장받는 자유롭고 평등한 새로운 민족공동체의 건설이라는 분명한 지향을 가지고 구성원들의 사회적 통합을 토대로 출발하지 않으면 안 된다. 새로운 민족공동체의 진정한 사회적 통합은 피해자의 의사가 반영되지 않은 일방적 사면으로는 결코 이루질 수 없다.

남북의 정상은 2000년에 이어 2007년에도 다시 만났다. 북한 핵문제로 얽혀있는 한반도와 그 주변국가들의 이해관계가 자주적인 민족문제 해결에 걸림돌이 되고 있지만, 통일의 기회는 언제 어떻게 찾아올지 알 수 없는 일이다. 우리도 이에 대비하여 통일국가의 재건을 효율적으로 추진할 수 있는 방안을 치밀하게 준비하여야 한다. 통일방안에 대한 다각적인 연구도 필요하지만 통일이 성사되었을 경우 새로운 국가건설에 필요한 일들에 대한 준비작업도 결코 소홀히 할 수 없다. 독일통일의 선례에서 보았듯이 북한체제에 대한 불법청산은 새로운 공동체의 사회적 통합을 위해서 반드시 필요하지만 여러 가지 문제점과 후유증을 수반하는 지난한 작업이 될 것임을 확인할 수 있었다. 따라서 우리는 통일독일의 불법청산 사례에서 분단국가가 통일된 다음 불법체제를 청산하는 과정에서 겪을 수 있는 다양한 문제점과 해결책을 참고하여 북한의 불법청산에 원용하여야 한다.

다만 통일독일의 불법청산에서 법적 토대가 되었던 동서독 기본관계나 서독 기본법의 적용범위 등이 남북한의 기본관계나 우리 헌법의 적용범위와 다르기 때문에 통일독일의 해결방안을 북한의 불법청산에 무비판적으로 답습하는 것은 주의를 요한다. 그리고 불법청산의 대상이 되었던 동독의 체제불법과 북한의 체제불법은 양 체제의 토대를 이루는 법질서의 근본적 차이로 인하여 같은 평면에서 동일한 기준으로 취급하기에는 무리가 있다. 동독의 법체제는 사회주의적 법치국가원리를 지켜온 관계로 형식적 법치국가라는 최소한의 법률적 토대가 있었다. 반면 북한형법은 불과 10년 전까지 명문으로 유추해석을 허용하고 있었으며, 여전히 범죄구성요건의 개념들도 다의적이고 불명확하여 법치국가가 요구하는 최소한의 형식도 갖추지 못한 부분이 허다하기 때문이다. 이상과 같은 양 체제의 법적·제도적 차이점 이외에도 남북한은 동서독과 달리 동족상잔의 전쟁을 치른 뼈아픈 과거를 가졌다는 점에서 서로 정서적 토양이 다르다고 할 수 있다.

따라서 통일한국의 불법청산방안은 통일독일의 선례를 참고로 하되 이와 같은 차이점을 충분히 고려하여 한국적 특수상황에 맞추어 모색되어야 한다. 하지만 이러한 차이점에도 불구하고 독일의 학설과 판례에서 제기된 준거법, 정당화사유, 공소시효 문제는 물론 피해자 복권, 몰수재산 처리, 슈타지문서 처리 등에 있어서 각종 헌법적 쟁점들은 통일한국에게 유용한 시사점들을 제공한다. 앞으로 이를 기초로 하여 통일한국에서 제기될 수 있는 불법청산의 법적 문제점들에 대한 이론적 검토가 활성화되기를 기대하면서 이 책에서 주요하게 다루었던 쟁점들을 다시 한 번 정리해보면 다음과 같다.

첫째, 북한법을 준거법으로 고려하기 위해서는 먼저 북한 법질서의 독자성을 인정할 것을 전제로 한다. 북한 법질서의 독자성을 부인한다면 이를 준거법으로 고려할 여지가 없다. 북한의 국가성을 인정하면 북한 법질서의 독자성도 인정되겠지만, 북한의 국가성을 부인하더라도 남북기본합의서 정신대로 북한의 체제를 인정하게 된다면 북한의 법질서의 독자성을 인정할 수 있다. 서독의 경우도 대내적 관계에서 동독의 국가성을 인정하지 않았지만 동독의 법질서는 인정하였다. 북한 법질서의 독자성이 인정되어 준거법으로 고려할 수 있다면 행위지법으로서 북한형법과 재판지법으로서 남한 형법이 충돌하는 경우가 발생할 수 있는바, 이 경우 동서독 기본조약 체결 전의 지역간 형법이론이나 기능적 내국개념 또는 기본조약 체결 후의 내국이론이나 외국이론을 원용하여 해결할 수 있다. 이때 상호 국가성을 인정하지 않지만 체제의 독자성을 용인하는 남북한 특수관계론과 북한주민도 대한민국 국민이라는 입장이 그 이론적 토대가 된다.

둘째, 북한법이 규정하는 정권범죄의 정당화사유를 전면적으로 허용하기는 어렵다. 왜냐하면 그러한 정당화사유는 대부분 북한체제를 수호하기 위해서 만들어진 법률적 불법을 이루는 것이기 때문이다. 따라서 독일의 학설과 판례와 같이 자연법원칙에 기초한 '라드브루흐 공식'이나 국제법규, 인권친화적 해석, 통일헌법상의 공서양속 심지어는 북한의 실정법 등을 원용하여 정당화사유의 불법성을 종합적으로 심사함으로써 이를 극히 제한적으로만 허용하여야 한다.[4] 이때 소급효금지원칙에 대한 위반이 문제될 수 있으나 인권침해적인 정당화사유에 대한 신뢰는 보호할 만한 가치가 없다는 점에서 신뢰보호를 본질로 하는 소급효금지 위반이 아니라는 해석이 가능하다. 왜냐하면 소급효금지원칙이란 행위자들을 자의로부터 보호하는 것으로서 행위 당시 유효하였던 법이 존속될 것으로 믿었던 신뢰의 보호가 그 핵심이라 할 수 있으나 인권을 침해하는 내용의 정당화사유가 존속된다는 신뢰는 보호할 가치가 없는 것으로서 행위시 가능하였던 올바른 해석과 현재의 판단이 동일하다면 이는 자의에 해당되지 아니한다고 보아야 하기 때문이다.

셋째, 북한 정권범죄의 상당부분이 역수상 공소시효가 이미 완성되었을 것으로 보인다. 그러나 정권범죄는 북한정권 수뇌부의 정치적 의사에 따라 처벌되지 않았던 것이므로 이를 형사소추의 법률상 장애로 보아 공소시효가 정지된다는 이론구성이 가능할 것으로 보인다. 나아가

4 북한주민의 대량이탈로 북한체제 자체가 존립의 위기에 처한 상황에서 이탈주민을 처형하는 것과 연명을 위한 식량을 구하기 위하여 일시적으로 북한을 이탈하였던 주민을 처형하는 것에 대한 법적 평가는 달라져야 할 것이다.

공소시효가 아직 남아있는 정권범죄에 대하여는 일정기간 공소시효를 정지하거나 연장하는 입법도 가능할 것이다. 공소시효의 본질을 소송조건으로 보는 소송법설에 의한다면 소추조건을 사후적으로 변경하는 것에 불과한 이러한 입법조치는 가벌성에 관한 형벌불소급의 원칙에도 위반되지 않는다고 해석함이 가능할 것이다. 한편, 정권범죄 행위자의 시효완성에 대한 신뢰를 보호할 필요성보다는 시효연장을 통하여 달성하려는 공익적 필요가 훨씬 크다는 점에서도 북한체제 존속기간중 공소시효를 정지시키는 입법은 헌법에 배치되지 아니한다. 북한체제하에서 자행된 반법치국가적 불법에 대한 청산은 양보할 수 없는 실체적 정의의 요청이며, 불법체제 아래서 소추권의 행사가 불가능하게 되었던 경우 시효완성의 이익을 행위자에게 돌릴 수 없다는 것이 정의의 관념에 합치된다. 이러한 경우에는 중대한 공익의 실현이라는 실질적 정의의 요청이 신뢰보호라는 형식적 법적 안정성의 요청보다 앞선다고 해야 한다.

넷째, 몰수재산 원상회복의 근거는 북한정권의 재산몰수가 전(前)국가적 법원리로서 인간의 존엄성과 법치국가원리에 반하는 불법행위로서 무효라고 볼 수 있으므로 통일한국은 그 결과를 승계하지 않는다고 본다는 점에 있다. 가사 북한의 국가성을 인정하여 재산몰수 조치가 주권국가의 고권적 행위에 해당된다고 하더라도 그것이 반법치국가적 불법행위로서 무효인 이상 통일한국의 입법자는 이에 기속될 책임이 없다. 다만 몰수재산의 원상회복과 관련하여서는 통일독일이 그러하였듯이 통일한국도 북한체제를 승계함에 있어 불법적 부분을 승인(*Festschreibung*)하지 않고 사회적 법치국가적으로 수정(*Korrektur*)함으로써 청산한다는 방식이 가능하다. 따라서 법치국가원리에 따라 몰수재산은 원상회복되어야 하겠지만 그 내용과 방법은 원소유자는 물론 현재 이용자와 장래 투자자의 이익을 합리적으로 조정하여 결정해야 한다. 따라서 통일한국의 입법자는 폭넓은 형성의 자유를 가지고 사회적 법치국가원리에 따라 원물반환·금전배상·재국유화 등의 방법을 조화롭게 병행할 수 있다고 본다.

다섯째, 피해자 구제를 위한 복권조치는 형사복권·행정복권·직업복권 등이 가능할 것이며 그 대상은 정치적 박해 목적의 반법치국가적 형사판결·행정조치·직업박탈 등이 될 것이다. 복권의 직접적 효과로서 이러한 형사판결·행정조치·직업박탈 등의 효력이 상실되겠지만 그 후속적 효과로서 사회적 조정급부 청구권이 인정될 수 있다. 사회적 조정급부 청구권은 피해자를 사회적 약자로 배려하여 인정되는 권리의 성격상 반드시 북한정권의 불법을 전제로 하는 것이 아니며 그 내용과 범위는 사회적 법치국가원리에 따라 통일한국의 입법자가 광범위한 형성의 자유를 가지고 결정하면 된다.

여섯째, 북한정권이 생산한 기밀문서의 공개는 관련자들의 인권과 사생활을 심각하게 침해하거나 통일 직후의 어수선한 정치상황에서 극한적인 이념대립을 몰고 갈 수 있는 위험성이 있는 만큼 정치적으로 독립된 국가기관에 의하여 관리 보존되면서 정권범죄 입증 또는 공직자 임용자료 등으로 제한적으로 활용하는 방안이 강구되어야 한다. 따라서 문서의 공개는 개인정보통제권과 같은 개인적 법익침해를 뛰어넘는 공익적 필요성이 인정되는 경우에 한하여 이루어질 수 있도록 그 요건과 절차가 법률에 의하여 미리 정해져야 할 것이다.

끝으로 북한체제에 대한 불법청산에 대비하여 북한불법의 감시기구 설립이 절실히 요구된다. 서독은 동독이 베를린 장벽을 구축하자 중앙법무기록보존소를 만들어 동독정권의 반법치국가적 정권범죄의 사후처리에 대비하였다. 분단직후부터 독일은 동독의 불법청산에 대한 강력한 의지를 천명하며 이를 위해 단호하면서도 치밀하게 준비작업에 착수했다. 동독과의 관계정상화를 명분으로 정치권은 기회가 있을 때마다 이 기관의 폐지를 요구하였지만 서독은 갖은 난관을 극복하고 통일시까지 이를 존속시켰다. 그리고 이 기관이 수집하였던 수많은 동독 정권범죄에 관한 증거와 증언은 통일 후 동독의 정권범죄를 입증하는 데 아주 긴요하게 활용되었다. 이 기관의 설립과 유지는 이러한 현실적 필요성 이외에도 동독의 정권담당자는 물론 국경수비대의 말단병사에 이르기까지 정권범죄를 저지르면 통일 후 처벌받게 된다는 두려운 마음을 갖게 하였다. 그리고 이러한 기관의 존재에 대한 인식은 정권범죄의 재판과정에서 해당범행에 대한 위법성의 인식을 추단하는 근거로 활용되기도 하였다.

현재 국내로 들어오는 새터민들의 생생한 증언과 그들이 가지고 온 물적 증거 심지어는 그들의 몸에 남은 상흔들조차도 훗날 북한의 정권범죄를 청산하기 위한 소중한 증거가 될 것이다. 그럼에도 이러한 각종 증거들이 국가의 무관심 속에 산일되고 훼손되고 있다. 북한정권범죄에 대한 증거수집을 위한 전담기관의 설립에 쉽게 나서지 못하는 것은 북한과의 교류협력 분위기를 해치지 않기 위한 것이라는 정부의 고충을 이해하지 못할 바 아니다. 하지만 이와 같은 점들을 감안하면 북한의 정권범죄를 전담하는 기관의 설립으로 추구하고자 하는 기본가치들은 대한민국이 추구해야 할 가치의 우선순위에서 남북교류협력에 앞서 있다. 이러한 기구의 설립으로 남북교류협력에 다소 장애가 초래되더라도 동서독 교류협력사를 통하여 보면 그것은 일시적 현상임을 예상할 수 있다.

하루속히 북한 정권범죄에 대한 증거수집을 전담하는 국가기관을 설립하여 대한민국이 통일을 통하여 추구하고자 하는 궁극적 가치가 인간의 존엄성에 있음을 국내외 특히 북한정권에 대하여 분명히 천명하여야 한다.

남북교류 나아가서 남북통일의 목적은 단순히 민족간의 협력과 재결합에 그쳐서는 안 된다. 그것은 인간으로서 존엄성이 존중되고 자유와 평등이 실질적으로 보장되는 새로운 민족공동체를 건설이 되어야 한다.

인간의 존엄성과 기본적 권리를 침해하는 체제불법은 시공을 초월하여 예방되고 청산되어야 한다. 이를 위해서 지금 우리는—국가와 국민 모두—국제사회도 우려하는 북한주민의 인권상황을 개선하기 위한 모든 조치를 강구해야 한다. 왜냐하면 남북통일의 궁극적인 목적은 인간의 존엄성을 최고가치로 여기는 민족공동체의 건설에 있기 때문이다.

참고문헌

1. 국내문헌

단행본

계희열(1992), 《헌법의 해석》, 법학번역총서 제10집, 고려대 법학연구소.
______(2002), 《헌법학》, 박영사.
김대순(2006), 《국제법론》, 삼영사.
김명기(1992), 《남북기본합의서 요론》, 국제문제연구소.
김문현(2001), 《사회·경제질서와 재산권》, 법원사.
김선택(2004), 《헌법사례연습》 제3판, 법문사.
김승대(1996), 《통일헌법이론: 동서독과 남북한 통일의 비교법론》, 법문사.
김정건(2004), 《국제법》, 박영사.
김정후 외(2003), 《남북한 법제비교》, 강원대출판부.
김철수(2004), 《독일통일의 정치와 헌법》, 박영사.
______(2006), 《헌법학개론》, 박영사.
박강우(1999), 《통일후 북한지역에 대한 불법청산 및 범죄자 처리방안 연구》, 형사정책연구원.
배종대·이상돈 (2004), 《형사소송법》, 홍문사.
배종대(2002), 《형법총론》, 홍문사.
서보혁(2007), 《북한 인권: 이론·실제·정책》, 한울아카데미.
성낙인(2007), 《헌법학》, 법문사.
심현상(1957), 《조선형법해설》, 국립출판사(평양).
윤명선·김병묵(1998), 《헌법체계론》, 법지사.
이내영·박은홍(2004), 《동아시아의 민주화와 과거청산》, 아연출판부.
이상윤(2000), 《영미법》, 박영사.
이재상(1986), 《형법총론》, 박영사.
이준일(2007), 《헌법학 강의》, 홍문사.

제성호(1995), 《남북한 특수관계론》, 한울아카데미.
조영진(1999), 《한반도 통일토지정책》, 중앙경제.
최대권(1990), 《통일의 법적 문제》, 법문사.
최종고(2001), 《북한법》, 박영사.
최창동(1996), 《분단국가의 법적 지위》, 법률행정연구원.
______(2002), 《법학자가 본 통일문제》, 푸른세상.
홍성방(2007), 《헌법학》, 현암사.
허　영(2002), 《헌법이론과 헌법》, 박영사.
______(2003), 《한국헌법론》, 박영사.
법무부(1995), 《통일독일의 구동독체제불법청산 개관》.
______(1997), 《독일 신형법》.
______(1998), 《독일형사소송법》.
______(2000), 《독일과 미국의 연방제》.
______(2003), 《통일법무 기본자료》.
______(2004), 《개정 북한형사소송법 해설》.
______(2005), 《개정 북한형사법제 해설》.
헌법을 생각하는 변호사모임(2002), 《남북한헌법의 이해》, 삼광.

번역서

계희열 역(2001), Konrad Hesse, 《통일독일헌법원론》, 박영사.
김성한 외 3인(2006), Peter Singer, 《메타윤리》, 철학과 현실사.
김주일 역(1998), Helmut Kohl, 《나는 조국의 통일을 원했다》, 해냄.
김효전 역(2001), Hermann Heller, 《법치국가의 원리》, 법원사.
김효전·정태호 역(2003), Ernst Wolfgang Böckenförde, 《헌법과 민주주의》, 법문사.
변종필 외 2인 역(2007), Robert Alexy, 《법적논증이론》, 고려대출판부.
심재우 역(1996), Werner Maihofer, 《법치국가와 인간의 존엄》, 삼영사.
오병선 역(2002), H. L. A, Hart, 《법의 개념》, 아카넷.
윤재왕 역(2000a), Frank Saliger, 《라드브루흐 공식과 법치국가》, 길안사.
______(2000b), Kurt Seelmann, 《법철학》, 지산.
이승우 역(2001), Josef Isensee, 《국가와 헌법》, 세창출판사.
이준일 역(2000), Robert Alexy, 《법의 개념과 효력》, 지산.

장영민 역(2004), Ronand Dworkin, 《법의 제국》, 아카넷.
최종고 역(2002), Gustav Radbruch, 《법철학》, 삼영사.
한우창 역(1992), Wolfgang Schäuble, 《나는 어떻게 통일을 흥정했나》, 동아일보사.
허 영 역, (1996), Peter Lerche, 《법치국가의 기초이론(논문선집)》, 박영사.

논 문

계희열(1994), "한국헌법의 기본원리로서의 법치주의", 〈법학논집〉 제30집, 고려대법학연구소, 1~29.
김강운(2005), "근대의 법의 지배와 법치주의", 〈법학연구〉 제19집, 한국법학원, 1~26.
김민배(1995), "월남자의 북한토지에 대한 소유의식의 실증적 연구", 〈사회과학연구소논문집〉, 인하대학교, 101~141.
김병기(1997), "북한지역 몰수재산권의 원상회복 여부에 관한 고찰", 〈부동산법학〉, 186~201.
김병로(1997), "북한인권문제와 국제협력", 통일연구원.
김선택(1995), "과거청산과 법치국가", 〈법학논집〉 제31집, 고려대 법학연구소, 87~138.
______(1998), "헌법과 통일정책", 〈제1회 한국법학자대회 논문집〉, 한국법학교수회, 347~375.
______(2004), "남북관계에 대한 헌법의 태도", 〈고시연구〉 4월호, 36~51.
김성수(1993), "남북한 통일헌법의 경제질서문제", 〈공법연구〉 제21집, 89~112.
김성천(1998), "통일 전 동독의 범죄행위에 대한 통일 이후 형사법적 처리", 〈법정논총〉 제33권, 중앙대 법과대학, 46~59.
김수암(2005), "북한의 형사법제상 형사처리절차와 적용실태", 통일연구원.
김영환(1998), "법을 통한 과거청산?", 〈법치국가와 형법: 심재우선생의 형법사상에 대한 재조명〉, 세창, 165~185.
김용학(1994), "통일 후 북한의 재산권 확립방안", 〈토지연구〉 제5권, 한국토지공사, 49~71.
김효전 역(1995), "법치국가와 전(前)법치국가적 과거의 극복", 〈동아법학〉 제18호, 동아대, 175~212.

명순구(2004), "통일 후 토지소유권의 개편방향: 소유권 회복의 장애", 〈고려법학〉 42호, 187~211.

박광섭(1988), "북한형법에 관한 고찰", 〈북한연구시리즈〉 10, 경남대 극동문제연구소, 209~242.

박기갑(1996), "일반국제법이론에 비추어 본 남북한간 가능한 국가승계형태론", 〈한림법학 Forum〉 제5권 제1호, 한림대 법학연구소, 113~142.

박동희(1980), "북한형법: 특히 인권침해규정을 중심으로", 〈북한법률행정논총〉 제4집, 고려대, 59~80.

박상호(2004), "북한의 토지제도에 관한 소고", 〈토지법학〉 제20호, 한국토지법학회, 169~188.

박수희(1999), "형법을 통한 통일독일의 구동독체제불법 청산에 관한 연구", 경희대 박사학위논문.

______(2002), "독일의 불법청산에 관한 형사법적 고찰", 〈사회과학논총〉 제7권, 관동대, 31~68.

배종대(1989), "통일과 북한형법의 이해", 〈북한법률행정논총〉 제7집, 고려대, 29~76.

R. Gossner, 서경석 역(1997), "'국가속의 국가' 구동독 슈타지 체제: 해체와 규명", 〈민주법학〉 제12호, 292~301.

서희석(1999), "통일한국의 북한 토지소유권 정리방안에 관한 연구", 경희대 대학원 박사학위논문.

심경수(2001), "영토조항의 통일지향적 의미와 가치", 〈헌법학연구〉 제7권 제2호, 131~168.

안동수(1993), "공법상의 신뢰보호원칙, 현대공법이론의 전개", 〈석정허영민박사화갑기념논문집〉, 274 이하, 박영사.

안두순(1995), "통일 후 북한토지소유권의 처리방안", 〈통일경제〉 6월호, 55~60.

양승종(1995), "통일 이후 북한토지 처리방안에 관한 연구", 〈토지연구〉 제6권 1호, 한국토지공사, 101~122.

오복룡(2001), "통일 후 북한의 토지정책", 〈토지연구〉 제12권 제3호, 한국토지공사, 59~81.

이재명(1991), "인간존엄의 헌법적 접근", 중앙대 박사학위논문.

이재승(1998), "법왜곡죄와 정치사법", 〈민주법학〉 제14호, 184~210.

______(2003), "과거청산과 인권", 〈민주법학〉 제24호, 15~41.

______(2004), "라드브루흐 공식", 〈법철학연구〉 제7권 제1호, 99~121.

이준일(1998), “평등원칙”, 〈안암법학〉 제8권, 1~24.

______(1999), “원칙으로서의 기본권과 비례성명령”, 〈공법연구〉 제28집 제1호, 공법학회, 79~89.

______(2001), “법적 평등과 사실적 평등”, 〈안암법학〉 제12권, 1~28.

______(2002), “소수자와 평등원칙”, 〈헌법학연구〉 제8권 제4호, 219~243.

유해웅(1993), “통일 후 북한의 토지이용과 개발에 대한 기본구상”, 〈토지연구〉 제4권 4호, 한국토지공사, 117~132.

윤재왕(1992), “법적 논증이론과 절차적 정의”, 〈법과 사회〉 제5호, 법과 사회 이론연구회, 213~232.

윤진수(1991), “동서독통일조약에 관한 독일연방헌법재판소 1991. 4. 23. 판결”, 〈판례월보〉 235호, 41~45.

이부하(2004), “통일 후 북한의 토지소유권 문제”, 〈토지공법연구〉 제21집, 한국토지공법학회, 383~399.

이승길(2001), “북한의 토지소유제도와 통일 후의 개편방향”, 〈토지법학〉 제17호, 한국토지법학회, 123~142.

이장희(1993), “남북합의서의 법제도적 실천과제”, 민족통일, 민족통일촉진회, 28~36.

이헌섭(1999), “통독 후 미해결재산의 처리현황”, 〈외국사법연수논집〉 17, 법원도서관, 425~720.

이효원(2006), “남북한 특수관계론의 헌법학적 연구”, 서울대 박사학위논문.

임수원(2002), “통일한반도 북한의 국토정책 및 토지제도”, 한국토지공사 토지연구원.

임준호(1996), “5·18 특별법의 합헌성: 소추권행사의 장애와 공소시효의 정지”, 〈인권과 정의〉, 70~92.

장명봉(1990), “북한헌법 40년과 그 동향”, 〈북한법률행정논총〉 제8집, 고려대, 1~33.

______(2005), “김정일 체제하의 북한법령집”, 북한법연구회.

장영수(1993), “국제인권규약의 국내법적 의의와 효력”, 〈법학논집〉 제34집, 고려대, 45~77.

______(1994), “헌법의 기본원리로서의 법치주의”, 〈안암법학〉 제2집, 133~180.

전광석(1991), “동서독 통일조약에서의 재산권문제”, 〈한림대학교 논문집〉 제9집, 157~172.

전신욱(2005), “통일독일의 구동독지역 미해결 재산권처리에 관한 개관”, 〈통일연구〉 제10권 제1호, 서경대학교.

정영화(1995), "통일 후 북한의 재산권문제에 관한 헌법적 연구", 서울대 박사학위논문.

정인섭(1998.12), "우리 국적법상 최초 국민 확정기준에 관한 검토", 〈국제법학회논총〉 제43권 제2호, 235~248.

조 국(2002), "반인권적 국가범죄의 공소시효 정지·배제와 소급효금지의 원칙", 〈형사법연구〉 제17권, 1~18.

조병선(2001), "형법을 통한 과거청산의 한독비교", 〈형사법연구〉 제15권, 185~220.

제성호(1996), "통일과정의 북한토지문제", 〈토지연구〉 제7권 제3호, 한국토지공사, 76~103.

______(2001), "북한의 형사법제와 국제인권규약", 〈서울국제법연구〉 제8권 제1호, 서울국제법연구원, 37~56.

______ 외(2002), "남북한 법통합 및 재산권 해결 방안 연구", 통일연구원.

최경옥(1999), "한국헌법 제3조와 북한과의 관계(공법학 연구)", 영남공법학회.

최대권(1993), "남북합의서와 관련된 제 문제: 특히 '특수관계'의 의미를 중심으로", 법학, 서울대 법학연구소, 1~38.

최승완(1999), "구동독 국가안전부의 활동과 문서처리현황", 〈서양사연구〉 제23집, 155~194.

______(2001), "소련점령지역(SBZ)/동독(DDR)에서의 나치 과거청산작업에 대한 비판적 검토", 〈역사학보〉 제169집, 269~303.

최의철(2005), "유럽연합(EU)의 대북 인권정책과 북한의 대응", 통일연구원.

표명환(2002a), "통일한국과 재산권", 〈헌법학연구〉 제8권 제4호, 391~416.

______(2002b), "법치국가와 미해결 재산문제", 〈토지공법연구〉 제15집, 313~329.

하철영(1996), "독일통일에 있어서 법질서 통합에 관한 고찰", 〈통일논총〉 제9권 제1호, 동의대 통일문제연구소, 81~101.

하태영(2002), "공소시효제도의 문제점과 개정방향", 〈비교형사법연구〉 제4권 제1호, 519~551.

허 영(1992), "독일 통일과정에서의 법적 논의", 〈사법행정〉 10월호, 5~10.

2. 외국문헌

단행본

Baumann, Jürgen & Weber, Ulrich (1985), *Strafrecht AT*, 9. Aufl.

Bottke, Wilfried (1993), Der Verfolgung von Regierungskriminalität der DDR nach der Wiedervereinigung, *Deutsche Wiedervereinigung-Die Rechtseinheit: Arbeitskreis Strafrecht Bd. II.*

Clemm, Etzbach, Fassbender, Messerschmidt, Pfister & Schmidt-Rantsch (Hrsg.) (1997), *Rechtshandbuch Vermögen und Investitionen in der ehemaligen DDR*, {Zitierweise: Clemm (Hrsg.), Rechtshandbuch}.

Dicey, Albert Venn (1952), *Introduction to the Study of the Law of the Constitution*, 9th ed.

Dreier, Ralf (1991), *Recht-Staat-Vernunft.*

______ (1994), *Juristische Vergangenheitsbewältigung.*

Dworkin, Ronald (1990), *Bürgerrechte ernstgenommen.*

Fieberg, Reichenbach, Messerschmidt & Verstegen (Hrsg.), 1994, *VermG*, Kommentar, München Lbl. {Zitierweise: F/R/M/V (Hrsg.), *VermG*}.

Fricke & Märker (1996), *Enteignetes Vermögen in der Ex-DDR.*

Försterling, Wolfram (1993), *Recht der offenen Vermögensfragen.*

Hiester, Andreas (1997), *Verfassungsrechtliche Grundlagen und Bestandsschutz des Immobiliarrestitutionsanspruchs* (München Univ. Diss., 1996).

Horn, Nobert (1993), *Das Zivil: und Wirtschaftsrecht im neuen Bundesgebiet*, 2. Aufl.

______ (1996), *Einführung in die Rechtswissenschaft und Rechtsphilosophie.*

Ipsen, Knut (1990), *Völkerrecht*, 3. Aufl.

Jakobs, Günther (1991), *Strafrecht AT*, 2. Aufl.

Jescheck, Hans-Heinrich (1996), *Lehrbuch des Strafrechts AT*, 5. Aufl.

Kalischer, Alfred Christlieb (1904), *Immanuel Kants Staatsphilosophie.*

Kimminich, Otto (1990), *Die Eigentumsgarantie im Prozeß der Wiedervereinigung.*

Lochen, Hans-Hermann (1995), Der Umgang mit den Stasi-Unterlagen, in G. Brunner (Hrsg.), *Juristische Bewältigung des kommunistischen Unrechts in Osteuropa und Deutschland.*

Limbach, Jutta(1993), Strafrechtliche Verantwortlichkeit für die Ausübung politischer Strafjutiz in der ehemaligen DDR, *Deutsche Wiedervereinigung-Die Rechtseinheit: Arbeitskreis Strafrecht.*

Lackner, Karl(1991), *Strafgesetzbuch 19.* Aufl.

Lüderssen, Klaus(1992), *Der Staat geht unter das Unrecht bleibt?: Regierungskriminalität in der ehemaligen DDR.*

Neumann & Ulfrid(1993), *Strafrechtliche Verantwortlichkeit für die DDR-Spionage gegen die Bundesrepublik,* in *Deutsche Wiedervereinigung-Die Rechtseinheit Bd.2: Die Verfolgung von Regierungskriminalität nach* der Wiedervereinigung/hrsg. von Ernst-Joachim Lampe.

Odersky, Walter(1992), *Die Rolle des Strafrechts bei der Bewältigung politischen Unrechts.*

Quaritsch, Helmut(1992), Theorie der Vergangenheitsbewältigung, *Der Staat, Bd.31.*

Radbruch, Gustav(1956), *Rechtsphilosophie,* 5.Aufl.

Roggemann, Herwig(1993), *Systemunrecht und Strafrecht: am Beispiel der Mauerschützen in der ehemaligen DDR.*

______(1995), *Fragen und Wege zur Rechtseinheit in Deutschland.*

Sauer, Heiner & Plumeter, Hans-Otto(1991), *Der Salzgitter Report.*

Schäuble, Wolfgang(1991), *Der Vertrag.*

Schünemann, Bernd(1993), Strafrechtliche Verantwortlichkeit für die DDR-Spionage gegen die Bundesrepublik Deutschland nach der Wiedervereinigung, in *Deutsche Wiedervereinigung-Die Rechtseinheit Bd.2: Die Verfolgung von Regierungskriminalität nach der Wiedervereinigung/hrsg. von Ernst-Joachim Lampe.*

Stahl, Friedlich Julius(1963), *Die Philosophie des Rechts, Bd. II/2,* 6. Aufl.

Vitzthum & März(1994), *Restitutionsausschluß.*

Vitzthum, Wolfgang Graf(1992), Das Bodenreform-Urteil des Bundesverfassungsgerichts, Analyse und Kritik, in Stern(Hrsg.), *Deutsche Wiedervereinigung, Bd* II/1.

논문

Arnold, Jörg & Kühl, Martin (1992), "Forum: Probleme der Strafbarkeit von Mauerschützen", *JuS*, S. 993ff.

Badura, Peter (1990), "Der Verfassungsauftrag der Eigentumsgarantie im wiedervereinigten Deutschland", *DVBl*, S. 1256ff.

Blumenwitz, Dieter (1992), "Zur strafrechtlichen Verfolgung Erich Honecker: Staats-und Völkerrechtliche Fragen", *Deutschland Archiv*, S. 570ff.

Dreier, Horst (1997), "Gustav Radbruch und Mauerschützen", *JZ*, S. 429ff.

Dreier, Ralf (1986), "Der Begriff des Rechts", *NJW*, S. 890ff.

Fieberg & Reichenbach (1991a), "Offene Vermögensfragen und Investitionen in den neuen Bundesländern", *NJW*, S. 1977ff.

_____ & Reichenbach (1991b), "Zum Problem der offenen Vermögensfragen", *NJW*, S. 321ff.

Geiger, Thomas (1992), "Verjährungsprobleme von in der ehemaligen DDR begangen Straftaten", *JR*, S. 404ff.

Gropp, Walter (1996), "Natur oder Rückwirkungsverbot?: Zur Strafbarkeit der Berlin Mauerschützen", *Neue Justiz*, S. 395ff.

Grünwald, Georg (1992), "Zur Frage des Ruhens von DDR-Straftaten", *StV*, S. 33ff.

Hoerster, N. (1986), "Zur Verteidigung des Rechtspositivismus", *NJW*, S. 2480ff.

_____ (1987), "Die rechtsphilosophische Lehre vom Rechtsbegriff", *JuS*, S. 188ff.

Hurschka, Joachim (1992), "Die Todesschüsse an der Berliner Mauer vor Gericht", *JZ*, S. 665ff.

Jordan, A. D. (1996), "Die Regelung des 2. Verjährungsgesetz zur Vereinigungskriminalität", *NJ*, S. 294ff.

Kaufmann, Arthur (1995), "Die Radbruchsche Formel vom gesetzlichen Unrecht und übergesetzlichen Recht in der Diskussion um das im Namen der DDR begangene Unrecht", *NJW*, S. 81ff.

Küpper, Georg & Wilms, Heiner (1992), "Die Verfolgung von Straftaten des SED-Regimes", *ZRP*. S. 91ff.

Kinkel, Klaus (1992), "Wiedervereinigung und Strafrecht", *JZ*, S. 486ff.

Kleinlein(1997), “Das Gesetz zur Regelung offener Vermögensfragen-eine systematische Betrachtung”, *DtZ*, S. 178ff.

König, Peter(1991), “Zur Verfolgungsverjährung von SED-Unrechtstaten”, *NStZ*, S. 570ff.

Kriele, Martin(1990), “Die politische Bedeutung des Staatsvertrages”, *DtZ*, S. 188ff.

Leisner, Walter(1995), “Das Entschädigungs-und Ausgleichsleistungsgesetz-ein Gleichheitsverstoß”, *NJW*, S. 1513ff.

Luther, Horst(1991), “Zur Anwendung des Strafrechts nach dem Einigungsvertrag”, *Neue Justiz*, S. 395ff.

Maurer, Hartmut(1992), “Die Eigentumsregelung im Einigungsvertrag”, *JZ*, S. 183ff.

Ossenbühl, Fritz(1997), “Eigentumsfragen”, in: Isensee/Kirchhof (Hrsg.), *Handbuch des Staatsrechts*, *Bd. IX*, § 212, S. 521ff.

Pawlik, Michael(1994), “Strafrecht und Staatsunrecht zur Strafbarkeit der Mauerschützen”, in: Paul-Günter Pötz(Hrsg.), *Goltdammer's Archiv für Strafrecht*, S. 472ff.

Papier, H. J. & Möller, J. (1999), “Die rechtsstaatliche Bewältigung von Regime-Unrecht nach 1945 und nach 1989”, *NJW*, S. 3289ff.

Papier, Hans-Jürgen(1991), “Verfassungsrechtliche Probleme der Eigentumsregelung im Einigungsvertrag”, *NJW*, S. 193ff.

Radbruch, Gustav(1946), Gesetzliches Unrecht und übergesetzliches Recht, *SJZ*, S. 131ff.

Riedel, Joachim(1992), “Schießbefehl und Verjährung-Zum Problem der Strafverfolgungsverjährung bei Schußwaffengebrauch an der ehemaligen DDR-Grenze”, *Deutch-Deutsche Rechtszeitschrift*, Heft 6, S. 163ff.

Rosenberger(1995), “Der Verfassungswidrigkeit des Entschädigungs-und Ausgleichsleistungsgesetzes”, *VIZ* 1995, S. 321ff.

Schlink, Bernhard(1996), “Rechtsstaat und revolutionäre Gerechtigkeit”, *Humbolt Forum Recht*, S. 1ff.

Schöneberg(1993), “Die Rechtsentwicklung im Bereich der Regelung offener Vermögensfragen”, *NJ*, S. 253ff.

Schroeder, Friedrich-Christian(2000), “Zehn Jahre strafrechtliche

Aufarbeitung des DDR-Unrechts", *NJW*, S. 3017ff.

Schulze-Fielitz, H. (1991), "Der Rechtsstaat und die Aufarbeitung der vorrechtsstaatliche Vergangenheit", *DVBl*, Heft 17, S. 893ff.

Schweizer, Katja (1999), "Täter und Opfer in der DDR : Vergangenheitsbewältigung nach der zweiten deutschen Diktatur", (Bochum Ruhr-Univ., Diss., 1998), S. 174ff.

Starck, Christian (1991), "Der Rechtsstaat und die Aufarbeitung der vorrechtsstaatlichen Vergangenheit", *DVBl*, S. 1245ff.

Steinberg, Rudolf (1991), "Die Verfassungsmässigkeit des Restitutionsausschlusses sowjetzonaler Enteignungsvertrag", *NJ*, S. 1ff.

Vitzthum, Wolfgang Graf (1994), "Wiedergutmachungsregelung und Willkürverbot", *DZWiR*, S. 1ff.

Wasmuth, Johannes (1993), "Restitutionsausschluss und Willkürverbot", *DtZ*, S. 334ff.

_______ (1993), "Zur Verfassungswidrigkeit des Restitutionsausschusses für Enteignungen auf besatzungsrechtlicher oder besatzungshoheitlicher Grundlage", *NJW*, S. 2476ff.

Wassermann, Rudolf (1993), "Zur Aufarbeitung des SED Unrechts", *Politik und Zeitgeschichte*, B4/93, S. 3ff.

______ (1996), "Der Streit um die Mauergrundstücke geht weiter", *NJW*, S. 3134ff.

Wassermann & Märker (1993), "Rechtstatsächliche Anmerkung zur Behandlung der offenen Vermögensfragen", *ZPR*, S. 138ff.

Weber, Klaus (1993), "Die Verfolgung des SED-Unrechts in den neuen Ländern", in: Paul-Günter Pötz (Hrsg.), *Goltdammer's Archiv für Strafrecht*, S. 195ff.

Widmaier, Günter (1990), "Strafbarkeit der DDR-Spionage gegen Bundesrepublik-auch noch nach der Wiedervereinigung", *NJW*, S. 3172ff.

Wilms, Heiner & Ziemske, Burkhard (1994), "Gesetzliche Unrecht und übergesetzliches Recht?", *Zeitschrift für Rechtspolitik*, Heft 5, S. 172ff.

Woesner, Horst (1976), "Deutsch-deutsche Strafrechtskonflikte", *Zeitschrift für Rechtspolitik*, S. 248ff.

찾아보기

ㄱ

ㄴ · ㄷ

ㄹ · ㅁ

ㅂ

ㅇ

ㅈ

ㅊ · ㅌ · ㅍ

ㅎ

기 타